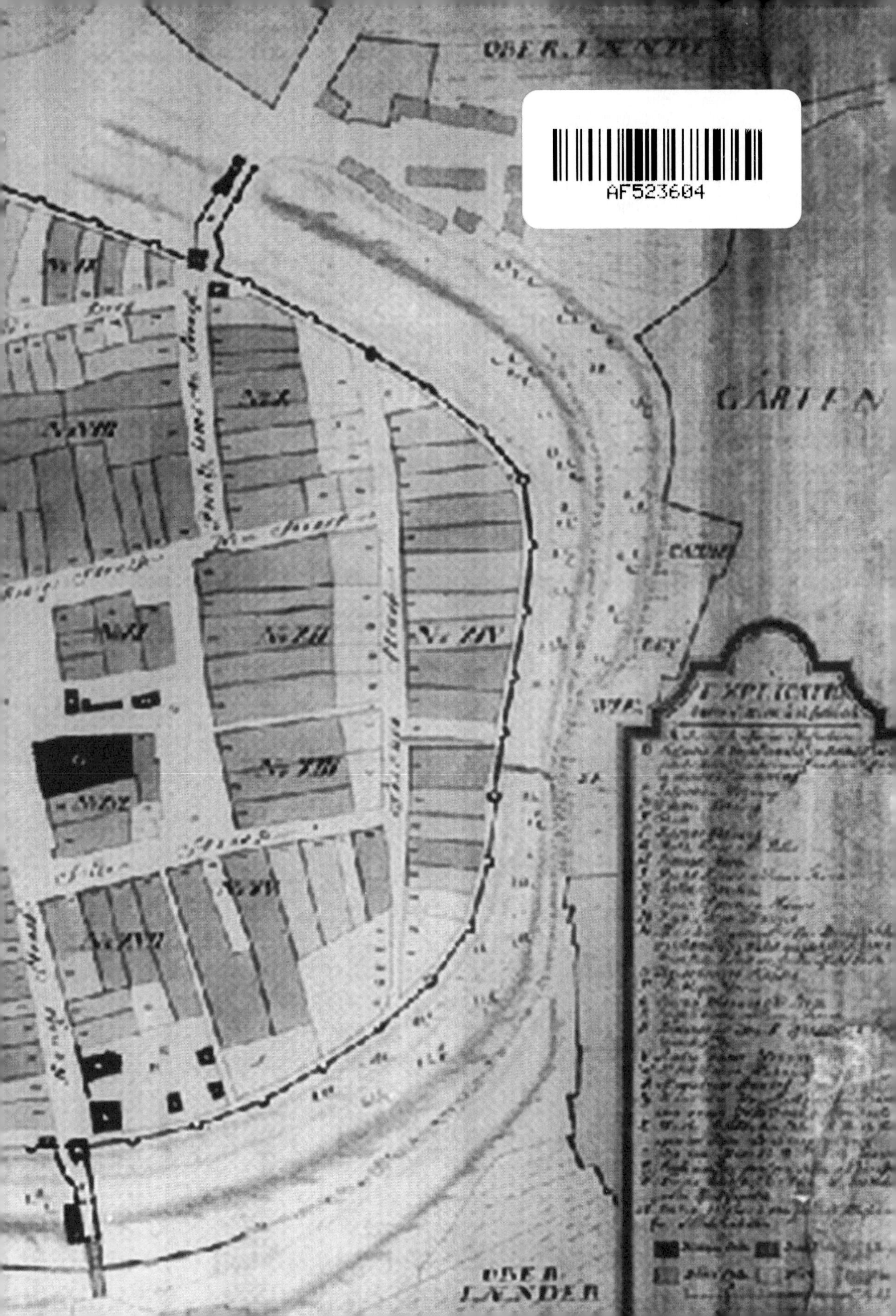
OBER.LÄNDER
GÄRTEN
OBER LÄNDER
AF523604

TEMPLIN • EINE MÄRKISCHE STADT IM WANDEL DER GESCHICHTE

TEMPLIN

EINE MÄRKISCHE STADT IM WANDEL DER GESCHICHTE

Autoren

Bärbel Makowitz
Eitel Knitter
Martin Kunze

Herausgegeben von der Stadt Templin

Schibri-Verlag Milow • Strasburg (Um.) • Berlin

Bestellungen über den Buchhandel oder direkt beim Verlag

Dorfstraße 60, 17337 Uckerland/OT Milow
E-Mail: info@schibri.de
http://www.schibri.de

Umschlagfoto: Wolff-Hasso Seybold
Layout: Jürgen Liedtke

Printed in Germany
2. Auflage

ISBN 978-3-86863-114-2

Inhalt

Grußwort 10
Vorwort 11
Danksagung 14
Vorwort zur 2. Auflage 15

TEIL I • VON DEN ANFÄNGEN BIS 1945

Das Landschaftsbild 18
Die Besiedlung 22
Der Name 24
Zur Vorgeschichte 24
Von der Gründung Templins 27
Straßenkreuzungspunkt Templin · 29
Templin unter wechselnden Herrschaften 30
Die mittelalterliche Wehranlage – Templin als „Rothenburg des Ostens" · 30; Templin unter dem „Doppelten" („Falschen"?) Waldemar · 36; Hinterließ der „Falsche Waldemar" einen Markgräflichen Stadthof in Templin? · 43; „Wirre Zeiten" · 44; Hospitäler, Kirchen und „Schulbuden" um 1500 · 49
Der Anbruch der Neuzeit 51
Als die Hexen brannten · 51; „Die Hexenbäume" · 54; „Die Galgenfrist" · 57; Von den Templiner Zünften, Innungen und Gewerken · 59; Scharfrichter, Schinderkuhle und Galgenberg · 60; Der Ausbruch des Dolgensees am 15. Februar 1574 · 63
Templin in der Zeit des Dreißigjährigen Krieges 66
Vom Westfälischen Frieden bis Ende des 18. Jahrhunderts 70
Der Streit um den Gewürzhandel in Templin · 73; Templin als Bürgerquartierstadt · 73; Marktgeschehen · 75; Templiner Feuerverordnung vom Jahre 1719 · 77; Latein-, Küster- und Mädchenschule · 78; Brauhäuser, Branntweinstuben und Hotels · 79; Der Templiner Fährkrug · 81; Von Mühlen und Müllern · 82; Ein Stadtrundgang um 1730 · 86; Das größte Brandunglück in der Geschichte der Stadt im August 1735 · 90; Vom Wiederaufbau der Stadt · 91; „Das Rathäusliche Reglement für die Stadt vom 28. Mai 1738" · 95; Eine Liebesgeschichte verband Weimar und Templin · 99

Templin in der Zeit Napoleons und der Preußischen Reformen 100
Die Eiche am Weberhaus · 101; Kämpferin gegen die Napoleonische Fremdherrschaft – Friederike Krüger · 107; Templin erhielt den Kreisstadtstatus · 109; Als die Nachtwächter noch durch Templins Straßen zogen · 111
Templin im 19. Jahrhundert 112
Von der Kirchen- zur Bürgerschule · 117; Vom Lazarett zum Krankenhaus · 119; Widerhall der revolutionären Ereignisse von 1848/49 · 121; Eine Kleinstadt mit zwei Bahnhöfen auf Modernisierungskurs · 124; "Krieg" der Pankgrafen gegen Templin · 133; Die Templiner Feuerwehr · 135
Templin etablierte sich als Erholungs- und Schulstadt 137
Das Templiner Posterholungsheim · 140; Bürgerschule, Realschule und Reform(pro) realgymnasium · 141; Einrichtung der Privaten Forstschule · 144; Das Joachims thalsche Gymnasium in Templin · 146; Vom „Knabenrettungshaus" zum „Waldhof" · 150
Die Stadt zu Beginn des 20. Jahrhunderts 153
Der Erste Weltkrieg 1914-1918 und dessen Folgen für Templin 157
Templin in der Zeit der Weimarer Republik 163
„Neu Afrika" am Lübbesee · 171; Templin wuchs aus der Stadtmauer heraus · 172; Erneuter Krankenhausbau · 173; 1932 – Ein Doppeljubiläum wurde gefeiert: Das 700-jährige Bestehen der Stadt und die 100-jährige Gründung des Männergesangvereins · 175
Templin in der Zeit des Nationalsozialismus 1933-1945 180
Der Aufstieg der Nationalsozialisten · 180; Nationalsozialistische Machtausübung · 182; Auswirkungen des Antisemitismus · 187; Jüdisches Leben in Templin · 187; Jugend und Schule in der NS-Zeit · 193; Bautätigkeit · 195; Neues Stadtwappen · 198; Die Vorzeichen des Krieges · 199
Templin im Zweiten Weltkrieg 200
6. März 1944 – Die Bombardierung Templins · 206; Die letzten Wochen des NS-Regimes · 213; Einmarsch und Besetzung durch die Rote Armee · 216
Templin nach Kriegsende 1945 218
Die Organisation des täglichen Lebens · 220; Die Entwicklung des politischen Lebens · 224; Das Flüchtlingsproblem · 226; Der Kampf ums tägliche Brot · 227; Krankenbetreuung · 228; Die Wiederaufnahme des Schulbetriebes · 229; Die Einrichtung von Kindergärten und Kinderheimen · 230; Entnazifizierung · 231; Trümmer – Wohnungsnot – Wiederaufbau der Stadt · 232

TEIL II • TEMPLIN IN DER DDR-ZEIT

Leben im geteilten Deutschland – Die ersten DDR-Jahre 238
„Der Stadt Templin ein neues Gesicht" 240
Neue Wohngebiete contra Eigenheime – Dargersdorfer und Lychener Straße · 247; Sonstige Bautätigkeit – von A wie Aufbauwerk bis Z wie Ziegeleibrücke · 249;

Straßenumbenennungen 1949-1989 · 253
Entstehung und Entwicklung von Betrieben ... 253
Handel, Versorgung und Gaststättenwesen ... 258
Das Templiner Gesundheitswesen ... 261
Krippen und Kindergärten ... 264
Templiner Bildungseinrichtungen ... 265
„Goetheschule" – „Kosmodemjanski-Schule" – „Karl-Liebknecht-Schule" · 265; „Forstschule" – Erweiterte Oberschule – POS V · 266; Berufsschule „Max Adrion" · 267; Förderschule · 267; Kinderheim „Neuhof" · 268; Das „Fahrenson-Heim" · 268; Der „Waldhof" · 269; Joachimsthalsches Gymnasium – Landesschule – Institut für Lehrerbildung – Pädagogische Schule · 269
Ferien- und Erholungswesen – Templin blieb Erholungsziel ... 271
„Salvador Allende"- Erholungsheim · 273; FDGB-Erholungsheim „Friedrich Engels" · 274; Erholungsheim des Ministeriums für Staatssicherheit · 275
Leben in alten Toren ... 275
Vom „Templiner Heimatmuseum" zum „Volkskundemuseum" · 275; Im Mühlentor wurde geschnitzt, gewebt und geschneidert · 278; Das Berliner Tor – Domizil für das „Landeskulturkabinett" · 279
Alte und neue Denkmale – Denkmalschutz ... 280
Kulturelles Leben ... 282
Der „Templiner Kulturbund" · 282; Templiner „Stadtschreiber" · 283
750 Jahre Stadt Templin – ein ausgefallenes Jubiläum – eine Schönheitskur für die Stadt ... 284
Die Templiner Feuerwehr ... 286
Templiner Russisch-, Mathe- und Akkordeonasse ... 287
Erfolgreiche Templiner Sportler ... 287

TEIL III • TEMPLIN NACH DER WENDE

Chronik der Wende in Templin ... 292
Kommunalwahlen 1989 ... 292
Konstituierung der neuen Stadtverordnetenversammlung ... 299
Städtepartnerschaft Templin – Bad Lippspringe ... 301
Erste Schritte auf neuen Wegen ... 301
Templin verlor seinen Kreisstadtstatus ... 303
Templin – die achtgrößte Stadt Deutschlands ... 303
Die Ortsteile Templins ... 304
Historische Stadtkernsanierung ... 311
Stadtmauersanierung · 314; Das historische Rathaus · 315; Die Maria-Magdalenen-Kirche · 316
Verkehrsentlastung für die Innenstadt – Die enge Westumfahrung ... 318
Einführung des „Fahrscheinfreien Stadtvrkehrs" ... 319

Straßenbauten/Sanierungen ... 319
Brückenbauten ... 320
Neue Namen für alte und neue Straßen ... 321
Neue Wirtschaftsformen und Betriebe ... 323
Das Templiner Gewerbegebiet · 323; Das Bekleidungswerk · 324; Der Wasserwirtschaftsbetrieb · 324; Die „Templiner Backstuben“ · 325; Anschlüsse für Telefon, Gas, Öl und Strom · 326; Die Templiner Verkehrsbetriebe · 326; Weitere Betriebe und Einrichtungen · 327
Vom Eisenbahnknotenpunkt zum Industriedenkmal ... 327
Wohnungsbau ... 329
Neue Wohngebiete – Schaffung von Wohneigentum · 329; Sozialer Wohnungsbau · 330; „Schöner Wohnen für die Alten“ · 330; „Aus Alt mach Neu“ – Wohnungssanierung und Modernisierung durch „WOBA-Templin-UM“ und „Wohnungsbaugenossenschaft Uckermark Templin“ e. G. · 332
Einkaufszentrum contra „Tante Emma-Laden“ ... 333
Gesundheitseinrichtungen ... 336
Das Templiner Sana-Krankenhaus · 336; Ärztehaus statt Poliklinik · 337; Von der Reha-Klinik zur „Seniorenresidenz an der Buchheide“ · 338
Eine neue Schullandschaft entstand ... 339
Grundschulstandorte · 340; Von der Real- und Gesamtschule zur Oberschule · 340; Das Templiner Gymnasium · 341; Schulen in freier Trägerschaft · 343; Das Schicksal des „Joachimsthalschen Gymnasiums“ · 344; Von der Berufsschule zum Oberstufenzentrum · 346; Der „Templiner Waldhof“ · 347; Das Kinderheim „Elfriede Paul“ · 348; Das Templiner Bildungswerk · 348
Templiner Kindertagesstätten ... 349
Vom „Volkskundemuseum“ zum „Museum für Stadtgeschichte Templin“ ... 349
Das MKC – ein kultureller Leuchtturm in der Uckermark ... 351
Die Kantorei Templin - das kirchenmusikalische Zentrum der Uckermark ... 353
Von der Volksbücherei zur Stadtbibliothek ... 354
Templin als Tourismuszentrum in der Gegenwart ... 354
Hotels, Gaststätten und Pensionen · 357; NaturThermeTemplin – Thermalsoleheilbad · 359; Mit der Draisine von Templin über Lychen nach Fürstenberg · 362
Ein Stadtrundgang 2012 ... 363
Stadtfeste, Stadtmauerlauf und andere Höhepunkte ... 369
Templiner Stadtfest · 369; Historische Stadtfeste · 370; Templiner Stadtmauerlauf · 370; Rhein-Hessisches Weinfest · 372; Templiner Wasserspiele · 372; Postheimfeste · 373
Templin feierte 725 Jahre Ersterwähnung – 29.9. bis 1.10.1995 ... 373
Vereine bringen sich ein ... 374
Templiner Sportvereine ... 380

TEIL IV • CHRONOLOGIE ZAHLEN – EREIGNISSE – FAKTEN

Templin-Chronologie ... 382
Die Bürgermeister der Stadt Templin ... 552
Bevölkerungsstatistik ... 554
Alte und neue Städtepartnerschaften ... 555
Templiner Persönlichkeiten ... 556
Historische Raritäten für die Stadt ... 580
Archäologische Grabungen holten „alte Stadtgeschichte(n) ans Licht“ ... 581
Älteste Familien der Stadt ... 584
Älteste Betriebe und Unternehmen (bis 2012) ... 586
Kurioses ... 587
Wetterkapriolen ... 589

ANHANG

Zitatnachweis ... 592
Kartennachweis ... 593
Bildnachweis ... 594
Literaturverweise ... 594
Personenregister ... 596
Sachregister ... 600

Grusswort

Sehr geehrte Damen und Herren,

es freut mich außerordentlich, dass es der Autorengemeinschaft unter Regie von Frau Bärbel Makowitz gelungen ist, eine Darstellung der Geschichte unserer Stadt von den Anfängen bis zur Gegenwart vorzulegen. Früher geschriebene Chroniken von Hans Philipp und Walter Blankenburg endeten im Jahr 1925 bzw. 1933.

Sie, liebe Leser, werden schnell bemerken, dass hier eine wahrlich intensive Recherchearbeit erfolgt ist und in prägnanter Weise die Geschichte unserer Stadt Templin erzählt wird. Ich kann Ihnen versichern, dass Ihnen das Lesen der vielen kleinen und großen Episoden aus den Jahrhunderten viel Freude bereiten wird. Viele Fakten aus dieser umfangreichen Arbeit haben mich persönlich sehr begeistert. Sie, liebe Leserinnen und Leser, werden viel Neues, eventuell auch bereits Bekanntes entdecken. Sowohl für Templiner als auch für interessierte Besucher ist dieses Werk eine wertvolle Hilfe, um Templin mit seinen vielen Facetten besser kennenzulernen.

Mein besonderer Dank gilt den Initiatoren Frau Bärbel Makowitz, Herrn Eitel Knitter und Herrn Martin Kunze, die mit viel Akribie, Engagement und Herzblut dieses Buch zu dem gemacht haben, was Sie heute in den Händen halten.
Ich wünsche Ihnen viel Spaß beim Lesen und Entdecken der Geschichte unseres Thermalsoleheilbades,

Ihr
Detlef Tabbert

Bürgermeister der
Stadt Templin, im April 2013

Vorwort

Templin, inmitten der reizvollen Endmoränenlandschaft des nördlichen Brandenburg mit idyllischen Seen und tiefen Wäldern gelegen, bietet mit der im deutschen Norden am besten erhaltenen mittelalterlichen Stadtmauer, mit von ihren Eigentümern liebevoll restaurierten alten Fachwerkhäusern und der weithin bekannten NaturTherme das Bild einer modernen, reizvollen märkischen Kleinstadt mit ausgeprägtem historischem Flair.

Die Anfänge der Stadt gehen weit zurück. Am 2. Oktober 1270 wurde sie erstmals als „Templyn" anlässlich eines Ländertausches zwischen askanischen Markgrafen und dem Brandenburger Bischof erwähnt. Eine beim Besuch des Markgrafen Otto IV. („Otto mit dem Pfeil") 1287 ausgestellte Urkunde weist ebenfalls auf die im ersten Drittel des 13. Jahrhunderts am Schnittpunkt wichtiger Handelsstraßen erfolgte Gründung des „Oppidum Templin", der Stadt Templin, hin. Zunächst als fester Platz der Herrschaft der Brandenburger Markgrafen gegen den Ansturm der Mecklenburger und Pommern gedacht, entwickelte sich Templin um 1450 zum vorübergehenden wirtschaftlichen Zentrum der Uckermark.

Das heutige Thermalsoleheilbad, liebevoll als „Perle der Uckermark" bezeichnet und eben deshalb Ausflugs- und Reiseziel zahlreicher Touristen, durchlebte nicht nur „goldene Jahre", wie Geschichtsnotizen die Zeit um 1380 nennen.

Verheerende Brände suchten die Stadt heim, zerstörten sie beim großen Brand 1735 bis auf die Stadtmauer und die Sankt-Georgen-Kapelle vollständig, vernichteten wieder und wieder die heute von Chronisten benötigten Urkunden. Zu Beginn des 17. Jahrhunderts wütete die Pest, im darauf folgenden Dreißigjährigen Krieg starb die Stadt bis auf 30 Familien aus. Und schließlich waren es die am 6. März 1944 von einem alliierten Geschwader auf die wehrlose Stadt abgeworfenen Bomben und weitere Kriegsauswirkungen, denen 215 Menschen und große Teile der Bausubstanz der Innenstadt zum Opfer fielen.

Doch Templin überlebte, wurde immer wieder aufgebaut. Seit 1992 gehört die Stadt zu den Gründungsmitgliedern der Arbeitsgemeinschaft „Städte mit historischem Stadtkern" des Landes Brandenburg. Zielsetzung war und ist die Pflege historischer Stadtkerne, die Bewahrung historischer Bausubstanz und behutsam erfolgende Erneuerung sowie deren Erfüllung mit neuem Leben. Wie gut die umfassende Erneuerung unserer Stadt seither gelungen ist, können Einheimische beim Rundgang durch die Innenstadt ebenso erleben wie die zahlreich kommenden Besucher.

Jede Stadtgeschichte bedarf der Bewahrung und Erläuterung. Die bisher geschriebenen Stadtgeschichten, so die von Hans Philipp und Walter Blankenburg, enden 1925 bzw. 1933. Sie waren eine wesentliche Grundlage dieser Arbeit.

Der vorliegende Band sieht seine Aufgabe vor allem darin, entscheidende Daten, Fakten und Ereignisse aus der Geschichte der Stadt Templin darzulegen. Dazu werden in den historischen Ablauf einzelne, die Stadtgeschichte prägende Besonderheiten eingefügt, wie zum Beispiel der Bau der Befestigungsanlagen, die Rolle von Handwerk und Zünften oder die Entwicklung von Schulen und Betrieben sowie die Zeit der Wende. Zusätzlich werden Geschichten und Episoden eingeblendet, die Historisches unterstreichen oder auflockern.

Templin war seit seiner Gründung fester Bestandteil Brandenburgs. Deshalb wird in hervorgehobenen Passagen des vorliegenden Textes nicht nur die enge Verbindung der Stadtgeschichte mit der überregionalen Geschichte des Landes Brandenburg, sondern auch der Geschichte Preußens, Deutschlands und Teilen der Weltgeschichte verdeutlicht.

Im letzten Teil des Buches werden alle bekannten Daten und Fakten, auch die nicht verwendeten, in chronologischer Folge aufgeführt. Es erwies sich allerdings als unmöglich, alle Einzelheiten der Stadtgeschichte aufzunehmen und zu bearbeiten. Das war selbst in der den Textteil ergänzenden Chronologie nicht möglich. Die Ausführungen beschränken sich zudem vor allem auf die Geschichte der Stadt. Die 2003 eingegliederten Ortsteile werden nur vorgestellt, ihre ausführliche Geschichte und Darstellung bedarf einer weiteren Erarbeitung.

Des Weiteren werden Bürgermeister und Ehrenbürger der Stadt, berühmte Persönlichkeiten, Kuriositäten, historische und archäologische Besonderheiten vorgestellt sowie eine Bevölkerungsstatistik aufgenommen.

Nicht nur einmal ergaben sich aus den Akten der Archive bzw. den eingesehenen Unterlagen für zurückliegende Ereignisse Doppelungen oder widersprüchliche Aussagen, denn Stadtbrände, Kriege und, zum Teil bewusst, unsachgemäßer Umgang mit Archivalien führten zu großen Verlusten und Lücken.

So musste die Stadt bereits am 9. September 1931 ihre Archivalien von 1536 bis 1826 ans Geheime Staatsarchiv in Berlin-Dahlem abgeben. Sie lagern heute im Brandenburgischen Hauptarchiv in Potsdam. Ende 1943 hatte der Reichsmarschall Hermann Göring den geheimen Befehl herausgegeben, Akten aus Archiven auszulagern, damit sie bei Bombenangriffen nicht vernichtet werden. Diesem Befehl kam auch die Stadtverwaltung nach und brachte Akten im Gandenitzer Forsthaus und im Prenzauer Tor unter. Die in Gandenitz gelagerten Unterlagen, teilweise mit einem Hakenkreuz gekennzeichnet, wurden aus Furcht vor der herannahenden Roten Armee verbrannt, die im Prenzlauer Tor verrotteten, da es nach Kriegsende lebenswichtigere Aufgaben gab. Als Templin 1952 nach der Gebietsreform zum Bezirk Neubrandenburg kam, mussten Archivalien ans Landeshauptarchiv in Potsdam abgetreten werden. Ein Findbuch mit der Auflistung dieses Materials liegt im Stadtarchiv vor. 1978 sollen Bauunterlagen, die ins Mühlentor ausgelagert worden waren, auf die Müllkippe nach Milmersdorf verbracht worden sein. Anfang der 80er Jahre forderte der Rat des Kreises, die „Templiner Kreisblätter" von 1850 bis 1945 an die Devisenbeschaffungsfirma von Schalk-Golodkowski abzuliefern, was Bürgermeister Heinz Kragl zum Glück ablehnte. Letztmalig wurden Unterlagen, unter anderem die „Templiner Zeitungen", nach Prenzlau ins Kreisarchiv überführt, als Templin 1993 seinen Kreisstadtstatus verlor.

Erstmals nach Hans Philipp, dessen Buch „Geschichte der Stadt Templin“ 1925 erschien, wird die Geschichte Templins, der „Perle der Uckermark“, umfassend in einem Buch veröffentlicht. Es ist die fast 800-jährige Geschichte einer Stadt, die im Laufe der Jahrhunderte zahlreiche Wechsel nicht nur von Herrschern, sondern ganzer, sehr verschiedener, Systeme erlebte, einer Stadt, die ungeachtet vieler Rückschläge, immer schöner, immer lebens- und liebenswerter wurde.

Gewidmet der Stadt Templin und ihren Bürgern

Danksagung

Die Entstehung dieses Buches wurde für uns eine ganz besondere Reise in die Vergangenheit. Sie führte uns in Archive, ließ uns Zeitzeugen der jüngsten Vergangenheit und die immer weniger werdenden Zeitzeugen des 2. Weltkrieges und des Neubeginns befragen. Der größte Teil unserer Recherchen bezog sich auf das Studium von einigen Tausend Seiten von Akten und Zeitungen der Jahrgänge von 1851 bis 2012.

An erster Stelle möchten wir uns deshalb bei unseren Ehepartnern bedanken, die uns die viele Zeit für diese Arbeiten gelassen haben, und insbesondere bei Herrn Erwin Makowitz, der die Entstehung des Manuskripts mit kritischem Blick begleitete und ebenfalls ein eifriger Zeitungsleser war.

Für Form und Gestaltung bedanken wir uns bei unserem Layouter Jürgen Liedtke ganz herzlich.

Wir hatten das Glück, bei der Stadtverwaltung, insbesondere beim Bürgermeister, Herrn Tabbert, und Herrn Saborosch, immer offene Türen zu finden, so dass dadurch manche Hürde genommen wurde.

Unseren besonderen Dank möchten wir auch den Mitarbeitern des Kreisarchivs, Frau Schmidt, und des Stadtarchivs, Frau Schmidt und Frau Ackermann sagen, die uns die Recherchematerialien zur Verfügung stellten und manchmal auch noch Überraschendes präsentierten. Dank gebürt auch Herrn Tiebel, der Einblicke ins evangelische Kirchenarchiv gewährte. Danke auch an die Zeitzeugen, die hier nicht alle aufgezählt werden können. Stellvertretend möchten wir Herrn Herzog für die Informationen zur Eisenbahngeschichte danken, Frau Elfriede Sydow und Herrn Horst Sydow, Frau Dr. Bestmann, Frau Margit Dura sowie Herrn Dr. Peter Kayser, die uns Einblicke in die Zeit nach dem II. Weltkrieg gaben. Herr Ulrich Beeskow und Herr Jürgen Baron unterstützten uns mit ihren Erinnerungen an die Zeit der Wende. Ein Dankeschön geht auch an Herrn Reifenstein für seine Informationen zum „Waldhof“. Unser besonderer Dank gilt Herrn Wolf-Hasso Seybold, Herrn Breyer und Herrn Uwe Werner für das kostenlose Bildmaterial.

Wir danken der Sparkasse Uckermark, die Schülern und Lehrern der Stadt dieses „Templiner Geschichtsbuch“ zur Verfügung stellt.

Templin, im April 2013

Vorwort zur 2. Auflage

Das Erscheinen des Buches hat eine große Resonanz gefunden, sodass nach kurzer Zeit eine Nachauflage notwendig wurde. Für die zweite Auflage haben wir unter Beachtung von Hinweisen innerhalb des bestehenden Rahmens Korrekturen und Ergänzungen vorgenommen.

Die Templiner Persönlichkeiten wurden um Friederike Krüger, den Juristen und Staatsrechtler Franz von Holtzendorff und Walter Blankenburg ergänzt. Letzterer hat sich bekanntlich um die Stadtgeschichtsschreibung besonders verdient gemacht. Ebenso werden der langjährige Kantor Dr. Klaus-Jürgen Gundlach sowie die Journalistin und Schriftstellerin Holde-Barbara Ulrich in dieser Rubrik gewürdigt.

Einen eigenen Platz räumen wir auch der Kantorei Templin ein, die zu den besonderen Kulturträgern unserer Stadt zählt.

Das Templiner Krankenhaus hatte in den 70er und 80er Jahren das Gesundheitswesen im DDR-Maßstab mitbestimmt. Es trug deshalb den Beinamen „Universität im Grünen". Das haben wir ergänzend berücksichtigt und auch notwendige Änderungen eingestellt.

Auch die Aufzählung bekannter Templiner Sportler haben wir erweitert und neben den Russischassen weitere Talente bzw. Preisträger anderer Bereiche aufgezählt.

Um den Zugriff auf Fakten und Daten zu vereinfachen wurde ein Sach- und Personenregister angefügt.

Trotzdem können wir auch in dieser Nachauflage keine Vollständigkeit erreichen, da das im Rahmen eines solchen Buches nicht möglich ist. Manches wurde nur angedeutet bzw. gar nicht genannt, wie z. B. Betrachtungen zum Waldbesitz der Stadt oder zur Entwicklung des Sports nach 1990.

Templin, im November 2013

TEIL I

VON DEN ANFÄNGEN BIS 1945

Das Landschaftsbild

Die Stadt Templin liegt auf dem Gebiet der Uckermark und im gleichnamigen Landkreis. Die Uckermark, auch als „Toscana des Nordens“ bezeichnet, bildet den nördlichsten Zipfel der Mark Brandenburg.

In seiner Ost-West-Ausdehnung erstreckt sich das Territorium der Uckermark von der Oder bis zur mittleren Havel, in der Nord-Süd-Ausdehnung zieht es sich vom Oderhaff bis zum Oder-Havel-Kanal hin. In früher Zeit hieß dieses Land „Ucra“, „Ukera“ oder auch „Uckerland“. Abgeleitet wird dieser Name von dem slawischen Stamm der Ukrer, die vor 1500 Jahren hier siedelten. Erstmals wurde der Name 1465 in einer Urkunde genannt. Ukra bedeutet slawisch die Grenze, „ukrai“, deutsch, Grenzland.

Wolfgang Knape fand in seinem Büchlein „Die Uckermark“ eine andere interessante, wenn auch nicht exakte, Erklärung. Er beruft sich auf Sprachkundige, die das Wort „Ucker von dem Verb schlängeln ableiten, was sich auf den Fluss Ucker beziehen würde, welcher direkt aus dem Wilden Rosmarin, aus dem Motten- und Wanzenkraut, der Teufelsspose bei Neu-Temmen im Kreis Templin entspringt und in zahlreichen Windungen und so ganz ohne Eile über Prenzlau und Pasewalk nach Ückermünde zum Oderhaff plätschert. So wäre die Uckermark – die „Geschlängelte“. (1)

Die vor 12000 Jahren während der Weichseleiszeit aus Skandinavien kommenden Gletscher formten das Relief unserer Landschaft, sodass die vor 10000 Jahren entstandene glaziale Serie aus Urstromtal, Grund- und Endmoräne sowie San-

Die Lage Templins am Templiner See (B 1)

derflächen heute noch in der Uckermark erlebbar ist. Im Laufe der Jahrhunderte war das Land zur Bewirtschaftung gerodet und trockengelegt worden. Doch in den letzten Jahren gelang es durch unterschiedlichste Initiativen die Spuren der Eiszeit wiederzubeleben, sodass sie nirgendwo so deutlich wie in der Uckermark zu finden sind. Eisfelder schoben damals riesige Findlinge, Steine, Geröll, Sand und Ton in unser Territorium, die unsere Vorfahren zum Bau der Stadtmauer, Kirchen und Häuser gut zu nutzen wussten. Von den eiszeitlichen Strukturen zeugen heute noch die dichten Mischwälder mit Rinnen- und Toteisseen, entstanden aus abgeschmolzenen, in der Erde steckengebliebenen, Gletschern. Landstriche, die für die Landwirtschaft ungeeignet waren, sind noch heute von Buchenwäldern überzogen, besiedelt mit Gräsern und Waldmooren von geheimnisvollem Zauber, Lebensraum für seltene Lebewesen wie Kammmolch, Rotbauchunke und Erdkröte. Auch die europäische Sumpfschildkröte wurde durch die kleinen, ruhigen Gewässer, mit Fröschen und Insekten als Nahrungsquelle, wieder aus dem Balkan hierhergelockt. Die Feuchtgebiete sind auch Grundlage für seltene Pflanzen wie Moose und Orchideen.

Das Landschaftsbild um Templin wurde maßgeblich von der Endmoräne der Feldberger/Alt-Temmener Staffel, der am weitesten nach Südwesten vorgeschobenen Staffel, girlandenförmig in mehreren Bögen von Feldberg her kommend und über Thomsdorf, Warthe, Klosterwalde und Kölpin verlaufend, geformt.

Die Hochflächen der Templiner Platte werden von zahlreichen, sich zum Teil kreuzenden Spaltenseen, die sich um den Bruchsee lagern – Templiner See, Netzow-, Gleuen- und Fährsee, durchbrochen. Sie bilden ein markantes und sehenswürdiges Beispiel eines Naturwunders, das sogenannte „Templiner Seenkreuz“. Die Schmelzwasseransammlungen hinterließen auch den Lübbesee, mit 12 km der längste See in der Umgebung, und viele kreisrunde Tümpel wie den Egelpfuhl oder den in der Nähe der Rodelbahn. Entstanden sind diese sogenannten Sölle, „Augen der Landschaft“ genannt, durch unter dem Moränenschutt eingelagerte Eisblöcke. Diese tauten erst später ab, der darüber liegende Geröllschutt sackte nach und übrig blieben die Wasserlöcher.

Neben zahlreichen Seen und Wasserarmen erstrecken sich in unserer Gegend Moore und Wiesensenken sowie ausgedehnte naturbelassene Wälder mit Rot- und Hainbuchen im Norden und Kiefern im Süden.Über einige hundert Hektar erstreckt sich in der Nähe ein riesiges Sandergebiet – die Tangersdorfer Heide, die mit Silbergras, Heidekraut und Becherflechten, der Heidelibelle und Zauneidechse, ein besonderes Biostop darstellt.

Die Stadt liegt ca. 54 – 62 Meter über dem Meeresspiegel. Das kontinentale Klima bringt geringe Niederschläge, dafür eine durchschnittlich hohe Sonnenstundenzahl. Seit langer Zeit trägt Templin auf Grund seiner einzigartigen Lage, eingebettet in viele Seen und Waldgebiete, den Beinamen „Perle der Uckermark“ bzw. „Stadt der Seen und Wälder“.

Der Templiner Max Lobedan erläuterte die Schaffung unserer Landschaft folgendermaßen: „Dass die Welt in sieben Tagen erschaffen wurde, so wie es im Alten Testament verzeichnet ist, mag wohl für den Rest der Welt Gültigkeit haben, aber nicht für die Uckermark. Sie hat eine eigene Schöpfungsgeschichte. Ehm Welk hat so etwas in seinen `Heiden von Kummerow` schon angedeutet, mir ist eine andere Lesart bekannt.

Seine Mark Brandenburg schuf der Herrgott etappenweise und hatte eigentlich vor, hier das Paradies entstehen zu lassen. Doch dass es nicht so paradiesisch wurde, das hat er seinem ständigen Begleiter, dem Teufel, zu verdanken, der ihm immer ins Handwerk pfuschte, wenn sich dazu eine Gelegenheit ergab.

Die letzte Etappe seiner Schöpfung in Brandenburg, das war eben die Uckermark. Hier sollte nach der Lausitz, dem Fläming, dem Barnim und dem Havelland etwas geschaffen werden, was einmalig war und was die Fehler ausbügeln sollte, die in den anderen Landesteilen aufgetreten waren. Er wanderte mit seinem ständigen Begleiter von der Lausitz über den Barnim bis an dessen Grenze. Und hier lag das Land, aus dem einmal die Uckermark werden sollte, vor ihm – ungefügt und ungestaltet.

Es war ein heißer und windiger Tag. Als sie ein paar Schritte in die zukünftige Uckermark eingewechselt waren, da blies dem lieben Gott der Wind so viel märkischen Sand in die Augen, dass er nichts mehr sehen konnte. `Schietkroam` entfuhr es ihm und damit hatte er das erste Wort im uckermärkischen Platt gesprochen. Der Teufel sah, dass er mit seinem Herrn unbedingt eine Pause einlegen musste. Er schob aus dem Umland einen Hügel zusammen, auf dem sich beide ausruhen wollten. Es ist der gleiche Hügel, auf dem heute der `Grützpott` bei Stolpe zu finden ist.

Da die Erschaffung der Uckermark auch eine Terminsache war (so etwas gab es auch damals schon) und man nicht in Verzug geraten wollte, machte der Teufel seinem Herrn den Vorschlag er wolle schon etwas vorarbeiten, bis die Augen des lieben Gottes wieder klar sehen könnten. Dem Herrn war es recht. `Pass auf`, sagte er, `im Osten ist die Oder die Grenze, im Westen die Havel, im Norden gehen wir bis an die pommersche Grenze, und Mecklenburg wird sowieso erst einhundert Jahre später erschaffen. Modelliere du also ganz grob die Uckermark. Machst du etwas falsch, so kann ich das ja immer noch revidieren`. `Au fein`, dachte der Gehörnte, `ich will dem Alten jetzt einmal zeigen, was für eine tolle Landschaft ich ihm hinsetzen werde.`

Also machte er sich ans Werk und ließ seinen Herrn beim Augenauswischen zurück. Für die Oder schuf er eine breite Rinne, denn es musste ja Platz sein für das jährliche Frühjahrshochwasser. Und da er für die Pommern schon immer etwas übrig hatte, verlängerte er den Strom bis zum Haff. Auf der Westseite war es schon schwieriger. Die Havel kam ja aus einem Land, das es noch gar nicht gab. Aber da die Woblitz aus Lychen genug Wasser brachte, kam er auch damit zurecht. So schuf er bis ins heutige Zehdenick einen wundervollen Flusslauf.

Was aber tun mit dem Land zwischen den Flüssen? Der Teufel dachte nach.

Flach wie vieles in Brandenburg sollte das Land nicht werden, auch Wasser sollte in Hülle und Fülle da sein. Also müssten Seen erschaffen werden und zwischen den Seen müssten Fließe sein, um die Seen miteinander zu verbinden und um das Wasser abzuleiten. Wasser fließt aber nur bergab, das wusste er. Also muss man auch Berge schaffen. Doch Gerechtigkeit muss auch sein. Es kann nicht angehen, dass das Wasser nur in eine Richtung strömt, wie die Spree, sondern die gesamte Landschaft müsste davon etwas abbekommen. So formte er quer durch die Uckermark eine Reihe von Hügelketten, nach Norden zu immer die nächste ein wenig höher als die vorhergehende. Das Wasser dazwischen musste zu beiden Seiten hin abfließen.

Und so formte er, mit göttlicher Vollmacht versehen, die Höhenzüge und Täler, die später von den Wissenschaftlern dem Wirken der Eiszeit zugeschrieben wurden. Und dann kam ihm noch eine Idee. Er schuf einen Fluss, dessen Quelle in der Nähe des heutigen Ringenwalde liegt und ließ ihn nach Norden fließen. Dieser Fluss sollte später einem Volksstamm und der gesamten Landschaft den Namen geben. Es ist dies die Ucker. Doch da, wo die Uckermark aufhört, da wo Pommern beginnt, von da an heißt der Fluss `Uecker`.

Um aber immer Wasser für die Landschaft zu haben, wurden in den Flusstälern Staubecken eingebaut. So entstanden die vielen Seen, auf die wir heute so stolz sind. Und diese Seen leiten das Wasser, das sie übrig haben, über immer größer werdende Fließe zur Oder, zur Ucker oder zur Havel. Bekannt geworden sind sie als Welse, als Strom, als Quillow, als Woblitz, um nur die bedeutendsten zu nennen. Das war die Grobarbeit, die der Teufel leistete, ehe der Herr wieder sehend wurde. `Nicht schlecht`, räumte er ein, als er sich einen Überblick verschafft hatte, `doch nun mache ich mich an die Feinarbeit!` Und so modellierte er, kratzte da was weg, ebnete dort, wo ihm etwas zu steil erschien, schuf Übergänge, wo die Landschaftsgegensätze zu doll auf einander stießen, bis er mit der Uckermark nach seinen Vorstellungen zufrieden war. Er lobte sogar den Teufel für seine geleistete Arbeit, fragte aber nicht nach, weshalb der Gehörnte so teuflisch grinste.

Er kam gar nicht auf die Idee, dass dieser dabei auch wieder eine Schurkerei begangen haben könnte. Das kam erst viel später heraus, als die Menschen begannen, die Uckermark zu besiedeln. Da merkten sie, dass in ihrer uckermärkischen Erde unendlich viele Steine aller Größenordnung vergraben waren. Die größten von ihnen stanken noch nach Schwefel, so dass der Volksmund sie auch gleich als Teufelssteine benannte. Die größten sind erhalten, sie liegen im Ringenwalder Gutspark, im Boitzenburger Tiergarten, am Rand der Zerwelliner Heide.

Doch was der Teufel nicht voraussehen konnte, der Mensch machte sich diese von den Feldern gesammelten Lesesteine zu Nutze. Haus und Stallmauern errichtete er davon, Stadtmauern wurden daraus gebaut und was ihn später am meisten ärgerte, auch wunderschöne Kirchen wurden daraus geschaffen. So ward der Grund gelegt für unsere Heimat und wir können zufrieden sein, dass sie so schön geworden ist.“ (2)

Die Besiedlung

Die Besiedlung des heutigen Stadtgebietes und des unmittelbaren Umfeldes erfolgte, wie vereinzelte Funde beweisen, bereits in der Mittelsteinzeit (12 000 – 5 000 v. Chr.) durch den Volksstamm der Semnonen. Diese Aussage wird belegt durch einige östlich des Grundstücks der Friedrich-Engels-Straße 2 gemachte Funde, so z. B. einen Kernstein, einige Mikrolithe und ein prismatisches Messerstück. In der Nähe des Neuen Tores wurde ein Walzenbeil sichergestellt, auch im Bereich des Vorstadtbahnhofes konnten weitere Relikte geborgen werden.

Aus der Jungsteinzeit (5 000 – 2 000 v. Chr.) liegen ebenfalls Funde von Steinbeilen beim Vorstadtbahnhof und auf dem Schulgrundstück am Eichwerder vor. Feuersteingeräte fand man in der Martin-Luther-Straße sowie zwischen Mühlen- und Schinkelstraße.

Niederlassungen in der Bronzezeit belegen Flachgräber- und Urnengräberfelder am Lübbesee (Kuhbad). Weitere Spuren führen in die Mühlenstraße sowie zum Sportplatz der Goetheschule. Ansiedlungen der Eisenzeit sind durch ein Gräberfeld bei Karlshof nachgewiesen, ebenso mehrere Siedlungsstellen am Netzowsee und im Bereich der heutigen NaturTherme.

Im Verlauf der Völkerwanderungszeit um 500 n. Chr. zogen die hier lebenden germanischen Stämme nach Süden. Das Land wurde weitgehend menschenleer. Die Neuerschließung bis zur Elbe begann im 7. Jh. durch aus dem Osten und Südosten kommende slawische Stämme. Das belegen einzelne Funde in der Ernst-Thälmann-Straße und am Nordhang des Templiner Sees. Die Funde aus der Slawenzeit deuten nur auf Einzelgehöfte hin, nicht auf eine geschlossene Ansiedlung. Vorstellbar wäre allerdings eine Nutzung des Weinbergs als slawische Fluchtburg.

Alle Funde weisen darauf hin, dass sich die spätere Entwicklung Templins in einem zur Slawenzeit kaum genutzten Gebiet vollzog.

Das Gebiet der Uckermark wurde von den Ukranen, einem Stamm der „Welten“ oder „Welitzen“, und den Obodriten um das 7. Jh. bevölkert. Östliche Nachbarn waren die „Pomerani“, die am Meer Lebenden, im Südwesten waren es die „Rizanen“, die am Strom Lebenden.

Lassen wir an dieser Stelle noch einmal Max Lobedan erzählen:

„Bei der Erschaffung der Uckermark legte der liebe Gott zunächst eine Pause ein. Er machte sich auf den Weg, um nachzuschauen, ob auch alles so geworden ist, wie er sich das gedacht hatte. Na, ja, der Weizberg bei Temmen, der hätte etwas höher sein können, der Uckersee bei Prenzlau etwas kleiner, der Wald bei Warthe etwas lichter. Doch im Großen und Ganzen konnte er zufrieden sein.

Dabei fiel ihm ein, dass zur richtigen Uckermark ja eigentlich die Uckermärker gehörten. Gedacht-getan, er nahm von jedem Lehmberg zwischen Stolpe und Criewen eine Handvoll mit, um daraus einen Menschen nach seinem Ebenbild zu schaffen. Um aber ein wenig Freude an seinem Werk zu haben, suchte er unter den Lehmsorten die verschiedensten aus. Von Stolpe nahm er die unterschiedlichsten

Brauntöne, von Stützkow gelbe und aus der Criewener Ecke ganz helle Farbtöne. Dann setzte er sich auf einen Berg, verpustete ein Weilchen, denn der Jüngste war er ja auch nicht mehr. Er nahm sich ein Brett und begann die Lehmkugeln, jede für sich richtig durchzukneten, damit sie nachher gut formbar wären. So formte er aus dem dunklen Lehm eine ganze Reihe kleiner Kugeln und legte sie rechts auf sein Brett. Aus dem hellen Lehm machte er genauso viele Kullerchen und legte sie links auf das Brett. Aus den linken sollten einmal die Frauen werden, aus den rechten die Männer. Und um auf alle Fälle sicher zu gehen, wollte er jedem Mann seine Frau zuordnen. Dann legte er, durch einen breiten freien Streifen getrennt, immer eine braune und eine helle Kugel gegenüber und befahl: `Aus Euch wird ein Paar!` Da jedoch die Sonne so warm schien, er durch das Wandern und die Kneterei reichlich müde geworden war, beschloss er, erst einmal eine Pause zu machen. Er streckte sich ins Gras und bald war er eingeschlafen. Doch der Teufel, sein ewiger Widersacher, hatte den Alten schon den ganzen Tag über im Visier gehabt und sich gewundert, weshalb der von jeder Lehmkuhle eine Handvoll in die Tasche gesteckt hatte. Als er dann, hinter einem Busch versteckt, dem lieben Gott zusah, wie der aus dem Lehm Kugeln formte, da dachte er zunächst, jetzt will er auch noch das Murmelspiel erfinden. Als er dann sah, dass der Alte sich zur Ruhe gelegt hatte und er auch ein leises Schnarchen vernahm, da schlich er näher. Er sah auf dem Brett wohlgeordnet links lauter helle kleine Lehmkügelchen, rechts genauso viele dunklere. ´Was der Alte kann, kann ich auch´, sagte sich der Teufel und rollte zunächst einmal alle hellen Kügelchen zu einer großen Lehmkugel zusammen. Das machte richtig Spaß, wie der Batzen in der Hand sich hin und her schieben ließ, wie man ihn rollen, in die Länge ziehen und wieder zusammenbacken konnte. Doch dann überkam ihn das schlechte Gewissen, das auch dem Teufel manchmal zu schaffen machte. Er formte, so schnell er konnte, wieder genauso viele kleine Kügelchen, wie es zuvor gegeben hatte und legte sie aufs Brett. Dann wollte er das Spiel auch mit den Kullerchen auf der rechten Seite des Brettes machen. Doch da war eine vorwitzige Fliege genau auf der Nase des lieben Gottes gelandet und ihr Kribbeln veranlasste den Alten, kräftig zu niesen. Das war das Signal für den Teufel, schleunigst zu verschwinden.

Doch der Alte schlief noch eine ganze Weile weiter. Als er munter wurde, war die Sonne schon am Untergehen. In aller Eile vollendete er nun sein Werk, ohne gewahr zu werden, dass der Teufel da ja mitgemischt hatte. Das bunte Völkchen, das er geschaffen hatte, machte sich munter auf den Weg und es ist möglich, dass Criewen, Stützkow oder Stolpe die ersten Dörfer waren, die von Menschen besiedelt wurden." (3)

Der Name

Der Name unserer Stadt wird unterschiedlich interpretiert. In germanischen Stämmen wurde mit timpen, tempen oder tempel ein steiler Ort oder Hügel bezeichnet. Damit ließe sich eine Verbindung zum Weinberg ziehen, der in früherer Zeit weitaus höher war und einen spitz nach oben zulaufenden „Zipfel" bildete. Hier könnte sich zu germanischer Zeit ein heiliger Platz oder die Gerichtsstätte, das „ting", befunden haben.

Dieser Name wurde eventuell den Slawen überliefert, die vielleicht die Endung -lin anhängten, was so viel bedeutete wie „am Wasser gelegen". So bedeutet Templin: „Ein am Wasser gelegener steiler oder hügeliger Ort." Die Deutung anderer slawischer Wurzeln könnte auch die Bezeichnung „Pappelort" oder „dunkler Ort" ergeben (topol – Pappel, temny – dunkel).

Eine weitere Herkunft führt Jörg Kunze in seinem Beitrag im Heimatkalender 2005 anhand des Brandenburgischen Namensbuches an. Er geht von dem von den Slawen genutzten altpolabischen Familiennamen „top-la", gesprochen „tap-la", aus. Top – bedeutet dumm, stumpfsinnig, durch die angehängte Silbe –la würde Templin übersetzt „Dummchen" heißen.

Womöglich ist der Name der Stadt Templin aber auch ein übertragener Ortsname einer früheren Siedlung? Bereits im Jahre 926 wurde im Havelgebiet bei Potsdam eine slawische Siedlung Templeyn zusammen mit Tesekendorf (Teschendorf, heute im Laatzer Forst, wüst), Petzin (Petznick), Netzen (Netzow) und Kölpin erwähnt, die heute im näheren Umfeld der Stadt Templin liegen.

Genannt wurde der Ort Templin auch 963, als in der Nähe Templins bei Potsdam der Slawenfürst Chodzy beim Durchschwimmen der Havel ertrank.

Es wäre denkbar, dass die Siedler dieser Orte Anfang des 13. Jh. auf der Suche nach besseren Bedingungen sich einem Treck von Kolonisten anschlossen, hier in der Uckermark eine neue Heimat fanden und ihr den alten Namen gaben.

In Potsdam erinnert heute nur noch der Templiner See an die ehemalige Siedlung Templin, die auch dem Gewässer den Namen gab.

Zur Vorgeschichte

Das Vordringen der „Deutschen" in die slawisch besiedelten Gebiete, die so genannte Ostexpansion, begann unter Karl dem Großen (768-814) und wurde von seinem Sohn Ludwig dem Frommen (778-840) fortgesetzt. Im 10. Jh. führten Eroberungszüge und der Versuch zur Christianisierung der slawischen Stämme unter dem ersten deutschen König Heinrich I. bis ins Gebiet der Ucker. Territorialgewinn und Christianisierung liefen dabei parallel. 934 gelang es, die Ukranen tributpflichtig zu machen. Das Land wurde 948 dem von Kaiser Otto I. 946 gegründeten Bistum Brandenburg angegliedert. Ein erster, 934 ausgebrochener Aufstand wurde zwar niedergeworfen, doch 983 beseitigte ein großer Aufstand der von der Warnow bis zur Grenze der Uckermark im Lutizenbund zusammengeschlossenen slawischen Stämme diese neue Herrschaft. Sie eroberten auch die Bischofssitze Havelberg und Brandenburg. Die Slawen konnten für weitere anderthalb Jahrhunderte ihre Unabhängigkeit wahren.

Durch den Bau von Burgen, die mit Palisadenzäunen und Wallgräben umgeben waren, verteidigten sie sich und ihre Gebiete gegen die west- und mitteleuropäischen Herzöge und Fürsten.

Doch zahlreiche Auseinandersetzungen zwischen den slawischen Stämmen untereinander ließen nur ein lockeres Staatengebilde entstehen. Das erleichterte es den deutschen Fürsten, in unserem Raum konkret den Pommern und Askaniern, später doch in diese Gebiete vorzudringen.

Die slawische Bevölkerung lebte aufgrund des Wasser- und Waldreichtums in diesem Territorium hauptsächlich von Fischfang, Jagd, Ackerbau und Viehzucht. Als Handwerk entwickelten sich in dieser Zeit die Töpferei, Stellmacherei, Böttcherei und Schuhmacherei. Die Produktionsinstrumente waren recht weit entwickelt, es wurde Eisen geschmolzen und für Haus- und Ackergerät verwendet. Auch die Töpferscheibe und die Drehmühle waren bekannt.

In der ersten Hälfte des 12. Jh. begann mit einer weiteren deutschen Ostbewegung die endgültige Unterwerfung der slawischen Stämme im heutigen Land Brandenburg.

Zwischen 1127 und 1134 setzten sich die bis dahin im Ostharz herrschenden Askanier in Brandenburg fest. 1134 wurde Albrecht I. („der Bär") aus dem Haus der Askanier vom Kaiser mit der Nordmark belehnt. Er holte Flamen, Wallonen, Niederländer und Westfalen in die Mark und war der eigentliche Gründer der Mark Brandenburg.

Albrecht der „Bär" versuchte auch das Uckerland zu erobern, vermochte aber nur bis Oranienburg und Eberswalde vorzudringen. Der Templiner Raum verblieb noch in der Hand der Pommern. Als 1147 der so genannte „Wendenkreuzzug" ausgerufen wurde, beteiligten sich daran zahlreiche deutsche Feudalherren, unter anderem Heinrich der Löwe und Albrecht der Bär, mit dem Ziel, im Osten und Nordosten weiteres Land und Untertanen zu gewinnen. Beim Fürstentag zu Havelberg 1148 wurden die bis dahin eroberten Gebiete verteilt. Zum zukünftigen Herrschaftsgebiet Albrechts gehörten nun auch Teile der späteren Uckermark.

Am 3. Oktober 1157 wurden die Askanier, so genannt nach ihrem Stammsitz Ascania bei Aschersleben im Harz, erstmalig urkundlich als „Markgrafen in Brandenburg" erwähnt.

Nach dem Tod Albrecht des Bären am 18. November 1170 in Ballenstedt verfolgten sein Sohn Otto I. (1170-1184) sowie seine Enkel Otto II. (1184-1205) und Albrecht II. (1184-1220) seine Pläne weiter. Sie eroberten Löwenberg und kamen in den Besitz von Zehdenick. Markgraf Albrecht II., der seinem Bruder Otto II. nach dessen Tode 1205 gefolgt war, suchte insbesondere den Vormarsch der Dänen und ihrer Lehnsmänner, der Pommern, nach Süden aufzuhalten. 1212 schloss er mit König Otto ein Bündnis gegen die Dänen und drang im Weiteren über Havel und Nuthe weiter nach Osten und Nordosten vor.

Noch unter Albrecht II. wurde 1215 Oderberg zu einem gesicherten und festen Platz ausgebaut. In Bötzow, später Oranienburg, Liebenwalde, Werbellin, Grimmnitz, Breden und Vietmannsdorf sowie im Wehrdorf Jordansdorf bei Hammelspring ließ er zum Schutz vor den Pommern Burgen anlegen.

Die markgräflichen Brüder Johann I. und Otto III. festigten nach 1220 die Herrschaft der Askanier, die Pommern unter Wartislaw III. und Barnim I. gerieten zunehmend unter deren Lehnshoheit.

Zwischen 1230 und 1250 gelangten die Askanier auch in das Gebiet um Prenzlau, Angermünde und Templin, die heutige Uckermark. Liselotte Enders, Verfasserin des „Ortslexikons der Mark Brandenburg", bezeichnete diesen Zeitraum als die „Geburtsstunde der Uckermark". Zur Festigung der Herrschaft zogen die Askanier aus dem Harz, der Altmark und Westfalen weitere Siedler in die Mark und boten ihnen als Gegenleistung Land, Baumaterial und für einen bestimmten Zeitraum Steuerfreiheit. Die Zugezogenen ließen sich auch im Gebiet des späteren Kreises

Das Uckerland um 1250 (K 1)

Templin nieder. Teils wurden neue Siedlungen gegründet, teils alte Ortschaften übernommen. Dazu gehörten u. a. Petznick, Mittenwalde, Haßleben, Milmersdorf, Klaushagen, Jakobshagen, Petersdorf.

Dabei gingen die Slawen in der neuen Mischbevölkerung auf. Parallel siedelten sich auch geistliche Orden an, die Klöster gründeten. In der Uckermark waren das vor allem die Zisterzienser, so in Boitzenburg, Himmelpfort und Zehdenick.

Von der Gründung Templins

1230 erwarben die Söhne Albrechts II., die askanischen Markgrafen Johann I. (1220-1266) und Otto III. (1220-1267), die 1220 gemeinsam die Regierung antraten, durch Kauf von den Pommernherzögen das Territorium, zu dem auch die Siedlungsstelle des heutigen Templin gehörte. Erleichtert wurde dieser Erwerb durch einen bereits 1219 geschlossenen Friedensvertrag zwischen ihrem Vater Albrecht II. und den Pommernherzögen. Gefestigt wurden die Ansprüche auf die neu erworbenen Gebiete durch den 1231 geschlossenen allgemeinen Frieden. Um die Grenze zu Mecklenburg und Pommern, die nicht genau festgelegt war, zu schützen, wurde zunächst Vietmannsdorf als Sitz der Askanier weiter befestigt. Man kann davon ausgehen, dass der 1250 abgeschlossene Vertrag von Landin und die damit von Barnim I. anerkannte Lehnshoheit der Askanier eine wichtige Voraussetzung zur Gründung Templins darstellt. Damit war die Herrschaft der Askanier über die Mark zunächst gesichert.

Im gleichen Jahr heiratete Markgraf Johann I. die Tochter des pommerschen Slawenfürsten Barnim.

Damit wurde Templin brandenburgisch. Seit dieser Zeit ist die Geschichte der Stadt Templin eng mit der der Mark Brandenburg verknüpft, was auch der Brandenburgische Adler im Templiner Stadtwappen manifestiert.

Nach der Stadtgründung Templins verschob sich der Verteidigungsraum in das Templiner Gebiet. Dass man nicht Vietmannsdorf zur Stadt ausbaute, sondern das Templiner Territorium zur Anlage einer Stadt kaufte, hatte verschiedene Ursachen. Dieses Gebiet eignete sich auf Grund der günstigen geografischen und strategischen Lage auf einer Anhöhe sehr gut zur Verteidigung gegen die Pommern und Mecklenburger. Umgeben und geschützt war dieser Platz einerseits vom Wasser des Templiner- und Fährsees (der Bruchsee war damals nur eine Bucht des Fährsees). Diese Sperre konnte man nur überwinden, indem man die Steinfurt durch das Labüskefließ überquerte und dem Weg über Engelsburg, Petersdorf und von dort parallel am Lübbesee entlang nach Templin folgte. Andererseits machten vor dem heutigen Prenzlauer Tor umfangreiche Brüche und Moore, und das sumpfige Gebiet um das heutige Hammerfließ, den Zugang unmöglich. Bei Karlshof war das Große Moor ein weiteres Hindernis. Dieses wurde durch die Einmündung des Hammerfließes in den Polsensee bei Vietmannsdorf und dessen sumpfige Niederung bis zur Havel noch verstärkt. In westlicher Richtung sperrten die Kanalwiesen, der Röddelin-, Kuhwall- und Lankensee das Gelände ab.

Begünstigend für die Anlage einer Stadt war auch die Möglichkeit zum Bau einer Wassermühle unter Ausnutzung des natürlichen Staus des Templiner Sees. Gleichzeitig wäre die Stadtfestung als Ausfalltor gegen Pommern und Mecklenburger zu nutzen. Zudem lag das Gebiet am Schnittpunkt alter Fernhandelsstraßen, die von diesem Platz aus gut kontrolliert werden konnten.

Das Jahr des Erwerbs der Siedlungsstelle Templins 1230 gilt auch als Gründungsdatum, das Stadtrecht wurde wahrscheinlich nach der ersten Befestigung um die Jahre 1240/50 verliehen.

Die Stadtgründung erfolgte durch einen so genannten Lokator. Beauftragt vom Landesherrn, entwarf er den Stadtplan, warb Siedler an, überwachte den Aufbau der Stadt und organisierte den Befestigungsbau. Als Gegenleistung erhielt er ein größeres Landstück, einen Anteil an den Gefällen (Steuern) und wurde Schultheiß (Bürgermeister). Damit hatte er die oberste und zivile Gerichtsbarkeit inne.

Die Anlage der Stadt zeigte bei ovalem Stadtgrundriss eine einheitliche Parzellierung, es wurde das so genannte fränkische Haus errichtet. „Das Haus liegt mit dem Giebel, der keine Tür, sondern nur drei Fenster aufweist, nach der Straße. In der Mitte der Längsseite, die zugleich Hofseite ist, liegt die Haustür, welche das lang gestreckte Haus teilt. Der vordere Teil mit der Küche, dem Wohnzimmer und der Kammer, die beide nach der Straßenseite liegen, wird vom Bauern und seiner Familie als Wohnung benutzt, während der hintere Teil als Pferde- und Kuhstall dient. Zwischen beiden liegen Kammern für das Gesinde und die heranwachsenden Kinder. Parallel zum Haus steht ein schmaler Schuppen (der Spieker), in den an der Straßenseite nicht selten eine Stube für die Altenteiler eingebaut ist. Den hinteren Abschluss der viereckigen Hofanlage mit der Dungstätte in der Mitte bildet die Scheune, die auf der Vorder- und Rückseite Tore hat, damit die Erntewagen durchfahren können. Ein Zaun, der von der Außenkante des Hauses zum gegenüberliegenden Schuppen läuft, schließt das Gehöft gegen die Straße ab. Ein großer Torweg und eine kleine Seitenpforte gestatten den Eingang. Der rings um das Gehöft liegende Garten ist gewöhnlich nur an der Straßenseite mit einer Feldsteinmauer umwehrt. – Sehr wahrscheinlich haben die Siedler ihre Gehöfte selbst gebaut, wobei sie sich gegenseitig behilflich waren. Die einfache Bauart der Häuser erforderte keine besondere Kunstfertigkeit, wurden doch alle Baulichkeiten durchweg in Holzfachwerk mit Lehmstaaken ausgeführt. Die Balken lieferten die benachbarten Wälder, das Rohr zur Eindeckung der Dächer wurde den Teichen entnommen.“ (4)

Die ersten dokumentierten Häuser datierten aus der Zeit von 1258-1273. Erste Siedler waren Bauern, Handwerker und Kaufleute aus der Altmark, dem Harz und aus Westfalen. Die Einwohner waren gleichberechtigt und konnten die genutzten Grundstücke nach Jahren käuflich erwerben. Neben der Bebauung ihrer Grundstücke waren die Bürger für den Bau des Rathauses und der Kirche sowie der Befestigungsanlagen zuständig. Zum Schutz der Stadt wurde wahrscheinlich, wie bei der Anlage anderer Städte, als erste Befestigungsanlage ein hölzerner Palisadenzaun errichtet, den ein Wallgraben und davor ein Wall aus dem ausgehobenen Erdreich umgaben.

Die Lage an den Fernhandelsstraßen, Wälder und fischreiche Seen waren Grundlage für die Existenz der neuen Stadt und ihrer Bewohner sowie für die Entwicklung von Handwerk und Handel. Wie aus einer alten Gemarkungskarte aus dem Jahre 1760 hervorgeht, reichten die Gewässer damals dicht an die spätere Stadtmauer heran.

Straßenkreuzungspunkt Templin

Die Stadt Templin entstand am Kreuzungspunkt zweier Handels- und Heerstraßen von überregionaler Bedeutung. Es waren Straßen, die zum Weltstraßennetz der „Via regia", der Königsstraßen, gehörten.

Das war insbesondere der alte Kolonistenweg von Magdeburg über Brandenburg-Nauen-Kremmen-Sommerfeld-Nassenheide-Grüneberg-Liebenwalde-Zehdenick-Vogelsang-Storkow-Vietmannsdorf nach Templin, und von hier aus weiter über Prenzlau-Löcknitz oder Pasewalk nach Stettin und Hinterpommern in die Gebiete des Deutschen Ritterordens nach Preußen bis zum Kaukasus. Sie verband somit Westeuropa mit Innerasien. Diese Route spielte bei der Erschließung und Kultivierung des Ostens, im Besonderen im 11. bis 14. Jh., eine herausragende Rolle. Die beschriebene Straße verlief durch das spätere Berliner Tor in die Stadt und durch das Prenzlauer Tor wieder hinaus. Zum anderen führte eine Westtangente von Hamburg und Lübeck, den damals wichtigsten norddeutschen Städten, über Templin und weiter über Frankfurt/Oder nach Polen, Preußen und nach Schlesien.

Die Straße Stettin-Prenzlau-Templin-Zehdenick, mit späterer Abzweigung über Oranienburg nach Berlin, wurde als „Stettiner Poststraße" bezeichnet. Die Strecke Zehdenick-Vogelsang-Storkow-Vietmannsdorf-Templin trug den Namen „Templiner Straße".

Vom späteren Mühlentor führte eine Verbindung über Lychen oder Gandenitz, Küstrinchen nach Mecklenburg-Stargard, die „Alte Lychener Landstraße". Eine weitere Straße verlief über das spätere Prenzlauer Tor durch die heutige Robert-Koch-Straße und die Dargersdorfer Straße, vorbei an Ludwigshof, Albrechtsthal und Ahlimbsmühle, Libbesike über Ringenwalde nach Angermünde, Oderberg oder über Eberswalde nach Frankfurt/Oder. Sie wurde auch als „Ringenwalder Landstraße" bezeichnet.

Zusätzlich ging von Templin ein starker Straßenverkehr über die Furt des Netzowfließes bei Knehden über Klosterwalde-Boitzenburg-Weggun ins mecklenburgische Fürstenwerder. Am westlichen Ende des Gleuensees verlief über eine Brücke, deren Wegschneise noch heute erkennbar ist, eine Straße durch den Laatz über

Milmersdorf nach Prenzlau. Wahrscheinlich war es diese Brücke, die beim großen Dolgenseeausbruch am 15. Februar 1574 weggerissen und dann auf dem Eichwerder in Templin angeschwemmt wurde.

Alle Straßen trafen sich im Stadtzentrum auf dem Marktplatz. Drei Tore, die aus Sicherheitsgründen nicht miteinander verbunden waren, ermöglichten den Zugang zur Stadt.

Von dieser verkehrsstrategisch äußerst günstigen Lage profitierte die Stadt über einen langen Zeitraum, was stets zu einem bescheidenen Wohlstand Templins beitrug.

Templin unter wechselnden Herrschaften

Die Stadt hat eine sehr wechselvolle Geschichte, verschiedenste Landesherren regierten sie. Doch von allen Herrschern wussten sich die Templiner Ratsherren die Rechte und die Selbständigkeit der Stadt zu sichern.

Anlässlich eines Ländertausches der Gebiete und Städte Löwenberg und Königsberg (Neumark, heute Choina) zwischen den askanischen Markgrafen Johann, Otto, Konrad und dem Bischof Heinrich von Brandenburg wurde „Templyn" am 2. Oktober 1270 erstmals urkundlich erwähnt. Der Brandenburgische Bischof erhielt von den Einkünften der genannten Herzöge jährlich drei Mark Silber von den Seen und Gewässern der Stadt, die so genannte Fischrente, wie es aus der Urkundensammlung von Riedel hervorgeht. (5)

Am 24. Juni 1287 besuchte Markgraf Otto IV. („mit dem Pfeil", Sohn Johann I.) die Stadt, worauf die älteste in der Stadt selbst ausgestellte Urkunde (6) hinweist. Templin wurde als gut befestigte Stadt auch in den Folgejahren mehrfach als Verhandlungsort genutzt. Zu dieser Zeit wurde mit dem Bau der Stadtmauer begonnen.

Die mittelalterliche Wehranlage – Templin als „Rothenburg des Ostens"

Templin besitzt noch heute, abgesehen von einigen jüngeren Durchbrüchen, seine gesamte, in der zweiten Hälfte des 13. Jahrhunderts aus Feldsteinen errichtete Wehranlage. Diese ist sogar größer als die des berühmten Carcassonne in Südfrankreich. Oft wird die Stadt mit Rothenburg ob der Tauber verglichen, da sich dort gleichfalls eine vollständig erhaltene Stadtmauer befindet.

Erbaut wurde sie, um sich gegen die Pommern und Mecklenburger zu schützen, diente aber auch gleichzeitig als Ausfalltor gegen diese. Außerdem war so die Kontrolle der durch die Stadt führenden großen Handelsstraßen von Magdeburg nach Stettin bzw. von Lübeck nach Preußen und Polen möglich.

Wie schon betont, hatte die Stadt einen natürlichen Schutz durch den Rats-

und Mühlenteich im Norden. Vom Mühlentor bis zum Berliner Tor zog sich die feuchte Niederung des heutigen Kanals, die südliche Stadtseite wurde durch die sumpfige Bullenwiese umfasst. So war am späteren Mühlen- und am Berliner Tor nur ein schmaler Zugang vorhanden. Doch am Prenzlauer Tor befand sich zwischen der Bullenwiese und dem bis fast ans Tor reichenden Templiner See ein breiter Erdstreifen.

Die erste Befestigungsanlage bestand wie erwähnt aus einem Palisadenzaun, der von Wallgraben und Wall umgeben war, wo nicht Wasser und die Bullenwiese als ein natürlicher Schutz die Stadt umgaben. Bei Gefahr konnte diese Niederung zusätzlich geflutet werden.

Auf dem Stadtplan von Wanckenheim aus dem Jahr 1725 ist sogar die Anlage von drei Wällen und Gräben, die sich vom Prenzlauer Tor bis zum Eulenturm hinziehen, erkennbar. Bestätigt wurde diese Anlage auch bei archäologischen Grabungen vor dem Prenzlauer Tor 2001.

Bei einem Angriff wären Feinde beim Transport von Belagerungsgerät wie Sturmleitern oder Rammböcken durch die Wallanlage behindert worden, der Wall hätte zuerst eingeebnet und der Graben zugeschüttet werden müssen. Durch die Zunahme von Streitigkeiten und Kriegen war eine stärkere Befestigung der Stadt notwendig. Neuere Forschungen und Untersuchungen, so von Heinrich Trost in „Norddeutsche Stadttore zwischen Elbe und Oder“ (7) und der Kunsthistorikerin Ulrike Scholz in „Baugeschichte der Stadtmauer Templin“ (8), belegen, dass im zweiten Drittel des 13. Jahrhunderts mit der steinernen Verteidigungsanlage begonnen wurde und der Bau ca. 150 Jahre in Anspruch nahm. Die Bauzeit war so kurz, weil die Anwohner zum zügigen Arbeiten während des Befestigungsbaus als Ansporn für einen festgelegten Zeitraum Steuerfreiheit erhielten.

Damals wurde ein Mauerring um die gesamte Stadt gezogen. Er ist 1735 m lang und 7 m hoch, verjüngt sich nach oben und schließt mit einer Mauerkrone aus Backsteinen ab. Das Fundament besteht aus unbearbeiteten Feldsteinen, das teilweise bis zu zwei Metern tief ist und mit Kalkmörtel verfüllt wurde.

Dieser Mauerring war nur von drei Toren, die den Ein- bzw. Ausgang ermöglichten, unterbrochen. Diese wurden zuerst gebaut und als wehrhafte Bauten aus Feldsteinen errichtet. Ein Durchgang bzw. eine Durchfahrt befand sich im Sockelgeschoss des Turmes als gedrungener Bogen.

Alle 20 bis 30 Meter errichtete man Wieckhäuser oder Weichhäuser, auch Kampfhäuser oder Klinkhäuser genannt. Sie haben innen einen Durchmesser von rund 5,20 bis 5,90 Meter, ihr Vorsprung an den Außenseiten beträgt rund 40 bis 50 Zentimeter. 53 halbrunde und ein rechteckiges wurden damals gebaut. Durch den Bau, zum Beispiel der Wasserpforte und Ausbau des Eulen- und Pulverturms, sind nur noch 47 erhalten. Die Wieckhäuser dienten zur Stabilisierung der Mauer, vor allem waren durch sie die einzelnen Mauerabschnitte gut zu verteidigen. Dazu hatte man Schießscharten, Zinnen und im Inneren der Wieckhäuser Absätze eingearbeitet. Auf diesen konnten zu Verteidigungszwecken Balken und Bretter eingelegt werden, von denen aus mit Waffen oder heißem Wasser, Öl und Pech die Stadt verteidigt werden konnte. Die Hauptwaffe war damals die Armbrust, deren abgeschossener Bolzen etwa 800 m flog und einen Mann mit Schutzschild auf 200 m Entfernung durchbohren konnte. Die Wieckhäuser überragten die Stadtmauer, sodass auch die äußere Stadtmauer beschossen werden konnte. Einige Wieckhäuser waren durch einen Rundbogen im Innern nochmals gestützt, um hier Mörser und später Geschütze einzusetzen. Einen umlaufenden Wehrgang hatte die Stadt nicht, da die Anzahl der Bürger damals nur zur Verteidigung der Türme und Wieckhäuser reichte.

Der Transport des Baumaterials für die Befestigungsanlagen oblag den Bauern der umliegenden Dörfer, denen die Findlinge bei der Feldarbeit sowieso im Wege waren und die dafür in Kriegszeiten mit ihren Familien, Vieh, Hab und Gut Schutz innerhalb der Mauern finden konnten. Den Bau errichteten gewerksmäßig organisierte Bauhütten unter Mithilfe der männlichen Stadtbevölkerung.

Das Findlingsmaterial wurde an Ort und Stelle von Steinschlägern bearbeitet, damit die Außenseiten glatte Flächen erhielten. Damals integrierten die Bauleute einen Mahltrog, der auf die frühe Besiedlung des Territoriums verweist, sowie so genannte Zwillingssteine, die beim Durchtrennen großer Feldsteine entstanden und häufig nebeneinander eingepasst wurden. Den Mahltrog findet man innen, rechts des Berliner Tores, Zwillingssteine beim genauen Betrachten ebenfalls. Mahltrog und Zwillingssteine sind ein besonderes Kennzeichen unserer Stadtmauer.

Die Baukosten wurden von den Markgrafen, die ja selbst Interesse an einer Festung hatten, mitgetragen.

Ca. 1325 begann der Umbau der drei Stadtausgänge zu hausartigen, 20 Meter hohen gotischen Backsteintoren mit repräsentativer Stadtseite und wehrhafter Feldseitenansicht. Sie sind heute Wahrzeichen und Schmuckstücke unserer Stadt - das Berliner- (Hindenburger), Mühlen- (Gandenitzer oder Lychener) und Prenzlauer (Petrisches oder Petersdorfer) Tor.

Dazu wurden die ehemaligen einstöckigen Feldsteinbauten des Berliner und Mühlentores abgetragen und auf einem neu errichteten Feldsteinsockel ein Backsteingebäude errichtet. Beim Prenzlauer Tor, das von Anfang an wegen der Auseinandersetzungen mit den Pommern zweistöckig war, wurde auf das Abtragen des Sockels verzichtet und dieser mit Backsteinen umbaut. Auf die granitenen Unterbauten setzte man viereckige Türme im Stil der märkischen Gotik. Die zweigeschossigen, mit Filialen geschmückten Staffelgiebel mit Satteldach zeigten nach der Stadt- bzw. Feldseite. Die Feldseiten wurden schlicht gehalten, hatten aber am Berliner und Mühlentor wuchtige Fallgattervorbauten und Wehrgänge. Die Stadtseiten zieren noch heute zusätzlich spitzbogige, teilweise mit Fenstern versehene Blendengliederungen. Das Mühlentor wurde zusätzlich mit einem Palmettenfries aus Formsteinen mit Blattmustern versehen.

Am Prenzlauer Tor gab es keinen besonderen Vorbau für die Fallgitter, die Schlitze dafür befanden sich im Haupttor selbst. Auch ein Wehrgang auf der Feldseite wurde nicht mehr errichtet, da die aufkommenden Feuerwaffen neue Verteidigungsmaßnahmen notwendig machten.

Heinrich Trost betont in seinem Buch, dass diese Templiner Torbauten die ältesten erhaltenen Beispiele eines über der Durchfahrt liegenden Turmtypus sind und Vorbild für andere norddeutsche Städte waren.

Bei der Festlegung der Reihenfolge der Torumbauten ging man früher davon aus, dass das älteste das Prenzlauer Tor ist, dann das Mühlentor und zum Schluss das attraktivste, das Berliner Tor, folgten. Ein Vergleich mit dem Kirchenbau der Klosterkirche Chorin belegt auf Grund der Übereinstimmung des Palmettenfrieses nach dem Kunsthistoriker Trost aber, dass das Mühlentor der erste Neubau der Stadtbefestigung war, erst dann folgten das Berliner und als letztes das Prenzlauer Tor.

Mit diesen weithin sichtbaren und reich geschmückten Toren sollten die gestiegene Bedeutung und der Wohlstand der Stadt dokumentiert werden. Eine weitere Ursache für die Umbauten sind möglicherweise auch notwendige Reparaturen gewesen.

Gleichzeitig machte das Aufkommen von Feuerwaffen seit dem beginnenden 14. Jh. einen weiteren Ausbau der Stadtbefestigung notwendig. Deshalb begann mit dem Umbau der Stadttore auch eine Erhöhung der Stadtmauer und der Wieckhäuser, um die Mauer unüberwindbarer zu machen und sich gegen den Gebrauch von Schießpulver und Kanonenkugeln zu wappnen. Die Wieckhäuser wurden mit einer zweiten Mauerschicht erhöht, in die Schießscharten einbezogen wurden. Durch die Aufstockung konnte ein zweiter Plankenboden eingezogen werden. Im unteren Bereich hielten sich die Verteidiger mit Schusswaffen auf, im oberen kontrollierten die Wachen das Umfeld. Die erhöhte Mauer wurde mit einer Ziegelkrone bekränzt.

Um das notwendige Schießpulver zu lagern, sind zwei der Wieckhäuser durch einen von innen vorgelegten Halbzylinder zu vollrunden überdachten Türmen umgebaut worden. Zuerst entstand der Eulenturm, dann der Pulverturm, beide zwischen Prenzlauer und Berliner Tor gelegen. Nachdem die Lagerung von Schießpulver und Munition nicht mehr notwendig war, wurde der Eulenturm als Gefängnis genutzt. Er trug auch die Bezeichnung „Hungerturm". Die noch heute sichtbaren Öffnungen in sechs Metern Höhe hatten zwei eiserne Türen, eine Außen- und eine Innentür. Um das Gefängnispodium zu erreichen, waren zwei verschiedene Schlüssel nötig, einen besaß der Kerkermeister, den anderen der Stadthauptmann, auch Gleuener genannt. Nach ihm bekam der Gleuensee seinen Namen, da ihm für seine Dienste der Gleuenhof oberhalb der Ablage des Sees und das Fischereirecht auf selbigem zustanden. Der Gleuener war auch verantwortlich für die Verteidigung der Stadt und die militärische Ausbildung der Bewohner.

Das Podium hatte in der Mitte ein Loch, gerade groß genug, um einen Menschen an einem Seil hinunterzulassen. Der Verurteilte kam für die Untersuchungs-, Gefängnis- und Hinrichtungskosten allein auf. Für Unbemittelte musste die Stadt zahlen. Da die Stadtkasse meist leer war, „vergaß" man den Delinquenten einfach und ließ ihn verhungern, um so die Unterhaltungskosten zu sparen, was dem Eulenturm auch den Beinamen „Hungerturm" gab.

Der im Nordwesten stehende Pulverturm hat heute noch ein massiv gemauertes Kegeldach und eine eisenbeschlagene Tür. Er entstand am Ende des 14. Jahrhunderts, war früher offen und die drei bis vier Meter hohe Luke ebenfalls nur durch eine Leiter zu erreichen. Dort befand sich ein Schützenstand. Wann genau er seine Spitze erhielt, ist nicht nachweisbar. Man nutzte ihn zur Lagerung des Schießpulvers und später ebenfalls als Gefängnis für Schwerverbrecher.

Ein weiterer hoher Rundturm, der bei Straßenbauten abgerissen wurde, stand am früheren Wassertor am Tennisplatz. Das einzige viereckige Wieckhaus befand sich am Mühlenteich und diente wahrscheinlich als Wachturm für einen Türmer.

Ende des 14./Anfang des 15. Jh. wurden weitere Umbaumaßnahmen vorgenommen. Diese waren notwendig geworden, da nur an den drei Stadttoren, den einzigen Zugängen in die Stadt, das Eindringen einer mittelalterlichen Streitmacht möglich wäre.

Deshalb erhielten alle Tore, wie der Stadtplan von 1725 ausweist, zum besseren Schutz der Stadtzugänge Zwinger, die über den Wallgraben führten, und Nebentore. Letztere wurden neben den Haupttoren durchbrochen und erhielten im Volksmund den Namen „Waldemarstore/-bögen". Sie wurden in Form eines spitz zulaufenden Bogens gebaut. Geschützt werden konnten diese Zugänge von den Tortürmen und den Zwingern aus.

Das Mühlen- und Prenzlauer Tor wurden zusätzlich noch durch Vortore verstärkt, von denen heute nur noch Fragmente am Prenzlauer Tor vorhanden sind. Die anderen Anlagen wurden in den 1860er Jahren entfernt.

Das Vortor am Prenzlauer Tor war ein feldseitiger zweigeschossiger Backsteinbau mit zwei Durchfahrten. Es war mit dem Haupttor durch Mauern verbunden, die den so genannten Zwinger bildeten. Hier konnten sowohl die Verteidiger als auch Geschütze untergebracht werden. Der Zwinger war ungedeckt und verfügte innen über einen hölzernen Wehrgang sowie Schießscharten zu ebener Erde. Um Angreifern mit Kanonen kein gerades Schießfeld zu bieten, wurde eine zusätzliche Ecke eingebaut. Die Feinde konnten sowohl vom Haupt- als auch vom Nebentor bekämpft werden. Durch das Außentor wurde die Zugbrücke über den Wallgraben geschützt. Die Anlage am Mühlentor, erbaut als erweiterter Zwinger, schloss die Mühle und den Durchgang mit ein. Neben dem Vortor befand sich bis zum Ausbruch des Dolgensees 1574 noch ein runder Turm zum besonderen Schutz der Mühle. Das Berliner Tor war nicht mit einem starken Vortor geschützt, da der besonders tief abfallende Wallgraben nur durch eine Zugbrücke überwunden werden konnte. Zu dieser führte eine Toröffnung im Zwinger. Der Vorbau für das Fallgitter bis in Höhe der Dachbalken bildete mit der dort befindlichen Brustwehr und den Zinnen einen günstigen Standort für die Schützen.

Die Einfahrt zu den Toren erfolgte über Brücken, die nur wenig breiter als die

Fuhrwerke waren. Alle Einfahrten waren zusätzlich durch Torflügel gesichert, die bis zum Ende des 18. Jh. abends geschlossen wurden.

Neben den drei beschriebenen Haupttoren bestand ein weiteres, kaum bekanntes Tor, das Güteritzer oder Jüteritzer Tor. In einer Urkunde von 1567 wurde dieses Tor als Altweg nach Vietmannsdorf genannt und führte in die Gemüsegärten auf dem Güteritzer/Jüteritzer Feld. Das Tor lag in der Verlängerung der vom Markt kommenden Judenstraße, heute Rühlstraße, etwa 11 Meter stadtseitig rechts vom Eulenturm. Die Durchfahrtsbreite wurde mit ca. drei Metern ermittelt. Vor der Sanierung der Stadtmauer konnten deutliche Störungen in den Steinlagen in diesen Bereichen festgestellt werden. Zu welcher Zeit hier der Mauerdurchbruch erfolgte und wann das Tor wieder geschlossen wurde, lässt sich nicht feststellen. Andere Vermutungen setzten das Güteritzer Tor an die Stelle des im Jahre 1768 gebauten Neuen Tores. Im Stadtplan von 1725 ist kein Mauerdurchbruch bezüglich des Güteritzer Tores zu erkennen, sondern es liegt hier die geschlossene Häuserzeile der Fischerstraße. Es bestand zu dieser Zeit nur ein kleiner Weg ca. 50 Meter nördlich der heutigen Oberen Mühlenstraße, die vom Neuen Markt kommend am heutigen Pulverturm endete. Deshalb muss man eher von einer Pforte statt eines Tores ausgehen.

Die Güteritzer Feldmark war eine ehemalige slawische Siedlung, die bis heute ebenfalls nicht genau lokalisiert werden konnte. Möglich ist, dass sich auf dem Feld am Wasser des Egelpfuhls früher ein Dorf mit Namen Güteritz befand oder sich dieses auf dem Gelände zwischen der heutigen Therme und der Feriensiedlung befand, wo bei bauvorbereitenden archäologischen Ausgrabungen eine eisenzeitliche Siedlung nachgewiesen wurde.

Auf Geheiß des Großen Kurfürsten wurden nach 1640 an der Stadtmauer Zoll- oder Akzisehäuser eingerichtet, an denen Kaufleute und Bauern vor Betreten der Stadt einen Zoll auf die einzuführenden Waren entrichten mussten. Im Prenzlauer Tor war dieses im Vortor (rechts neben der späteren Tankstelle) untergebracht. Vor dem Berliner Tor stand es etwa an der Stelle des roten Gebäudes der Deutschen Bank. Das Torschreiberhaus am Mühlentor lag innerhalb der Zwingerummauerung. Ein weiteres Akzisehaus entstand zwischen dem Berliner und dem Prenzlauer Tor nach dem großen Stadtbrand 1768 auf Befehl Friedrich II., zusammen mit dem Bau des Neuen Tores in den Oberen Mühlenstraße 17, das beim Bau der Straße 1960 abgerissen wurde. Bis 1920 wurde diese Waren- und Gebrauchssteuer, die Akzise, erhoben.

Zu weiteren Mauerdurchbrüchen kam es nach den bitteren Erfahrungen des großen Stadtbrandes von 1735, um schneller die Stadt verlassen zu können bzw. ans Löschwasser zu gelangen. Es entstanden damals das Webertor (Goethestraße) und das Töpfertor (Kantstraße) als hölzerne Pforten. Das Wassertor wurde am Ende der heutigen Pestalozzistraße gebaut. Durch das erstere konnten die Weber ihre Stoffe auf den Eichwerder zum Bleichen bringen, daher der Name „Webertor".

1767 stürzte das Torschreiberhaus am Berliner Tor ein. Nach dem Wiederaufbau feldseitig rechts neben dem Berliner Tor stand es dort noch ca. 100 Jahre. Zu der Zeit wurde der Stadtwall neben dem Berliner Tores zur Anlage von Gärten abgetragen. Die Templiner Stadtbefestigung blieb auch noch erhalten, als sie waffentechnisch längst wirkungslos war.

Templin unter dem „Doppelten" („Falschen"?) Waldemar

1309 verstarb Otto IV. kinderlos.
Unter der Herrschaft seines Neffen, des Markgrafen Waldemar des „Großen" aus dem Hause der Askanier, wurde Templin zur wohlhabenden Stadt. Er erkannte die Bedeutung der strategisch und verkehrsmäßig wichtigen sowie von Wasser geschützten Stadtanlage. Deshalb machte er Templin zum Mittelpunkt seiner Handelspolitik, aber auch zum Ausfalltor für Kriegszüge gegen Mecklenburg und Pommern.

Zur Absicherung seiner Interessen- und Machtpolitik, vor allem gegenüber den Pommern und Mecklenburgern, und zur Gewährleistung getroffener Vereinbarungen schloss er 1310 den Templiner Vertrag mit dem Dänenkönig Erich IV. über militärischen Beistand. Dafür wurde Waldemar Pfingsten 1311 in Rostock vom dänischen König Erich IV. zum Ritter geschlagen. Auf seinem Rückweg nach Brandenburg kam der Markgraf auch über Templin.

Anlässlich einer militärischen Beistandsbekundung Heinrichs von Mecklenburg für den Markgrafen Waldemar und der Ausstellung einer Schenkungsurkunde in der Stadt wurde erstmalig am 30. August 1314 die Bezeichnung „Oppidum Templin" – Stadt Templin verwendet.

Doch Waldemars ehrgeizige Pläne führten oftmals zum Bruch der Vereinbarungen und schufen ihm neue Feinde. So kam es noch im selben Jahr zu Auseinandersetzungen um das Land Stargard, das sich durch Heirat in mecklemburgischem Besitz befand und sich von Lychen bis nach Neubrandenburg erstreckte. Als Waldemar dieses Gebiet beanspruchte, kam es zum Krieg, den er verlor. Im Friedensvertrag von Templin, am 25. November 1317 geschlossen, wurde festgelegt, dass das Land Stargard bei Mecklenburg bleibt. Damit wurde den Machtplänen Waldemars, den Zugang zur Ostsee zu erhalten, ein Ende gesetzt. Im Friedensschluss wurde Templin als Stadt-civitas- und markgräflicher Urkundeort festgehalten.

Trotzdem war Waldemar in diesem Jahr der mächtigste Fürst in Deutschland, da er nach dem Aussterben aller askanischen Linien deren Länder in seiner Hand vereinigen konnte.

Zwei Jahre später, am 24. August 1319, verstarb der brandenburgische Markgraf Waldemar in Bärwalde (Neumark). Er wurde angeblich im Kloster Chorin beigesetzt. Mit ihm endete die brandenburgische Linie der Askanier.

In der Regierungszeit Waldemars hatte Templin sich alte Rechte bestätigen lassen und neue gesichert. Ein besonderes Recht, das die Stadt nun innehatte, war die

Aufsicht über die privilegierten Juden, die über den Geldverleih und das Zinsrecht verfügten und deshalb für die Wirtschaft unentbehrlich waren. Des Weiteren hatte die Stadt unter Waldemar das oberste Gericht erhalten, was den Besitz der Kriminaljustiz bedeutete. Dazu besaß sie das Recht des Freiholzes in den markgräflichen Wäldern und das Recht, über die deutschen und slawischen Bauern zu richten, ferner die Zollfreiheit für Vietmannsdorf und Lychen. Waldemar hatte sich außerdem verpflichtet, die Straßen nicht zu verlegen, was von großer wirtschaftlicher Bedeutung war. Zu dieser Zeit kam Templin auch in den Besitz des Rittervorwerkes Knehden und der dazu gehörigen Wälder, in denen die Bürger Brenn- und Bauholz holen konnten.

Templin war nach dem Tod Waldemars schutzlos, *genau wie das Reich, da es infolge einer Doppelwahl 1314 keine zentrale Macht gab. Durch die zerstrittenen wahlberechtigten deutschen Kurfürsten wurden sowohl Friedrich der Schöne aus dem Hause Habsburg als auch der Wittelsbacher Bayernherzog Ludwig zum deutschen König gewählt.*

Die Zeit vom Tod Waldemars bis zur Übertragung der Regierungsgewalt an Ludwig den Älteren von Bayern (1323), bedeutete eine Interregnumszeit, eine herrscherlose Zeit für Brandenburg. Das Land wurde sofort Streitobjekt zwischen den Herzögen Rudolf von Sachsen, Heinrich von Mecklenburg und den beiden Pommernherzögen Wladislaw und Otto sowie dem Erzbischof von Magdeburg. Auch die Witwe Waldemars stellte Gebietsansprüche.

Nachdem die Pommern auch Templin neben anderen Teilen der Uckermark besetzt hatten, stellte sich die Stadt wegen der Kriegswirren am 13. Februar 1320 unter den Schutz der Pommernherzöge Otto und Wladislaw, die im Auftrag des Dänenkönigs Christoph gehandelt hatten. Diese bestätigten im August des Jahres die alten Rechte, die u. a. vom Markgrafen Waldemar stammten und verliehen weitere. Das belegt die folgende Urkunde:

„Wie Otto undt Wartislaf, von der Gnade Gades Hertoge der Wenden, der Kassuben undt der Pommern Bekennen Apenbar vnd tügen in dessem Briefe, dat wi gedinget hebben mit dene Rahtmannen von Templin also hierna beschrewen steit: Sie schölen des Jahrs nicht mehr geben tho Pflichte wan Dirtich Punt Brandenburgischer Pennige, diesulven schal Meister Conrad upbören tho sinem Live, die ore Parrer ist. Vortmehr sie schölen waldige wesen des Awersten Gerichts in der Stadt. Wortmehr hebbe wi on gegewen den Eigendohm der Water Pacht bi der Stadt, die des Marggrafen was: wat sie der inlosen mögen im Land Kope, dat ist wohl unse Wille. Ock gewen wi on den Eigendohm aver die Mullen-Pacht, die noch intolösende staht. Vortmehr schölen die Juden sitten tho borgen vndt tho Stadt Rechte, vndt dun like anderen Borgeren. Vortmehr gewen wie on dat Buckholt, dat by erem holte lieget, vnd allent wat darin begreben is, alse dat des Marggrafen was. Vortmehr gewen wi on lager holt vndt kien fri, alse di dat hebben fri gehalt. Vortmehr schölen sie richten aver die Bure, Sie sien wendisch edder dutsch in orer Stadt vnd in orer Marke. Vortmehr were dat ene Orloge worde, so schölen sie sitten fri gegen der Stadt tho Lichen ane Penninge vnd der höwet luede willen. Vortmehr gewe wie on dat Dorp tho Arenstorp mit aller Gerechtigkeit vnd Frucht, vnd dat Holt tho Arenstorp vnd die Lacke vnd Brücke vnd alle dat dartho höret. Ock gewe wi on die Wische tho lLebbusigke, alse sie des Marggraffen was. Vortmehr schölen sie wesen toll fri tho Vitmannstorp vnd wor da umblang toll ist. Vortmehr schölen wi sie icht vorbawen noch in der Stadt noch buten der Stadt oder wor em dat schedlicken were. Vortmehr schölen sie fahren dorch vnsere Land fri, so vnse andere Borger don, ock schölen die Wege bliven, so die hebben gewesen. Weret dat wi senden vnse Mann in ere Stadt, so schölen sie bliven vnd liggen vp vnse Kost vnd nicht vp ere. Vortmehr die Wesseln die schal stahn, so sie je gestahn hefft, tho gewende sösten Penning von enen Schilling. Vortmehr so schölen sie richten aver die Muntemeister vnd aber die ware, also dat sie schölen holden ere wicht vnd schwere, also ie hebben geholden. Vortmehr alle die Gerechtigkeit, die sie hebben von denn Markgraffen in eren Briewen, die schöle wi on holden. Vortmehr were dat wi an diesen beschrewene dingen breken, dat schölen wi ock hebben gebrachen dessen Städten Prentzlow vnd Pasewalk. Vortmehr gewe wi on den Eigendom der vorbenomenden töllen tho Vitmansdorp vnd darumb lang. Tho alle Stedigkeit vnd wiss nge aller desser dinge hebbe wi on desse Stede lawen lathen: Gripswold, Demmin, Anklam, Stettin, Stargard, Piritz, Grieffenhagen, Gartze, Penchun, vnd vnse Insigel vor dessen Brief gehenget. Also dat were, dat wi dessen dinge icht brecken, so schölen desse vorbenohmede Städte von givelcker Stadt thwe Rathmanne an die Stadt Templin senden, die schölen dar nicht vthkamen, bet dat sie wedderumb ore gegewenn Freiheit vergenuget sindt. Dessen Brief is gegewen vnd geschrewen tho Pasewalk, na Gades Gebort Dusend Jahre, driehundert Jahre vnd in dem twintigsten Jahre an dem Awende Sunte Bartholomeus des hilligen Apostels." (9)

Damit hatte Templin das Recht zur Pacht der Mühle und der Seen, deren Erlös bisher dem Landesfürsten zugeflossen war. Die Buchheide wurde Eigentum, ebenso Ahrensdorf, die Wiesen am Labüskesee und der Zoll in Vietmannsdorf. Die Stadt erhielt auch das Recht auf die Erhebung von Brückenzoll. Laut dieser Urkunde hatte Templin auch das Recht, über die Münzmeister zu richten, wenn diese anders münzten, als der Stadt zugesagt worden war, obwohl die Stadt über keine eigene Münze verfügte.

Zudem besaß Templin Ahrensdorf und den dabei gelegenen Petersdorfer Wald, die Wiesen bei Libbesike, das Recht auf Bauholz aus der markgräflichen Großen Heide sowie das Gericht über die umliegenden Bauern. Dazu kamen die Zollfreiheit bei Vietmannsdorf und im pommerschen Land die Herabsetzung der Steuern um die Hälfte. Juden waren neben Deutschen und Slawen gleichberechtigt. Als Gegenleistung musste die Stadt 30 Pfund Brandenburgische Pfennige im Jahr an den Landesherrn zahlen.

Ein besonderes Stadtrecht, das den Templinern auch später immer wieder bestätigt wurde, war die Zusicherung, dass die Stadt nicht „verbaut werden darf", d. h., dass in der Stadt keine Burg errichtet werden durfte und Templin damit nie Sitz eines Fürsten werden konnte.

Die Herrschaft der Pommernherzöge endete bereits im September 1320, als Templin durch Herzog Heinrich II. von Mecklenburg in Besitz genommen wurde.

Schon wenige Tage später, am 1. Oktober, erfolgte die Zusicherung weiterer Rechte durch den neuen Landesherrn, den Herzog von Mecklenburg, nachdem die Stadt ihm gehuldigt hatte. So erhielt Templin laut Urkunde (Riedel: Codex Brdbg. Bd. I, Hauptteil Bd. 13, S. 167) das Eigentum über die Mühlen, die Seen, die Heide zu Petersdorf mit allem Zubehör und zusätzlich das Buchholz zwischen Petersdorf und Milmersdorf, dazu Ahrensnest, den Brückenzoll und die Zusicherung, die Stadt niemandem zu verkaufen oder zu verpfänden. Die Höhe der Steuern wurde von bisher 30 Pfund brandenburgischer Pfennige wieder auf den alten Satz von 60 Pfund erhöht, sollte aber zur Hälfte der Stadt nach dem Tode des Pfarrers Konrad wieder zufließen. Die andere Hälfte sollte indessen der Stadt schon für die nächsten vier Jahre zufallen. (10)

Damals lebten ca. 300 Einwohner in der Stadt.

1322 begann die Bayerische Herrschaft in Brandenburg, nachdem Ludwig IV., „der Bayer“, aus dem Fürstengeschlecht der Wittelsbacher (Stammsitz Aichach/Bayern), seinen Rivalen Friedrich den Schönen besiegt hatte und deutscher König geworden war. Er übertrug 1323 die Markgrafschaft Brandenburg an seinen erst achtjährigen Sohn Ludwig den Älteren mitsamt der Erzkämmererwürde und allen Länder- und Hoheitsrechten, die die Askanier einst erworben hatten. Unterstützt wurde sein Sohn durch den Grafen von Henneberg als Verwalter.

Templin huldigte dem Markgrafen Ludwig von Bayern, dem neuen brandenburgischen Landesherrn, am 14. Februar 1325. Dieser bestätigte erneut der Stadt alle früheren Rechte.

Doch die Grenzkriege zwischen Brandenburg, Pommern und Mecklenburg hörten trotzdem nicht auf. Das Land wurde wieder verwüstet. Um diese Kriege zu beenden, trat Ludwig im Vertrag von Gandenitz am 3. Juni 1325 einen Teil der Uckermark ab und verzichtete auf die Lehnshoheit von Pommern.

Da die Wittelsbacher das Reich wegen ständiger Abwesenheit vernachlässigten und die Mark nur noch durch einen Verweser verwalten ließen, war die Unzufriedenheit groß. Auf dem Fürstentag in Rhense am Rhein am 11. Juli 1345 setzte man den Bayern ab. An seine Stelle kam der König von Böhmen, Karl IV. aus dem Haus Luxemburg, doch Ludwig der Ältere war immer noch regierender Markgraf von Brandenburg. Er machte bei seinen Untertanen Schulden und verpfändete die Mark an seinen Schwager Friedrich von Meißen.

So wurden weiterhin Auseinandersetzungen zwischen Adligen ausgetragen und Raubritter suchten die Städte und Dörfer heim. Deshalb schlossen Templin, Prenzlau, Pasewalk und Angermünde ein Beistandsbündnis. Ludwig erkannte dieses Bündnis an und gestattete den Städten, Friedensstörer zu richten.

In dieser Zeit der ständigen Grenzstreitigkeiten, Konflikte und Kriege ereilte die Stadt die Nachricht, dass Fürst Waldemar, „der letzte Askanier“, doch nicht gestorben sei.

Am Hof des Erzbischofs von Magdeburg war 1348 ein Pilger erschienen, der sich als der verstorbene Markgraf Waldemar zu erkennen gab. Er konnte dessen Siegelring vorweisen und bei einer Befragung bezüglich der Person des Markgrafen von 15 an ihn gerichtete Fragen 14 richtig beantworten. Seine lange Abwesenheit begründete er damit, dass er für seine Heirat einer Verwandten Buße geleistet habe.

Wegen des Streites mit den Bayern belehnte König Karl IV. am 2. Oktober 1348 ihn einschließlich seiner Verwandten zu Dessau-Anhalt im Erbfall mit der Mark Brandenburg, die er selbst auch gerne seinem Besitz zugeschlagen hätte. Auch der Papst entband alle Untertanen vom Treueid gegenüber Ludwig dem Älteren, der damit auch seine Herrschaft über die Uckermark verlor. Schon am 3. September 1348 war der neue alte Markgraf Waldemar nach Templin gekommen, wo ihm sofort gehuldigt wurde.

Am 6. April 1349 gaben Templin und Prenzlau sowie 34 weitere märkische Städte ihr „Treuebekenntnis zu Spandau" für Waldemar ab.

Die Wittelsbacher gaben nicht auf. Sie verweigerten weiterhin die Anerkennung Karl IV. und drohten ihm, die Reichsinsignien ihres Vaters nicht herauszugeben. Das führte zu erneuten Auseinandersetzungen. Ludwigs Schwager, der Dänenkönig, rückte im Bündnis mit den Pommern in die Uckermark ein. Karl IV. verbündete sich daraufhin mit Mecklenburg, um seine Herrschaft zu sichern. Das Land wurde durch diese Konflikte erneut verwüstet, die Dänen drangen bis nach Berlin vor, wurden aber geschlagen und traten den Rückzug an.

Möglicherweise wurde bei diesen Kämpfen auch das Dorf Teschendorf, gelegen im Laatzer Kirchenforst am Nordufer des Fährsees, verwüstet.

Auf Grund der Streitigkeiten sah sich Karl IV. gezwungen, seine Differenzen mit den Bayern beizulegen, belehnte sie am 16. Februar 1350 erneut mit der Mark einschließlich der Kurstimme für die Königswahl. Wenig später jedoch widerrief der König sein Bekenntnis zu Waldemar und verlangte Gleiches von seinen Untertanen.

Aber 19 Städte, darunter auch Templin, verhielten sich politisch eigenständig und standen weiterhin zu ihrem Markgrafen. Daraufhin erging am 29. März 1350 eine spezielle Aufforderung des Kaisers unter anderem an Templin, Angermünde, Prenzlau und Pasewalk, sich nach Nürnberg zu begeben, wo er über Waldemar Gericht halten werde. Templiner Vertreter erschienen aber nicht in Nürnberg. Bei dieser Verhandlung setzte Karl IV. Waldemar ab und erklärte ihn zum Betrüger, obwohl von den vierzehn Zeugen, die der Kaiser gegen die Echtheit Waldemars aussagen ließ, acht den früheren Waldemar gar nicht kannten. Eigentlich war Waldemar nur zwei dieser Zeugen wirklich bekannt. Doch von diesen Zeugen wurde und konnte seine Echtheit nicht beeidet werden. Letztlich wurden noch am selben Tag die Städte vom Urteilsspruch in Kenntnis gesetzt und aufgefordert, sich wieder dem Bayern zuzuwenden.

Zur gleichen Zeit hielten die Askanier mit den Städten, die zu ihnen gehalten hatten, eine Tagung in der Stadt Brandenburg ab. Sie wollten eine neue Erbhuldigung bewilligt haben, da Waldemars Ehe kinderlos geblieben war und nach seinem

Tode eine Neubelehnung der Mark für das Haus der Askanier nicht möglich wäre, sondern sie dann doch den Bayern zufallen würde.

Diese Huldigung fand am 4. Mai 1350 in Templin statt. Daraufhin drohte der Kaiser mit der Reichsacht und verhängte diese schließlich am 12. September 1351. Dänen, Pommern und Mecklenburger fielen erneut in die Uckermark ein. Durch die Härte des Kaisers und die erneuten Kriegswirren eingeschüchtert, sagten sich bis auf drei Städte alle anderen von Waldemar los. Diese waren Templin, Prenzlau und Pasewalk. Laut einer Legende mussten in diesen Städten als Strafe die Stadttore, durch die der „Falsche Waldemar" zur Huldigung in die Stadt eingezogen war, zugemauert werden. Templin überging laut Sage auch diese Forderung, indem es zwar die Tore schloss, aber die Mauer stadtseitig rechts neben den Toren mit den so genannten „Waldemarstoren" durchbrach. Wie bereits erwähnt, waren diese Tore aber Durchbrüche des 16. Jh. Sie fielen im 19. Jh. notwendigen Straßenbauten zum Opfer. Auch die Waldemarquelle in der Nähe des Gleuensees erinnert noch heute an den Durchzug und Aufenthalt des Markgrafen.

1352 überließ Markgraf Ludwig der Bayer Brandenburg seinen Brüdern Ludwig dem „Römer" und Otto „dem Faulen" und zog sich selbst nach Bayern zurück. Nach wie vor tobten in der Uckermark die Kämpfe weiter.

Endlich beendete der Friedensschluss zu Prenzlau am 27. Februar 1355 die Streitigkeiten zwischen Bayern und Askaniern. Templin huldigte am gleichen Tag dem Bayern Ludwig, „dem Römer", dem 1365 Otto „der Faule" folgte.

Der angeblich „falsche Waldemar" und seine Verwandtschaft dankten für die zur damaligen Zeit enorme Summe von 10 000 Mark Silber ab. Bis zur Zahlung dieser Summe verblieben die Städte Templin, Prenzlau, Brandenburg, Görzke und Oranienburg als Pfand den Askaniern.

Am 5. Juli 1369 haben die Fürsten von Anhalt und Grafen von Askanien die Bürger von Templin mit einer Urkunde von allen Eiden und Huldigungen, die diese 1348 und danach noch dem Markgrafen Waldemar und seinen Erben geleistet hatten, entbunden.

In dieser Urkunde, welche die Stadt Templin im Januar 1999 als Kopie aus dem Bestand des Prager Zentralarchivs erworben hat, heißt es, dass den ehrbaren weisen Leuten, Ratsmannen, Gildemeistern, Bürgermeistern und gemeinen Bürgern „der stat zu Templyn" die Entbindung (Lossagung) von allen Huldigungen, Eiden und Gelübden, die sie dem Fürsten oder seinen Eltern geleistet haben, erblich oder zu einem Pfande, anerkannt wird. Der Fürst verzichtet „ane widerrede und arglist ewiklich" auf alle Ansprüche. Das hat er beurkundet und gesiegelt zu Brandenburg „nach gots geburd dusent iar drihundert iare, an dem dunerstage vor Margarete." (11)

Die Auslösung der Stadt durch Ludwig erfolgte erst am 5. August 1369. Der „falsche" Waldemar war bereits 1357 in Dessau verstorben.

Noch heute herrscht Unklarheit, ob er in der Fürstengruft der Askanier in der Schlosskirche oder in der Nikolaikirche zu Dessau beigesetzt wurde. Beim Neubau

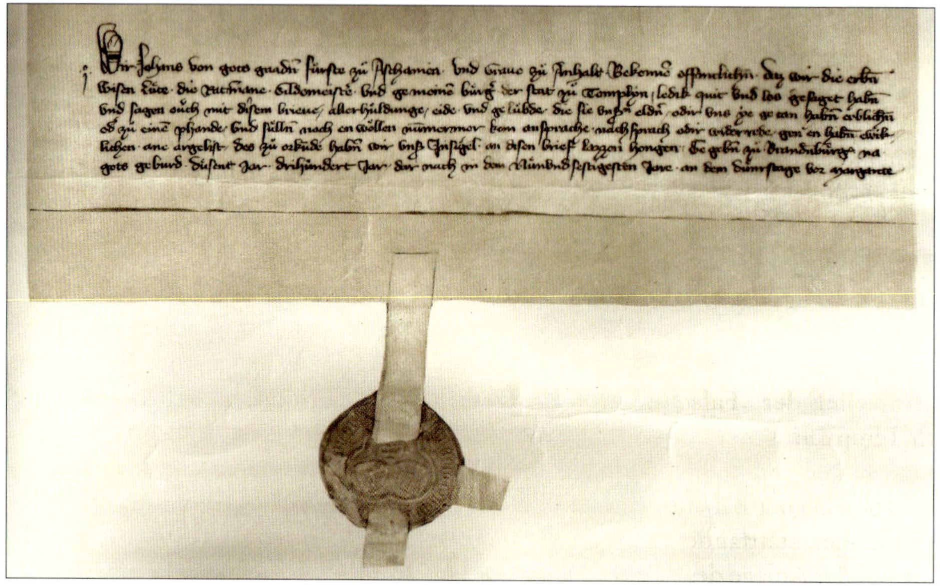

Urkunde von 1369, Lossprechung der Templiner von den Verpflichtungen gegenüber den Askaniern (B 2)

der zerstörten Schlosskirche wurden die Überreste der Fürstengruft mit den Resten aus der anderen Kirche vor dem Altar in einem Sarg bestattet. Die wahre Identität des „Falschen Waldemars" ist bis heute nicht geklärt. Richtig ist, dass in der Regierungszeit des Markgrafen Waldemar viel für die Entwicklung seines Landes getan wurde. Sein früher Tod unterbrach eine Friedenszeit. Als nun nach 29 Jahren ein alter Mann auftauchte und sich als Waldemar ausweisen konnte, sehnten sich alle nach der friedlichen Zeit zurück.

Aber warum war er so lange Zeit abwesend? Durch seine Heirat mit einer nahen Verwandten hatte er, nach damaliger Auffassung der Kirche, Schuld auf sich geladen, obwohl er vom früheren Papst Clemens V. (1305-1314) einen Dispens, eine Ausnahmegenehmigung, erhalten hatte. Der neue Papst erkannte diesen Dispens nicht an, war auch nicht zu einer Freisprechung Waldemars bereit. Eine andere Quelle behauptet, Papst Johann XXII. hatte ihn zu einer Pilgerfahrt aufgefordert, durch die er, möglicherweise auch durch eine zusätzliche Krankheit, fast drei Jahrzehnte weg war. Auch eine Verschwörung gegen Waldemar wäre möglich, da es Spannungen zwischen ihm und den Bayern gab. Nach seinem Tod würden die Bayern wegen seiner kinderlosen Ehe die Mark Brandenburg sowieso erhalten, könnten aber durch Betrug früher in deren Besitz kommen.

Der Sage nach soll der „Falsche Waldemar" der Müllersknecht der Choriner Klostermühle, Jacob Rehbock aus Hundeluft, gewesen sein. Die Abzeichen des Markgrafen habe er von den Mönchen erhalten. Aber zu dieser Zeit war ein einfacher Mann wohl kaum lese- und schreibkundig, Waldemar war es. Andere Quellen wiederum führen aus, der Müllerbursche hätte große Ähnlichkeit mit Waldemar und sich deshalb sehr gut ausgekannt.

Der Pommersche Chronist Thomas Kantzow spricht von einem Schildknappen namens Jeckel Rebuk, von Beruf Müller. Aber ein Schildknappe war damals ritterlichen Standes. Und es ist auch sehr fraglich, ob ein falscher Markgraf eine Abdankungssumme von 10 000 Mark Silber erhalten hätte.

Letztlich könnte Waldemar Opfer der Machtpolitik zwischen Luxemburgern und Bayern geworden sein, denn Karl IV. wollte den Bayern die Mark Brandenburg mit Unterstützung Waldemars abnehmen.

Hinterließ der „Falsche Waldemar" einen Markgräflichen Stadthof in Templin?

Als 2009 bei der Bebauung des Areals des Sankt-Georgen-Hospitals archäologische Grabungen stattfanden, stieß man auf Reste gut erhaltener baulicher Strukturen, die vor der Anlage des dortigen Friedhofes datiert wurden, und auf Fragmente von fünf glasierten, mit Gesichtsapplikationen verzierten Standbodenkannen. Diese konnten keine Hinterlassenschaft der damaligen Stadtbevölkerung oder des Hospizes gewesen sein, sondern damit bestätigten sich frühere Vermutungen, dass in der Nähe der Stadtmauer einst ein fürstlicher Hof gelegen haben muss.

Da Markgrafen zur damaligen Zeit über keine eigene Residenz verfügten, zogen sie mit ihrem Tross von einem Stadthof zum nächsten. Das war für die Städte eine große Ehre, aber auch eine Last, denn die Kosten mussten sie tragen. Selten gab es dafür einen Ausgleich durch Schenkung von Land, Wald oder Wasser aus dem markgräflichen Besitz.

In Templin empfingen hier die askanischen Markgrafen Könige, Fürsten, Gesandte und Bittsteller. Allein zwischen 1300 und 1348 lassen sich aufgrund von Urkunden zahlreiche Aufenthalte der Markgrafen in Templin nachweisen. Hier wurden Friedensverhandlungen geführt, Schlichtungen und Beistandsabkommen unterzeichnet, Urkunden und Verträge von Bedeutung abgeschlossen. Wie lange dieser Stadthof bestand, ist nicht nachzuweisen, von 1325-1348 gab es während der Herrschaft der Wittelsbacher nur noch vier Aufenthalte in Templin. Man kann aber annehmen, dass sie noch den askanischen Hof genutzt haben.

Wir können davon ausgehen, dass der so genannte „Falsche Waldemar" 1348 der Stadt diesen Hof als großzügige Schenkung vermachte.

Sollte das so geschehen sein, mussten die Stadtväter sich schnell entscheiden, ob sie hier eine Klosteranlage ansiedeln oder ein Hospital errichten. Letzteres war für die Stadt jedenfalls von größerem Nutzen, und da es seit dem Dekret von Papst Clemens V. von 1312 keiner Zustimmung zur Errichtung von Hospitälern mehr bedurfte, konnte sofort mit dem Bau begonnen werden. Spätestens 1350 begann man mit der Errichtung des Hospitals mit Kapelle, denn im Landbuch Karls IV.

aus dem Jahre 1375 ist das Heilig-Geist-Hospital St. Spiritus nebst Kapelle bereits aufgelistet. 1685 erhielt die Anlage den Namen des „Heiligen Georgs". Damit beantwortet sich auch die Frage, warum Templin keine mittelalterliche Klosteranlage besitzt wie andere Städte der Mark.

„Wirre Zeiten"

Karl IV. drängte nach dem erzwungenen Rücktritt des „falschen Waldemars" die Bayern im Vertrag zu Fürstenwalde vom 15. August 1373 zur Abtretung der Mark an das Haus Luxemburg. Diesen Verzicht des letzten Wittelsbachers, Markgraf Otto „des Faulen", vergütete Kaiser Karl IV. mit 500 000 Goldgulden. Damit begann die Alleinherrschaft der Luxemburger.

Der Luxemburger hatte die Mark für seinen minderjährigen Sohn Sigismund erworben.

Karl IV. regierte sie für ihn. Seine Regierungszeit wurde wegen der Förderung der Wirtschaft und Bekämpfung der räuberischen Adligen als die "5 goldenen Jahre" bezeichnet. Zu dieser Zeit befanden sich in der Uckermark die Städte Prenzlau, Templin, Pasewalk, Strasburg, Angermünde, Jagow, Schwedt, Schloss und Städtchen Gerswalde, Schloss und Kloster Boitzenburg, sowie die Schlösser Alt- und Neu-Torgelow.

Die Templiner Ratsherren huldigten in einem Schreiben dem neuen Herrn in Prag und schworen ihm Treue, was ein Faksimile der Urkunde aus dem Prager Staats-Zentralarchiv belegt.

Auch für Templin wirkte Karl IV. sehr positiv. So durften die Templiner selbst das Obergericht ausüben und über marodierende Raubritter richten. Außerdem ermöglichte er der Stadt Kontakte zur Hanse, um selbst seine Herrschaft bis zur Ostsee auszuweiten. Um den sittlichen Verfall in den Städten aufzuhalten, ließ er bei Ratssitzungen die Ehefrauen teilnehmen, um Völlerei und Trinkgelage einzudämmen.

Schon durch die „Goldene Bulle", ein Reichsgesetz Karls IV., das die Kaiserwahl regelte, war Brandenburg 1356 Kurfürstentum geworden. Die Kurfürsten von Brandenburg gehörten nun zu den 7 geistlichen und weltlichen Reichsfürsten, die den Kaiser wählen durften.

Auf Befehl Kaisers Karl IV. wurde das „Landbuch der Mark Brandenburg" erstellt. Es war eine Auflistung aller zur Mark gehörenden Städte, Dörfer, Besitzstände, Abgaben und Leistungen aus dem Jahre 1375, wonach Templin halbjährlich 40 Mark Silber entrichten musste, landesherrliche Festung war und außer den früheren Rechten und Besitzungen auch noch den Gollinsee und das Obergericht über Röddelin besaß. Des Weiteren wurden in der Aufstellung Abhängigkeiten zwischen Templiner Bürgern und umliegenden Dörfern sowie die Rechtsstände der Dörfer erwähnt. Templin wurde zu dieser Zeit von drei Bürgermeistern und neun Ratsherren verwaltet. Die Stadt galt mit Außenwall, Wassergraben, Innenwall und Mauer bereits als befestigte Stadt.

Nach dem Tode Karls IV. 1378 ging die Herrschaft über einen Teil der Mark, auch über Templin, an seinen Sohn Sigismund. Nun begann erneut eine weitgehend rechtlose, durch Übergriffe von Raubrittern gekennzeichnete Zeit, nach dem Namen eines der Raubritter auch „Quitzow"-Zeit genannt.

Mit Erlaubnis des Markgrafen Sigismund trat Templin mit den Städten Stralsund, Stettin, Pasewalk, Prenzlau und Strasburg ein Jahr später einem Städtebündnis zum Schutz gegen Straßenräuber bei.

Die Zeit der Wirren setzte sich fort, als die Mark 1395 an Wilhelm von Meißen verpfändet wurde. Erst mit dem Beginn der Herrschaft der Hohenzollern begann eine Stabilisierung. Die Hohenzollern mit dem Stammsitz Hechingen waren seit 1192 Burggrafen von Nürnberg. Am 8. Juli 1411 ernannte Kaiser Sigismund den Burggrafen Friedrich zum erblichen obersten Hauptmann und Verweser der Mark, und verpfändete ihm für 100 000 Golddukaten das Land Brandenburg. Die Herrschaft der Luxemburger war beendet, die „Nurenberger" übernahmen die Macht. Friedrich kämpfte gegen den rebellischen Adel, besonders gegen die Quitzows, und stellte die Sicherheit wieder her. Brandenburg wurde zum Kernland des späteren Preußen und einer mehr als 500 Jahre währenden Herrschaft der Hohenzollern. Ab 1701 stellte das Haus Hohenzollern die preußischen Könige, von 1871 bis 1918 die deutschen Kaiser.

Zum Kurfürstentum Brandenburg gehörten zu dieser Zeit die Altmark, Prignitz, die Mittelmark, bestehend aus Barnim, Teltow, Havelland und Zauche (ohne Beeskow, Storkow, Zossen und Stemplitz), das Land Lebus und Frankfurt/Oder, Müncheberg, Lebus, Fürstenwalde, Seelow, Küstrin und die Uckermark (ohne Angermünde, war von Pommern, und Lychen, von Mecklenburg besetzt), das Land Sternberg und die Neumark (heute Polen).

Templin huldigte als erste uckermärkische Stadt am 30. Juli 1412 dem neuen Herrn: „Wir hulden und sweren Herren Sigismunden und seinen erben, Marggrafen zu Brandenburg, eine rechte erbhuldunge und hulden und sweren Herren fridrichen und seinen erben, Burggrafen zu Nuremburg, eine rechte huldunge zu seinen gelde, nach ussoysunge seiner briffe, getruwe, gewere und gehorsam zu sein, ongeverde, als uns got helffe und die heiligen." (12)

Während der weiter anhaltenden Auseinandersetzungen, nun zwischen Hohenzollern und Pommern, eroberten die Truppen der Herzöge von Pommern-Stettin die Uckermark und zeitweise Templin. Im Gefecht bei Kremmen am 24.10.1412 gewannen schließlich die Truppen Friedrichs. Noch heute erinnert dort ein Denkmal in Form eines großen Kreuzes an dieses Ereignis. Von Templin aus unternahm Friedrich weitere Eroberungen.

Um 1415 hatte Templin seinen Grundbesitz vergrößert, war Ackerbürgerstadt mit dem größten Waldbesitz aller märkischen Städte geworden. Alle Seen des Templiner Seenkreuzes, der Röddelin-, Beutel-, Ragöse-, Großer Mahlgast-, Kleiner Mahlgast-, Netzow-, Gleuwen-, Fähr-, Dolgen-, Kleiner Gollinchen-, Petznick-, Liebesike-, Tempitz-, Kölpin-, Lübbe-, Gollin- und Krempsee gehörten der Stadt.

Auf dem Konstanzer Konzil erhob Kaiser Sigismund am 20. April 1415 den Burggrafen von Nürnberg, Friedrich VI., als Friedrich I. zum Kurfürsten und Markgrafen des Landes Brandenburg als Dank für seine Dienste. Die Mark Brandenburg wurde ihm mit den Worten zuerkannt: „Und er soll sie haben und behalten und erblich besitzen und auch mit ihr tun und lassen können, wie ihm recht ist, und wie ein rechter und wahrer Markgraf der vorher genannten Mark tun und lassen kann, von uns, unseren Erben und Nachkommen oder sonst jemand ungehindert." (13)

1417 wurde er Erzkämmerer des Reiches. Zugleich entband der Kaiser sämtliche Stände und Untertanen der Mark von dem ihm geleisteten Eid. Gegen die Pommern wurde die Reichsacht verhängt, als sie erneut gegen Friedrich kämpften. Mit dieser Machterhöhung der Nürnberger stieg der rote Adler über Brandenburg empor. Er zierte die Standarte, die Kaiser Sigismund dem Kurfürsten Friedrich I. als Zeichen seiner neuen Würde überreichte.

Friedrich I. regierte 1415-1440. Schon zwei Jahre nach seiner Belehnung musste er gegen ein Bündnis der Herzöge von Pommern und Mecklenburg, des Erzbischofs von Magdeburg sowie der Könige von Polen und Dänemark kämpfen.

Damit war die Uckermark erneut Kriegsschauplatz. Am 26. März 1415 schlug Kurfürst Friedrich I. in der Schlacht von Angermünde die verbündeten Gegner.

Mit dem „Friedensvertrag von Eberswalde und Templin", der auf dem Fürstentag zu Templin vom 5. bis 16. Juni 1427 geschlossen wurde, endete dieser Krieg. Kurfürst Friedrich I. sicherte das Gebiet Templin für Brandenburg.

Im genannten Friedensvertrag ist erstmals ein Templiner Bürgermeister, Johann Hoffmeister (Hans Havemeister), als Unterzeichner genannt.

Im 1492 abgeschlossenen Vertrag von Wittstock, verpflichteten sich Brandenburg und Mecklenburg zu ewigem Beistand.

1440 begann die Herrschaft Kurfürst Friedrichs II. (1440-1471), des Sohnes Friedrichs I., der Berlin-Cölln zu seiner Residenz machte.

Am 13. Juli 1443 erhielt Templin vom Kurfürsten Friedrich II. für besondere Treue die Dorfstelle Gandenitz und den umliegenden Wald, die heutige Streuse.

Zu dieser Zeit hatte Templin seine größte politische und wirtschaftliche Bedeutung erreicht. Es war politisch weitgehend selbständig, der Rat hatte die Gerichtsbarkeit über alle Bürger der Stadt, die Juden besaßen das Bürgerrecht, die Stadt verfügte über das Marktrecht und 1431 erhielt sie zusätzlich den Sitz eines Schiedsgerichts.

Das bedeutete, dass mehrmals die Markgrafen in der Stadt residierten, um Streitfragen zu schlichten.

Wie reich die Stadt zu dieser Zeit war, beweist auch die Tatsache, dass sie 1485 die halbe Dorfflur von Baßdorf kaufen konnte.

Templin gehörte zu den „Immediatstädten", genau wie Prenzlau, Strasburg, Angermünde und Lychen, während Schwedt, Zehdenick, Vierraden, Brüssow und Greifenberg Mediatsstädte waren. Immediatstädte waren ausgezeichnet durch eine eigene Gerichtsbarkeit, Abgabefreiheit und Zugehörigkeit zu den Landständen. Trotzdem unterstand die gesamte Stadtverwaltung der Aufsicht und Kontrolle des „Kommissarius loci", eines vom König eingesetzten Staatsbeamten.

Der höchste landesherrliche Beamte war der Stadtschulze (Schultheiß, Bürgermeister). Er übte die zivile Gerichtsbarkeit aus und verwaltete das oberste Gericht (kriminelle Justiz) im Namen des Markgrafen. Dazu hielt er 14-tägig Gericht auf dem Marktplatz. Das Amt war an männliche Nachkommen vererbbar. Städtische Angelegenheiten wurden vom Rat wahrgenommen, der vom Landesherrn unabhängig war. Der Regierende Rat (Ratsmannen) wurde für ein Jahr von der Bürgergemeinde gewählt, seine Wiederwahl war erst nach zwei Jahren möglich. In der Zwischenzeit bildeten die ehemaligen Ratsherren den Ruhenden Rat. Die Bürger Templins waren durch jeweils zwei Verordnete der allgemeinen Bürgerschaft vertreten, gewählt aus den einzelnen Stadtvierteln. Hinzu kamen zwei vereidigte Alterleute der ältesten vier Gewerke, „Viererwerke" oder „Viergewerk" genannt. Dazu gehörten Tuchmacher, Schuster, Bäcker und Fleischer. Der Ruhende Rat, die Gemeinbürger und das Viergewerk bildeten den Außenrat der Stadt, welcher vom Magistrat in allen wichtigen Gemeindesachen befragt werden musste. Zweimal im Jahre versammelte sich die ganze Bürgerschaft der Stadt mit ihren Vertretern auf dem Rathaus zum „Bürding", um die wichtigen Stadtinteressen zu besprechen.

Die Ratsversetzung, d. h. der Antritt der neuen Ratsmänner und der Abgang der bisherigen Ratsherren, erfolgte jährlich am 5. Februar, später am 21. Dezember, und war ein äußerst wichtiger Tag für die ganze Stadtgemeinde. Dieses sogenannte „Herrenfest" wurde in besonders feierlicher Weise begangen. Eingeleitet wurde es mit der „Herrenpredigt". Nach dem Gottesdienst begab sich die ganze Gemeinde, Rat und Stadtverordnete an der Spitze, zum Rathaus, wo der ausscheidende vor dem neuen Rat Rechenschaft ablegte, indem er über die im Laufe des Jahres erledigten Angelegenheiten berichtete und die noch schwebenden informierte. An der dann anschließend stattfindenden „Ratsköste" nahmen der alte und der neue Rat sowie sämtliche Verordnete teil. Das Festessen wurde am nächsten Tage gemeinsam mit den Ehefrauen und geladenen angesehenen Bürgern und deren Ehefrauen fortgesetzt. Durch die Stadtordnung vom Jahre 1515 wurde dieser Brauch auf einen Tag beschränkt.

Der Bürgermeister bildete mit den Ratsherren, die zugleich Schöppen waren, das Stadtgericht, dem alle Bürger der Stadt untergeordnet waren. Der Stadtschulze hielt alle 14 Tage oder nach damaliger Sitte über 14 Nächte Gericht. Wurde dem Stadtgericht eine Streit- oder Anklagesache vorgebracht, so musste der Fronbote die Anklage erheben. Sodann forderte der Schulze zunächst einen der Schöppen auf, die Sache genau zu überdenken, das Urteil zu finden und es den anderen Mitgliedern des Schöppengerichts vorzutragen. Wurde es von ihnen bestätigt, so wurde es durch den Richter verkündet. Der Richter durfte unter keinen Umständen vom Schöppenurteil abweichen. Missbilligten jedoch die übrigen Schöppen das Urteil ihres Kollegen, so hatte dieser dem vorsitzenden Richter vier Schillinge zu zahlen. Jede Gerichtssache erhielt erst nach 6 Wochen Gültigkeit. Vor dieses

Gericht gehörten alle größeren Strafsachen, die dann nach 18 Wochen spruchreif wurden. Das achtzehnwöchentliche Gericht wurde dreimal im Jahr mit großer Feierlichkeit unter Teilnahme der gesamten Bürgerschaft abgehalten.

Die Strafen, die damals vom Richter verhängt wurden, waren meist sehr grausam. Diebe wurden gewöhnlich am Galgen gehängt. Dieser befand sich in Templin „vor dem Peterischen Tor“, dem Prenzlauer Tor, auf einer kleinen Anhöhe, dort, wo sich heute der Wasserturm befindet. Noch heute heißt diese Stelle im Volksmund der „Galgenberg“.

Der Rat beaufsichtigte durch seine verschiedenen Mitglieder auch den Marktverkehr und die Zünfte. Als Bürger der Stadt bezeichnete man diejenigen, die im Stadtgebiet Grund und Boden besaßen, also diejenigen, die als Haus- und Hufenbesitzer in der Bürgerrolle standen. Daneben lebten die so genannten Einlieger oder Schutzverwandten in der Stadt, die meistens Tagelöhner oder Arbeiter waren. Das Aufenthaltsrecht erhielten sie durch Zahlung von Schutzgeld. Ledige entrichteten 12 Groschen, Verheiratete einen Taler jährlich. Als dritte Gruppe gab es die Eximierten. Zu ihnen gehörten die Adligen, die in der Stadt wohnten, Prediger, Küster und königliche Beamte. Sie führten den Namen, weil sie dem Stadtgericht entzogen waren und dem Kammergericht der Fürsten unterstanden.

Ein aus dem Jahre 1789 erhaltener Bürgerbrief vom 20. Juni gibt Einblick in die Beziehungen sowie die Rechte und Pflichten, wie sie auch schon früher bestanden:

„ Wir Bürgermeister und Rathsmannen der Königlich-Preußischen Uckermärkischen Immediat-Stadt-Templin, thun kund und bekennen hiemit, dass wir den Bäcker-Meister Friedrich Stein, aus hiesiger Stadt gebürtig, welcher unter dem 20. Juni 1789 den Abschied vom Hochwohlgeborenen, vom Kleistschen Regiment erhalten, auf sein geziemendes Ansuchen zum Bürger angenommen, Ihn auch dadurch der einen hiesigen Bürger zustehende Rechte und Wohltaten fähig und theilhaftig machen wollen. Da nun derselbe zur Versicherung seiner Treue und Gehorsams nachgesetzten Bürger-Eyd abgeschworen“:

„Ich, Friedrich Stein gelobe und schwere zu Gott dem Allmächtigen einen Körperlichen Eyd, dass ich seiner Königlichen Majestät und Herrn an Dero statt Eurem Hoch-Edlen Magistrat dieser Immediat-Stadt Templin, will getreu und gehorsam seyn, Dero Nutzen und Bestes nach meinem Vermögen befördern, dagegen aber Schaden und Nachtheil kehren und abwenden helfen.

So oft ich von Eurem Hoch-Edlen Magistrat bey Tag oder Nacht, in heimlichen oder öffentlichen Sachen gefordert werde, will ich gehorsam allemal erscheinen und alles dasjenige, was mir auferlegt wird, mit getreuem Fleiß bestellen, mich auch in keinerley sachen wider seine Königliche Majestät oder Euern Hoch-Edlen Magistrat gebrauchen noch finden lassen. Ingleichen will ich all und jede Bürger-Gabe, sie haben Namen wie sie wollen, so viel an mir ist, gerne und willig abtragen und bezahlen, auch mich in allen Dingen wie einen getreuen Bürger eignet und gebühret, erzeigen und verhalten. So wahr mir Gott zur ewigen Seeligkeit durch seinen Sohn Jesum Christum verhelfen soll."

So ist dieser Bürgerbrief darüber ausgefertigt und ertheilet worden. Urkundlich unter Stadt-Siegel: So geschehen und gegeben in der Uckermärkischen Immediat-Stadt Templin, den 01. Juni 1789. Bürgermeister und Rath, Küster, Schmidt Freyschmidt. (14)

1492 wurde die Stadt vom ersten großen Brand heimgesucht. Dabei kam es auch zur Zerstörung der ersten Kirche. Zu deren Wiederaufbau erließ der damalige Kurfürst Johann Georg der Stadt für sechs Jahre die Steuern.

Ein zweiter Stadtbrand 1530 vernichtete u. a. Kirche, Schule und Rathaus.

Hospitäler, Kirchen und „Schulbuden" um 1500

In einem kirchlichen Visitationsprotokoll von 1500 waren in der Stadt eine Marien-Kirche, eine Anna- und eine Jakobus-Kapelle, eine Heilig-Geist-Kapelle (Sankt-Spiritus) mit Hospital und „vor dem Tore", möglicherweise vor dem Mühlentor, eine Sankt-Gertrauden-Kapelle mit Hospital verzeichnet.

Das Heilig-Geist-Hospital war für die Stadtbewohner zuständig. Es war das erste Krankenhaus der Stadt und stand innerhalb der Mauern im heutigen Hospitalgarten, dem früheren Fürstenhof. Es trägt seit dem 13. Oktober 1685 den Namen Sankt-Georgen, ebenso die dazu gehörige Kapelle. Möglicherweise wurde ihr der Name des Schutzheiligen, des Heiligen Georg, in Erinnerung an ein früheres Hospital mit Kapelle, das auf dem heutigen Friedhof in der Bahnhofsstraße lag, gegeben. Die Holzplastik des Schutzheiligen aus der alten Kapelle könnte geborgen worden sein und den Namen gegeben haben. Darauf wird im Weiteren noch eingegangen. Damit ist die heutige Sankt-Georgen-Kapelle das älteste Gebäude und auch die älteste Stiftung der Stadt.

Die Kapelle wurde als backsteingotisches Bauwerk ausgeführt. Der Westgiebel an der Straße zeigt ein dreiteiliges Fenster mit Maßwerk, Blendnischen und Streben und auf den Dachschrägen je zwei Filialen. Das Innere, gestaltet durch ein Kreuzrippengewölbe, ziert ein gotischer Flügelaltar. In der Nische der Längswand steht die schon genannte Holzplastik des Heiligen Georgs zu Pferde im Kampf mit dem Drachen.

Das Hospital war ein innerstädtisch-bürgerliches, es stand für Barmherzigkeit und christliche Nächstenliebe. Es nahm die Stadtarmen, Alten, Findelkinder, Waisen, mittellose Schwangere, Kranke, Bettler und Geisteskranke auf. Das Geld für Bau- und Reparaturarbeiten kam aus Spenden und aus städtischen Zuschüssen.

Nach der Reformation fungierte das Hospital als Beginenhaus, d.h., dass hier alleinstehende oder wenig begüterte Frauen ihren Lebensabend gegen ein geringes Einkaufsgeld verbringen konnten. 1699 wurde das baufällige Hospital durch einen Neubau ersetzt. Es besaß einigen Grundbesitz an Land, der verpachtet wurde. Betreut wurden die Insassen durch die Geistlichen der Maria-Magdalenen-Kirche.

Neben dem Sankt-Spiritus-Hospital gab es das Gertrauden-Hospital mit Kapelle, das möglicherweise im Bürgergarten lag, wo man 1830 bei Ausschachtungsarbeiten für das Schützenhaus auf Kellergewölbe stieß. Die „Heilige Gertrud" war die Schutzheilige der Reisenden und der fahrenden Schüler. Deshalb war dieses Hospital eine Wanderer- und Pilgerherberge. Die Jakobus-Kapelle könnte an der Stelle der Tiefgarage der heutigen Sparkasse in der Schinkelstraße gestanden haben, da bei den Ausschachtungsarbeiten Reste eines Sakralbaus gefunden wurden. Außerdem muss es vor dem Berliner Tor ein weiteres Hospital gegeben haben, denn beim Stadtbrand von 1492 wurde auch ein Hospital bzw. eine Kirche vernichtet.

Zusätzlich berichtete der damalige Bürgermeister Laurisius 1714 in seiner Aufstellung über den Besitz der Stadt von einer wüsten Kirchenstelle, auf der vorgesehen war, ein Krankenhaus zu errichten. Das war wahrscheinlich das frühere Sankt-Georgen-Hospital, das zu jeder mittelalterlichen Stadt gehörte. Es lag vermutlich auf dem heutigen Friedhof im Dreieck Bahnhof- / Vietmannsdorfer Straße. Aufgabe des Hospitals war es, außerhalb der Stadtmauern die Leprakranken, auch Aussätzige genannt, die diese Krankheit von den Kreuzzügen und Pilgerreisen ins Morgenland mitbrachten, zu versorgen. Da die Krankheit nur durch Berührung übertragbar war, mussten die Befallenen sich schwarz kleiden und die Haare kurz tragen. Eine Behandlungsmöglichkeit kannte man noch nicht, weshalb solche Hospitäler immer außerhalb der Stadtmauer, aber an den Handelsstraßen, die auch gleichzeitig Pilgerwege waren, lagen. Um diese Kranken auch seelsorgerisch zu betreuen, baute man daneben eine Kapelle. Den Namen erhielten diese Hospitäler nach dem Schutzheiligen der Kreuzfahrer, dem „Heiligen Georg". Hospital und Kapelle verfielen mit der Eindämmung der Krankheit im 15. Jh. wieder.

Eine Kirche hatte es auch schon in den Anfangszeiten der Stadtgründung gegeben. Sie gehörte wie das Rathaus zu den ersten öffentlichen Gebäuden, jedoch fehlen auch hier durch die Stadtbrände frühere Nachrichten. Überliefert ist nur, dass beim Stadtbrand von 1492 auch die Kirche niederbrannte und eine Marien-Kirche auf dem jetzigen Standort errichtet worden ist. Am 22. Juli 1643 nannte man anlässlich des Tages von Maria-Magdalena diese in Maria-Magdalenen-Kirche um. Sie war wie die Stadttore im Stil der Backsteingotik gebaut. Seit 1638 liegen Eintragungen im Templiner Kirchenbuch vor. Ab 1725 erhielt erstmals ein Pfarrer ein Mitspracherecht bei der Verwaltung des Kirchenvermögens.

In dem Visitationsprotokoll wurde außerdem erstmals eine Schulausbildung in der „Küsterschule", neben der Kirche, erwähnt. Das war eine Lateinschule, die aber höchstens 15 Prozent der Jungen der Stadt besuchten. Dazu kamen fahrende Schüler, die damals durch ganz Deutschland zogen. Die Ausbildung der Schüler war eng mit den Angelegenheiten der Kirche verbunden. Diese benötigte Nachwuchs für den Pfarrberuf und die unterschiedlichsten Dienste. Dazu gehörten Mess- und Chorknaben, die bei Messen, Taufen, Hochzeiten oder Begräbnissen lateinisch sprechen und singen konnten.

Die Schüler wurden auf Wunsch der Eltern eingeschult. Das war bereits mit dem fünften Lebensjahr möglich, aber auch erst mit zehn Jahren. Der Unterricht begann früh und dauerte drei bis sechs Stunden, vormittags von 6.00 bis 9.00 und nachmittags von 12.00 bis 15.00 Uhr. Dazu kamen für die Schüler die Aufgaben als Messdiener und Chorknaben in der Kirche, die oftmals auch damals schon Unterrichtsausfall verursachten. Schulsprache war Latein, und man erwartete von den Schülern, dass sie auch außerhalb von Schule und Kirche lateinisch sprachen. Unterrichtsinhalte waren die Bibel und römische Schriften, außerdem Gesang. Am Beginn der schulischen Ausbildung stand das Lesen, erst dann wurde das Schreiben gelehrt. Die jüngsten Schüler waren die Schützen, die älteren die Bacchanten.

Die Kirche war zu dieser Zeit der Hauptträger der Bildung. Sie bestimmte Inhalte und Lehrer. Auch Bau- und Reparaturarbeiten wurden aus dem „gemeinen Kasten", der Kirchenkasse, beglichen.

Nach dem Stadtbrand von 1618 wurde die „Schul-Bude" im Rahmen der Umstrukturierung des Stadtgrundrisses vermutlich auf dem Gelände des ehemaligen Friedhofs an der Stadtkirche angelegt.

Das Patronat, also die oberste Aufsicht über das Kirchenvermögen und die Verwaltung, hatte seit dem 13. Jh. der Landesherr. Er übertrug die entsprechenden Aufgaben an den Magistrat.

Der Anbruch der Neuzeit

Der Anbruch der Neuzeit Ende des 15./Beginn des 16. Jh. äußerte sich auch in unserem Territorium durch das Aufkommen reformerischer Ideen. Nach dem Auftreten Luthers zogen begeisterte Prediger durchs Land und fanden Anhänger.

Zu dieser Zeit war Heinrich Seckermann, Mitglied des Prämostratenserordens, nach Templin gekommen und predigte gegen die alte Ordnung. Dadurch gewann er besonders in der ärmeren Bevölkerung Anhänger. Das war auch der Grund, dass der damalige Kurfürst Joachim ihn zwar ins Gefängnis werfen ließ, aber nicht verurteilte. Seckermann lebte vorher in einem Kloster in Pommern, im heutigen Polen, wo auch ein Freund und Berater Luthers lebte.

Im Visitationsprotokoll von 1527 wurde er sogar als zweiter Pfarrer der Stadt genannt, der einmal in der Woche in der Maria-Magdalenen-Kirche und zwei Mal im Hospital für arme Leute predigte.

Als die Hexen brannten

Der Hexenglaube ist so alt wie die Menschheit, der Glaube an „höhere Wesen" begleitet die Menschen seit jeher. Bereits im Jahre 450 gab es mit den „Zwölftafelgesetzen" im Alten Orient die ersten Strafen wegen angeblicher Zauberei oder Schadenszauber. Im Verlaufe der Christianisierung wurden die Heiden als Antichristen und Dämo-

nen abgelehnt. Strafe für den Aberglauben war der Ausschluss aus der Kirche, es gab aber noch keine Körper- oder Todesstrafe.

Im 13. Jahrhundert trat jedoch im Zusammenhang mit der „Ketzerverfolgung" ein Wendepunkt ein. Die Ketzer (Katharer – die Reinen) lehnten die Oberhoheit des Papstes ab und verlangten die Rückführung des Christentums zu seinem Urzustand. Ihre Predigten hielten sie in der Volkssprache ab. Deshalb wurden sie verfolgt und waren gezwungen, ihre Versammlungen heimlich durchzuführen. Nun wurde ihnen unterstellt, dass sie bei ihren Zusammenkünften Christus verleugneten und sich in Gegenwart des Teufels der Unzucht hingäben. Da die Katharer sich an heimlichen, oft entfernten Orten trafen, kam zusätzlich die Idee vom Flug durch die Lüfte auf.

Mit der berüchtigten Bulle von Papst Innozenz VIII. vom 5. Dezember 1484, der selbst Vater von 16 Kindern war, wurde in Deutschland die Verfolgung der Ketzer, der Waldenser und Hussiten angeheizt.

In Templin hatte sich eine starke Anhängerschaft dieser Gruppen entwickelt. Insbesondere die Weber hatten sich den Waldensern angeschlossen. Das hauptsächlich von ihnen bewohnte, vom Mühlentor aus gesehene rechte Stadtviertel der Mühlenstraße, nannte man deshalb auch das Ketzerviertel. Auch in den umliegenden Gemeinden, vor allem im Gerswalder Raum, gab es eine starke Anhängerschaft.

Mit dem Beginn der religiösen Veränderungen Anfang des 16. Jh. vermehrten sich die Verfolgungen und Ketzerprozesse. So wurden auch hier sechs Männer und vier Frauen verbrannt, anderen wurde ein kirchliches Begräbnis verweigert.

Für diese Aussagen sprechen archäologische Grabungen, die im Bereich Schinkelstraße / Martin-Luther-Straße 2008 straßenbaubegleitend durchgeführt wurden. Hier stieß man auf immerhin 14 Körpergräber. Bei der folgenden Grabung Richtung Stadtmauer wurden weitere 34 Bestattungen freigelegt. Alle Bestatteten dieser kleinen Friedhofsanlage lagen in einer für die damalige Zeit ungewöhnlichen Nord-Süd-Ausrichtung. Die dendrochronologische Untersuchung von erhaltenen Sargbrettern ergab die Jahreszahl 1434 plus / minus zehn Jahre. Da die Kirche die Waldenser nicht tolerierte, lehnte sie auch deren Bestattung auf den kirchlichen Friedhöfen ab. Deshalb wurden die Weber und andere Anhänger notgedrungen im Bereich der heutigen Martin-Luther-Straße, einer früheren freien Stadtfläche, der so genannten Darre, beerdigt.

Mit dem ausgehenden Mittelalter und dem Beginn der Neuzeit wurden die Vorstellungen über die Katharer auf die sogenannten Hexen und Zauberer übertragen, die ja angeblich sowieso mit dem Teufel paktierten. Diese sollten die christliche Gesellschaft von innen her bedrohen. Insbesondere gegen sie war die Bulle des Papstes gerichtet. Mit dem Erscheinen des berüchtigten „Hexenhammers" 1487, verfasst von den Dominikanermönchen Heinrich Institoris und Jakob Sprenger, hatte man ein Instrument zur Hexenerkennung, Verfolgung und zur Durchführung von Hexenprozessen in den Händen. Durch das weltliche Gesetzbuch Karls V., die „Carolina" („Peinliche Halsgerichtsordnung") von 1532, wurde die Folter zugelassen, um Geständnisse zu erzwingen.

Da die Kirche diese nicht anwenden durfte, wurde die Hexenverfolgung dem weltlichen Gericht übergeben. Der Hexenwahn verschonte dabei weder Geschlecht, Alter, Stand, noch Vermögen oder Bildung. Niemand, außer den Landesfürsten, war vor einer Verfolgung sicher. Der Höhepunkt lag zwischen 1560 und 1630.

Wurde den Hexen anfangs vorgeworfen, dass sie mit ihrem Schadenszauber Hagelstürme und Ungezieferplagen und ähnliches heraufbeschwören konnten, oder das Vieh krank machten, wiesen die Autoren des „Hexenhammers" nach, dass die Hexen eine geheime Verschwörung seien mit dem Ziel, das Reich Gottes zu stürzen und das des Teufels zu errichten. Möglich wäre diese weltweite Verschwörung, da die Hexen in der Lage seien zu fliegen und sich zum Hexensabbat träfen, um ihre Untaten zu verabreden. Bei Anzeige der Hexerei konnte ein Richter sofort auf Folter erkennen. Vor dem eigentlichen Prozessbeginn wurden sogenannte Hexenproben wie die Tränen-, Nadel-, Feuer- oder Wasserprobe durchgeführt. Es war fast ausgeschlossen, dass ein Angeklagter diese Proben überstand. Selbst ein Feuermal oder Leberfleck waren schon verdächtig. Die furchtbarste Waffe der Inquisition, der Hexenrichter, war die eigentliche Folter, die Tortur oder peinliche Befragung, wobei unter unmenschlichen Qualen Geständnisse erpresst wurden. Auf der Folterbank wurden auch die Namen weiterer Personen verlangt, so dass durch die „Besagung" eine Kettenreaktion von Prozessen ausgelöst wurde. Der Verurteilte oder dessen Verwandte hatten außerdem noch die Kosten des Verfahrens von 30-80 Gulden und die Verbrennung in Höhe von 40 Talern zu tragen.

Auch in Templin kam der Verdacht von Schadenszauber und Hexerei auf. Im Jahre 1538 hatte eine Hebamme, eine weise Frau aus Bötzow, dem heutigen Oranienburg, in ihrer Scheune einen Totenkopf gefunden und verdächtigte die Templinerin Weber, ihr diesen in Anspielung auf ihren Hebammenberuf bei einem Besuch hingelegt zu haben. Da sie sich mit der Weberin sowieso nicht gut verstand, verbreitete sie öffentlich, dass in Templin beim Bierbrauen Totenköpfe genutzt würden, um mit diesem Getränk Schadenszauber und Hexerei zu betreiben.

In Templin hatte damals jede siebente Hausstelle das Recht, Bier zu brauen. Mit dessen Verkauf in den umliegenden Dörfern wurde viel Geld verdient. Das damalige Templiner Bier „Potsfelten" hatte einen guten Ruf, den sich die Stadt nicht verderben lassen wollte. Deshalb gingen Templiner Brauer vor Gericht und verklagten die Bötzowerin beim dortigen Schlosshauptmann, Joachim Hake. Die Hebamme wiederholte vor Gericht ihre Behauptung und fügte hinzu, dass die Weberin einen Totenkopf auch in den Bierkrug des Templiner Bürgers Hans Radeke getan habe, um ihm einen Streich zu spielen. Der Fall wurde daraufhin sogar dem Kurfürsten Joachim II. in Berlin vorgetragen, da nicht nur der gute Ruf des Templiner Bieres auf dem Spiel stand. Dieser verwies die Angelegenheit zur Aburteilung an das „Große Templiner Stadtgericht", das aus zwölf Räten und vierzig Bürgern bestand. Die beschuldigte Frau des Templiners Achim Weber verlangte von ihrer Widersacherin, vor Gericht die Aussage zu wiederholen. Nun zog diese die Behauptung zurück, die Templiner würden ihr Bier mit Totenköpfen verhexen. Sie blieb aber dabei, dass die Weberin ihr einen Totenkopf hingelegt hätte. Daraufhin wurde die Templinerin freigesprochen. Die Bötzower Hebamme wurde zur Strafe in Templin an den Pranger gestellt und abends nach Hause geschickt mit der Auflage, ihre Zunge in Zukunft zu hüten. Das Templiner Bier wurde weiterhin gern getrunken. Dieser Prozess ging als „Bierkrieg" mit der Stadt Bötzow in die Templiner Annalen ein.

Noch einmal war 1558 in Templin der Verdacht der Zauberei gegen mehrere Frauen aufgekommen. Ihnen wurde vorgeworfen, sie könnten durch Wände Feuer legen und das Bier der Leute verderben. 1592 stand Anna Krüger wegen Zauberei vor dem Strafgericht. Nach unter der Folter erpressten Aussagen wurde sie vom Schöffengericht zum Feuertod verurteilt und hingerichtet.

Nach dem plötzlichen Tod des Bürgermeisters Caspar Rühl und des Marktmeisters Hans Schulz 1610 bezichtigte die Witwe des Marktmeisters eine alte Frau der Teufelsbeschwörung sowie des Schadenszaubers, und dass sie den Tod der beiden Männer zu verantworten habe. Selbst der Stadtpfarrer ermahnte von der Kanzel den Rat, die Frau zu bestrafen. Angesichts der großen Angst und Panik in der Stadt musste das Stadtgericht handeln, verurteilte die Frau aber nur zu einer Gefängnisstrafe.

Insgesamt ging der Magistrat der Stadt recht besonnen in Sachen Hexenverfolgung vor. In Lychen dagegen kam es zu mehreren Verurteilungen zum Feuertod.

Die letzte Hexenverbrennung in Brandenburg fand 1640 in Zehdenick statt. Die letzte Hinrichtung einer Hexe erfolgte am 17. Februar 1701 in Fergitz. Die 15jährige Dienstmagd Dorothea Elisabeth Tretschlaff wurde mit dem Schwert enthauptet, da sie zugegeben hatte, mit dem Teufel eine Liebschaft eingegangen zu sein. Eine erst danach erfolgte Untersuchung auf Befehl der Landesregierung ergab jedoch, dass die Hingerichtete eine melancholische, selbstmordgefährdete junge Frau gewesen war, die niemand verteidigt hatte.

In Deutschland fand 1775 in Kempten, im Allgäu, die letzte Hexenhinrichtung statt.

In Erinnerung an die unsagbaren Qualen und Opfer dieses historischen Phänomens der Hexenverfolgung enthüllte der Verein der „Freunde der Uckermark" in Fergitz neben der Kirche am 10. September 2010 ein Denkmal.

„Die Hexenbäume"

Von Hexen ganz anderer Art erzählt Max Lobedan: „Vor langer Zeit herrschte in der Uckermark eine böse Hexe. Sie wohnte auf dem Blocksberg bei Warthe oder auf dem Blocksberg im Grumsiner Forst oder auch auf beiden, denn Hexen sind ja mit Hilfe ihres Besens sehr beweglich. Im Volksmund hat sich die Kunde davon bis heute erhalten, denn ein Blocksberg ist seit jeher ein Tummelplatz für Hexen gewesen. Unsere Hexe war von besonders schlimmer Art. Sie war unsäglich hässlich und zerstörte alles, was schön war. Sie riss die Blumen aus den Gärten, fuhr mit ihrem Besen durch die blühenden Bäume, so dass die Blüten verdorrten und sie konnte mit ihrem Schwefelgestank die herrlichsten Frühlingsdüfte kaputtmachen. Vor allem aber hasste sie schöne Mädchen, diese verwandelte sie, ohne dass jemand helfen konnte, in Bäume.

So hatte der Fischer am See eine wunderschöne Tochter. Da die Mutter früh gestorben war, führte sie dem Vater die Wirtschaft, half ihm auch bei seiner schweren Arbeit. Der Wassermann, der den See bewohnte, hatte sie in sein Herz geschlossen und trieb ihr, wenn sie dem Vater beim Fischen half, die größten Fische ins Netz. Das missfiel der Hexe zusätzlich und eines Tages verwandelte sie das schöne Mädchen in eine Weide. Das Mädchen jedoch war so schön, dass nicht eine gewöhnliche Weide aus ihr wurde, sondern eine Trauerweide, die schönste aller Weidenarten. Mit ihren lang herabhängenden Zweigen streichelte sie den alten Vater, wenn er tief betrübt zu ihr kam.

Auch der Wassermann konnte nicht helfen, so sehr der alte Mann ihn auch bat. `Kannst du mir die Hexe bringen, so dass sie sich in meinem Wasser wäscht, dann kann ich Dir helfen`, so sagte er. Da aber Hexen wasserscheu sind und eine Abscheu gegen alles Nasse haben, gab es kaum eine Hoffnung, das Mädchen zu befreien.

Ein junger Schäfer oben in der Heide hatte sich ein sehr schönes Mädchen zur Braut gewählt. Als er am Tage vor seiner Hochzeit seine Herde heimwärts trieb, traute er seinen Augen nicht. Vor seiner Kate stand eine Birke, wunderschön anzusehen, mit lang herunterhängenden Zweigen, die am Morgen noch nicht dort gestanden hatte. Er ahnte das Unheil, eilte ins Haus, doch die Braut war verschwunden. Da wusste er, wer hier sein Unwesen getrieben hatte. Auch das Streicheln der Birkenzweige konnte ihn nicht trösten. Er bat den Wind auf der Heide um Beistand, doch der sagte ihm: `Grabe ein Loch in die Luft, dann kann ich die Hexe darin zu Fall bringen!` Doch wer schafft es, ein Loch in die Luft zu graben?

Ein Jägerbursche war weit in der Welt herumgekommen. Aus dem fernen Norden brachte er ein Mädchen mit, das mit ihrer Schönheit überall Bewunderung erregte. Das erfuhr auch die Hexe und konnte es nicht abwarten, auch dieses Mädchen zu verwandeln. Und eines Tages, als der Jäger von der Pirsch heimkam, stand da ein Baum, den es bis dahin in der Uckermark noch nicht gegeben hatte, den er von seinen Wanderungen her aber kannte. Es war eine Lärche, ein Baum, der in der Heimat seiner Braut zu finden war. Tage- und nächtelang versucht er, die Hexe zu erwischen, doch die war viel zu schlau, um sich vom Jäger sehen zu lassen

Eines Tages ging er wieder auf die Pirsch Da sah er einen Fuchs, in dessen Fang ein kleines Männchen zappelte. Mit einem gute Schuss brachte er den Fuchs zur Strecke und konnte den kleinen Mann befreien. Es war einer der Unterirdischen, der Zwerge, die damals noch in der Uckermark lebten. Ihr Zuhause waren die Wohnhöhlen unter den großen Findlingen. Sie waren von Sonnenuntergang bis Sonnenaufgang tätig, um den Menschen viel Gutes zu tun. Doch musste sie mit dem ersten Sonnenstrahl wieder daheim sein, im Tageslicht fanden sie sich nicht zurecht. So war es unserem Zwerg ergangen der sich verspätet hatte, den Heimweg nicht mehr fand und vom Fuchs ergriffen wurde. Nachdem der Kleine sich von seinem Schrecken erholt hatte, der Jäger mit ihm das Frühstück geteilt hatte, sagte er: `Jäger, ich kenne Deinen Kummer, auch den des Schäfers und des Fischers. Ich werde Euch helfen. Wir müssen die Hexe überlisten. Pelze den Fuchs und richte das Fell her. Die Alte ist eitel und wenn sie so einen schönen Pelz sieht, so wird sie ihn besitzen wollen. Lass Dich aber nicht von ihr umgarnen. Wenn sie kommt, so lege ihr den Pelz um die Schultern, dann greif ihr langes Haar und schlage einen Kreuzknoten in die Strähnen. Dann kann sie sich nicht mehr von der Stelle rühren und wir werden weitersehen.`

Der Jäger tat, was der Kleine ihm geraten hatte. Und tatsächlich, die Hexe kam, forderte den Fuchspelz und ließ ihn sich vom Jäger über die Schulter legen. Blitzschnell band er dann den Kreuzknoten in die langen Haarsträhnen und fesselte sie dadurch am Ort. Sie versprach dem Burschen alle Schätze der Welt, wenn er den Knoten wieder löse, doch er hielt sich an die Weisung des Zwerges. Der Forderung des Jägers, die Mädchen wieder freizugeben, verweigerte sie sich, lieber wolle sie sterben, als eines ihrer Opfer zurückzuverwandeln.

Da holte der Zwerg den Wind und den Wassermann zur Hilfe. Der Wassermann rührte den See so gewaltig auf, dass das Wasser hoch aufspritzte. Der Wind blies und blies, dass daraus ein Sturm wurde, er drehte sich und saugte sich voll mit Seewasser. Das brachte er zur Hexe und schüttete es über sie. Da wurde aus ihr ein Baum, doch aus der Weide, der Birke, der Lärche sprangen die Mädchen hervor. Die wunderschönen Baumformen aber blieben erhalten und die uckermärkischen Wälder hatten mit der Lärche eine neue Baumart bekommen.

Doch was für ein Baum wurde aus der Hexe? Die Bosheit, die Arglist, die Schlimmheit der Hexe blieb auch im Baum erhalten. Aus ihr wurde die Eibe, an der alles giftig ist. Nicht einmal richtige Zapfen, wie sie ein Nadelbaum haben muss, finden wir. An deren Stelle finden wir rote Beeren, die sehr süß schmecken, deren Kerne jedoch gleichfalls sehr giftig sind. Frisst das Vieh von den Nadeln, nagt es an der Rinde, so vergiftet es sich, stirbt. Deshalb haben die Menschen diesen Hexenbaum aus ihren Wäldern verbannt. An den Trauerweiden am Seeufer, an den Hängebirken am Heideweg und an den zarten Lärchen in den Wäldern aber erfreuen wir uns noch heute." (15) Heute stehen Eiben unter Naturschutz, wir finden sie bei uns noch in der Prenzlauer Allee 3/4.

Joachim II. (1535-1571), Markgraf zu Brandenburg und Kurfürst und Erzkämmerer des Römisch-Deutschen Kaiserreiches, trat 1539 zum protestantischen Glauben über. Er erließ am 1. November 1540 die reformatorische Kirchenordnung für die Mark Brandenburg, die damit protestantisch wurde. Der Kurfürst wurde 1569 mit dem polnischen Lehnsherzogtum Preußen belehnt. Damit war der Weg frei zur späteren Königskrönung 1701 in Königsberg.

Als der Landesfürst 1539 die neue Religion annahm, wurde auch Templin evangelisch. Ein katholisches Gotteshaus gab es über viele Jahrhunderte nicht mehr.

Von 1764 bis 1806 fand der katholische Gottesdienst in der Sankt-Georgen-Kapelle statt. 1909 erwarben die Gläubigen ein Haus in der Mühlenstraße.

In die Regierungszeit Joachims II. fällt der dritte Stadtbrand von 1546. Eine Dienstmagd des Urban Rath zündete die Scheune ihres Dienstherren an, weil ihr 6 Groschen vom Lohn abgezogen wurden. Über die Auswirkungen des Brandes berichtet die folgende Erzählung.

„Die Galgenfrist"

„Eine traurige Geschichte spielte sich nach diesem Großbrand in Templin ab. Not und Jammer waren unbeschreiblich, Hab und Gut lagen, soweit noch vorhanden, in den Gassen und wurden oft Beute von Langfingern. Einer von diesen war der Viehtreiber Matthias Zimdal, der dafür büßen musste, und das kam so:

Als das Brandgut noch schwelte, entdeckte er ein kleines Kästchen mit einem schönen silbergetriebenen Deckel, das bei Verkauf einige Silbergroschen versprach. Zimdal lief mit dem Kästchen zum Peterischen Tor, um die Stadt zu verlassen. Aber das Tor war verschlossen, da alle beim Löschen helfen sollten. Deshalb verwehrte der Torwächter Lorentz Schmal dem Zimdal auch den Durchlass und fragte nach dem Wohin. Langfinger Zimdal stotterte. Weil er eine Leibesvisitation fürchtete, schob er das Kästchen gewandt in die am Tor hängende Wamstasche des Torwächters und ließ sich abtasten. Da nichts Verdächtiges gefunden wurde, schickte man ihn zur Mithilfe zurück ins Stadtinnere.

Als nach der Wachablösung der Torwächter Schmal sein Wams hängen ließ, um selbst unbehindert beim Wegschleppen verkohlter Balken zu helfen, entdeckte seine Ablösung zufällig das Kästchen in seiner Jacke.

Der Torwächter Schmal wurde verhaftet und ihm der Prozess gemacht. Angeklagt wurde er der Fledderei und des Diebstahls, und so lautete das Urteil Tod durch den Galgen. Da halfen alle Beteuerungen seiner Unschuld nichts, man warf ihn in den Kerker, und bereits tags darauf stand Schmal auf einer hohen Kiste unter der Galgenschlinge. Sehnsüchtig ging sein Blick noch einmal zurück auf die im Morgengrauen fern liegende Stadtmauer, das hohe Peterische Tor und den tief unten liegenden Templiner See. Da bewegte sich ein Boot mit hastigen Ruderschlägen dem Ufer zu. Niemand außer dem Todgeweihten achtete darauf. Die wenigen Schaulustigen blickten gespannt und ungeduldig auf das Tun des Henkers, der bereits den Strick mit der Schlinge um den Hals des braven Lorentz Schmal befestigte. Jetzt blieb nur noch die Kiste unter den Beinen des Delinquenten wegzustoßen, als gellende Rufe vom Ufer kamen: „Hängt ihn nicht, er ist unschuldig!"- Aus dem Boot sprang ein Mann, keuchte die Uferböschung hinauf – es war Martin Zimdal, der wirkliche Dieb. Lorentz Schmal erkannte ihn sofort und wollte ihm entgegen laufen. Beim Absprung von der Kiste vergaß er die Schlinge um seinen Hals, verlor den Halt. Blitzschnell zog sich die Schlinge zu und schnürte ihm die

Luft ab, noch bevor der Henker den Strick vom Haken lösen konnte. Langfinger Zimdal entging seiner gerechten Strafe nicht. Anderentags hing auch er am Galgen und blieb dort, bis sein Leib zerfiel – so wollte es der Richtspruch." (16)

Nach dem Brand wurde ein „Verzeichnuß und Würderung der Häuser und liegenden Gründe zu Templin anno 1567" geschrieben. Es war ein zur Steuererhebung angelegtes „Schoßregister" auf Befehl des Markgrafen Johann II., um den Besitz an Gebäuden und Boden zu erfassen. Gleichzeitig gab es Auskunft über die Angehörigen der Stadtverwaltung und die Berufsgruppen.

Templin war in drei Stadtviertel – Peterisches Viertel, Hindenburgisches- und Mühlenviertel geteilt. Aufgeführt sind 185 Häuser und 248 Bürger. Es wurden genannt: 3 Bürgermeister, 2 Ratsfreunde, 2 Ratsdiener, je 9 Leinweber und Schuster, 10 Böttcher, 6 Schmiede, 13 Fischer, 1 Hüter, 1 Hutmacher, 4 Tischler, 7 Wollweber, 7 Bäcker, 19 Ackerbürger, 14 Schneider, 1 Tubitzenmacher, 1 Schlächter, 13 Radmacher, 1 Tuchscherer, 3 Krämer, 1 Müller, 1 Hacker (Fleischer), 1 Stellmacher, 1 Mollenhauer, 1 Nagelschmied, 1 Drechsler, 1 Futterschneider, 1 Scharfrichter, 3 Fuhrleute, 1 Salbenmacher, 1 Viehtreiber, 6 Tuchmacher, 1 Kürschner, 1 Sattler, 1 Steinsetzer, 1 Fleischträger, 1 Siebmacher, 1 Splittreißer, 2 Spunreißer, 7 Zimmerleute, 1 Müllermeister, 1 Mühlenmeister, 1 Schwertfeger, 1 Teerbrenner, 1 Repschläger, 1 Viehaufkäufer, 1 Stadtschreiber, 1 Kupferschmied, der einen eigenen Kupferhammer besaß. Außerdem waren 55 Grund- und Haus- bzw. Budenbesitzer ohne Beruf angeführt. Fast jeder Bürger hatte einen Garten und Grundstücke vor den Toren. Die Stadt verfügte über 83,05 Hufen (1 Hufe umfasste je nach Qualität des Landes zwischen 15 und 30 ha) Ackerland in den hindenburgschen, gandenitzschen und röddelinschen Fluren. Dazu kam noch das so genannte Morgenland, die spätere Ahrensdorfer Feldflur, das auf Grund der schlechten Qualität nur alle drei oder fünf Jahre bewirtschaftet wurde.

Steuern wurden nach der Bodenqualität gezahlt. Die Wassermühle mit vier Mahlgängen gehörte der Stadt. Die Bürger hatten das Recht der Fußfischerei (es durften keine Boote benutzt werden), durften Hase und Reh jagen, Holz zum Brennen und Brauen sammeln und Schweine in die Buchen- und Eichenmast treiben. Handelsbeziehungen wurden bis nach Hamburg, Leipzig und Polen unterhalten.

Kämmereisiegel um 1600 (B 3)

Das „Schoßregister" war faktisch das erste Einwohnerverzeichnis der Stadt. Das Wirtschaftsleben wurde in Zünften für das Handwerk und dem Baugewerk für die städtische Landwirtschaft organisiert. Überlieferte Zunftordnungen registrieren Vereinigungen der Tuchmacher, Gewandschneider, Garnweber, Schmiede, Fischer, Schlächter, Bäcker, Töpfer, Hutmacher, Sattler, Kupferschmiede. Ackerbau wurde als Dreifelderwirtschaft betrieben.

Von den Templiner Zünften, Innungen und Gewerken

In den Städten war die breite Mittelschicht der Handwerker charakteristisch. Auch in Templin trugen sie mit ihren arbeitsteiligen, spezialisierten Gewerken zum wirtschaftlichen Aufschwung bei.

Die Handwerker und Kleinhändler (Krämer) schlossen sich zu kooperativen Verbänden zur Wahrung und Regulierung der wirtschaftlichen Rechte und Interessen ihrer Mitglieder zusammen. Diese Vereinigungen waren regional unterschiedlich. Es gab Zünfte, Innungen, Bruderschaften, Gewerke oder Gaffeln.

Der Zunftzwang sicherte das Recht auf die Ausübung eines bestimmten Gewerbes und das Recht zum Verkauf der Erzeugnisse auf dem Markt. Außerdem waren Art und Weise des Produkts und der Produktion sowie Preis, Qualität und Quantität festgelegt. Gleichzeitig sorgte die Zunftbruderschaft für Präsenz der Mitglieder in der Kirche, sicherte ein ehrwürdiges Begräbnis und war für soziale Belange zuständig. So zahlte sie zum Beispiel aus der Zunftkasse im Krankheitsfall oder bei altersbedingter Krankheit Unterstützungsgelder. In der Zunftstube wurden festliche Mahlzeiten mit einem Umtrunk abgehalten. Zunftordnungen regelten auch in Templin den Zunfteintritt, die Ausbildung, Arbeitszeit, Zahl der Gesellen und Lehrlinge. Die Zünfte besaßen eigene Kassen, ein Siegel, ein Wappen oder eine Fahne, die zusammen mit Wertgegenständen in der Zunftlade aufbewahrt wurden. Die Zunft sicherte die Ehre ihrer Mitglieder, was aber auch zu einer rigorosen Ausgrenzung von unehelich Geborenen und gegenüber Angehörigen von „unehrlichen Berufen“ führte.

Aus dem Jahr 1543 sind die ersten Nachrichten über die Templiner Tuchmacherinnung überliefert, und von 1557 stammt das Privileg der Templiner Schneider. Das älteste Privileg der Garn-, Leinweber und Züchner stammt aus dem Jahr 1610. Das älteste Fischerprivileg stammte vom Kurfürsten Johann II. von 1551. 1574 erweiterte sein Sohn Johann Georg dieses. Darin ist nachzulesen, dass die heutige Fischerfamilie Gabbe schon zu dieser Zeit dem Gewerbe nachging. So konnte sie 1990 das 350-jährige Jubiläum begehen.

1690 ist die Fischereiordnung erweitert und zum Beispiel die Maschengröße für Netze und Zeiten für den Fischfang festgelegt worden. Die Fischer in und um Templin mussten vorrangig die Stadt versorgen, bei Verkauf nach außerhalb brauchten sie die Zustimmung des Magistrats. Auch die Verkaufszeiten auf dem Markt und die Preise waren nun festgelegt. Eine 1722 erlassene Ordnung verbot die Sonn- und Feiertagsfischerei und die Verpachtung von Seen an Auswärtige.

Am 28. August 1732 erhielten die Templiner Strumpfwirker ihr Innungsprivileg. Zu dieser Zeit hatte die Stadt 10 Meister. 1748 wurde die älteste Templiner Baugewerksordnung verfasst. Dem Baugewerk mussten sich die Ackerbau treibenden Bürger, die „Baumänner“, anschließen, um die städtischen Wiesen als Weideland nutzen zu dürfen. Das Baugewerk legte die Zeiten für Aussaat und Ernte oder den Viehaustrieb fest. Entstanden war dieses Gewerk zwischen 1702-1735.

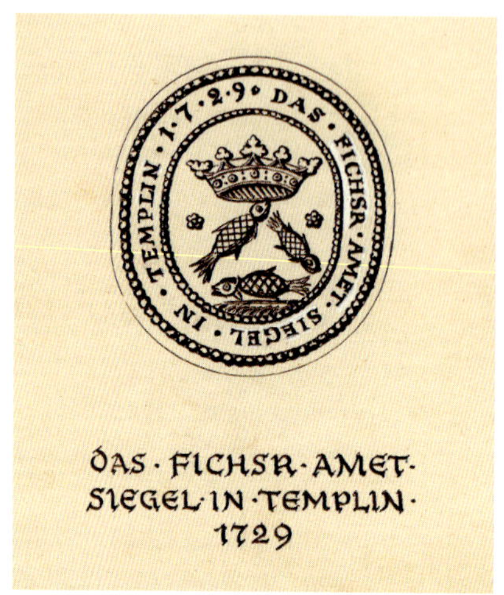

Siegel des Fischergewerkes 1729 (B 4)

Siegel des Schneidergewerkes 1717 (B 5)

Für die Brandbekämpfung mussten die Zünfte in der Stadt Einheiten stellen, und auch in Kriegszeiten waren ihnen bestimmte Abschnitte der Stadtmauer zur Verteidigung zugewiesen.

In der Neuzeit wurden die Zünfte auf Grund der starren Produktionsweise und der Monopolstellung zum Hemmnis für die wirtschaftliche Entwicklung. Sie wurden in Brandenburg/Preußen im Zuge der Steinschen Gewerbereform abgeschafft.

Scharfrichter, Schinderkuhle und Galgenberg

Die Überlieferung vom Langfinger Zimdal wies bereits auf einen besonderen Beruf der mittelalterlichen und neuzeitlichen Stadt hin, den des Henkers oder Scharfrichters. Im Schoßregister von 1567 wurde auch für die Stadt Templin ein Scharfrichter aufgeführt. Dieses Gewerk gab es auch schon in den vorgehenden Jahrhunderten, jedoch ist darüber nichts überliefert.

Ein Scharfrichter, auch Nachrichter, Meister Fise, Meister Hängeling, Angstmann, Rabenhalter und vor allem Schinder oder Henker genannt, war ein gefürchteter und gehasster Mann. Das Gewerbe war derart verachtet, dass es dem Sohn eines Scharfrichters gar nicht möglich war, irgendeinen bürgerlichen Beruf zu erlernen. Es blieb ihm also weiter nichts übrig, als die schaurige Nachfolge des Vaters anzutreten. So war also in gewisser Weise dieses Amt erblich. Auch die Tochter eines Scharfrichters wurde nur innerhalb dieses Gewerbes verheiratet.

Zum Beruf des Scharfrichters gehörten die Folter und Hinrichtung von Delinquenten, da es kaum längere Freiheitsstrafen gab.

Nach der „Criminal-Ordnung vor die Chur-und Neumarck“ hatten die Scharfrichter noch 1717 den folgenden Eid zu schwören. „Ich N.N. gelobe und schwere hiermit zu Gott dem Allmächtigen, einen cörperlichen Eid: „Demnach ich zum Scharfrichter in der Chur- und Marck Brandenburg bestellet und angenommen worden, daß ich Seiner Königlichen Majestät in Preußen, etc. Unserem allergnädigsten Herrn, zu jeder Zeit, getreue und gewärtig seyn, auch was von Deroselben, oder Dero zu den Peinlichen Sachen bestellten Ministus und Bedienten, insonderheit durch den Hans Voigt, oder durch diejenige, so mit Peinlichen Gerichten belieben sind, nach vorgegangenem Recht und Urtheil mir in meinem Amt zu verrichten, jedes Mahl befohlen und anvertraut wird, auch sonst in Torturen, Peinlichen Vorstellungen und gütlichen Befragungen, ich etwas erfahren und hören würde, ich solches stille und bey mir verschwiegen halten wolle. Ich will auch, wann mir Übelthäter, oder sonst verdächtige Personen, dieselbe entweder in Güte, oder mit der Schärffe zu befragen, untergeben würden, mit denenselben anders nicht, als was Urtheil und Recht erkannt, und mir befohlen wird, auch ich gegen Gott, und der hohen Obrigkeit, in meinem Gewissen verantworten kann, verfahren, auch sonder Falschheit und Betrug, in der Tortur die Wahrheit von solchen Malificidenten nach Recht und Nothdurfft zu erfahren, befragen, und allenthalben rechtmäßig damit umgehen, auch die Nachrichterliche Verrichtungen, an den Armen Sündern, dem eingeholten Urtheil gemäß, mit aller möglichen Vorsichtigkeit, treu und fleißig verrichten, ungebührliche Kosten nicht begehren, auch mich sonst solchergestalt verhalten, wie es einem getreuen Scharffrichter eignet und gebühret. So wahr mir Gott Helffe durch seinen Sohn Jesum Christum". (17)

Der Folterkeller in Templin befand sich wahrscheinlich unter der Westseite des alten Rathauses. Bis Ende des 19. Jh. wurden einige Foltergeräte noch dort aufbewahrt, jedoch bei der Eröffnung des „Uckermärkischen Museums" in Prenzlau am 11. September 1899 diesem übergeben.

Zum Tode Verurteilte wurden bis zum Vollzug der Todesstrafe in Templin im Eulenturm bzw. Pulverturm festgesetzt. Gelang es einem Mörder oder Dieb aber rechtzeitig den Bannkreis der Stadt zu verlassen, so blieb dem Richter nichts übrig, als ihn für vogelfrei zu erklären. Eine Berufung oder die Einlegung eines Gnadengesuches waren nicht üblich, auch wenn dem Landesherrn das Begnadigungsrecht zustand. Ein Freispruch war selten. In dem Falle musste der Kläger die Gerichtskosten tragen, sonst der Angeklagte. Sie betrugen für jeden Richter, jeden Schöffen und den Schreiber je 15 Goldpfennige, an Unterhaltungskosten des Angeklagten täglich 30 Pfennige, an den Henker für die peinlich Frage, die Folter, einen Gulden oder 100 Pfennige.

Während der kleine Diebstahl zumeist am Pranger vor dem Rathaus verbüßt wurde, fand der „große" Diebstahl seine Sühne am Galgen. Als groß galt, zumindest bis zum 30-jährigen Krieg, der Diebstahl im Wert von über 5 Gulden. Dem Strick verfiel nur der männliche Dieb. Frauen wurden nicht gehängt. Ihre Hinrichtung erfolgte meist durch Ertränken. Personen unter vierzehn Jahren (später sechzehn) durften nicht hingerichtet werden. Zwar war der Tod am Galgen der entehrendste, aber doch die einfachste und mildeste Todesart, denn die Todesstrafe konnte auch durch das Schwert, mit dem Rad durch Zerstören der Glieder oder Vierteilen herbeigeführt werden. Für die Hinrichtung waren 3 Gulden, für Blenden, Ohren- oder Fingerabhauen bzw. Zunge abschneiden ein halber Gulden zu zahlen.

Ein zum Tod durch Erhängen Verurteilter konnte gelegentlich der Strafe im letzten Augenblick entgehen. So war es in der Mark Brandenburg möglich, dass einer Mutter von sieben Söhnen das Recht zustand, den Strick eines Verurteilten abzuschneiden und ihn dadurch vom Tode zu erretten. Ebenso war es allgemein üblich, dass der Delinquent, dessen Strick riss, nicht zum zweiten Male an den Galgen kam, sondern freigelassen werden musste. Gelegentlich mag auch ein mitleidiger Henker von sich aus die Veranlassung zum Zerreißen des Strickes gegeben haben.

Die Hinrichtungen fanden außerhalb der Stadt auf dem Galgenberg statt. Templin begnügte sich mit einem sogenannten einfachen Galgen auf dem Platz des heutigen Wasserturms. Diese Gegend um den Galgen galt früher als besonders grauenerregend, denn es war üblich, dass der Gehängte dort verblieb und nicht abgenommen werden durfte. Er sollte den „Raben zur Speise" werden. Man fürchtete sich deshalb, vor allem nachts, daran vorbeizugehen. Böse Geister und Hexen sollten an der Richtstätte ihren Spuk treiben und das heisere Gekrächse der Raben, die sich um ihre fürchterliche Beute rissen, war sicher nicht dazu angetan, die allgemeine Scheu vor dieser Gegend zu beheben.

Bezüglich seiner Tätigkeit unterstand der Scharfrichter der strengen Dienstaufsicht der hiesigen Stadtobrigkeit. Nachlässigkeiten bei der Handhabung der Folter, des Prangers oder der Hinrichtung wurden streng geahndet. Dem Scharfrichter drohten dann Geldbußen oder in schwerem Falle sogar die Landesausweisung.

Als weitere Aufgabe oblag ihm die Abdeckerei oder Schinderei, das heißt, dass verendete Pferde und anderes krankes Vieh getötet und vergraben werden mussten. Die Abdeckerei wurde zunehmend zu einer sehr lohnenden Einnahmequelle, als auch die weitere Umgebung der Stadt einbezogen wurde. Anfänglich erwarb der Schinder das verendete Vieh nach billiger Vereinbarung, ohne dass der Viehhalter jedoch an eine Abgabe gebunden war. Ab dem 16. Jh. war aber jedermann, dem Vieh einging, gehalten, dieses sogleich dem Scharfrichter „anzusagen", wofür er von diesem als Trinkgeld einige wenige Silbergroschen erhielt. Die Aufgabe des Scharfrichters und Abdeckers bestand nun darin, das gestorbene Vieh wegzuschaffen und die noch brauchbaren Teile der Viehkadaver wie Häute, Knochen und Fett zu verwerten. War das Vieh allerdings an einer Seuche krepiert, so musste es unverzüglich abgeholt und „ohne Abziehung der Haut und Aushauung des Fettes 5 Ellen tief vergraben" werden. Die gewonnenen Tierhäute wurden gegerbt, das ausgehauene Fett zu „Stiefelwichse" und die Knochen zu Leim verarbeitet. Das gegerbte Leder verarbeitete man an Ort und Stelle noch weiter zu Ledereimern oder Handschuhen etc. Wegen seiner somit sehr umfangreichen Zuständigkeiten beschäftigte der Scharfrichter gleich mehrere „Henkersknechte", die für ihn arbeiteten.

An vielen Orten der Mark Brandenburg war es dem Scharfrichter nicht gestattet, innerhalb der Stadt zu wohnen. In Templin hingegen durfte er nach dem Dreißigjährigen Krieg mit seiner Familie innerhalb der Stadtmauer leben. Sein Wohnhaus befand sich in der Nähe des Webertores im Bereich des heutigen „Kutscherhauses". Die Gebäude, in denen die Verwertung der Tierkadaver erfolgte, lagen hingegen außerhalb der Stadtmauer, da die Gerbflüssigkeit extrem stank. Nach dem Stadtbrand von 1735 entstand auf beständiges Betreiben des hiesigen Magistrats 1752 die gesamte Scharfrichterei mit Wohnhaus, Schuppen und Stallungen außerhalb der Stadtmauer in der Weinbergstraße, auf dem Gelände des heutigen „Pferdehofes Liebe". Wegen der Geruchsbelästigung verlegte man den Betrieb nochmals in die Lychener Straße hinter den heutigen Bauernhof Kayser.

Da der Abdecker auch als Schinder bezeichnet wurde, trägt der Platz, an dem die Tierkadaver vergraben wurden, den Namen „Schinderkuhle". Dieser Platz ist heute eine Badestelle am Templiner See. In der Nähe von Basdorf gibt es den „Schinderkuhlenbruch". Auch Selbstmörder, für die bekanntlich in geweihter Erde kein Platz war, unterlagen der Kompetenz des Henkers.

Das Gewerbe des Scharfrichters war, besonders auch durch seine Nebentätigkeiten, recht einträglich. Zunächst erhielt er Barlohn, wurde Eigentümer der Kleidungsstücke und auch der Wertsachen der Delinquenten wie auch der Selbstmörder. Der abergläubischen Zeit entsprechend hatte der Scharfrichter zudem einen einträglichen Nebenerwerb durch den Verkauf von Amuletten, Salben und Wundermitteln, die von ihm gewonnen und entsprechend aufgemacht wurden. Insbesondere die Alraunwurzel (Mandragora), soweit sie unter dem Galgen wuchs, war als Allheilmittel sehr begehrt.

In den Jahren von 1571 bis 1598 war die Herrschaftszeit des Kurfürsten Johann Georg. Er setzte im Land das Luthertum endgültig durch, unterstützte in der Reichspolitik aber auch den katholischen Kaiser. Er stiftete 1574 das „Graue Kloster" der Franziskaner in Berlin. Dort wurde das erste Landesgymnasium, eine Eliteschule Brandenburgs, etabliert.

1577 erließ der Kurfürst eine neue Kanzleiordnung. Fünf Landkreise wurden geschaffen: Neumark, Altmark, Prignitz, Uckermark und „Marchia Transodera" – „Land bis zur Oder".

In seine Regierungszeit fiel die folgende Naturkatastrophe:

Der Ausbruch des Dolgensees am 15. Februar 1574

Erdbeben, Flutwellen oder Überschwemmungen sind uns glücklicherweise nur aus den Nachrichten bekannt, leben wir doch in einer Region, in der es keine gewaltigen Erdbewegungen gibt. Wirbelstürme haben aber auch unsere Region in Vergangenheit und Gegenwart, zuletzt 2004, heimgesucht.Unsere Vorfahren aber erlebten eine schwere Hochwasserkatastrophe, über die das Gewerbebuch der Templiner Tuchmacherinnung folgendes berichtet: „Im Jahre 1574 nach Christi Geburt, am 15. Tag des Hornung, welcher war der Freitag nach Purbicitanus Mariae, ist der große See, der Dolgensee, der fast eine Meile ist und zu der Stadt Templin mit allen Gnaden und Gerechtigkeiten gehört, ausgebrochen. Daß er ist des Morgens früh vor Templin kommen, die Brücke hinweggerissen, nach dem Dorfe Milmersdorf geeilt, aber wieder zurückgekehrt, die Brücke wieder mitgebracht und ans Ufer gesetzt. Das Wasser ist über den Mühlendamm herübergelaufen und hat die Mühlen samt den Mauern allda begehret. Aber die Bürger haben gewehret, die Mauern gestützt, vor dem Tore den Steindamm aufgerissen und ihn da ein wenig geräumet. Da solches geschehen, hat das Wasser den Fluß dahin genommen, das äußerste Gebäude mit der Stadtmauer, Zindel, Pferdestall und Thorbude, auch etliche Geräte des Thorhüters hinweggeführt, darnach auf der einen Seite der Mühlen einen runden Turm niedergestoßen, auf der anderen Seite nach dem Felde, da es den größeren Gang bekommen, sich an den anliegenden Berg gemacht, darauf unten Gärten und oben Scheunen sind, und hat den Berg also zerrissen, dass neun Scheunen samt Korn, Holz und Stroh mit hinweggerissen sind. Die Bürger haben über das eilend fließende Wasser, darin viel Eisschollen, Bäume und anderes Holz war, nicht ohne Gefahr des Lebens kommen können. Wie hoch das Wasser gestanden, sieht man noch an dem Wall bei der Schneidenmühlen. Wären die zu Zehdenick damals nicht durch einen reitenden Stadtdiener von Templin gewarnt worden, dass sie sollen Achtung haben auf ihre Mühlen, so würden nicht viel davon übrig geblieben...“ (18)

Bis zum Ausbruch des Dolgensees befand sich oberhalb der Klosterwalder Wassermühle ein natürlicher, bis zu 25 Meter aufragender Erddamm, der die dicht beieinanderliegenden Seen, die untereinander ein Höhengefälle bis zu 10 Metern hatten, voneinander trennte. Tauwetter und Eisgang zerstörten den Damm und ließen ihn brechen.

Nach dem Bericht der Garnweber ergoss sich daraufhin eine ungeheure Flutwelle durch den Gleuensee in den Fährsee und riss ganze Uferstrecken mit Wiesen und Wäldern mit sich. Der Bruchsee war damals noch die Westbucht des Fährsees. Auch von einer mitgerissenen Brücke wurde berichtet. Es ist anzunehmen, dass diese Brücke den Gleuensee anstelle der heutigen Gleuenseebrücke überspannte. Glücklicherweise wurden die Brückenteile am Eichwerder auf den Strand geworfen, so dass sie nicht gegen die Mühle geschleudert wurden. Aber die aufgestauten Eisschollen drohten die Archen und Wehre zu zerstören. Deshalb wurde der Steindamm durchbrochen, um den Wassermassen den Weg frei zu machen. Trotzdem war die Gefahr damit noch nicht gebannt, denn die Wasserführung bei der Stadt sah damals anders aus. Der Abflussgraben des Templiner Sees führte unmittelbar an der Mauer entlang. Das Hochwasser unterspülte deshalb die Mauer an der Mühle und riss zuerst die Bude des Torhüters und den Stall des Müllers gegenüber der Mühle weg, dann die Zugbrücke und ein Wieckhaus. Nun unterspülten die Wassermassen die Fundamente des Mühlentores und rissen den großen Rundturm ein. Bei den Instandsetzungsarbeiten wurde anstelle des runden ein eckiges Kampfhaus gebaut. Auch ein Stück der Stadtmauer fiel den Wassermassen zum Opfer.

Das Wasser überflutete den Hügel an der Stelle des früheren Schützenhauses, des heutigen Hotelareals, riss dort neun Scheunen mit Inhalt weg und trieb sie dem Röddelinsee zu. Der Gesamtschaden belief sich auf 10 000 Gulden.

Ähnlich schwer verliefen die Dolgenseeausbrüche 1595 und 1600. Dabei wurden im Jahr 1595 Mauern und Damm am Mühlentor weggeschwemmt.

Von 1598 bis 1608 regierte Kurfürst Joachim Friedrich. 1603 übernahm er die Regentschaft im Herzogtum Preußen, 1607 gründete er die protestantische Bildungsstätte „Joachimsthalsches Gymnasium“ im gleichnamigen Ort im Barnim, die auch für unsere Stadt von Bedeutung wurde.

In die Zeit seines Sohnes und Nachfolgers, Kurfürst Johann Sigismund, fiel die Aufstellung einer zweiten Einwohnerliste, einer „Musterrolle“ von Templin von 1610. Die Musterung, bei der jedes Haus einen wehrfähigen Mann stellen musste, ergab, dass in der Stadt 35 Männer mit „langen Röhren“, Musketen, 28 Mann mit langen Spießen, 195 Mann mit Hellebarden und Federspießen ausgerüstet waren. Elf Zimmerleute fungierten als Bauleute. Insgesamt betrug die Zahl der wehrfähigen Männer damit 269.

Am 30. Mai 1618 suchte ein weiterer großer Stadtbrand, der vierte, die Stadt heim. Am Abend brach ein Feuer in der Wohnung eines Schmiedes aus. Innerhalb von zwei Stunden war die Stadt in Schutt und Asche gelegt, da die Brunnenanzahl zu gering und die Seen schlecht zugänglich waren. Mit dem Rathaus verbrannten alle Akten, Urkunden und Privilegienbriefe der Stadt. Auch die Kirchen und Schulen wurden ein Raub der Flammen. Fünf Personen, zwei Männer und drei Kinder, fanden den Tod, auch der Schweinebestand wurde vernichtet.

Der spätere katholische Kirchen- und Profandichter Prokopius (1609-1680) schilderte dieses Ereignis in einem Gedicht:

„Ich lag gar sanft geschlummert ein
und gleich im besten Schlaf,
erquickte fein die Glieder mein,
als wie ein müdes Schaf,
da hebt sich an ein großer Lärm,
es ward ein Feuersbrunst ...“. (19)

Die in der Stadt lebenden 308 Familien mussten in Kellern und Ruinen hausen. Noch im gleichen Jahr begann die Wiedererrichtung des Rathauses auf den Fundamenten des vormaligen Baus. Ansonsten ging der Aufbau der Häuser sehr langsam voran. Diese waren einfache Lehmbauten, mit Stroh oder Holz gedeckt.

Bereits am 15. Juli 1619 bestätigte Kurfürst Georg Wilhelm (1619-1640) nach seinem Regierungsantritt dem vom Brand heimgesuchten Templin die alten Rechte. Zusätzlich genehmigte er eine Konzession zur Durchführung von Vieh- und Pferdemärkten,

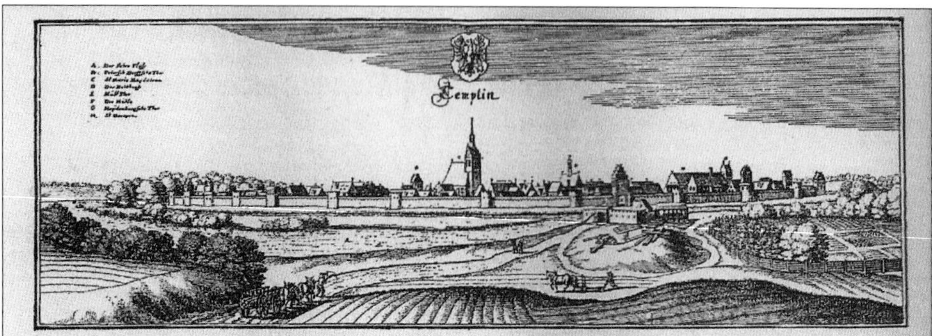

Ansicht von Merian von 1650 nach einem Kupferstich von 1618 vor dem Stadtbrand (B 6)

um weitere Einnahmequellen für die Stadt zu erschließen.

Zum Wiederaufbau nahm der Rat 1621 ein Darlehen auf. Trotzdem erholte die Stadt sich kaum. In diese Phase des Neubeginns brachte 1623 ein Hagelwetter weiteres Unglück über die Templiner. Die Dächer der neu errichteten Häuser, einschließlich des Rathauses, wurden zerschlagen, viele Tiere getötet.

Der damalige Bürgermeister Potzern erarbeitete bis 1622 eine Aufstellung über den Besitz der Stadt an Grund und Boden, Gebäuden und Privilegien unter dem Titel „Schriftliche Nachrichtungen wegen der Stadt Templin Regalien und Gerechtigkeiten, wovon die Documenta und Privilegien wegen der Feuerbrunst Anno 1618 umbkommen."

Vor dem Brand hatte Templin 308 Häuser. 64 Familien gaben ihre Hausstellen auf und verließen nach dem Brand die Stadt. Nur 250 Hausstellen, meist aus Holz, wurden wieder aufgebaut.

Templin in der Zeit des Dreissigjährigen Krieges

Ausgehend von einem regionalen Anlass, dem Prager Fenstersturz, führten religiöse und machtpolitische Auseinandersetzungen zwischen den europäischen Staaten 1618 zum Dreißigjährigen Krieg.

Die Uckermark wurde nicht sofort Schauplatz des Krieges. Erst 1624 begannen Kriegshandlungen auf märkischem Boden. Aber Kriegssteuern und Abgaben an die Städtekasse nach Berlin mussten sofort aufgebracht werden. Dafür wurden städtischer Besitz, wie Teile der Feldmark Baßdorf und der Große-Beutelsee, der Petznick-, Große Gollin- und der Kölpin-See, der Krempsee bei Storkow sowie der Plachtsche Bruch und das Porinbruch zwischen Ahrensdorf und Milmersdorf, veräußert. Zusätzlich wurden Gebühren auf Besitz, Pachten und Zölle erhöht. Die in den letzten Jahren aus der Stadtkasse gezahlte Urbede an den Landesherren war nun von den Bürgern aufzubringen.

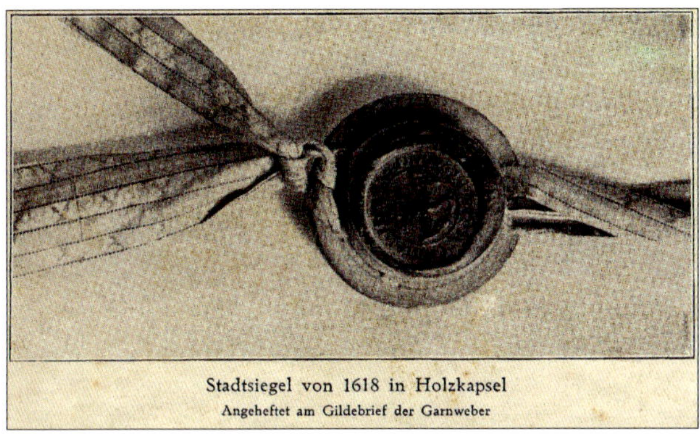

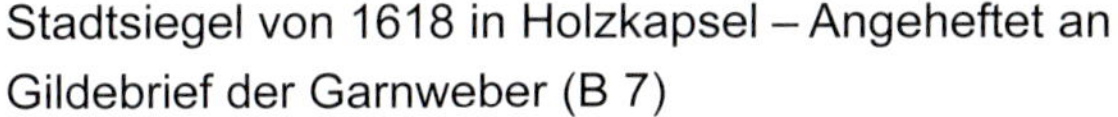

Stadtsiegel von 1618 in Holzkapsel
Angeheftet am Gildebrief der Garnweber

Stadtsiegel von 1618 in Holzkapsel – Angeheftet an Gildebrief der Garnweber (B 7)

Stadtsiegel 1618 (B 8)

Veränderungen gab es auch in der Verwaltung. Das Amt des Bürgermeisters wurde vom Stadtschreiber getrennt, die Kassengeschäfte an zwei Kämmerer übertragen. Amtliche Schreiben und Urkunden hatten das Stadtsiegel und die Unterschriften aller Ratsherren zu tragen. Außerdem musste der Bürgermeister bei seinem Abgang Rechenschaft ablegen und alle Ereignisse seiner Amtszeit schriftlich festhalten.

1625 zogen die Mansfeldischen Truppen, verfolgt von Wallensteinschen, durch die Mark Brandenburg. Mit den Kriegshorden kam 1626 die Pest in die Stadt. In den damals einfach gebauten Häusern, in denen viele Menschen zusammenlebten, fanden Krankheiten einen guten Nährboden. Die Bevölkerung war völlig wehrlos. So löschte die Pest bis zum Ende des Krieges 47 Familien aus. Die Toten wurden auf zwei Friedhöfen außerhalb der Stadtmauer in der Vietmannsdorfer Straße und bei der Ziegeleibrücke, oftmals aus Furcht vor Ansteckung, aber auch im Hof oder Hausgarten, begraben. Möglicherweise wurden die Pestkranken sogar lebendig verscharrt, worauf die Lage mancher Skelette schließen lässt, die bei Ausschachtungsarbeiten gefunden wurden. Das waren Knochenreste in einer Tiefe von 1,5 Metern, 15 cm über der Brandschicht von 1618 gelegen.

Am 25. Mai 1627 begannen mit der Beschießung der Stadt die militärischen Kampfhandlungen. Der Angriff erfolgte von Seiten des Berliner Tores. Davon zeugen Geschosskugeln, die man bei Renovierungsarbeiten im Turm am Berliner Tor fand. Die Dänen, die bereits Zehdenick und Umgebung belagerten, besetzten Templin. Mehrfach gingen die Kriegshandlungen über das Gebiet hinweg. Für ein Schutzversprechen für Templin mussten Proviant (2000 Pfund Brot und 20 Tonnen Bier innerhalb von 24 Stunden) sowie Kriegsgelder an die dänischen Truppen aufgebracht werden, außerdem einen Monat lang 100 Gulden zum Schutz vor Viehdiebstählen und Überfällen gezahlt werden. Ebenso musste Geld für die kaiserlichen Truppen, die bei Brandenburg lagerten, abgegeben werden. Sieben Wochen dauerten die Verpflichtungen. Über die Belagerung der Dänen berichtete der Rat der Stadt an den Kurfürsten nach Berlin : "… ist der ganze Haufen gekommen und hat mit stürmender Hand die Stadt überfallen, sie eingenommen, geplündert und eine starke Besatzung allhier gelassen, welche dann vier Wochen lang mit uns also hausgehalten, dass es zu Erbarmen gewesen. Zweimal wurde die Stadt zur Plünderung freigegeben". Als die Dänen Anfang August des Jahres vor den kaiserlichen Truppen flohen, „haben sie", wie es weiter hieß „allen Vorrat an Korn, Hausgeräten und was sonst noch übrig gewesen, samt Pferd und Wagen mitgenommen, die Stadt an verschiedenen Orten mit Feuer angeleget, welches doch der liebe Gott so gerichtet, dass nur zwei Häuser abgebrannt sind." (20)

„Hiernach sind noch mehr als 12 000 Mann hier durchgezogen, ja oft an einem Tag 2 000, mehr oder weniger, denen wir jedes Mal an Proviant contributieren und am Tage freies Quartier geben mussten." (21) Danach wurde die Stadt mit drei Regimentern unter Oberst von Arnim besetzt.

1628 waren nur noch 161 Häuser bewohnt, viele Menschen waren abgewandert. Die 1618 abgebrannten Häuser lagen noch immer wüst. Im gleichen Jahr begannen die Durchzüge kaiserlicher Truppen, die nach der Devise „Der Krieg muss den Krieg ernähren" plünderten und raubten. Von den Templinern hieß es in einem Stadtbericht, dass sie eher die liebe Sonne als Brot im Haus hätten. Im Oktober 1628 hatte die Stadt bereits 9 000 Gulden Kriegsschulden.

Die Uckermark wurde ab dem 16. Juni 1630 Durchzugsgebiet schwedischer Truppen, nachdem diese an der Küste Usedoms unter König Gustav Adolf gelandet waren. Die Schweden verlangten ebenfalls Kriegssteuern, aber es kam noch nicht zur Drangsalierung der Bevölkerung. Ein Bündnis mit dem Kurfürsten von Brandenburg sicherte dem protestantischen Schweden Unterstützung zu. Dieses Bündnis mit Schweden

Templin um 1630 (B 9)

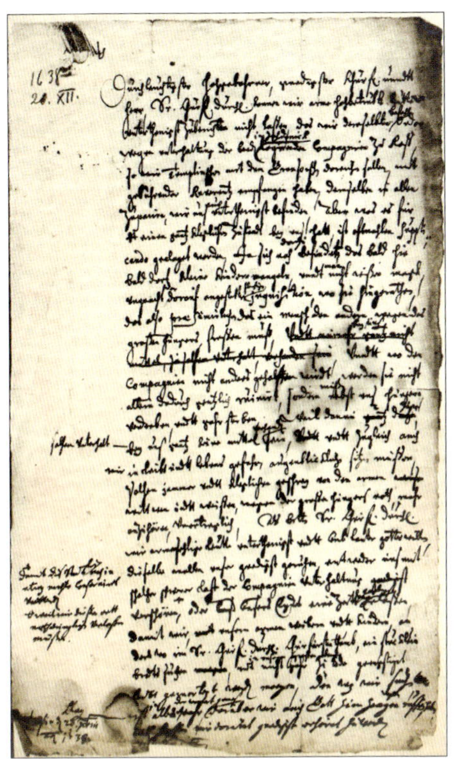

Klage des Rates wegen Kanibalismus 1638 (B 10)

wurde 1635 vom Preußischen Kurfürsten gebrochen. Damit begann die schlimmste Zeit für die Uckermark. Sie war nun Feindesland und wurde zum Spielball der sich bekämpfenden Seiten.

Die Stadt musste weiteren Besitz, zum Beispiel die Nutzung des Dolgen- und Ragollinsees, für die aufzubringenden Kriegskosten verpfänden. 1636 befanden sich bis zu zehn Regimenter kurfürstlich-sächsischer Truppen in der Stadt. Ein Jahr später, 1637, fielen weitere Familien einer erneuten Pestwelle zum Opfer, Geld und Lebensmittel wurden immer knapper. Vor dem Mühlentor brannte die Mühle nieder.

In einer Bittschrift des Rates zu Templin an den Obrist-Wachtmeister Samuell Fuhrmann in Spandau wurde die Situation am 28. Oktober 1638 folgendermaßen geschildert und um Hilfe gebeten: "… in mangelung des lieben brodts, viele Leute Hungers halber täglich dahin sterben, liegen jämmerlichen auf der Gassen und sein todt, und die noch ihr leben zu erhalten vermeinen, abscheulich zu schreiben, fangen meuße und braten sich dieselben, schlachten Hunde und Katzen, wie auch bereits schon Pferdefleisch vom Schinder geholet, damit ihren Hunger in gestillet …" (22)

Im Dezember schrieb der Rat sogar an den Kurfürsten: „… ja, es befindet sich, dass bald hie bald dort kleinen Kinder mangeln und man nicht weiß, wo sie hingeraten, dass also präsümierlichen, daß ein Mensch den anderen wegen des großen Hungers fressen muß …" (23)

Trotzdem musste der Unterhalt für zwei kurfürstliche Reiterarmeen aufgebracht werden. Zu Beginn des Jahres 1640 lebten in Templin nur noch vierzig Familien.

Am Ende des Krieges begann 1640 die Regierungszeit Friedrich Wilhelms, des „Großen Kurfürsten". Als dieser die Macht übernahm, war die Uckermark verwüstet, die Bevölkerung spärlich.

Vom 13. Juni bis 18. August des Jahres mussten Kurfürstliche Reitereskadronen versorgt und dazu monatlich 50 Taler Kontributionen gezahlt werden. 1641 plünderten die Schweden erneut die Stadt. Nach ihrem Abzug 1643 blieben große Verwüstungen zurück. Einige Familien wanderten nach Lychen und in umliegende Dörfer ab.

1645 verblieben von vormals 413 Familien nur ca. 30 mit 156 Bürgern.

Nachdem die Kriegshandlungen beendet waren, wurde durch Kurfürst Friedrich Wilhelm bereits 1646 die Staatspost gegründet.

Zur Unterstützung der Stadt gingen die Postlinien nach Stettin und nach Mecklenburg über Templin und fuhren Montag und Mittwoch die Stadt an. Auf dem Markt wurde dafür eine Posthalterei eingerichtet.

Dazu erhielt die Stadt vom Kurfürsten auch die Schankgerechtigkeit für Wein und fremde Biere im Rathaus. Erst 1648, am 9. August, verließen die letzten schwedischen Truppen Templin.

Nach acht Jahren Verhandlungen konnte endlich in Münster und Osnabrück am 24. Oktober 1648 der „Westfälische Frieden" geschlossen werden. Nutznießer waren die Fürsten. Die Landesherren bestimmten die Religion in ihren Territorien, Gebiete wechselten den Besitzer.

Dadurch entstanden z. B. in unserem Territorium die Rittergüter Knehden und Hindenburg. Viele Bauernstellen wurden wüst. Auch die Bürger waren stark belastet, da neue Steuern hinzukamen, z. B. Kopfsteuer, Luxussteuer für Strümpfe, Schuhe, Kaffee, Tee, Schokolade, Kutschwagen sowie Perücken.

1649 öffnete die Maria-Magdalenen-Kirche wieder, 1651 war das Rathaus wieder hergestellt.

Unter der Herrschaft des Großen Kurfürsten bildete sich der brandenburgisch-preußische Militärstaat. Sein Vorbild waren die Niederlande mit einem starken Heer, Handel und Seefahrt. Er schuf das erste stehende Heer mit 31 000 Soldaten. Vielerorts wurden Truppen einquartiert.

Vom Westfälischen Frieden bis Ende des 18. Jahrhunderts

Um die Schäden des Krieges festzustellen, schickte der Kurfürst seine Landreiter durch die Mark.

Templin war verschuldet, Handwerk, Gewerbe und Ackerbau lagen am Boden. Der Kurfürst erließ Templin deshalb einen Teil seiner Schulden.

1658 befreite er die Stadt für lange Jahre von Truppendurchzügen und Einquartierungen und erließ 1661 alle steuerlichen Abgaben. So konnten die Templiner 1660 mit dem Wiederaufbau der Stadt beginnen, abgewanderte Bürger kehrten zurück.

Günstig für die Stadt wirkte sich auch aus, dass der Große Kurfürst am 6. Juni 1665 der uckermärkischen Ritterschaft eine Konzession für die „ordinäre Postfuhr" zwischen Berlin und Prenzlau über Oranienburg, Liebenwalde, Zehdenick, Templin, auf der alten Frachtstraße, erteilte. Wenig später führten Reitposten auch nach Stettin und über Templin, Gransee, Wittstock nach Perleberg, zum Anschluss an den Postkurs Berlin-Hamburg. Damit sich die Reisenden orientieren konnten, stand nach jeder Meile (eine Preußische Meile ca. 7,2 km) eine Säule.

Eine solche finden wir heute noch in Hindenburg in Höhe der Kirche, bestehend aus einem Obelisk auf einem Würfel.

Von Berlin bis Stettin betrug die Fahrzeit damals ca. 22 Stunden (von Berlin nach Oranienburg 4 Std. 24 Min., Oranienburg-Zehdenick 3 Std. 18 Min., Zehdenick-Templin 2 Std. 12 Min., Templin-Prenzlau 4 Std. 24 Min. Von Prenzlau nach Löcknitz dauerte es 4 Std. 24 Min., von Löcknitz bis Stettin 3 Std. 18 Min.).

Während der schwedisch-polnischen und brandenburgisch-schwedischen Kriege im Zeitraum von 1655 bis 1679 kam es zu erneuten Truppendurchmärschen, Einquartierungen und Plünderungen und damit zu Schäden für Templin.

Der Sieg der brandenburgischen Truppen bei Fehrbellin am 28. Juni 1675 befreite die Mark von schwedischer Besatzung.

Um seinerseits die durch die Kriege leere Staatskasse aufzufüllen, erließ der „Große Kurfürst“ 1667 eine Akziseordnung. Darin hieß es : “… er habe kein bequemeres und billigeres Mittel erfinden können, als die Einführung einer gewissen Akzise, dazu alle und jeder Einwohner ohne Unterschied beitragen, und je nach dem einer oder der andere viel oder wenig konsumiert, auch viel oder wenig beitragen muss.“ (24)

Das bedeutete, dass eine alle Bürger gleich belastende indirekte Steuer eingeführt wurde. Von allen an den Stadttoren ein- und ausgehenden Lebens- und Genussmitteln war eine genau festgelegte Abgabe beim Passieren der Tore zu entrichten.

Diese Abgabe wurde von den Torschreibern eingenommen, die im Torschreiberhaus vor den Tortürmen ihre Wohnung hatten. Vor der Einziehung der Akzise zahlten die Bürger der Städte und die Bauern der Dörfer neben Pacht und Zins an den Grundherren bzw. den Landesherren eine so genannte „Bede“. Ursprünglich

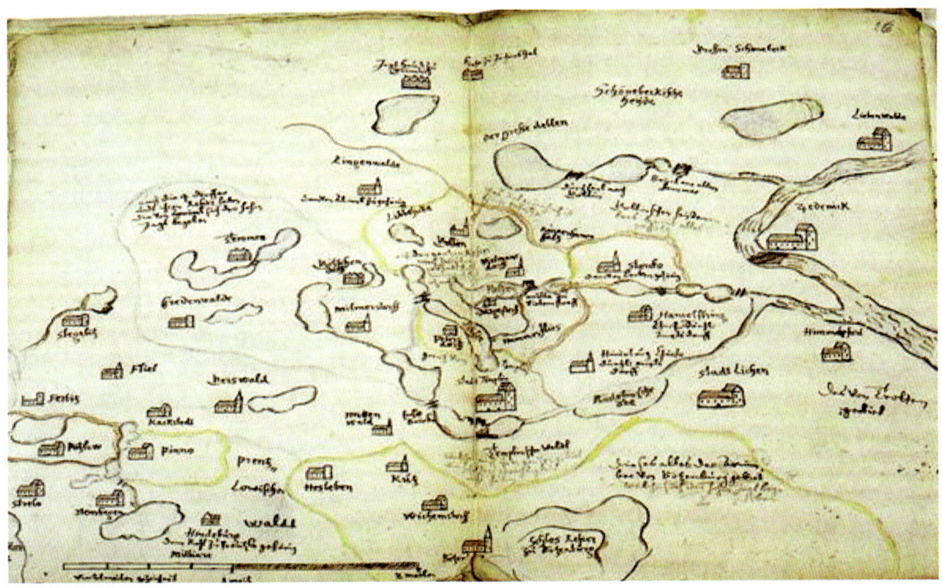

Westliche Uckermark um 1650 (K 2)

war dieses eine Steuer auf ein besonderes Ersuchen bzw. eine bewilligte Zahlung auf Widerruf. Später wurde eine Gewohnheit und Regelmäßigkeit, die Orbede bzw. Erbbede, daraus.

1670 wurde am Kanal ein Ziegeleiwerk in Betrieb genommen. Das Werk stand damals 150 m vom Kanal entfernt vor dem heutigen Waldhof. Finanziert wurde es vom Bürgermeister Johann Friesicke. Das notwendige Holz lieferte der nahe Forst, die Tonerde, aus der Mauersteine und Dachziegel hergestellt wurden, holte man aus der Buchheide. Um den Weg zur Stadt abzukürzen, wurde 1688 eine Holzbrücke über das damalige Mühlenfließ, den jetzigen Kanal, gebaut. Die Brücke durfte nur von Ziegeleimitarbeitern benutzt werden und wurde abends verschlossen. Zu diesem Zeitpunkt ging die Ziegelei in das Eigentum der Stadt über.

Besonders beim Wiederaufbau nach dem Stadtbrand von 1735 bewährte sich dieser Betrieb. Wegen Baufälligkeit wurden 1747 ein neuer Ziegelofen sowie ein Nebengebäude und das Ziegeleimeisterhaus gebaut. 1879 wurde die Ziegelei verkauft, stellte dann aber bald den Betrieb ein, da Ziegelerde knapp und vor allem die Konkurrenz aus Zehdenick zu groß war.

Infolge des „Kurbrandenburgischen Ediktes“ durch den Großen Kurfürsten vom 29. Oktober 1685 kamen ca. 20 000 Hugenotten, („Refugies“, Religionsflüchtlinge aus Frankreich) nach Brandenburg. Ca. 2 000 siedelten sich in der Uckermark an. Ihnen wurden zahlreiche Vergünstigungen zugesprochen, so für 15 Jahre die Abgabefreiheit, eigene Richter und Religionsfreiheit, kostenlose Baumaterialien.

Sie kamen in ein durch den vorangegangenen Krieg verwüstetes, ausgeblutetes und teilweise menschenleeres Land, um die freien Bauernstellen auf dem Lande sowie Hausstellen in den Städten aufzufüllen. Einige ließen sich auch in Templin nieder. Sie brachten ihr Wissen, neue Fertigkeiten und neue Berufe mit. Dazu gehörten die Tuch- und Papiermacherei, Strumpfwirkerei, Färberei sowie die Feinbäckerei. Auch neue Gemüsesorten wie Rosen- und Blumenkohl sowie Spargel wurden nun angebaut. Die Refugies lehrten die Veredlung von Obstbäumen und sie führten auch die Seidenraupenzucht ein, die in Templin ebenfalls bis ins 20. Jh. betrieben wurde. Auch die sogenannten „Eiskeller“ brachten sie in die Stadt. Das waren außerhalb der Häuser angelegte Gruben, mit Lehm ausgekleidet, um dort Lebensmittel zu lagern bzw. im Winter geschlagenes Eis aufzubewahren. Ebenso brachten die Neuankömmlinge den Tabakanbau ins Land. Um 1701 bildeten in Hammelspring etwa 50 Wallonen die Hälfte der Bevölkerung des Ortes. Sie gründeten dort die einzige französisch-reformierte Gemeinde in der Westuckermark.

1688 übernahm Kurfürst Friedrich III., ein Sohn des Großen Kurfürsten, die Regierung und herrschte bis 1713 in Brandenburg. Er krönte sich 1701 in Königsberg als Friedrich I. zum König in Preußen, musste aber als Gegenleistung dem Kaiser in Wien Soldaten stellen.

Vom neuen Kurfürsten wurden Templin 1689 die alten Privilegien beglaubigt. Im Jahre 1707, am 18. Juni, vergab er das erste königliche Privileg an den Apotheker Provisor Johannes Sturm aus Calbe an der Saale, Am Markt 5 ein „Corpus pharmaceuticum" anzulegen und einzurichten. Durch dieses Privileg erhielt Sturm auch „diejenigen Freiheiten und Gerechtigkeiten, deren andere Apotheker in unserer Chur- und Mark Brandenburg sich zu erfreuen haben" (25), zugeteilt. Somit erhielt er vom König ebenfalls das Recht des Gewürzhandels, auch Materialwarenhandel genannt.

Der Streit um den Gewürzhandel in Templin

Die schon genannte Vergabe des „Corpus pharmaceuticum" an den Apotheker Sturm führte in der Stadt zu ähnlichen Differenzen wie um die Bierbrauerei. Denn mit der Verleihung der Konzession waren bedeutende Vorteile verbunden. So eine privilegierte Apotheke war berechtigt, neben Arzneien auch Gewürze verbrieft zu vertreiben. Bis zu diesem Zeitpunkt hatte die Stadt keine Apotheke, weshalb bisher Johann Lietzmann, Christoph Dähnes und Heinrich Freyschmidt einen Materialwarenhandel in der Stadt betrieben und unter anderem dort auch Gewürze verkauften. Als sich dann ein Apotheker in Templin ansiedelte, fand er zwar Absatz für Arzneien, die, wie es hieß, „von den Medici für geschriebenen Receptis" von den Kunden vorgelegt wurden. Aber sie kauften keine Gewürze. Deshalb beschwerte sich Sturm beim König und forderte das Verbot des Gewürzhandels für die drei Konkurrenten. Ein von der Stadt dazu erteilter Bericht reichte nicht für ein königliches Urteil, deshalb wurde der Preußische Steueroberrat Calow von König Friedrich I. nach Templin zur Klärung des Sachverhalts geschickt. Er sollte feststellen, „ob zu Templin ein oder mehr Materialisten nebst dem Apotheker ihr Auskommen haben können und dem Publico zuträglich seye, den Gewürzhandel daselbst Verschiedenen zu verstatten." (26)

Der preußische Beamte prüfte, inwieweit die anderen Händler über eine Handelsberechtigung verfügten und stellte folgendes fest: Johann Lietzmann war Gerichtsassessor und Stadtverordneter, nebenberuflich Händler und Krämer in der Stadt. Christoph Dähnes war vier Jahre zuvor in die Stadt gekommen, besaß als Bürger ein eigenes Haus und hatte den Beruf des Kaufmanns nachweislich gelernt. Dagegen war Heinrich Freyschmidt kein ausgebildeter Kaufmann und so musste er sein Gewerbe aufgeben. Seine Vorräte durfte er noch veräußern, aber keine neuen Waren mehr erwerben. Letztendlich musste er seinen Laden schließen. Den beiden anderen wurde der Gewürzhandel durch königliches Privileg ebenfalls verbrieft.

Templin als Bürgerquartierstadt

Von 1713 bis 1740 herrschte in Brandenburg-Preußen Friedrich Wilhelm I., der „Soldatenkönig". Er arbeitete für die Konsolidierung seines Staates und schuf die Grundlagen des preußischen Verwaltungs- und Militärstaates. Das Heer wurde auf eine Friedensstärke von 83 000 Mann gebracht, die Soldaten wurden in ganz Brandenburg/Preußen in Garnisonsstädten stationiert. In diesen wurden dafür Kasernen und Exerzierplätze angelegt.

Templin war keine Garnisonsstadt, sondern eine Stadt mit Bürgerquartieren. Das bedeutet, dass die Stadt nicht mit Militäreinrichtungen bebaut wurde, sondern die Soldaten in den Bürgerhäusern einquartiert wurden. Templin wurde vor allem wegen seiner Stadtmauer, innerhalb derer die Truppe gut zu überwachen war, ausgewählt. Neue Bürgerhäuser sollten daher so gebaut werden, dass Einquartierungen berücksichtigt werden konnten.

Aufgabe der einquartierten Soldaten war es, bei Kriegsausbruch alle Festungen zu besetzen und das Land zu schützen. Waren die Soldaten zur Königsparade in Stettin, später in Berlin, mussten Bürgerkompanien den Wachdienst an den Stadttoren versehen. So war schon zu Zeiten des Großen Kurfürsten 1688 ¼ der Kompanie des Regiments „Kurprinz", aus dem die Potsdamer Riesengarde hervorging, in Templin untergebracht.

Über den Zeitraum von 1715 bis 1740 war die Stadt Standort von Soldaten und 50% des Stabes des Infanterie-Regiments Markgraf Heinrich von Brandenburg Nr.12 mit ihren Familien. Zu dieser Zeit lag das Infanterieregiment Prinz Heinrich mit einigen Kompanien und dem Stab eigentlich in Prenzlau in Garnison. Zur Entlastung der Prenzlauer Bürger wurden vier Kompanien nach Templin verlegt. Lychen musste, da es keine Einquartierung bekam, einen erheblichen Beitrag an Templin zum Unterhalt zahlen.

1742 kam ein Teil des neu gebildeten Garnisonsregiments von Bredow Nr. 7 in die Stadt, Reste lagerten in Lychen und Angermünde, während der Regimentsstab in Eberswalde untergebracht wurde.

Nach dem Frieden von Hubertusburg 1763 waren Teile des Itzenplitzschen Regimentes in der Stadt.

Während des unter König Friedrich II. geführten Siebenjährigen Krieges von 1756-1763 erfolgte eine zeitweilige Stationierung schwedischer (1757-1759) und russischer Truppen (1760), 1762 mussten österreichische Gefangene, die nach Stettin transportiert wurden, beherbergt werden. Für die preußischen Truppen mussten bei Stettin Schanzarbeiten geleistet und zusätzlich 261 Taler gezahlt werden.

Bekanntlich ließ der seit 1786 herrschende König Friedrich Wilhelm II. allmählich die Garnisionsregimenter eingehen, um sogenannte Füsilier-Bataillone zu schaffen. Daher lag von 1788 bis 1795 in der Stadt das Infanterieregiment Nr. 46 unter von Pfuel. In den folgenden vier Jahren blieb Templin ohne Einquartierung.

Bis 1798 gehörte Templin zum Kanton des Prenzlauer Regiments Nr.12. Dann wurden Angehörige des Infanterieregiments von Arnim Nr. 13, das in Berlin stand, zugewiesen. Von 1813 bis 1819 waren Teile des zweiten Kurmärkischen Landwehr-Regiments stationiert.

In den folgenden Jahren wurde die Stadt nicht mehr mit Truppen belegt, da der

Magistrat im Gegensatz zu Prenzlau, Schwedt, Neuruppin und Angermünde dem Bau von Kasernen nicht zugestimmt hatte.

Als Bürgerquartierstadt hatte Templin einen Paradeplatz, ein Lazarett, Wach-, Montierungs- und Wohnräume sowie ein Stabsquartier zu stellen. Nach dem großen Stadtbrand 1735 ließ der König beim Neuaufbau entsprechende Soldatenquartiere in den Bürgerhäusern einrichten. Sie lagen im Erdgeschoss zur Straßenseite, um die Soldaten schnell alarmieren zu können. Typisch dafür sind noch heute die alten Häuser in der Rühl- und Martin-Luther-Straße, wo in der Wohnung der unteren Etage auf einer Seite Zimmer mit zwei Fenstern für die höheren Chargen, auf der anderen nur mit einem für die einfachen Soldaten lagen. Die Wirte in den Quartieren mussten Holz, Licht, Küchenfeuer sowie „Salz und Pfeffer" liefern. Als Gegenleistung wurden die Soldaten zur Bewachung der Stadttore herangezogen, die Familienangehörigen wirkten in Handwerk und Ackerbau bzw. bei der Viehzucht mit.

Als Exerzierplatz wurde der Marktplatz genutzt, bei schlechtem Wetter bis 1780 auch das Erdgeschoss des Rathauses. Das geforderte Lazarett befand sich in der heutigen Martin-Luther-Straße vor der Mauer. Dazu baute man das „alte publique Darrehaus" in der damaligen Propsteistraße zum Lazarett für die Garnison um. Es wurde bis 1789 zu diesem Zweck genutzt. Hier wurden auch Kranke der Stadt behandelt.

Marktgeschehen

Der damalige Bürgermeister Laurisius erstellte 1714 ein „Inventarium über die dem Rath-Hause in der Stadt Templin zustehende Güter, Privilegien, Gerechtigkeiten, auch bewegliche Stücke, was die gemeine Stadt oder hiesige Bürgerschaft von sich besitzet und genießet". (27)

Aus dieser Auflistung geht umfangreicher Landbesitz der Stadt bis zum Fährkrug, nach Ahrensdorf, Basdorf, an der Lychener Straße bis Hermsdorf, Wiesenbesitz im Umfeld der Stadt bis Vietmannsdorf, Dargersdorf, Ahrensnest und Petersdorf hervor. Genannt wurde auch der schon 1415 verbriefte Seenbesitz. Aufgeführt waren auch alle rathäuslichen Einnahmen aus Besitz, Zöllen, Brücken und Mühlen. Dazu kamen das Vorwerk Knehden, das Dorf Gandenitz, die Feldmark Hermsdorf.

In dem Dokument waren auch die früheren verliehenen Privilegien aufgeführt. Hinzu kam das „Generalprivileg" zur Durchführung von Vieh- und Pferdemärkten von König Friedrich Wilhelm I. vom 22. Juni 1715. Die Viehmärkte waren immer mit den Jahrmärkten in der Stadt verbunden. Pferdemärkte fanden einmal vierteljährlich auf dem Marktplatz, die Viehmärkte auf dem Kirchplatz statt. An diesen nahmen Händler aus der Umgebung teil, die am Tage vorher anreisten. Auf dem Markt wurden Waren aller Art angeboten, wie Lebensmittel, Obst, Gemüse, Tuche, Schuhe und irdenes Geschirr. Die Händler hatten ihre Stände nach

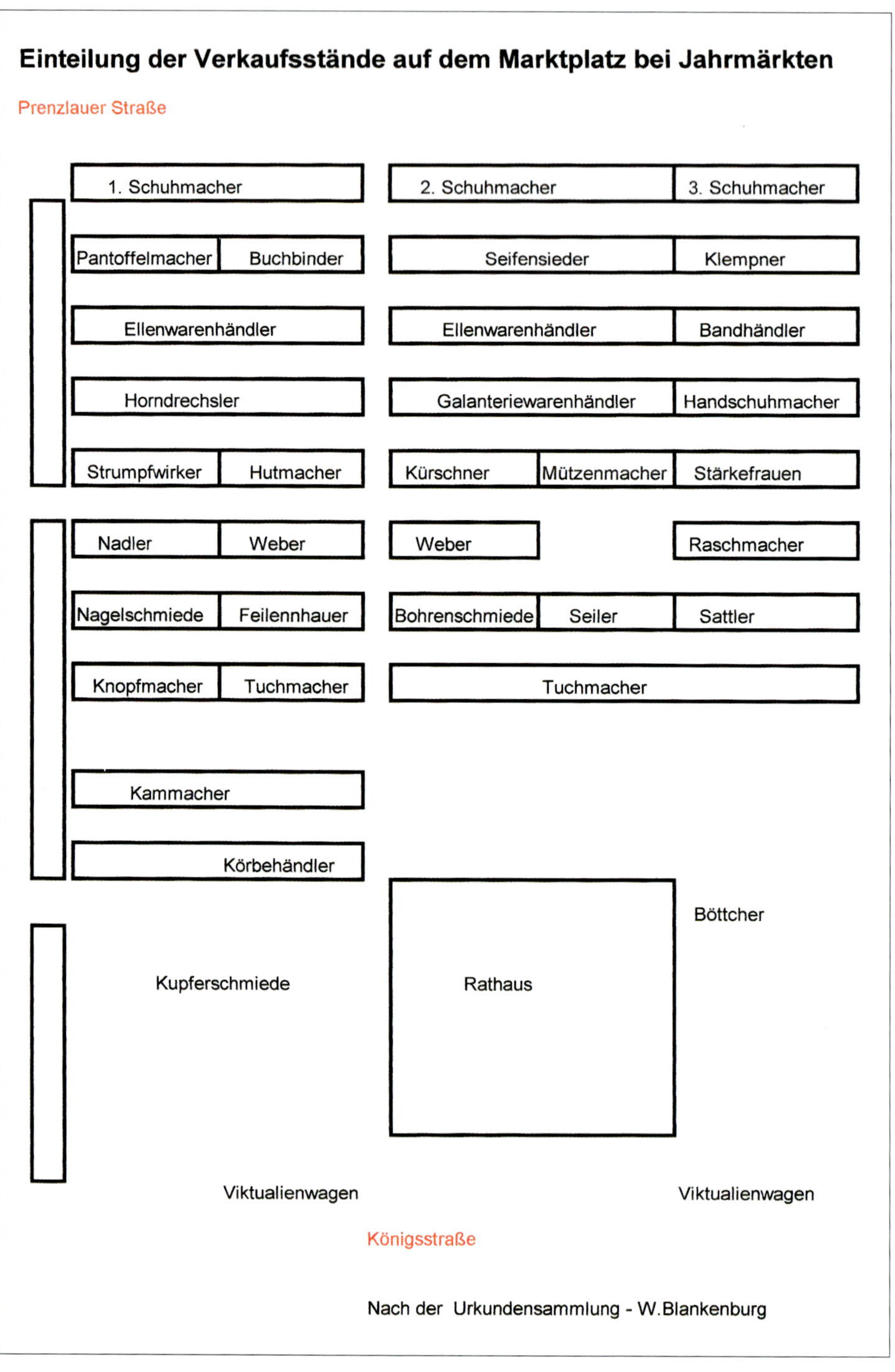

Verkaufständeeinteilung (B 11)

einer festen Marktordnung zwischen der heutigen Ladenstraße und Am Markt 6-11 aufzubauen. An den Markttagen fanden sich auch fahrendes Volk und Schausteller ein, um die Besucher zu unterhalten. Es gab Theater- und Puppenspiel, Artistik, Tiervorführungen und Wettkämpfe. Auch Tanz, zu dem der Stadtmusicus aufspielte, gehörte zum Jahrmarktstreiben. Dieses wurde jedoch vor Anbruch der Dunkelheit beendet, um Feuer und abendliches Lärmen auszuschließen.

Templiner Feuerverordnung vom Jahre 1719

Die vielen Stadtbrände machten Vorsorgemaßnahmen zum Feuerschutz erforderlich. Die Stadt war in Quadrate geteilt, denen Pumpenmeister vorstanden. Die Brunnen, Löschgeräte, Feuerleitern usw. wurden regelmäßig überprüft, wie es die im Jahre 1719 erlassene Feuerordnung verlangte: „Ratschläge zur Verhütung von schädlichen Feuersbrünsten: Jedes Mal, 8 Tage vor Ostern, Johanni, Michaeli, Weynachten, sind alle Feuerstellen der Stadt genau zu besichtigen. Sie gehören, wem sie wollen. Derjenige nun, sei er Geistlicher, Eximirter (Offizier, der von einer öffentlichen Last ausgenommen ist), Bürger, oder wer er wolle, dessen Schornstein brennen wird, dass Funken oben herausfliegen, soll jedes mal 2 Reichstaler, und wen das Feuer gar herausbrennt, 4 Reichstaler Strafe der Caemmerei erlegen.

In den Wohnhäusern, auf den Boden, sollen weder Stroh, Heu, Flachs, noch andere dergleichen Feuer fangende Sachen, bei harter Strafe gelegt werden. Keine Stroh-, Rohr- und Schindeldächer sollen in den Städten gelitten, sondern vermögen seiner Königlichen Majestät so vielfältig ist ergangenen nachdrücklichen Verordnung, abgeschaffet, und alle Dächer mit Ziegeln gedeckt werden. Das Schiessen in den Städten, wird bei Verlust des Gewehres und jedes mal bei 2 Reichsthaler Straffe und hiermit nochmals, allen Ernstens verboten. Die Brunnen und Wasser-Thiemen, welche mit Wasser beständig, außer im Winter angefüllt stehen müssen, samt deren Schlitten, sollen von den Brunnenherren des öfteren visitieret und in guten Stand gehalten werden. Ein jeder Einwohner soll einen ledernen Eimer und eine Handspritze wie auch ein oder mehr Fässer, mit Wasser angefüllet, beständig auf dem Boden im Hause haben.

Der Nachtwächter soll des Sommers um 10 Uhr, im Winter aber um 9 Uhr den Anfang zum Rufen machen und solches des Sommers um 2 Uhr, des Winters aber bis 3 Uhr continuierlich (fortsetzen) und sowohl auf Feuer, als auch auf Diebstähle Acht geben. Verhalten bei entstandener Feuers-Brunst:

Sobald ein solch Geschrei auf allen Gassen entsteht, oder die Sturmglocke geläutet, oder das Spiel gerührt wird (Templin war zu dieser Zeit Garnison, es lagen rund 600 Mann in Bürgerquartieren, die durch Trommeln geweckt werden sollten), sollen die nächsten Nachbar allsoforth mit ihren Eimern, Handspritzen und anderen Wasser-Geräten hinzueilen. Mägde, Jungen oder dergleichen unnütz Gesinde, sollen nicht zum Feuer geschickt werden, sondern in denen

Häusern gelassen werden, um nöthigen Falls ein und anderes daraus zu rechten Zeit noch zu retten.

Diese Ordnung wurde unterm 04. Mai 1719 erlassen von König Friedrich Wilhelm I. und dem General von Grumbkow." (28) Diese doch recht allgemein gehaltene Feuerordnung löste im Jahre 1738 eine neue „Feuer-Polizei-und Löschordnung für die Stadt Templin" ab.

Latein-, Küster- und Mädchenschule

Mit der Einführung der allgemeinen Schulpflicht in Brandenburg im Jahre 1717 sollten alle Kinder vom siebenten Lebensjahr bis zur Konfirmation in den Wintermonaten täglich einmal und im Sommer ein bis zwei Mal wöchentlich zur Schule gehen, sofern eine solche existierte. Das stieß nicht auf das Wohlwollen des Adels, der Geistlichkeit und der Eltern. Viele Kinder erschienen nur unregelmäßig zum Unterricht, weil sie in der Landwirtschaft helfen mussten.

Zu dieser Zeit existierten eine Lateinschule, eine Küster- und eine Mädchenschule. Angestellt waren an der Lateinschule drei Lehrer, der Rektor Johann Jacob Werckmeister, der Kantor Christian Philipp Döllen und der Bakkalaureus oder Organist Gabriel Friedrich Fuhrmann. Der Kantor betreute gleichzeitig die Pfarrstellen in Gandenitz, Ahrensdorf, Beutel und Densow.

In einem Bericht vom 12. August 1719 urteilten die Schulvisitatoren über ihren Besuch in der Lateinschule: „Die Zahl der Schüler war nicht gahr stark, es werden von etzliche Wenige selbige auch nur die Lateinische, Griechische und Hebräische Sprache getrieben. Doch hat man so viel verspüren können, daß die Collegen es an ihren Fleiß nicht ermangeln laßen, und der Information sich so angelegen seyn laßen,

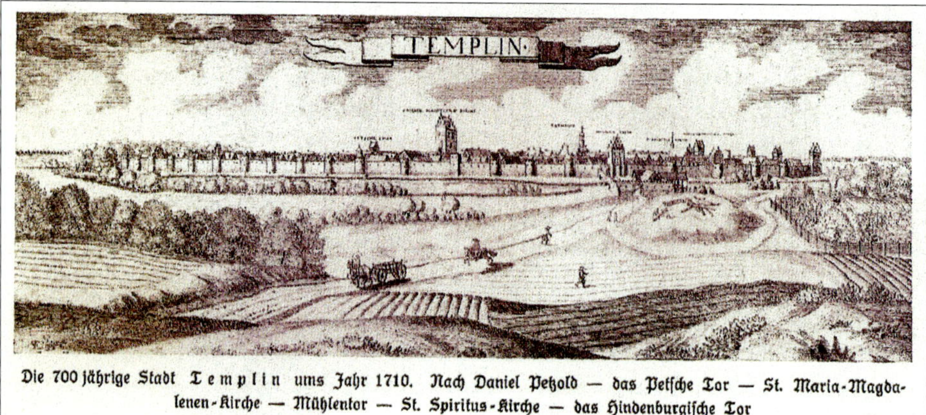

Die 700 jährige Stadt Templin ums Jahr 1710. Nach Daniel Petzold — das Petsche Tor — St. Maria-Magdalenen-Kirche — Mühlentor — St. Spiritus-Kirche — das Hindenburgische Tor

Templin 1710 mit Peterischem Tor – St. Maria-Magdalenen-Kirche – Mühlentor- St. Spiritus-Kirche – Hindenburgschem Tor- nach Daniel Petzold (B 12)

als man nicht eben beßer an keinen Ort auf dem jetzigen Cours gefunden." (29)

Die damalige Schule, ein Eckhaus, war im Jahre 1709 von der Kirchengemeinde neu erbaut worden. Sie lag in der nördlichen Ecke des Friedhofes, der die Kirche umgab und mit einer Steinmauer umfasst war. Die drei Lehrer hatten ihre Wohnung frei im Schulhaus. Die Küster- sowie die Mädchenschule waren Privatschulen, an denen dieselben Lehrer wie an der Lateinschule unterrichteten.

Ab 1783 gab es nur noch eine öffentliche Stadtschule für Knaben und eine private Mädchenschule. Die Knabenschule führte nur zwei Klassen in zwei getrennten Schulzimmern. Die erste Klasse wurde von 45, die zweite von 41 Schülern besucht. In den Wintermonaten war der Schulbesuch am stärksten, während er über Sommer nur gering war. In diesen Monaten wurde daher nur in einem Klassenzimmer unterrichtet und die Unterrichtsstunden der Lehrer infolgedessen vermindert. Regulär wurde vormittags von 7.00 bis 10.00 Uhr und nachmittags von 12.00 bis 15.00 Uhr unterrichtet. Unterrichtet wurden Religion, etwas Latein, Geographie, biblische und vaterländische Geschichte, Rechnen, Kalligraphie und Orthographie. Lehrmittel, Schüler- oder Lehrerbibliothek bzw. Anschauungsmaterial kannte man noch nicht.

Zur Aufnahme der Jungen in die Stadtschule wurde vorausgesetzt, dass der neue Schüler bereits einigermaßen lesen konnte. Die Versetzung in die höhere Klasse geschah jährlich nach vorhergegangener förmlicher Prüfung durch den Rektor.

In der Mädchen-Schule unterrichtete man gegen Schulgeld neben Mädchen auch die jüngeren Knaben in den Anfangsgründen des Lesens, Rechnens und Schreibens. Als Schulstrafen wandte man, je nach der Schwere der Verfehlung, Leibes- oder Gefängnisstrafen, desgleichen Hungern und Heruntersetzen um eine Klassenstufe, an.

Problematisch war, dass es an ausgebildeten Lehrkräften fehlte. So dienten als Lehrer oft abgedankte Soldaten oder Invaliden. Besser gestellte Bürger schickten ihre Kinder nicht in diese Schule, sondern ließen ihnen Privatunterricht erteilen. Diesen Unterricht gaben die Lehrkräfte anschließend an den „öffentlichen Unterricht" vormittags von 10.00 bis 11.00 Uhr und nachmittags von 15.00 bis 16.00 Uhr. Die Erteilung des Privatunterrichts brachte den Lehrern zu ihrem sonstigen Einkommen noch ein zusätzliches Gehalt.

Brauhäuser, Branntweinstuben und Hotels

1538 wurde im Zusammenhang mit dem sogenannten „Bötzower Bierkrieg" erstmalig die Bierbrauerei erwähnt. Zu dieser Zeit gab es in Templin das „Potsfelten Gebräu", wie das einheimische Bier genannt wurde. Bier war zu dieser Zeit das Hauptgetränk und der Konsum sehr groß. Die Braugerechtigkeit besaß damals jedes siebente Haus, da die Brauerei eine gute Steuerquelle war und auch die umliegenden Orte durch die Städte versorgt wurden. Auf die Tonne (114 Liter)

Bier musste der Brauer 12 Pfennige zahlen, wovon der Landesherr acht und die Stadtkasse vier bekamen.

1725 gab es laut einem Verzeichnis von Wanckenheim in der Stadt 138 Braustellen für Bier. Namentlich bekannt ist der Gastwirt Jochen Friedrich Fähleler. Er besaß das Eckbrauhaus Ecke Mühlen-/Pestalozzistraße (heute Buchhandlung). Dieser Gasthof war der einzige am Ort, der berechtigt war, fremde Reisende aufzunehmen und zu beköstigen. Die anderen noch vorhandenen Gasthäuser waren Bier- und Branntweinstuben. 1725 lag der Bierkonsum pro Einwohner bei 724 Litern, 1800 verbrauchte man nur noch 133.

Die Templiner Brauer arbeiteten nach dem Prenzlauer Vorbild. Das wurde ihnen 1739 vom König mit der Auflage erneut genehmigt, dass sie dünneres Bier wie die Prenzlauer zu brauen hätten, weil „sie in einer Gegend wohnen, wo nichts als kleine Gerste angebauet wird, welches lange nicht so kräftiges Bier als die große Gerste gibt, die bei Prenzlau angebauet und geerntet wird." (30)

Das Templiner Brau-Reglement umfasste 52 Paragraphen über Aufsicht, Verwaltung, den Handel mit Bier und Branntwein sowie über Strafen bei Vergehen gegen die festgesetzten Bestimmungen. „Verfälschung des Biers durch Hineintun von Tabak, Ruß, Kien, Wermut und dergleichen betrügerischen Sachen wurde hart bestraft". (31)

Die Templiner Brauereien versorgten zu dieser Zeit die Dörfer und Krüge Röddelin, Placht, Gandenitz, Warthe, Klosterwalde, Klaushagen, Jakobshagen, Herzfelde, Mittenwalde, Kreuzkrug, Fährkrug, Milmersdorf, Ahlimbsmühle mit zwei Krügen, Ringenwalde, Petersdorf, Dargersdorf, Vietmannsdorf und Hindenburg.

Die Aufsicht führte das Braudirektorium, dem zwei Magistratsmitglieder, ein Stadtverordneter, zwei Mitglieder der Braugilde sowie zwei Bürger ohne Brauhaus angehörten.

Der Brauer Jochen Friedrich Pegelow wurde 1735 mit einer Brauerei und Gastwirtschaft genannt, die aber nur wenig einbrachten. Dagegen war der Brauer Martin Stiebener am Markt erfolgreicher. Daneben gab es noch im Erdgeschoss des Rathauses den Ratskeller. Der Templiner Ratskeller besaß das Vorrecht auf Ausschank fremder Biere und Weine.

Auf Grund eines vom König Friedrich Wilhelm I. herausgegebenen „Edikts wegen der Ordonnanz- und Wirtshäuser in den Churmärkischen Städten" vom 4. Dezember 1717, das den Bau von Gasthäusern, soweit nicht vorhanden, forderte und deren Ausstattungen sowie Gesetzesübertretungen regelte, war ein so genanntes „Ordonnanz-Haus" am Markt/Ecke Mühlenstraße eingerichtet worden, in dem nur Soldaten aufgenommen und verpflegt werden durften (Nach 1810 „Uckermärkischer Hof"). Der jeweilige Polizeiinspektor hatte sich von Zeit zu Zeit in den Gaststätten bei den Reisenden zu erkundigen, ob sie „wegen der Speisung, des Logierens, des Futters oder des Stallgeldes Beschwerden hätten und vom Wirt übervorteilt worden wären". (32)

Das Bier- oder Weinpanschen wurde hart geahndet, für einen Eimer gepanschten Wein bezahlte man 16 Reichstaler Strafe, im Wiederholungsfall verlor man die Konzession. Außerdem wurde eine Tafel am Haus angebracht, die jedem Vorbeikommenden von der Schandtat berichtete.

Nach dem Wiederaufbau der Stadt nach dem Stadtbrand 1735 wurde die Zulassung von Gasthäusern neu geordnet. Zum einen wurde deren Anzahl festgelegt, zum anderen auch der Standort. So sollten Brauhäuser wegen des Feuerschutzes hauptsächlich als Eckbauten entstehen.

Neu öffnete 1763 in der Berliner Straße/Ecke Schinkelstraße eine Gaststätte, von 1768 bis 1797 befand sich am Markt die Gaststätte „Zum halben Mond", und 1782 war eine Gaststätte „Zum weißen Schwan" in der Mühlenstraße verzeichnet. Am 6. Juni 1795 siedelte sich das Gasthaus „Zum grünen Baum" am Markt/Ecke Mühlenstraße an. Seinen Namen erhielt es vom davor stehenden Akazienbaum. Erster Inhaber war Gastwirt Hertlinger, der auch das Privileg als Erbbrauhaus erhielt. Später etablierte sich dort das „Hotel Beseler". Fünf Jahre später eröffnete am Markt der Gasthof „Zum Schwarzen Adler".

Kam ein höhergestellter Gast in die Stadt, wies ihm der Bürgermeister das Nachtquartier und Beköstigung in einem angesehenen Hause an.

Als um 1800 der Bierkonsum zurückging, stieg der von Branntwein umso mehr an. Wurden 1722 nur 56 Wispel (1 Wispel = 1319,1 Liter) Korn gebrannt, waren es 1800 schon 126. Die Zunahme des Branntweinverbrauchs lässt sich mit der schlechten Qualität des Templiner Bieres erklären. Deswegen wurde dieses auch immer weniger ausgeschenkt, obwohl die Gastwirte verpflichtet waren, Bier zu führen.

So gab es 1860 in der Stadt nur noch 39 Braustellen. Zu dieser Zeit hatte Templin 2013 Einwohner und 318 Wohnhäuser.

Im Jahre 1920 wurde das letzte „Templiner Bier" gebraut, die Gilde des „Brau-Handwerks" und die „Gilde der Brauer" in der Stadt aufgelöst. Auch die ehemaligen Braubrunnen beseitigte man. Der Brunnen der „Trieloffschen Brauerei" am Ratsteich verschwand schon um 1910, der der „Dabelowschen Brauerei" an der Schleuse wurde bei Pflasterungsarbeiten der Lychener Straße im Jahre 1928 aufgefüllt.

Der Templiner Fährkrug

Die heute allen Templinern geläufige Bezeichnung „Fährkrug" stammt aus einer Zeit, da keine Brücke, sondern eine Fähre die ehemalige Seeenge zwischen Fähr- und Bruchsee überwand. Die heute bestehende Landverbindung zwischen beiden Seen gab es nicht. Beide Gewässer bildeten in der Vergangenheit ein zusammenhängendes Gewässer – den Fehre-See. (Die Schreibweise 'Fehre' war damals üblich. Auf einem alten Stich aus dem 16. Jh. wurde der Wasserverlauf vor der Stadtmauer ebenfalls als der Fehre Fluß bezeichnet.)

Hier musste, wer von Berlin nach Prenzlau oder weiter nach Stettin reisen wollte, die Fähre benutzen. Zum ersten Male erfahren wir in einer Urkunde, einem Bericht der Erbhuldigung der uckermärkischen Städte gegenüber dem Kurfürsten Joachim II. im Jahr 1563, von einer „Fehre“. Die nächste Nachricht erhalten wir 1625, bereits aus der Zeit des Dreißigjährigen Krieges. In diesem Bericht wird bereits eine Brücke genannt. Es kann angenommen werden, dass ein Brückenbau Ende des 16 Jh. oder Anfang des 17. Jh. erfolgt war. Die Erhebung des Brückenzolls war an einen Fährkrüger verpachtet. Er wurde immer noch Fährkrüger genannt, obwohl statt einer Fähre bereits eine Brücke vorhanden war.

Auf Weisung des Großen Kurfürsten wurde 1670 die Brücke zwischen Bruch- und Fährsee erneuert. Sie war etwa 40,50 m lang und 6,00 m breit.

Im Inventarium des Bürgermeisters Laurisius vom 29. Januar 1714 steht folgendes: „Vor dem Peterischen Tor, eine halbe Viertel Meile vor der Stadt bei der Fehre-Brücke steht ein Haus, der Fährkrug genannt, wo das Brücken-Geld wegen selbiger Brücke von den Reisenden eingefordert wird. Die jährliche Pacht betrug im Jahre 1734 insgesamt 24 Taler.“ (33) Als weitere Mitteilung finden wir im „Corpus Bonorum“ vom 15. Februar 1744 folgende Aufzählung: „Auf dem Fehr-Krug ist ein Wohnhaus von 5 Gebinde, 35 Fuß lang und 24 Fuß tief. In diesem Haus gibt es 2 Stuben, 2 Kammern, eine Küche, einen Pferdestall, eine Scheune von 4 Gebinde. Auf dem Hof ein Reise-Stall von 4 Gebinde. Hier hat der Fehr-Krüger das Brückengeld von den fremden Fuhrleuten von einem Wagen 3 Pfg. zu nehmen.“ (34)

Der Pächter entrichtete jährlich an den Rat der Stadt eine Pacht von 26 Reichstalern. Dem Krüger war der Ausschank von Templiner Bier und Branntwein erlaubt, ebenso die Fischerei mit Reusen und Staak-Netzen.

Von Mühlen und Müllern

Wie schon beschrieben gab es in der Stadt bereits seit dem 13. Jh. eine Kornmühle. Sie war durch den Vertrag von 1320 endgültig in den Besitz der Stadt gekommen. In ihr mussten die Stadtbewohner, aber auch die Bauern aus den ratseigenen Dörfern der Umgebung ihr Getreide mahlen lassen.

Durch den Ausbruch des Dolgensees 1574 war auch die Mühle beschädigt worden, der Stadtbrand von 1618 zerstörte sie fast vollständig. Der folgende Krieg drangsalierte auch die Mühlenbetreiber.

Nach dem Ende des Dreißigjährigen Krieges erteilte der Kurfürst die Genehmigung für eine Walkmühle der Tuchmacher, die in der Nähe der Ziegeleibrücke angelegt wurde.

Unter dem Bürgermeister Friesike wurde diese in die Stadt verlagert und ein weiterer Mahlgang in die Kornmühle eingebaut. Die Walkmühle diente der Tiefenreinigung der gewebten Tücher und der Verfestigung der Oberflächen. Dazu wurden die Gewebe in einem feststehenden Trog in Seifenlauge ständig bewegt. Doch der große Stadtbrand von 1735 ließ auch diese Anlage in Flammen aufgehen.

Deshalb gehörte der Aufbau der Mühlen auch mit zu den ersten Vorhaben. Nun gab es neben der Korn- und Walkmühle der Tuchmacher noch die Lohmühle des Schustergewerkes und eine Schneidemühle, die Baumstämme mit Hilfe eines Sägegatters zu Brettern und Bohlen trennte. Die Lohmühle war ein Stampfwerk, das Baumrinde für die Lohe der Gerber verarbeitete. Diese Lohe wurde zur Verarbeitung der Tierhäute zu Leder gebraucht. Eine Wassermühle trieb alle Mühlen, die innerhalb der Stadtmauer lagen, an.

Die Kornmühle wurde seit 1721 für jeweils einen Zeitraum von sechs Jahren verpachtet. Der Pachtzins von 415 Talern ging an die Stadt, die dafür dem Müller Brennholz stellen und ihm Fischereirechte im Templiner See gewähren musste. Ab 1767 wurde die Mühle erbverpachtet.

Mit der Gewerbefreiheit 1810 entfiel der Mahlzwang, und es war möglich, weitere Mühlen zu errichten. So entstand am Anfang des 19. Jh. die Klosterwalder Wassermühle, die zu einer echten Konkurrenz wurde. 1810 errichteten Müller Kranike und Bauer Hauser vor dem Berliner Tor zwei weitere Windmühlen.

Die Templiner Wassermühle fiel nun an die Stadt zurück, da der Inhaber die Pacht nicht mehr aufbringen konnte. Der Magistrat vermietete sie dem Klosterwalder Müller. Sie blieb bis 1918 in den Händen der Familie Schuhmacher und wurde dann an den Müller Christ verkauft. Seit 1935 war sie im Besitz der Zehdenicker Müllerfamilie Trambow. 1945 gingen die Templiner und auch die Zehdenicker Mühle in Volkseigentum über.

Um 1900 gab es im näheren Umfeld der Stadt außerdem insgesamt fünf Windmühlen. Das waren an der Vietmannsdorfer Straße die Holländermühlen der Müller Bollwahn und Ammon. Die Ammonsche Mühle war massiv aus Ziegelsteinen errichtet. Sie diente noch nach dem Zweiten Weltkrieg bis ca. Mitte 1970 dem VEB (K) Bau als Lager für Zement und Kalk und wurde dann abgetragen.

An der Zehdenicker Straße auf dem „Bullenberg“ (Bereich der Schiller/Märkischen Straße) stand die Bockwindmühle des Müllers Hermann Steuber. In der Nähe der Knehdener Straße befand sich die aus Ziegelsteinen massiv gebaute Holländermühle von Wilhelm Eckert. Die Eckertsche Mühle wurde beim Wirbelsturm im Sommer 1911 stark beschädigt, Turmkopf und Flügel waren zerstört. Ein Wiederaufbau erfolgte nicht mehr, so dass diese Mühle zerfiel und heute nur noch die Fundamente vorhanden sind. Auf dem sogenannten Mühlenberg am heutigen Vorstadtbahnhof (Pennymarkt) war aus Holz ebenfalls eine Holländermühle, aber eine Schneidemühle, errichtet worden. Sie gehörte dem Müller Gustav Steuber. Hier wurden ebenfalls Baumstämme zu Bohlen und Brettern geschnitten. Auch diese Steubersche Mühle wurde durch den Sturm am 27. Juli 1911 großteils zerstört. Da diese Mühle aber das Stadtbild prägte, wurde sie aus Spendenmitteln wieder aufgebaut, doch 1962 wegen Baufälligkeit abgerissen.

Die Müller gehörten wie die Scharfrichter, Bader, Nachtwächter, Schäfer und Fahrenden Leute im Mittelalter und in der Frühen Neuzeit zu den unehrlichen

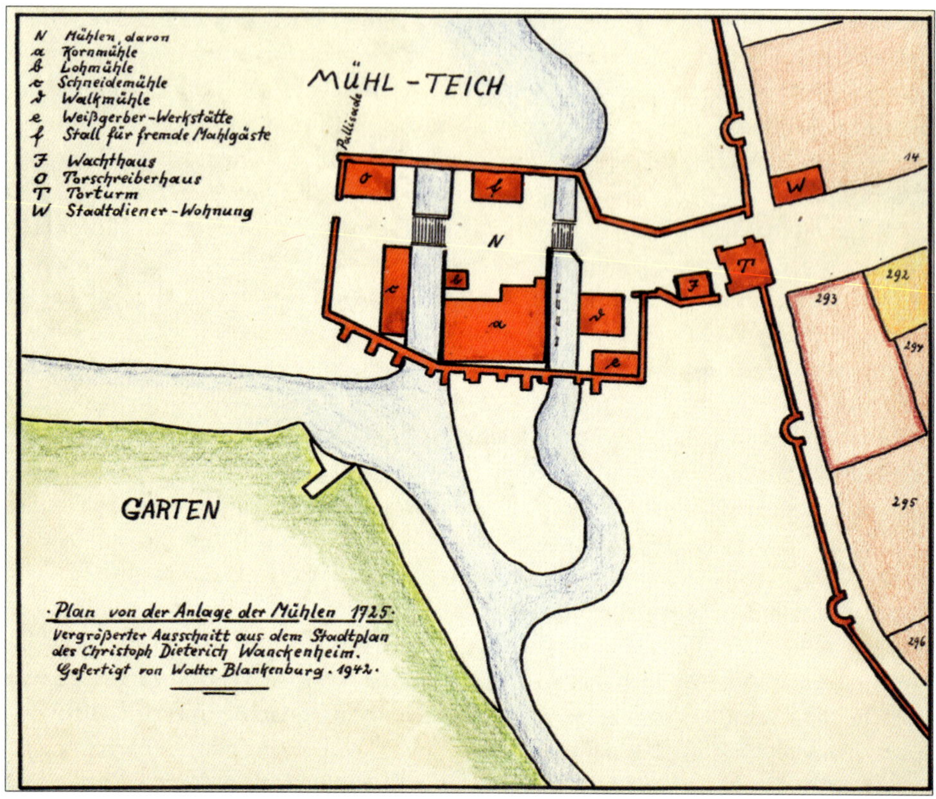

Mühlenanlage 1725 (B 13)

Berufszweigen, weil sie beim Mahlen des Getreides oftmals Mehl abzweigten. Manchmal waren sie auch Betreiber von Bordellen.

Da die Mühlen ohne Menschenkraft, durch Wasser oder Wind, fast von Geisterhand, angetrieben wurden, war auch dies den damals Lebenden unheimlich. Ebenso flößte ihre Lage am Stadtrand oder auch weiter entfernt vielen Furcht ein. Deswegen rankten sich auch schon frühzeitig Sagen und Geschichten um sie.

In dieser Beziehung ist keine Gestalt in der Uckermark populärer geworden als Müller Pumpfuß. Er trat in verschiedenen Gestalten und Kostümen auf und „er konnte mehr als Brot essen“. Er ward als gutmütig und hilfsbereit beschrieben, man hatte ihn aber auch anders kennengelernt und schrieb ihm Hexenkünste zu. So ritt er auf Heupferden durch die Luft, machte Mäuse und setzte, aus dem Nasenloch blasend, alle Windmühlen in Bewegung. Von ihm ist folgende Sage überliefert: „Einem Müller, welcher Mehl zu seiner Kundschaft fuhr, brach unterwegs am Wagen ein Rad. Da er sehr viele Säcke geladen hatte und der Weg morastig war, konnte er die Fuhre nicht abladen. Als er so stand und sich keinen Rat wusste, kam Pumpfuß angehumpelt. Da der Müller ihn nicht kannte, bat er ihn freundlich, auf den Wagen aufzupassen, bis er Hilfe geholt oder ein neues Rad

Windmühle auf dem Mühlenberg (B 14)

besorgt hätte. `Nicht nötig`, antwortete Pumpfuß, warf sich das zerbrochene Rad auf die linke Schulter, packte mit der Rechten die Wagenachse und rief: `Fahr zu`. Der verdutzte Müller stieg auf, nahm die Zügel- und los ging es. Bergauf, bergab, über zerfahrene Wege lief Pumpfuß als viertes Rad neben dem Wagen her. Als der Müller sein Ziel erreicht hatte, bedankte er sich mit einem großzügigen Trinkgeld, ohne seinen Helfer erkannt zu haben.

Ganz anders verhielt sich Pumpfuß, als er als Handwerksgeselle, in zerlumpter Kleidung, auf einige Mühlenbauer stieß. Diese beachteten ihn gar nicht, erwiderten seinen Gruß nicht und luden ihn auch nicht, wie es üblich war, zum Essen ein. Aber wie erstaunt waren die Bauleute, dass plötzlich kein Werkstück mehr zum anderen passte. Entweder war es zu lang oder zu kurz, zu breit oder zu schmal. Der Müller sah die ratlosen Handwerker und auch den herumstehenden fremden Handwerksburschen. Er erkannte ihn sofort, begrüßte ihn nach Handwerkerart und lud ihn zum Essen.

Daraufhin klappte der Mühlenaufbau ganz problemlos, alles passte. Als der Handwerksbursche weitergezogen war, überschütteten die Bauleute den Müllermeister mit Fragen. Aber der sagte nur: `Was, ihr kennt den Müllergesellen Pumpfuß nicht`“? (35)

Müllergeselle „Pumpfuß“ (B15)

Ein Stadtrundgang um 1730

1725 fertigte Christoph Dietrich Wanckenheim erneut ein Verzeichnis „Castrum derer Hausstellen der Immediatstadt Templin“ und zeichnete einen „Special Plan der in der Uckermark gelegenen Immediatstadt Templin“.
Er dokumentierte 267 Wohnhäuser, davon 162 ziegelgedeckte Häuser, 103 Scheunen und 36 noch immer wüst liegende Wohnstellen. Auch die Grundstücksgröße und die Besitzer wurden erwähnt. Auf der Grundlage dieses Planes wollen wir uns ins frühere Templin begeben.

Das Templin von damals, erbaut nach dem Stadtbrand von 1618, hat mit dem heutigen nur wenig gemeinsam. Vom „Buchholz“, der heutigen Buchheide, führte der Dargersdorfer Weg über die heutige Robert-Koch-Straße zum Petersdorfschen / Prenzlauer / Peterischen Tor.

Zu beiden Seiten der Straße dehnte sich Ackerland aus. Die Niederung am Krankenhaus war sumpfig. Davor erstreckte sich die Stadtmauer mit ihren Wieckhäusern und Türmen. Weit überragte der Pulverturm mit der zuckerhutförmigen Spitze die Mauer. Weiter links standen zwei weitere Türme ohne Dächer, von denen heute nur noch der Eulenturm erhalten ist. Beide Türme dienten als Gewahrsam für Gefangene, der eine für männliche, der andere für weibliche Inhaftierte. Vor dem Peterischen Tor vereinigte sich die Handels- und Poststraße Stettin-Magdeburg mit der Ringenwalder Landstraße. Dahinter konnte man den Ratsteich erblicken, dessen Wasser viel näher an die Stadtmauer reichte als heute.

Zur Stadt hinein gelangte man durch das Außentor, vorbei am Torschreiberhaus, das bereits innerhalb der schützenden Umfassungsmauern lag, die das Außentor mit dem Torturm verbanden. Im Wachgebäude befanden sich Soldaten der Garnison. Durch den Zwinger und den Torturm gelangte man in die Stadt. Links vom Tor hatte der Ratsdiener sein kleines Haus. Vom Petersdorfer Tor führte in gerader Linie die Prenzlauer Straße ins Innere der Stadt zum Markt. Am Ende der Prenzlauer Straße lag eine Apotheke, deren Inhaber gleichzeitig Materialwarenhandel betrieb. Daneben gab es zwei weitere Geschäfte dieser Art.

Der große und geräumige Marktplatz, unterteilt in den alten und neuen Markt, war Standort des im gotischen Stil 1714 errichteten Rathauses. Vordem befand es sich im rechten Winkel zum heutigen Bau, längs der Mühlenstraße. Es überragte

Prenzlauer Tor mit Vortor und Zwinger (B 16)

alle Wohnhäuser. Im Untergeschoss befand sich der Ratskeller, in dem der Ausschank von ausländischen Weinen, Branntwein und Bier gestattet war. Im Rathaus befanden sich auch die so genannten Hackebuden, Verkaufsstände der Fleischerinnung, die diese gemietet hatten. Außer dem Rathaus befand sich auf dem Markt der Brotscharren, ein öffentlicher Verkaufsstand des Bäckergewerkes, da sich die einzelnen Bäcker keinen eigenen Verkaufsstand leisten konnten. Der Scharren stand auf der alten Rathausstelle. Die Hauptwache der Garnison und ein Spritzenhaus mit einem Anbau für Feuerleitern, Haken und Eimer befanden sich ebenfalls auf dem Marktplatz.

Vom Rathaus führte eine gerade Straße zum damaligen Hindenburgschen Tor, heute Berliner Tor. Links vor dem hohen Torturm, dem architektonisch schönsten unserer Stadt, befand sich die kleine Sankt-Georgen-Kirche, auch Sankt-Spiritus-Kapelle genannt. Nur durch einen schmalen Gang davon getrennt stand das Sankt-Georgen-Hospital, in dem Männer und Frauen ihren Lebensabend verbrachten. Um aus der Stadt herauszukommen, musste man auch das Stadtnebentor und einen Wallgraben passieren.

Wir gehen nun wieder über die Königs-, später Berliner Straße, am jüdischen Viertel vorbei ins Stadtinnere zurück und über den Markt zur Mühlenstraße. Diese war damals schon die Hauptverkehrsstraße. Das Eckhaus in der Mühlenstraße/Ecke Hoher Steinweg, später ebenfalls Königsstraße (Pestalozzistraße), war ein großes Gasthaus. Es war das erste und einzige des Ortes, in dem Reisende besserer Stände außer Verpflegung auch ein Nachtlager für sich und ihre Bediensteten sowie Stallung und Futter für ihre Pferde erhalten konnten. Sonst gab es nur einfache Herbergen.

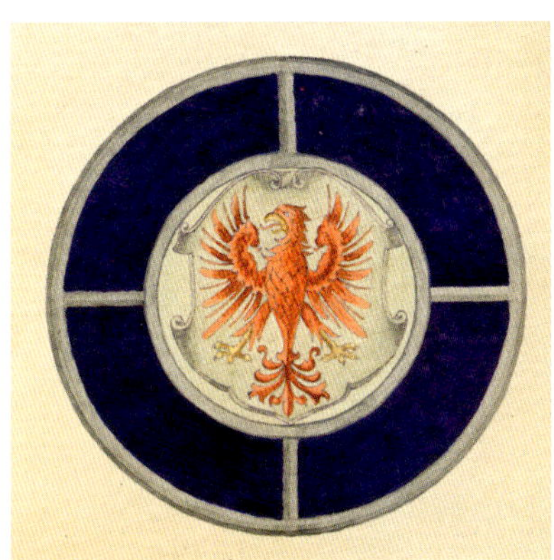

Rathaussaalfenster (B 17)

Ging man den Hohen Steinweg hinunter in Richtung Ratsteich, sah man linkerhand an der Stadtmauer das rituelle Badehaus der jüdischen Gemeinde, die Mikwe, das durch einen Stichkanal vom Templiner See mit „lebendigem“, also fließendem, Wasser versorgt wurde. Die Mühlenstraße endete am dritten Tor der Stadt, dem Mühlentor. Auch hier befand sich als zweite Durchfahrt ein Nebentor. An dessen Seite stand das Wohnhaus eines der Stadtdiener, die in der Stadt und an den Toren für Ruhe und Ordnung zu sorgen hatten. Gleichzeitig übten sie das Botenamt für die Stadtverwaltung aus.

Am Mühlentor lagen die Walkmühle der Tuchmacher, die Lohmühle des Schustergewerkes, ebenso die Schneidemühle und auch die Weißgerber hatten hier ihren Platz. Die aus Holz erbaute einstöckige Kornmühle befand sich links.

Sie hatte vier Mahlgänge. Der erste Gang war der Bäckergang, hier durften nur die Bäcker ihr Korn zur Weiterverarbeitung mahlen. Der zweite Gang war der Malzgang auf dem das Malz zum Brauen gemahlen wurde. Der dritte war der eigentliche Mahlgang, auf dem die gesamte Bevölkerung ihr Korn mahlen konnte. Der vierte Gang betrieb die Grützmühle. Gegenüber der Kornmühle diente ein lang gestrecktes Fachwerkhaus als Pferdestall für auswärtige Mahlgäste.

Außerhalb der Stadtmauern lag der Mühlenteich, dessen Wasser bis dicht an die Zwingermauern spülte. Links befand sich der Holzlagerplatz des Müllers. Aus dem Mühlentor heraus führte die Lychener Straße in Richtung Burg Stargard, an deren Rand auch damals schon mit Stroh gedeckte Scheunen standen. Doch nun noch einmal in die Stadt zurück.

Weit überragte die Maria-Magdalenen-Kirche die Häuser der Stadt. Sie lag abseits der Mühlenstraße, umgeben von der üblichen steilen Friedhofsmauer. Auf dem Kirchplatz fanden bis zum Stadtbrand 1735 die Beerdigungen statt. An der Friedhofsmauer befand sich auch das zweite Spritzenhaus, das „Feur Letter Haus“ (Feuerleiterhaus), zur Feuerbekämpfung. Hinter der Maria-Magdalenen-Kirche lag in der Propstei-Straße die Wohnung des Kircheninspektors oder Propstes, die Propstei. Auf der gegenüber liegenden Seite der Kirche lag im Kirchgässchen das Diakonat, das Amtsgebäude des zweiten Ortspfarrers und Diakons. Die Küsterwohnung lag innerhalb der Friedhofsmauern, und in der Schulstraße (heute ein Abschnitt der Werderstraße) befand sich die kleine Schulstube.

Innerhalb der Stadtmauern befanden sich damals 29 Häusergruppen, die oft nur durch schmale Gassen getrennt waren.

Eine Bürgerrolle vom Frühjahr 1735 gibt einen Einblick ins gesellschaftliche und private Leben der Stadt: Als Bürger galten ausschließlich die Männer mit Hausbesitz und einem nachgewiesenen Gewerbe. Zur Familie gehörten neben Frau und Kindern auch im Haus lebende Personen wie Verwandte, Mägde und Knechte. Die Männer galten als Familienoberhaupt, mit dem Recht über die anderen zu bestimmen und sie auch körperlich zu züchtigen. In der Bürgerrolle waren Angaben zu Namen, Alter, Beruf, Besitz an Immobilien und Geld enthalten, ob er „bemittelt sey“, ebenso ob er sein Gewerbe „wohlverstehe“, davon leben könne oder einem Nebenerwerb nachgehe. Ein Armer musste angeben, wodurch er in Armut geraten war, ob sie selbst verschuldet oder „unglücklich“ entstanden wäre.

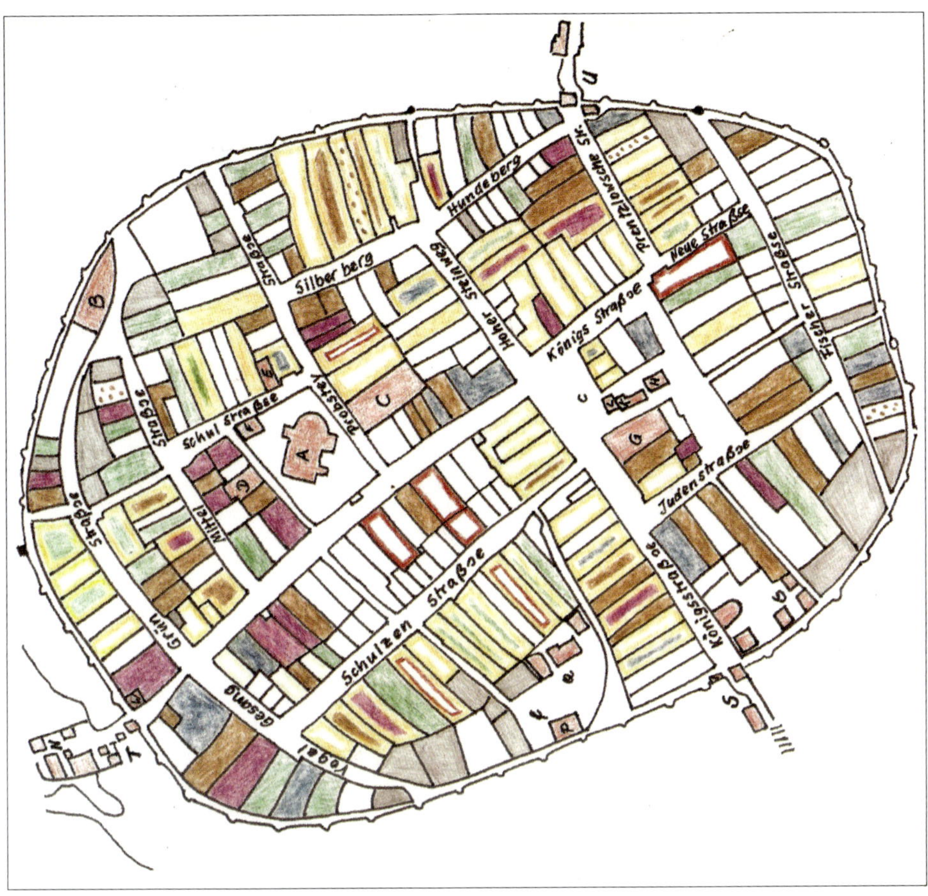

Stadtplan 1725 nach Wanckenheim (K 3)

A-Kirche B- Hospital C- Suspectorius-Haus D-Diakonatshaus E-Schule F-Küsterwohnung G-Rathaus H-Hauptwache I-Wachhäuser an Toren K-Brotscharren L-Feuerspritzenhäuser M-Feuerleiterhäuser N-Mühlen O-Torschreiberhäuser P-Publique Darre Q-Hirtenwohnung, Höfe R-Türme an Toren S-Berliner Tor T-Mühlentor U-Prenzlauer Tor V- Stadtdienerwohnung X-Magistrat-Bauhof Y-Magistratshaus

Grün: **Ackerbürger** *Roter Innenrand:* **Honoratioren** *Blau:* **Bäcker/Fleischer** *Lila:* **Textilherstellung** *Gelb:* **Braustellen** *Braun:* **Handwerker**

Angegeben wurden auch Daten zu den Söhnen und deren Alter sowie Wohnsitz.

Auskunft geben musste ein Bürger auch zum Verhältnis zu seinem Hausstand und seiner Umgebung auf die Frage „ob er den seinen wohl vorstehe und wie er sich sonst aufführt“. Dazu wurden auch Aussagen der Umgebung aufgenommen. Insgesamt kamen die Templiner bei ihren Eigeneinschätzungen ganz gut weg, es wurden aber auch Krankheiten oder Trunksucht („… er liebet dabei aber den Trunck …“) in der Bürgerrolle vermerkt. In der Stadt lebten 1690 Menschen.

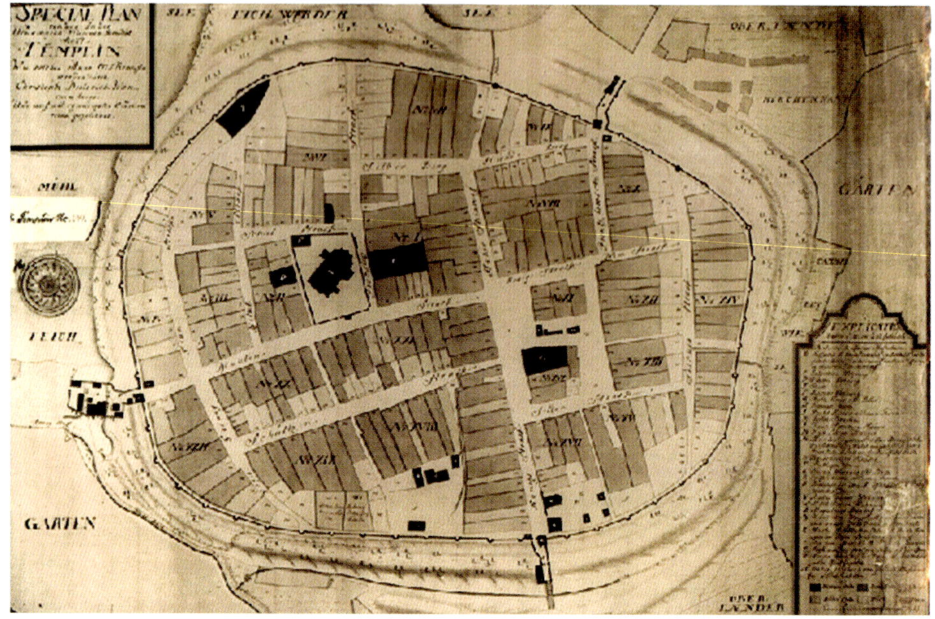

Stadtplan von Wanckenheim 1725 (K 4)

Das größte Brandunglück in der Geschichte der Stadt im August 1735

Am 24. August 1735 brannte außer der Sankt-Georgen-Kapelle und der Stadtmauer, der Sakristei in der Maria-Magdalenen-Kirche sowie einem Stadtschreiberhaus am Prenzlauer Tor innerhalb von vier Stunden die gesamte Stadt nieder. Das Feuer brach nachmittags um 15.30 Uhr im Haus des Kleinschmieds Christoph Selle in der Mühlenstraße aus.

Im Gewerbebuch der Tuchmacherinnung hieß es dazu: „Nachdem der große und allmächtige Gott diese arme Stadt ... einer so plötzlichen Feuersbrunst nach seinem gerechten Gerichte heimgesucht, dass dadurch die gantze Stadt mit all ihren publiquen und privaten Gebäuden, als Kirchen, Schulen und Pfarrwohnungen, Rathause, Hauptwache, sämtligen Mühlen und dergleichen mehr, ingleichen mit 271 Bürger-Häusern, wie nicht weniger auch mit allen vor dem Mühlenthore befindlichen etligen Scheunen mit allen darin vorhandenem Sommer und Winter Getreyde in wenig Stunden gantz erbärmliger Weise in die Asche gelegt worden ...". (36)

Ursache für das Ausmaß der Schäden war die Bauweise dieser Zeit. Die Häuser, überwiegend aus Holz gebaut, waren teilweise noch mit Stroh oder Rohr bedeckt und ließen keine Bekämpfung des Feuers zu. Außerdem befand sich der Großteil der Bevölkerung außerhalb der Stadtmauern auf den Feldern. Das ist wohl auch die Ursache, dass kein Personenschaden bekannt ist. Wesentlich war auch, dass nur das Mühlentor und das Prenzlauer Tor, zum Wasser führten. Von den drei Stadt-

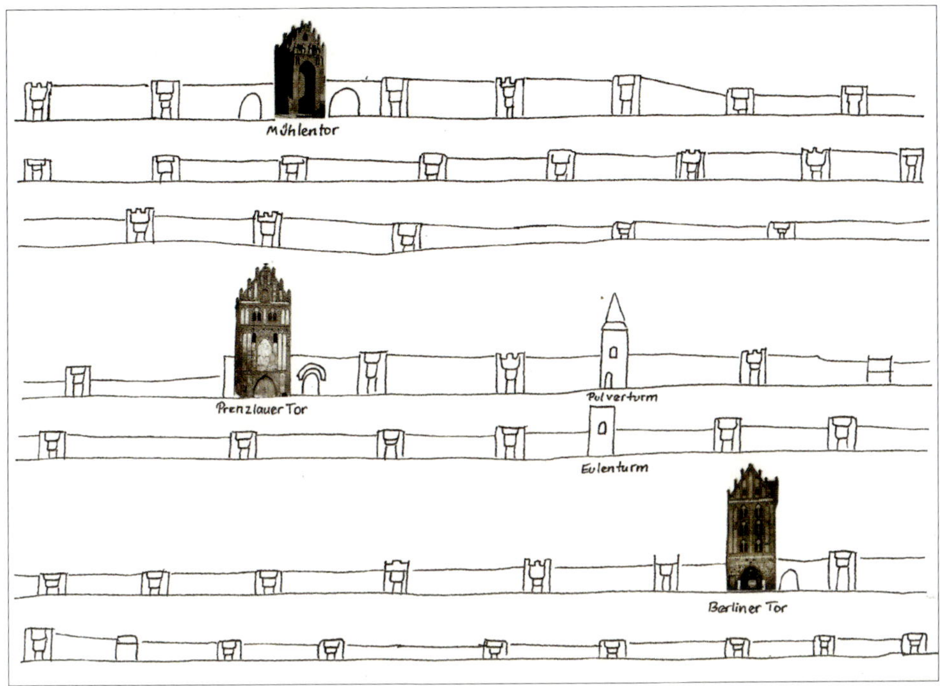

Abgerollte Stadtmauer 1730 (B 18)

toren blieben nur die Außenmauern und ein Torschreiberhaus am Prenzlauer Tor erhalten. Dem Brand der Maria-Magdalenen-Kirche fielen auch ihre Glocken, die größte 40 Zentner schwer, zum Opfer. Glücklicherweise konnten Akten und auch einige Stadtsiegel gerettet werden.

Nach dem Brand lebten die Menschen in Erdhütten, nur wenige Habseligkeiten waren gerettet worden. Es drohte eine unbeschreibliche Hungersnot, weil der Brand auch die gerade eingebrachte Getreideernte vernichtete.

Der damalige preußische König Friedrich Wilhelm I. (1713-1740) erlaubte den Einwohnern sofort, sich mit Bauholz aus den königlichen Wäldern zu versorgen und spendete privat 10 000 Taler und 8 Silbergroschen. Gleichzeitig verbot er den Zünften und Gilden anderer Städte, Templiner aufzunehmen, den Templinern gebot er, ihre Häuser wieder aufzubauen. Dazu wurden ihnen bis zum Abschluss des Wiederaufbaus die Steuern erlassen.

Vom Wiederaufbau der Stadt

Die vom König gespendeten Gelder wurden zum Rathausneubau, für den Neubau der Kirche, den Bau der Hauptwache, der Schule und Küsterei verwendet. Außerdem wurden Gelder unter die neu bauenden Bürger und Einwohner der

Stadt, nach einem vom König gebilligten Verteilungsplan, ausgereicht.

Eine entscheidende Hilfe beim Wiederaufbau war der Besitz der eigenen Ziegelei in der Nähe der heutigen Ziegeleibrücke. Die Ziegelerde wurde von der Buchheide geholt. Dort errichtete der Magistrat ca. 200 Meter nördlich der heutigen Försterei Buchheide zusätzlich zwei Ziegelöfen. Sie sind heute noch als Hügel erkennbar.

Friedrich Wilhelm I. besuchte die Stadt im Mai 1737, um den Wiederaufbau zu besichtigen. An den Oberbaudirektor Friedrich Wilhelm Dietrich in Berlin hatte er den Auftrag gegeben, Pläne für den Wiederaufbau der Stadtkirche anzufertigen. Auf seinen Befehl wurde in der heutigen Pestalozzistraße die Stadtmauer durchbrochen und das Wassertor angelegt, um schneller ans Löschwasser zu gelangen.

Die meisten Wohnhäuser wurden in diesem Jahr wieder fertig gestellt.

Nach König Friedrich Wilhelm I. engagierte sich sein Sohn, Friedrich II., für die Stadt. Insgesamt stellten sie 23693 Taler zum Wiederaufbau zur Verfügung. Hamburg, das mit der Stadt durch Holzlieferungen besonders für Segelschiffe verbunden war, gab 611 Taler und 23 Silbergroschen.

Im Jahre 1738 kam es im Zusammenhang mit dem Wiederaufbau noch zu einem besonderen Vorfall. Die Wohnhäuser waren zum Teil fertiggestellt, doch das Bauholz wurde knapp. In den umliegenden Stadtwäldern waren schon viele Bäume gefällt worden, und als der Rat beschloss, nun die Bürgerheiden stärker in Anspruch zu nehmen, beschwerten sich einige Ackerbürger beim König. Dieser aber stellte sich hinter den Magistrat und veranlasste die Verurteilung der Beschwerdeführer. Sie wurden wegen Verleumdung nach Spandau gebracht und für drei Monate an die Karre geschmiedet, die Anführer in Berlin an den Pranger gestellt. Zwei beteiligte Grenadiere mussten Spießrutenlaufen.

Die Stadt erhielt beim Wiederaufbau ein barockes Gesicht und einen neuen Grundriss mit sechzig rechten Winkeln. Sie wurde in drei Längs- und sechs Querstraßen gegliedert und in rechteckige Quartiere parzelliert. Dabei verbreiterte und begradigte man die Straßen auf Befehl Friedrich II. und legte den Marktplatz neu an. Die in ihn mündenden Hauptstraßen blieben erhalten, wurden aber neu ausgerichtet. Dadurch ergaben sich wesentliche Verschiebungen der Häuserfluchten. Die Innenstadt glich mit den Fachwerkhäusern mit einer Breite von 11,90 bis 12,20 Metern in geschlossenen Häuserzeilen nun einem Schachbrett.

Anstelle der Einzelhäuser entstanden aneinander gereihte Fachwerkbauten mit einem Erd- und einem Obergeschoss, die Traufseiten zur Straßenseite, alle mit der gleichen Firsthöhe. Zu jedem Haus gehörte ein kleiner Hof, der durch ein Nebengebäude für Stallungen, Geräte und Vorräte begrenzt wurde. Dahinter lag ein Garten. 1749 waren bereits 306 Häuser mit Ziegeldächern fertig gestellt. Vor den drei Toren standen immer noch 113 mit Stroh gedeckte Scheunen. Gleichzeitig mit den Wohnhäusern hatte man die Mahl- und Schneidemühle wieder aufgebaut, um die Bevölkerung mit Mehl und Bauholz zu versorgen.

Wie schon nach vorhergehenden Bränden wurden beim Wiederaufbau unebene Stellen in Straßen und im Stadtgelände eingeebnet. So kommt es, dass heute

Marktplatz mit Rathaus und Brotscharren vom Berliner Tor gesehen um 1850 (B 19)

ehemalige Straßen oder Hausgrundrisse 4 bis 5 Meter unter dem derzeitigen Straßenniveau gefunden werden.

1745 wandten sich die Einwohner der Stadt mit der Bitte an den König, auch den Neubau der Kirche baldmöglichst in Auftrag geben zu können. Trotzdem wurde 1746 zuerst mit dem Aufbau des neuen Rathauses begonnen. Der königliche Bauinspektor Karl Samuel Schmidt fertigte die Planungen für den Rathausneubau, der unter Leitung und Oberaufsicht des königlichen Bauinspektors Schwatken stand. Die Fassaden wurden nach den Entwürfen des Baudirektors Kemmetter gestaltet. Das erhaltene Tonnengewölbe im Keller wurde, in der Mitte durch eine vier Steine dicke massive Wand gestützt, einbezogen. Den alten Kellerhals ließ man als Ausgang bestehen, er mündete in die Laube des neu angebauten Nordwestflügels. In der ersten Etage befanden sich die Hackebuden der Fleischhauer, des Schlachtergewerks. Im Erdgeschoss lagen Akzisestube, Ratswaage, Stadtverwaltung und Archiv, im Keller für den Bier- und Weinausschank der Ratskeller sowie das Gefängnis. Geschaffen wurde ein dreistöckiges Haus, in dessen vier Fassaden sieben Fenster-Achsen eingelassen waren. Der kleine Turm, der Dachreiter, wurde von einem preußischen Adler gekrönt.

Bereits 1751 konnte das im Stil des Barock erbaute neue Rathaus eingeweiht werden. Der Wiederaufbau des Rathauses kostete 4310 Taler, 3 Silbergroschen und 6 Pfennige. Vom König waren 4000 Taler bewilligt worden. Der große Marktplatz diente der Garnison als Paradeplatz.

Erst 1747 begann der Wiederaufbau der dreischiffigen Stadtkirche, die aber be-

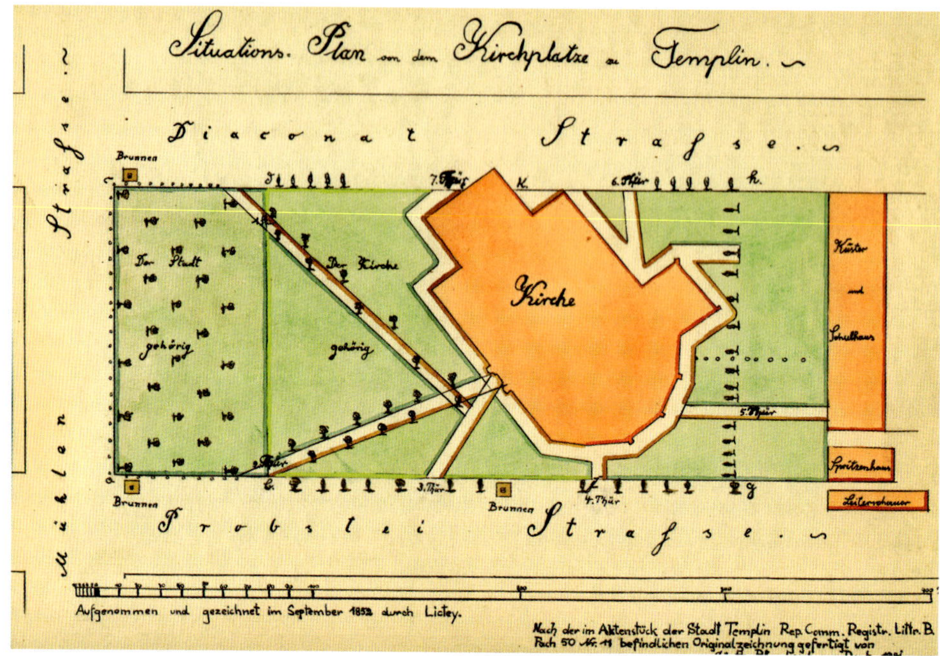

Kirchplatz (B 20)

reits am 30. November 1749, noch vor der Fertigstellung des Rathauses, durch Kantor Johann Thomas Haupt eingeweiht werden konnte. Sie wurde mit finanzieller Unterstützung des Königs Friedrich II., dem Kirchenpatron, auf den Feldsteingrundmauern der 1735 abgebrannten Kirche und dem Areal des ehemaligen Friedhofs erbaut. Aus der Zeit vor dem Brand steht noch der Unterbau des Westturmes mit dem frühgotischen Portal. Auch die zweistöckige Sakristei hinter der Kirche war erhalten geblieben. Das eingestürzte Kronendach wurde durch ein Flachdach ersetzt. Über ihrem südlichen Eingang lesen wir:

„Des Feuers Macht warf mich darnieder
Und stürzte mich in Asch` und Graus,
Durch Friedrichs Huld steh ich nun wieder
Und bin ein neues Gotteshaus."
Anno 1749

Die Kirche ist 110 Fuß lang, 70 Fuß breit und 35 Fuß hoch (ein Fuß= 31,4 cm). Sie hat 13 große Fenster, jedes 22 Fuß hoch und zwei halbe Fenster über den Türen. Der Kirchturm wurde 1750 bis 1752 errichtet und 1769 die neue Orgel von Gottlieb Scholz aus Ruppin eingebaut. Im Inneren wird die getäfelte Decke von massiven Pfeilern getragen, die Emporen sind terrassenförmig abgestuft und schließen vor dem Choraltar ab. Im Chor stehen der Altar, die Kanzel und das Taufbecken, die alle aus Sandstein gefertigt wurden. Aus dem nach dem Brand aus dem Schutt geborgenen Erz wurden 1743 durch Christian Daniel Heintze aus Berlin Spandau in Templin zwei neue Glocken gegossen, davon eine mit 24 Zentnern, eine mit 12 Zentnern. Die Glocken wurden bis 1744 auf einem besonderen Glockenstuhl auf dem Sankt-Georgen-Friedhof geläutet und 1749, nach Fertigstellung der Kirche, in den fertigen Bau überführt.

Wahrscheinlich mit dem Wiederaufbau der Kirche wurde auch wieder eine Schule eingerichtet, deren erster Rektor Gottlieb Freygang war. Vor dem Stadtbrand diente das Gelände um die Kirche als Begräbnisplatz, nach 1735 wurde der Stadtfriedhof vor dem Berliner Tor angelegt. Auch für die jüdische Bevölkerung wurde ein Friedhof geschaffen, wie eine Gemarkungskarte von 1760 belegt.

Da wegen des schlechten Zustandes die Durchfahrten des Prenzlauer und Berliner Tores zugemauert werden mussten, wurde auf Befehl Friedrich II. 1768 ein Mauerdurchbruch für das „Neue Tor" nebst Akzisehaus in der heutigen Oberen Mühlenstraße in Richtung Prenzlau und Stettin geschaffen. Die beiden Tore wurden erst im März 1820 wieder geöffnet und bis dahin die Waldemarstore als Zu- bzw. Stadtausgang genutzt. Das nach dem Brand entstandene Stadtbild ist heute noch im historischen Stadtkern erhalten.

„Das Rathäusliche Reglement für die Stadt vom 28. Mai 1738"

Im Zuge einer Verwaltungsreform ließ der preußische König 1738 die Zustände in der Uckermark verändern und verfügte ein „rathäusliches Reglement für die Stadt Templin", eine Dienstordnung für die Stadtverwaltung. Darin war festgelegt, dass der Rat sich künftig aus sechs Ratsherren zusammensetzt, und gleichzeitig drei Bürgermeister für den Geschäftsablauf der Stadt verantwortlich sind.

Der regierende, erste, Bürgermeister trug den Titel „Konsul dirigensis" mit einem Gehalt von 120 Talern jährlich. Er führte den Vorsitz im Ratskollegium, die Oberaufsicht über das Schulwesen und die Gewerke, musste die Klagen und Beschwerden der Bürger annehmen und entsprechende Veränderungen veranlassen. Als erster Richter hatte er nach Absprache mit den anderen Magisratsmitgliedern das Urteil zu sprechen und zu verkünden. Außerdem war er Schlüsselbewahrer des Rathauses, was bedeutete, dass er als erster kam und als letzter ging. Der zweite Bürgermeister trug den Titel „Prokonsul oder Beigeordneter". Ihm oblag die Polizeigewalt, er kontrollierte die Einhaltung der Maße, Gewichte und Preise. Der dritte Bürgermeister, der „Konsul oder Stadtsekretär", war als Polizeibürgermeister verantwortlich für Sicherheitsfragen, Gesundheitswesen, die Armenpflege sowie den Schriftverkehr. Der Kämmerer führte wie heute die Hauptkasse und das Rechnungswesen. Ihm oblag die Aufsicht über die Kämmereidörfer Ahrensdorf, Gandenitz, Placht, Knehden und Baßdorf/Stempnitz. Der erste Senator, zugleich der erste Ratsherr, trug Verantwortung für die Angelegenheiten des Stadt- und Kirchenwaldes. Er führte die Aufsicht über die Hütungsrechte der Stadtbürger in den Stadtforsten. Dem zweiten Senator, zugleich zweitem Ratsherrn, unterstand die Aufsicht über das Bauwesen, die Brücken und Wege der Stadt. Außerdem waren noch ein Ratsschütze, zwei Ratsdiener und ein Gerichtsdiener angestellt.

Der Magistrat hatte sich dreimal in der Woche im Rathaus zu treffen. Am Dienstag und Donnerstag waren regelmäßig Ratssitzungen angesetzt. Am Freitag, dem „Zwisttag", hatte jeder Bürger das Recht, dem Bürgermeister persönlich seine Klagen und Bitten vorzubringen. Die restlichen Tage waren dem Außendienst vorbehalten. Alle drei Jahre mussten die städtischen Grenzen abgeschritten und nachgeprüft werden. Nach Ablauf von zehn Jahren waren alle Grenzmarken zu erneuern.

Die Ernennung der Beamten erfolgte auf Lebenszeit bzw. solange sie ihren Wohnsitz in der Stadt hatten. Für unentschuldigtes Fehlen mussten die Bürgermeister acht Silbergroschen und die anderen Beamten die Hälfte als Strafe zahlen. Zuspätkommen wurde mit zwei Silbergroschen geahndet.

Als Mitglieder des Magistrats wurden nur gebildete, im Schreiben und Rechnen erfahrene Beamte eingesetzt, auch erwartete man, dass sie nicht liederlich wären oder trinken.

Geregelt wurden in den Festlegungen außerdem die Besoldungen des Magistrats, der Lehrer, Pfarrer und Hebammen. Beim Ausscheiden eines Magistratmitglieds musste beim König ein begründeter Vorschlag für den Ersatz eingereicht werden. Der Arbeitsaufwand und die Verantwortung waren bei kläglicher Bezahlung immens und standen stets unter größter persönlicher Haftung. Bei jedem Fehler riskierte der Beamte Festungshaft bei Wasser und Brot.

Von Seiten der Bürgerschaft wurden jeweils vier Stadtverordnete, die deren Interessen und die des Vierergewerks (Bäcker, Fleischer, Schuster, Schneider) vertraten, gewählt.

Festgelegt wurde in diesem „Rathäuslichen Reglement" auch, dass trotz des Stadtbrandes bezüglich des Schulwesens „tüchtige Prediger und Schulbediente, die einen unsträflichen Wandel in Amtsgeschäften und gemeinen Umgang führen, erwählet werden, die Jugend sowohl in Privathäusern von ihren Eltern und Vorgesetzten, als in publiquen Schulen von denen Schulbedienten fleißig und treulich erzogen und unterrichtet und wenigstens jährlich einmahl öffentlich Schul-Examen gehalten werden sollten." (37)

Aus den Erfahrungen des Stadtbrandes von 1735 resultierte auch eine neue Feuerlöschverordnung, die die Stadt zur besseren Kontrolle in vier Bezirke teilte. Vier Magistratsmitglieder und je ein Stadtverordneter beaufsichtigten die Feuersicherungsmaßnahmen und notwendige Mängelbeseitigungen. So hatte jedes Haus eine hölzerne Feuerspritze und lederne Feuereimer in gebrauchsfähigem Zustand im Haus zu haben. Die Einwohner wurden verpflichtet, noch vor dem Winter eventuell noch nicht vorhandene Schornsteine in den Häusern einzumauern und kein Feuer mehr unter dem bloßen Dach zu entfachen. Auf dem Dachboden oder im Stall sollte stets eine kleine Leiter griffbereit vorhanden sein. Insgesamt wurden in der Stadt 370 Handspritzen und 330 Ledereimer gezählt. Für die Löschwasserent-

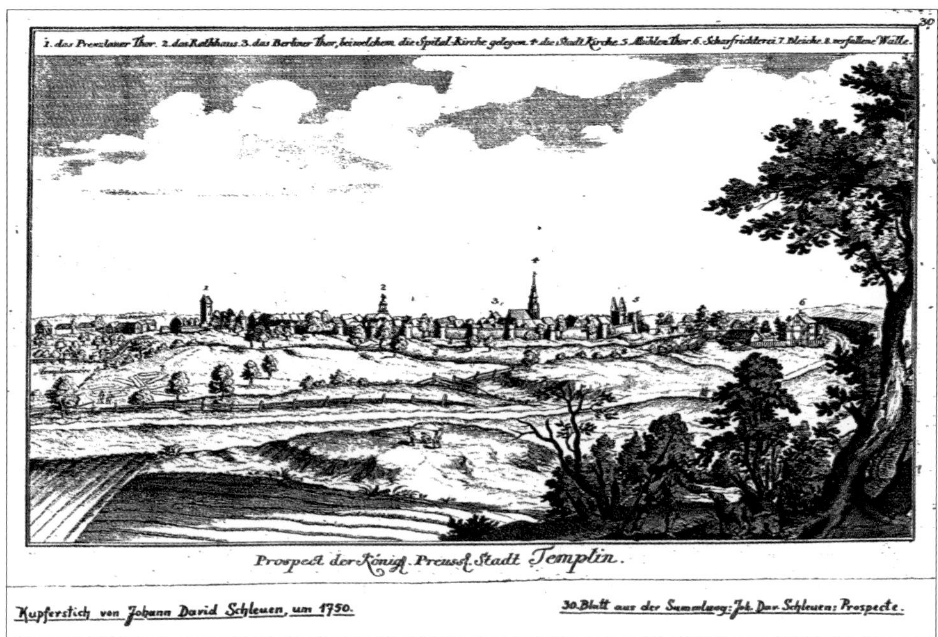

Johann David Schleuen- Kupferstich um 1750 „Prospect der königlichen Preussischen Stadt Templin“ (B 21)

1. Prenzlauer Tor 2. Rathaus 3. Berliner Tor, bei welchem die Spitalkirche gelegen
4. Stadt-Kirche 5. Mühlen Tor 6. Scharfrichterei 7. Bleiche 8. Verfallene Wälle

nahme standen im Stadtgebiet 20 Brunnen zur Verfügung. Für jeden Brunnen waren sogenannte Pumpennachbarschaften verantwortlich. Zuwiderhandlungen wurden mit Strafe bedroht. Für 650 Reichstaler wurden zwei neue metallene Rohr-und Schlauchspritzen angeschafft. Dieses Reglement wurde 1810 durch die Steinsche Städtereform aufgehoben.

Von 1740 bis 1786 herrschte Friedrich II., „Der Alte Fritz“, über Preußen und Brandenburg. Auf der Grundlage der von seinem Vater übernommenen geordneten Finanzen und seines schlagkräftigen Heeres, begann er in den drei „Schlesischen Kriegen“ die Vergrößerung des preußischen Staatsgebietes und die Stärkung seiner Macht. Am Ende seiner Regierungszeit war Brandenburg-Preußen europäische Großmacht geworden. Auf Befehl Friedrich II. wurden pfälzische Familien in der Uckermark angesiedelt, die u. a. Vogelsang, Bebersee und Friedrichswalde gründeten.

Doch durch seine expansive Politik wurden neue Kriegswirren ausgelöst, in die auch Templin hineingezogen wurde.

Positiv für die Stadt war neben der finanziellen Unterstützung des Wiederaufbaus die Weisung Friedrich II. zur Anlage des Templiner Kanals als Verbindung vom Libbesicke-, Lübbe- und Fährsee bis zum Röddeliner See, um das in der Ringenwaldschen Heide gehauene Salzsiederholz nach Spandau und Magdeburg zu flößen. Der Bau erfolgte 1745/46, obwohl viele Einwohner, vor allem der Mühlenbesitzer und die Ackerbauern, Einwände gegen dieses Bauvorhaben hatten, fürchteten sie doch um ihr Heu bzw. bei zeitweiser Mühlenschließung Verluste. Auch die Brauer protestierten, denn sie wollten die Stadt und die umliegenden Dörfer nicht „trockenlegen". Infolge des Höhenunterschiedes war der Einbau von vier Schleusen erforderlich – bei Ahrensnest, vor der Stadtmühle, bei der Ratsziegelei und bei Kannenburg. Der Kanal zwischen Lübbesee und Fährsee verfiel aber bis 1820 wieder, da sein Weiterbau, über den Temmener See zur Ucker und zum Haff, von Prenzlau abgelehnt wurde. Doch wurde durch den Kanalbau der Schiffsverkehr bis zur Havel und die Lieferung von Holz und Getreide nach Berlin und Hamburg ausgebaut. Zur Förderung der Wirtschaft nach dem Stadtbrand ließ Friedrich II. 1764 eine Strumpf- und Mützenfabrik aufbauen, die 1789 die märkische Land-Judenschaft mit dem Recht auf ein zweites Kind übernahm.

Negativ wirkte sich dagegen die Eröffnung des zweiten Finow-Kanals 1746 auf Initiative Friedrich II. aus. Dadurch verlor die einst so wichtige Handelsstraße über Templin an Bedeutung und die Stadt ihre Steuer- und Zolleinnahmen, da der Handelsverkehr, vor allem der Salzhandel zwischen Magdeburg und Stettin, nun über den Wasserweg verlief.

Am 21. Dezember 1750 wurde die Rühlsche-Stiftung für Notleidende vom gebürtigen Templiner Joachim Heinrich Rühl gegründet. Er war Geheimsekretär und Kassierer der Generaldomänenkasse zu Berlin und setzte testamentarisch fest, dass sein Vermögen in einer immerwährenden Stiftung erhalten bleiben möge. Das Stiftungskapital belief sich auf über 20 000 Taler und drei Grundstücke: Ein Grundstück in der Dargersdorfer Straße von 14 Hektar, eine Wiese in der Buchheide, 1,4 Hektar und ein Gartengrundstück von 12 280 Quadratmeter. Die aus den Zinsen und Pachten aufkommenden Gelder sollten der städtischen Armenkasse und dem Hospital Sankt-Georgen zu Gute kommen. Begünstigt wurden anfangs zehn männliche Verwandte mit monatlich 4, und zehn Frauen mit 2 Talern. Nach deren Tod sollte das Geld Stadtarmen zukommen. Ferner sollten zehn Notleidende der Stadt monatlich 1 Taler erhalten. Die Überschüsse sollten zum Ankauf von Büchern für arme Schüler Verwendung finden. Der Grundbesitz durfte nicht veräußert werden, so dass das Kapital Ende des 19. Jh. 105 249 Mark betrug. Aus der Rühlschen Stiftung ist die Armenschule der Stadt finanziert worden. Durch die Templiner Stadtverordneten wurde am 27. Juni 1992 eine Satzung erlassen, welche die Weiterführung der Stiftung festlegte. Die Gelder sollten hilfsbedürftigen Templinern, Jugendlichen und Obdachlosen zu Gute kommen. Dieser Beschluss war möglich, da eine Festlegung des Rates der Stadt von 1953 zur Auflösung der Stiftung nicht umgesetzt worden ist.

Eine Liebesgeschichte verband Weimar und Templin

In der Wochenendbeilage der „Thüringer Allgemeinen Zeitung" vom 23. Juni 2007 berichtet der Autor Gerd Reitz unter dem Titel „Zwischen Bett und Bühne" über eine interessante Begebenheit, die sich vor mehr als 200 Jahren eben zwischen Weimar und Templin abspielte. Hier eine Kurzfassung:

„Die wegen ihrer Schönheit bekannte Louise von Rudorf zog 1787 mit ihrer Mutter nach Weimar. Auf Veranlassung der Herzogin-Mutter Anna Amalia gab man der talentierten Schauspielerin Rollen junger Liebhaberinnen in Mozart-Opern. Von den Hofdamen wurde sie \`das schöne Rudelchen\` genannt. Anna Amalia versuchte, ihre damalige Kammersängerin und Gesellschafterin als Mätresse ihres herzoglichen Sohnes Carl August am Hof zu etablieren. Dabei war der Herzogin-Mutter nur recht, dass Louise zu naiv war, um selbst politischen Einfluss nehmen zu können. Da Carl August die Geselligkeiten seiner Mutter gern besuchte, sorgte diese dafür, dass Louise ständig anwesend war. Deren Reize entgingen dem Herzog nicht. Im Frühjahr 1795 fand Carl August im Umgang mit dem Hofstaat seiner Mutter Gelegenheit, sich ihr zu nähern. Sie wurde seine Geliebte. Im Sommer 1795 eröffnete die \`liebe Rudel\` der Herzogin-Mutter, dass sie schwanger sei und ihr ein Enkelchen bescheren würde. Als Carl August das erfuhr, beendete er seine Affäre mit ihr.

Der Prinzenerzieher Carl Ludwig von Knebel hatte zu eben dieser Zeit um Louise geworben. Doch eine Heirat, die ihre Reputation noch retten konnte, ließ Carl August nicht zu. Die Schwangerschaft wurde geheim gehalten. Nur 6 Wochen vor ihrer Niederkunft hatte sie auf Befehl des Herzogs mit ihrer Mutter nach Templin zu reisen, um dort bei einer Schwester ihrer Mutter zu wohnen. Am 18. Januar 1796 wurde in Templin ihr Sohn Carl Wilhelm geboren. Im Frühjahr 1796 kam Louise auf Bitten der Herzogin nach Weimar zurück und ließ ihr Kind schweren Herzens bei ihrer Familie in Templin. Das Angebot Carl Augusts, seine Mätresse zu bleiben, lehnte Louise von Rudorf ab. Das Kind, für das der Herzog jährlich 200 Taler zahlte, erhielt erst zwei Jahre später einen ordentlichen Namen. Carl Ludwig von Knebel heiratete im Alter von 54 Jahren die 32 Jahre jüngere Louise von Rudolf und erkannte das Kind als seinen eigenen Sohn an.

Was der Artikel in der oben genannten Zeitung nicht enthielt: Carl August, geboren am 3. September 1757, wurde 1758 (einjährig!) Herzog von Sachsen-Weimar-Eisenach. Bis 1775 hatte seine Mutter Anna Amalia, die Gründerin der berühmten Bibliothek in Weimar, die Vormundschaft. 1775 heiratete er die Prinzessin Luise von Hessen-Darmstadt. So weit zu Weimar. Aus der Sicht von Templin wäre die Geschichte so zu ergänzen:

Die Entfernung zwischen Weimar und Templin betrug auch damals mehr als 350 Kilometer. Zur Reisezeit der hochschwangeren Louise war Winter, und die Winter, so die Überlieferungen, waren zu jener Zeit kälter und schneereicher als heute. Im Kutschen-, vielleicht auch nur im Schlittentempo war es sicher eine beschwerliche und kalte Reise von mehreren Tagen. Über diese Reise ist uns nichts bekannt, wohl aber darüber, was danach in Templin geschah:

Im gut erhaltenen Taufregister der Maria-Magdalenen-Kirche zu Templin ist unter Registernummer 11 des Jahres 1796 die Eintragung zu lesen: `Den 15. Januar abends um 6 ist des Herrn Baron Carl Ludwig von Knebel aus Sachsen-Weimar und dessen Braut Emilia Louise Rudorffin Sohn geboren und den 31. getauft – Carl Wilhelm von Knebel. Als Taufpaten sind genannt, handschriftlich aufgeführt in der heute nur noch schwer zu entziffernden Schreibweise jener Zeit: Post-Commissarius Leevemann, Accise-Einnehrner Meier, Controlleur Schulze, Stadt-Controlleur von Groshellie, Fr. Sillingin, geb. Gloxin, Apothekerin, Cantor Wilhelm Werdermannin, Jfr. Rudorffin`.

Der Fakt – ein Sohn des Herzogs von Sachsen-Weimar-Eisenach wurde in Templin geboren, allerdings nicht, wie in der `Thüringer Allgemeinen` geschrieben, am 18. Januar 1796, sondern am 15. Januar 1796. Der Zeitungsbericht irrt auch darin, wenn er schreibt, `...das Kind erhielt erst zwei Jahre später einen ordentlichen Namen`. Das Taufregister weist aus, dass der damalige Superintendent Johann Samuel Benjamin Neumann (oder sein Diakonus Johann Heinrich Polchow) die Taufe des Kindes in der Maria-Magdalenen-Kirche mit seiner Namensgebung verband. Man kann den Eintragungen nicht nur entnehmen, dass der Herr von Knebel die Reise der Louise von Weimar nach Templin begleitete, sondern auch, dass er bei der Taufe anwesend war und sich mit Louise schon zu dieser Zeit über eine gemeinsame Zukunft einig war. Die seinerzeit strengen Regeln des Adels allerdings verlangten sicher ein adliges Quartier. Die Dokumente des Stadtarchivs geben dazu diese Auskunft: Im Verzeichnis der Hausbesitzer zu Templin, vorliegend für das Jahr 1801, werden zwei in Templin ansässige adlige Familien genannt – von Holtzendorff und von Thomsdorff. Die Bürgerrolle der Stadt von 1809 nennt ein Fräulein von Holtzendorff und einen Major von Thomsdorff. Zu einer dieser Familien könnte jene Schwester ihrer Mutter gehört haben, bei welcher Louise von Rudorf auf Weisung des Herzogs Quartier zu nehmen hatte. Die gleiche Möglichkeit bestände bei jenem adligen Stadt-Controlleur, dessen Name aber in weiteren Dokumenten des Archivs nicht nochmals erscheint. Die Namen einiger der als Paten genannten Personen finden sich zu verschiedenen Zeiten in den Archiven der Stadt, so zum Beispiel der Name Silling, der von 1735-1817 immer in Verbindung mit dem Beruf des Apothekers in Templin genannt wird.

Der Familienname von Frauen wurde seinerzeit häufig um die Endung -in ergänzt. So könnte z. B. die Bezeichnung Fr. Sillingin, Apothekerin, bedeuten, dass es die Frau des Apothekers Silling war. `Cantor Werderrmannin` war vielleicht die Frau des Cantors mit dem Namen Werdermann, und Jfr. (Jungfrau) Rudorfin schließlich war eine Schwester von Louise von Rudorf.“ (38)

Templin in der Zeit Napoleons und der Preussischen Reformen

Während der Französischen Revolution und den daraus resultierenden Revolutionskriegen übernahm Napoleon in Frankreich die Macht. Er wollte in ganz Europa seine Vorherrschaft ausbauen. Im Koalitionskrieg von 1805/06 unter der Beteiligung Preußens gegen Frankreich kam es zu einer vernichtenden Niederlage Preußens bei Jena und Auerstedt, die zur französischen Besetzung führte. Infolge des Einzugs Napoleons in Berlin wurde Brandenburg unter französische Verwaltung gestellt, die preußischen Verwaltungsbehörden blieben unter Aufsicht bestehen.

In dieser schweren Zeit ereignete sich in Templin eine Liebesgeschichte, wie folgende Sage erzählt.

Die Eiche am Weberhaus

„Diese Eiche befindet sich auf dem Eichwerder hinter der Feuerwehr. In dem Haus lebte und arbeitete über Jahrhunderte eine Leinenweberfamilie. Zur Zeit der Napoleonischen Kriege war es der Weber Mathias Bohm mit Frau und Tochter und einem Gesellen namens Hannes Gandenitz. Sie stellten hier aus Flachs Leinen her, das auf dem Eichwerder zum Bleichen in die Sonne gelegt wurde. Die Familie hatte so ihr Auskommen und die Tochter wuchs zu einem jungen Mädchen heran. Aus der Ferne hörten sie bedrohliche Nachrichten – die Franzosen hatten Brandenburg/Preußen in der Schlacht bei Jena und Auerstedt besiegt und der Krieg brachte düstere Wolken auch nach Templin. Die Webertochter Käthe wusste von dem noch nicht viel und tobte eines Tages im Dezember ausgelassen mit ihrem Hund Harras und einem vom Vater gebauten Schlitten auf dem zugefrorenen Ratsteich. Sie war allein auf dem Eis, obwohl die Eltern sie gewarnt hatten, dass der See noch nicht ganz zugefroren war. Und da passierte es – das Eis brach und das Kind und der Schlitten fielen ins Wasser. Der Hund sprang sofort hinterher und als das Mädchen wieder hoch kam, fasste der Hund es am Mantelkragen und hielt es fest, so dass Käthe um Hilfe rufen konnte.

Eilig liefen der Vater und sein Geselle Hannes mit der Leiter zum Eis und schoben diese zu der Verunglückten. Schließlich konnte Hannes das Mädchen auf die Leiter ziehen, aber der Hund versank unter dem Eis. Seit dieser Zeit waren Käthe und Hannes Freunde, und er stand ihr noch manches Mal bei. Im Frühjahr, als das Tauwetter einsetzte, fand man den Kadaver des Hundes am Uferrand. Man begrub ihn in der Nähe des Hauses und pflanzte eine Eiche auf sein Grab.

Die Zeit verging und aus der Freundschaft zwischen Käthe und Hannes war Liebe geworden, doch diese stand unter einem schlechten Zeichen, denn auch die Templiner hatten unter der Napoleonischen Fremdherrschaft zu leiden. Als Hannes dann seinen Meister um die Hochzeitserlaubnis bat, stellte der als Bedingung, dass auch er an den Befreiungskämpfen gegen die Franzosen teilnehmen sollte. Hannes meldete sich als Freiwilliger. Er fiel während der Völkerschlacht bei Leipzig. Käthe Bohm hat nie geheiratet, sie arbeitete anfangs in der Werkstatt des Vaters, übernahm diese dann selbst und später verpachtete sie die Werkstatt.

Ihre freien Stunden verbrachte sie oft unter der großen Eiche sitzend und gedachte ihrer besten und tapfersten Freunde." (39)

Nach der preußischen Niederlage gegen Napoleon bei Jena und Auerstedt 1806 zogen sich die preußischen Truppen in Richtung Prenzlau zurück und es rückten erste französische Truppen auf Templin vor, wobei es zu einem Gefecht bei Hammelspring kam.

Die ersten Chasseurs (französische Reiter) trafen am 27. Oktober in der Stadt ein. Zum Zeichen ihrer Plünderungsabsichten hatten sie sich einen Löffel an den Tschako gesteckt. Sie gingen als „Löffelgarde" in die Geschichte ein. 5 000 Franzosen unter Prinz Murat plünderten die Stadt drei Tage, der Ratskeller und die Mühle wurden ausgeraubt. Dann quartierten sich die Franzosen mit 300 Geschützen in der Stadt ein. Die Truppen lagerten zwischen Prenzlauer Tor und dem Feld nach Ringenwalde sowie den Gärten zwischen Prenzlauer und Berliner Tor. Die Häuser der Stadt waren mit zwanzig bis vierzig Personen belegt. Nach vierwöchigem Aufenthalt und einer Zahlung von 700 Talern zusätzlich zur Verpflegung zogen diese Truppen ab, andere kamen.

Zusätzlich brachte man 1800 gefangene preußische Soldaten nach Templin. Sie wurden in der Maria-Magdalenen-Kirche und dem Sankt-Georgen-Hospital untergebracht, viele lagerten auf den Straßen und dem Kirchhof. Sie mussten ebenfalls versorgt werden. Zur Unterhaltung von Lagerfeuern wurden von ihnen Scheunentore und Gartenzäune verbrannt.

Als am 6. November der neue französische Militärkommandant Harriet in Templin stationiert wurde, besserten sich die Verhältnisse vorübergehend. Personen-, Brief- und Paketpost begannen wieder zu arbeiten. Templin musste sich mit 1 560 Talern an den Kriegsentschädigungszahlungen an Frankreich beteiligen.

Der am 9. Juli 1807 abgeschlossene Tilsiter Frieden brachte nicht den erhofften Abzug der Franzosen. Deutschland sollte bis zur erfolgten Kontributionszahlung besetzt bleiben.

Im November 1807 hatten insgesamt 20 000 fremde Soldaten die Stadt passiert, d. h. die zehnfache Zahl der Einwohner. Sie alle mussten beköstigt und mit Unterkünften versorgt werden. Das überstieg die Möglichkeiten der 500 Familien bei weitem, denn laut eines Tagesbefehls des französischen Marschalls Victor, vom 9. August 1807, sollte jeder Soldat 1,5 Pfund Brot, 4 Unzen Weißbrot zur Suppe, 1 Pfund Fleisch, 1 Pfund grünes oder getrocknetes Gemüse und 1 Bouteille Bier erhalten. Einem Unteroffizier standen zusätzlich 1,5 Pfund Fleisch und dreimal Branntwein die Woche zu. Die Rückvergütung für die Bevölkerung war unzureichend. Sie bekamen für die Beherbergung eines einfachen Soldaten 12 Silbergroschen, eines Sergeanten 1 Taler und eines Offiziers 2 Taler. Außerdem mussten für die Fütterung der Pferde zusätzlich täglich 10 Pfund Heu, 10 Pfund Stroh und

2 Metzen (6,8 kg) Hafer gestellt werden. Im Vergleich dazu kosteten nach französischen Preisfestlegungen für die Mark Brandenburg z. B. 2 Pfund Brot 2 Groschen, 1 Pfund Rindfleisch 4, 1 Pfund Hammel 4, 1 Pfund Schwein 5 Groschen. 1 Pfund Butter kostete 10, Fisch 2-5 Groschen. Für 1 Scheffel (54,46 kg) Weizen zahlte man 2 Taler, 19 Groschen und für Roggen 3 Taler, 8 Groschen. Zusätzlich belasteten Vorspanndienste die Bevölkerung, d. h. die Stadt musste auch Pferde und Wagen stellen. Viele Häuser wurden beschädigt und ausgeplündert. Um einen weiteren Anteil der Stadt für die zweite Kriegszahlung von 3353 Talern aufzubringen, wurde den Bürgern eine Nahrungs- und Aussaatsteuer auferlegt, z. B. pro Schaf 2, pro Kuh 6 Groschen. Als Mitte Dezember ein neuer Verwalter in der Uckermark eingesetzt wurde, verschlechterte sich die Situation erneut.

1808 wurden die Templiner außerdem zum Bau eines Heerlagers in Stettin herangezogen. Auf Grund des Holzreichtums musste im städtischen Wald Bauholz geschlagen, bearbeitet und mit eigenen Gespannen transportiert werden. Dazu waren Handwerker, Werkzeug und Lebensmittel zu stellen. Zusätzlich war die dritte Geldausschreibung von 937 Talern nebst 45 Pferden, 254 Kühen, 503 Schafen, Hafer, Heu und Stroh fällig. Bei der vierten Auflage mussten nochmals 642 Taler gezahlt werden.

Auf Befehl Napoleons wurden die preußischen Provinzen schließlich ab dem 27. Oktober 1808 geräumt. Während des Rückmarsches belagerten französische Truppen erneut Templin. Verließen die Soldaten die Stadt, nahmen sie Geschirr, Bettwäsche und Verpflegung aus den Häusern mit.

Wie viel die Stadt während der französischen Besetzung tatsächlich bezahlen musste, ist nicht mehr nachvollziehbar. Aus einem späteren Bericht des Rates an das Komitee der Curmärkischen Stände vom 8. Dezember 1808 geht hervor, dass Templin 9421 Thaler, 8 Groschen, 2 Pfennige an Kontributionen bereits gezahlt hatte und immer noch 5583 Thaler, 7 Groschen und 6 Pfennig ausstanden. Die Not war unvorstellbar. Räubereien und Überfälle waren an der Tagesordnung. Lebensmittel verteuerten sich. Das Essen bestand aus Kartoffelschalen und Brotkrusten, Seuchen und Krankheiten rafften Menschen und Tiere hin.

Nach dem militärischen Zusammenbruch bei Jena und Auerstedt und unter den Belastungen der französischen Fremdherrschaft wuchs die Einsicht, dass nur gründliche Reformen Preußen wirtschaftlich und militärisch stärken konnten. Träger der Reformideen waren Freiherr vom Stein, sein Nachfolger Gerhard Hardenberg und Wilhelm von Humboldt. Ihr Ziel war es, die Monarchie nicht anzutasten, aber Adelsprivilegien zu beseitigen, die Bauern von der Erbuntertänigkeit zu befreien und die Armee und das Rechtswesen zu reformieren. Den Bürgern sollten mehr Verantwortung und gleiche Rechte und Pflichten übertragen werden. Die Reformer waren überzeugt, dass eine sich entwickelnde nationale Gesinnung zur Beseitigung der Fremdherrschaft führen würde. Nach längerem Zögern stimmte auch der König Friedrich Wilhelm III. den Preußischen Reformen zu, die auch in Templin ihren Niederschlag fanden.

Am 30. Juli 1809 führte der königliche Kommissar, Landrat von Wedell, auf

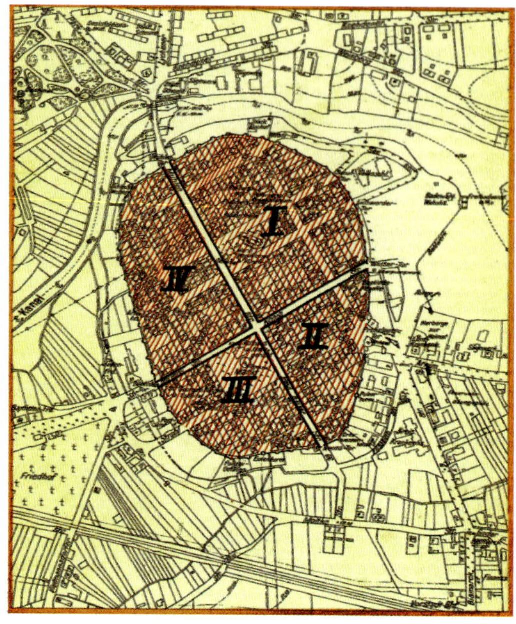

Gemäß der Städte-Ordnung vom 19. November 1808 erfolgte eine Einteilung der Stadt in vier Bezirke:
I. Königs-Bezirk,
II. Prenzlauer Bezirk,
III. Berliner Bezirk,
IV. Mühlen-Bezirk
(Auf einem Stadtplan von 1928)
(K 5)

Grund der Städtereform den neuen Magistrat mit dem Bürgermeister Tischmeyer, einem Beigeordneten und sechs Ratsherren sowie 33 Stadtverordneten und elf Stellvertretern feierlich ein. Die gewählten Abgeordneten waren hauptsächlich Kaufleute, Braueigner, Bäckermeister, Zimmermeister, Schuhmacher, Garnweber und Ackerbürger.

Die Wahlen erfolgten in den neu gebildeten vier Stadtbezirken Prenzlauer-, Berliner-, Mühlen- und Königsbezirk. 33 Templiner waren nicht in der Stadtrolle aufgeführt und deshalb auch nicht wahlberechtigt.

Die Stadtverwaltung wurde in sechs Abteilungen gegliedert, wozu die allgemeine Verwaltung gehörte. Das Polizeiwesen, Standes- und Einwohnermeldeamt bildeten ein Ressort, des Weiteren verwaltete eine Abteilung Forsten und Seen, eine andere die städtische Wohlfahrt, Wohnungsangelegenheiten sowie Steuer- und Rechnungswesen, außerdem das Bauamt und natürlich die Stadtkasse.

Die damalige Deputationsarbeit war sehr umfangreich. So gab es zum Beispiel Ausschüsse für Wegefragen, Gemeindesteuern, Verschönerungen, Wohlfahrt, Feuerschutz, Volksschulwesen und höhere Schulen, Sport-, Badeanstalt- und Turnhallenverwaltung.

Die Festlegung, dass Erbpächter zu Eigentümern wurden, während der Stadt nur das Vorkaufsrecht blieb, führte dazu, dass Gandenitz, Knehden, Ahrensdorf und die Mühle abgegeben werden mussten. Im Zuge der Reformen wurde in der Stadt auch eine „Verordnung über die Einrichtung des hiesigen Schulwesens" erlassen, in der die Einführung von Schulgeld (pro Kind 2 Silbergroschen, 8 Pfennige), die Einsetzung eines Vorstands (Schulvorstehers) und von neuen Lehrplänen

Rathaus um 1840 (B 22)

entsprechend den Bedürfnissen des Ortes und den Fähigkeiten des Lehrers festgelegt waren. Des Weiteren sollte eine Zentralisierung der bestehenden Einzelschulen erfolgen. Das bedeutete, eine dreiklassige Bürgerschule ohne Trennung nach Geschlechtern einzurichten. Allerdings sollten Mädchen und Jungen getrennt sitzen. Jährlich sollte eine öffentliche Prüfung, verbunden mit einem Schulfest, durchgeführt werden. Eine gesonderte Armenschule würde es nicht mehr geben. Aufgabe des sofort gewählten Schulvorstandes war es, für äußere Ordnung und die Durchsetzung der oben genannten Verordnung zu sorgen. In der Stadt lebten 405 schulpflichtige Kinder. Zur Umsetzung der Schulreform wären die Schaffung von mindestens drei weiteren Unterrichtsräumen und die Anstellung von acht Lehrern notwendig gewesen. Da die finanziellen Mittel fehlten, scheiterte die in Angriff genommene Schulreform trotz mehrerer Mahnungen der Regierung. Erst 1844 wurde in der heutigen Kant-/Ecke Werderstraße ein Schulneubau errichtet. Daneben gab es jedoch weiterhin eine Armenschule, die unentgeltlich besucht werden konnte.

Die 1811 eingeführte Gewerbefreiheit und gleichzeitige Aufhebung der Zünfte erwies sich für Templin nicht als günstig. Bereits Ende des 18. Jahrhunderts ging

Landwehrmann Freiwilliger Jäger vom Colbergschen Infanterieregiment (B 23/24)

das Handwerk zurück, da Templin nicht mehr Bürgerquartierstadt war, vor allem aber die Manufakturen und die sich entwickelnden Fabriken eine zu große Konkurrenz wurden und sich in Templin selbst aber nicht ansiedelten. Hinzu kam, dass durch die Gewerbefreiheit der Absatz in den Dörfern zurückging, da nun auch auf dem Lande handwerkliche Berufe ausgeübt werden durften und man dort günstiger produzierte.

Daneben mussten die wandernden Gesellen, die Meister in der Stadt aufsuchten, von diesen kostenlos Unterkunft und Verpflegung erhalten. Dazu kam das neue Recht ehemaliger Soldaten, jetzt ebenfalls Meister zu werden. Deren Zahl nahm nach der Beschränkung der Armee auf 42 000 Mann in Preußen erheblich zu, ebenso wie die Zahl der zugelassenen Soldaten in Handwerksberufen. Erst im zweiten Drittel des 19. Jahrhunderts hatte sich die Lage wieder stabilisiert.

Eine weitere Folge der Reformen war Mitte des 19. Jh. die Umstrukturierung der Ackerwirtschaft der Stadt durch sogenannte „Separation“. Das Baugewerk der Ackerbürger wurde aufgelöst. Die ganze Feldflur wurde neu vermessen, nach der Bodengüte eingeteilt und an Stadt, Kirche und Bürger neu verteilt. Die Gemeinnutzung wurde aufgehoben, man schuf den Eigenbesitz des Einzelnen. Jeder bekam entsprechend der Qualität des Ackers sein Stück, und zwar eine zusammenhängende Fläche, zugewiesen. Damit wuchs gleichzeitig das Interesse an der Wirtschaft. Diejenigen, die von der Stadt entferntere Stücke erhielten, verkauften oftmals ihr städtisches Eigentum und bauten sich aus, d. h. sie zogen aufs Feld. So entstanden die Ausbauten Ludwigshof, Karlshof, Christianshof, Joachimshof, Dumnick, Eckertshof, Dollshof, Kayser, Schmidtshof, Albrechtshof,

Zahl und Fettingshof. Die letzten beiden gibt es heute nicht mehr.

Die Steinsche Städteordnung wurde 1853 durch eine neue Verordnung des preußischen Königs Wilhelm IV. (1840-1861) abgelöst. Neu war, dass der Bürgermeister und die übrigen besoldeten Magistratsmitglieder auf zwölf Jahre, die Beigeordneten und die Schöffen auf sechs Jahre von den Stadtverordneten zu wählen waren. Die Stadtverordnetenversammlung hatte das Recht, den Magistrat zu kontrollieren.

Die Reformen dienten der Vorbereitung des Befreiungskampfes gegen die französische Fremdherrschaft und leiteten die bürgerliche Umwälzung in Brandenburg-Preußen ein. Durch den Sieg der Russen über Napoleon und den Vertrag von Tauroggen am 30. Dezember 1812 nahm der Widerstand gegen die französische Fremdherrschaft in Deutschland zu, es begannen die Befreiungskriege.

In Templin meldeten sich sieben Jugendliche zum Eintritt in das Freiwillige Jägerkorps, ungefähr 140 Templiner kämpften in der Landwehr und im Landsturm.

Am 16. Mai 1815 legte der Templiner Landsturm den Fahneneid ab.

Die Stadtbewohner wurden zur Sammlung von Geldern für die freiwilligen Jäger aufgerufen. Sie spendeten insgesamt 239 Taler, 17 Groschen und 7 Pfennige, wovon vier Freiwillige mit Pferd, Waffen und Uniform versorgt werden konnten.

Kämpferin gegen die Napoleonische Fremdherrschaft – Friederike Krüger

Die in Friedland am 4. Oktober 1789 geborene, spätere Templinerin, Friederike Krüger nahm unter dem Namen August Lübeck im neunten Kolbergschen Infanterieregiment nachweislich an 17 Schlachten in den Befreiungskriegen von 1813 bis 1815 teil, in denen sie mehrfach zum Teil schwer verwundet wurde.

Ihr Vater, ein strebsamer, lese- und schreibkundiger Mann, unterrichtete seine Tochter selbst in den Grundlagen des Lesens und Schreibens und schickte sie dann auf die Stadtschule. Nach dem Schulbesuch arbeitete sie auf dem elterlichen Hof, und nach dem Tod der Mutter übernahm sie die Hausfrauenrolle und die Betreuung der jüngeren Brüder. Während der französischen Besetzung erlebte sie die Bedrückung in ihrer Heimatstadt. Mit 18 Jahren verdingte sie sich als Haushaltshilfe in Bürgerhäusern. Dann schickte sie ihr Vater nach Anklam zur Familie des Polizeikommissars Lemcke in die Schneiderlehre. Bereits zu dieser Zeit hatte sie den Wunsch zur Teilnahme am Kampf gegen Napoleon. Nach dem Aufruf des Königs zum Kampf gegen die französische Fremdherrschaft und einem Befehl zur Soldatenaushebung schrieb sie in ihren Erinnerungen: „ Hier war es eines Tages, dass der Herr Lemcke nach Hause kam und uns erzählte, dass Rekrutierung angeordnet sei. Mein Beschluss war schon längst gewesen, mitzuwirken, wenn einst der Tag kommen sollte, an dem die Fremdlinge vertrieben werden sollten. Als meine nöthigen Vorbereitungen, um als junger Mann auftreten zu können, in aller Stille vollendet waren, packte ich das Nothwendigste zusammen, schnitt mit kühner Hand rasch mein langes Haar ab und verließ, mit Zurücklassung meiner

Grabstätte der Eheleute Köhler (B 25)

übrigen Sachen, das Lemckesche Haus in der Dunkelheit der Nacht.“ (40) In Jasenitz, einem Dorf an der Oder, wo sich die Einberufenen trafen, wurde sie als Schneider August Lübeck registriert und ins Colberger Regiment aufgenommen. Sofort nach der Kriegserklärung gegen Napoleon wurde ihr Reservebatallion zur Einschließung der von den Franzosen besetzten Festung Stettin eingesetzt. Besonders tat sie sich in der Schlacht bei Dennewitz am 6. September 1813 hervor. Mit wenigen Freiwilligen stürmte sie eine feindliche Kanone und wurde dabei verletzt. „ Aus drei Wunden blutend, als mir namentlich ein Stück von einer Granate den linken Schulterknochen zerschmetterte, ward ich am Abend auf dem Schlachtfelde gefunden.“ (41) Durch die Verwundung wurde sie als Mädchen erkannt, und noch auf dem Schlachtfeld zum Unteroffizier befördert. Nach ihrer Entlassung erhielt sie vom preußischen König eine Jahresrente von 72 Talern, sein Schwiegervater Herzog Karl in Neustrelitz zahlte zusätzlich 50 Taler. Friederike Krüger war der einzige weibliche Unteroffizier der Befreiungskriege und wurde auf „Allerhöchste Kabinett-Ordere vom 3. Juni 1814“ vom Preußischen König mit dem „Eisernen Kreuz“ III. Klasse ausgezeichnet. Für ihre Tapferkeit erhielt sie außerdem vom russischen Zaren das St.-Georgskreuz IV. Klasse. Am 18. Januar 1816 lud man sie zum Ordens- und Friedensfest nach Berlin ein. Dort lernte sie den Garde-Ulanen Karl Köhler kennen, den sie am 5. März in der Potsdamer Garnisonskirche heiratete. Die Hochzeit richteten die Offiziere des Regiments aus. Ihr Mann Karl Köhler war Steuer- und später Obergrenzkontrolleur in Lychen. Nach Eintritt in den Ruhestand ließen sie sich in Templin in der Berliner Straße 4 neben der Sankt-Georgen-Kapelle nieder. Die Familie Köhler hatte vier Kinder. Friederike Krüger verstarb am 31. Mai 1848 in Templin. Sie wurde auf dem Friedhof in der Bahnhofstraße feierlich beigesetzt.

1851 verstarb auch Karl Köhler, ebenfalls Träger des „Eisernen Kreuzes“. Er wurde nicht neben seiner Frau beigesetzt, sondern Kopf an Kopf zu Friederike. Im gleichen Jahr schmückte man die Grabstätte mit Zustimmung des preußischen Königs mit einem Ehrenkreuz. Die Grabanlage, auf dem hiesigen Sankt-Georgen-Friedhof gelegen, steht heute in Ehrenpflege der Stadt Templin.

Während der Befreiungskriege gegen Napoleon fielen die Templiner Wilhelm Regendorf, Samuel Nitzke, August Wolle, Carl Busch, Friedrich Thiede, Wilhelm Protz, Friedrich Kurth, Friedrich Christel, Carl Höft, Heinrich Bundmann, Gottlieb Stahl.

Templin erhielt den Kreisstadtstatus

Siegelring (B 26)

Im Rahmen der Stein-/Hardenbergschen Reformen und infolge des Wiener Kongresses erfolgte eine Neustrukturierung des Staates Preußen in Provinzen und Regierungsbezirke. Auf Grund der Provinzialordnung wurden die beiden Regierungsbezirke Frankfurt und Potsdam und u. a. die Provinz Brandenburg gebildet. Die alte Mark Brandenburg hatte innerhalb des preußischen Staates keinen Sonderstatus mehr.

Der Verwaltungsbereich Uckermark, bis dahin als selbständiger „Uckermärkischer Kreis" durch zwei Landräte und einen Landesdirektor mit Behördensitz in Prenzlau verwaltet, was auf Grund seiner Größe schon damals recht schwierig war, wurde aufgelöst. Auf Verfügung vom 16. März 1816 und mit Wirkung vom 1. April 1816 entstanden die drei Kreise Angermünde, Prenzlau, Templin.

Das „amtliche Ortschaftsverzeichnis des Regierungsbezirkes Potsdam nach der neuesten Kreiseinteilung vom Jahre 1817" beschrieb die Grenzen des neuen Kreises Templin wie folgt: „Der Templinsche Kreis liegt südwestlich vom Prenzlowschen Kreise und wird im Osten durch eine Linie begrenzt, welche sich von der Südspitze des Unteruckersees, dem Lauf der Ucker aufwärts, zwischen Potzlow und Seehausen durch den Oberuckersee links von Mollbrücke, Charlottenhof und Falkenstein bis an die bisherige Grenze des Stolpirischen (nunmehrigen Angermünder) und Ucker-Kreises zieht, und der letzteren bis zum Niederbarnimschen Kreise an der Groß-Schönebeckschen Forst unverändert folgt. Die bisher Glin-Löwenbergschen Ortschaften: Badingen, Osterne, Hellberge, Manhorst, Mildenberg, Zabelsdorf, Liebenberg, Hertefeld, Luisenhof und Bergsdorf sowie die Ruppinischen Dörfer Ribbeck und Marienthai sind diesem Kreis beigelegt worden." (42)

Zum Kreis Templin gehörten so die drei Städte Templin, Lychen, Zehdenick, die Flecken (Dörfer mit einzelnen Stadtrechten, z. B. Marktrecht) Boitzenburg, Gerswalde, Groß Fredenwalde, sowie 49 Dörfer, 74 Güter und Vorwerke, 17 Kolonien und Abbaue.

Im Kreis lebten damals 25 834 Einwohner. Zur Kreisstadt wurde Templin ernannt. Erster Landrat wurde Friedrich Wilhelm Carl von Arnim-Gerswalde von 1817 bis 1830. Er war während der Befreiungskriege von 1813/15 General-Adjutant des General-Leutnants von Thielemanni. Er stiftete einen goldenen Siegelring, in dem die Namen aller Landräte von 1817 bis 1920 und ihre Amtszeit eingraviert wurden. Ein Duplikat dieses Ringes erhielt Roland Resch bei seiner Wahl zum Landrat 1991. Der Originalring befindet sich im Kreissarchiv in Prenzlau.

Als Geschäftshaus für die Kreisverwaltung (Kreishaus) und die Kreiskasse wurde

1. Kreishaus am Markt (B 27)

von der Stadt das Haus Markt 30, neben dem Hotel Beseler gelegen (heutige Ladenstraße), gekauft und dem Kreis übereignet unter der Bedingung, dass das Haus und die Ländereien und Wiesen zurückgegeben werden, wenn der Kreissitz verlegt würde. Im Potsdamer Amtsblatt vom Februar 1817 erhielt die Stadt dafür folgendes Lob: „Die Stadt Templin hat bei der neuen Kreisorganisation zum Geschäftslokal für den Landrat und für die Kreiskasse ein zu diesem Zweck erkauftes Haus ohne alle Entschädigung hergegeben, und der Behörde außerdem die zur bestimmungsmäßigen Benutzung des Hauses erforderlichen neu angefertigten, auf 336 Taler, 14 Groschen, 6 Pfennig abgeschätzten Utensilien unentgeltlich übereignet. Es wird diese rühmliche gemeinnützige Handlung mit öffentlicher Anerkennung der Verdienstlichkeit hierdurch zur Kenntnis des Publikums gebracht." (43)

1868 erwarb der Kreis in einer Zwangsversteigerung das am Markt gelegene Hausgrundstück Nr. 87, heute Nr. 13, in das die Kreisverwaltung unter Rückgabe des alten Gebäudes 1869 umzog. Das zugunsten der Stadt grundbuchlich gesicherte Heimfallrecht an die Stadt wurde durch Vertrag vom 6. Februar 1869 erneut bestätigt. 1876 wurde das Verwaltungsgebäude durch Aufbau eines Stockwerks vergrößert.

2. Kreishaus (B 28)

Als die Nachtwächter noch durch Templins Straßen zogen

In Templin trat am 22. September 1834 die vom königlichen Oberpräsidium der Provinz Brandenburg zwei Jahre zuvor, im Januar 1832, verfügte neue Feuer-, Polizei- und Löschordnung in Kraft, nachdem diese von der königlichen Regierung in Potsdam genehmigt worden war. Gleichzeitig damit wurde auch eine Anweisung über die Aufgaben der Templiner Nachtwächter veröffentlicht. Damals hatte die Stadt 3 150 Einwohner, 21 öffentliche und sechs Fabrikgebäude sowie 595 Ställe und Scheunen.

Angestellt waren zwei Nachtwächter, deren Arbeitszeit unabhängig von der Jahreszeit um 22.00 Uhr begann. Als Nachtwächter durften nur unbescholtene und besonnene Personen eingesetzt werden. Ihre Ausrüstung bestand aus einer Pfeife und einem Horn, beide hatten ein eigenes Revier. Ihr Kontrollgang begann an einem genau festgelegten Haus und folgte einer bestimmten Route, die bis morgens 5.00 Uhr stündlich abzugehen war. Der eine Bereich erstreckte sich vom Neuen Tor bis zur Propsteistraße. Der Rundgang begann in der Berliner Straße, verlief dann über die Schulzen-, Prenzlauer-, Fischer-, Mühlen- und Werderstraße zurück zur Berliner Straße. Das zweite Gebiet erstreckte sich vom Mühlentor ebenfalls bis zur Propsteistraße. Begonnen wurde in der Schulzenstraße, weiter ging es über

Templin um 1850 (B 29)

die Propstei-, Kirstein-, Grün-, Mühlen- und Werderstraße zurück zum Ausgangspunkt. Zu jeder vollen Stunde mussten die Nachtwächter vor einem genau festgelegten Haus die Zeit ausrufen. Die Bürger der betreffenden Häuser waren verpflichtet dem Magistrat zu melden, wenn ein Ruf ausblieb. Bei den Rundgängen wurde auch darauf geachtet, dass die Haustüren und Läden der unteren Fenster geschlossen waren. Gegebenenfalls mussten sonst die betroffenen Hausbesitzer geweckt werden. Die Nachtwächter überprüften auch Personen, die nach 22.00 Uhr auf der Straße angetroffen wurden. Ruhestörer waren der Wache im Rathaus zu übergeben, notfalls mit Hilfe geweckter Bewohner. Auch bei Hindernissen auf den Wegen oder herumlaufenden Hunden waren die entsprechenden Hauswirte zu wecken. Die Nachtwächter mussten ebenfalls dafür sorgen, dass kein Unrat auf den Straßen lag. Im Sommer war außerdem die Füllung der Wassertonnen vor den Brunnen zu überprüfen, im Winter darauf zu achten, dass die Kufen unter den dann leeren Tonnen nicht festgefroren waren. Zusätzlich waren die Brunnen auf ihre Funktionstüchtigkeit zu kontrollieren.

Bei Feuer mussten die Nachtwächter die Einwohner wecken, vor allem die Verantwortlichen, wie den Magistrat, den Spritzenmeister, den Küster. War ein Feuer ausgebrochen, musste der Nachtwächter ununterbrochen auf seinem Horn blasen. Der Küster musste dann die Kirchenglocken läuten, die Spielleute der Militärwache die Alarmtrommeln schlagen. Die Bürger selbst waren verpflichtet, beim Ausbruch eines Feuers die Nachbarn mit dem Ruf „Feurio" zu warnen. Das Nachtwächteramt gab es in der Stadt noch bis 1938. Dann wurde es aus Kostengründen eingestellt.

Templin im 19. Jahrhundert

Auch das neue Jahrhundert veränderte den Charakter Templins als Ackerbürger- und Handwerkerstadt nicht wesentlich. Der zunehmende Verkehr machte 1820 die Öffnung der zugemauerten Tordurchfahrten notwendig. Verbunden waren da-

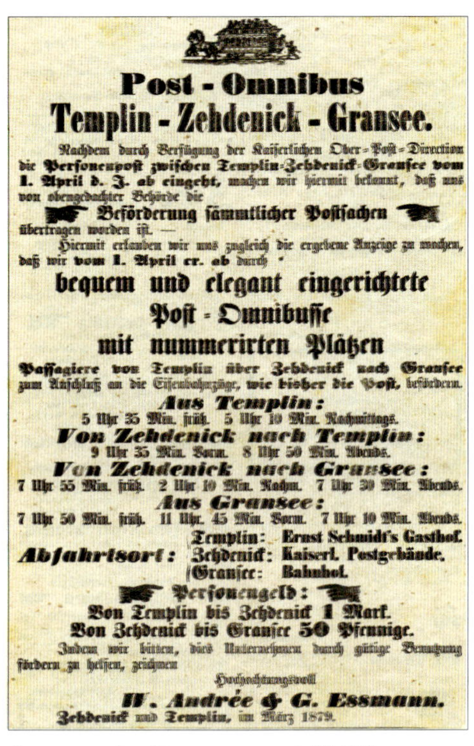

Post - Omnibus
Templin - Zehdenick - Gransee.

Nachdem durch Verfügung der Kaiserlichen Ober-Post-Direction die Personenpost zwischen Templin-Zehdenick-Gransee vom 1. April d. J. ab eingeht, machen wir hiermit bekannt, daß uns von obengedachter Behörde die

Beförderung sämmtlicher Postsachen

übertragen worden ist. —

Hiermit erlauben wir uns zugleich die ergebene Anzeige zu machen, daß wir vom 1. April cr. ab durch

bequem und elegant eingerichtete
Post - Omnibusse
mit nummerirten Plätzen

Passagiere von Templin über Zehdenick nach Gransee zum Anschluß an die Eisenbahnzüge, wie bisher die Post, befördern.

Aus Templin:
5 Uhr 35 Min. früh. 5 Uhr 10 Min. Nachmittags.

Von Zehdenick nach Templin:
9 Uhr 35 Min. Vorm. 8 Uhr 50 Min. Abends.

Von Zehdenick nach Gransee:
7 Uhr 55 Min. früh. 2 Uhr 10 Min. Nachm. 7 Uhr 30 Min. Abends.

Aus Gransee:
7 Uhr 50 Min. früh. 11 Uhr. 45 Min. Vorm. 7 Uhr 10 Min. Abends.

Abfahrtsort: Templin: Ernst Schmidt's Gasthof.
Zehdenick: Kaiserl. Postgebäude.
Gransee: Bahnhof.

Personengeld:
Von Templin bis Zehdenick 1 Mark.
Von Zehdenick bis Gransee 50 Pfennige.

Indem wir bitten, dies Unternehmen durch gütige Benutzung fördern zu helfen, zeichnen

Hochachtungsvoll

W. Andrée & G. Essmann.

Zehdenick und Templin, im März 1879.

Annonce der Personenpost (B 30)

mit auch erste Instandsetzungsarbeiten an den noch seit dem Stadtbrand von 1735 als Brandruinen stehenden drei Stadttoren. Im gleichen Jahr wurden das Weber- und Töpfertor geöffnet und für den Verkehr freigegeben. Nach 1860 wurden die Torschreiberhäuschen entfernt.

1861 hatte Templin 4142 Einwohner und 363 Wohnhäuser. Dazu kamen Bauten, die öffentlichen, gewerblichen oder wirtschaftlichen Zwecken dienten, wie eine Druckerei, eine Tuchfabrik, eine Strumpfwirkerei, die ihre Waren bis nach Mecklenburg, Schweden und Dänemark absetzte. Des Weiteren arbeiteten zwei Brauereien, zwei Destillieranstalten, eine Leimsiederei, eine Kalkbrennerei am Fährkrug, drei Ziegeleien und drei Mühlen.

Die Schaffung der Eisenbahnverbindungen Ende des Jahrhunderts brachte keine größeren Ansiedlungen von Industriebetrieben, da keine Hauptverkehrsstrecken nach Templin führten.

Trotzdem setzten mit der Erlangung des Kreisstadtstatus durch die Ansiedlung verschiedener Behörden und Institutionen allmählich Veränderungen ein. Auch die sich entwickelnden Strukturen im Gesundheits- und Bildungswesen beeinflussten die Stadt positiv. Als Ausdruck für das Ansehen der Stadt und als eine besondere Ehre sahen die Templiner die Einladung des Bürgermeisters Papenbrok, des Stadtverordnetenvorsitzenden Amen, des Ratsherren Hauck und des Malermeisters Neumann zur Erbhuldigung für König Friedrich Wilhelm III. im Berliner Schloss am 15. Oktober 1840 an.

Auf Vorschlag des Vereins der Grundbesitzer eröffnete am 1. April 1822 eine Sparkasse im Kreishaus. 1857 wurde die bis dahin städtische Sparkasse durch ihre Übernahme durch den Landkreis zur Kreissparkasse. Außerdem erhielt die Stadt das Kreisgericht. Als Gerichtssaal wurde der große Saal im heutigen Historischen Rathaus genutzt. 1856 bekam die Stadt ein neues Postamt in der Prenzlauer Str. 58, von 1874 bis 1892 befand es sich im Haus 57. Hier begann 1861 der Telegrafiebetrieb.

Außer der Postbeförderung wurde eine viersitzige tägliche Personenpost zwischen Löwenberg-Prenzlau und Gransee-Prenzlau unterhalten, die jeweils über

Schützenhaus 1840 (B 31)

Templin führte. Bereits ab 1838 erschien das „Templiner Wochenblatt“, und 1840 gründete Wilhelm Bethke in der Mühlenstraße 8 eine Druckerei und eine Buchhandlung. Am 1. April 1848 gab der nach Templin gezogene Buch- und Zeitungsdrucker Friedrich Wassermann die erste gedruckte Zeitung, das „Templiner Kreisblatt“, heraus. Das „Gemeinnützige Unterhaltungsblatt für Stadt und Land“ erschien einmal wöchentlich am Samstag. Noch heute findet man am Wohnhaus Am Markt 4, wo sich die Geschäftsräume und die Buchhandlung befanden, einen alten Klingelknopf mit der Aufschrift Wassermann. Die in der Zeitung erschienenen amtlichen Veröffentlichungen der landrätlichen Behörden waren verbindlich.

Die Chaussee-Gesellschaft-Templin-Zehdenick begann 1848 den Bau der Straße von Gransee über Zehdenick-Templin-Petznick nach Prenzlau. In diesem Zuge wurde neben der alten Fährbrücke ein Brückenneubau aus Holz errichtet, die alte Brücke zerfiel, ein Brückenzoll wurde nicht mehr erhoben, da die genannte Gesellschaft für den Brückenunterhalt verantwortlich war. Dafür wurde in dem heute noch erhaltenen Chausseehaus die Maut von 4 Pfennigen erhoben. 1849 folgte der Straßenbau Lychen-Boitzenburg.

Zu dieser Zeit gingen über Templin zwei Hauptpostlinien, von Berlin nach Stettin und von Berlin nach Stralsund. Beide Linien verliefen über Oranienburg-Nassenheide-Falkenthal-Zehdenick-Templin. In Templin teilten sich die beiden Poststrecken, die Stettiner bog in Richtung Prenzlau ab, die Stralsunder führte über Alt-Placht, Lychen nach Neustrelitz und Neubrandenburg, wo sie sich in die mecklenburgische und die Stralsunder Richtung spaltete. Die Postkutschen beförderten sowohl Personen als auch Waren. Zwischen Berlin und Templin betrug die Fahrtzeit ca. 10 Stunden. Nach Berlin bestand eine tägliche Verbindung.

Parisiusstein im Bürgergarten (B 32)

Im Zuge des Straßenbaus wurden die Vortoranlagen am Berliner Tor vollständig und am Mühlentor teilweise abgetragen, ebenso die Waldemarsbögen. Die Vortoranlage am Prenzlauer Tor blieb zwar erhalten, aber der Zwinger wurde überdacht und als Lagerraum und Spritzenhaus der Feuerwehr genutzt. Auch das Waldemarstor wurde durch ein größeres ersetzt.

Am 27. April 1830 erfolgte die Grundsteinlegung für das Schützenhaus. In der am 19. November 1808 verabschiedeten Städteordnung hatte König Friedrich Wilhelm III. die Gründung von Schützengilden angeregt, da diese „zu den notwendigsten Anstalten in der Bürgerschaft" gehörten. Auf Initiative des damaligen Bürgermeisters Tischmeyer und des Stadtverordnetenvorstehers Postmeister Bardke bildete sich 1810 die Templiner Schützengesellschaft, auch Schützenkompanie oder Schützengilde genannt.

Die Stadtverordnetenversammlung überließ der „Schützengilde" am 3. April 1830 im späteren Bürgergarten einen Bauplatz für das geplante Schützenhaus. Zum Bau des Hauses hatten die Einwohner, die das Bürgerrecht erwerben wollten, bereits seit 1829 einen zusätzlichen Betrag zu zahlen, um an Stelle der alten „Schießhütte" eine neue errichten zu können. Noch im gleichen Monat wurde mit dem Bau neben der heutigen „Hyparschale" begonnen und mit einem Königsschießen und einem Schützenball die Stätte eingeweiht. Das Schützenhaus wurde auch zum Vereinshaus des 1832 gegründeten „Singevereins", der durch den Lehrer Parisius geschaffen wurde. Zum 80. Geburtstag des „Sängerbundes" eröffnete die Stadt 1912 neben dem Schützenhaus eine Musikhalle für 150 Sänger, die sie auf eigene Kosten errichtet hatte. Gleichzeitig mit der Nutzung des Geländes begannen die Schützen den ca. 36 ha großen Kiefernwald in einen „Bürgerpark" umzugestalten.

Als weiteren Verein gründeten die Templiner 1862 den Männerturnverein. Dazu wurde beim Schützenhaus ein neuer Turnplatz freigegeben. Vereinsvorsitzender war Lehrer Lampe.

Im Zuge der Entstehung von Wohltätigkeitsvereinen auf Grund der wirtschaftlichen Not entstand in Deutschland am 15. Oktober 1844 der „Elisabeth-Frauenverein", der zur Pflege der Armen und Kranken gegründet wurde. Seinen Namen erhielt der Verein aber erst 25 Jahre später.

Bereits am 13. November rief der damalige Diakon Niedlich die Templiner Frauen zur Gründung eines Templiner Vereins auf, dem sich über 100 Frauen aus allen

Schichten anschlossen, um den Bedürftigen der Gemeinde zu helfen. Gearbeitet wurde anfangs in gemieteten Räumen. Durch Unterstützung der Stadt und der Bürgerschaft konnte 1913 dafür das frühere Diakonatshaus in der heutigen Kantstraße gekauft werden.

In diesem Zeitraum errichtete in der Senke zum Eichwerder und Ratsteich der Bürger Friedrich Sellin eine Tabagie, ein Wirtshaus mit einem geräumigen Saal. Das Haus war später die „Ratsteichdiele", dann der „Strandgarten". 1855 eröffnete Ludwig Friedrich Schuhmacher in der Arnimstraße 7 das Restaurant „Seebad". Des Weiteren waren zu dieser Zeit das „Hotel Beseler", der „Uckermärkische Hof", das Hotel „Templiner Krug" in der Mühlenstraße, das „Strandkaffee" in der Seestraße und weitere drei Gasthäuser am Markt als gastronomische Einrichtungen ausgewiesen.

Die in der Stadt lebenden Mitglieder der freikirchlichen Gemeinde erhielten im Juni 1848 die behördliche Erlaubnis zur Gründung einer Baptistengemeinde. Als erster Ältester und Prediger wurde Carl August Kemnitz gewählt. 1850 legte die Gemeinde in der Zehdenicker Straße gegenüber dem Georgenfriedhof einen eigenen Friedhof an, am 10. April 1859 wurde in der Königsstraße, heute Pestalozzistraße, neben der Wasserpforte eine Kapelle eingeweiht. Sie wurde aus Spenden der Baptistengemeinde, vor allem der Templiner, finanziert. Einmal im Monat kamen dort auch die Gemeindemitglieder aus den umliegenden Ortschaften zusammen. 1890 lebten im Kreis 641 Mitglieder, 1936 noch 280.

Baptistenkapelle (B 33)

Eine wichtige Rolle in der weiteren Geschichte der Stadt spielte auch der 1852 gegründete „Verein zur Erziehung sittlich verwahrloster Knaben“, der 1854 das „Rettungshaus Templin“ am Prenzlauer Tor eröffnete.

Von der Kirchen- zur Bürgerschule

Durch das Anwachsen der Schülerzahl auf über 400 war das alte Schulgebäude 1824 endgültig zu klein geworden. Weil ein Neubau zu teuer war, baute man eine Lehrerwohnung zu zwei Klassenzimmern um.

Ein Problem blieb, wie sicher auch in anderen Städten, die festgelegte Abschaffung der Privat- und Winkelschulen. Nach einer Verordnung vom 30. Mai 1812 wurden „unter Privatschulen diejenigen Lehranstalten verstanden, welche von Personen des einen oder des anderen Geschlechts auf eigene Rechnung und ohne daß dieselben dafür eine Unterstützung von Seiten des Staates oder der Kommune empfangen, jedoch mit Erlaubnis des ersteren eröffnet und gehalten werden. Diejenigen, welche von bestimmten Familien als gemeinschaftliche Lehrer ihrer Kinder angenommen werden, sind als Hauslehrer und Hauslehrerinnen zu betrachten.“ (44)

Trotz mehrerer Anweisungen der Regierung wurden diese Einrichtungen in Templin erst 1828 beseitigt. Alle schulpflichtigen Kinder besuchten ab jetzt die öffentliche Schule. Da demzufolge die Kinder armer und wohlhabender Eltern gemeinsam unterrichtet wurden, kam jetzt die Forderung nach einer so genannten Armen- oder Kleinschule auf. Templiner Bürger wandten sich deshalb in einer Eingabe an die Regierung, die am 27. Dezember 1828 verfügte: „Da eine rücksichtslose Vereinigung der ärmsten und unreinlichsten Kinder mit den Kindern gebildeter Eltern in der Schule den letzteren nicht ohne Grund unangenehm zu sein und somit das leidige Privatschulwesen wieder zu begünstigen pflegt, so dürfte es am zweckmäßigsten sein, eine eigene Schule von zwei sich abstufenden Klassen, in welchen Knaben und Mädchen nicht getrennt werden, für alle diejenigen Kinder, welche ganz oder teilweise Freischule genießen und überhaupt nur die gewöhnlichste Schulbildung begehren, also in der Regel nicht in höhere Klassen übergehen werden, einzurichten, mit welcher Einrichtung noch der Vorteil verbunden sein dürfte, daß manche Eltern, welche jetzt auf Freischule für ihre Kinder rechnen, hiervon abstehen werden.“ (45)

Daraufhin wurde im April des Jahres 1831 die Klein- oder Armenschule, finanziert von der Rühlschen Stiftung, geschaffen. Als Schulgebäude stellte der pensionierte Steuerbeamte Kohlhoff in seinem Hause in der Propsteistraße die obere Etage, bestehend aus einem Saal als Unterrichtsraum, einer Stube, Kammer und Küche, sowie einen Holzstall für den Lehrer, zur Verfügung. Die Schüler dieser Kleinschule erhielten alles, was sie während ihrer Schulzeit an Büchern, Schreibmaterialien usw. benötigten, die Mädchen außerdem noch Wolle, Leinwand und dergleichen für den Handarbeitsunterricht, frei von der Stadt.

Seit Ostern 1833 wurden die ersten jährlichen Schulzeugnisse ausgegeben. Da der Schulbesuch der Armenkinder sehr unregelmäßig war, weil sie von den Eltern zur Hilfeleistung bei der Arbeit vom Schulbesuch häufig zurückgehalten wurden, führte man im gleichen Jahre noch eine besondere Schulzeit ein. Während des Sommerhalbjahres war der Unterricht für die erste Klasse von vormittags 6.00-9.00 Uhr, für die zweite anschließend von 9.00-11.00 Uhr. Für das Winterhalbjahr wurde der Unterricht für die erste Klasse von 8.00-11.00 Uhr vormittags und für die zweite Klasse von 13.00-15.00 Uhr nachmittags festgelegt.

Durch die weitere Zunahme der Schülerzahlen auf 680 Schüler und Schülerinnen begann 1843 ein Schulhausneubau. Dieser entstand Ecke Diakonat- (Kantstraße) / Werderstraße mit drei geräumigen Klassen und zwei Lehrerwohnungen nebst Schuldienerwohnung und wurde 1844 in Betrieb genommen. Da das neue Gebäude schon bald wieder nicht mehr die wachsende Schülerzahl aufnehmen konnte, kaufte die Stadt im Februar 1865 das benachbarte Wohngrundstück für einen Preis von 2 000 Talern dazu und ließ einen Anbau an das vorhandene Schulhaus errichten. Im Juli 1866 war der Erweiterungsbau mit vier neuen Klassen fertiggestellt. Zu Beginn des Jahres 1876 richtete man auf Anregung des Rektors Hinze an der Schule eine Schüler-Bibliothek ein.

Die Stadtschule erhielt 1885 ihre erste Fahne. Sie wurde bei Aus- und Einmärschen, bei größeren Turnfahrten und sonstigen Gelegenheiten mitgeführt. Die Fahne zeigte auf feingewebtem gelblichem Leinen in Handmalerei beiderseitig den mit einem Eichen- und Lorbeerzweig umgebenen preußischen Adler mit der Unterschrift „Schule zu Templin 1885".

Auf Druck der Sozialdemokratie musste die Regierung im November 1893 die Schließung von Armenschulen anordnen, was in Templin 1895 umgesetzt wurde.

Im gleichen Jahre wurde der Stadtschule vom Magistrat eine neue Schulfahne verliehen. Sie zeigte auf der einen Seite auf blauseidenem mit Goldstickerei verziertem Grunde in der Mitte auf kreisrundem rotbraunem Samt in einem weißen Schild den Templiner roten Adler mit gelbem Schnabel und roten Ständern, das Schild mit einer silbernen Mauer mit fünf Zinnen gekrönt. Umrahmt ist das Ganze von der Goldstickerei: „Stadtschule Templin 1895". Die andere Seite der Fahne zeigte auf weißem Grund in Buntstickerei, umrahmt von Eichenzweigen, ein aufgeschlagenes Buch, auf dem ein geflügeltes Stundenglas und die Erdkugel stehen. Auf letzterer sitzt eine Eule mit dem Blick zum Beschauer. Zwei Federkiele, eine brennende Fackel, sowie ein Zirkel mit einem gerollten Zeichenbogen umgeben die vorgenannten Sinnbilder. Die vier Ecken des Fahnentuches dieser Seite zeigen Lorbeerzweige mit der Inschrift: „Ohne Fleiß kein Preis!"

1907 war das von der hiesigen Kirchengemeinde zu unterhaltende alte Schul- und Küsterhaus an der Kirche zwischen der Propstei- und Diakonatstraße, in welchem die Mädchenschule zum größten Teil untergebracht war, so baufällig, dass auch dieses durch einen Neubau ersetzt werden musste. Die Kirchengemeinde war zwar verpflichtet, einen Neubau auszuführen, doch reichte der Platz nicht aus. Die städtischen Körperschaften entschlossen sich deshalb, den Bau mitzufinanzieren, da sich die Kirchengemeinde zur Ablösung von 57 000 Mark für die der ihr bezüglich des Mädchenschulhauses obliegenden Herstellungs-, Unterhaltungs- und Neubaupflichten bereit erklärt hatte. Dieser Schulneubau konnte 1908 realisiert werden. Die Kirche war seitdem nicht mehr Schulträger in Templin.

Vom Lazarett zum Krankenhaus

Im Mittelalter betreute man arme Kranke in sogenannten Siechenhäusern. In Templin diente dazu das Sankt-Georgen-Hospital. Als Soldaten in Templins Funktion als Bürgerquartierstadt untergebracht wurden, richtete man auch ein Lazarett in der heutigen Martin-Luther-Straße ein, in dem auch Templiner behandelt wurden. Nach Abzug der Garnison nach den Befreiungskriegen nutzte man das Lazarett als Unterkunft für Arme und Obdachlose. Aus Platzgründen wurde das Gebäude 1799 erweitert. Es war aber niemals ein reguläres Krankenhaus. Deshalb beschloss der Kreistag am 6. Februar 1841 die Einrichtung eines Krankenhauses für hilfsbedürftige und unvermögende Einwohner der Stadt und der Umgebung. Dazu wurde ein ehemaliges Eckbrauhaus mit Nebengelass in der Schinkelstraße 10 aufgekauft. So konnte Anfang Oktober das erste Krankenhaus in Betrieb genommen werden. Die Leitung erhielt Landphysikus Sanitätsrat Dr. Wittzlack. In den ersten Jahren versorgte man durchschnittlich 83 Kranke im Jahr. Die Verpflegungskosten betrugen täglich 5 Silbergroschen. Wegen Baufälligkeit fasste der Kreisausschuss 1877

Lazarett (B 34)

Erstes Krankenhaus (B 35)

den Beschluss zum Neubau. Dazu war vom Sankt-Georgen-Hospital ein Garten vor dem Prenzlauer Tor aufgekauft worden. Die städtischen Behörden gaben einen

Krankenhausneubau 1900 (B 36)

Zuschuss von 2 000 Mark. Das neu errichtete Krankenhaus konnte Anfang April 1879 seiner Bestimmung übergeben werden. Es befand sich auf dem Gelände der ehemaligen Poliklinik in der Robert-Koch-Straße, enthielt acht Krankenzimmer mit 31 Patientenbetten und die Wohnung des Hausmeisters. Das Haus wurde vom jeweiligen Kreisarzt betreut.

Widerhall der revolutionären Ereignisse von 1848/49

Gesellschaftliche Krisenerscheinungen, wie die nicht umgesetzte versprochene konstitutionelle Verfassung in Brandenburg-Preußen, fielen zusammen mit einer Mitte der 40er Jahre einsetzenden Wirtschaftskrise in ganz Deutschland. Trotz der Preußischen Reformen war der Großteil der ländlichen Bevölkerung noch immer von Gutsherren abhängig. Ein Anstieg der Bevölkerung bewirkte einen Überschuss an Arbeitskräften, die Löhne sanken. Hinzu kam die steigende Konkurrenz durch den Fall der Zunftschranken. Die Getreidepreise waren infolge von Missernten hochgeschnellt, Kartoffeln knapp. Dadurch verschlechterte sich die Lage der Bevölkerung dramatisch. Nach dem Ausbruch der Februarrevolution in Frankreich wurden auch in Deutschland in den „Märzforderungen“ politische Ansprüche angemeldet.

Die ausbrechenden revolutionären Ereignisse fanden auch in Kreis und Stadt Templin ihren Niederschlag.

Um die größte Not zu lindern, beschlossen die Templiner Stadtverordneten den Aufkauf von Roggen und Reis und veräußerten dieses an Bedürftige. Der damalige Mühlenbesitzer August Gerlicher wandte sich sogar wegen der sozialen Probleme mit folgendem Brief am 31. März 1848 an den Magistrat:

„Hochwohllöblicher Magistrat. Da bei den jetzigen unruhigen Zeiten besonders Bedacht darauf genommen werden muß, der arbeitenden Klasse Arbeit und Verdienst zu geben, so erlaube ich mir die gehorsamste Bitte vorzutragen, ein wohllöblicher Magistrat möge geneigtest veranlassen, daß zu diesem Behufe der längst projektierte Kanalbau hier selbst in Angriff genommen werde und will ich, wenn dies jetzt geschehen sollte, auf jede Entschädigung für das Stillstehen meiner sämtlichen Werke, die ich während des Baues erhalten muß, Verzicht leisten. Ebenso werden gewiß die nächsten Wiesenbesitzer am Kanal, wozu auch ich gehöre, unter diesen Umständen gern jede Entschädigung fallen lassen.“ (46)

Fehlende Geldmittel der Stadt und des Landes verhinderten dieses Ansinnen jedoch. Auch von den gewählten Deputierten der Stadt kam eine Eingabe an den Magistrat, in der u. a. Hütungs- und Holzungsrechte gefordert wurden. Verlangt wurde weiterhin eine Bevorzugung der städtischen Arbeiter vor Fremden und eine bessere Versorgung der Rentner. Doch wegen der leeren Stadtkasse waren die Antworten auch hier abschlägig. In einem Bericht über die Stimmung in der Stadt an den Landrat berichtete der Magistrat, dass besonders der Kreisphysikus Dr. Breitzmann und der Kreiskassenrendant Burke gemeinsam mit dem Rittergutsbesitzer von Holtzendorff/Vietmannsdorf versuchten, die Bürger gegen die jetzige Regierung aufzustacheln.

Im Bericht hieß es: „ … der Kreisphysikus Doktor Breitzmann hierselbst alles aufbietet, die Bürger gegen die jetzige Regierung aufzuwiegeln. In einer Bürgerversammlung am Sonnabend hat er nicht undeutlich zu verstehen gegeben, dass er sogar den Beschluss der Steuerverweigerung nicht so unangemessen fände, der gute Sinn der Einwohner widerstrebte zwar, indessen wurden doch geachtete Männer wie der Superintendent Ideler, welcher sich redlich bemühte, der Anarchie entgegen zu wirken, verhöhnt und verachtet.

Er ist zwar mein Arzt immer noch, aber unverbesserlich, es sei denn, dass er ernsthaft angegangen würde, denn er hofft noch die Krone fallen zu sehen. Ein Mann von gleicher Gesinnungen, wenngleich geringerer Tätigkeit, ist der Kassenrendant Burke. Hierselbst in diesem Manne sowie in dem Doktor Breitzmann findet von Holtzendorff-Vietmannsdorf treue Stützen. … Der Landrat des Templinischen Kreises v. Haas.“ (47)

Unter dem Einfluss dieser Männer wurde im Zuge der Revolution in Templin ein „Konstitutioneller Klub“ gegründet, der die Erfüllung des Verfassungsversprechens durch die Errichtung einer Konstitutionellen Monarchie in einem selbständigen Preußen innerhalb eines deutschen Bundesstaates forderte. Parallel bildete sich trotz der geringen Arbeiterdichte in Templin zusätzlich ein „Patriotischer Klub“, der sich die Beseitigung der sozialen Missstände auf die Fahnen geschrieben hatte.

In das erste frei gewählte Parlament in der Frankfurter Paulskirche zog am 18. Mai 1848 aus dem Wahlkreis Templin der Abgeordnete Justizrat Lüdecke ein. Er gehörte zu den 226 Vertretern der Paulskirchenversammlung, die sich der Forderung des Königs nach einem Umzug des Parlaments im Oktober widersetzten und sich weigerten Berlin zu verlassen.

Wie in anderen Städten hatte sich auch in Templin eine Bürgerwehr bewaffnet. Sie sollte für die Aufrechterhaltung von Ruhe und Ordnung stehen, da die damalige Armee als Handlanger der unterdrückenden Staatsgewalt angesehen wurde.

In Templin gab es keine bewaffneten Auseinandersetzungen, und doch findet man im „Templiner Stadtmuseum“ eine eiserne Infanteriekugel von 1848, die in einem mit Stoff ausgelegten Kästchen aufbewahrt wird. Sie stammt von dem in Württemberg gebürtigen Messerschmied Johann David Reuschle, der diese als Erinnerung an die Barrikadenkämpfe von Berlin nach Templin mitgebracht hatte. Nicht bekannt ist, ob er selbst an den Kämpfen beteiligt war. Er kam Mitte der 50er Jahre auf seiner Wanderschaft nach Templin und übernahm ein Messerschmiedegeschäft in der Oberen Mühlenstraße 16. 1962 kam die Kugel in den Besitz des Museums.

So wie die Revolution in Deutschland scheiterten auch die Veränderungsansätze in der Stadt. Die Templiner Bürgerwehr, Ende April 1848 unter Kommandant Premier-Leutnant von Zülow mit ca. 200 Mitgliedern geschaffen, wurde am 4.

Templiner Kreisblatt.

Dies Blatt erscheint wöchentlich ein Mal und wird jeden Sonnabend früh in Templin ausgegeben. — Der Pränumerations-Preis ist vierteljährlich 7 Sgr. 6 Pf. — Bestellungen darauf nehmen alle Post-Anstalten und Buchhandlungen an.

Anzeigen, welche für die nächste Nummer bestimmt sind, müssen spätestens bis Donnerstag Mittag eingesandt werden und wird für die Spaltenzeile oder deren Raum beim ersten Male 1 Sgr und für jedes folgende Mal die Hälfte berechnet.

Ein gemeinnütziges Unterhaltungsblatt für Stadt und Land.

Nro. 1. Den 1. April 1848.

Verantwortlicher Redacteur: Fr. Wassermann

1. Nummer – „Templiner Kreisblatt“ (B 37)

Februar 1850 aufgelöst. Die 120 Templiner Gewehre mussten sogar auf Kosten der Stadt beim königlichen Artillerie-Depot Spandau abgeliefert werden. Doch das „Templiner Kreisblatt“ erschien weiter. Ein wichtiges Ergebnis der Revolution war auch die öffentliche Tagung der Stadtverordneten, deren erste Sitzung am 7. März 1849 stattfand.

Als Stadtverordnetenvorsteher wählten die Abgeordneten den Sekretär Westphal, außerdem wurden die Mitglieder für die einzelnen Deputationen (Ausschüsse) bestimmt. Da die Stadtverordneten am Nachmittag tagten, nahmen nur sechs Bürger teil. Deshalb verlegte man die Sitzungen auf freitags 19 Uhr.

Die Zielstellung der Frankfurter Nationalversammlung, das Reich in einer bundesstaatlichen Verfassung zu erneuern, scheiterte. In Preußen begnügte man sich mit der vom König oktroyierten Verfassung. Nach der Berufung Bismarcks brach die deutsche Frage erneut auf. Sie wurde durch die drei Einigungskriege von 1864, 1866 und 1870/71 zugunsten Preußens entschieden.

Während des preußischen Krieges gegen Dänemark fielen sechs Templiner (Otto Braune, Ferdinand Heidemann, Karl Kurzmann, Wilhelm Tellnett, Rudolph Wilke, Wilhelm Zimmermann). 1866 ließen zwei Templiner, Wilhelm Tabbert und August Härtel, im Krieg gegen Österreich ihr Leben. Im Krieg gegen Frankreich 1870/71 stellte Templin 57 Landwehrmänner, von denen August Schöning, Hermann Franz, Friedrich Baade, Wilhelm Hartmann, August Krägenbrink und H. Krüger fielen.

In dieser Zeit verließen auch Uckermärker und Templiner aus wirtschaftlicher

Not oder auch wegen politischer Probleme die Heimat, zogen ins Ausland, vor allem nach Übersee, in die USA und nach Australien. So gründeten sie z. B. in der Nähe von Brisbane/Queensland die Stadt Templin, um sich ein neues Leben aufzubauen. Templin hatte nur noch 3928 Einwohner.

Nach dem siegreichen Ende des Krieges gegen Frankreich wurde am 18. Januar 1871 im Spiegelsaal von Versailles Wilhelm I. zum deutschen Kaiser ausgerufen. Deutschland war Kaiserreich und ein einheitlicher Staat. Frankreich musste 5 Mrd. Frances Kriegsentschädigung zahlen.

Damit begann ein wirtschaftlicher Aufschwung, der sich auch in Templin im Eisenbahn- und Straßenbau sowie der Errichtung öffentlicher Gebäude und Wohnhäuser widerspiegelte. Die industrielle Entwicklung ging jedoch weiterhin an der Stadt vorbei.

Eine Kleinstadt mit zwei Bahnhöfen auf Modernisierungskurs

Am 1. Mai 1888 begann auch für die Templiner Bevölkerung mit der Inbetriebnahme der Eisenbahnstrecke vom Berlin-Stettiner Bahnhof über Löwenberg und Zehdenick nach Templin das Eisenbahnzeitalter. Seit der ersten Eisenbahnfahrt in Deutschland am 7. Dezember 1835 von Nürnberg nach Fürth dauerte es somit noch fast 53 Jahre, bis auch Templin an das deutsche Eisenbahnnetz angeschlossen wurde.

Dazu hatte am 7. Mai 1885 der Preußische König Wilhelm I. die Preußische Regierung unter Zustimmung beider Häuser des Preußischen Landtages für 2115000 Goldmark ermächtigt, von Löwenberg über Zehdenick eine normalspurige Eisenbahnstrecke nach Templin bauen zu lassen. Ende August 1886 erfolgte die öffentliche Ausschreibung der allgemeinen Erdarbeiten sowie der Ramm- und Maurerarbeiten zur Errichtung einer Eisenbahnbrücke über die Havel bei Zehdenick. Ein Jahr später waren die für den Dampflokbetrieb notwendigen bahntechnischen Anlagen wie Wasserturm, Drehscheibe, Lokschuppen, mechanisches Stellwerk und das Bahnhofsempfangsgebäude in Templin fertiggestellt. Ab 1920 war die Reichsbahn mit dem Bahnbetriebswerk größtes Unternehmen der Stadt.

Das Vorantreiben der Bahnstrecke verlief nicht ohne Probleme. So wurde am 31. Oktober 1887 durch falsche Weichenstellung am Haltepunkt Klein Mutz ein Güterzug mit 30 Wagen auf ein „Totes Gleis" geleitet und entgleiste. Lokführer und Heizer konnten sich zum Glück durch einen Sprung aus dem Führerhaus retten. Am 19. Januar 1888 erfasste ein mit Kies beladener Güterzug bei Bergsdorf einen Bremser beim Ankoppeln eines Wagens und verletzte ihn tödlich.

Aber am 31. Januar 1888 war es so weit. Mittags empfing Schützen-Major Rädel die ersten Gäste, die mit dem Dampfzug im Templiner Bahnhof angekommen waren, im Namen der Stadt Templin mit Musik und den Wünschen, dass durch die Bahn der Handel in Stadt und Kreis emporblühen möge. Das Bahnhofsemp-

Templiner Hauptbahnhof um 1900 (B 38)

fangsgebäude war mit einem Kranz und der Schleife „Glück und Segen“ und das Portal mit dem Spruch „Es lebe Templin“ geschmückt. Die Dampfloks trugen zur Abfahrt die Banderole „Behüt Dich Gott - Kehr immer glücklich heim“ und zur Ankunft „Dich grüßt die Stadt! – Mit Dir zieh Wohlstand ein!“

Eine technische Kommission nahm schließlich am 13. April 1888 die Eisenbahnstrecke von Löwenberg nach Templin ab. Sie warnte gleichzeitig Fuhrwerksbesitzer, ihre Pferde rechtzeitig vor dem Bahnübergang in Hammelspring zu „parieren“, weil das „Dampfroß mit seinem brausenden Getöse“ noch etwas Fremdartiges für die Pferde sei. Am 29. und 30. April 1888 erfolgten Testfahrten auf der Neubaustrecke Löwenberg nach Templin mit unentgeltlicher Benutzung durch die Bevölkerung. Wegen des zu großen Andrangs konnten während der letzten Rückfahrt nicht alle Fahrgäste mitreisen.

Erste Fahrkarte vom 1. Mai 1888 (B 39)

Am 1. Mai 1888 erfolgte die offizielle Inbetriebnahme der 33,07 km langen Eisenbahnstrecke und des Gebäudes des Hauptbahnhofs.

Im Zuge des Bahnhofbaus in der Hindenburger Feldflur wurde am Berliner Tor die schmale Brücke abgerissen und durch eine Überwölbung des Wallgrabens die Straße verbreitert.

Am 24. März 1899 begann die Weiterführung der Ei-

Eisenbahnbrücke beim Fährkrug.

Eisenbahnbrücke-Fährkrug (B 40)

senbahnstrecke von Templin nach Prenzlau. Als nächstes nahm man am 1. Juli 1898 die Teilstrecke von Britz nach Joachimsthal in Betrieb, die am 15. Dezember 1898 nach Templin und am 16. August 1899 über Lychen nach Fürstenberg verlängert wurde.

Bereits 1873 hatte der damalige Landrat von Arnim das Eisenbahnprojekt Alt-Strelitz über Lychen, Templin, Joachimsthal nach Britz genehmigt und in Auftrag gegeben. Der Plan scheiterte jedoch an Verhandlungen mit der mecklenburgischen Regierung sowie an finanziellen Fragen, da kein Privatkapital zur Verfügung stand. Ein erneuter Vorstoß 1883 endete ebenfalls erfolglos. Erst ein weiterer Versuch war positiv beschieden worden. Daraufhin lud der Königliche Forst-Kassen-Rendant Schüler aus Joachimsthal alle interessierten Städte ein. Das Preußische Eisenbahnministerium zeigte sich zur Unterstützung bereit, verlangte aber, dass die Städte das notwendige Land kostenlos zur Verfügung stellten. Dies wurde durch die Templiner Abgeordneten am 22. Januar 1895 beschlossen. Auch der Kreis stellte Gelder zur Verfügung.

Einen Stopp gab es nochmals, da die Gemeinden Friedrichswalde, Golzow, Alt-Grimnitz und Alt-Hüttendorf den Grund und Boden nicht bereitstellten.

Doch am 1. Juli 1898 konnte der Streckenabschnitt Joachimsthal-Britz übergeben werden und am 1. Dezember der Güterverkehr beginnen.

1897 wurde neben der Chausseebrücke am Fährsee im Zuge des Neubaus der Strecke Templin-Prenzlau eine zweite Brücke für die Eisenbahn geschaffen. Der Ausbau des Eisenbahnnetzes machte auch den Bau eines vierständigen Lok-

Bahnhof Vorstadt 1913 mit Fußgängerbrücke (B 41)

schuppens hinter der Drehscheibe des Bahnhofs Templin notwendig.

Am 1. September 1899 öffnete der Bahnhof Templin-Vorstadt. Das zunächst einstöckige Empfangsgebäude wurde ein Jahr später durch ein zweistöckiges ersetzt, und am 8. Dezember 1941 eine Gaststätte integriert. Um eine ungefährliche Überquerung der beiden Gleise am Vorstadtbahnhof zu ermöglichen, wurde eine hölzerne Fußgängerbrücke gebaut, die am 15. Oktober 1929 wieder abgerissen wurde, weil diese für Mütter mit Kinderwagen und Reisende mit Fahrrad nur schwer passierbar war.

Am Hauptbahnhof konnte am 24. Juni 1912 der Personentunnel zu den Bahnsteigen zwei und drei in Betrieb genommen werden: Bahnsteig 1 für Züge in Richtung Löwenberg, Bahnsteig 2 für Züge in Richtung Fürstenberg, Bahnsteig 3 für Züge in die Richtungen Prenzlau und Eberswalde.

Um den Bau einer Strecke von Berlin über Groß-Schönebeck, Groß Dölln, Vietmannsdorf und Templin über Fürstenwerder nach Strasburg voranzutreiben, konstituierte sich am 24. März 1903 ein Komitee unter Bürgermeister Neumann. Fertiggestellt wurde bis zum 15. August 1913 nur die Strecke Templin-Fürstenwerder. Sie führte eingleisig von Templin über Fährkrug, Knehden, Metzelthin, Warthe, Hardenbeck, Krewitz, Weggun und Parmen nach Fürstenwerder. Ebenso verhinderte der Erste Weltkrieg den Abschnitt Groß Schönebeck-Templin. Für die Bahnangestellten errichtete man am Hauptbahnhof und in der Gartenstraße separate Wohnhäuser. So war schließlich neben dem Templiner Seen-Kreuz das Templiner Eisenbahn-Kreuz oder auch der Templiner Eisenbahnknotenpunkt entstanden. (48)

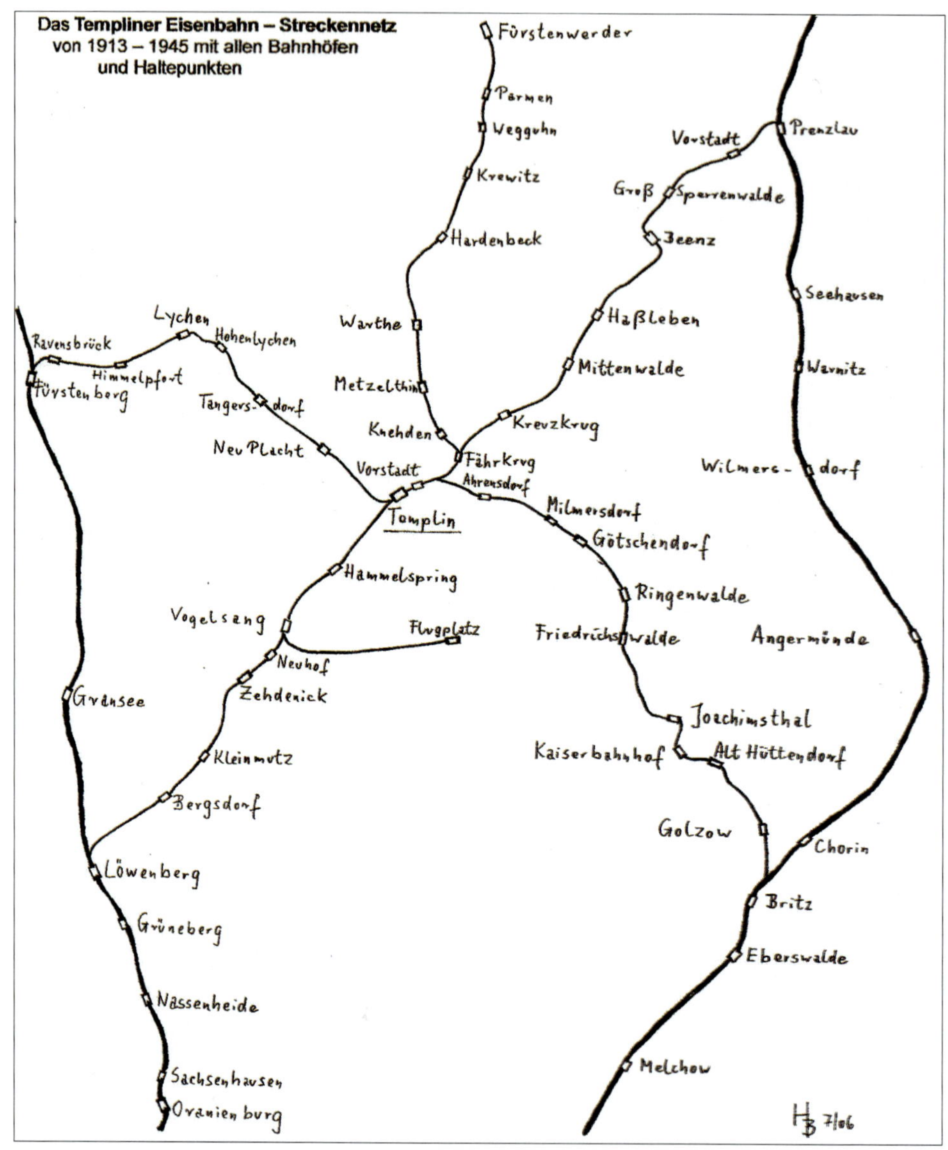

Eisenbahnnetz (K 6)

Durch Staatsvertrag wurde am 1. April 1920 der Zusammenschluss der acht deutschen Länderbahnen von Preußen, Baden, Bayern, Hessen, Oldenburg, Mecklenburg, Sachsen und Württemberg zur Deutschen Reichsbahngesellschaft besiegelt.

Neben dem Eisenbahnbau wurden auch die Straßenbauten weiter betrieben, so der Bau der Chausseen Templin-Densow-Lychen und der Bau der Chaussee Templin-Ahrensdorf-Milmersdorf-Stegelitz, des Weiteren die Straße Boitzenburg-Klaushagen-Jakobshagen-Klosterwalde, die Strecke Templin-Milmersdorf-

Wilmersdorf, und 1904 war Baubeginn der Straße Templin-Gandenitz.

Bedeutsam in diesem Zusammenhang war die Neuregulierung des Templiner Kanals und der Neubau der Schleuse mit einer Länge von 44 m und 5,10 m Breite durch Vertiefung auf das Dreifache in den Jahren 1894/96. Als Holzschleuse war 1743 die erste so genannte „Ratsschleuse" gebaut worden, eine Doppelschleuse vor dem Mühlentor. Die neue massive Schleuse mit eisernen Schleusentoren wurde nicht an der alten Stelle errichtet, sondern etwa 50 Meter zur Feldseite hin in Verlängerung der Straße vor der Stadtmühle. Die alte hölzerne Schleuse in der Nähe der Schneidemühle riss man ab und schüttete den Wasserzulauf vom Mühlenteich her zu. Über die massive Schleuse führte jetzt eine gusseiserne Brücke als Fahr- und Fußgängerweg in die Stadt. Die Unterhaltung des eisernen Überbaus übernahm die Stadt, des gemauerten Unterbaus die Wasserverwaltung. Der Schleusenneubau war zur Förderung des Schiffsverkehrs, des Transportes von Getreide, Zuckerrüben und Holz bis nach Berlin und Hamburg notwendig geworden. Gleichzeitig begradigte man den Kanal ab Schleuse in Richtung Ziegeleibrücke bis zum Röddelinsee und vertiefte ihn. Die alte Schleuse an der Ziegeleibrücke wurde dadurch überflüssig und 1896 beseitigt.

Am 1. September des gleichen Jahres nahm in der Diakonatstraße am Töpfertor das Elektrizitätswerk seine Arbeit auf. Es wurde von der Firma Hübsch, Hostjes u. Co. Berlin erbaut und am 1. August 1901 von der Stadt übernommen und ausgebaut. Am Abend dieses Tages flammten um 9 Uhr die ersten elektri-

1899 - Templiner Schleuse (B 42)

Templiner Schleuse – 1910 (B 43)

schen Straßenlampen auf. 1910 erfolgte der Anschluss an die Überlandzentrale, der Strom kam von Eberswalde.

Mit der Aktiengesellschaft „Deutsche Wasserwerke AG Berlin“ schloss die Stadt 1898 einen Vertrag zur Errichtung eines Wasserwerkes. In den folgenden zwei Jahren konnten der Bau des Wasserwerkes und des Wasserturms realisiert werden. Das Wasser wurde aus einem 60 Meter tiefen Brunnen gepumpt, die Wasseranschlüsse zur Stadt waren Mitte 1901 fertig. 1905 erfolgte der 100. Hauswasseranschluss.

Ausdruck des wirtschaftlichen Aufschwungs war auch die Eröffnung des neuen Kaiserlichen Postamtes vor dem Berliner Tor 1902, welches bis 1912 genutzt wurde.

Im gleichen Zeitraum wurde Templin mit 14 Anschlüssen in das öffentliche Fernsprechnetz einbezogen. 1910 waren es bereits 114 Anschlüsse. Das erste Auto in Templin fuhr 1903 der Kaufmann Albert W. Bundfuß. Allerdings schaffte es das Auto damals nicht den „Hundeberg“, heute Werderstraße, hinauf, sondern musste geschoben werden. Gebürtig in Angermünde, hatte er 1881 in Templin die Firma Bundfuß in der Mühlenstraße, später Kaufhaus A. Radefeld (heute Nessler), eröffnet.

Der Sieg über Frankreich 1871 steigerte das Nationalgefühl und rief imperiale Ideen wach, die sich in Vereinsgründungen wie dem 1881 entstandenen “Verein ehemaliger Militärs“ (später Kriegerverein) widerspiegelten.

Die Aufstellung von Denkmälern in der Stadt war ebenfalls Ausdruck dieser Entwicklung. Zu Ehren der in den Kriegen gegen Dänemark (1864), Österreich (1866) und Frankreich (1870/71) 146 Gefallenen des Kreises Templin weihte man

Elektrizitätswerk (B 44)

Wasserturm (B 45)

am 18. Oktober 1883 nach der Pflanzung einer „Friedenseiche“ ein Kreiskriegerdenkmal auf dem Marktplatz ein. Für Kaiser Wilhelm I. platzierte man eine auf einer steinernen Säule ruhende Büste im Bürgergarten. In die Vorderseite waren Name, Geburts- und Todesjahr sowie die Krönungsdaten als König (1861) und als Kaiser (1871) eingraviert. Anlässlich des 85. Geburtstages pflanzte man für Bismarck im Bürgergarten eine Eiche und widmete ihm ebenfalls 1900 einen Gedenkstein. Bereits 1892 weihte man ein Standbild Kaiser Friedrich III., des „99-Tage-Kaisers“, vor der Maria-Magdalenen-Kirche ein. Auf der Vorderseite waren der Name und ein Eisernes Kreuz, auf der Rückseite: „Lerne leiden, ohne zu klagen“ eingraviert.

Kaiserliches Templiner Postamt (B 46)

Kaufhaus Bundfuß (B 47)

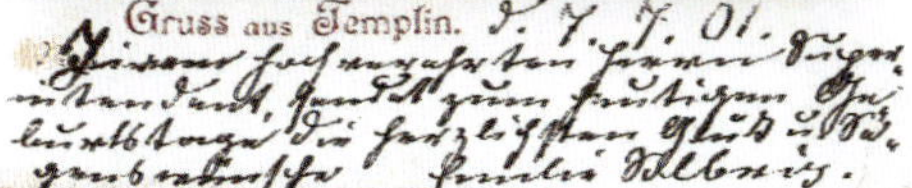

Kreiskriegerdenkmal (B 48)

Büste Friedrich II. (B 49)

Zum Gedenken an den vor 145 Jahren errungenen Sieg des „Alten Fritz“ bei Leuthen (heute Lutynia, Polen, westlich Breslaus) über die Österreicher, wurde 1902 auf einer Festveranstaltung im Rathaus die Aufstellung einer Bronzebüste Friedrichs II., eines Abgusses einer Skulptur von Rauch, Berlin, auf einer Konsole über der Rathaustür gefeiert. Die Büste war ein Geschenk von Fabrikbesitzer Robert Martin aus Berlin, der Eigentümer eines Grundstückes am Weinberg war. Mit dieser Büste sollte auch das Engagement Friedrich II. beim Wiederaufbau der Stadt nach dem Brand von 1735 gewürdigt werden. Vor diesen Hintergrund spielte sich auch das folgende Ereignis ab:

"Krieg" der Pankgrafen gegen Templin

Am 4. Mai 1903 ging bei der Templiner Stadtverwaltung ein Schreiben ein mit der Behauptung, die Stadt hätte bei der Pankgrafenschaft zu Berlin bei Wedding an der Panke eine Schuld von 1172 Schock Böhmischer Groschen. Diese Schuld stamme aus dem Jahre 1618 nach dem großen Stadtbrand, als die genannten Grafen der Stadt mit Geldern geholfen hätten. Als Pfand besäßen sie eine vom Feuer beschädigte Urkunde, die Kaiser Sigismund der Stadt ausgestellt hatte. Wenn die Stadt bereit wäre, die Schulden zu begleichen, würde sie auch das Dokument zurückerhalten. Der Magistrat lehnte das Ansinnen mit den folgenden Worten ab: „Wir Bürgermeister und Rat und gantze gemeyne zu Templin tun Euch kund, dass es einer Stadt mit so hohen Mauertürmen, die seither unser starker Trutz und unsre höchste Zier waren, übel anstehen würde, uns in sofortige friedliche Verhandlungen einzulassen. Wir nehmen den uns zugeworfenen Fehdehandschuh daher auf und werden Vorkehrungen treffen, dass unsere wohlverwahrte und stark befestigte Stadt Euren Angriffen trotzen kann.“ (49)

Am 21. Mai besuchten Mitglieder der Pankgrafschaft Berlin unter der Führung des Hochmeisters Meixner die Stadtverwaltung, um doch noch eine „gütliche Einigung“ zu erzielen. Da dies nicht erreicht wurde, teilte die Pankgrafschaft Folgendes mit: „In wahnwitziger Verblendung hat Templin die handgreiflichen Rechte der Pankgrafenschaft mit Füßen getreten. Im Vertrauen auf die Stärke ihrer Mauern und die vermeintliche Sturmfreiheit der Tore begegnet der tollkühne Rat dieser Stadt unserer urkundlich verbrieften Forderung für geleistete Feuerlöschnachhilfe anno 1618 mit Hohn und Spott. Von Herausforderung strotzt die feindselige Rückantwort der Templiner Stadtobrigkeit. Im Bewusstsein unseres Rechts und unserer Kraft nehmen wir den vom Zaun gebrochenen Fehdehandschuh auf. An die Stelle des Federkiels tritt nunmehr das Schwert! Auf, Ihr streitbaren Recken, rüstet Euch zum Kampfe am Tage Tobias im Heumonat im Jahre 1903. Abmarsch am Samstag, den 13. Juni gegen 5 Uhr vor Sonnenaufgang!“ (50)

An diesem 13. Juni hielt sich die gesamte Templiner Bevölkerung in Bereitschaft. Die Umgebung wurde laufend kontrolliert und als die Rathausuhr 6 Uhr schlug,

Pankgrafenzug nach Templin (B 50)

Gasthof „Zum Pankgrafenkrug“ (B 51)

erklangen Horn- und Trompetensignale und alarmierten die Einwohnerschaft. Späher hatten den feindlichen Zug der Pankgrafen gesichtet. Sofort versammelten sich die bewaffneten Männer auf dem Marktplatz und erhielten vom Anführer den folgenden Befehl: „Da der Feind vom Hauptbahnhof her erwartet wird, ist das Berliner Tor am meisten gefährdet. Ich besetze dieses Tor daher, das bereits gut verbarrikadiert ist, mit der Hälfte meiner Mannschaft. Die beiden anderen Tore werden durch einen Offiziersposten von je einem Zug verteidigt. Ein Drittel der verbliebenen Streitmacht bildet auf dem Marktplatz die Reserve. Die Übergänge über die Ziegelei- und Schleusenbrücke sind gesperrt. Meldungen treffen mich am Berliner Tor." (51)

Über die weiteren Ereignisse wurde folgendes berichtet: „Kurz nach acht Uhr hörte man erste Schüsse und Kanonendonner. Und obwohl die Stadt heldenhaft verteidigt wurde, musste man sich der Übermacht der Pankgrafen ergeben. Gegen 8 3/4 Uhr zogen die Pankgrafen siegreich in die Stadt ein. Auf dem Marktplatz erfolgte die Übergabe der Stadt durch Bürgermeister und Rat und die Huldigung der Pankgrafschaft. Unter Ansprachen wurde nunmehr ein gewaltiger Schlüssel, der Stadtschlüssel, überreicht und dem Hochfeldzeugmeister ein Ehrentrunk in dem als Festgeschenk bestimmten Humpen angeboten. Gegen 9 3/4 Uhr marschierten sämtliche Festteilnehmer nach dem Weinberge, wo zu Ehren der nunmehr pankgräflichen Stadt Templin ein großes Feuerwerk abgebrannt wurde. Am Morgen des nächsten Tages, des 14. Juni, fand um 6 Uhr Wecken und von 7-8 1/2 ein großes Militärkonzert des Trompetercorps der Gardekürassiere auf dem Marktplatz statt, wo die Pankgrafen vor den einzelnen Lokalen den Kaffee einnahmen. Hiernach wurde von den Pankgrafen und ihren Gästen mit einem Dampfer eine Wasserpartie nach dem Fährkrug unternommen. Nach der Rückkehr ging es im Festzuge durch die festlich geschmückten Straßen der Stadt zum Schützenhaus, wo das Festessen stattfand." (52)

Die Berliner Pankgrafenschaft war ein Verein, der auf diese Art jährlich eine märkische Stadt aufsuchte und mit der Bevölkerung ein historisches Fest organisierte. Sogar eine Gaststätte „Zum Pankgrafen" gab es einige Jahre in der heutigen Mühlen-/Martin-Luther-Straße. Als politischen Gegenpol hatten Arbeiter in Templin 1895 den SPD-Wahlverein unter Führung des Zimmermanns Gustav Bartel und der Maurer Karl Grün und Karl Fuck gegründet. Die politische Arbeit bestand vorrangig aus dem Verteilen von Flugblättern vor Wahlen und der Verbreitung des sozialistischen Volkskalenders.

Die Templiner Feuerwehr

Die in der zweiten Hälfte des 19. Jh. beginnende rasante wirtschaftliche Entwicklung in Deutschland, die massenhaften Stadtentwicklungen mit ihrer Zusammenballung von Menschen und Sachwerten auf engstem Raum, brachte auch einen

Aufschwung an Ideen und wirksamen Instrumenten zur Brandbekämpfung hervor. Jeder Hauseigentümer erhielt in der Regel eine von der Stadt herausgegebene Feuerlöschverordnung. Die Holzbauweise in den Städten wurde verboten, zwischen den Häuserzeilen mussten massive Brandmauern gezogen werden. 1838 wurde deshalb auch der Bau eines neuen Spritzenhauses am Prenzlauer Tor beschlossen und 1843 von Templiner Handwerkern ein kombinierter Mannschafts- und Wasserwagen angefertigt. 1883 formierte sich die Templiner Freiwillige Feuerwehr als Nachfolgerin der Turner-Feuerwehr, gegründet vom Lehrer Louis Lampe, dem Vorsitzenden des Templiner Männer-Turnvereins. 1887 erfolgte die Trennung von Sportverein und Feuerwehr. Erster Wehrführer war der Brauereibesitzer Emil Trieloff. Am 31. März 1884 verzeichnete die Wehr ihren ersten großen Einsatz bei einem Scheunenbrand in Neu-Placht. Im Jahre 1893 übernahm die Feuerwehr die gesamten Löscheinrichtungen der noch bestehenden Pflichtfeuerwehren der Stadt.

Bei Ausbruch des I. Weltkrieges wurden alle fähigen und aktiven Feuerwehrmänner eingezogen. Nach dem Krieg konnte durch die verstärkte Ausbildung der Brandmeister und Oberfeuerwehrmänner die Wehr bedeutend gestärkt werden. Die Templiner Feuerwehr gehörte am 11. September 1921 zu den Mitbegründern des Kreisfeuerwehrverbandes mit zehn Wehren und 330 Mitgliedern.

Prenzlauer Tor (B 52)

Templin etablierte sich als Erholungs- und Schulstadt

Durch den Anschluss der Stadt an das Verkehrsnetz von Eisenbahn und Straße begann die Entdeckung und Nutzung der Stadt als Ausflugsziel und Erholungsort. Besonders die Hauptstädter sahen die Stadt als „Vorort“ Berlins. Doch die Namen Berliner Tor und Berliner Straße hatten sich die Templiner bereits im Mittelalter ausgesucht. Unterstützt wurde diese Entwicklung durch eine Bekanntmachung des Bürgermeisters Friedrich Nitzsche am 1. Mai 1888 im „Reichsanzeiger“, dass die Stadt sich als Luftkurort bezeichnen durfte.

Ein logischer Schritt zum Erhalt dieser Ernennung war 1894 die Unterschutzstellung der Stadtmauer mit ihren Türmen und Wieckhäusern als touristische Attraktion. Dadurch nahm auch das Gaststätten- und Hotelwesen einen bedeutenden Aufschwung. 1880 konnte man in folgenden Gaststätten und Hotels einkehren: „Uckermärker Hof“, „Hotel Beseler“, „Templiner Krug“, „Deutsches Haus“, „Saarlinde“, „Strandkaffee“, „Seebad“, „Schützenhaus“.

Der Besitzer des Seebadrestaurants erweiterte zu dieser Zeit den Saal mit einer Bühne. Im Erdgeschoss wurden eine Kegelbahn und im zweiten Stock zusätzliche Fremdenzimmer geschaffen. Templinern und Besuchern präsentierte man 1899 den ersten Film mit einem Kinematographen im Schützenhaus.

Am Templiner Kanal verbreiterte man den Treidelweg und gab ihn für Fußgän-

Berliner Tor (B 53)

Mühlentor (B 54)

„Uckermärker Hof" (B 55)

ger frei. Als besondere Attraktion stellte man ein der Stadt geschenktes Schwanenpaar auf dem Templiner See unter Schutz, da das erste versehentlich abgeschossen wurde. Den Nachwuchs verkaufte man später nach Berlin.

Auch eine weitere Brauerei, die Berliner Schultheiß-Brauerei, nahm in der Go-

„Hotel Beseler" (B 56)

„Schützenhaus“ (B 57)

„Seebadrestaurant“ (B 58)

derstraße (Bahnhofstraße) den Betrieb auf. Ab dem 1. Januar 1900 verpachtete die Stadt den Fährkrug als Gastwirtschaft. Er wurde ein beliebtes Ziel für Ausflügler, Wassersportler und Angler.

Der Förderung des Fremdenverkehrs diente auch die Idee zum Bau einer Badeanstalt. Es sollten zwei getrennte Bassins für Frauen und Männer und Nichtschwimmer sowie acht Einzelbadezellen, zwei Warteräume und 18 Umkleidekabinen für 7 350 Mark gebaut werden. Das Projekt wurde aber erst 1937 realisiert. Auf Initiative des Bürgermeisters Mann gründete man zusätzlich den „Verein für Verkehr und Heimatpflege“, um den Heimat- und Gemeinsinn zu stärken. Die ersten, die Templin als Urlausort für sich erschlossen, waren die Berliner Postbeamten.

Am Kanal (B 59)

Neues Tor mit Akzisehaus (B 60)

Das Templiner Posterholungsheim

Die am 20. Mai 1906 gegründete Post-Erholungsheimgenossenschaft mbH zu Berlin plante die Errichtung eines Erholungsheimes. Mehrere Städte bewarben sich als Standort für das Heim, darunter, auf Betreiben des Templiner Oberpostschaffners a. D. Albert Wöller, auch Templin.

Auf Grund der günstigen Konditionen erhielt die Stadt den Zuschlag, obwohl sie die Bedingung stellte, dass hiesige Handwerker und Unternehmen die Aufträge erhielten und die Stadt bei Auflösung des Vereins das Vorkaufsrecht hatte. Die Genossenschaft kaufte nach Verhandlungen mit dem Bürgermeister Neumann im Jagen 48 der Stadtforst am Lübbesee ein Landstück von 7,4543 Hektar für 600 Mark je Hektar.

Für weitere 7 ha erhielt sie die Genehmigung für zwei Badestellen und einen Bootsanleger. Besondere Unterstützung erhielt dieses Projekt durch den Berliner Oberpostdirektor und Geheimen Oberpostrat Vorbeck, durch Staatssekretär Krätke und Baurat Walter.

Bereits am 18. August 1907 konnte der Grundstein für das Post-Erholungsheim gelegt werden und am 17. Mai 1908 die feierliche Einweihung des bis dahin aus sechs Häusern bestehenden Postferienheimes begangen werden. Rund 1600 Gäste beteiligten sich daran, von denen viele mit Sonderzügen aus Berlin angereist waren.

Aus Anlass der feierlichen Einweihung des Erholungsareals wurde ein großer Findling mit einer Bronzetafel mit den Bildnissen der drei wichtigsten Förderer

Postheimhäuser (B 61/62)

und Fakten zu deren Wirken aufgestellt. Nach dem Geheimen Oberpostrat hieß das Denkmal „Vorbeckstein".

Bis zum Jahr 1914 wurden ein Casino und weitere elf Häuser ohne Stallungen und Keller mit jetzt insgesamt 188 Wohnungen gebaut und zu Erholungszwecken genutzt. Dazu wurden zwei Badeanstalten und eine Bootsanlegestelle fertig gestellt.

Auf Initiative der leitenden Postbeamten Gentzke und Rother wurden 1926 zusätzliche Wohnhäuser, eine Krankeneinrichtung, Frei- und Erholungsanlagen für erholungsbedürftige Kinder von Berliner Postbeamten geschaffen. Nach dem Kinderferienhaus, dem Gentzke-Rother-Haus, trug die ganze Einrichtung ab 1927 offiziell den Namen „Postgenesungsheim zu Templin". Abgeschlossen wurde der Bau 1929/30 durch die Fertigstellung des Verwaltungsgebäudes.

Der Ferienaufenthalt kostete 1,10 RM pro Tag für die Nutzung einer Ferienwohnung, bestehend aus Wohnzimmer, Küche und Balkon. „Kochgeschirr" war mitzubringen, Lebensmittel konnten in den Heimläden gekauft werden. Es war aber auch Vollverpflegung im „Casino" möglich.

Bis 1931 fanden dort ca. 80 000 Postbeamte und 2 000 Kinder Erholung. Parallel zur Entwicklung der Stadt zum Erholungsort verlief die Herausbildung zur Schulstadt.

„Casino" (B 63)

Vorbeckstein (B 64)

Bürgerschule, Realschule und Reform(pro)realgymnasium

Für die notwendig gewordene neue Stadtschule, die Bürgerschule, eine Fortführung der früheren Kirchenschule, war als Bauplatz der Eichwerder gewählt worden. Dieser war nach dem Aussterben der hiesigen Mitglieder der Weberinnung der Stadt zugefallen. Nachdem der Eichwerder eingeebnet worden war, wurde unter Leitung des Bauführers Max Söhnert, nach den Bauplänen des Diplom-Baumeisters Scheurenbrandt aus Berlin, der Bau ausgeführt. Ursprünglich war nur der Neubau eines 12-klassigen Schulhauses für eine Mädchen- und Fortbildungsschule geplant. Es stellte sich jedoch heraus, dass es vorteilhafter sei, auch die Knabenschule in den Neubau zu integrieren, da sich der Bau dann einheitlicher gestaltete und die Kosten nur 24000 Mark mehr betrugen. So wurde ein 18-klassiges Schulhaus errichtet, für das am Donnerstag, dem 3. September 1908, vormittags 10.00 Uhr, die feierliche Grundsteinlegung stattfand.

Das neue Schulhaus für Jungen und Mädchen wurde am 7. März 1910 in Gegenwart der Stadtverwaltung und Stadtverordneten, der Vertreter der Kirche, der Lehrerschaft, Schüler und Eltern feierlich eingeweiht. Die Baukosten betrugen letztlich 295910 Mark. Ein Teilnehmer schilderte seine Eindrücke: „Der große Korridor weist Bogenwölbungen auf, deren Enden von Säulen inmitten desselben getragen werden. Die Klassenzimmer sind hell und luftig und werden im Winter durch Warmwasser-Heizung behaglich durchwärmt. Die Schulbänke sind praktisch, für jedes Kind ein besonderer Sitz. Im Keller befinden sich die Einrichtungen für Brausebäder. Die prächtige Aula weist Holzschnitzereien über den Türen auf,

„Templiner Bürgerschule“ mit „Eichwerder-“ und „Schultor“ (B 65-68)

Höhere Privatschule (B 69)

hat eine herrlich gegliederte Decke und große bunt bemalte Fenster. Die Akustik in derselben ist vorzüglich. Die Turnhalle ist geräumig und hell. Nach der Seeseite zu ist genügend Platz zur Anlage eines Schulgartens. Elektrisches Licht gab es nur im Zimmer des Schulleiters. Die Dienstwohnung des Schulhausmeisters befindet sich im Kellergeschoß.“ (53)

Ungefähr 25 m links von der Pionierbrücke befand sich sogar eine biologische Kläranlage. Für die Anlage eines Schulgartens wurde Land auf der Templiner Seeseite genutzt. Hier wurden 1912 die ersten Tomaten angepflanzt, die anfangs sehr skeptisch wieder ausgespuckt wurden.

Am 11. April 1921 wurde an der Schule eine Hilfsschule für schwachbegabte Kinder eröffnet. Die Leitung und den Unterricht an dieser übernahm der Lehrer Willly Gabbert, der dafür eine Hilfsschullehrerausbildung absolviert hatte. Mit der gesundheitlichen Betreuung der Schulkinder wurden auf Beschluss der städtischen Körperschaften bereits ab dem 1. Oktober 1920 zwei Schulärzte, Dr. Haemisch und Dr. Isbary, betraut. Leiter der neuen Schule war bis 1925 Rektor Hanschke. Dann übernahm Rudolf Peter aus Kyritz diese Aufgabe.

Um einen bequemen Zugang von der Stadt zur Schule zu ermöglichen, baute man das Eichwerder Tor in der Martin-Luther-Straße und das Schultor in der Kantstraße. Zu dieser Zeit besuchten 366 Jungen und 408 Mädchen die neue Schule.

Die Kirche ließ das alte baufällige Mädchenschulhaus abbrechen und auf diesem Gelände ein neues Diakonat- und Küster-Wohngebäude erbauen. Parallel zur Abschaffung der Armenschule wurde dem Wunsch der Bürger nach Möglichkeiten für eine höhere Bildung ihrer Kinder durch die Eröffnung einer höheren Privatschule entsprochen. Andere Städte der Uckermark wie Prenzlau, Schwedt verfügten bereits über solche Einrichtungen. Diese Knaben- und Mädchenschule wurde am 1. April 1893 mit 33 Schülern in Betrieb genommen. Die Schulräume befanden sich

Reformreal(pro)gymnasium (B 70)

bis 1896 in der Mühlenstraße auf einem vom Katasterkontrolleur Ockel gepachteten Grundstück. Der Rittergutsbesitzer Reiche aus Annenwalde erwarb später ein Grundstück vor dem Prenzlauer Tor in der damaligen Arnimstraße und richtete dort ein neues Schulhaus ein, das er für einen geringen Mietpreis der Privatschule überließ. Auf dem Schulhof und im Kellergeschoss wurden Turngeräte untergebracht.

Die „Privatschul-Gesellschaft e.V." wurde durch ein Kuratorium geleitet, das sich aus dem Diakon Kirstein, dem Kaufmann Bundfuß, dem Apotheker Ahlenstiel, dem Kreissekretär Rock, Kreisarzt Dr. Jänicke, Major von Lyncker, Amtsrichter Wieser, Kreisbaumeister Hülbrock und Brauereibesitzer Trieloff zusammensetzte. Auf Grund dieser Konstellation erhielt die Schule den Namen „Standesschule". Die Schüler mussten je nach Klassenstufe ein Schulgeld zwischen 80 und 150 Mark bezahlen. Begonnen wurde der Lehrbetrieb mit 16 Jungen in vier und 17 Mädchen in fünf Klassen. Als erster Schulvorsteher amtierte Dr. phil. Walter Karsten. Mit ihm arbeiteten ein Lehrer und zwei Lehrerinnen. Die hiesigen Pastoren Kirstein, Manger und Schmidt erteilten ebenfalls Unterricht. 1897 kam eine Untersekundaklasse dazu. Am 9. November 1910 wurde die Einrichtung in Höhere Schule für Knaben und Mädchen umbenannt. Zu der Zeit waren 113 Schüler angemeldet. Wurde die Schule anfangs mit eigenen Mitteln betrieben, beteiligten sich ab 1900 auch Stadt und Kreis, so dass ab 1902 sieben Freistellen für minderbemittelte, aber lernbegabte Kinder eingestellt werden konnten. Diese Plätze wurden jährlich neu vergeben.

Als 1910 die Stadtschüler in die neue Bürgerschule am Eichwerder umzogen, begannen wegen der bevorstehenden Einrichtung des Joachimthalschen Gymnasiums Verhandlungen, die Privatschule in eine städtische Gymnysial- und Mäddchenschule umzuwandeln, was 1911 realisiert wurde. Diese Schule wurde am 11. April im sanierten Schulhaus in der Kirstein-/Ecke Werderstraße eröffnet. Als erste Fremdsprache wurde Französisch erteilt, ab 1924 auch Latein als Vorbereitung zum Übergang auf das Joachimsthalsche Gymnasium.

1921 wurde daraus eine Realschule, ab dem 1. April 1924 Reformrealprogymnasium. Die Vorsilbe „reform" bedeutete eine Koedukation, d. h. gemeinsamer Schulbesuch von Mädchen und Jungen, „real" war der Hinweis auf die zwei unterrichteten lebendigen Sprachen, Englisch und Französisch. „Pro" stand für den nun auch möglichen Abiturabschluss. Diese Schule war besonders auf die Naturwissenschaften ausgerichtet. 1927 wurde sie dann Reformrealgymnasium. Anfang der zwanziger Jahre wurde es trotz großer finanzieller Probleme großzügig umgebaut. Letzter Rektor der Schule war Dr. phil. Karl Probant.

Zusätzlich existierte seit 1895 am Markt die Gewerbliche Fortbildungsschule, die spätere Berufsschule. Sie konnte ab 1928 auch von Mädchen besucht werden.

Einrichtung der Privaten Forstschule

Am 19. Januar 1906 bestätigten die Stadtverordneten den Vertrag zur Errichtung einer Forstschule. Dazu wurde auch der Bau von Laternen in der Röddeliner Straße bis zur Schule genehmigt. Die offizielle Eröffnung der ersten Privaten Forstlehrlingsschule Deutschlands in der Röddeliner Straße erfolgte bereits am 28. Oktober. Templin hatte sich als eine der größten Wald besitzenden Kommunen Deutschlands um den Standort der Forstschule beworben und den Bauplatz von 0,5 Hektar am Rande des Bürgergartens an den Verein für Privatforstbeamte Deutschlands für 200 Mark verkauft. Zusätzlich verpachtete man einen Hektar Land für einen Versuchs- und Forstgarten bis 1944. Die Baukosten betrugen 92 457 Mark, für die Inneneinrichtung 11 733 Mark. Die Landwirtschaftskammer Brandenburg, die Wald besitzenden Kommunen, der Reichsverein für Privatforstbeamte und die Privatwaldbesitzer beteiligten sich am Grunderwerb, der Errichtung und der Unterhaltung. Die Stadt gab zusätzlich ein Darlehen von 80 000 Mark. Die Schule bildete Förster für Privatforsten, aber auch für den Kommunalwald aus. Nach dem Templiner Vorbild wurden später weitere Privat-Forstschulen in Schlesien, Bayern, Sachsen, in der Eifel und der Rheinprovinz errichtet. Die Schüler wohnten im Internat und mussten jährlich für Kost-, Wohn- und Lehrgeld 1 000 Mark entrichten. Söhne von Arbeitern bzw. bevorrechtete Schüler zahlten nur 424 Mark. Erster Direktor war Forstmeister Jacob. Der Unterricht und die praktische Ausbildung erfolgten durch den Leiter der Schule, einen Forstassistenten und Forstaufseher. Die allgemeinbildenden Fächer unterrichteten Lehrer der Volksschule.

Private Forstschule (B 71)

Das Joachimsthalsche Gymnasium in Templin

Das von Berlin-Wilmersdorf nach Templin verlegte Königliche Joachimsthalsche Gymnasium wurde am 7. November 1912 in Anwesenheit von Prinz August Wilhelm von Preußen, dem Stellvertreter des Kultusministers von Trott zu Solz, von Chappius, sowie dem Bürgermeister der Stadt Templin, Dr. Riebeling, und dem Stadtverordnetenvorsteher Schraermeyer feierlich eingeweiht.

Gegründet wurde das humanistische Gymnasium 1607 vom Kurfürsten Joachim Friedrich in Joachimsthal, im heutigen Kreis Barnim, in der Nähe seines Jagdschlosses am Grimnitzsee. Die Mittel dazu gab der säkularisierte Kirchenbesitz her. Die „Valis Joachimica" wurde mit reichem Grundbesitz aus enteignetem Klosterbesitz und den Gütern Dambeck, Golzow und Neuendorf ausgestattet. Aus den Einnahmen wurden u. a. 120 Freistellen für begabte Landeskinder unterhalten. So war die Aufnahme und Ausbildung der Schüler unabhängig von den finanziellen Verhältnissen der Eltern möglich.

Den Elf- bis Dreizehnjährigen wurden Unterkunft, Verpflegung und Bücher zur Verfügung gestellt. Ziel war es, dass die Jugend, wie es in der Stiftungsurkunde heißt, „in Gottes Furcht, Christlicher Wahrer Religion undt deren vornehmsten nützlichsten Sprachen und freyen Künsten unterwiesen werde, damit sie später tüchtige Kirchen- und Staatsdiener würden." (54)

In den ersten Jahren gab es auch eine schuleigene Kirche, in der mehrmals täglich Gebete und Bibellektionen vom Schulpfarrer abgehalten wurden. Während des Dreißigjährigen Krieges verwüsteten und brandmarkten sächsische Reiter 1636 die Schule, Lehrer und Schüler wurden vertrieben. Diese flohen über Angermünde nach Berlin.

1650 wurde dort die Schule auf Befehl des Großen Kurfürsten unter dem traditionellen Namen Gymnasium Joachimicum neu eröffnet. Dazu hatte er Zimmer im Berliner Stadtschloss frei ziehen lassen, um der Bildungsstätte eine vorläufige Heimstatt zu geben. Zur besseren Finanzierung der Einrichtung übertrug er dieser zusätzlich die Ämter Gramzow und Chorin sowie die Güter Seehausen und Blankenburg, ebenso das Gut Joachimshof bei Templin. 1668 erfolgte die Umquartierung in die Georgenstraße nahe dem Schloss.

1688 zog das Gymnasium in die Burgstraße, in ein ehemaliges Postgebäude, das für fast 200 Jahre neue Heimstatt blieb. Die Schüler wohnten zu dieser Zeit noch bei Berliner Familien. Der Große Kurfürst gründete auch die anfangs im Schloss untergebrachte Bibliothek, aus der dank der Förderung durch die Hohenzollern die heutige Staatsbibliothek Preußischer Kulturbesitz hervorging.

1707 erhielt die Schule den Namen Königlich Joachimsthalsches Gymnasium und wurde durch Friedrich I. erneut als Stiftung bestätigt.

Der Internatsbetrieb ist 1718 wieder aufgenommen worden. Zu dieser Zeit gab es Veränderungen in der Zusammensetzung der Schüler. Bisher besuchten nur „Alumnen", also Schüler, die Wohnung, Essen, Kleidung und Bücher kostenfrei

Joachimsthalsches Gymnasium (B 72/73)

erhielten, und „Pensionäre“, Schüler, die Schulgeld bezahlten und privat untergebracht waren, das Gymnasium. Nun kamen noch die so genannten „Hospiten“ dazu. Sie waren Söhne aus gut situierten Elternhäusern, die nur am Unterricht teilnahmen, aber zu einer sprunghaften Zunahme der Schülerzahlen führten.

Denkmal „Joachim Friedrichs“ (B 74)

Anfang des 18. Jahrhunderts begann eine lang anhaltende Blüte, unterstützt durch die Verbindung zur Akademie der Künste, der Wissenschaften und der Preußischen Staatsbibliothek. Etliche Lehrer des Joachimsthalschen Gymnasiums waren bedeutende Gelehrte und gehörten zur geistigen Elite Brandenburg-Preußens. Nach der Gründung der Humboldt-Universität 1810 hielten Lehrer des Joachimsthalschen Gymnasiums dort öffentliche Vorlesungen.

1880 erfolgte auf Grund der Baufälligkeit des Gebäudes in der Burgstraße und hoher Aufwendungen für eine Renovierung die Umverlegung in ein großzügiges Schul- und Internatsgebäude mit Turn- und Schwimmhalle sowie Bibliothek, Unterkünften für Schüler und Lehrer sowie einer Krankenstation mit Apotheke nach Wilmersdorf. Die Einweihung wurde am 22. Oktober des Jahres gefeiert. Das war der erste Umzug aufs „Land". Im August 1907 beging man in Wilmersdorf noch das 300-jährige Bestehen des Joachimsthalschen Gymnasiums. Da das Leben in Berlin zu „großstädtisch" und die „verderblichen Einflüsse" auf die Erziehung zu groß geworden waren, aber auch weil der Standort wieder zu eng wurde, sah man sich erneut nach einer anderen Örtlichkeit um. Bereits 1908 fiel die Entscheidung für Templin. Bewusst war die Schule am neuen Standort in Templin, das damals bis zum heutigen sowjetischen Ehrenmal reichte, etwa 20 Minuten von der Stadt entfernt angelegt worden. Wesentlichen Anteil an diesem Standortbeschluss hatten der damalige preußische Staatsminister für Unterrichtsangelegenheiten von Trott zu Solz und der Landrat Ludwig von Arnim. Beiden wurde dafür die Ehrenbürgerwürde der Stadt zuerkannt.

1912 wurde die Schule unter Leitung des damals neu berufenen Rektors August

Eingangsbereich (B 75)

Nebe (1864-1943) in Templin etabliert. Er führte das Alumnat bis 1921. Templin mit damals rund 5750 Einwohnern, das neben Joachimsthal und Chorin in die engere Wahl der Bewerberstädte gekommen war, stiftete der Anstalt kostenlos den Baugrund und insgesamt 50 Morgen Waldgelände sowie darüber hinaus etwa 100 000 Mark als Baukostenzuschuss. Zudem gewährte die Stadt den kostenfreien Anschluss an die Wasserleitung und an die elektrische Beleuchtung sowie die spätere Kanalisation. Außerdem verpflichteten sich die Stadtväter, einen befestigten Kiesweg und drei Gymnasialklassen auf eigene Kosten einzurichten. So konnten bis zu 30 Templiner die Schule besuchen.

Der Bau begann im Sommer 1910 nach dem Konzept des Preußischen Regierungsbaumeisters Fritz Bräuning mit der Errichtung der Alumnate, den Wohnheimen. 1912 war das Schulgebäude fertig gestellt. Der Unterricht begann am 15. Oktober 1912, am 7. November wurde die Alma Mater feierlich eröffnet.

Das Gymnasium gehörte damals zu den bedeutendsten Bildungseinrichtungen Deutschlands und wurde mit St. Afra in Meißen und Schulpforta bei Naumburg in einem Atemzug genannt. Das Joachimsthalsche Gymnasium war eine humanistische Schule. Bei einer Besichtigung sind noch heute an verschiedenen Gebäuden zahlreiche Reliefs zu sehen, die Homer, Plato, Seneca, Aristoteles und andere Dichter und Philosophen darstellen, die das antike Ideal erkennen lassen, das an solchen Anstalten die inhaltliche Seite der Bildung bestimmte.

Bei der Übersiedlung des Gymnasiums nach Templin wurde mit der Bibliotheca Joachimica, die vor dem Zweiten Weltkrieg die größte und wertvollste Lehrerbibliothek in Deutschland war, auch die berühmte Anna-Amalien-Bibliothek, eine Stiftung der Schwester Friedrich II. von 1787, nach Templin gebracht. Prinzessin Anna Amalia vermachte der Schule testamentarisch ihre reich ausgestattete Bibliothek mit Werken deutscher, englischer und französischer Schriftsteller samt einer Sammlung von Kupferstichen, ferner eine bedeutende Musikalien-Sammlung. Die Bibliothek des Gymnasiums hatte einen Bestand von über 100 000 Büchern, Handschriften, Erstdrucken, Musikalien sowie weiteren Raritäten. Dazu kam noch eine bedeutende Schülerbibliothek. Erkennbar sind die Werke aus dem Besitz der Prinzessin Amalia an einem Stempel, der das Joachimsthalsche Gymnasium als Empfänger nennt. In ihrem Testament bestimmte sie: "An das Joachimsthalsche Gymnasium vermache ich alle meine Bücher ohne Ausnahme nebst allen sauber gestochenen Kupfern mit vielen großen Meistern. Ferner meine seltene Sammlung von den größten, ältesten und berühmtesten Meistern der Tonkunst. ... Das Schuldirectorium soll die Sorge und Aufsicht auf diese zwei kostbaren Sammlungen haben, dermaßen, dass kein Buch, nicht ein Blatt, aus dem Hause komme." (55)

Das Gymnasium begann mit 16 Lehrkräften und 149 Schülern, nur Jungen zwischen 14 und 19 Jahren, den Lehrbetrieb. Die Jugendlichen wohnten in sechs Einzelalumnaten, die von je einem Studienrat verwaltet wurden, den eine Hausdame und ein jüngerer Adjunkt in der Erziehungsarbeit unterstützten. Für jede

Gruppe von 25 Schülern standen sechs Arbeitszimmer, vier Schlafräume und zwei Waschräume zur Verfügung. Jedes Einzelalumnat hatte einen Speisesaal und ein Musikzimmer. Zu jedem Internatsgebäude gehörte ein Krankenzimmer mit zwei Betten, zusätzlich existierte eine separate Krankenstation mit zwölf Betten. Zum Anstaltsgelände gehörten auch ein Boots- und ein Badehaus am Spitzen Ort, ein Spielplatz und zwei Tennisplätze sowie eine Kegelbahn. Im Keller waren Werkräume untergebracht.

1912 wurden, mit der Untertertia beginnend, sechs weiterführende Klassen beschult, in der Weimarer Republik mit der Quarta eine siebenten Klasse eingeführt, sodass Schüler ab dem 13. Lebensjahr aufgenommen wurden. In der Schule bestanden ein altsprachlicher Zweig mit Griechisch und Latein und ein naturwissenschaftlicher, der aber nur wenig ausgebaut war.

Die Einrichtung hatte bis 1945 einen eigenen Status und war weder der Stadt noch dem Kreis unterstellt. Da die Schule von Anfang an als Stiftung konzipiert war, konnten neben Kindern von Adligen auch begabte Kinder finanziell schwacher Eltern eine hochrangige Schulbildung erlangen. Um die Kosten zu decken, wurden der Einrichtung wie schon erwähnt einige Güter sowie Abgaben der Städte Zehdenick, Liebenwalde, Oderberg, Hohen Saathen übereignet. Außerdem gehörte ein großer Wald- und Vermögensbesitz dazu.

Auf dem Alumnenhof des Joachimsthalschen Gymnasiums wurde eine vom Ehrenbürger Templins, Kultusminister von Trott zu Solz, gestiftete Bronzestatue des Kurfürsten Johann Friedrich errichtet. Geschaffen wurde sie von Prof. Bendorff aus Berlin für 11 000 Reichsmark. Diese wurde am 10. April 1949 bei der Abschlussfeier eines Neulehrerkurses umgestürzt, später abtransportiert und eingeschmolzen.

Mit der Novemberrevolution 1918 war die Tradition der Hohenzollernstiftung im eigentlichen Sinne beendet. Die Familienstiftung ging an den Staat Preußen und in die Verwaltung des Provinzialschulkollegiums Brandenburg über. Man ließ jedoch lediglich die bis dahin geführte Bezeichnung „Königlich" fallen. Von da an wurde das Gymnasium als Stiftische Anstalt bezeichnet. Durch die Inflationszeit ging ein großer Teil des Geldvermögens verloren, sodass der Stiftung nur der Immobilienbesitz erhalten blieb.

Bereits 1912 wurde durch den damaligen Biologielehrer Gustav Lehmann ein botanischer Garten am Gymnasium angelegt, der nach der Wende durch Dr. Wilhelm Gerhardt und Studenten bzw. Schüler von Templiner Einrichtungen wiederhergestellt wurde und weit über die Grenzen der Stadt bekannt ist.

Vom „Knabenrettungshaus" zum „Waldhof"

Wie in anderen Städten der Uckermark griff man auch in Templin die Anregungen des evangelischen Pfarrers Johann Hannes Wichern, des Begründers der „Inneren Mission“, auf, mit der Schaffung von Heimen und Werkstätten verwaisten und verwahrlosten Jungen eine Heimstatt zu geben und damit soziale Probleme zu beseitigen.

Unter der Leitung des Superintendenten Ideler entstand ein „Verein zur Erziehung verwahrloster Knaben“, zu derem ersten Vorstand neben dem Templiner Superintendenten Pastor Engels, Fergitz, Lehrer Heinlein, Netzow, und Kreisrichter Gobbin, Templin, gehörten. Diese Männer erließen einen Aufruf zur Gründung eines Rettungshauses und kauften mit den ersten Spenden am 16. März 1853 ein einstöckiges Haus mit zwei Morgen Gartenland für 2 280 Taler vor dem Prenzlauer Tor, in dem am 25. Januar 1854 das „Rettungshaus Templin“ mit zwei Jungen unter Leitung des Diakons Siemann eröffnet wurde. Bereits im April 1853 war das Haus als öffentliche Versorgungsanstalt und mildtätige Stiftung vom Oberpräsidenten der Provinz Brandenburg genehmigt und von der Kirche als Wohltätigkeitshaus der Inneren Mission anerkannt worden. Die ersten Hausväter waren die Herren Siemann und Pitz. In den kommenden Jahren lebten zwischen sechs und zehn Kinder im Heim. Die Sechs- bis Zehnjährigen wurden vom Hausvater selbst unterrichtet, während die Größeren die Armenschule besuchten. Gemäß der Vereinsinhalte wurden die Insassen auch zu körperlichen Arbeiten herangezogen und arbeiteten bei einem Zimmermann.

Als 1878 der damalige Reichskanzler Bismarck im Zusammenhang mit dem „Kulturkampf“ gegen die katholische Kirche das „Gesetz über die Zwangserziehung“ erließ, wurden behinderte Kinder auch ohne Einwilligung der Eltern in Heime eingewiesen, wodurch die Anzahl der Heiminsassen rapide wuchs.

Gleichzeitig stieg auch die Bereitschaft, Geld für soziale Zwecke zu spenden, und es wurde nötig und möglich, das Rettungshaus aufzustocken und zusätzlich einen Anbau mit zwei Sälen zu schaffen. Außerdem konnte eine Wiese gekauft und Viehwirtschaft betrieben werden. Am 5. Juni 1888 wurde Pfarrer Gustav Zietlow als neuer Leiter eingeführt. Die weitere Zunahme der Einweisungen bedingte ein größeres Gebäude. Für einen Neubau kaufte der Verein am Röddeliner Weg vor der Ziegeleibrücke zwei Landstücke von 3,5 und 10 ha.

Auf der größeren Fläche wurde ein neues Knabenrettungshaus gebaut, in das der Hausvater Zietlow mit seiner Familie und 17 schwererziehbaren Jungen und anderen Helfern 1891 einzog. Das bisherige Rettungshaus kaufte Pfarrer Richard Kirstein samt Grundstück für 42 000 Mark, und gründete dort ein „Evangelisches Vereinshaus“ mit der „Herberge zur Heimat“ für wandernde Handwerksgesellen. Heute befindet sich das inzwischen neu erbaute Alters- und Pflegeheim „Richard Kirstein“ auf diesem Areal in der Prenzlauer Allee 1.

„Rettungshaus“ (B 76)

Blick auf den Waldhof (B 77)

1913 erhielt die Einrichtung den Namen „Waldhof-Templin“ mit dem Zusatz „Rettungshaus für Knaben“. Zum Areal gehörten außerdem ein Sportplatz, ein großer parkartiger Wald und eine Badestelle am Röddelinsee.

1922 veröffentlichte die Regierung das „Reichsjugendwohlfahrtsgesetz“, durch das der Staat die Hoheit der Fürsorge und Aufsichtspflicht für Waisen, schwererziehbare und geistig-behinderte Kinder übernahm.

Für solche „Fürsorgekinder“ sorgte im Auftrag der Behörden auch der „Waldhof“. Betrug die Anzahl der betreuten Jungen 1908 bereits 108, waren es 1925 schon 150, 1929 bereits 200. Auf Grund einer Verfügung des Ministeriums für Wissenschaft, Kunst und Bildung, Unterricht für schwach befähigte Kinder einzuführen, wurde 1927 am „Waldhof“ eine vierklassige Hilfsschule eingerichtet. Entsprechend ihren Fähigkeiten und Neigungen wurden die Jungen nach deren Abschluss in den eigenen Betrieben der Vieh- und Landwirtschaft, der Gärtnerei, Schuhmacherwerkstatt und Korbmacherei oder Stellmacherei ausgebildet. Die Lehrlinge verblieben bis zur Ablegung der Gesellenprüfung im waldhofeigenen Betrieb oder sie wurden nach ein- oder zweijähriger Vorbildungszeit zu einem Handwerksmeister in die Lehre gegeben. Auch in landwirtschaftlichen Betrieben des Kreises wurde gearbeitet. Betreut wurden die Insassen von Lehrern, Erziehern und Erzieherinnen, Hausvätern, sowie Meistern und Gehilfen.

Die Jungen wurden familienähnlich in kleinen Gruppen in getrennten Schlaf-, Wohn- und Waschräumen betreut und untergebracht. Morgens versammelten sich alle zu einer Andacht im großen Saal. Dieser war 1926 fertig gestellt worden und wurde gleichzeitig als Versammlungsraum benutzt. Er verfügte über eine Bühne, Radio und Kinoapparat. Bis 1926 hatte der schon genannte Vorsteher Zietlow die

Leitung. Dann wurde Pastor Grüber zum Direktor berufen. Sowohl der Leiter als auch die Lehrer wurden von einem Vorstand bestellt.

In der Dargersdorfer Straße wurde 1913 auf Anregung des Berliner Arztes Prof. Ziethen, Chefarzt der Nervenklinik der Charité, schwererziehbare Kinder in besonderen Heimen unter staatlicher Aufsicht unterzubringen, das „Heilerziehungsheim" für Berliner Jungen erbaut. Eingewiesen wurden die Jungen in beide Heime vorwiegend von Jugendämtern der Stadt Berlin und dem Landesdirektor der Mark Brandenburg.

Bereits 1891 richtete der Elisabeth-Frauenverein in der damaligen Diakonatsstraße Nr. 8 (Kantstraße) eine „Kleinkinderschule" oder „Spielschule" ein, damit die Mütter arbeiten konnten. Diese war von Ostern bis Ende September für ein geringes Entgelt geöffnet. Betreut wurde die Einrichtung durch eine ausgebildete Schwester des Mutterhauses Bethanien in Berlin. Später wurde das frühere Diakonatshaus vom Elisabeth-Frauenverein erworben und dort das „Elisabeth-Stift" durch Pfarrer Kirstein als Wohnung für Diakonissen und Altersheim für Frauen eingerichtet.

Die Stadt zu Beginn des 20. Jahrhunderts

Im Andenken an den verstorbenen Ehrenbürger Landrat von Arnim-Milmersdorf wurde die Straße vor dem Prenzlauer Tor 1899 in Arnimstraße benannt und die vom Berliner Tor zum Bahnhof führende Straße in Erinnerung an den Ehrenbürger Goder, der in diesem Jahr sein 60-jähriges Dienstjubiläum beging, in Goderstraße. Bereits 1902 war der Bau der Ringstraße (heute Prokopiusstraße) bis zum Abzweig der damaligen Moltkestraße, heute Friedrich-Engels-Straße, beschlossen und begonnen worden.

Durch Beschluss der Stadtverordneten vom 30. Mai 1910 wurden folgende Straßen neu- oder umbenannt:

- bisherige Goderstraße: Bahnhofstraße
- bisheriger Dargersdorfer Weg vom Prenzlauer Tor bis Vorstadtbahnhof: Bismarckstraße
- hinter dem Krankenhaus: Elisabethstraße
- Straße von der Bismarckstraße links ab: Goderstraße, bisher Sedanstraße
- von der Goderstraße zum Wald: Waldstraße
- bisheriger Gartenweg von der Bismarckstraße rechts ab bis Bahnkörper: Moltkestraße
- Verlängerung der letzten bis Vietmannsdorfer Straße: Gartenstraße
- bisheriger Vietmannsdorfer Weg: Vietmannsdorfer Straße
- bisheriger Gartenweg von Vietmannsdorfer Straße rechts ab: Ackerstraße
- Bahnhof endete am Birkenwäldchen, von da ab: Zehdenicker Straße
- so genannter Gandenitzer Weg: Lychener Straße

- bisheriger Röddeliner Weg von der Lychener Straße ab: Röddeliner Straße
- Straße am Bürgergarten bis Röddeliner Straße: Parkstraße
- Strecke vom Mühlentor bis zur Stadtschleuse: Am Mühlentor
- neue Abdeckerei und zum Weinberg: Weinbergstraße
- das Schleusenmeisterhaus: Kanalwall
- Längs des Mühlenteiches an Schule vorbei: Seestraße
- Teil der Königs- von der Schulzenstraße bis ans Berliner Tor: Berliner Straße
- oberer Teil der Mühlenstraße von Ecke Prenzlauer bis zum Neuen Tor: Obere Mühlenstraße
- Hausgrundstücke an der Stadtmauer zwischen Rühl- und Strahlstraße: Am Eulenturm
- Teil der Schulzenstraße von der Prenzlauer Straße bis zur Mauer: Rühlstraße
- Teil der Prenzlauer Straße bis zur Mauer: Strahlstraße
- bisheriger Gartenweg von Bahnhofstraße zur Bullenwiese: Ringstraße
- Tor in der Propsteistraße : Eichwerder Tor
- Tor in der Diakonatstraße: Schultor

Da sich das seit 1817 genutzte Kreishaus am Markt als zu klein erwies, waren 1903 Verhandlungen über den Neubau eines Kreishauses eingeleitet worden. Weil sich bei dieser Gelegenheit auch Zehdenick um den Sitz der Kreisverwaltung bemühte, dazu einen Baukostenzuschuss von 16 000 Mark nebst freier Baustelle in Aussicht stellte, erwarb die Stadt vom Kaufmann Otto Lehmberg das mit Gärten belegte Baugrundstück in der Arnimstraße, heute Prenzlauer Allee, und stellte ihrerseits außerdem einen Baukostenzuschuss von 20 000 Mark zur Verfügung. Der Kreistag nahm das Templiner Angebot an.

Der Verwaltungsneubau wurde 1904/05 in Backsteingotik realisiert. Neben den Geschäfts- und Wohnräumen des Landrates, die einen Großteil des rechten Gebäudekomplexes einnahmen und über die Treppentürme erreicht werden konnten, wurden auch die Kreissparkasse, das Katasteramt und ein großer Saal integriert. Die Gesamtkosten beliefen sich auf 266 000 Mark. Für die Verwaltungsangehörigen wurde in der Arnimstraße Nr. (Prenzlauer Allee) 44/45 ein Wohnhaus errichtet.

Das alte Kreishaus Am Markt 13 kaufte die Stadt mit allem Zubehör für 40 000 Mark und nutzte es ab Januar 1906 zeitweise für Wohnungen. Ab Mai nutzten es die Stadtverordneten als Sitzungssaal, da die oberen Rathausräume seit 1875 an die Justizverwaltung vermietet waren. Bei der Einweihung dieses Saales wurde ein Bild des Ehrenbürgers und Stadtältesten Friedrich-Wilhelm Strahl zu Sagan, eines gebürtigen Templiners, aufgehängt.

Im „Templiner Kreisblatt“ vom 16. Mai 1906 hieß es dazu:“ Der Jurist Strahl (Max Strahl, der Enkel) aus Breslau habe im Auftrag der hochbetagten Witwe Strahl-Sagan und der verwitweten Schwiegertochter Frau Hauptmann Strahl-Sagan (Frau des früh verstorbenen Hauptmanns Hermann Strahl) das Bild des ersten Ehrenbürgers seiner Vaterstadt Templin, des Stadtältesten Friedrich-Wilhelm

Kreishaus (B 78)

Strahl in Sagan mit der Bitte, dem Bild einen Ehrenplatz im neuen Sitzungssaal einzuräumen, übersandt. Aus Liebe und Dankbarkeit habe der Stadtälteste Strahl im Verein mit seiner Schwester, verheiratete Billerbeck, im Jahre 1883 der Stadt eine hochherzige Stiftung hinterlassen.“ Diese Stiftung hatten Theodor und Wilhelmine Strahl, verheirate Billerbeck, zu Ehren Ihres Bruders Karl-Friedrich Strahl zu Glogau 1857 aufgelegt.

Als die Polizeiverwaltung 1910 von der Magistratsverwaltung getrennt wurde, brachte man das Polizeibüro ebenfalls im ehemaligen Kreishaus, jetzt Stadthaus Am Markt 13, unter.

Nach dem überraschenden Tod des Bürgermeisters Neumann am 4. September 1909 wurde der Stadtverordnete Paul Becker kommissarisch für drei Monate als Bürgermeister eingesetzt. Adolf Mann, von 1896 bis 1910 Bürgermeister in Zehdenick, zum neuen Templiner Stadtoberhaupt gewählt, verstarb bereits ein Jahr später nach einer Blinddarmoperation in Berlin. Er hatte sich in seiner kurzen Dienstzeit insbesondere für die Wohlfahrt, den Fremdenverkehr und das Schulwesen eingesetzt. Für die vakante Bürgermeisterstelle gab es 207 Bewerbungen. Als neuer Bürgermeister wurde Georg Riebeling aus Eldagsen (Hannover) gewählt. Beiden Bürgermeistern wurde vor ihrer Amtseinführung noch das Templiner Bürgerrecht verliehen.

Zwischenzeitlich, von 1914 bis 1918, als Georg Riebeling zum Militärdienst ein-

Hotel und Restaurant „Zum Seebad“ mit Kino (B 79)

gezogen war, übte Paul Becker als so genannter „Kriegsbürgermeister“ dieses Amt aus.

Eine Volkszählung Ende des Jahres 1909 ermittelte für Templin 5663 Einwohner, davon 1450 männliche und 2834 weibliche erwachsene Personen. In der Stadt gab es 513 bewohnte Häuser, davon 15 leere, elf Hütten, Wagen, Schiffe und dergleichen. Haushalte mit zwei und mehr Personen wurden 1269 gezählt und außerdem 14 Gasthöfe, Gasthäuser und Herbergen.

Da durch die Eröffnung der Bürgerschule die frühere Privatschule in der Arnimstraße leer stand, hatte der Bürgermeister Mann den Kauf des Hauses durch die Stadt für 22 500 Mark angeregt, um dort eine Warmbadeanstalt einzurichten, was sowohl im Interesse der Templiner wie der Urlauber lag. Diese Idee setzte der Magistrat mit der Eröffnung der Warmbadeanstalt unter dem Namen „Hohenzollernbad“ 1911 um. Dort konnten elektrische Lichtbäder, Dampf- und Schwefelbäder, Kiefernnadelbäder, Moorextraktbäder, Kohlensäurebäder, Sol-, Wannen- und Brausebäder sowie Strahl- und Dampfduschen, Massagen, Packungen und Abreibungen verabreicht werden. Außerdem wurden im Haus eine Bibliothek und Lesehalle unter Leitung eines „Fortbildungsvereins“ untergebracht.

Im gleichen Jahr gab die Stadtverordnetenversammlung, wie schon ausgeführt, ihre Zustimmung zum Bau eines neuen Kaiserlichen Postgebäudes in der Strahlstraße (Puschkinstraße), da das alte Gebäude in der Bahnhofstraße das Königliche Amtsgericht aufnehmen sollte. Pläne, ein solches auf dem Eichwerder zu errichten, waren aus Kostengründen aufgegeben worden. Aber auch der Einzug des Amtsgerichts wurde nicht realisiert, sondern das Gebäude an die Kaiserliche Kreislandwirtschaftsstelle zur Nutzung übergeben. Ihr Leiter war Dr. Isbary. Anfang der 20er Jahre übernahm die Geschäftsstelle der Kreislandwirtschaft das Haus. Am 1. Oktober 1912 zog die Kaiserliche Post in das neue Gebäude. Die erste Kehrmaschine säuberte 1911 Templins Straßen.

In diesem Zeitraum begann auch der Bau von Wohnhäusern in der Röddeliner-, Goder- und Moltkestraße (August-Bebel- und Friedrich-Engels-Straße). Die Bürgersteige der Berliner-, Goder-, Strahl-, Königs- und Bismarckstraße wurden gepflastert.

Auf Grund der zunehmenden Urlauberzahl eröffnete der Besitzer des Hotels „Seebad“, Herr Rettig, die „Union-Licht-Spiele“ in der Arnim-Straße (Prenzlauer Allee, heute MKC). Im Postheim wurde ein Casino gebaut.

Über die politische und gesellschaftliche Situation gibt eine im Rathaus ausgelegte „Bürgerrolle" von 1911 in Vorbereitung auf die Reichstagswahlen im Jahre 1912 Auskunft. Diese macht deutlich, dass nur 879 Bürger in der Abteilung III wahlberechtigt waren, 168 in Abteilung II und 51 in Abteilung I, das hieß, dass von den 5 670 Einwohnern nur 1 098 das Wahlrecht besaßen.

Als besonderes Ereignis des Jahres 1911 ist ein Sommergewitter vom 24. Juli 1911 zu nennen. Um 16 Uhr herrschte eine Temperatur von 35° C. Eine Windhose tobte im und hinter dem Bürgergarten und stürzte dort zahlreiche Bäume um, unter anderem eine 200-jährige Schwarzpappel. Es kam zu Schäden an Häusern und die Holländerwindmühle hinter der Scharfrichterei in der Knehdener Straße wurde zerstört. Diese hohen Temperaturen herrschten über zwei Monate, die Ernte verdorrte, der gesamte Schiffsverkehr musste eingestellt werden.

Trotz der angespannten politischen und wirtschaftlichen Situation in ganz Deutschland und in der Stadt beschloss der Templiner Kreistag am 21. März 1914, den Kreisausschuss prüfen zu lassen, inwieweit das Templiner Krankenhaus ausbaufähig wäre oder ein Neubau erforderlich sei. Der ausbrechende Krieg machte diesen Plänen ein Ende, und auch die Inflationszeit erlaubte keine Investitionen. Erst 1927 konnte das Projekt wieder aufgenommen werden.

Der Erste Weltkrieg 1914-1918 und dessen Folgen für Templin

Aus Macht- und Profitgier mobilisierten alle beteiligten Staaten eine ungekannte Anzahl von Soldaten und modernsten Waffen und entfesselten den bis dahin größten Krieg der Weltgeschichte. Schon bald entwickelte sich der Krieg zum ersten „totalen Krieg", der auch die „Heimatfront" einbezog. Wirtschaftlich war das Deutsche Reich auf keinen langen Krieg vorbereitet. Es gab kaum Vorräte. Dazu kam, dass der so genannte „Schlieffenplan" scheiterte, Deutschland in einen Zweifrontenkrieg gezwungen wurde und es der englischen Flotte gelang, die Mittelmächte von der Zufuhr von Lebensmitteln und kriegswichtigen Rohstoffen abzuschneiden.

Nach Verkündigung des Kriegszustandes wurde am 31. Juli die Mobilisierung bekannt gegeben. Ausrufer verbreiteten neuste Informationen, Pferdefuhrwerke und Autobesitzer mussten Bekanntmachungen im Kreis verteilen.

Begeistert wurde auch in Templin vom Großteil der Bevölkerung die Kriegserklärung gegen Russland aufgenommen und die Bereitschaft erklärt, Hab und Gut für Kaiser und Vaterland zu opfern. Die Oberprimaner des Joachimsthalschen Gymnasiums meldeten sich geschlossen als Kriegsfreiwillige.

Mobilmachung und Kriegszustand wirkten sich von Anfang an auf das Leben der Stadt aus. Vom ersten Kriegstag an musste die Bevölkerung die Kriegskosten und -lasten tragen.

Nach der Bekanntgabe der Kriegserklärung gegen Frankreich am 3. August fand eine Pferdeerhebung statt, Pferd und Wagen mussten vor den Scheunen des Mühlentores gegen Quittung abgegeben werden, ebenso Kraftfahrzeuge. Unun-

Mobilmachungsbefehl.

An die Ortsbehörde in Templin

Telegraphie des Deutschen Reichs.

Telegramm aus Berlin

Mobilmachung befohlen, erster Mobilmachungstag der 2. August. Dieser Befehl ist sofort ortsüblich bekannt zu machen.

Reichs-Postamt.

Mobilmachungsbefehl (B 80)

terbrochen fuhren Züge mit Kriegsmaterial nach Ost und West, ebenso Truppentransporte, der Reiseverkehr wurde eingeschränkt. Waren mussten deshalb auf dem Wasserweg transportiert werden, was diese stark verteuerte. Auch der Post- und Telegraphenbetrieb wurde beschnitten. Da viele Arbeiter an die Front gingen, mussten diese durch Schüler des Joachimsthalschen Gymnasium ersetzt werden. Weitere Gymnasiasten und Jugendliche der Stadt meldeten sich in den ersten Kriegsmonaten freiwillig an die Front. Im „Templiner Kreisblatt" erschien ein Aufruf, sich zum Kriegskrankenpfleger ausbilden zu lassen. Siebzig Frauen und Mädchen folgten dieser Aufforderung. Ein Teil des Joachimsthalschen Gymnasiums wurde als Lazarett eingerichtet. Schon am 10. August 1914 wurde als erstes Kriegsopfer des Kreises Templin der Sohn des Grafen Adolf Heinrich von Arnim Boitzenburg gemeldet.

Am gleichen Tag beschloss die Stadtverordnetenversammlung die finanzielle Unterstützung der Familien von Kriegsteilnehmern. Zwei Tage später zeichnete die Stadt bereits ihre erste Kriegsanleihe. „Reichsstellen" für die Verteilung von Getreide, Kartoffeln, Zucker, Fleisch, Bekleidung u. a. wurden eingerichtet. Doch es gab bald immer weniger zu verteilen, für die Brotherstellung durfte man kein Weizenmehl, sondern musste anteilig Roggen- und Kartoffelmehl verwenden. Sogar eine erste Abgabe von Goldmünzen bei den Sparkassen wurde angeordnet, um der Reichsbank Edelmetalle zuzuführen.

Ende Oktober 1914 kamen aus Prenzlau die ersten Verwundeten zur Versorgung ins Krankenhaus und ins Joachimsthalsche Gymnasium. Aus Ostpreußen trafen die ersten Flüchtlinge ein. Sie wurden im Postheim untergebracht.

Anfang März 1915 wurde von der Stadt eine neue Kriegsanleihe in Höhe von 147 500 Reichsmark bewilligt, weitere Goldmünzen mussten abgeliefert werden.

Wenige Tage später leitete im zweiten Kriegsjahr die Einführung von Brotkarten die Rationierung von Nahrungs- und Konsumgütern ein. Pro Person wurden wöchentlich 2 kg Brot oder 1 400 g Mehl ausgereicht.

Es folgte die Beschlagnahme der Gummibereifung von Kinderwagen und anderen Fahrzeugen, Aufrufe forderten die Sammlung von Bucheckern zur Ölgewinnung.

Im August des gleichen Jahres wurden die Bürger verpflichtet, Gegenstände aus Kupfer, Messing und Reinnickel zu melden und abzuliefern. Anfangs wurden die Metallwaren sogar noch bezahlt – pro Kilogramm jeweils 4,30 bzw. 13 Mark. Bei Zuwiderhandlung drohte die Beschlagnahmung der Gegenstände und eine Gefängnisstrafe. Weitere Einschränkungen betrafen im gleichen Jahr die Verwendung von Vollmilch und Sahne in den Bäckereien. Anfang November ordnete der Magistrat für Dienstag und Freitag fleischlose Tage an, die Stadt zeichnete die dritte Kriegsanleihe. Zum Weihnachtsfest stellte die Stadt 7 800 Mark für Weihnachtsgeschenke von Kriegsangehörigen zur Verfügung.

Als 1916 der Krieg in einem Stellungs- und Materialkrieg erstarrte, plante die Oberste Heeresleitung unter den Generälen Hindenburg und Ludendorff die „totale Mobilisierung" aller Kräfte, die gesamte Ausrichtung der Wirtschaft auf die Kriegsproduktion und die Zwangsverpflichtung von Arbeitskräften. Der Anteil der Frauen in der Arbeiterschaft stieg von 20 auf 35 %. Der durchschnittliche Tageslohn bei oft zwölfstündiger Arbeit lag bei 5 Mark für Frauen und ungefähr 10 Mark für Männer. Er blieb jedoch weit hinter der allgemeinen Teuerung zurück, denn im März 1916 kostete 1 Pfund Rippchen oder Kamm 1,80 RM, 1 Pfund Dauerwurst 3,50 RM, 1 Pfund Schmalz 3,00 RM. Durch die englische Seeblockade verschlechterte sich die Versorgungslage drastisch weiter.

Ab dem 26. Februar wurden in der Stadt 300 Soldaten stationiert. Nach einer erneuten Kriegsanleihe im März 1916 von 45 000 RM wurden auch Seifen und fetthaltige Waschmittel rationiert, gleiches galt für Kohlen, Zucker, Eier, Butter und Fleisch. Die Butterration betrug wöchentlich 125 Gramm, ab dem vollendeten zweiten Lebensjahr 875 Gramm. Zucker wurde nur noch auf Zuckermarken pro Kopf und Monat verkauft, als Tee-Ersatz sollten Brombeer- und Johannisbeerblätter gesammelt werden. Am 28. April 1916 erschien in der „Templiner Zeitung" die Verfügung, zur Volksernährung junge Saatkrähen zu schießen. Die Nutzung von Fahrrädern für Privatfahrten ist Ende Mai verboten worden, im September rief man zur Abgabe der Fahrradbereifung auf. An die Reisenden

Uebertragbar ohne Entgelt.

Kreis Templin

Brotkarte

— Gültig vom 12. Juli 1915 ab. —

KREIS-AUSSCHUSS DES KREISES · TEMPLIN ·

4. Reihe. Nr. 34665

1. Woche	2. Woche	3. Woche	4. Woche	5. Woche	6. Woche
Gemeinde — Gut	Gemeinde — Gut	Gemeinde — Gut	Gemeinde — Gut	Gemeinde — Gut	Gemeinde — Gut
34665	34665	34665	34665	34665	34665
Brotkarte über 2 kg Brot oder 1400 g Mehl	Brotkarte über 2 kg Brot oder 1400 g Mehl	Brotkarte über 2 kg Brot oder 1400 g Mehl	Brotkarte über 2 kg Brot oder 1400 g Mehl	Brotkarte über 2 kg Brot oder 1400 g Mehl	Brotkarte über 2 kg Brot oder 1400 g Mehl
1. Woche	2. Woche	3. Woche	4. Woche	5. Woche	6. Woche
Siehe Rückseite	Siehe Rückseite	Siehe Rückseite	Siehe Rückseite	Siehe Rückseite	Siehe Rückseite

Brotkarte (B 81)

händigte man Reisebrotmarken aus. Auch die Ausgabe von Textilien erfolgte ab dem 1. August nur noch auf Bezugsschein.

Um die sich bildenden Schlangen vor den Geschäften zu vermindern, hingen Namenslisten an den Fleischereien aus, nur noch namentlich genannte Personen wurden bedient. Im September/Oktober kam es zu einer weiteren Beschlagnahme von Edelmetallen wie Gold und Zinn. Der Kartoffelverbrauch wurde pro Person auf 1 Pfund festgelegt, Schwerstarbeiter erhielten 1 kg pro Tag auf Bezugsschein. Anrecht auf Milch hatten nur Kinder bis zur Vollendung des zehnten Lebensjahres, schwangere Frauen bis einen Monat vor der Entbindung und Kranke. Trotzdem unterzeichneten die Stadtverordneten im September die fünfte Kriegsanleihe. Um die Stadtkasse zu füllen, stimmten sie einem Antrag der katholischen Kirche zu, das Grundstück auf dem „Müllersberg" in der Bismarckstraße, heute Pennymarkt am Vorstadtbahnhof, zum Bau einer Kirche und eines Wohnhauses zu verkaufen. Das Projekt wurde jedoch nicht umgesetzt.

Am Jahresende stellte man zur Kostenersparnis die ersten Personenzüge auf den Strecken Löwenberg-Templin-Prenzlau und Eberswalde-Templin ein. Da auch Goldmünzen eingeschmolzen worden waren, gaben Gewerbetreibende auf Karton gedruckte Wertmarken von 5 und 10 Pfennig heraus.

Reisebrotmarke (B 82)

Auf Grund der steigenden Preise und der geringen Zuteilungen war der Hunger im Winter 1916/17 besonders groß. An Stelle von Kartoffeln, die immer

knapper wurden, gab es Kohlrüben. Aus diesen wurden auch andere Nahrungsmittel hergestellt, wie z.B. Marmelade und Ersatzkaffee. Hinzu kamen Anfang 1917 Stromabschaltungen, Wasser konnte nur noch zu festgelegten Zeiten entnommen werden. Eine weitere Sparmaßnahme war die Schließung der Templiner Schulen zum Kohlesparen. An öffentlichen und privaten Bauten wurden die Blitzableiter und kupfernen Dachrinnen abgebaut, in der Kirche die zinnernen Orgelpfeifen beschlagnahmt. Private Eisenbahnfahrten bedurften einer Genehmigung und zur Schuhherstellung bzw. Ausbesserung wurden die ledernen Feuereimer, die jeder Haushalt zur Brandbekämpfung besaß, eingezogen.
Auf Befehl des Preußischen Kriegsministeriums wurden zur Kriegsrohstoffsicherung in der Maria-Magdalenen-Kirche auch die Bronzeglocken, die große von 1743, die kleinere von 1881, abgebaut. Erhalten blieb nur die mittlere aus dem Jahre 1743.

Am 9. März zeichnete die Stadt die sechste Kriegsanleihe in Höhe von 100 000 Mark, im Oktober eine weitere ebenfalls über 100 000 M, für die die Bürger zu weiteren Spenden aufgerufen wurden.

Als im April 1917 die tägliche Brotration auf 120 Gramm pro Person sank (Vorkriegsverbrauch 330 g), kam es zu Hungerstreiks. Der allgemeinen Not konnten sich nur wenige wohlhabende Leute durch den entstehenden Schwarzmarkt entziehen. Die übrige Bevölkerung musste sich mit Ersatzlebensmitteln begnügen: Gefärbtes Kartoffelmehl als Eierersatzmittel, Kohlrüben als Kaffee- und Marmeladenersatz, als Bestandteil von Wurst, als Zusatz zum Brotteig. Als auch die Kohlrüben knapp wurden, kam Zellmehl, ein Holzprodukt, in die Nahrung. Wegen des Hungers und der Einberufung vieler Arbeitskräfte sank in Deutschland die Produktivität in der Landwirtschaft, im Kohlebergbau und in der Industrie weiter.

Am 24. Oktober kaufte die Stadt 800 Zentner Kartoffeln, um im Frühjahr die Bevölkerung versorgen zu können. Der Verbrauch von Weizenmehl wurde verboten, Bierglasdeckel beschlagnahmt, Goldgegenstände sollten abgeliefert werden. Der Herausgeber der „Templiner Zeitung", W. Bethke, stellte deren Erscheinen ein.

Die Unzufriedenheit der Menschen in Deutschland machte sich im Januar 1918 mit Streiks bemerkbar. Aber trotz der harten und allgemein als ungerecht empfundenen Lebensbedingungen blieben diese die Ausnahme. Zum einen identifizierte sich die Bevölkerung in der Heimat mit den Soldaten an der Front, zum anderen verhinderten Falschmeldungen, Zensur und Kriegsrecht größere Aktionen.

Trotz des Kriegseintritts der USA sah die deutsche Oberste Heeresleitung 1917 noch eine verstärkte Siegeschance für die Mittelmächte, als Russland nach der Oktoberrevolution mit ihnen einen Waffenstillstand vereinbarte. Durch Einberufung aller kriegstauglichen Männer, Zwangsarbeit in der Rüstungsindustrie sowie noch weiterer Einschränkungen für die Bevölkerung wurde im Frühjahr und Sommer 1918 versucht, das Kriegsgeschehen doch noch zugunsten Deutschlands zu wenden.

Noch im März war in der Stadt zur Ablieferung von Alteisen aufgerufen worden, die Stadtverordneten unterzeichneten die achte Kriegsanleihe von 100 000 RM.

Im Juni 1918 gab man pro Woche nur noch 3 500 g Kartoffeln, 1 750 g Brot, 150 g Fleisch, 150 g Zucker und 30 g Butter für Erwachsene aus.

Nun kam es auch in Templin zu Unruhen, Frauen protestierten gegen die ständigen Kürzungen und forderten Arbeit und höhere Löhne. Durch Versprechungen des Magistrats konnten sie beruhigt werden. Doch die Probleme steigerten sich noch. So wurden am 19. August 1918 zusätzlich zu den beiden fleischlosen Tagen auch noch vier fleischlose Wochen bis Ende Oktober eingeführt, die Fleischmarken für diese Zeit waren ungültig. Die schlechte Versorgung und die zerrütteten Lebensbedingungen begünstigten wie in ganz Deutschland das Ausbrechen einer Grippeepidemie, an der auch viele Templiner starben. Schließlich wurde Ende September die neunte Kriegsanleihe gezeichnet. Insgesamt waren es 606 550 RM. Als letzte Spenden sollten die Bronzebüsten Wilhelm I. aus dem Bürgergarten und Friedrich des Großen über der Eingangstür des Rathauses gestiftet werden, aber nachweislich wurde letztere nicht mehr abgeliefert. Sie muss später entfernt worden sein.

Als im Westen die letzten Großoffensiven scheiterten, forderten Hindenburg und Ludendorff im September einen Waffenstillstand. Das war das Eingeständnis der Niederlage. Die Verhandlungen mussten zivile Politiker übernehmen. Die Aussichtslosigkeit der Lage und der Befehl zum Auslaufen der deutschen Hochseeflotte am 3. November 1918 führten zum Aufstand der Kieler Matrosen, der die Novemberrevolution auslöste.

Als die Nachricht vom Ausbruch der Revolution die Stadt erreichte, folgten auch die Templiner Eisenbahner dem Aufruf zum Generalstreik, der Zugverkehr, der immer noch Truppen und Munition transportierte, wurde eingestellt. Telefon- und Nachrichtenverbindungen waren unterbrochen. Am Nachmittag des 9. November erhielt der Magistrat die Nachricht vom Rücktritt des Kaisers.

500 Jahre Herrschaft der Hohenzollern waren beendet.

Am Abend des 10. November unterstellten sich der Bürgermeister und die Stadtverordneten der Kontrolle der aus Berlin eingetroffenen Soldaten. Die rote Fahne wurde auf dem Rathaus und dem Stadthaus am Markt gehisst. Inhaftierte wurden aus dem Gefängnis entlassen und der „Berliner Lokalanzeiger" erschien als „Rote Fahne" der Spartakusgruppe auch in Templin. Polizei und Gendarmerie in der Stadt wurden entwaffnet. In der Nacht vom 11. zum 12. November wurde der Landrat von Arnim abgesetzt, auch auf dem Kreishaus die rote Fahne hochgezogen und die öffentlichen Gebäude besetzt. Die Beschäftigten blieben tätig, wurden aber kontrolliert, Briefe und Schriftstücke von den Aufständischen abgezeichnet.

In einer öffentlichen Versammlung unter Leitung eines Vertreters des Berliner Soldatenrates, des Unteroffiziers Panzer, am 14. November, fanden Wahlen zu einem Arbeiter- und Soldaten-Rat statt. Mitglieder waren der Bürovorsteher

Schmidtchen, der Student Möller, die Eisenbahnschlosser Perlwitz und Klage sowie der Landwirt Helm. Ersterer wurde zum Vorsitzenden gewählt. Wenige Tage später erklärte man die Wahl des Arbeiter- und Soldaten-Rates für ungültig, da es hier noch keine sozialdemokratische Partei gab. Deshalb gründete man am 19. November im „Deutschen Haus“ in der Mühlenstraße den „Sozialdemokratischen Wahlverein“, dem ca. 200 Templiner beitraten. Erster Vorsitzender wurde der Schlosser Paul Götting, zweiter Vorsitzender Landwirt Wilhelm Prätz. Gleichzeitig wiederholte man die Wahl des Arbeiterrates. Die meisten Stimmen erhielten die Herren Bernstein, Küter, Möller, Prätz, Schmidtchen sowie Zangenberg. Dieser Rat kontrollierte weiterhin die Verwaltung von Stadt und Kreis.

Mitte November gründeten Templiner als Reaktion auf diese Ereignisse einen Bürgerrat, aus dem die Templiner Deutsche Demokratische Partei hervorging, um ihrerseits Ruhe und Ordnung in der Stadt aufrecht zu erhalten. Drei Vertreter traten im Dezember dem Arbeiter- und Soldatenrat bei.

Während dieser Ereignisse unterzeichnete die aus dem Umbruch am Ende des Krieges und der Novemberrevolution hervorgegangene neue deutsche Regierung am 11. November 1918 den Waffenstillstandsvertrag.

Templin hatte 176 Kriegsgefallene zu beklagen, 71 Soldaten waren in Gefangenschaft.

Templin in der Zeit der Weimarer Republik

Nach Ende des Krieges wurden die Hoffnungen auf eine friedliche und bessere Welt nicht erfüllt. Bei den Friedensverhandlungen in Versailles hielten die europäischen Siegermächte an ihren nationalen und machtpolitischen Vorstellungen fest, wollten sich vor Deutschland militärisch schützen und bestanden auf hohen Reparationszahlungen. Die Friedensbedingungen wurden mit Deutschland nicht verhandelt, sondern diesem nur mitgeteilt. Dieser Fakt und die Höhe der Reparationen lösten auch in Templin große Empörung aus und begleiteten die weitere Entwicklung der Stadt.

Die Wahlen zur Nationalversammlung am 19. Januar 1919 sollten die Machtverhältnisse in Deutschland entscheiden. Es ging um die Frage: Parlamentarische Republik oder Räterepublik. Deutschland wurde Parlamentarische Republik. Aber die Lage wurde nicht sofort besser, denn nun musste bezahlt werden, was im Krieg sinnlos vernichtet worden war und was die Sieger als Entschädigung verlangten.

Bei den Wahlen zur Nationalversammlung hatten 1448 Templiner für die Sozialdemokratische Partei Deutschlands (SPD), 1364 für die Deutsche Demokratische Partei (DDP) gestimmt, 357 für die Deutsch Nationale Volkspartei (DNVP). 136 wählten Deutsche Volkspartei (DVP), 26 Zentrum (Z) und vier Unabhängige Sozialistische Partei Deutschlands (USPD).

In der neuen Stadtverordnetenversammlung am 23. Februar entfielen elf Stimmen auf die DDP, neun Sitze auf die SPD, zwei auf die DNVP und zwei auf die

Papiernotgeld (B 83/84)

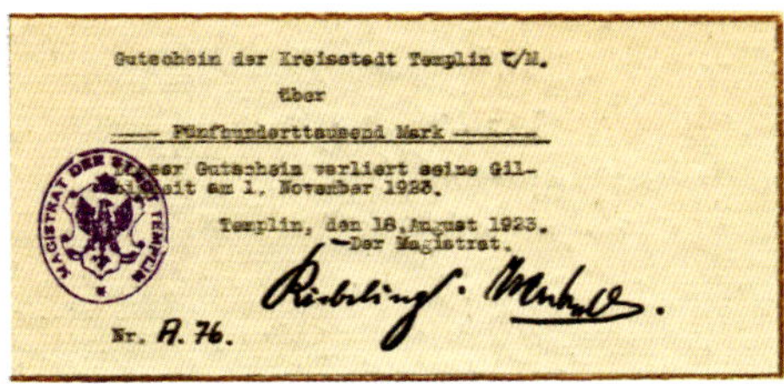

Gutschein der Kreisstadt Templin U/M.

über

Fünfhunderttausend Mark

Dieser Gutschein verliert seine Gültigkeit am 1. November 1923.

Templin, den 18. August 1923.
Der Magistrat.

Nr. A. 76.

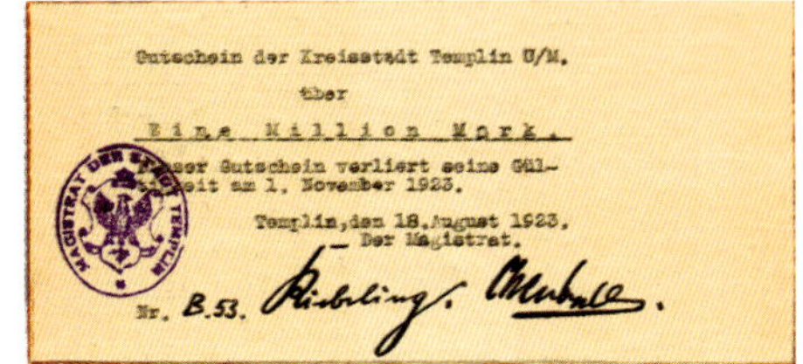

Gutschein der Kreisstadt Templin U/M.

über

Eine Million Mark.

Dieser Gutschein verliert seine Gültigkeit am 1. November 1923.

Templin, den 18. August 1923.
Der Magistrat.

Nr. B. 53.

Templiner Notgeldschecks (B 85/86)

DVP. Stadtverordnetenvorsteher wurde Justizrat Henning, Stellvertreter Schlosser Paul Götting. Zum Bürgermeister wurde Georg Riebeling wiedergewählt. In der folgenden ersten Stadtverordnetenversammlung beschlossen die Abgeordneten, zwei Fraktionen zu bilden, eine demokratische unter Dähne und eine sozialdemokratische unter Götting.

Anlässlich des 1. Mai 1919, der von der neuen Regierung zum gesetzlichen Feiertag erklärt worden war, fand auch in der Stadt eine von der SPD organisierte öffentliche Maifeier unter der Losung „Für Völkerfrieden und Recht" statt.

Nach der Verkündigung des Versailler Vertrages am 28. Juni 1919 protestierten Templiner aus allen Bevölkerungsteilen gegen dessen Bestimmungen und forderten seine Revision. Da Deutschland nur noch eine Armee von 100 000 Mann zugestanden wurde, warb auch die Templiner Tageszeitung für die Reichswehr sowie für den Grenz- und Heimatschutz.

Am 6. Dezember 1919 kehrten die ersten Templiner Kriegsgefangenen zurück. Die Kontrolltätigkeit des Arbeiter- und Soldatenrates wurde am 19. des Monats eingestellt.

Nachdem am 13. März 1920 unter Führung von Kapp-Lüttwitz ein Putsch zum Sturz der bestehenden Verhältnisse und zur Errichtung einer Militärregierung begann, kamen auch nach Templin Reichswehrtruppen und versuchten in der Nacht vom 16. zum 17. März unter Leitung des Gutsbesitzers Belbe aus Hindenburg die Stadt zu besetzen. Doch Arbeiter hatten sich Waffen aus Rheinfeld, Alsenhof und Hindenburg aus Verstecken der Reichswehr geholt, empfingen die Putschisten in der Zehdenicker Straße und entwaffneten diese. Weitere Aktionen wurden wie in ganz Deutschland durch einen Generalstreik unterbunden, zu dem in Templin der Siebener-Ausschuss der SPD aufgerufen hatte.

In diese Zeit der Auseinandersetzungen fiel am 6. April 1920 die Gründung der KPD-Ortsgruppe im „Deutschen Haus" in der Mühlenstraße 23/24. Gründungsmitglieder waren Hermann, Emil und Paul Gienau, Hermann Kroß, Karl und Erwin Ridder, Willi Marquardt, Richard Neukirch, Richard Bröse, Hulda Gienau, Hermann Bennewitz, Karl Wienecke, Hugo Spickermann. Zuspruch fand die Partei vor allem in der Arbeiter- und Sportbewegung. Dem folgte fünf Jahre später die Gründung der Ortsgruppe des „Rotfrontkämpferbundes", einer militärischen Organisation der KPD. Zu den ersten Mitgliedern gehörten Richard Bröse, Ralf Krüger, Erich Gienau, Willi Pangratz und Josef Hinz.

In der Maria-Magdalenen-Kirche waren Anfang des Jahres 1920 zwei neue, in der Glockengießerei Voss & Sohn in Stettin gegossene Bronzeglocken, eine große von 1,1 t, eine kleinere von 0,33 t, geweiht worden.

Nach dem Krieg war Deutschland mit 164 Milliarden Mark verschuldet, Kriegsfolgekosten und Reparationsverpflichtungen belasteten die Wirtschaft, Steuererhöhungen waren nicht möglich. Der neue Staat, die Weimarer Republik, war bankrott. Um das zu verschleiern, wurde Geld in enormem Umfang gedruckt. Damit wurde ein Prozess in Gang gesetzt, der zur Inflation und damit zu einer erneuten Belastung der Bevölkerung führte, da die Preise auf absurde Höhen kletterten.

Diese Belastungen bekamen auch die Templiner zu spüren. Allein 1919 mussten 37 Hausbesitzer ihr Eigentum auf Grund der wirtschaftlichen Lage veräußern. Eine Kommission sollte die Preisbildung und den Verkauf von Lebensmitteln in der Stadt überwachen. Um eine gerechte Verteilung zu gewährleisten, wurden ab Juni wieder Karten eingeführt. Erneut stellte die Stadtverordnetenversammlung mehrmals Gelder zum Ankauf von Lebensmitteln für Bedürftige der Stadt bereit. Seit Beginn des Jahres 1921 setzte eine ständig steigende Teuerungswelle für Fleisch, Butter und Brot ein. Eisenbahnfahrkarten wurden zwar wieder ohne Dringlichkeitsbescheinigung ausgegeben, waren aber immer noch rationiert und galten nur am Verkaufstag. Schon im Oktober stellte die Reichsbahndirektion Stettin den Zugverkehr zwischen Templin und Stettin an Sonntagen ein. Als Reparationsleistung für die Siegermächte mussten 47 Pferdebesitzer ihre Tiere, ähnlich wie bei der Mobilmachung im August 1914, abliefern.

In der Folgezeit kam es immer wieder zu Protestaktionen von Mitgliedern der KPD auf dem Marktplatz gegen hohe Steuern und Preise, insbesondere die Fleischpreise, sowie die Wohnungsnot. Templiner Holzarbeiter streikten für höhere Löhne. Eine im Oktober 1921 extra für den Fleischverkauf eröffnete Verkaufsstelle in der Schulzenstraße 5 (Schinkelstraße) musste wegen der hohen Verluste durch die Stadtverordnetenversammlung wieder geschlossen werden und ist auch unter dem Druck der SPD-Fraktion später nicht wieder geöffnet worden.

Im Sommer 1922 erreichten die Preiserhöhungen einen ersten Höhepunkt. Im Vergleich zu 1913 kostete ein Hühnerei statt 0,05 RM 4,20 RM, ein Pfund Butter

80 statt 1,10 RM, ein Pfund Kartoffeln statt 0,03 RM jetzt 2 RM, ein Liter Milch statt 0,12 RM 6 RM.

1921 verstaatlichte das Deutsche Reich alle schiffbaren Gewässer, die an das Reichswasserstraßennetz angeschlossen waren. Damit verlor die Stadt die Besitzrechte am Templiner Kanal, am Templiner See und an weiteren Seen, insgesamt ca. 600 ha Wasserfläche. Der Lübbesee, der Faule und der Große Mahlgastsee, der Kleine Mahlgastsee, der Große Dolgensee und der Netzowsee blieben Stadteigentum, da sie keine schiffbare Anbindung besaßen.

Um die Not an Kleingeld abzustellen, die Münzen waren bekanntlich während des Krieges eingeschmolzen worden, gaben die Templiner Geschäftsleute Bundfuß, Schraermeyer, Ecker und Huth, Büsch und Rettig sowie andere aus dem Kreis, Mitte 1920 Papiernotgeld im Wert von 25 (zeigte das Schultor) und 50 (zeigte das Mühlentor) Pfennig heraus. Parallel zu diesen Ereignissen wuchs die Inflation. Am 6. Dezember 1922 kostete ein Brot 230 RM, 1 Pfund Weizenmehl 190 RM, am 29. Januar 1923 ein Brot bereits 510 RM. Der Preis hatte sich Mitte Juni schon auf 2400 RM erhöht und im August auf 14000 RM. Wegen Kohlenmangel fielen wöchentlich sechs Züge aus.

Die Inflation erreichte ihren Höhepunkt. Papiergeld konnte nicht mehr schnell genug gedruckt werden, deshalb gaben die Kreissparkasse, mit Unterschrift von drei Kassenbeamten, und die Stadtkasse, mit Unterschrift des Bürgermeister Riebeling und des Ratsherrn Wenzel, so genannte Notgeldschecks heraus. Als auch die Beerdigungskosten drastisch von 100 RM auf Millionenhöhe stiegen, wurde ein „Bestattungsverein für Templin und Umgebung" mit einer Zweckversicherung gegründet. Seit Anfang September stiegen die Brotpreise systematisch von 280000 RM bis auf 13000000 RM. Das Porto für Postkarten im Fernverkehr kostete 5 Milliarden, im Ortsverkehr wurde trotz der hohen Kosten eine Karte für 2 Milliarden (laut Poststempel) verschickt. Aus der früheren Armendeputation entstand das Städtische Wohlfahrtsamt Am Markt 13, in dem man eine Pfandleihe und eine Ankaufsstelle für Gegenstände aus dem Privatbesitz der Not leidenden Bevölkerung einrichtete.

Erst die Währungsreform im Oktober 1923 beendete mit der Einführung der „Rentenmark" die Währungs- und Zahlungsprobleme. Die Bevölkerung konnte die alte Reichsmark in einem Verhältnis von 1 Billion Papiermark zu 1 Goldmark tauschen. Das bedeutete erneut einen riesigen Verlust für die Teile der Bevölkerung, die über keinen Grund-, Immobilien- oder anderen materiellen Besitz verfügten. Durch die Einführung der Rentenmark wurde die Währung stabilisiert. Eine Rentenmark entsprach ¼ Dollar und blieb neben der Goldmark in Umlauf.

Die Templiner Kassenbücher verzeichneten am Jahresende 1923 an Einnahmen 169. 973. 103. 102. 250. 060, 96 RM, an Ausgaben 173. 043. 273. 102. 250. 060, 96 RM und demnach einen Fehlbetrag von 3. 070. 170. 000. 000. 000, 00 RM, der mit 3.070 Rentenmark 17 Pfennig nach 1924 übernommen wurde.

Ende August 1924 deklarierte die Regierung die Reichsmark (= 100 Pfennige) zum gesetzlichen Zahlungsmittel, die Rentenmark zog man ein. Die Scheidemünzen von 1, 2, 5 und 10 Pfennigen blieben in Umlauf. Eine wirtschaftliche Erholung und relative politische Stabilität gab es jedoch nur von 1923 bis 1928.

Ein Versuch zur Schaffung von Normalität in dieser schweren Zeit war auch die im Herbst 1922 eingerichtete Landwirtschaftsschule der Landwirtschaftskammer der Provinz Brandenburg Am Markt 12, im früheren Hotel „König von Preußen". Sie unterstand der Oberaufsicht des Ministeriums für Landwirtschaft, Domänen und Forsten. Je ein Vertreter der Landwirtschaftskammer, des Kreises und der Stadt nahmen die besonderen Interessen der Einrichtung wahr. Aufgabe war es, den Söhnen und Töchtern der bäuerlichen Bevölkerung die Möglichkeit zu geben, sich Kenntnisse für den landwirtschaftlichen Beruf und die Haushaltung anzueignen. In den Sommermonaten wurde die Ausbildung wegen der Feldarbeit ausgesetzt. Auch eine städtische Volkshochschule wurde in dem Jahr eröffnet, die aber bereits Ende 1923 wieder schloss. Das Hotel hatte die Stadt im April 1920 mit Inventar, aber ohne Land, für 280 000 Mark eigentlich erworben, um es zu zehn Wohnungen umzubauen. Trotz der Notzeit wurde 1923 die erste freiwillige Sanitätskolonne gegründet. Sie besaß sogar einen Krankenwagen und war der Vorläufer des DRK in der Stadt.

In der Kirsteinstraße stellte der Magistrat den Zeichensaal des Städtischen Gymnasiums Rentnern und Bedürftigen Mittwoch-, Donnerstag- und Freitagnachmittag als Wärmeraum zur Verfügung. Die zum Polizeigefängnis umgebaute alte Schmiede am Eulenturm wurde im April 1925 übergeben, die oberen Räume konnten Obdachlose, die „Tippelbrüder", nutzen. Zuvor befand sich das Stadtgefängnis in der Fischerstraße beim Pulverturm.

Durch die KPD wurde 1927 das Lager der Roten Jungpioniere „Klim Woroschilow" am Röddelin-See geschaffen.

In diesem Zeitraum stellten die Mitglieder des „Kriegervereins" am 20. April 1921 an die Stadtverordnetenversammlung den Antrag auf Errichtung eines Kriegerdenkmals. Die Abgeordneten stimmten trotz der finanziellen Belastungen diesem Vorhaben für 1 248 000 RM zu. Außerdem wurden 20 Millionen für die Eindeckung des Torganges gebilligt. Vorgeschlagen wurde, einen Heldenhain auf dem Weinberg bzw. eine terrassenförmige Kriegerehrung auf dem Gelände des heutigen Sportplatzes anzulegen. Schließlich wurde ein Entwurf des Baurates Rohr für die Nutzung des Verbindungsganges des inneren und äußeren Prenzlauer Tores als Kreuzgang bestätigt. Die Baukosten konnten verringert werden, da Rohr auf das Honorar verzichtete und sein Architekt Baar die Bauaufsicht unentgeltlich führte. Die Ausführung wurde dem Berliner Bildhauer Prof. Felix Kupsch übertragen. Am 26. Oktober 1924 feierte man die Einweihung des Denkmals zu Ehren der 176 im Ersten Weltkrieg Gefallenen der Stadt, deren Namen auf einer mehrteiligen Gedenktafel aus Dolomitstein eingeschlagen waren. Parallel dazu gestaltete man den Vorhof mit Denkmal, Brunnen und Umrahmung.

Kriegerehrung am Prenzlauer Tor (B 87/88)

1925 war Paul von Hindenburg, Generalfeldmarschall des Ersten Weltkrieges, nach dem Tod von Friedrich Ebert zum deutschen Reichspräsidenten gewählt worden.

Mit einem Fackelzug feierten die in Templin bestehenden Vereine („Ackerbauernverein", „Seglerverein", „Bismarckjugend", „Deutscher Offiziersbund", „Vaterländischer Verein", „Elisabeth-Frauenverein", „Jungdeutscher Orden", "Schützengilde", „Junglandbund", „Kampfgenossenverein", „Kavallerieverein", „Kriegerverein", „Militäranwärterverein", „Nationalverband deutscher Offiziere", „Sängerbund" und „Männergesangsverein Eintracht") dieses Ereignis.

In Erinnerung an den von 1919 bis 1925 amtierenden ersten Reichspräsidenten Friedrich Ebert wurde 1929 in der Prenzlauer Chaussee ein Ehrenmal mit einem Relief Eberts aufgestellt. Spenden dazu kamen vorwiegend von der paramilitärischen Vereinigung „Reichsbanner" der SPD. Den Entwurf fertigte der Bildhauer Blockner aus Berlin. An der Einweihung beteiligten sich auch zahlreiche Teilnehmer aus Berlin. Heute befindet sich an dieser Stelle das 1976 aufgestellte Ernst-Thälmann-Denkmal.

Trotz der großen finanziellen Probleme billigte die Stadtverordnetenversammlung am 8. Juli 1922 den Antrag des „Männer-Turn-Vereins 1862" und des „Viktoria-Fußballklubs 1914" zur Errichtung eines Turn- und Sportplatzes nach Plänen des Stadtbaumeisters Schneider in der Jahnstraße. Auf diesem Gelände befand sich früher eine Kiesgrube, aus der Sand für den Wohnungsbau und den Bau des Joachimsthalschen Gymnasiums entnommen wurde. Später wurde die Kiesgrube als Mülldeponie genutzt.

Bisher lag ein Feldsportplatz an der Schinderkuhle und einer hinter dem Hauptbahnhof. Zum Bau der neuen Anlage wurden vor allem Arbeitslose herangezogen, wodurch die Kosten nur 6 000 RM betrugen.

Das Stadion wurde im Juni 1923 feierlich mit sportlichen Aktivitäten wie Staffellauf, Schauturnen und einem Fußballspiel eingeweiht. Im gleichen Jahr fand auch ein Bezirksturn- und Sportfest des Arbeiter-Sport-Bundes im Stadion statt.

Auch bei der Eröffnung eines städtischen Säuglingsheims und einer Kleinkindschule in leer stehenden Räumen des Elisabethstiftes in der heutigen Kant-

Templiner Stadion (B 89)

straße war die Stadt engagiert. Sie übernahm die Einrichtung, Instandhaltung, Strom- und Wasserkosten. Die Betreuung wurde vom Stift abgesichert. Aus der Höheren Privatschule profilierte sich, wie schon erwähnt, trotz der Belastungen des Ersten Weltkrieges ein Reformrealprogymnasium.

Das Wasserwerk ging 1921 für eine Kaufsumme von 840 000 RM in städtischen Besitz über.

Durch Namensgebung für Straßen ehrten die Stadtverordneten die Verdienste von Mitbürgern. So wurde die Verbindung zwischen Knehdener und Lychener Straße in Jebensstraße umbenannt. Dr. Jebens war Amtsgerichtsrat in Templin und engagierte sich auf dem Gebiet der Armenpflege. Eine der ältesten Straßen, die Diakonatsstraße, wurde zum Gedenken an den Ehrenbürger Pastor Richard Kirstein in Kirsteinstraße umbenannt, die Obere Mühlenstraße erhielt 1929 nach dem ehemaligen Bürgermeister und Ehrenbürger der Stadt die Bezeichnung Paul-Becker-Straße.

1920 erhielt Templin den Status „Kurstadt" und 1929 wurde Templin zum „Luftkurort" ernannt. Der Bankverein Templin eGmbH ließ sich in der Prenzlauer-, der heutigen Ernst-Thälmann-Straße 15 nieder.

Kaufhaus „Bundfuß" 1920 (B 90)

Außerdem nahm man eine Autopostlinie von Templin nach Lychen in Betrieb. 1925 war das Buch „Geschichte der Stadt Templin" von Hans Philipp erschienen.

Die allmähliche Erholung der Stadt belegen auch die weiteren Fakten: Der neu gegründete Wassersportclub Templin (WCT) schuf sich einen Bootshafen mit Bootshaus auf dem Ufergelände des Kinos. Auch eine Tennisabteilung beim „Sportclub Viktoria 1914", der spätere Tennis-Club, wurde im Bürgergarten etabliert. In der Gaststätte „Deutsches Haus" in der Mühlenstraße eröffnete am 23. Mai 1928 das zweite Kino, die „Schauburg".

Kino „Schauburg" (B 91)

Besitzer war Theodor Rettig. Der erste Konsumladen der Stadt empfing in der Rühl-/Ecke Puschkinstraße 1 seine Kundschaft. Am 27. April 1929 erfolgte der erste Spatenstich zum Bau der städtischen Kanalisation. Er wurde durch Arbeitslose ausgeführt. Die Planungen dafür gab es bereits 1910, doch der Ausbruch des Ersten Weltkrieges verhinderte die Umsetzung. Die Kläranlage wurde im Birkenhain mit zwei Dortmundbrunnen angelegt und Mitte 1930 in Betrieb genommen.

Trotz der sich erneut verschlechternden wirtschaftlichen Zustände unterstützte die Stadtverordnetenversammlung zusätzlich Pläne des Landesgerichtspräsidenten und von Vertretern des Justiz- und Finanzministeriums, den Regierungs- und Baurat Rohr mit dem Neubau eines Amtgerichtgebäudes zu beauftragen. Als Standort wurde der Platz gegenüber der Post in der Puschkinstraße gewählt.

Im Sommer des Jahres 1931 beschloss sie auch erneut die Errichtung einer katholischen Kirche und eines Pfarrhauses. Dazu wurde der katholischen Kirchengemeinde ein Teil der Streuberschen Äcker in der Moltkestraße für 7200 Mark unter der Bedingung verkauft, dass innerhalb von vier Jahren der Bau begonnen wird, und dass das für eine Straße benötigte Gelände der Stadt kostenlos zur Verfügung gestellt wird.

Zur gleichen Zeit wurde durch Mietung einer Etage der früheren Stemmwedelschen Zigarrenfabrik Mühlenstraße 1 eine Jugendherberge eingerichtet. Die Miete betrug jährlich 300 Mark, von der Zentrale wurden die Einrichtungsgegenstände bereitgestellt. Die Stadt zahlte 5500 Mark Beihilfe. Es wurden drei Schlafräume mit insgesamt 38 Betten sowie 22 Notbetten eingerichtet. Zur Verfügung standen auch zwei heizbare Tagesräume, Vollverpflegung war möglich.

Gleichzeitig erörterte die Stadtverordnetenversammlung erstmalig die Zusammenlegung des städtischen Gymnasiums mit dem Joachimsthalschen Gymnasium, um Einsparungen zu erreichen. 1932 gab die Stadt das Realreformgymnasium auf und gliederte es ins Joachimsthalsche Gymnasium ein. Gleichzeitig setzte der Magistrat durch, dass das Joachimsthalsche Gymnasium ein neunstufiges Gymnasium führt, das auch von Jungen und Mädchen der Stadt besucht werden konnte. Das städtische Gymnasium wurde langsam abgebaut. Die letzte Reifeprüfung fand dort 1934 statt, am 31. März 1936 wurde diese Schule geschlossen.

Aus Kostengründen lehnte die Stadt auch die Finanzierung von zwei Broschüren anlässlich des 700. Stadtjubiläums, erarbeitet von Forstmeister i. R. Schmidt und Lehrer i. R. Hentschel, ab.

Ende November 1932 eröffnete im Stallgebäude des ehemaligen Gerichtsgefängnisses eine Volksküche der Wohlfahrtsgesellschaft. Die notwendigen Umbauarbeiten wurden von den Erwerbslosen selbst durchgeführt. Essen gab es dort im Winter 1931/32 für 15 Pfennig, später wurde es für 10 Pfennig pro Liter verkauft. Besonders Not leidende Familien und Wanderer von der Landstraße erhielten das Essen kostenlos, im April jedes Jahres wurde die Küche über die Sommermonate geschlossen.

Am „Egelpfuhl" übergab man die Kleingartenkolonie „Zur Sonne" vorwiegend an Bedürftige und Arbeitslose der Stadt.

„Neu Afrika" am Lübbesee

Mit der Unterzeichnung des Versailler Vertrages hatte Deutschland auch die in den 80er Jahren des 19. Jh. erworbenen Kolonien in Afrika verloren. Doch nicht alle wollten diesen Verlust akzeptieren, eine „Deutsche Kolonialgesellschaft" warb in der Zeit der Weimarer Republik für deren Wiederherstellung. Ihren Ausdruck fanden diese Ideen in der Anlage eines Feriendorfes mit Badestelle in Ahrensdorf am Lübbesee. Hier schuf der aus Berlin gekommene Robert Preußner ab 1925 eine Urlauberanlage, die vor allem von Berlinern stark frequentiert wurde. Aber auch für Einheimische war es ein erschwingliches und mit der Bahn gut zu erreichendes Ziel. Preuß-

„Neu Afrika" (B 92)

ner, Angehöriger der Kaiserlichen Schutztruppe in Deutsch-Südwestafrika, baute zunächst sieben Hütten nach dem Vorbild eines afrikanischen Dorfes, in deren Mitte ein „Palaver-Haus" als Treffpunkt stand. Später kamen weitere, einfach eingerichtete Hütten dazu. Dass die Besucher vom eigentlichen Afrika nicht viel wussten, zeigt, dass sie als Indianer verkleidet im Lager lebten.

Templin wuchs aus der Stadtmauer heraus

Auf Grund der Wohnungsknappheit infolge des Zuzugs vieler Umsiedler nach dem Krieg wurde unter Leitung des Bürgermeisters ein Wohnungsamt eingerichtet, mit dem Ziel, leer stehende Wohnungen zu erfassen, eventuell neu zu vermitteln oder zu kleineren Einheiten umbauen zu lassen. Mehrmals stellte die Stadt Geld zum Kauf von Wohnungen bereit. Um Kriegsteilnehmer und Versehrte oder deren Familien zu versorgen, wurde 1920 auf Anregung des „Krieger-Heimstätten-Verbandes" mit dem Wohnungsbau am Hauptbahnhof (zehn Doppelhäuser und sechs Kleinwohnhäuser), damals als Hindenburgsiedlung, heute als Märkisches Viertel bezeichnet, begonnen. Sechs Kleinwohnungshäuser mit zwölf Wohnungen entstanden auf dem städtischen Gelände zwischen der Zehdenicker Straße und der Ziegeleibrücke, außerdem drei Vierfamilienhäuser mit ebenfalls 12 Wohnungen in der Waldstraße.

Des Weiteren begann der Wohnungsbau in der Dargersdorfer Straße. Ende der 20er und Anfang der 30er Jahre kamen weitere Siedlungen in der Fürstenberger und Knehdener Straße dazu. 1927 konnte die Siedlung „Kuckucksheim" der „Land- und Forstarbeiter-Heimstätten-Genossenschaft" bezogen werden. Die „Wohnungsbaugenossenschaft Templin" errichtete in der Heimstraße zehn Doppelhäuser mit zwanzig Wohnungen.

1931 würdigte das Templiner Kreisblatt vom 16. Mai eine am südlichen Hang des Templiner Sees neu wachsende Wohnsiedlung als „Neu-Templin", von der man auf die „alte" Stadtanlage schauen könne. Durch die Gaststätte „Landhaus Laber" war dort auch ein neues Ausflugsziel entstanden. Es fehlte nur eine Brücke als Verbindung zur Stadt, klagten dortige Anwohner. Ein Fußgängersteg mit einer

Waldstraße (B 93)

Ziegeleibrücke mit Siedlung (B 94)

Siedlung „Kuckucksheim“ (B 95)

Pforte, die sich automatisch öffnet, wenn ein „Brückenzoll“, ein Sechser gezahlt war, würde ausreichen, dieses Problem zu beseitigen.

Auf Grund eines Erlasses des preußischen Ministers für Wirtschaft und Arbeit vom 5. Januar 1933 beschlossen die Templiner Stadtverordneten die Errichtung von weiteren dreißig Kleinwohnungen in der Dargersdorfer Straße hinter dem Kuckucksheim. Die Häuser konnten nach drei Jahren als Eigentum erworben werden, wenn 600 RM Eigenkapital vorhanden sind oder Eigenleistungen in selbiger Höhe eingebracht würden. Diese Pläne wurden beim Bau des „Elsternestes“ umgesetzt. Die Stadt zahlte den Anschluss an Wasser und Licht.

Erneuter Krankenhausbau

Der Kreistag beschloss im März 1927 den Bau eines neuen Krankenhauses, da die bisherige Kapazität nicht mehr ausreichte. Die Stadt Templin beteiligte sich mit 100 000 RM unter der Bedingung an den Kosten, dass das neue Gebäude auf dem Gelände des bestehenden Krankenhauses errichtet wird. Die damaligen Stadträte und der Projektant Prof. Baumgarten sahen dabei vor allem die zentrale Lage vor den Toren der Stadt und die verkehrsgünstige Lage in der Nähe des Vorstadtbahnhofes. Beim Neubau mussten deshalb drei Aufgaben bewältigt werden: Abriss des alten Hauses, der sofortige Bau eines Infektionsgebäudes, das die Kranken bis zur Fertigstellung des Haupthauses aufnehmen sollte, und Errichtung des eigentlichen Krankenhauses.

Am 27. Juni 1928 wurde der Grundstein des neuen Kreiskrankenhauses in der Bismarckstraße (Robert-Koch-Straße) gelegt. Zuerst wurde wie vorgesehen ein Infektionshaus in der Elisabeth-, heute Heinestraße, die spätere Frühchenstation

Kreiskrankenhaus 1930 (B 96)

und heutige Praxis für Schmerzbehandlung, gebaut, das die Kranken aus dem alten Haus aufnahm. Dieses wurde im Mai 1929 als Übergangskrankenhaus eröffnet. Das neue Haus wurde nach nur zwanzigmonatiger Bauzeit in Betrieb genommen. Einen Tag vor der offiziellen Einweihung des Krankenhauses wurde die erste Operation in Äther-Narkose, eine Blinddarmoperation, durchgeführt. Am 1. April 1930 konnte die feierliche Einweihung des neuen Krankenhauses mit 102 Betten begangen werden. Die öffentliche Inbetriebnahme des neuen Krankenhauses erfolgte Ende des Monats. Die Baukosten beliefen sich auf 1 531 000 RM. Leiter des alten Krankenhauses war Kreisarzt Medizinalrat Dr. Meyer, das neue Haus übernahm Dr. Schröder, der das Haus nach seinen Vorstellungen ausstattete und bei schwierigen Fällen auch Kollegen wie Prof. Dr. Sauerbruch konsultierte. Durch die leitende Oberschwester Käte Charzinski wurde das Desinfektiondmittel Chloramin eingeführt. 1931 gewann man durch Ausbau des Dachgeschosses vier Schwestern- und ein Mädchenzimmer.

Diese positive Entwicklung für die Stadt wurde durch den Ausbruch der Weltwirtschaftskrise im Oktober 1929 erneut beeinträchtigt.

Es kam wieder zu einer Verschlechterung der Lebensbedingungen. Aufrufe an die Bevölkerung, Wäsche und Kleidung für Bedürftige zu spenden, wurden veröffentlicht. Gleichzeitig nahmen die nationalistische Propaganda und die politischen Auseinandersetzungen schärfere Formen an, wie auch die Gründung neuer Vereine und Parteien bewies („Deutscher Ostbund“, Ortsgruppe der „Deutsch-Nationalen-Volkspartei“).

Historischer Festumzug 1932 (B 97/99)

1932 – Ein Doppeljubiläum wurde gefeiert: Das 700-jährige Bestehen der Stadt und die 100-jährige Gründung des Männergesangvereins

Pläne zur Feier des 700. Stadtjubiläums hatte es schon 1930 gegeben, aber die Stadt hatte kein Geld. So kündete lediglich ein Plakat „1230-1930“ am Rathaus anlässlich einer Tagung des Märkischen Forstvereins vom 700-jährigen Bestehen der Stadt. Am letzten Tag betonte der Bürgermeister Riebeling in seiner Ansprache, dass die Veranstaltung unter dem Motto „700 Jahre Stadt Templin - 700 Jahre Stadtwald“ stehe und gleichzeitig eine Geburtstagsfeier der Stadt und ihres Waldes bedeute, da eine Jubiläumsfeier aus wirtschaftlichen Gründen nicht begangen würde. Über das 700. Stadtjubiläum wurden Broschüren von Forstmeister i. R. Schmidt und Lehrer i. R. Hentschel zu 50 Pfennig verkauft.

Als 1932 die 100-jährige Gründungsfeier der beiden Sängervereine „Eintracht“ und „Sängerbund“ bevorstand, vereinbarte man, beide Jubiläen gemeinsam zu begehen. Im Vorfeld der Festivitäten weihten Einwohner und Gäste am 21. August den Parisius-Platz mit Gedenkstein im Bürgergarten am Schützenhaus ein. Auf der Vorderseite der Stele waren eine Lyra und der Rückseite die Inschrift: “Sänger-

Luftbild 1930 (B 100)

Am Markt 1930 (B 101)

Am Markt (B 102)

bund Eintracht 1832/1932“ eingearbeitet. Zuvor hatte anlässlich seines 90. Geburtstages eine Gedenkfeier stattgefunden.

Am 24. August fand der große Festumzug statt. Dabei zogen festlich geschmückte Wagen der Templiner Innungen durch die Straßen. Dazu gehörten die Fahrzeuge der Schuhmacher, der Schneider mit einem Brautzug, der Schmiede und der Böttcher. Letztere wurden von lustigen Wäscherinnen begleitet, und die Zimmerer saßen auf einem riesigen Kiefernstamm. Dabei waren auch der Wagen des Ackerbürgervereins, der Sparkasse und des Gastwirtsvereins mit eigener Kapelle. Außerdem der Männerturn- und der Kahlkopfverein, die Freiwillige Feuerwehr mit alten Spritzen, Wagen und Löschmannschaften. Beteiligt waren auch die Schlosser mit einem großen Vorhängeschloss, die Schützengilde mit Armbrüsten und einer Böller-Kanone und viele andere. Am Abend gab es im „Seebad“ ein Konzert der Vereine.

Diese Feierlichkeiten waren der letzte Ausdruck von Normalität. Templin widerspiegelte das Bild einer idyllischen märkischen Kleinstadt, hatte sich als Schul- und Beamtenstadt sowie Urlaubsort etabliert. Durch den Kreisstadtstatus waren auch viele Verwaltungsbereiche angesiedelt. Hier lebten viele Beamte aus Verwaltung und Schulen, Kleinbürger aus Handwerk und Handel sowie Ackerbürger. Arbeiter fanden sich vor allem in der Land- und Forstwirtschaft und den kleinen Betrieben.

Der Magistrat unter Bürgermeister Riebeling hatte trotz der finanziellen Probleme mit Umsicht zum Wachstum und auch zum sozialen Ausgleich beigetragen. Da keine großen Industriebetriebe in Templin angesiedelt waren, gab es auch nicht so

Am Markt (B 103)

Am Markt (B 104)

Am Markt (B 105)

Am Markt 1910 (B 106)

Mühlenstraße (B 107)

Prenzlauer Straße (B 108)

hohe Arbeitslosenzahlen wie zum Beispiel in Zehdenick. Im Stadtkern, vor allem rund um den Marktplatz, lagen zahlreiche Cafés, Restaurants und Hotels. Außerhalb der Stadtmauern boten das „Postheim“, „Neu Afrika“, der „Fährkrug“ und das Ausflugslokal „Klosterwalder Wassermühle“ den Einheimischen und Besuchern gepflegte Gastlichkeit.

Mühlenstraße (B 109)

Prenzlauer Straße (B 110)

Obere Mühlenstraße (B 111)

Prenzlauer/Ecke Werderstraße (B 112)

Werderstraße um 1920 (B 113)

Templin in der Zeit des Nationalsozialismus 1933-1945

Auch in Templin wirkten sich die verschärften Spannungen, bedingt durch den verlorenen 1. Weltkrieg und die daraus resultierenden Bedingungen des Versailler Vertrages und die folgende Inflation, ideologisch aus.

Der Aufstieg der Nationalsozialisten

Die 1920 in Deutschland gegründete NSDAP hatte in Templin erstmals 1924 bei den Wahlen zum Reichstag Widerhall gefunden. Auch hier hinterließen Not und Unzufriedenheit ihre Spuren.

Bereits im Oktober 1927 wurde in der Stadt eine NSDAP-Gruppe mit sieben Mitgliedern unter Führung des Kaufmannsgehilfen Herbert Eggert und 1930 eine SA-Gruppe unter W. C. Günther gegründet. Die Ortsgruppe wurde dem Kreisleiter der NSDAP Otto Schläfke unterstellt. Zur Propagierung der nationalsozialistischen Ideen trat mehrmals Dr. Decker, Generalarbeitsführer des Freiwilligen Arbeitsdienstes, ab 1940 stellvertretender Führer des RAD aus Berlin, in der Stadt auf.

Seit 1930 führten die Nationalsozialisten einen Wahlkampf, wie man ihn in Deutschland bisher noch nicht erlebt hatte. Mit ihren nationalistisch-antisemitischen Parolen mobilisierte die NSDAP viele Bürger. Unter Einfluss der ausgebrochenen Weltwirtschaftskrise, und einer nie zuvor gekannten Massenarbeitslosigkeit und Verelendung der Bevölkerung, war das Vertrauen in die Weimarer Republik schwer er-

schüttert. Demokratie und Parlamentarismus hatten in den Augen vieler versagt. Mit der Absetzung der sozialdemokratischen Regierung in Preußen im Juli 1932 fiel die bis dahin stärkste Stütze der Demokratie. Hatte die NSDAP deutschlandweit bei den Wahlen zur Nationalversammlung erstmals im Mai 1924 einen Stimmenanteil von 7 Prozent, erreichte sie im Juli 1932 bereits 37 Prozent. Einen Anstieg hatte auch die KPD zu verzeichnen, während die bürgerlichen Parteien und die SPD verloren.

In Templin erhielt die NSDAP im Mai 1924 bei den Wahlen zur Nationalversammlung noch keine Stimme, aber die notwendig gewordene zweite Wahl im Dezember des gleichen Jahres brachte bereits 101 Stimmen. Bei den Wahlen 1930 waren es bereits 696, und im Juli 1932 stimmten sogar 2325 Bürger für die Nationalsozialisten.

Im Vorfeld der Wahlen erschien am 24. August 1930 ein öffentlicher Aufruf der NSDAP und lud unter dem Thema „Dein eiserner Besen Hitler zeigt Euch den Weg“ zur Versammlungsteilnahme am 30. August ein. Vermehrt fanden jetzt öffentliche Versammlungen der Nationalsozialisten statt. Im September gründeten Templiner Frauen die Templiner Ortsgruppe des „Deutschen Frauenvereins des Roten Hakenkreuzes“. Weitere Ortsgruppen der nationalsozialistischen Organisationen folgten. Bis 1932 gab es ca. 200 NSDAP-Mitglieder, die vorrangig aus der Mittelschicht stammten und Frauen waren.

Als im November 1932 in Deutschland der Stimmenhöhepunkt der NSDAP beendet war und die KDP mehr Stimmen gewann, war in Templin ein gleiches Ergebnis zu verzeichnen. Der Stimmenanteil der NSDAP ging auf 1738 zurück, die SPD bekam 1280, die KPD 407 (höchster Stand).

Als der Reichskanzler Schleicher im Januar 1933 eine Militärdiktatur errichten wollte, wurde er zum Rücktritt gezwungen. Am 30. Januar 1933 übertrug Reichspräsident Paul von Hindenburg das Kanzleramt an Adolf Hitler.

Die Ortsgruppe der NSDAP organisierte einen Fackelzug anlässlich dieser Ernennung mit anschließender Feier im Parteilokal Otto Reiche in der Ringstraße 2, am heutigen Beethovenplatz.

Unter Ausnutzung des Reichstagsbrandes vom 27. Februar 1933 wurde die „Verordnung zum Schutz von Volk und Vaterland“ erlassen, die Terror und illegales Vorgehen gegen politische Gegner ermöglichte und die Zeit bis zu den Reichtagswahlen am 5. März bestimmte.

Zur Vorbereitung der Wahlen begann auch in Templin eine umfangreiche Wahlpropaganda. An den folgenden Reichstagswahlen nahmen in der Stadt 93% der Wahlberechtigten teil. Dabei entfielen auf die NSDAP 2695 Stimmen, auf die SPD 1065, auf die KPD 289, das Zentrum 58, die Nationalpartei 807 und die Deutsche Volkspartei 73 Stimmen. Die Stimmen für die Nationalsozialisten kamen vor allem von Klein- und Mittelständlern, nicht von den Arbeitern und Arbeitslosen. Das beweisen auch die Stadtverordnetenwahlen vom 12. März, bei denen nur vier von 25 NSDAP-Kandidaten Arbeiter waren.

Das Ermächtigungsgesetz vom 24. März, das den Reichstag ausschaltete, übertrug

Hitler und den Nationalsozialisten durch die Zustimmung der bürgerlichen Parteien die unumschränkte Macht. Da die Gesetze jetzt auch von der Verfassung abweichen durften, waren Parlamentarismus und Gewaltenteilung beseitigt. Unmittelbar nach den Reichstagswahlen kam es zur Gleichschaltung der Länder, wodurch ihre Selbständigkeit aufgehoben wurde. Die staatlichen Einrichtungen wurden ebenfalls „gleichgeschaltet", häufig ausgeschaltet. Reichsweit begann der Abbau der Demokratie.

Nationalsozialistische Machtausübung

Durch Verordnung vom 4. Februar 1933 waren die bisherigen Gemeindevertretungen aufgelöst und Neuwahlen angeordnet worden. Auf der Liste für die Stadtverordnetenversammlung am 12. März waren NSDAP, SPD, KPD, Kampffront Schwarz-Weiß-Rot, eine Bürgerliche Vereinigung für Beamte und Pensionäre und eine Personengruppe Kase eingetragen.

Die Abstimmung brachte der NSDAP 2002 Stimmen und damit zehn Sitze, der SPD 846 Stimmen mit vier Sitzen. Für die NSDAP zogen Dr. Gerhardt Riedel (Rechtsanwalt und Notar), Wilhelm Eberhardt (Ackerbauer), Hermann Krämer (Arbeiter), Fritz Oeltjen (Landwirtschaftsrat), Karl Witzke (Kreisbaumeister), Ernst Gaede (Bauingenieur), Walter Marczinzik (Kaufmann), Karl Neumann (Schlächtermeister), Fritz Bredow (Regierungsbauobersekretär) und Otto Reiche (Gastwirt) in die Stadtverordnetenversammlung ein. Die SPD-Sitze erhielten Adolf Freiberg (Schlosser), Wilhelm Tornow (Maurer), Ernst Grensing (Zimmerer), Wilhelm Perlwitz (Schlosser).

Bürgermeister Riebeling führte die neu gewählten Stadtverordneten noch feierlich ein. Er selbst wurde als Nichtparteimitglied durch NSDAP-Kreisleiter Otto Schläfke am 1. November kommissarisch abgelöst, ab 1. März 1934 war dieser offiziell Bürgermeister.

Als Stadtverordnetenvorsteher fungierte Dir. Marczinzik, Stellvertreter wurde Ernst Gaede, Schriftführer Bürodiener Schulz und sein Stellvertreter Bethke. Beigeordneter des Magistrats waren Dr. Riedel, Wiesenbaumeister Witzke, Molkereiverwalter Sinner, Gastwirt Reiche (NSDAP), Revierförster Kreikenbohm (Schwarz-Weiß-Rot), Willi Perlwitz (SPD). Außerdem wurden die Ausschussmitglieder bestimmt. Da dazu keine Wahlen stattfanden, verzichtete die SPD auf einen Sitz.

Auf der folgenden NSDAP-Versammlung wurde neben zahlreichen Neuaufnahmen bekannt gegeben, dass in Kürze nur noch Mitglieder aus der HJ und dem BdM aufgenommen werden. Außerdem seien alle Parteigenossen verpflichtet, ihre Kinder in die nationalsozialistischen Organisationen zu schicken. Laut „Templiner Zeitung" vom 2. April würden in dieser zukünftig keine Veröffentlichungen jüdischer Bürger und Kaufleute mehr erscheinen. In diesem Zusammenhang gab es auch Schmierereien am „Friedrich-Ebert-Denkmal".

Schon kurze Zeit nach dem Machtantritt Hitlers begannen im Februar und März 1933 NSDAP-Mitglieder und SA-Leute in ganz Deutschland gegen Juden massive Verleumdungs- und Diskriminierungskampagnen und Gewaltakte auszuüben.

Bereits am Abend des 10. März 1933 wurde ein Schild am jüdischen Geschäft „Nordstern", einer Filiale der Handelskette „Nordstern", die von der jüdischen Gemeinde im Kreis verwaltet wurde, heute Ecke Berliner Straße/Am Markt, mit der Aufschrift „Deutsche kauft in deutschen Geschäften und nicht bei Juden" aufgehängt. Durchgeführt und bewacht wurde diese Aktion von der SA. Damit war man in Templin dem offiziellen Boykottaufruf jüdischer Einzelhandelsgeschäfte für den 1. April in ganz Deutschland schon zuvorgekommen. Am kommenden Tag berichtete die Templiner Zeitung, dass die „Nordstern-Filiale" freiwillig geschlossen hätte.

Wie in ganz Deutschland wurde auch in Templin der 1. Mai als „Tag der Arbeit" mit einem großen Aufmarsch gefeiert.

Nach Diskussionen und Anfeindungen in der Stadtverordnetenversammlung legten die SPD-Mitglieder am 6. Mai 1933 ihre Mandate nieder, die Nachfolgekandidaten nahmen kein Mandat an. Die „Templiner Zeitung" kommentierte am nächsten Tag, dass „das Parlament jetzt Marxisten rein sei". In den Folgetagen lösten sich die Ortsgruppen der anderen Parteien in Templin auf.

Auf der Grundlage der „Reichstagsbrandverordnung" begann die Errichtung von Konzentrationslagern auch in unserer Region, zuerst in Oranienburg und später des Frauenkonzentrationslagers in Ravensbrück. Es kam zu ersten Verhaftungen in der Stadt. Die Brüder Krüger, Marquardt und Porten wurden unter dem Verdacht kommunistischer Tätigkeit in Schutzhaft genommen. Sie sollten in ein Konzentrationslager überführt werden. Der Arbeiter Wilhelm Ruwoldt war ins KZ Oranienburg eingewiesen worden. In den Akten des Potsdamer Landeshauptarchivs hieß es dazu: „Gegen den Arbeiter W. Ruwoldt aus Templin, zur Zeit Gut Lichtenstein, habe ich heute wegen Arbeitssabotage und Aufreizung anderer zu solcher, Schutzhaft und seine sofortige Einlieferung ins KZ Oranienburg angewiesen. Gez. Dr. Reitzenstein, Landrat."

Ebenso wie in anderen deutschen Städten wurde auch von der Templiner Stadtverordnetenversammlung der Beschluss gefasst, führenden Nationalsozialisten die Ehrenbürgerschaft zu verleihen. Angetragen wurde diese Reichskanzler Adolf Hitler, Reichsminister Göring, dem Reichstagsabgeordneten Dr. Decker und Reichspräsidenten Paul von Hindenburg. In Dankschreiben stimmten die Genannten zu. (56)

Am 2. Mai 1934 wurde die Ehrenbürgerschaft an obige Politiker vergeben. Hermann Neef, ein gebürtiger Templiner und damals Vorsitzender des Deutschen Beamtenbundes, erhielt diese 1938 ebenfalls. In Zuge der Verleihung der Ehrenbürgerwürde kam es auch zu Straßenumbenennungen. Die Prenzlauer Allee ab Sportplatz wurde in Hermann-Göring-Allee, die heutige Friederike-Krüger in Walter-Mientkewitz-Straße umbenannt. Bereits am 10. Mai 1933 hatte der heutige Beethoven-Platz die Bezeichnung Horst-Wessel-Platz erhalten.

Die erste Stadtverordnetenversammlung nach der politischen Wende 1989 distanzierte sich offiziell von diesen Ehrenbürgern.

Im Gesetz über den Neuaufbau des Reiches vom 1. Februar 1934 wurde bekannt gegeben, dass die Stadtverordnetenversammlung in Gemeinderat umbenannt wurde, dessen Vorsitzender automatisch der Bürgermeister war. Die Sitzungen waren nicht mehr öffentlich, die Gemeinderatsmitglieder konnten sich zu einzelnen Tagesordnungspunkten zwar äußern, aber der Bürgermeister hatte die Entscheidungsgewalt. Aufgabe der Gemeindevertreter war nur noch, den Gemeindeleiter zu beraten und dessen Entschlüsse der Bevölkerung zu vermitteln bzw. deren Probleme dann dem Leiter zu unterbreiten. Ab Januar 1936, nach Ende der Festigungsphase, waren die Gemeinderatssitzungen wieder öffentlich. Der Templiner Gemeinderat bestand nur noch aus zehn Mitgliedern. Neben dem Bürgermeister Schläfke waren das Dr. Walter Isbary (Arzt), Hermann Eberhard (Landwirt), Fritz Landwehr (Bauunternehmer), Josef Koller (Schneidermeister), Hermann Krämer (Bahnarbeiter), Fritz Oeltjen (Landwirtschaftsrat), Otto Reiche(Gastwirt), Karl Witzke (Wiesenbaumeister), Walter Lehmann (Buchhalter und gleichzeitig Ortsgruppenleiter der NSDAP). Dazu kamen der älteste Führer der SA und der SS. Die Bevölkerung wurde durch eine neu eingerichtete kommunale Pressestelle über die Gemeinderatssitzungen informiert.

Vom Reichsministerium des Inneren wurde in einem Runderlass die bevorzugte Einstellung von bewährten Vertretern der nationalen Erhebung in die Stadtverwaltung angeordnet. Damit wurde begonnen, den Staatsapparat wie auch alle geistigen, sozialen und wirtschaftlichen Funktionen mit zuverlässigen Staatsdienern zu durchdringen. In Templin wurden ab Juni 1936 die Beamten der Stadtverwaltung zur Mitgliedschaft in der NSDAP genötigt.

Durch ein System von oben gesteuerter Organisationen wie NS-Lehrerbund, NS-Frauenbund und anderen wurde das gesamte gesellschaftliche und geistig-kulturelle Leben durchdrungen. Die Bevölkerung wurde zur Volksgemeinschaft erklärt. Die Mitgliedschaft in der DAF (Deutsche Arbeitsfront) war Voraussetzung für die Staatsbürgerschaft und diese für einen Arbeitsplatz. Besonderes Interesse widmete die NSDAP der Jugend, die in der Hitler-Jugend zusammengefasst und geschult wurde. Das gesamte Pressewesen wurde vom Reichspropagandaministerium uniformiert, was sich auch im „Templiner Kreisblatt“ und anderen Publikationen widerspiegelte.

Das Deutsche Reich wurde in fünf Gaue geteilt, Templin gehörte zum „Kurmarkgau“. Weitere Maßnahmen zur Herausbildung der „Volksgemeinschaft“ und „Uniformierung folgten. So waren bereits der 1. Mai zum „Tag der Arbeit“ und Hitlers Geburtstag zu Feiertagen erklärt worden. Vereine und Organisationen wurden unter Kontrolle und Leitung der NSDAP gestellt bzw. neue Organisationen geschaffen. Es gab keine Absicherung der Schwächeren durch Tarifvereinbarungen, Versicherungsschutz, Altersvorsorge oder Betriebsräte.

Anfang Juni wurde zur besseren Kontrolle und Organisation die Stadt in Zellen eingeteilt. Die vom Kreisleiter bestimmten Zellenleiter kontrollierten die sogenannten Blockwarte, und diese wiederum die einzelnen Haushalte. Am 8. Juni eröffnete die Ortsgruppe der NSDAP offiziell eine Geschäftsstelle in der Rühlstraße 3, Anfang August erfolgte ein Umzug ins Zentral-Hotel-Reiche in der Ringstraße. Führungskräfte waren bzw. wurden durch später geschaffene Ämter: Ortsgruppenleiter – Lehmann, später Schnitzlein, Kassenwart – Dietrich, Ortsobmann – Mallwitz, Schulungswart – Bredow, Deutsche Arbeitsfront – Chylek, Deutsche Angestelltengesellschaft – Wolf, NS-Handwerks-, Handels- und Gewerbeorganisation – Schmidt, BdM-Untergauführerin – Lemke, HJ-Führer – Herm/Wichmann, Jungvolk – Försterling, Reichsluftschutzbund – Gesche, KdF – Müller, NS-Frauenschaft – Hucke, später Metgen, ab 1939 Schläfke, NS-Beamtenbund – Frommhold, Ortsbauernführer – Eberhardt, Winterhilfswerk – Saß.

Die Mitte August gebildete Luftschutzortsgruppe wuchs innerhalb eines Jahres von 22 auf rund 1700 Mitglieder. Sie schulten Luftschutzwarte, legten Schutzräume fest und ließen entsprechende Hausböden räumen. Außerdem führten sie Aufklärungskampagnen unter der Bevölkerung durch. Ein Verstoß gegen die Anordnungen war strafbar.

Der Zulauf wird besonders in den zunehmenden Aufnahmeanträgen für die NSDAP und deren Organisationen und vor allem für die SA deutlich. Junge Männer konnten so der Motor-SS, der Motor-SA oder der Reiterstandarte sowie dem Fliegersturm beitreten. Die Bauern des Stadtgebietes und der anderen Dörfer waren in der Gruppe des „Reichsnährstandes“ zusammengefasst. Kreisbauernführer war der Gutsbesitzer Belbe aus Hindenburg.

Auch um die Ansiedlung eines Arbeitslagers des Reichsarbeitsdienstes bewarb sich die Stadt. Dafür wurde anfangs das Gebäude des bisherigen Reformrealgymnasiums in der Kirsteinstraße genutzt. Dann kaufte die Stadt in der Nähe des Wirtschaftshofes des Gutes Ludwigshof Landparzellen von der Sparkasse zur Einrichtung des neuen Arbeitsstammlagers der Uckermark.

1935 wurde der Studienrat Hans Philipp zum Archivpfleger des Kreises benannt, das heißt, er war verantwortlich für das gesamte Schriftgut, soweit es sich nicht in staatlicher Verwaltung befand, und beriet auch private Besitzer. Im Oktober 1938 erschien ein Aufruf an die Bevölkerung zur Mitarbeit an einer Chronik für die Stadt Templin. Dazu sollten dem Chronikleiter Walter Blankenburg Schriftstücke, Urkunden, Bilder und Fotos, Angaben über vorgeschichtliche Funde, Gebäude, Flurbezeichnungen, Chroniken von Handwerk und Handel, Aufzeichnungen über die Zeit vor und nach der Eisenbahneröffnung, Kirchenbauten und Kirchenfeste, Friedhöfe, Vereinsarbeit, Feste und Volkskunst zugearbeitet werden. Des Weiteren gehörten Ereignisse und Schlachten des ersten Weltkrieges, Lebensläufe von Gefallenen, Gefangenschaft, Heimkehr und Nachkriegszeit dazu und es wurden Notgeldscheine und Briefmarken sowie Informationen über die Zeit der Machtübertragung benötigt. Das Material werde, wenn es nicht gespendet würde, zurückgegeben. Zusätzlich wurden an alle Haushalte Fragebögen ausgeteilt.

Wie schon während des Ersten Weltkrieges und der Weimarer Republik waren in der NS-Zeit Sparmaßnahmen Programm, weil die NS-Regierung Hunger unbedingt verhindern wollte. So fand bereits ab Oktober 1933 auch in Templin das Winterhilfswerk statt. Als besondere Form wurden „Abende der Volkswohlfahrt" durchgeführt, an denen in den Lokalen Eintopfessen ausgegeben wurden, und die Familien zu Eintopfsonntagen auch zu Hause aufgefordert. Es fanden Listensammlungen für Spenden von Kartoffeln, Getreide, Lebensmitteln, Holz und Kohle statt. Zur weiteren Hebung des WHW wurde in Gaststätten beim Eintopf ein Getränkeaufgeld von 5 Pfennig, auf sonstige Speisen von 10 Pfennig erhoben. Außerdem zahlte man in den Geschäften einen „Zwillingspfennig", d.h. für jede Mark Umsatz einen Pfennig. Ihren augenscheinlichen Gegenwert fanden die Spenden in den Türplaketten, die nach Zahlung einer Mindestspende als Quittungen und Kontrollmarken ausgegeben wurden und zur besseren Kontrolle durch den Blockwart an der Außenseite der Haustür anzubringen waren. Die ehrenamtlichen Magistratsmitglieder verzichteten zur Entlastung der Stadtkasse auf ihre Aufwandsentschädigung. Im November wurden erstmalig für die minderbemittelte Bevölkerung Speisefette und Haushaltsmargarine verbilligt verkauft, auf der Straße und in Lokalen fanden Sammlungen statt. Den 8. Dezember erklärte man zum Tag der nationalen Solidarität.

Der von den Nationalsozialisten angeprangerten Wirtschafts- und Soziapolitik der Weimarer Republik mit ihrer in deren Endzeit extrem hohen Arbeitslosigkeit folgte jetzt ein System staatsmonopolistischer Regulierungsmaßnahmen, das der ökonomischen und moralischen Kriegsvorbereitung diente. Arbeitsintensive Projekte wie Autobahnausbau, monumentale Parteibauten, massive Wiederingangsetzung der Schwerindustrie, aber auch ein großes Wohnungsbauprogramm sowie die Verdrängung der Frauen aus der Arbeitswelt verringerten in einer ersten Stufe die Arbeitslosigkeit.

Einschneidend waren die ab Mai 1934 erfolgende Einführung eines Pflichtjahres für Mädchen sowie die ab Januar 1935 durchgeführte Einberufung der jungen Männer zum Reichsarbeitsdienst (RAD) und die ab Mai 1935 eingeführte Wehrpflicht, zunächst für ein, ab 1936 für 2 Jahre. Parallel zum Aufbau der Wehrmacht verlief die konsquente Entwicklung der Rüstungsindustrie, insbesondere der Bau von Panzern, Kampfflugzeugen und Kriegsschiffen. Der im August 1936 festgelegte Vierjahresplan zielte nach einer geheimen Denkschrift auf die wirtschaftliche Autarkie Deutschlands und die Schaffung seiner Kriegsfähigkeit. Unter Beibehaltung von noch aus der Zeit der Wirtschaftskrise stammenden Minimallöhnen wurde der Konsum der Bevölkerung trotz der ab 1937 erstmals erreichten Senkung der Arbeitslosigkeit auf unter 1 Million insgesamt niedrig gehalten. Bereits jetzt und später zunehmend wurde deutlich: Die Arbeitsbeschaffung zielte nicht auf Stärkung der Verbrauchsgüterindustrie, sondern eindeutig auf Steigerung der Rüstungsproduktion. Zahllose Bauvorhaben, einschließlich des Wohnungsbaues, wurden alsbald dem umfangreichen Bau von Kasernen für die neue Wehrmacht geopfert. Es zeigte sich bereits vor 1939 deutlich: Die Ziele des Nationalsozialismus bestanden von Anfang an in der Verbreitung seiner verbrecherischen Ideologie durch Unterwerfung anderer Völker und der „Gewinnung von Lebensraum im Osten".

Für die Masse der Bevölkerung war die Lebenssituation scheinbar sicherer geworden. Es existierte zwar noch Arbeitslosigkeit, aber da sie weiter abnahm, wurde sie nicht mehr als so gravierend empfunden. Die Preise begannen sich, wenn auch auf höherem Niveau, zu stabilisieren. Zusätzlich wurden Reichsverbilligungsscheine für bestimmte Waren und Kinderbeihilfen für bedürftige Familien ausgegeben.

Dass diese Propaganda wirkte, zeigten die Reichtagswahlen 1936 im März. In einem Aufruf in der „Templiner Zeitung" hieß es dazu, dass kein Volksgenosse bei der Großen Wahlversammlung fehlen darf und auch Krankheit oder Gebrechlichkeit eine Teilnahme nicht verhindern dürfen. So wurde dann ein Abstimmungsergebnis bei nur einer Wählerliste, der NSDAP, weit über dem Durchschnitt des Reiches verzeichnet.

Auswirkungen des Antisemitismus

Das Jahr 1938 brachte die Radikalisierung der Nazis in der Judenfrage, denn nun gingen sie zu offener Gewalt über. In ganz Deutschland brannten dann die Synagogen in der Nacht vom 9. zum 10. November 1938 nach einem Attentat auf den deutschen Botschafter in Paris. Jüdische Geschäfte wurden zerstört und 26 000 Juden in Konzentrationslager verschleppt.

In der Provinz Brandenburg lebten 7 616 Juden, ihr Anteil an der Bevölkerung betrug 0,28 Prozent. Trotz dieses geringen Bevölkerungsanteils waren antisemitische Einstellungen gesellschaftlich weit verbreitet. Der Ausschluss der Juden aus der „Volksgemeinschaft" konnte deswegen in aller Öffentlichkeit vollzogen werden.

Jüdisches Leben in Templin

In Templin sind Juden seit dem 13. Jahrhundert nachweisbar. Schon 1320 hatten die Pommernherzöge Otto und Wladislaw der Stadt das Recht über die privilegierten Juden übertragen, die sonst dem Markgrafen selbst unterstanden. Sie besaßen das Stadtrecht und galten als Bürger, mussten aber einen Besitz von 10 Mark Silber nachweisen. Templin erhielt davon die sonst dem Markgrafen zustehende Steuer. Die Juden waren wirtschaftlich sehr bedeutsam, da sie allein Geld auf Zinsen ausleihen durften, was den Christen durch die Kirche verboten war. Die jüdischen Einwohner waren den Christen gleichgestellt und mussten gleich den Bürgern Lasten und Abgaben tragen. Der Schutz der Stadt erstreckte sich wie bei allen Bürgern auch auf Übergriffe durch markgräfliche Beamte.

Im 15. Jh. belegen Quellen, dass die Templiner Juden die Urbede, eine Grundsteuer, an den Landvogt zahlen mussten. Das Schiedsgericht über die jüdischen Einwohner hatte der Rabbiner der Synagoge, sonst unterstanden sie städtischen Gerichten. In der Zeit der neuzeitlichen Judenverfolgung wurden sie zeitweise

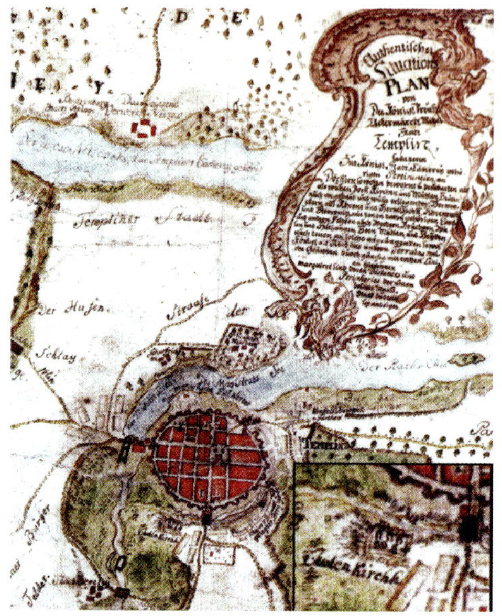

Gemarkungskarte von 1760 (K 7)

auch aus Brandenburg vertrieben. *So erließ Kurfürst Joachim I. am 24. Mai 1503 die Weisung, dass alle Juden bis zum 24. September des Jahres die Kurmark verlassen mussten. Dieser Befehl wurde am 10. Dezember 1509 aufgehoben und gestattete eine dreijährige Aufenthaltsgenehmigung, die jedoch schon 1510, verbunden mit gewaltsamen Ausschreitungen, erneut außer Kraft gesetzt wurde. Erst 1543 ließ Kurfürst Joachim II. wegen Geldproblemen erneut Juden ins Land kommen. Nach dem 30-jährigen Krieg, der die Mark Brandenburg besonders betroffen hatte, erlaubte 1671 Kurfürst Friedrich Wilhelm 50 aus Wien vetriebenen jüdischen Familien in der Mark Brandenburg zu siedeln, da sie für den Wiederaufbau der Wirtschaft durch Geld- und Pfandleihgeschäfte unentbehrlich waren.*

Eine dieser wohlhabenden Wiener Familien wurde auch in Templin ansässig. *Um der Vermehrung der so genannten „Schirmjuden" entgegenzuwirken, durfte sich bisher immer nur ein Sohn aus jeder Familie ansiedeln. Aber 1769 gestattete der preußische König den märkischen Juden ein zweites Kind gegen bestimmte Auflagen, um erneute wirtschaftliche und finanzielle Defizite zu überwinden.*

Für Templin wies Friedrich II. an, dass die 1764 gegründete, aber unrentabel arbeitende Strumpf- und Mützenfabrik durch die märkische Land-Judenschaft mit dem Recht auf ein zweites Kind 1769 übernommen und dauerhaft zu betreiben sei. Wie bereits verwiesen, lebten die jüdischen Familien laut Stadtplan von 1725 im Hindenburgschen Viertel in der Berliner Straße/Ecke Am Markt. Die Straße vom Markt 16 bis zur Rühlstraße war die Judenstraße.

Auf der Gemarkungskarte der Stadt von 1760 war erstmals ein jüdischer Friedhof von 600 qm Größe verzeichnet, was beweist, dass die jüdische Gemeinde beträchtlich gewesen sein muss. Deshalb wurde die Fläche 1811 auch nochmals vergrößert. 1810 lebten 31 Juden in der Stadt, 1840 waren es 30.

Die Stein-Hardenbergschen Reformen legten fest, dass alle jüdischen Bewohner als Einländer und preußische Staatsbürger zu betrachten sind. Politisch waren Juden trotzdem nicht gleichberechtigt, sie durften keine öffentlichen Ämter ausüben, waren aber steuerpflichtig und wurden zum Armeedienst herangezogen. Bezüglich des Schulwesens beschloss die preußische Regierung, dass jüdische Kinder ebenfalls eine Schulpflicht einzuhalten haben und bei Fehlen einer jüdischen Schule diese eine christliche zu besuchen hätten. Lehrmaterial und Qualifikation der Lehrer sollten gleich sein. Laut einer Schulvisitation vom 23. Juli 1812, mit welcher der Superintendent Neumann beauftragt war, gab es in der Stadt eine eigene jüdische Schule, die zu dieser Zeit von fünf Kindern besucht wurde.

1812 lebten Mendel Samuel, Zander Mendel, David Isaak, Michael Wolff, Abraham Salomon, Mendel Jacobs, David Hirsch, Schullehrer Moses Benjamin Gotthelff, Hirsch Moses, Abraham Jacob und Bär Jacob mit ihren Familien in der Stadt sowie die unverheirateten Fromme Moses, Sara Jacobs und die Dienstmagd Golde Moses. (57)

1868 konnte auch die jüdische Gemeinde den Grundstein für ein Gotteshaus im Hinterhof der Berliner Straße 9 legen. Das Grundstück hatte die jüdische Gemeinde von der Witwe des Juden Macholf Wolff am 3. November 1866 geerbt. Testamentarisch war festgelegt, dass das Grundstück sowie dazu gehörender Besitz in das Eigentum der Stadt übergeht, wenn kein Jude mehr in Templin lebt. Im „Templiner Kreisblatt" vom 15. April 1868 hieß es dazu: „Templin, den 6. April. Heute wurde auf dem der jüdischen Gemeinde durch Erbschaft zugefallenen Wolff'schen Grundstücke in der Königsstraße der Grundstein zu einer neuen Synagoge gelegt und in derselben ein großes Glas versenkt, welches eine kurze chronologische Übersicht der hiesigen jüdischen Gemeinde, die statistische Darstellung des Templiner Kreises aus dem Jahre 1863, sowie verschiedene currente Münzen enthielt. Es hatten sich außer den männlichen Gliedern der jüdischen Gemeinde auch andere Einwohner bei der Feier beteiligt. Herr David hielt eine kurze Ansprache, in welcher er hervorhob, dass die Gemeinde, wenn sie sich heute in der erfreulichen Lage befindet zum Bau eines würdigen Gotteshauses zu schreiten, dies der besonderen Huld und Gnade Sr. Majestät unseres Königs verdanke, welcher die Annahme des von der letzten Besitzerin geschenkten Grundstückes huldreich gestattet haben, und schloss mit einem Hoch auf den geliebten König, in welches alle Anwesenden freudig einstimmten."

Die Juden in Templin waren zu dieser Zeit wohlhabend, es gab unter ihnen Mühlen- und Ziegeleibesitzer, Pferdehändler, Kaufleute, Produktenhändler und einer war sogar Rittergutsbesitzer.

Nach der Gründung des Deutschen Reiches 1871 hatte sich erneut eine antisemitische Stimmung entwickelt, was zur Abwanderung jüdischer Familien führte. 1884 wohnten 32 Juden hier. Als die notwendigen zehn Männer für einen Gottesdienst nicht mehr in der Stadt lebten, schlossen sich 1898 die Templiner, Lychener und Zehdenicker Gemeinden zusammen, verwalteten aber ihr Vermögen getrennt. So hatte 1910 die Gemeinde nur noch 13 Mitglieder, davon vier in Templin, drei in Lychen und sechs in Zehdenick. Deshalb nutzten diese nun gemeinsam die Templiner Synagoge. 1922 fand auf dem Templiner Friedhof mit der Beerdigung des Juden Stavenhagen die letzte Beisetzung statt. 1925 lebten nur noch fünf Juden in der Stadt. Wegen weiter sinkender Mitgliederzahlen wurde der Synagogengottesdienst ganz eingestellt und dieses Gebäude am 28. März

1928 an die Gemeinschaft der Sieben-Tage-Adventisten zur Abhaltung von Versammlungen für religiöse Zwecke und Werbevorträge vermietet.

Aus den Quellen geht hervor, dass bis 1934 noch eine jüdische Familie, Familie Kohn, in der früheren Synagoge gewohnt hat, die im Dezember desselben Jahres auswanderte. Damit lebte nur noch eine Jüdin, Franziska Koeppen, geborene Pinkus in Templin. Sie arbeitete als Weißmacherin (Stickerin) und wohnte mit ihrer Familie Am Markt 4. Sie wurde am 1. Dezember 1898 in Templin geboren, und wohnte später in der Mühlenstraße 28. Sie heiratete 1918 den Techniker Emil Koeppen, die Tochter Ruth wurde am 27. Mai 1919 geboren. Der Vater, Alexander Pinkus, war bereits am 17. Januar 1911 gestorben, ihre Mutter Helene am 27. September 1914. Beide sind auf dem jüdischen Friedhof in Berlin-Weißensee beigesetzt. Alexander Pinkus besaß ein Textilgeschäft am Markt 2, das er 1906 an den Kaufmann Hannemann veräußerte. Ihre vier verheirateten Schwestern sind bereits 1926 ausgewandert, und über die USA nach Tel Aviv übergesiedelt.

Nach der Machtübernahme der Nationalsozialisten wurde die Bevölkerung durch Vorträge zur Vererbungslehre, Romanfortsetzungen auch in Templiner Zeitungen und Filmvorführungen ständig aufgehetzt. Emil Koeppen verlor 1933 bereits seine Arbeitsstelle als Techniker und wurde aufgefordert, sich von seiner jüdischen Frau zu trennen. Wie schon aufgezeigt, begann die öffentliche Hetzkampagne in Templin bereits Anfang März 1933 mit der Aufforderung, nicht in jüdischen Geschäften einzukaufen. Am 28. Februar 1934 bot man in einer Zeitungsannonce Bücher und Zeitschriften für die Unterrichtung über die Rassen- und Gesellschaftsbiologie an. Gleichzeitig wurde verkündet, dass Material zur Rassenlehre in keiner Bibliothek fehlen dürfe. Im November des gleichen Jahres wandte sich Emil Koeppen an den Magistrat und erinnerte daran, dass 1866 das Grundstück in der Berliner Straße testamentarisch in den Besitz der Templiner jüdischen Gemeinde gekommen war und bat darum, Bestrebungen des Zehdenicker Vorsitzenden, des Warenhausbesitzers Paul Moses, dieses Grundstück zu veräußern, zu unterbinden.

In der Templiner Zeitung erschien am 11. September 1935 nach der Veröffentlichung der „Nürnberger Gesetze“ ein Artikel, dass Deutsche und Juden ab dem kommenden Jahr nicht mehr gemeinsam in eine Schule gehen dürften. Da die Tochter der Familie Koeppen im Joachimsthalschen Gymnasium durch ihre Lehrer und Mitschüler als „Halbjüdin“ ausgegrenzt wurde, brachte man sie zu einer befreundeten Familie nach Berlin. Der Ehemann, Emil Koeppen, wurde noch mehrmals aufgefordert seine Frau zu verlassen.

Wiederholt wurde auch versucht, den Jüdischen Friedhof zu beseitigen bzw. aufzukaufen. So stellte der Leiter der Kreisbauernschaft Templin, M. Belbe, am 5. Mai 1936 folgenden Antrag: „Der jüdische Friedhof grenzt an das von der Landesbauernschaft gekaufte Grundstück Bahnhofstraße 31. Ich habe mir nun diesen sogenannten Friedhof angesehen und habe feststellen müssen, dass dort ein wüstes Durcheinander herrscht. Ich kann als Anlieger diesen polizeiwidrigen

Zustand nicht dulden, da ich beabsichtige auf dem gekauften Gelände einen Versammlungsplatz herzustellen. Ich beantrage daher, dass dieser Friedhof eingezogen wird mit der Begründung, in Templin wohnt ja kein Jude mehr und beantrage, dass der Kreisbauernschaft der Grund und Boden übereignet wird. Heil Hitler! Gez. M. Belbe". (58) Die geplante Anlage einer Versammlungsstätte wurde abgelehnt. Das spätere Vorhaben einer städtischen Gartenanlage scheiterte an fehlenden Geldmitteln. Auf Anweisung des Regierungspräsidenten Potsdam vom 20. Juli 1940 wurde der Friedhof auf Grund eines Gutachtens des Gesundheitsamtes Templin schließlich doch geschlossen, und darunter ein Luftschutzbunker angelegt.

Im Oktober 1937 stellte der Friseurmeister Erich Malingriaux den Antrag zum Kauf des Grundstücks der jüdischen Synagoge sowie des dazu gehörigen Ackerbesitzes bei Neu Placht, eines Stücks Wiese in Buchholz und einer Torfwiese. Gleichzeitig bewarb sich auch der Malermeister Paul Peter um das Grundstück. Daraufhin legte das Katasteramt den Preis für das Grundstück auf insgesamt 13 400 Reichsmark fest. Es wurde an den Friseurmeister Malingriaux für 11 500 RM veräußert. Das Geld für den Verkauf wurde genau wie das Sparguthaben der jüdischen Gemeinde, insgesamt 12 929,88 RM, durch die Gestapo beschlagnahmt.

Noch vor dem Verkauf im Oktober 1938 wurde das Synagogengebäude bereits im März 1938 angezündet, obwohl es nicht mehr als Gebetshaus diente, sondern schon als Wohnraum genutzt worden war. Es wurde aber nicht zerstört, obgleich Löscharbeiten durch Einwohner der Stadt behindert wurden. Wie schon 1933 war es zu diesem vorauseilenden Gehorsam gekommen. Beteiligt war die Templiner SA-Standarte 443. Das genaue Datum ist weder aus der damaligen Presse noch einem Feuerwehrbericht zu entnehmen. Auf dem Friedhof wurden nach den deutschlandweiten Novemberpogromen die Grabsteine umgestürzt und das Gelände verwüstet.

Auf Grund einer Anordnung durch den Templiner Bürgermeister musste bis zum 22. Mai 1939 eine Übersicht zu den jüdischen Einwohnern und deren Besitzverhältnissen erstellt werden. In diesen Unterlagen war Franziska Koeppen jedoch nicht erwähnt. Aber im Adressbuch der Stadt wurde sie 1937 und 1938 noch als Weißnäherin Am Markt 4 genannt. Wahrscheinlich wurde sie durch einen Verwaltungsbeamten zu dieser Zeit geschützt.

Mit Ausbruch des Krieges trat die Judenfrage in ein neues Stadium. Die Juden wurden nun als innere Feinde betrachtet, denen Stück für Stück alle Lebensgrundlagen entzogen werden sollten.

Im Januar 1944 wurde Franziska Koeppen von einem Templiner denunziert und nach einem Selbstmordversuch ins KZ Theresienstadt deportiert. Sie überlebte und kehrte im Mai 1945 nach Templin zurück. Inzwischen war ihr Mann Emil Koeppen an Herzkrämpfen am 12. März 1944 verstorben, ihre Tochter Ruth verstarb am 7. Mai in Berlin 1945 infolge von Kriegseinwirkungen. Sie wurde auf

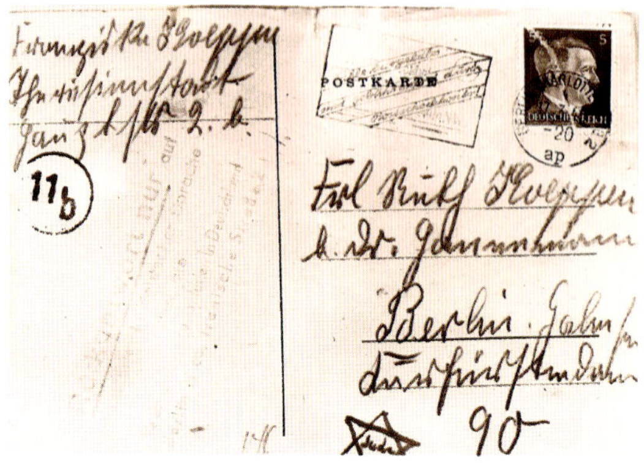

Karte aus dem Konzentrationslager an die Tochter Ruth (B 114)

Jüdischer Friedhof in den 60er Jahren (B 115)

Wunsch ihrer Mutter nach Templin überführt. Bis zu ihrem Tode 1954 lebte Franziska Koeppen in Templin und wurde neben ihrer Tochter in der Bahnhofstraße auf dem Sankt-Georgen-Friedhof beigesetzt.

Ein Gedenkstein in der Berliner Straße am Haus Nr. 9 von 1988, dem 50. Jahrestag der Reichspogromnacht, wurde nach der Wende von den neuen Eigentümern aus Furcht vor Schmierereien entfernt (Er liegt heute im Stadtarchiv). In Erinnerung an die Nazibarbarei wurde daraufhin am 30. Juni 1999 in Anwesenheit des Bildungsministers des Landes Brandenburg, des Landesrabbiners, des Bürgermeisters und zahlreicher Bürger der Stadt am „Berliner Tor" ein Gedenkstein im Gehsteig eingeweiht. Eingelassen sind die Worte: „Zur Erinnerung an die jüdische Synagoge in der Berliner Straße".

Anlässlich des 70. Jahrestages der Reichspogromnacht von 1938 wurde ein Gedenkstein auf dem Gelände des jüdischen Friedhofes am Poetensteig, ebenfalls durch Schüler des Templiner Gymnasiums unter Leitung von Holger Losch mit der Inschrift: „Dieser Ort erinnert an die jüdischen Bürger Templins. Ihre Namen gerieten durch Schändung und Ignoranz in Vergessenheit." enthüllt.

„Erstmals nach 90 Jahren ertönten auf dem jüdischen Friedhof von Templin wieder jüdische Gesänge", schrieb die „Templiner Zeitung" zur feierlichen Einweihung des wiederhergestellten jüdischen Friedhofs am Poetensteig am 30. Oktober 2011. An diesem Tage wurde der Friedhof nach umfassender Sanierung in Anwesenheit von Vertretern des Zentralrates der Juden in Deutschland, Rabbiner Tovia Ben Chorin, des Templiner Bürgermeisters, des Vorsitzenden der Stadtverordnetenversammlung, Templinern und Gästen eingeweiht. Die Inschrift der auf einem

Gedenkstein am Berliner Tor (B 116)

großen grauen Gedenkstein befestigten Bronzetafel „gibt wenigstens einem Teil jener jüdischen Bürger ihren Namen zurück, die in der dunkelsten Zeit deutscher Geschichte durch Schändung und Ignoranz in Vergessenheit gerieten", so die abschließende Veröffentlichung zu diesem Ereignis. (59) Neu angelegt wurde die Friedhofsmauer mit Eisenzaun und repräsentativem Eingangstor. Der Weg und die Grünflächen wurden neu gestaltet. Der Friedhof wurde wieder zu einem „guten Ort", wie der Architekt Dr. Joachim Jacobs betonte.

Jugend und Schule in der NS-Zeit

Neben der Gleichschaltung der Länder, Städte und Gemeinden wurden auch Familie, Schule und Freizeit durch die Schaffung der „Volksgemeinschaft" im nationalsozialistischen Sinne ausgestaltet. Besonders intensiv kümmerten sich die Nationalsozialisten um die Jugend, sie sollte die Ideen verankern und fortsetzen. Genutzt wurden insbesondere außerhalb von Schule und Elternhaus die Jugendorganisationen. Zum Alltag gehörten Feierstunden, Schulungen, Heimabende. Mädchen hatten die Chance dem Elternhaus zu entfliehen, und konnten als BdM-Führerinnen neben den Jungen gleichberechtigt aufsteigen.

Auch in Templin wurden die Jugendorganisationen „Deutsches Jungvolk" und „Hitlermädel" für die Zehn- bis Vierzehnjährigen, „Hitlerjugend" und „Bund deutscher Mädchen" für die 14- bis 18-Jährigen geschaffen. Die Eltern wurden durch Veröffentlichungen in der „Templiner Zeitung" 1935 aufgefordert, die Jungen in die Hitlerjugend eintreten zu lassen. Der Beitrag und die Uniform würden für mittellose Eltern gestellt. So wurden die Organisationen immer mehr zum Mittelpunkt des gesellschaftlichen Lebens. Vor allem die Jungen wurden fast täglich zum Dienst beordert, dafür konnte sogar Unterricht ausfallen und es gab hausaufgabenfreie Tage. Auch die Organisation von Fahrten und Zeltlagern, Lagerfeuern und Heimabenden vermochte zu begeistern. Für das Jungvolk wurde 1937 in der Berliner Straße ein Jugendheim eingerichtet. Bereits am Ende des Jahres erhielten die Mitglieder des „Bundes deutscher Mädchen" (BdM) Räume im Kirsteinhaus zur Verfügung gestellt, das „Jungvolk" erhielt damals Zimmer in der Jugendherberge.

1936 wurde die HJ zur Staatsjugend erklärt und damit war die Mitgliedschaft Pflicht.

Auch die Templiner Schulen und Heime wurden in das nationalsozialistische System integriert.

In der Schule wurden zwei Sonderstunden für die nationalsozialistische Erziehung eingeführt. Nichtarische Schüler nahmen nicht teil. Dabei wurde dem neu geschaffenen NS-Lehrerbund eine besondere Rolle zugewiesen. Im Januar 1935 wurde das Fach Rassenkunde und Vererbungslehre verbindlich.

Neben inhaltlichen gab es an der Bürgerschule auch strukturelle Veränderungen. So richtete man mit Schuljahresbeginn 1937 an der Bürgerschule höhere Klassen ein, um die mittlere Reife zu ermöglichen. Dazu wurde ab Klasse fünf eine erste und ab Klasse sechs eine zweite Fremdsprache eingeführt. Aber am 1. April 1938 wurden diese Klassen aus finanziellen Gründen durch eine NS-Schulreform wieder aufgehoben und die Mittelschule von Klasse fünf bis zehn eingeführt, die zur höheren Beamtenlaufbahn und zu Fachschulbesuchen berechtigte. Schüler, die die Oberschule besuchen wollten, belegten in der zehnten Klasse zusätzlich das Fach Latein. Die Oberschulzeit wurde auf zwölf Klassen verkürzt. Die Leitung wurde dem damaligen Rektor Peter übertragen. Nach seiner Berufung zum Schulrat übernahm 1940 Erwin Gesche die Schule. Ein 1928 geplanter Oberschulzweig am Joachimsthalschen Gymnasium als weiterführende Schule nach Verlassen der Bürgerschule wurde nicht realisiert. Ab Ostern 1932 wurde das Reformrealgymnasium der Stadt ins Gymnasium integriert, da die Kosten für Templin nicht mehr tragbar waren. Da auch das Joachimsthalsche Gymnasium durch Krieg und Inflation geschädigt war, kam man überein, die städtischen Realschulklassen stufenweise zu übernehmen. Zusätzlich wurden jetzt zu Griechisch und Latein auch Englisch und Französisch angeboten. Außerdem wurde ein Realkurs eingerichtet, der mit der mittleren Reife endete. Diese Schüler brauchten im Gegensatz zu den Alumnatsschülern keine Aufnahmeprüfung abzulegen. Die Lehrer wurden übernommen und von der Stadt bezahlt.

Das Joachimsthalsche Gymnasium wurde nun ebenfalls im Zeichen der faschistischen Ideologie und der Wehrertüchtigung geführt, die Umwandlung in eine NAPOLA-Schule (Nationalpolitische Lehranstalt) konnte jedoch verhindert werden. Anfang 1944 übernahm Dr. Hans Bauer vom bisherigen Direktor Hertzberg die Einrichtung. Dieser gestaltete das Joachimsthalsche Gymnasium zur Deutschen Heimschule unter der Zuständigkeit der SS um. Das bedeutete die Auflösung der Familienalumnate, die Aufteilung der Gymnasiasten in Hundertschaften sowie Abschaffung des Religions- und Griechischunterrichts. Stattdessen wurde Japanisch durch S. Shionara von der Botschaft unterrichtet.

In der Zeit des Nationalsozialismus existierten in Templin die Kinderheime „Neuhof“, „Waldhof“ und das Säuglings- und Kinderheim im Elisabethstift weiter. Die Heime wurden der NS-Volksfürsorge unterstellt und in das politische System integriert. Sie dienten nun zur Disziplinierung. Mangelnde Konformität wurde als Verwahrlosung interpretiert. Die Belegung des Kinderheims „Neuhof“ erfolgte weiterhin aus Berlin, die Verwaltung und Versorgung ebenfalls.

Für den „Waldhof“ brachte die Zeit des Nationalsozialismus ebenfalls Veränderungen und großes Leid. Der damalige Leiter, Pfarrer Grüber, wurde entlassen und der neue Heimleiter Dr. Ing. Buschmann, ein überzeugter Nationalsozialist, versuchte das Heim zu einer nationalsozialistischen Vorzeigeeinrichtung und Mustererziehungsanstalt zu machen. Er war es auch, der im Jahre 1938 zwischen 40 und 50 Jugendliche im Kreiskrankenhaus sterilisieren ließ. Schlimmeres konnte durch den damaligen Vorstandsvorsitzenden, Superintendenten Dr.

Buchholz, verhindert werden. Herauszuheben ist in diesem Zusammenhang der Mut der Kuratoriumsmitglieder, die den Heimleiter deshalb noch im gleichen Jahr entließen. Zwischenzeitlich übernahmen zwei Angestellte die Leitung. Der Nachfolger wurde Direktor Pietsch. Er verhinderte die weitere Integration in die nationalsozialistischen Erziehungsvorgaben.

Die „Forstschule“ übernahm das Berufserziehungsamt der Deutschen Arbeitsfront, um sie der so genannten neuen Berufsausbildung anzupassen.

Das Gebäude des früheren Reformrealgymnasiums in der Kirsteinstraße (Kantstraße) nutzte zum Teil die Berufsschule, die Räume in der Mitte und an der Nordseite wurden für Zwecke der NSDAP, als so genannte „Schulungsburg“, requiriert.

Bautätigkeit

Bereits in der Zeit der Weimarer Republik geplante Baumaßnahmen wurden Mitte der 30er Jahre u. a. zur Senkung der Arbeitslosigkeit umgesetzt. So wurde am 22. September 1935 die Katholische Kirche in der Moltkestraße durch Bischof Graf von Preying eingeweiht. Beim Bau verzichtete man auf Glocken, da man deren Verlust in einem Krieg befürchtete.

Auf Anordnung der Gestapo durften bei der Kirchweih die Kirchenfahnen nicht offen mitgeführt werden, sondern mussten eingerollt bleiben. Den 1931 gewünschten Bau einer Brücke vom Weinberg zur Innenstadt über den Kanal ließ der Rat 1937 im Zeitraum vom 5. April bis 9. Mai durch das Pionierbatallion 23 aus Spandau realisieren. Die „Pionierbrücke“ war 108 Meter lang, 6 Meter breit und als zweispurige Fahrbrücke ausgelegt. Ein Jahr später wurde die Beleuchtung installiert.

Vor dem Brückenbau beförderte der Bootsbauer Feldner für fünf Pfennig Leute zur anderen Kanalseite, vor allem badefreudige Kinder zur „Schinderkuhle“. Auf Grund einer Zwangsversteigerung erwarb die Stadt im gleichen Jahr den Weinberg für 30 100 Reichsmark, um dort für die Öffentlichkeit eine Erholungsanlage zu schaffen. Wegen Platzmangels im Kreishaus und um die Sicherheit zu gewährleisten, wurde ungeachtet finanzieller Probleme am 30. März 1937 der Neubau eines Kreissparkassengebäu-

Katholische Kirche (B 117)

Bau der Pionierbrücke (B 118)

des beschlossen. Dazu sollte das Haus 12 in der Berliner Straße/Ecke Schinkelstraße abgetragen und bei Erhalt der Außenfassade ein neues Gebäude errichtet werden. In dem Haus hatte bis dahin der Kaufmann Pomian sein Geschäft, davor gehörte es dem Gemischtwarenhändler Brüsch. Die Baupläne fertigte Prof. Baumgarten, der auch das Templiner Krankenhaus entworfen hatte. Der Umzug in das historisch renovierte Fachwerkhaus erfolgte am 18. Januar 1941 anlässlich des 120-jährigen Bestehens der Sparkasse in Templin.

Der Bau des auch schon in der Weimarer Republik geplanten Amtsgerichtsgebäudes wurde im Oktober 1935 von Reichsjustiz- und Preußischem Finanzministerium genehmigt. 1937 konnte das unter der Bauaufsicht von Bau-Regierungsrat Fleischmann geschaffene neue Amtsgericht in der Puschkinstraße seiner Bestimmung übergeben werden.

Am Neubau wurde eine „Roland"-Figur vom Berliner Bildhauer Felix Kupsch

Kreissparkasse (B 119)

Amtsgericht (B 120)

Stadtbad (B 121)

angebracht. In der linken Hand trug er einen Schild mit dem brandenburgischen Adler, in der Rechten ein erhobenes Schwert. Damit erhielt auch Templin das Wahrzeichen, über das viele Städte schon seit Langem verfügten. Bekanntlich waren der Stadt bereits 1320 das Marktrecht und die Gerichtsbarkeit garantiert

Templinansicht um 1930 (B 122)

worden. Doch das äußere Zeichen, ein Roland, fehlte bisher. 1937 begann auch die Anlegung eines Flugplatzes bei Ahlimbsmühle als Verbindungsflugplatz für Hermann Göring nach „Carin Hall". Am Ende des Krieges war er Luftwaffenstützpunkt, ab 29. März 1945 diente er zur zusätzlichen Stationierung von Kampfflugzeugen. Im gleichen Jahr konnte auch das neue Stadtbad eingeweiht werden.

Da sich in den Jahren 1934 bis 1937 im Krankenhaus eine große Raumnot abgezeichnet hatte, plante der frühere Projektant Prof. Baumgarten im März 1939 einen notwendigen Anbau für zusätzliche 50 Betten. Die Erweiterungsbauten einschließlich eines Luftschutzkellers waren 1940 beendet. Am 19. Januar 1939 begann über Arbeitsbeschaffungsmaßnahmen der Ausbau der Bahnhofstraße. Gleichzeitig setzten Verschönerungsarbeiten am Berliner Tor ein.

Am Ende des Jahres 1938 befanden sich folgende Behörden und Institutionen in der Stadt:
Das Amtsgericht, Finanzamt und Zollamt in der Bismarckstraße (Robert-Koch-Straße) 4 c; das Katasteramt in der Bismarckstraße 10; Hochbauamt Königsstraße (Pestalozzistraße) 22; Kirchenkasse Propsteistraße (Martin-Luther-Straße) 7; Kreiskrankenhaus Bismarckstraße; Landratsamt in der Arnimstraße (Prenzlauer Allee), Magistrat im Rathaus und Stadthaus Am Markt 13; Postamt in der Strahlstraße (Puschkinstraße).

Außerdem wurden fünf über Templin fahrende Zuglinien beschrieben:
Das waren die Strecke über Löwenberg-Oranienburg nach Berlin, die Strecke Eberswalde-Berlin-Stettin, die Linie nach Lychen-Fürstenberg-Neustrelitz-Stralsund und die nach Prenzlau und Stettin oder zu den Ostseebädern sowie die Verbindung nach Fürstenwerder.

Die Stadt war immer noch Ziel vieler Urlauber. Im ersten Halbjahr 1937 zählte Templin 3470 Kurgäste mit 17053 Übernachtungen. Wiederholt wurde die Templiner Bevölkerung aufgefordert, Quartiere für die Urlaubsorganisation „Kraft durch Freude" anzumelden. So konnte der Templiner Fremdenverkehrsverein 1939 sogar eine 97-%ige Steigerung der Besucherzahlen gegenüber 1934 vermelden, wobei auch Kuraufenthalte bei Mutter- und Kindkuren sowie die Kinderlandverschickung eingerechnet wurden.

Positiv wirkte auch ein Aufruf Hitlers am Anfang des Jahres, den Tourismus auszubauen. Er forderte im Mai 1939 dazu auf, leer stehende Zimmer für Touristen zur Verfügung zu stellen. Damit gaukelte er den Massen friedliche Zeiten vor, die es gar nicht mehr gab.

Neues Stadtwappen

Eine Urkunde des Oberpräsidenten der Provinz Brandenburg befugte die Stadt ab dem 21.11.1936 zum Führen eines neuen Stadtwappens und einer Stadtfahne.

Grundlage war ein Stadtsiegel aus dem 14. Jh. und das Siegel eines Gildebriefes der Garnwebergilde aus dem 17. Jahrhundert. Das Stadtwappen zeigt den roten brandenburgischen Adler mit goldenem Schnabel und goldenen Fängen auf silbernem Feld mit grünen Kleeblättern, das die Stadt heute noch führt. Die genehmigte Fahne, ein Banner in einem oberen weißen Quadrat mit dem Wappenadler und im unteren Teil der Länge nach rot-weiß-rot, kam nicht zur Ausführung. Auch der Kreis Templin erhielt in diesem Zuge ein neues Wappen.

Stadtwappen (B 123)

Die Vorzeichen des Krieges

Im Posterholungsheim löste sich die Ferienidylle in der NS-Zeit schon teilweise auf, als militärische Ausbildungskurse einsetzten. Im Winter 1934/35 und 1935/36 wurde der Postschutz dort untergebracht. Jeweils 300 Postbeamte wurden militärisch ausgebildet. Bereits seit August 1937 begann über den Luftschutzbund der Verkauf von Volksschutzmasken.

Am Beginn des Jahres 1938 wurde ein Wehrmeldeamt für den Kreis Templin in der Hermann-Göring-Allee (Prenzlauer Allee) 11 eingerichtet.

Aus finanziellen Gründen wurde die Jugendherberge geschlossen. Männer, die nicht wehrdiensttauglich waren, mussten als sozialen Ausgleich eine Wehrsteuer zahlen. Ein Preisvergleich im August 1937 und 1938 zeigte ein leichtes Ansteigen der Preise für einzelne Lebensmittel wie Fisch, Gemüse, Obst und Kleidungsstücke in der Stadt.

In der Presse wurde die vor- und nachmilitärische Ausbildung ab 1. Oktober 1938 angekündigt, was bedeutete, dass für die vormilitärische Erziehung Jungwehrmachten gegründet werden sollten.

Nach der Besetzung Österreichs erfolgte auf Grund des Münchner Abkommens der Einmarsch ins Sudetengebiet. Auch in Templin wurde gefeiert, dass ohne militärische Gewalt Gebiete ans „Reich“ angegliedert wurden.

Bereits Ende September waren im Postheim 1100 Flüchtlinge, Frauen und Kinder aus dem Sudetengebiet eingewiesen worden. Die Versorgung mit Lebensmitteln, vor allem mit Bettwäsche, sicherte man über zusätzliche Kontingente ab. Mitte Oktober kehrten die Sudetendeutschen zurück.

Um die Bevölkerung trotz der zunehmenden wirtschaftlichen Belastungen an sich zu binden, wurde im Januar 1939 ein „Templiner Ehrenbuch“ im Schützenhaus ausgelegt. Für kinderreiche Familien sollten Maßnahmen für die Wohnungsbeschaffung ausgedehnt werden, und es wurden ihnen Verbilligungsscheine für Speisefette ausgereicht. Ab 1939 wurde kinderreichen Müttern das „Ehrenkreuz der deutschen Mutter“ verliehen. Im Kreis Templin erhielten mehr als 1500 Frauen diese Auszeichnung. Templiner Kinder verschickte man im Austausch in Kindererholungsheime. Im „Seglerheim“ richteten die NS-Volksfürsorge und die NS-Frauenschaft für berufstätige Mütter einen Kindergarten ein. In einem Bericht des „Templiner Kreisblattes“ vom 22. Februar 1939 hieß es: „Die Aktionen des Winterhilfswerks 1938/39 wurden durch Weihnachtspaketspenden ausgebaut, die Templiner packten 675 Pakete, wovon 570 in der Stadt verteilt wurden. Dabei wurden sowohl Lebensmittel als auch Kleidungsstücke gespendet.“ Die Weihnachtspakete mussten durch die Blockwarte eingesammelt werden, die dadurch auch Einsicht in die Privatsphäre erhielten und Kontrollen durchführen konnten. Zusätzlich wurden in den Monaten Oktober, November 1938 sowie Januar, Februar und März 1939 sogenannte Pfundspenden an Lebensmitteln und Bargeld gesammelt. Im Dezember und im Januar organisierte das WHW für Kinder eine kostenlose Kinovorstellung in der „Schauburg“, für die Erwachsenen gab es Winterkonzerte.

Templin im Zweiten Weltkrieg

Mit dem Überfall Hitlerdeutschlands auf Polen begann am 1. September 1939 der Zweite Weltkrieg.

Bei Ausbruch des Krieges war die Bevölkerung in Erinnerung an den erst kürzlich verlorenen Ersten Weltkrieg betroffen und entsetzt, folgte aber gefasst und ohne Murren dieser gefährlichen Eskalation der nationalsozialistischen Politik. Schnell schlug die Stimmung aber auf Grund der ersten Siege und damit verbundener Eroberungen in Begeisterung und Siegestaumel um.

Bis zum Beginn der alliierten Bombardements nach dem Eintritt der USA in den Zweiten Weltkrieg im Dezember 1941 gelang es den NS-Machthabern, die Belastungen für die Bevölkerung in Grenzen zu halten, um Streiks und innere Unruhen, wie sie am Ende des Ersten Weltkrieges stattfanden, zu verhindern. Nicht zuletzt auch durch die enormen Gebietsgewinne gelang es anfangs, die Zufuhr an Rohstoffen und Lebensmitteln ins Deutsche Reich zu steigern. Rücksichtslos wurden Produktion und Ressourcen aller besetzten Gebiete für die Bedürfnisse der deutschen Kriegswirtschaft eingesetzt.

Trotzdem waren auch die Templiner vom ersten Kriegsjahr an von Einschränkungen betroffen. Bereits seit dem ersten Kriegstag wurden Lebensmittel, Spinnstoffwaren, Schuhe, Hausbrandkohle und Seife mit Hilfe von Bezugscheinen behördlich zugeteilt.

Diese Berechtigungsscheine lagerten bereits seit 1937 in den Tresoren. Es gab nun zwölf Karten pro Person, getrennt nach Warenarten und nach Altersstufen. Unter anderem reichte man eine „Reichsbrot-, eine Reichsfleisch- oder Reichsfettkarte“ aus. Sonderzulagen bekamen Kinder bis zu sechs Jahren, Jugendliche von 6 bis 18 Jahren, Schwer-, Lang- und Nachtarbeiter sowie werdende und stillende Mütter. Karten für Juden waren gesondert gekennzeichnet, sie erhielten geringere Rationen und mussten in bestimmten Geschäften zu festgelegten Zeiten einkaufen. Im Vergleich zu 1928 wurde der Pro-Kopf-Verbrauch von Fetten, Obst, Eiern, Milch und Gemüse stark gesenkt. In der ersten Zuteilungsperiode von vier Wochen gab es eine Karte für mehrere Lebensmittelsorten und lebenswichtige Verbrauchsgüter. Zur Verfügung standen in dieser Periode in Templin pro Kopf:

- 700 Gramm Fleisch oder Fleischwaren pro Woche
- 60 Gramm Milch, Öle oder Fette pro Tag
- 280 Gramm Zucker pro Woche
- 150 Gramm Graupen oder Grütze, Gries, Sago pro Woche
- 63 Gramm Kaffee oder Ersatz pro Woche
- 20 Gramm Tee pro Monat
- 0,02 Liter Milch pro Tag
- alle 4 Wochen 125 Gramm Kernseife
- alle 4 Wochen 250 Gramm Seifenpulver

Bereits am 30. August 1939 wurde im „Templiner Kreisblatt" auf die Herausgabe eines Küchenzettels hingewiesen, der dabei behilflich sein sollte, mit weniger Zutaten auszukommen. Der „Templiner Zeitung" vom 13. September war zu entnehmen, dass der Portionssatz für Fleisch je Woche bereits auf 500 Gramm gesenkt worden war. Am gleichen Tag erschien auch die Meldung, dass Ärzte nur in dringenden Fällen gerufen werden sollten, da nur noch wenige zu Hause seien. Schon am 3. September informierte die erste Todesanzeige, dass der Schütze Gerhard Krämer gefallen ist. Weitere Annoncen folgten im Oktober.

Ab November 1939 gab es die Kleiderkarten für alle deutschen Zivilisten. Diese Karten hatten ein Jahr Gültigkeit und enthielten 100 Punkte. Alle zwei Monate wurden 25 Punkte freigegeben. Für größere Anschaffungen musste man Punkte sammeln. Wie in ganz Deutschland gab es auch in Templin schon seit dem 28. August bei der Bahn Betriebseinschränkungen, da die Zahl der Verbindungen reduziert wurde. Pferdebesitzer mussten erneut alle Zu- und Abgänge melden. Die ersten offiziellen Aufforderungen, Opfer für die Kriegsführung zu bringen, erschienen und es wurde neben der Spende von Lebensmitteln und Kleidung auch zur Metallspende aufgerufen. Es gab Kriegszuschläge zur Einkommenssteuer sowie auf Bier und Tabakwaren.

Am 18. Dezember 1939 wurde die Einziehung der Fünfzigpfennigmünzen aus Aluminium und Nickel angekündigt, ab März 1940 waren dann auch Nickelmünzen im Wert von einer Reichsmark ungültig. Bis Ende November 1939 waren im Kreis Templin 2250 Kraftfahrzeuge stillgelegt. Privatbauten gab es in der Stadt nicht mehr, da Baustoffmangel herrschte. Im Frühjahr 1940 fanden die ersten großen Kleidersammlungen statt.

Auf Anordnung des Regierungspräsidenten des Regierungsbezirkes Potsdam mussten am 11. März ausgewählte Verkaufsstellen der Stadt Preiskontrolllisten erstellen:

- Fleisch-und Wurstwaren: Kuhse, Lucht, Hannemann, Schramm, Schade, Löffler, Bartelt, Müller

- Kolonial-und Feinkostwaren: Walter, Klette, Gierloff, Stöbner, Meissner, Stahl, Haure
- Obst und Gemüse: Otto, Schramm, Dannenberg, Schönnagel
- Weiß-, Woll- und Kurzwaren: Wulkow, Schraermeyer, Radefeld, Kolberg, Goede
- Brot und Weizenkleingebäck: Kramer, Günther, Schallan/Haberer, Toense, Lindersdorf, Müller, Saeger, Dackert
- Milch-, Molkereiprodukte und Eier: Hahn, Naake, Dummich, Stehr, Borele, Borck
- Fisch: Otto, Wilcke, Martens, Gabbe
- Schuhwaren: Giesch, Vogeler, Dobbert, Just, Renz

Die Preisüberwachung wurde Templiner Frauen übertragen.

Anlässlich des 51. Geburtstages von Hitler wurde zur ersten Metallspende aufgerufen. Die Templiner folgten mit diversen Spenden.

Ab Mai 1940 gab es keine Tanzveranstaltungen mehr, mit der Begründung, dass das deutsche Volk in den Entscheidungskampf eingetreten sei. Nach Ausbruch des Krieges war aus dem Winterhilfswerk das Kriegswinterhilfswerk geworden. Dazu wurde vom Gauleiter im Januar 1940 den 39 Ortsgruppen des Kreises Templin das Opferbuch übergeben. Templin spendete in dem Jahr 40183,33 RM, was sich in den folgenden Jahren fortsetzte.

Mit dem deutschen Einmarsch in die Benelux-Staaten und Frankreich am 10. Mai 1940 begann der Krieg auch im Westen.

Am 12. Juni 1940 wurden die Templiner erstmals gewarnt, bei Bombenalarm unbedingt den Luftschutzkeller aufzusuchen, da sich feindliche Angriffe verstärkten. Erstmalig wurde auch eine verschärfte Verdunkelung angeordnet. Da die jungen Männer zum Kriegsdienst gezogen waren, wurden die Templiner Mädchen des Jahrgangs 1922 für den Reichsarbeitsdienst gemustert. Erscheinen war Pflicht, sonst wurde man zugeführt. Zur Unterbringung errichtete man in der Dargersdorfer Straße links in Höhe des Abzweigs zum Gutshof Ludwigshof acht Baracken. Über den Zustand der Versorgung machte der Magistrat am 10. September folgende Meldung:

- Die Versorgung mit See- und Flussfischen ist mangelhaft, da die Stadt sich damit allein versorgen muss.
- Obst und Gemüse wird in sieben Verkaufsstellen angeboten, Frischgemüse nur bei Otto in der Prenzlauer Straße, das aus einer Berliner Markthalle geholt wird. Die drei Templiner Gärtnereien sind nicht in der Lage, genügend anzubauen. Vor dem Krieg belieferten Gemüsehändler aus Berlin die Stadt. Nun schickten umliegende Gutsgärten und landwirtschaftliche Erzeuger ihre Waren nicht mehr.
- Die Schweinemast ist rückläufig, da zu geringe Futtermittel zugeteilt werden.

Wie aus den Akten des Potsdamer Staatsarchivs (Potsdam Staatsarchiv: Pr. Br. Rep. 8 Templin, S. 223) hervorgeht, gab es sogar ein Protestschreiben von sechs Templi-

Metallspendensammlung im Rathaus (B 124)

ner Frauen angesichts der schlechten Obst- und Gemüseversorgung.

Unter dem Eindruck des Siegestaumels erklärte die Regierung am 24. September 1940 in allen Städten und Gemeinden die Führung einer Kriegschronik zur Pflicht. Darin enthalten sein sollten Lebensläufe und Taten von Militärs, der Einsatz der NSDAP und ihrer Gliederungen sowie der Stadt- und Gemeindeverwaltungen. Des Weiteren sollten Kriegsereignisse wie Bombenangriffe festgehalten, Zeitungsausschnitte, Lebensmittelkarten, Bekanntmachungen und Verordnungen gesammelt werden. Die Templiner Chronik wurde von Walter Blankenburg geführt, der bereits 1938 mit der Erarbeitung einer Stadtchronik begonnen hatte.

Um die Bevölkerung in der Heimat bei Stimmung zu halten, gab es Einladungen des NS-Amtes für Volkswohlfahrt zu Konzerten im Schützenhaus zu Gunsten des Kriegswinterhilfswerks, Zusammenkünfte und Veranstaltungen insbesondere für die Jüngeren. Es wurden Treffen der Motorsportinteressierten, Sportfeste und Gesprächsrunden organisiert. Als Treffpunkt der SA kristallisierten sich in dieser Zeit die Lokale an den beiden Bahnhöfen und das Hotel Reiche in der Ringstraße heraus. Vor dem letzteren fanden auch die Aufmärsche statt.

Bereits nach dem Sieg über Polen wurden Kriegsgefangene auch nach Templin gebracht, die vor allem in der Landwirtschaft eingesetzt wurden. Nach der Besetzung Frankreichs 1940 kamen französische Kriegsgefangene in die Stadt und wurden im „Seebad“ untergebracht. Sie mussten tagsüber bei Templiner

Bauern und in Betrieben arbeiten, u. a. beim Fuhrbetrieb Schulenburg und beim Schlächtermeister Schramm.

Anfang 1941 verschlechterte sich die Versorgungslage, auch Fisch, Kunsthonig, Möbel sowie Fahrräder gab es nur noch auf Bezugsschein. Seit dem 11. März gehörten wie im Ersten Weltkrieg zwei fleischfreie Tage in der Woche zur Norm.

Die Versorgungs- und Zuteilungsprobleme nahmen im weiteren Kriegsverlauf weiter zu, gleichzeitig wuchsen die Aufrufe zu Spendenaktionen. Während die Preise im Wesentlichen stabil blieben, sank das Angebot.

Im Sommer 1941, am 22. Juni, überfiel Hitler die Sowjetunion, was auch bei Templinern einen Freudentaumel auslöste und die Konsequenzen in den Hintergrund treten ließ. Denn weitere Einsparungen wurden bekanntgegeben: Möbel gab es nur noch für Jungvermählte, Fahrräder wurden nur noch im Dringlichkeitsfall, z. B. zum Erreichen der Arbeitsstätte, zum Schulbesuch und zum Einkauf für kinderreiche Familien verkauft. Waren auf Kleiderkarten konnten oftmals nicht mehr ausgegeben werden, da die Lager leer waren. Auch Fahrradbereifung und Kraftstoffe erhielt man nur noch gegen Sondergenehmigung. An die Templiner erging der Aufruf, auch für die Soldaten Wintersachen zu spenden.

Am 12. November 1941 begann die sowjetische Gegenoffensive bei Moskau und leitete das Ende des „Blitzkrieges" ein. Mit dem Stopp des Vormarsches der deutschen Truppen bei Moskau Anfang Dezember verschlechterte sich die Versorgungssituation drastisch, der Propagandaaufwand vergrößerte sich. Die Deutsche Reichsbahn wurde allmählich zum reinen Armeeeigentum, so dass selbst zu Weihnachten keine Urlaubsfahrten mehr möglich waren. Auch der Postverkehr war eingeschränkt.

Proportional zu den Versorgungsproblemen weitete man die Spendenaktionen aus. Eine Wintersachensammlung in der Stadt vom Januar 1942 wurde als sehr erfolgreich gewertet. Aus einer Meldung der NS-Kreisleitung vom 15. Januar ging das folgende Ergebnis der Woll- und Wintersammlung einschließlich Templins hervor:

Vier Paar Pelzstiefel, 4451 Paar Strümpfe, 1343 Unterhosen, 1336 Unterhemden, 757 Nierenschützer, 2125 Ohrenschützer, 1326 Kniewärmer, 1000 Pulswärmer, 2738 Wollwesten und Pullover, 64 Pelzjacken, 43 Pelzwesten, 1278 Wolldecken, 27 Pelzdecken, 2575 Paar Handschuhe, 3935 Schals, 540 Muffs, 290 Paar Skier, 40 Paar Skistiefel 158 Trainingsanzüge, Jacken, Hosen, 100 Wollpudel, 70 Mäntel, 81 Paar warme Schuhe, 324 Paar Füßlinge. Gleichzeitig wurde ein Mangel an Trauerkleidung beklagt. Erneut wurden die erst 1920 in der Maria-Magdalenen-Kirche wieder angebrachten beiden Glocken vom Turm geholt und zur Metallgewinnung für Kriegszwecke abgeliefert. Vergnügungsfahrten mit der Bahn wurden unter Androhung von KZ-Einlieferung verboten, es gab keine privaten Osterzugfahrten mehr, ebenso wurden Tagungen und Konferenzen, die Zugfahrten nötig machten, untersagt. Öffentliche Gebäude wurden nicht mehr beheizt, Reisebescheinigungen nur für dringende Fälle ausgestellt. Aus Mangel wurde ab August 1943 keine Kleidung für Erwachsene mehr ausgegeben, wenig später durfte Zivilkleidung nicht mehr hergestellt werden.

In dieser Zeit nahmen wie im Ersten Weltkrieg auch in Templin immer mehr Frauen die Arbeitsplätze der Männer ein, da diese an der Front waren bzw. in Rüstungs- und Forschungsdienststellen der Wehrmacht wie in Engelsburg oder Grüneberg arbeiteten.

Im Februar 1943 kapitulierte bei Stalingrad die 6. Armee der deutschen Wehrmacht. Mit der darauf folgenden Verkündung des „totalen Krieges" zur Mobilisierung aller Reserven durch den Reichspropagandaminister wurden weitere Opfer von der Bevölkerung verlangt und die vorrangige Kriegsproduktion erneut betont.

Schon einen Monat später galten neue Vorschriften. Bei der Brotherstellung musste Mehl durch Schrot, Kartoffelmalz und Quellmehl ersetzt werden. Wurst wurde unter Zusatz von Gemüse und Kartoffeln produziert. Rezeptvorschläge wurden herausgegeben, nach denen zum Beispiel der Butter Mehl, Wasser und Brühe zur Streckung zugesetzt werden sollte oder ranziges Fett, in Salzwasser gelegt, wieder genießbar würde.

Man muss aber feststellen, dass die Versorgung durch das Kartensystem bis Ende 1944 eine relative Gleichbehandlung ermöglichte und durch die ländliche Lage Templins erträglich blieb. Das war auch eine der Ursachen, dass die Templiner Bevölkerung das nationalsozialistische Regime überwiegend bis zum Kriegsende mitgetragen hat.

Öffentlichen Widerstand gab es nicht. Doch wie bereits erwähnt, hatte ein Beamter einige Zeit die Jüdin Franziska Koeppen gedeckt, der Vorstand des „Waldhofes" entließ den fanatischen Leiter des Kinderheimes und auch im Kinderheim „Neuhof" waren „nichtarische" Jungen nicht angezeigt worden, wie Templiner Gymnasiasten herausfanden.

Als die Alliierten die Luftangriffe auf deutsche Städte ausdehnten, stellte auch Templin den Erholungsverkehr und die Beherbergung ein, um Umsiedler aufzunehmen. Außerdem wurden Bombengeschädigte und Personen aus luftgefährdeten Gebieten zugewiesen. Aus Berlin waren mehrere Institutionen wegen der Bombenangriffe nach Templin verlegt worden. So wohnte u. a. in der Waldstraße 12 ein japanischer Botschaftsrat.

Bereits seit 1940 bis Februar 1945 hielten sich im Posterholungsheim Führungskräfte der SS mit ihren Familien auf, weitab vom Bombenkrieg in Berlin. Aufgabe der dort tätigen, von der SS geführten „Volksdeutschen Mittelstelle" war die Organisation der Verwaltung und Ausplünderung der von deutschen Truppen besetzten Gebiete. Deshalb fuhren dort ständig Autos mit kostbarer Ladung wie Möbeln und Teppichen sowie Lebensmitteln vor, die aus den besetzten Gebieten kamen. Ein Zaun sperrte das militärisch bewachte Postheim ab.

Der Häuserkomplex des Postheims diente während des gesamten Krieges auch als Auffanglager für zwangsausgesiedelte „Volksdeutsche". Es trug die amtliche Bezeichnung „Beobachtungslager Templin der Volksdeutschen Mittelstelle", einer Dienststelle der SS. Einige Zeit lebten dort Wolhyniendeutsche und Aussiedler aus dem Banat auf Grund der Aktion „Heim ins Reich“, da ihnen nicht sofort entsprechender Wohnraum geboten werden konnte. Später kamen Aussiedler aus Jugoslawien und der Slowakei nach Templin, wie Gerda Pramer berichtete, die selbst von 1943-1945 im Postheim dienstverpflichtet war. Viele von ihnen, vor allem Kinder, starben auf Grund der schlechten Versorgung. Außerdem gab es beim Postheim ein Lager für osteuropäische Zwangsarbeiter, die als Haushaltshilfen, Handwerker und Arbeiter eingesetzt wurden.

Während des Krieges lebten Angehörige der Wehrmacht, der Luftwaffe Berlin-Nord, in einem Wohngebäude der Deutschen Post in der Prenzlauer Allee 26/27. Sie hatten in der Engelsburg bei Ahrensnest funktechnische Einrichtungen installiert, um ausländische Sender abzuhören bzw. die alliierten Bomberströme zu überwachen und Luftlagemeldungen zu verfassen. Auf Schellackplatten gepresst, wurden diese Informationen ans Luftfahrtministerium weitergereicht.

Nach Anweisung des Präsidialdirektors des Landes wurde im Joachimsthalschen Gymnasium eine Heimschule für Waisenkinder eingerichtet, im „Waldhof“ mussten auch bombengeschädigte Kinder aus Berlin bzw. Flüchtlingskinder aufgenommen werden.

Im März erhielten in der Bürgerschule die 15-jährigen Schüler des Jahrgangs 1929 nach ihrer Musterung den Wehrpass. Die Einberufung aller aktiven Feuerwehrmänner zum Militär machte die Einberufung und Notdienstverpflichtungen älterer Kameraden und der HJ notwendig. Jeder Fliegeralarm bedeutete gleichzeitig die Alarmierung der Feuerwehr. Betrug die Zahl der Alarmierungen im Jahr 1943 noch 19, stieg sie im Jahre 1944 auf 81, und von Januar 1945 bis April waren es bereits 73.

6. März 1944 – Die Bombardierung Templins

Bereits seit Ende des Jahres 1943 hatte die 8. Luftflotte der USA Tagesangriffe auf Städte besonders in West- und Norddeutschland durchgeführt, seit Beginn des Jahres 1944 vermehrt auf die Reichshauptstadt Berlin. Der Beginn des Hauptschlages sollte am 6. März erfolgen. 757 amerikanische B-17 und B-24 Bomber der 1. bis 3. Bombendivision der 8. Air force, auch „Fliegende Festungen“ genannt, begleitet von 644 Jagdflugzeugen, sollten in Erkner die Kugellagerwerke, in Kleinmachnow die Bosch-Elekrowerke und bei Ludwigsfelde die Daimler-Benz-Motorenwerke angreifen. Der Bomberstrom erstreckte sich über 150 Kilometer.

Schon beim Anflug auf die deutsche Grenze wurden diese Verbände in heftige Abwehrkämpfe verwickelt, die ersten Ausfälle waren zu verzeichnen. Im Raum Halle und über dem Harz kam es zu massiven Angriffen deutscher Jagdverbände. Wieder waren schwere Verluste zu verzeichnen. Im Raum Brandenburg war der Begleitschutz gezwungen, umzukehren, dadurch gelang es den deutschen Verbänden, in diese Bomberpulks einzudringen. Es häuften sich Meldungen über Abschüsse.

Rathaus 6. März 1944 (B 125)

Gegen 12 Uhr war man am Ziel, hatte die Vororte von Berlin erreicht. Hier schlug den Verbänden so schweres Abwehrfeuer der Flak entgegen, dass sie nicht nach Berlin vordringen konnten.

Der Verband versuchte jetzt, aufgeteilt in mehrere Gruppen aus verschiedenen Richtungen anfliegend, sein Ziel zu erreichen. Aber auch das ohne Erfolg. Da erging um 12.10 Uhr ein Befehl, der für Templin tragische Folgen hatte. Es wurde angeordnet, den für beide Seiten so verlustreichen Kampf abzubrechen und auf dem Rückflug nach eigenem Ermessen beliebige Ziele zu bombardieren.

Es war ein Tag mit einem strahlend blauen, wolkenlosen Himmel, berichtete der Templiner Dieter Krüger.

Gegen 11.30 Uhr befanden sich die Flugzeuge ca. 25 km südlich von Berlin. Nach dem Bombenabwurf sollten sich die Verbände über Wittstock zum Rückflug treffen. Seit 11.52 Uhr griffen deutsche Jagdflugzeuge an, immer wieder kam es zu heftigen Luftkämpfen, Begleitflugzeuge wurden zurückgedrängt. Das eigentlich Erkner angreifende Geschwader flog östlich an Berlin vorbei, es musste über die südliche Uckermark nach Wittstock fliegen. So klinkten die Piloten ihre Bombenlast über östlichen Berliner Wohngebieten und neben Potsdam, Oranienburg und Wittstock auch über Templin aus. Wie die letzten Forschungen beweisen, war dieser Bombenabwurf kein Versehen, sondern es wurden in den letzten Monaten „bewusst Ausweichziele“ festgelegt, so auch Templin.

Krankenhaus 6. März 1944 (B 126)

Krankenhaus 6. März 1944 (B 127/128)

Krankenhaus 6. März 1944 (B 129)

Häftlinge aus dem KZ Ravensbrück bei Räumungsarbeiten (B 130)

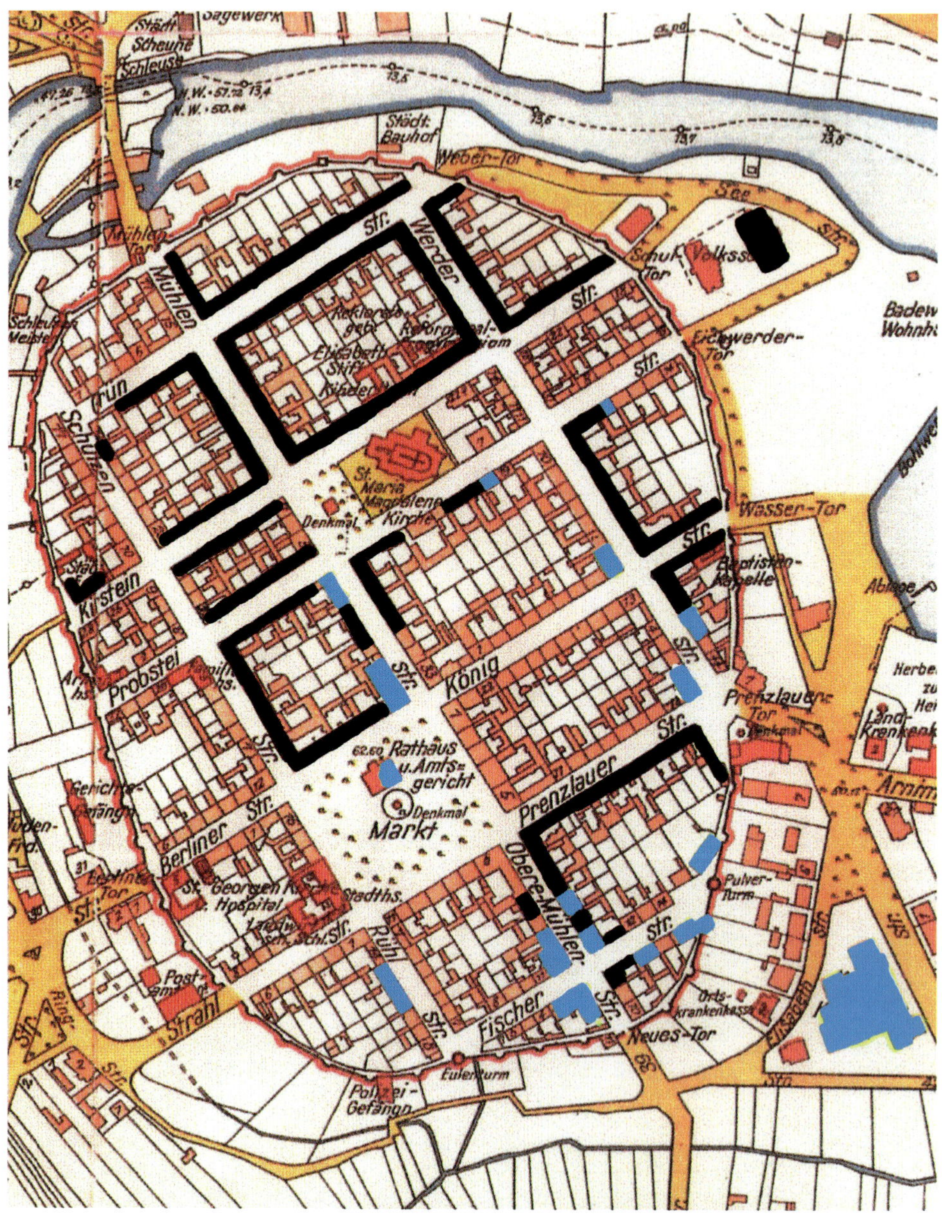

Blau gekennzeichnete Gebäude wurden durch den Bombenangriff zerstört, schwarz die durch Beschuss und Brandstiftung (K 8)

Gegen 11 Uhr löste man in Templin Bombenalarm aus. Es war nicht das erste Mal, dass in Templin die Sirene erklang, man hatte sich daran gewöhnt, nie war etwas passiert, da es hier keine militärischen Ziele gab. So ging jeder seinen alltäglichen Verrichtungen nach – Einkaufen, Mittagkochen, im Krankenhaus

Werder/Ecke Pestalozzistraße (B 131)

Obere Mühlenstraße (B 132)

Akzisehaus (B 133)

Werderstraße (B 134)

Neu angelegter Waldfriedhof (B 135)

wurde sogar operiert. Nur die Schüler der Bürgerschule befanden sich in den Kellerräumen.

Um 12.32 Uhr wurden die Bomben über Templin ausgeklinkt. Es warfen 37 Bomber der 8. US-Flotte 438 Sprengbomben von 25 kg aus 6 000 m Höhe auf die Stadt. Sie hinterließen eine Spur der Verwüstung. Das Abwurfgebiet erstreckte sich von Norden nach Süden, vom Stadtrand bis zum Gericht in der Puschkinstraße. Und vom Osten nach Westen, vom Vorstadtbahnhof bis zur Schule am Eichwerder. Besonders tragisch war die Bombardierung des deutlich mit dem Roten Kreuz auf dem Dach gekennzeichneten Krankenhauses. Auf dieses gingen rund 20 Sprengbomben nieder, hier waren allein 96 Opfer zu beklagen, das Krankenhaus wurde total verwüstet. Durch den verspäteten Abwurfbefehl des Staffelkapitäns blieb die Stadt von einem zusätzlichen Abwurf von Brandbomben verschont. (60)

An diesem Tag starben 130 Menschen, der Jüngste gerade einen Tag alt. 85 Menschen erlagen noch später ihren schweren Verletzungen. 30 Häuser waren total zerstört, viele trugen Schäden unterschiedlichen Grades davon. In der Stadt trafen Bomben das Rathaus, das „Hotel Beseler“ Am Markt, das Kaufhaus Schraermayer und den gegenüberliegenden Kolonialwarenladen Dähne in der Mühlenstraße/Ecke Martin-Luther-Straße, in der Martin-Luther-Straße den Vulkaniseurbetrieb Slowinski, getroffen wurden die Rühlstraße, die Werderstraße/Ecke Pestalozzistraße und die Ecke Fischer/Obere Mühlenstraße, die Obere Mühlenstraße, die Prenzlauer Allee und die Friedrich-Engels-Straße, Häuser in der August-Bebel-Straße sowie ein Anbau des Hotels und Restaurants „Seebad“. Dort kamen vier französische Kriegsgefangene ums Leben.

Auch neben der katholischen Kirche gingen Bomben nieder, das Kirchendach wurde abgedeckt, die Fensterscheiben mit der Glasmalerei gingen entzwei. Die Schüler der Bürgerschule hatten, wie bei jedem Bombenalarm, die Kellerräume getrennt nach Mädchen und Jungen aufgesucht. Nur die Tochter des Zahnarztes Härter, die im Alarmfall nach Hause in die Prenzlauer Allee kommen sollte, wurde ebenfalls getötet. Eine Bombe ging auch in der Nähe der Schule am Kanal hinter der Pionierbrücke nieder.

Die Opfer des Bombenangriffs, 315 Tote, waren 141 Frauen, 43 Männer, 31 Kinder, darunter 38 „Fremde“. Diese waren nicht in der Stadt oder im Kreis ansässig, sondern Ausgebomte oder Luftkriegsflüchtlinge vorwiegend aus Berlin, bzw. Kriegsgefangene. 24 Personen davon starben auf den Straßen. Noch am selben und an den drauf folgenden Tagen leisteten Frauen und Mädchen aus dem Konzentrationslager Ravensbrück Aufräumungsarbeiten und bargen die Toten. Sie mussten mit bloßen Händen arbeiten und wurden dabei von Posten mit Hunden bewacht. Mitglieder von SA und HJ, Mädchen vom Reichsarbeitsdienst und auswärtige Feuerwehren wurden ebenfalls heranbeordert. Auch aus Carin-Hall wurden Teile des Wachregiments Hermann Göring nach Templin abkommandiert. Die Toten bettete man notdürftig im Prenzlauer Tor und in der Turnhalle der Bürgerschule auf.

Ein Notkrankenhaus wurde im Postheim errichtet, Verletzte brachte man auch in den unteren Räumen des früheren Reformrealgymnasiums in der Kirsteinstraße unter. Die ambulante Versorgung wurde in der späteren Poliklinik in der Bismarckstraße und im Isolierhaus in der Elisabethstraße vorgenommen.

Vor dem Bombenangriff gab es 2 393 Wohnungen für 8 000 Einwohner. Heute, über 60 Jahre nach diesem schrecklichen Geschehen, erinnern sich nur noch einige ältere Templiner an diesen Tag. Aber immer noch mahnen Baulücken neben dem Kaufhaus „Nessler“ und in der Pestalozzistraße daran.

Am 12. März 1944 wurden die Toten des Bombenangriffs auf dem neu angelegten Waldfriedhof beigesetzt. Dazu formierte sich um 12 Uhr ein großer Trauerzug in der Bahnhofstraße. Die getöteten französischen Kriegsgefangenen begrub man ebenfalls dort. Ihre sterblichen Überreste wurden 1947 nach Frankreich überführt.

Die Beisetzung nutzte die NS-Führung, um den Hass gegen die Alliierten zu schüren, und den Willen zum Durchhalten und zur Weiterführung des Krieges anzustacheln. Die Grabstätte der Opfer des Bombenabwurfs wird heute als Ehrenhain gepflegt. 1989 ersetzte man die Holzkreuze durch Mamorplatten und legte eine Grünanlage an.

In der Geschäftsstelle der NSDAP-Ortsgruppe in der Berliner Straße wurde am 16. März 1944 eine Beratungs- und Betreuungsstelle des Deutschen Wohnungshilfsdienstes eingerichtet, um zu beraten und Bescheinigungen zum Behelfswohnungsbau zu verteilen.

Die letzten Wochen des NS-Regimes

Die Schrecken des Bombenangriffs brachten nicht die Einsicht in die Sinnlosigkeit des Krieges, sondern mobilisierten nochmals alle Kräfte zur Verteidigung.

Im Herbst 1944 stellten die NS-Führer in der Stadt entsprechend der Weisung Hitlers zwei Aufgebote des „Volkssturms" auf. Regelmäßig wurden Ausbildungen und Übungen in Morgenland bei Ahrensdorf, dem Templiner Ausbildungsgelände der SA, durchgeführt. Erfasst wurden dazu alle bisher als „unabkömmlich" (UK) erklärten Männer im Alter von 16 bis 60 Jahren. Anfang des Jahres 1945 wurde das erste Aufgebot des Volkssturms aus Templin, ca. 100 Männer, darunter Bauern, Angestellte und Handwerker aus der Umgebung in die 9. Armee bei Frankfurt/Oder überstellt. Zur Ausrüstung fand eine große Sammelaktion von Uniformen und militärischen Gegenständen statt.

Auf dem Gelände des Waldhofes war zusätzlich ein Wehrertüchtigungslager eingerichtet worden, um Jugendliche an Waffen und Geräten einzuweisen. In der Bürgerschule waren seit Anfang 1945 Flüchtlinge untergebracht. Unterricht wurde nur noch für zwei bis drei Stunden im Joachimsthalschen Gymnysium abgehalten.

Im Februar erreichten erste Flüchtlingskolonnen aus dem Osten die Stadt. Fuhrwerke verstopften die Straßen und wurden in Richtung Zehdenick weitergeleitet. Bereits am 15. Februar 1945 verließ der SS-Stab mit seinen Familien das Postheim und setzte sich nach Westen ab. Auf großen Lkw nahmen sie Teppiche, Möbel, Bilder sowie Pkw, die man, um Sprit zu sparen, an die Laster gehängt hatte, mit. Die Häuser blieben vorerst unbewohnt, sie wurden durch Templiner, später durch Zwangsarbeiter und russische Soldaten geplündert.

Das „Templiner Kreisblatt" erschien nur noch mit zwei Seiten und enthielt Aufrufe, Parolen, Frontberichte und Angaben über Kürzungen von Lebensmittelrationen.

Die Waldhofschule wurde beschlagnahmt und dort die Isolierstation des zerstörten Krankenhauses untergebracht. Zusätzlich mussten dort Flüchtlinge aufgenommen werden.

Die bisherigen wöchentlichen Lebensmittelrationen für einen deutschen „Normalverbraucher" wurden nochmals gesenkt. Gab es Mitte Oktober 1944 noch 2 225 g Brot, 250 g Fleisch, 218 g Fett, so waren es Mitte März 1945 nur noch 1 778 g Brot, 222 g Fleisch, 109 g Fett.

Gleichzeitig wurden alle arbeitsfähigen Männer und Frauen von 8-18 Uhr zum Ausheben von Panzergräben aufgefordert. Bei Nichterscheinen drohten der Entzug der Lebensmittelkarten und die Bestrafung durch den Wehrmachtskommandanten der Stadt. So entstanden an der Süd-Ost-Seite der Stadt, hinter der Eisenbahnstrecke nach Eberswalde in Höhe der Friederike-Krüger-Straße in Richtung Osten zum Postheim, noch heute erkennbar, ca. 4 km Panzersperren und 2 km Schützengräben, was sich später als völlig sinnlos erwies. Etwa 50 russische Kriegsgefangene mussten beim Panzergrabenbau ab der Prenzlauer Chaussee 24 zum Postheim mitarbeiten. Es wurde begonnen, Baracken zu errichten, um militärische Gruppen unterzubringen. So wurden auf dem Gelände des ehemaligen Kreisbetriebes für Landtechnik bis zum Fährsee noch drei Gebäude im Rohbau fertiggestellt. Eine ähnliche Anlage wurde am Lübbesee in der Nähe des Kuhbads begonnen. Gleichzeitig nutzte man Gebäude in der Stadt für militärische Zwecke, wie die ehemalige Poliklinik in der Robert-Koch-Straße und das Joachimsthalsche Gymnasium, wo eine Truppentransporteinheit mit Lkw lag, die mit Panzerfäusten bestückt war. Außerdem war auch der Stab der Waffen-SS unter Generalmajor Steiner dort untergebracht. Die letzten Gymnasiasten wurden eingezogen und an die Front geschickt.

Auch ansonsten zeigte Templin das äußere Bild einer Stadt im rückwärtigen Kampfgebiet. Die Linden rund um den Marktplatz waren mit einer Vielzahl von Hinweisschildern über die Wegrichtungen zu militärischen Lagern und Einrichtungen behängt. Anfang April wurden die Pionier-, Schleusen-, Ziegelei- und Eisenbahnbrücken mit Bohrlöchern, Ladungen und Zündschnüren, die in einem bewachten Kasten zusammenliefen, zur Sprengung vorbereitet. Auf dem Hauptbahnhof wurden alle 20 Meter Seeminen verlegt, um dessen Sprengung ebenfalls zu ermöglichen. Außerdem stand noch ein Transportzug mit Seeminen beladen auf dem Bahnhof.

Zur gleichen Zeit fand man in der Umgebung der Stadt Flugblätter, bedruckt mit einem Osterei mit Schleife und der Aufschrift „Ostern 1945“. Mit den Flugblättern wurden die Bevölkerung und die deutschen Soldaten aufgerufen, den Krieg zu beenden, die Waffen aus der Hand zu legen und weiteres Blutvergießen zu verhindern. Jedes Blutvergießen sei sinnlos, da der faschistische Krieg bereits verloren sei und jeder Tag neues Elend und Tod bringe. Gezeichnet war das Flugblatt vom „Nationalkomitee Freies Deutschland“. Des Weiteren enthielt das Blatt die Aufforderung dieses gut aufzuheben und es sowjetischen Soldaten zu übergeben, da ein Abschnitt in russischer Sprache als Passierschein galt. Die Flugblätter wurden durch SA und Offiziere eingesammelt.

Am 19. April verließen die ersten verantwortlichen Nationalsozialisten in Richtung Westen die Stadt. Die Wehrmacht übernahm die alleinige Befehlsgewalt. Im damaligen Kirsteinhaus etablierte sich ein Kommando des Wehrmachtstreifendienstes, die so genannten „Kettenhunde“. Sie durchkämmten die Straßen und Flüchtlingstrecks nach geflohenen Wehrmachtsangehörigen.

Das Erscheinen des „Templiner Kreisblattes" wurde eingestellt, Strom nur noch stundenweise eingespeist.

In der Nacht zum 23. April waren in der Stadt erste Detonationen zu hören. Die Straßen waren verstopft von Wehrmachtsfahrzeugen, Kanonen, Panzern, Kettenfahrzeugen und Flüchtlingskolonnen. In der heutigen Puschkinstraße hatte man an den Stadtmauerenden Pfähle eingerammt und Straßenpflastersteine als Sperre aufgestapelt. Die Front näherte sich. Durch die Stadt zogen sich versprengte Einheiten der dritten deutschen Panzerarmee und des SS-Regiments 49 zurück. Sowjetische Flugzeuge begannen Truppentransporte und Militärtransporte Richtung Prenzlau und Eberswalde anzugreifen. Auch auf Templin gab es Fliegerangriffe. Angriffe auf den Bahnhof waren glücklicherweise nicht erfolgreich, so dass die dort lagernden Minen nicht gezündet wurden.

Durch die Blockwarte wurden alle nicht wehrfähigen Einwohner am 26. April aufgefordert, die Stadt in Richtung Röddelin zu verlassen. Doch nur wenige folgten der Aufforderung.

Am nächsten Tag waren die städtischen Versorgungsbetriebe, wie das Wasserwerk und das Elektrizitätswerk, stillgelegt. Das Bahnbetriebswerk war ebenfalls außer Betrieb, die Wasserkräne waren beschädigt worden, die Kohlenkräne gesprengt.

Um die Stadt waren Geschütze und Panzer aufgestellt. Von Mittag bis abends griffen russische Flieger an. Auf Befehl der Polizei verließ nun die Masse der Templiner Einwohner am Abend des 27. April die Stadt. Sie führten ihre wertvollste Habe auf schwer beladenen Autos, Fuhrwerken, Fahrrädern und Handwagen mit sich und zogen hinter das Mühlentor und in die umliegenden Wälder und Dörfer. Viele begaben sich auf eine beschwerliche Flucht immer vor der Roten Armee her bis nach Mecklenburg-Vorpommern und Schleswig-Holstein. Der größte Teil kehrte nach Monaten völlig mittellos zurück.

Die Besetzung Templins begann aus Richtung Dargersdorf, nachdem der Vormarsch vor Ahrensdorf gestoppt worden war. Begleitet wurde das Vordringen der Truppen der 2. Belorussischen Front unter dem Befehlshaber Marschall der SU Rokossowski durch russische Tieffliegerangriffe. Die Eisenbahn- und Fährkrugbrücke sowie die Gleuenseebrücke wurden von der SS bzw. dem Volkssturm gesprengt. Eine organisierte Verteidigung der Stadt hat es nicht gegeben, auch der Volkssturm kam nicht zum Einsatz, obwohl Verteidigungsanlagen, Panzergräben und Sperren errichtet worden waren.

In den Morgenstunden des 28. April waren die Straßen leer. Nur wenige Menschen, vor allem Alte und Kranke waren in Kellern und Bunkern zurückgeblieben. Der NSDAP-Kreisleiter Marczinzik und der Ortsgruppenführer Schnitzlein erschossen sich westlich von Ahrensdorf an einem Schießstand.

Mühlenstraße (B 136)

Einmarsch und Besetzung durch die Rote Armee

In der Nacht vom 27. zum 28. April 1945 wurde die Stadt besetzt. Sowjetische Aufklärungskräfte näherten sich aus Richtung Kuckucksheim und Joachimsthalsches Gymnasium, aus Richtung Dargersdorf kamen Panzer.

Das Postheim und später der Waldhof wurden kampflos eingenommen, dort hingen weiße Fahnen. Bis auf wenige Schusswechsel in der Innenstadt gab es kaum Widerstand. So wurde am Vorstadtbahnhof das Wohnhaus der Familie Heise (heute Pennymarkt) in Brand geschossen und am Krankenhaus in der Robert-Koch-Straße wurden große Schäden durch explodierende deutsche Panzermunition verursacht.

Vordringende sowjetische Soldaten wurden in der Seestraße von Mitgliedern des Prenzlauer Jungbanns 63 aus der Bürgerschule beschossen.

Die SS-, Wehrmachts- und Volkssturmeinheiten zogen sich über die Schleusenbrücke zurück und sprengten diese dann ebenfalls. Im Bürgergarten kam es noch zu Kampfhandlungen. Die Pionierbrücke war bereits gesprengt worden, ebenso die Eisenbahnbrücke über den Kanal zum Röddelinsee.

Beim Vormarsch der Roten Armee zum Waldhof wurde der Leiter und Superintendent Buchholz mit einem Gewehrkolben niedergeschlagen, weil er sich schützend vor Flüchtlingsfrauen stellte, die sich dort aufhielten. Er starb am 3. Mai an den Folgen der Verletzung.

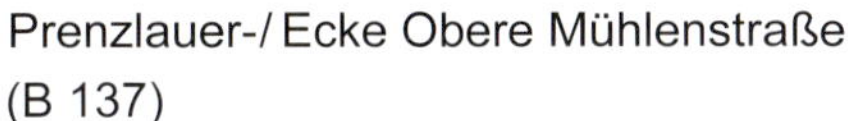

Prenzlauer-/Ecke Obere Mühlenstraße (B 137)

Zerstörte Bürgerschule (B 138)

Die Stadt wurde zwei Tage lang geplündert, insbesondere Uhren, Lederwaren und Fahrräder waren begehrt. Auf dem Vormarsch angetroffene Templiner wurden in die Stadt zurückgeschickt.

Ab dem 28. April gab es Brände im Stadtzentrum. Zuerst wurde an der Ecke Schinkelstraße/Markt das „Café Zwerg" angesteckt und dadurch das gesamte Stadtviertel bis zur Martin-Luther-Straße und Mühlenstraße in Brand gesetzt. Da sich gegenüber dem Rathaus die „Rathausdrogerie" befand, in deren Keller Benzinfässer lagerten, breitete sich das Feuer rasend schnell aus.

Auch im Scheunenviertel in der Lychener Straße brannte es, das Viertel der heutigen Goethe-Werder-Kant-Mühlenstraße wurde ebenfalls Opfer der Flammen. Augenzeugen berichten, dass auch Jugendliche des „Volkssturms" zu den Brandstiftern gehörten.

Am kommenden Tag wurde die heutige Ernst-Thälmann-Straße angezündet. Mehrmals wurde versucht die „Adler-Apotheke" Am Markt anzustecken, was der Inhaber jedoch immer wieder vereiteln konnte.

Auch die Bürgerschule brannte nieder. Nach Angaben von Augenzeugen wurde sie erst am 30. April mittags in Brand gesetzt, die Turnhalle blieb verschont. Wer die Brandstifter waren, ist nicht mehr nachzuweisen.

Angesteckt wurde auch die Baptistenkapelle in der Pestalozzistraße, da in den letzten Kriegswochen dort Angehörige der Wehrmacht untergebracht waren.

Bis zum 3. Mai gab es Brände in der Innenstadt, der Waldstraße sowie in anderen Wohngebieten. Am Markt 12/13 hatten sowjetische Offiziere und Soldaten Quartier genommen, weshalb dieses Areal nicht den Flammen zum Opfer fiel. Da kaum Leute in der Stadt waren, somit Einsatzkräfte und Löschfahrzeuge der Feuerwehr fehlten, breiteten sich die Feuer ungehindert aus. Es gab aber auch Fälle, dass Einwohner am Löschen ihrer Häuser gehindert wurden.

Beim Ein- bzw. Vormarsch der Truppen gab es Übergriffe auf Frauen und Mädchen. Einige nahmen sich das Leben in den Gewässern der Umgebung. Unter dem Eindruck der faschistischen Propaganda kam es auch vor, dass Väter ihre Kinder in den Seen unter Wasser drückten und sich dann selbst das Leben nahmen. Aber

Sowjetischer Ehrenfriedhof (B 139)

nicht alle fanden dann selbst den Mut, in den Tod zu gehen. Auch weitere Mitglieder der NSDAP bzw. deren Führungskräfte wählten den Freitod, so der Arzt Dr. Schröder mit Frau, Schauburgbesitzer Theodor Rettig. Der Schulleiter des Joachimsthalschen Gymnasiums Bauer nahm sich mit Frau und zwei der fünf Kinder sowie der Großmutter ebenfalls das Leben. Das Standesamtsregister weist für das Jahr 1945 die erschreckende Zahl von 800 Todesfällen auf. Andere entzogen sich durch Flucht in Richtung Westen der Verantwortung.

Da ein russischer Offizier den Stalinbefehl zur Einstellung der Plünderungen und Vergewaltigungen durchsetzen wollte, erschossen ihn die eigenen Soldaten vor dem Kino. Auch hier gibt es unterschiedliche Aussagen, denn es wird noch von einem zweiten Offizier gesprochen, der namentlich bekannt und am 2. September ums Leben gekommen ist – Alexander Stefanowitsch Wawilow. Sein Grabmal steht an exponierter Stelle in der ersten Reihe auf dem Ehrenfriedhof in der Jahnstraße.

Die bei den Auseinandersetzungen getöteten sowie durch Selbstmord gestorbenen Personen wurden provisorisch an Ort und Stelle bestattet. Ab Sommer 1945 bis ins Jahr 1947 erfolgte die Umbettung auf den örtlichen Friedhof.

Die Bestattung der 143 gefallenen sowjetischen Soldaten erfolgte anfangs auf einem provisorischen Friedhof auf dem Jahnplatz. 2000 ließ die Stadtverwaltung den Obelisk erneuern und 2012 die gesamte Anlage neu gestalten.

TEMPLIN NACH KRIEGSENDE 1945

Der Befehl Nr.1 der sowjetischen Truppen wurde an Bäumen veröffentlicht: „Hitlerdeutschland ist zerschlagen, alle Behörden und Dienststellen sind aufgelöst, die NSDAP -Gliederungen sind verboten. Alle Macht und die Regierungsgewalt liegen in den Händen der Roten Armee. Die Bevölkerung hat den Anordnungen der Militärbehörde Folge zu leisten."

Nach der Einnahme der Stadt rückten die Truppen weiter in Richtung Lychen und Hindenburg vor. Dazu baute die sowjetische Armee u. a. eine Notbrücke an der Schleuse. Beim Vorstoß in Richtung Hindenburg kam es beim Hauptbahnhof noch zu Schießereien mit fliehenden deutschen Soldaten.

Die Bahnhofssiedlung wurde das erste Quartier für die Besatzungstruppen. Die russische Militärkommandantur richtete sich Am Markt 13 und im Rathaus ein, die Angehörigen brachte man in der Puschkinstraße und um den Markt unter. Die russische Polizei (GPU) beschlagnahmte für ihre Zwecke die Häuser 14-16 in der Strahlstraße (Puschkinstraße) und sperrte die Straßen durch hohe Bretterzäune ab. Das Betreten des Geländes war strengstens verboten. Auch das damalige „Hotel Reiche“ in der Ringstraße war besetzt.

Die neu gegründete deutsche Polizei nutzte das frühere Gebäude der Post in der Bahnhofstrasse, später tauschten die Kommandantur und die Polizei die Häuser. (Die Kommandantur blieb bis 1976 an diesem Standort.) Auch Gebäude im Postheim wurden kurzzeitig von der Roten Armee genutzt. Seit 1947 lebten die Offiziere der Roten Armee in einigen Häusern der heutigen Friedrich-Engels-Straße und Prenzlauer Allee. Erster Templiner Stadtkommandant war Major Kerstej.

Die ersten Einwohner waren alsbald zurückgekehrt. Templiner halfen in Getreidespeichern und auf Güterböden am Bahnhof Lebensmittellager für die russische Armee anzulegen und erhielten dafür Nahrungsmittel.

In der Prenzlauer Allee steckten am 3. Mai polnische Zwangsarbeiter beim Verlassen der Stadt Häuser an. Die Nummern 2-5 von der Stadt kommend brannten ab, ebenso auch der hintere Flügel des Kreishauses, der Wohnbereich des Landrats. Da die Wasserleitungen noch nicht funktionierten, konnte wieder nicht gelöscht werden.

Unter dem Vorwand, in der Stadt die brennenden Häuser zu löschen, wurden Männer und Jugendliche auf dem Markt mit Eimern versammelt. Man brachte sie am 1. Mai in die Kellerräume des Joachimsthalschen Gymnasium, wo sie von der Russischen Geheimpolizei (GPU) verhört wurden.

Wenige kehrten nach einigen Tagen zurück, andere erst Monate später, nachdem sie in Ostpreußen zur Zwangsarbeit eingesetzt worden waren, unter ihnen Angehörige der Familie Horst Sydow. Am 16. Juni wurden 500 Männer aus ganz Brandenburg zu Fuß über Templin nach Neubrandenburg ins Lager „Fünf Eichen“ gebracht. U.a. kamen Kurt Redetzky, Wilhelm Gätcke, Dr. Walter Horn dort ums Leben.

Kreishausruine 1947 (B 140)

Die deutsche Wehrmacht kapitulierte am 8. Mai 1945 bedingungslos. Entscheidend für die weitere Entwicklung in der Nachkriegszeit erwies sich der Grundsatz, dass die Ausübung der obersten

Regierungsgewalt in den einzelnen Besatzungszonen in den Händen der jeweiligen Oberbefehlshaber lag. Das ermöglichte es im Folgenden, das eigene System auf den von ihnen besetzten Teil Deutschlands zu übertragen. In der Sowjetischen Besatzungszone nahm die Sowjetische Militäradministration in Deutschland (SMAD) am 9. Juni ihre Arbeit auf.

Im „Potsdamer Abkommen“ vom 2. August 1945 wurde vereinbart, Deutschland zu demokratisieren, zu entnazifizieren und zu entmilitarisieren sowie zu dezentralisieren.

Anders als nach dem Ersten Weltkrieg forderten die Siegermächte als Wiedergutmachung keine Geldzahlungen, sondern Sachleistungen. Diese sollten aus der laufenden Produktion, aus Demontagen und der Nutzung der Arbeitskraft deutscher Kriegsgefangener bezogen werden.

Besonders katastrophale Verhältnisse herrschten in dem von sowjetischen Truppen besetzten Teil Deutschlands, in dem bis zuletzt erbittert gekämpft worden war. Die Schwerindustrie hatte sich überwiegend an Rhein und Ruhr sowie in Oberschlesien befunden. Die sächsischen Braunkohlegebiete waren als einzige Grundlage der Energieversorgung verblieben. Auch die landwirtschaftliche Nutzfläche war gegenüber der Vorkriegszeit um ein Viertel verkleinert. Die wirtschaftliche Ausgangslage im östlichen Teil Deutschlands war somit um vieles schlechter als in den Westzonen. Im Sommer 1945 begannen strukturverändernde Maßnahmen wie die Bodenreform, die Enteignung der Industrie sowie Reformen im Bildungswesen im Zuge der „antifaschistisch-demokratischen Umwälzung“.

Die Organisation des täglichen Lebens

Nach der Unterzeichnung der Kapitulation setzte eine allmähliche Normalisierung des Lebens in der Stadt ein. Die Menschen benötigten Wohnungen, die Versorgung sowie die Betriebe mussten in Gang gesetzt werden, Strom und Wasser organisiert, das Schulwesen und die Krankenversorgung aktiviert werden.

Durch russische Soldaten wurde erstes Brot in der damaligen Nordsternfiliale (Eckgeschäft Berliner Straße/Markt 16) verteilt, es gab 100 g Schwarzbrot kostenlos pro Tag. Im ehemaligen Radiogeschäft Ecke Markt/Rühlstraße, heute „Buchhandlung Karger“, dem späteren „Russenmagazin“, verkauften russische Frauen Waren des täglichen Bedarfs.

Das Wasserwerk und das Elektrizitätswerk wurden zuerst in Gang gesetzt, der Bahnhofswasserturm und die Wohnsiedlungen wieder angeschlossen, ebenso das Sägewerk Flögel, damit wieder Holz geschnitten werden konnte. Stundenweise wurde die Kläranlage am Birkenhain mit russischem Diesel in Gang gehalten.

Die gesprengten Brücken waren mit Bretterbohlen wieder begehbar gemacht worden. An der zerstörten Pionierbrücke waren anfangs Baumstämme zusammengebunden und provisorisch mit Brettern belegt worden. Später montierte man auf dem zerstörten Unterteil Bretter und alte Barackenteile.

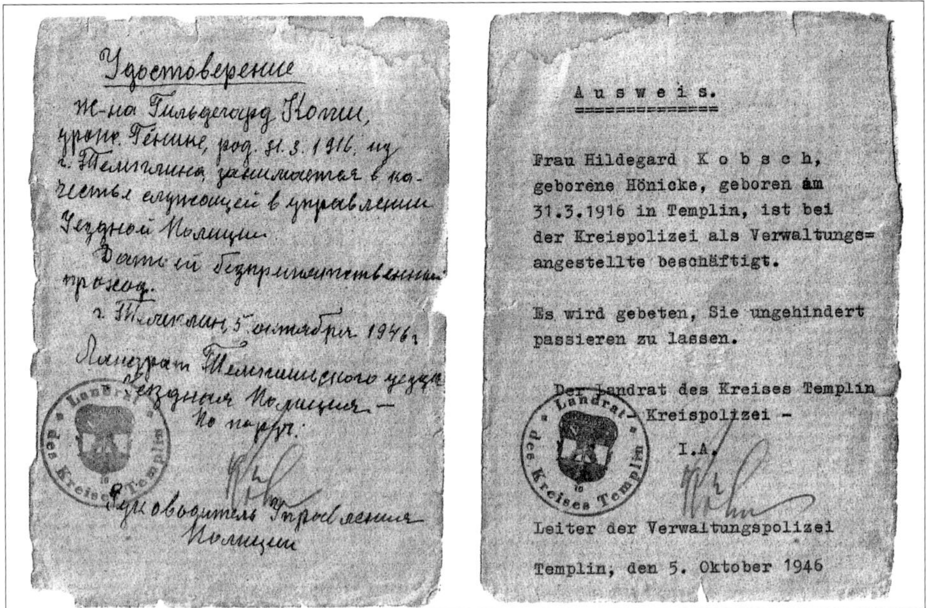

Удостоверение

Ж-на Гильдегард Копш, урожд. Гёнике, род. 31.3.1916. из г. Темплина, занимается в качестве служащей в управлении уездной полиции.

Дать ей беспрепятственный проход.

г. Темплин, 5 октября 1946 г.

Ландрат Темплинского уезда
Уездная полиция —
По поруч.:
Руководитель Управления Полиции

Ausweis.

Frau Hildegard K o b s c h,
geborene Hönicke, geboren am
31.3.1916 in Templin, ist bei
der Kreispolizei als Verwaltungs=
angestellte beschäftigt.

Es wird gebeten, Sie ungehindert
passieren zu lassen.

Der Landrat des Kreises Templin
- Kreispolizei -
I.A.

Leiter der Verwaltungspolizei

Templin, den 5. Oktober 1946

Vorläufiger Ausweis (B 141)

Die Bevölkerung wurde zu Enttrümmerungsarbeiten herangezogen, der Schutt in die Ruinen geschippt, um die Straßen wieder passierbar zu machen. Zur Versorgung wurden in der Prenzlauer- und der Bismarckstraße sowie hinter dem Berliner Tor, im heutigen WOBA-Gebäude, Volksküchen eingerichtet. Es rollten immer noch Truppen, Militärkolonnen, Panzer und Geschütze nach Westen. Befreite Kriegsgefangene der Oststaaten, deutsche Kriegsgefangene und Viehherden wurden nach Osten transportiert. Das dauerte Monate an.

Für die Bevölkerung wurde ein Ausgangsverbot verhängt, das bis Februar 1946 galt. Sie durfte sich nur in der Zeit von 5–22 Uhr auf den Straßen aufhalten. Da das Rathaus von der Roten Armee besetzt war, fand die erste Versammlung der sich neu bildenden Behörden in der Puschkinstraße 10 und im Haus 12 Am Markt statt, um das Leben in der Stadt zu organisieren.

Die Kreisbehörde und andere Institutionen hatten im Amtsgericht und daneben aufgestellten Baracken, die aus dem ehemaligen Konzentrationslager Ravensbrück bzw. vom RAD in der Dargersdorfer Straße stammten, ein behelfsmäßiges Unterkommen gefunden. Das Amtsgericht selbst war in einem Privathaus in der Bahnhofstraße 29 untergebracht. Im Postheim wurden für mehrere Wochen sowjetische Truppen einquartiert, später erhielten rund 190 Familien hier eine Unterkunft. Trotz vielfältiger Probleme wurde eine Volksbibliothek im Rathaus eingerichtet, auch das Kino im „Seebad“ eröffnete wieder, nachdem zuerst im „Strandgarten“ Filmvorführungen stattgefunden hatten.

Nach Ende des Krieges bedurfte es bei jedem Einsatz der Feuerwehr, auch wenn

Brief mit Templin-Bahnstempel (B 142)

er noch so dringend war, stets der Genehmigung der russischen Kommandantur. Technik war kaum vorhanden und wenn, dann in einem desolaten Zustand. Eine noch einsatzbereite Feuerwehrspritze TS 8 Magirus wurde von den Russen zum Waschen ihrer Panzer benutzt.

Um die Verwaltung des Kreises und den Aufbau der Wirtschaft abzusichern und den Geldverkehr in Gang zu setzen, rief der Kreisbürgermeister Richard Bröse auf, alle vorhandenen Zahlungsmittel bei der Sparkasse oder Genossenschaftsbank einzuzahlen. Begüterte Einwohner des Kreises wurden um Geldspenden für den Wiederaufbau gebeten.

Bereits am 15. Juli 1945 setzte der ordnungsgemäße Zahlungsverkehr mit altem Geld wieder ein. Es wurden wieder Löhne gezahlt und damit auch wieder Waren und Mieten beglichen.

Durch die Siegermächte war auch der Postdienst unterbunden worden. Doch zum Aufbau der Wirtschaft und zur Kontakthaltung erlaubte die SMAD noch im Mai 1945 die Behördenpost zwischen den Stadtverwaltungen und den Bürgermeistern. Ab dem 6. August war auch der private Postverkehr möglich.

Da es noch keine Briefmarken gab, wurde als Notstempel ein Bahnpoststempel der Strecke Templin-Fürstenberg genutzt. Seit November 1945 ist auch wieder ein Templin-Tagesstempel verwendet worden. Ab der gleichen Zeit fanden in Brandenburg auch die Berliner Bärenmarken Verwendung.

1946 wurde durch die Kommunalverwaltung der Stadt das Sportamt Templin gebildet. So bekannte Namen des Templiner Sports wie Arthur Meyer, Otto Schneider, Georg Görwitz, Alfred Fiechel, Alfred Wulkow, Georg Liebrecht, Hans Fiechel, Hans Elsner, Erich Gast, Heinz Tochtenhagen, Erich Daun und Dr. Staufenbiel stellten sich dem Sport wieder zur Verfügung.

Laut Einwohnermeldeamt der Ortspolizeibehörde vom 14. Mai 1946 lebten 10 762 Menschen in der Stadt, zugezogen waren 2 548 Personen.

Einsicht in die Situation Templins ein Jahr nach Kriegsende vermittelt die folgende Statistik des Bürgermeisters vom 29. des Monats. Es wurden 899 Steinhäuser und 15 Holzhäuser gezählt und folgende Institutionen, Verwaltungen, Fabriken oder Werke genannt:

Verwaltungen und Institutionen:

Russische Besatzungsmacht mit Kommandantur, Casino im damaligen „Café Reiche“, Dienstgebäude Am Markt 1, Privatwohnungen des Kommandanten und der Offiziere in der Puschkinstraße und in vier Privathäusern in der Friedrich-Ebert-Straße, Stadtverwaltung mit Bürgermeisteramt, Einwohnermeldeamt, Standesamt, Sozialamt, Wirtschaftsamt, Landwirtschaftsamt, Forstamt, Stadtkasse, Wohnungs-

amt, Bauamt, Sozialamt, Stadtkasse, Verwaltung kommunaler Werke, Landeskreditbank, Kreisverwaltung mit Landratsabteilung, Kreisratsabteilung, Büroleiter, Abt. Allgemeine Verwaltung, Abt. Industrie und Verkehr, Landwirtschaft und Forsten, Volksbildung, Finanzen, Arbeit und Sozialwesen, Umsiedler- und Kreiswohnungsamt, Kreisjugendamt und Suchdienst, Arbeitsschutzamt, Abt. Gesundheitswesen, Abt. Polizei, Abt. Handel und Versorgung, Kreisenergieamt
Dienstleistungsbetriebe:
Postamt, Bahnamt, Finanzamt, Kreisarbeitsamt, provisorisches Hochbauamt, Sozialversicherungskasse, Provisorisches Straßenbauamt, Amtsgericht, Landwirtschaftlicher Ein- und Verkaufsverein, Kino einschließlich Theaterklause, Tankstelle Schwanebeck (Tankstelle und Öllager der Besatzungsmacht), Kohlenhalle Schulenburg, Tankstelle Benthin, Apotheke, Kirsteinhaus, Gebäude der SED und des FDGB in der Friedrich-Engels-Straße 1
Schulen:
Gymnasium einschließlich Berufs- und Fortbildungsschule, Volksschule, Schule im Erziehungsheim Waldhof, Schule im Kinderheim Neuhof, Forstschule
Krankenhäuser/medizinisches Personal:
Kreiskrankenhaus, TBC-Station, zwei Altersheime, Dr. Bergmann, Dr. Feuerhack, Dr. Großhans, Dr. Petersen, Dr. Trieloff, Heilpraktiker Bauer, Dentist Zeise, Dentist Utecht, Hebammen Zangenberg und Görwitz
Fabriken oder Werke:
Sägewerk Flögel (Herstellung von Schnittholz und Schwellen mit einer Belegschaft von 76 Mann), Sägewerk Liepe & Co (Schnittholzproduktion, zwölf Arbeiter), Sägewerk Willi Baade (Standardbohlen und -bretter, 11 Mitarbeiter), Sägewerk Schöps (produzierte Schnittholz mit 16 Arbeitern), Pharmazeutische Fabrik (soll pharmazeutische Artikel herstellen, ist aber erst im Aufbau mit 14 Belegschaftsangehörigen), Templiner Holzverarbeitungsgesellschaft (produziert nichts, im Aufbau begriffen), Metallwaren Stöckel & Co (konnte nicht arbeiten, da kein Material vorhanden)
Betriebe, die landwirtschaftliche Produkte verarbeiten:
Stadtmühle Templin, Obstkelterei Römer, Molkereigenossenschaft.

Da die Eisenbahnverbindungen nicht funktionierten, unterhielt ein Dampfer zwischen Templin und Berlin ab der Eisenbahnbrücke die Verbindung auf dem Wasserweg aufrecht. 1947 hatte man die Pionierbrücke auf der teilweise noch vorhandenen Pfahlgründung provisorisch wieder als schmale Holzfußgängerbrücke aufgebaut. Damit konnten auch Boote den Kanal zwischen Templiner See und Schleuse wieder nutzen. Am 15. Juli 1948 war die Wiederherstellung und Inbetriebnahme der demontierten Bahnstrecke Templin-Zehdenick abgeschlossen. Es folgte die Strecke Zehdenick-Oranienburg am 15. Juli 1949. Dass diese Strecken zuerst nutzbar gemacht wurden, hing mit den militärischen Standorten der Sowjetarmee bei Vogelsang und Groß-Dölln zusammen. Zusätzlich fuhr ab 1949 die Busfirma Lauchs-Hoffmann zwischen Templin und Berlin.

Die Entwicklung des politischen Lebens

Unmittelbar nach dem Einmarsch der Roten Armee wurden bewährte Kommunisten und Sozialdemokraten in die Kommandantur berufen. Mit der Armee waren deutsche Offiziere nach Templin gekommen, auch der Kommunist Hans Brandt. Er war im August 1943 zur sowjetischen Armee übergelaufen und hatte im Auftrag des gerade gegründeten Nationalkomitees „Freies Deutschland“ zu den Soldaten gesprochen, um sie von der Unsinnigkeit der Weiterführung des Krieges zu überzeugen. Er wurde als erster Bürgermeister bis Oktober 1946 eingesetzt und war an der Organisation der neuen Verwaltungsorgane beteiligt.

Richard Bröse, seit 1920 Mitglied der KPD und von 1928 bis 1932 Kreistagsabgeordneter seiner Partei, wurde zum ersten Kreisbürgermeister (Landrat des Kreises Templin) von der Kommandantur ernannt.

Als Mitteilungsorgan der sowjetischen Militärkommandatur wurden die ersten Exemplare der „Templiner Rundschau“ herausgegeben.

Der „Befehl Nr. 2“ der sowjetischen Militäradministration (SMAD) gab am 10. Juni 1945 bekannt, dass in der sowjetischen Besatzungszone die Gründung und Tätigkeit antifaschistischer Parteien und Organisationen erlaubt ist, demokratische Verhältnisse und bürgerliche Freiheiten geschaffen und der Faschismus endgültig ausgerottet werden sollten. Antifaschistische Parteien und Gewerkschaften hatten Programme und Statuten in örtlichen Selbstverwaltungen und bei militärischen Kommandanten registrieren zu lassen und Listen der Mitglieder der führenden Organe vorzulegen. Alle Organisationen sollten während der Besatzungszeit der Kontrolle der SMAD unterstehen. Die gesamte faschistische Gesetzgebung und alle Instruktionen, die sich gegen demokratische Freiheiten, bürgerliche Rechte und Interessen des Volkes richteten, waren aufgehoben.

In Folge dieses Befehls begannen auch in Templin Vertreter der in der NS-Zeit verbotenen KPD und die SPD ihre politische Tätigkeit wieder aufzunehmen und vollzogen eine Neugründung der Parteien. Zu ihnen gehörten Hermann Gartmann (Parteivorsitzender), Richard Bröse, Otto Hermann, Karl Schneider von der KPD und Bernhard Wiegelmann (Parteivorsitzender), Willi Perlwitz, August Kross, Erich Gienau, Paul Götting von der SPD. Auf diese Männer stützte sich die russische Kommandantur besonders.

Dem neu gegründeten Freien Deutschen Gewerkschaftsbund traten als erste Angestellte des Bahnbetriebswerkes und des Bahnhofs bei. Ihnen folgten Post- und Verwaltungsangestellte. Das erste Gewerkschaftslokal befand sich in der Ernst-Thälmann-Straße 11.

Seit Juni 1945 trafen sich Vertreter der beiden Arbeiterparteien SPD und KPD im Landratsamt, um Aufgaben für die Zukunft und eine gemeinsame Arbeit festzulegen. Zu ihnen gehörten als Mitglied der KPD Hermann Gartmann, Grete Schulz, Richard Bröse, Otto Hermann, Karl Schneider und der SPD Bernhard Wiegelmann, Willi Perlwitz, August Kross, Hermann Gienau, Paul Götting und Alfred Daniel. Sie waren ein Jahr später die Organisatoren zur Gründung der SED in Templin.

Im Vorfeld trafen sich die KPD-Vertreter auf dem „Waldhof", die SPD-Mitglieder im „Strandgarten" zu getrennten Abstimmungen. Beide Seiten beschlossen den Zusammenschluss beider Parteien. Dieser erfolgte am 24. März 1946 im „Strandgarten". 1946 wurden auch die CDU und die LDPD in Templin gegründet.

Am 15.09.1946 fanden die ersten Wahlen für die Parlamente in der Stadt, im Kreis und im Land statt. Zehn Personen war das aktive Wahlrecht wegen ihrer Nazivergangenheit entzogen worden.

Bei den ersten Gemeindewahlen in Templin erhielten die Stimmenmehrheit:

SED – Paul Götting, Axel Bauer, Richard Bröse
CDU – Ernst Tamm, Karl Laneus, Ernst Kreuzfeldt
LDPD – Theodor Dähne, Max Gaedicke
Frauenausschuss – Else Nehls, Frieda Thiemann, Minna Köhler

Bürgermeister wurde Paul Götting, sein Stellvertreter Paul Nickel, Vorsitzender der Gemeindevertretung Dr. Hildebrand.

Auf der Stadtverordnetensitzung vom 1. November 1946 wurden die Herren Schneider, Lüdke, Buseke, Keuck und Laneus in den Magistrat gewählt und die Mitglieder für die Ausschüsse für Finanzen, Bau, Fürsorge, Forst, Wohnungswirtschaft und Schule festgelegt. Außerdem wurde beschlossen, das Schützenhaus und den Fährkrug in städtischem Eigentum zu behalten. Das ehemalige Posterholungsheim wurde mit 26 Häusern an den FDGB übergeben.

Die ersten Schritte zur politischen Umgestaltung waren auch mit Straßenumbenennungen am 1. Mai 1946 verbunden:

- Schulzenstraße: Schinkelstraße
- Goderstraße: August-Bebel Straße
- Strahlstraße: Puschkinstraße
- Prenzlauer Straße: Ernst-Thälmann-Straße
- Bismarckstraße: Robert-Koch-Straße
- Grünstraße: Goethe-Straße
- Moltke-Straße: Friedrich-Engels-Straße
- Kirsteinstraße: Kantstraße
- Arnimstraße: Friedrich-Ebert-Straße
- Propsteistraße: Martin-Luther-Straße
- Paul-Becker-Straße: Stresemann-Straße
- Hermann-Göring-Allee: Prenzlauer Allee
- Walter-Mientkewitz-Straße: Philipp-Scheidemann-Straße

Im Juli 1947 bildete der damalige Schulrat Dr. Hildebrandt den „Templiner Kulturbund", der vor allem bei Lehrern und Ärzten Anklang fand. Später waren 284 Mitglieder in 16 Fachgruppen organisiert. Das erste Vereinsgebäude war der „Seglerclub", wo man sich zu Vorträgen, Diskussionsrunden und geselligen Veranstaltungen traf. Hier waren der „Klub der Intelligenz" und die Fachgruppen Philatelie, Numismatik, Aquaristik und später die Natur- und Heimatfreunde sowie die Fotografen organisiert.

Die in Templin im März 1946 gegründete Gruppe des Demokratischen Frauenbundes Deutschlands (DFD) übernahm hauptsächlich soziale Aufgaben. Die Arbeit der Nationaldemokratischen Partei (NDP) wurde im Juli 1946 vom Kreiskommandanten zugelassen.

1948 wurden als Vorsitzende der Parteien und Organisationen genannt: SED-Wiegelmann/Gartmann, NPD- Heymann, VdgB- Schuldte, LDP- Görwitz CDU-Pelka, FDJ- Wronski, FDGB- Hausmann.

Die neu gegründeten Parteien, vertreten durch CDU - Tamm, DBP - Gremzow, LDP - Tietz, NDPD - Heymann, SED - Wiegelmann, DFD - Koch, FDGB - Höpfner, FDJ - Sumpf, VVN - Ostrowski, Deutscher Volkskongress - Kreisausschuss der Nationalen Front - Buchwitz, schlossen sich 1949 in der Nationalen Front zusammen. Im gleichen Zeitraum wurde Minna Ostrowski Vorsitzende des Vereins der Verfolgten des Naziregimes (VVN).

Am 1. April 1948 erfolgte die Auflösung der Amtsbezirke, u. a. auch Templin-Land, d. h. Gandenitz, Metzelthin, Netzow mit dem Ortsteil Knehden wurden selbständig.

Das Flüchtlingsproblem

Die Flüchtlingsströme aus den ehemals deutschen Gebieten östlich der Oder/Neiße und der späteren Tschechoslowakei ließen die Zahl der Einwohner, gemessen am Vorkriegsstand, bis Ende 1945 um eine Million auf rund 16 Millionen im östlichen Teil Deutschlands ansteigen. Im Herbst 1946 hatte schließlich jeder Vierte der mittlerweile über 17 Millionen Einwohner seine Heimat verloren.

Nach Templin kamen infolge der Kriegsauswirkungen ca. 2500 Flüchtlinge. Am 25. Juli 1945 erhielt der Bürgermeister Brandt vom Landrat die Richtlinie, dass alle wiederkehrenden Ortsansässigen, die Evakuierten aus Polen jenseits von Oder und Neiße und dem Sudetengebiet, die im Januar und Februar in die Stadt kamen, in Templin aufgenommen werden müssen. Deshalb sollten die Ortsansässigen ihre Wohnansprüche einschränken.

So wurde in der Engelsburg bei Ahrensdorf ein Flüchtlings- und Heimkehrerlager eingerichtet, später wurde es Kreisaltersheim. Ebenso wurden das Postheim und die Baracken des Reichsarbeitsdienstes in der Dargersdorfer Straße am Abzweig nach Ludwigshof für Heimkehrer nutzbar gemacht. In der Heimstraße 9 nutzte man die damaligen Behelfsheime weiter. Berliner, deren Wohnungen nicht zerstört waren, mussten nach Berlin zurückkehren. Mehrmals wurden Solidaritätsaktionen für die Umsiedler zur Gewinnung von Baumaterialien durchgeführt bzw. bei „Umsiedlerwochen“ zur Abgabe von Mobiliar, Hausrat usw. aufgerufen. Ab 1948 wurden sowohl für die Stadt als auch für den Kreis keine Zuzugsgenehmigungen mehr ausgestellt.

Der Kampf ums tägliche Brot

Aus der Kriegszeit kannten die Deutschen Lebensmittelzuteilungen und knappe Rationen, den Hunger erlebten sie aber erst nach der Kapitulation. Insgesamt unterschieden sich die Lebensverhältnisse der Bevölkerung in Ost und West anfangs nicht. Die Ernährungssituation war im besetzten Deutschland ein gesamtdeutsches Problem. Nachdem in den letzten Kriegswochen auch noch das Versorgungs- und Rationierungssystem zusammengebrochen war, erfolgte die Lebensmittelversorgung anfangs nur unregelmäßig und auf der Basis provisorischer Bestimmungen. Besonders in den Städten sank die tägliche Kalorienmenge, die den einzelnen lebens- und arbeitsfähig erhalten sollte, auf 700-1000 Kalorien ab, obwohl mindestens 2 700 nötig gewesen wären.

Auf Befehl des Chefs der SMAD, Marschall Shukow, wurden am 21. Oktober für die nicht in der Landwirtschaft arbeitenden Personen nachstehende Tagesrationen festgesetzt:

	Brot	*Nährmittel*	*Kartoffeln*	*Zucker*	*Marmelade*	*Fleisch*	*Fett*
Schwerstarbeiter	*450 g*	*40 g*	*500 g*	*25 g*	*30 g*	*40 g*	*20 g*
Schwerarbeiter	*400 g*	*40 g*	*400 g*	*25 g*	*30 g*	*40 g*	*20 g*
Sonstige Arbeiter	*350 g*	*20 g*	*300 g*	*20 g*	*30 g*	*25 g*	*10 g*
Angestellte	*250 g*	*15 g*	*300 g*	*20 g*	*30 g*	*25 g*	*10 g*
Kinder bis 15 Jahren, Schüler	*200 g*	*20 g*	*300 g*	*25 g*	*30 g*	*15 g*	*10 g*
Übrige Bevölkerung	*200 g*	*10 g*	*300 g*	*15 g*	*30 g*	*15 g*	*10 g*

Werdende und stillende Mütter erhielten vom 6. Monat der Schwangerschaft an bis zum Ende des 4. Monats nach der Geburt zusätzlich pro Monat 300 g Nährmittel, 300 g Zucker, 100 g Fett und täglich ¼ Liter Milch.

Zu den Bevölkerungsgruppen 1-3 gehörten auch Professoren, Prominente der Kunst und Wissenschaft, Ärzte, Personen in leitender Stellung, Lehrer an Schulen und Personal in Krankenhäusern und medizinischen Einrichtungen.

Die Geschäfte erhielten die Lebensmittel von zentraler Stelle in der Bahnhofstraße Nr. 23/24. Die Belieferung richtete sich nach der Anzahl der Kunden. Die Versorgung der Kinder mit Kleidung und Schuhwerk wurde durch die Schulen übernommen. In der Stadt gab es neun Bäckereien, sechs Schlächtereien, fünf Milchgeschäfte, zwanzig Kolonialwarengeschäfte und eine Ölmühle, die aber vorrangig für die russische Armee arbeitete.

Im August 1946 erhöhte die Besatzungsmacht in der sowjetischen Besatzungszone die Lebensmittelrationen für alle bei Brot um 50 g, Nährmittel um 300 g und für Schwerarbeiter Kartoffeln auf 1500 g

Im Winter kam zum Hunger die Kälte. Besonders hart war der Winter 1946/47, als die Wasserstraßen zufroren, die geringen Vorräte an Brennstoffen nicht mehr verteilt werden konnten. Strom und Gas standen nur stundenweise zur Verfügung.

Wer noch wertvolle Gegenstände besaß, versuchte sie auf dem „Schwarzmarkt" gegen Lebensmittel, Kleidung oder Brennstoffe zu tauschen. Schwarzmarkthändler bezogen ihre Waren aus Beständen der ehemaligen Wehrmacht oder hatten „Beziehungen" zur Besatzungsmacht. Für eine Schachtel Zigaretten wurde oftmals der Wochenlohn eines Arbeiters gezahlt. In den Jahren 1945-1948 betrug der durchschnittliche Monatslohn eines Arbeiters 120-150 Reichsmark. Im Vergleich dazu kostete ein Kilogramm Fleisch 2,30 RM, auf dem Schwarzmarkt 60-80 RM. Bei Kartoffeln war das Verhältnis 0,37 RM zu 20-30 RM, 1 kg Butter wurde im Verhältnis 4,00 zu 350-550 RM verkauft. Viele Waren konnte man gar nicht auf Lebensmittelkarten beziehen, sondern sie waren nur auf dem „Schwarzen Markt" erhältlich, so z. B. Milchpulver für 140-160 RM das Kilo. Ein Paar Lederschuhe kosteten 500-800 RM, ein Fahrrad 1 500 und einen Liter Schnaps gab es für 300 RM.

Um die Versorgungssituation zu verbessern und den Schwarzmarkt zu unterdrücken, rief man alle landwirtschaftlichen Erzeuger mehrmals auf, Überschüsse auf dem „Freien Markt" zu verkaufen. 1948 erhielt man für 100 kg Schwein 260 RM. Dafür könnte man z. B. 6 m Joppenstoff (72 RM), 6 m Damenmantelstoff (72 RM), 6 m Anzugsstoff (102 RM) und 6 Paar Strümpfe (14 RM) kaufen. Für 20 Liter Milch (12 RM) bekäme man 1 Damenpullover, für 30 Liter (18 RM) 3 m Kleiderstoff, für 60 Liter (36 RM) 3 m Damenmantelstoff, für 10 Eier (2 RM) 1 Paar Herrensocken, für 13 Eier (2,60 RM) 1 Paar Damenstrümpfe. 300 kg Kartoffeln konnte man für 36,- RM oder 1 Herrenpullover (11,90 RM), 2 Paar Damenstrümpfe (4,90 RM), 1 Damengarnitur (7,60 RM) oder 1,5 m Anzugsstoff (11,60 RM) verkaufen. Für 100 kg Roggen bekäme man 1 Paar Kinder-Lederschuhe a 11,55 RM, 2 Paar Damenstrümpfe a 5,20 RM und 1 Paar Herrensocken a 3,25 RM.

Wiederholt kann man in der Zeitung über hohe Strafen wegen Verletzung der Pflichtablieferung in Form von Geldstrafen, Gefängnis bzw. Verlust des Hofes oder Berufsverbot nachlesen.

Krankenbetreuung

Auf Grund der Lebensmittelknappheit und schlechter Lebensbedingungen kam es zum Ausbruch von Typhus und anderen Krankheiten. Da das Krankenhaus zerstört war, waren im Waldhof und im Joachimsthalschen Gymnasium, wie schon betont, Isolierbaracken und Notbetten eingerichtet worden. Erkrankte Kinder brachte man im Schloss Gerswalde unter.

Die weitere geplante Ausrüstung der Häuser drei und vier des Gymnasiums als Notkrankenhaus scheiterte, da diese durch sowjetische Armeeangehörige belegt wurden, die zu Panzerbesatzungen ausgebildet wurden. Als Ersatzkrankenhaus wurde im Juli das frühere Kataster-/Finanzamt in der Robert-Koch-Straße mit 70 Betten belegt. Das damalige Isolierhaus in der Elisabethstraße (Heinestraße) sicherte die ambulante Betreuung ab. Die chirurgische Notversorgung und Leitung hatten Dr. Bergmann und Dr. Freytag, zwischenzeitlich Frau Dr. Görke.

In einem noch stehenden Flügel des Krankenhauses richtete man eine Typhusstation ein. Typhuskranke wurden außerdem im ehemaligen Hotel „Lüder“ am Vorstadtbahnhof untergebracht. Um eine Verbreitung von Krankheiten zu verhindern, forderten der damalige Kreisarzt, Dr. Freytag, und der Landrat die Bevölkerung zu besonderer Hygiene und dazu auf, nur abgekochtes Wasser und Milch zu verwenden. Zusätzlich wurde eine Entlausungsstation eröffnet.

In der früheren Isolierstation in der Elisabethstraße öffnete am 7. Juli 1946 die erste Kreispoliklinik. Es waren folgende Fachgebiete vertreten: Allgemeinpraxis – Dr. Freytag, Chirurgie – Dr. Bergmann, Dentist – Herr Collin, HNO – Dr. Schneider, Gynäkologie – Dr. Ranck, Augenarzt – Dr. Gutseit, Schwangerschaftsberatung – Hebamme Dannenberg.

Im Postheim konnten 40 Plätze im TBC-Krankenhaus zur Betreuung alter Menschen umgewidmet werden. Das Heim wurde nach Auszug der Flüchtlinge nach Engelsburg bei Ahrensdorf verlegt, wo am 2. Januar 1948 ein Altersfeierabendhaus öffnete.

Die Wiederaufnahme des Schulbetriebes

Für das Schulwesen war der sowjetische Offizier Barski verantwortlich. Er setzte die Lehrer Dolge, Gabbert und Lang ein, die Lehrkräfte zu erfassen und Vorbereitungen zur Wiederaufnahme des Schulbetriebes zu treffen. Mit der Leitung der neu zu eröffnenden Schule wurde der Lehrer Dolge beauftragt.

Die Vorbereitungen zur Wiederaufnahme des Unterrichts auf Grund des Befehls Nr. 40 der SMAD begannen am 23. Mai 1945. Es fehlten Räume, Unterrichtsmaterialien und natürlich Lehrer. 1150 Kinder waren zu unterrichten. Als Unterrichtsräume konnten nach langen Verhandlungen zwei Konfirmandensäle, je ein Raum in der Post und in der Gaststätte am Vorstadtbahnhof genutzt werden. Letzterer musste aber wieder aufgegeben werden, da dieser für Typhuskranke gebraucht wurde. Später konnten auch Räume in der Forstschule, im Kinderheim Neuhof, vier Räume im Waldhof und kurzzeitig Klassenräume im Joachimsthalschen Gymnasium einbezogen werden. Am 16. Juni hätte der Unterricht eigentlich beginnen können, doch von der Kommandantur gab es keine Erlaubnis, da von der SMAD der Termin in der sowjetischen Besatzungszone auf den 1. Oktober 1945, wie in der Sowjetunion, festgelegt worden war. Ende 1945 verstarb Lehrer Dolge, der maßgeblich an der Organisation des Schulbeginns gearbeitet hatte, an Typhus. Nach ihm wurde der Lehrer Euen mit der Leitung der Stadtschule betraut.

In Templin wurde ein Kreisvolksbildungsamt eröffnet, das die Demokratisierung der Schulen und Heime einleiten sollte. Es besetzte Schulleiter- und Lehrerstellen. Fehlende Lehrkräfte wurden durch unausgebildete „Neulehrer“ ersetzt. Dann fand die Neulehrerausbildung, anfangs in 14-Tages-Kursen, später in neunmonatigen Lehrgängen, am Joachimsthalschen Gymnasium statt. Nach der ersten Lehrerprüfung waren sie Schulamtsanwärter. Die Versorgung der Lehrer und Erzieher erfolgte bis 1949 über den FDGB.

Ab 1946/47 wurden neben den Rektoren der Stadtschulen auch Rektoren für Landschulbereiche bestimmt, denen mehrere Schulen und Heime unterstanden. Das Landschulrektorat Templin wurde von Willy Gabbert geleitet. Ihm unterstanden in der „Schulgruppe Stadtschule Templin" neben der Stadtschule die Waldhofschule mit fünf Kollegen und die Neuhofschule mit einem Kollegen.

Im Joachimsthalschen Gymnasium war der Unterrichtsbetrieb seit September 1946 wieder aufgenommen worden. Bis dahin war die „Waldhofschule" durch Schüler des „Joachimsthalschen Gymnasiums" genutzt worden, da auf dem Gymnasiumsgelände noch sowjetische Truppen einquartiert waren. Jetzt waren dort eine Grundschule, die Oberschule, die Berufsschule und ein Lehrerausbildungskurs untergebracht. Die Schülerheime wurden als Internate für auswärtige Schüler/innen, die die 7.-12. Klasse besuchten, genutzt. Ende Juni 1948 fassten die Stadtverordneten den Beschluss zum Wiederaufbau der Bürgerschule auf dem Eichwerder.

Die Einrichtung von Kindergärten und Kinderheimen

Besonders wichtig war in jenen Tagen die Einrichtung eines Kindergartens, da viele Väter noch nicht da waren, die Mütter arbeiten mussten. Die Lehrer Lang und Gabbert und der aus Arnimswalde stammende Flüchtling Breszinski übernahmen die Aufgabe, einen solchen einzurichten. Dazu wurde die Villa des mit seiner Frau freiwillig aus dem Leben geschiedenen Direktors des Kreiskrankenhauses Schröder in der Arnimstraße 18 (heute Wohnhaus Nr.17, Prenzlauer Allee) vom Bürgermeister beschlagnahmt. Das Haus war geplündert und durch Bombeneinschläge in nächster Nähe beschädigt worden. Eine weibliche Arbeitskolonne entrümpelte und reinigte das Haus. Der Vorgarten und ein Stück des Seehanges wurden planiert und so ein Spielplatz geschaffen. Die Garage wurde trotz Problemen bei der Baumaterialbeschaffung pünktlich zur Küche umgebaut. Seit dem 1. Juli 1945 konnten die ersten Kinder betreut werden. 1953 erhielt dieser Kindergarten den Namen „Fortschritt".

Zur Absicherung von Arbeitskräften für die Ernte- und andere Arbeiten wurde das Schützenhaus im Bürgergarten ebenfalls als Kindergarten genutzt.

Am 27. August 1949 eröffnete die erste Säuglingskrippe in der Prenzlauer Allee 9. Der tägliche Unkostenbeitrag betrug 0,50 DM. Zusätzlich mussten für Kinder bis zu 6 Monaten 20 g Zucker, 5 g Fett, 10 g Nährmittel, 50 g Brot, ¼ l Milch und für Kinder ab 6 Monaten bis zu 1 1/2 Jahren 20 g Zucker, 5 g Fett, 10 g Nährmittel, 150 g Brot und ¼ l Milch abgegeben werden. Dazu kamen sogenannte „freie Spitzen" vom Staat. Auch Waisen und Kinder, deren Eltern vermisst waren, mussten nach dem Ende des Krieges untergebracht werden, der Bedarf an Heimplätzen war wie überall enorm gestiegen. Vorübergehend wurden diese Kinder ebenfalls in dem neu eröffneten Kindergarten in der Prenzlauer Allee 18 einquartiert.

Ins Kinderheim „Neuhof" in der Dargersdorfer Straße wurden weiterhin von Jugendhilfestellen in Groß-Berlin aus allen 14 Stadtbezirken Waisen, Kinder von Pflegemüttern, die mit der Erziehung überfordert waren, und Kinder, die von den Eltern wegen Erziehungsproblemen ins Heim gegeben wurden, eingewiesen. Bei der Überstellung ins Heim wurden die Jungen mit der notwendigsten Kleidung (so erhielt ein Zehnjähriger laut Kleiderschein eine Hose, 1 Paar Strümpfe und eine Schürze) aus der Berliner Kleiderkammer versorgt. Die Versorgung mit Lebensmitteln erfolgte ebenfalls aus Berlin. Da das Heim nicht durch Kriegseinwirkungen beschädigt war, konnte der Unterricht dort sofort wieder aufgenommen werden. Unterrichtet wurden Deutsch, Rechnen, Heimatkunde, Schreiben, Musik, Zeichnen und Werken, Naturlehre und Leibesübungen. Der Unterricht wurde auf Grund der Raumnot vor- und nachmittags als Mehrstufenunterricht erteilt. Einige Schüler besuchten auch die damalige Landesschule.

Als weiteres selbständiges Kinderheim sollte das 4-Familienhaus in der Prenzlauer Allee 26/27 genutzt werden, das bis dahin Eigentum der Deutschen Post war. Wie schon beschrieben, wurde es während des Krieges von der Luftaufklärung genutzt. Aus diesem Grund war das Gebäude nach Kriegsende durch den Landrat des Kreises Templin beschlagnahmt und zum Kinderheim deklariert worden.

Nach im Februar 1946 begonnenen Verhandlungen zwischen der Kreisverwaltung und der Oberpostdirektion Berlin wurde das Haus ab März 1947 für jährlich 2400 RM gemietet. Das Gebäude war 1940 erbaut worden, enthielt 16 Zimmer, vier Kammern, vier Küchen, vier Bäder, vier Aborte, zwei Balkons, acht Kellerräume, eine Waschküche und vier Bodenräume. Beim Einmarsch der sowjetischen Truppen im April 1945 entstanden am Gebäude ebenfalls Schäden, sodass bis April 1946 Reparaturen im Wert von 1230 RM von der Kreisverwaltung veranlasst werden mussten. Zeitgleich mit den Verhandlungen über die Übertragung des Gebäudes wurden die Dörfer des Kreises aufgerufen, solidarisch mit dem neu einzurichtenden Kinderheim zu sein und zu spenden, um dieses mit lebensnotwendigem Inventar auszustatten. Erste Leiterin des Kinderheims war Frau Nels, später übernahm Elise Spennrath diese Funktion. Im Oktober 1949 erhielt das Templiner Kinderheim in der Prenzlauer Allee den Namen „Willi Fahrenson".

Entnazifizierung

Der Befehl Nr. 42 der SMAD und des Oberbefehlshabers der Sowjetischen Besatzungstruppen in Deutschland legte fest, dass sich alle Angehörigen der deutschen Armee im Range eines Leutnants und höher, ehemalige SS- und SA-Angehörige, Mitarbeiter der

Gestapo und NSDAP-Mitglieder bis zum 25. September 1945 in einer Stadt- oder Bezirksmilitärkommandantur registrieren lassen.

Inwiefern diesem Befehl in der Stadt nachgekommen wurde, ist nicht nachzuvollziehen. Ehemalige Mitglieder der Hitlerjugend, die nach dem 1. Januar 1920 geboren waren, nicht Funktionäre waren oder später in die NSDAP oder ihre Gliederungen durch Sammelüberweisung eintraten, konnten in den öffentlichen oder privaten Dienst aufgenommen werden.

Auf Grund einer Direktive des Alliierten Kontrollrates zur Entnazifizierung und Enteignung wurden Anfang 1947 Angaben über die Mitgliedschaft von Geschäftsinhabern und Betriebsführern sowie ihrer Tätigkeit in der NSDAP erfasst.

Daraufhin wurden 15 Personen als Naziaktivisten in Templin enteignet, u. a. das Gut Hindenburg des ehemaligen Gutsbesitzers und Kreisbauernführers Belbe, und als Stadtgut in die Verwaltung der Stadt übergeben. Von den 1939 in Templin existierenden sechs land- und forstwirtschaftlichen Betrieben mit mehr als 100 ha, 42 mit 20-100 ha, 25 mit 10-20 ha, 20 mit 5-10 ha und 58 mit 0,5-5 ha Land wurden bis 1948 insgesamt 491 ha enteignet. Aufgeteilt wurden davon 168 ha an 19 landarme Bauern und Landarbeiter, 73 ha an 8 landarme Bauern, 217 ha an 22 Umsiedler, 28 ha an nichtlandwirtschaftliche Arbeiter und Angestellte, und 1,5 ha gingen an die Stadt. Aus heutiger Kenntnis kann man aber feststellen, dass einige erfasste Personen fälschlich beschuldigt und enteignet worden sind und deshalb hier keine Namen genannt werden.

1950 wurde das Grundstück Reiche in der Puschkinstraße, früheres NS-Parteilokal, in Stadteigentum übernommen und später der Konsumgenossenschaft übereignet.

Trümmer – Wohnungsnot – Wiederaufbau der Stadt

Wie schon beschrieben, wurde die Wohnungsnot infolge des Bombenangriffs und weiterer Kriegshandlungen sehr groß. 234 Häuser waren unbewohnbar. In der Stadt gab es von den früheren 2393 Wohnungen nur noch 1743 für jetzt 11500 Einwohner.

Insgesamt waren durch Bombenangriff und Kriegseinwirkung folgende Häuser und Einrichtungen der Stadt zerstört oder betroffen:

August-Bebel-Straße: Nr. 9, Luise Trebenow – Brandschaden; Nr. 10, Alfred Gericke – Brandschaden; Nr. 18/19, Marie Carls – Bombenschaden; Nr. 23, Robert/Anna Gollin – Brandschaden; Nr. 24, Margarete Balde – Brandschaden; Nr. 29, Elisabeth Krempin – Brandschaden

Fischerstraße: Nr. 1, Wienicke, Erben – Bombenschaden; Nr. 2, Otto Hindenburg – Brandschaden; Nr. 3, Bruno Schwebs – Bombenschaden; Nr. 4, Auguste Umlauf – Bombenschaden; Nr. 12, Richard Hahn – Brandschaden; Nr. 13, Wilhelm John – Bombenschaden; Nr. 14, Albert Schulz – Bombenschaden; Nr. 15

Hermann Gollin/ Erben - Brandschsden; Nr. 16 Ernst und Max Gollin - Brandschaden

Werderstraße: Nr. 15, August Bade jun. – Brandschaden; Nr. 16, Fritz Zimmermann – Brandschaden; Nr. 17, Hermann Zimmermann – Brandschaden; Nr. 18, Otto Mehlberg – Brandschaden; Nr. 19, Maria Gollin – Brandschaden; Nr. 20, Franz Weyde – Brandschaden; Nr. 21, Karl Kayser – Brandschaden; Nr. 22, Görwitz, Erben – Brandschaden; Nr. 22, Reinhard Wöller – Brandschaden; Nr. 23, Paul Stern – Brandschaden; Nr. 24, Arthur Görwitz – Brandschaden; Nr. 25, Berthold Jacobi – Brandschaden; Nr. 26, Frida Bartel – Brandschaden; Nr. 27, Frida Rönpagel – Brandschaden; Nr. 32, Martha Hönicke – Brandschaden; Nr. 33, Johannes Weber – Brandschaden; Nr. 34, Karl Otto – Brandschaden; Nr. 35, Hermann Collin – Brandschaden; Nr. 36, Ernst Schönbutz – Brandschaden; Nr. 37/38/40, Rudolf Becken – Brandschaden; Nr. 41, Franz Collatz – Bomben- u. Brandschaden; Nr. 42, Gabbe, Erben – Bomben- und Brandschaden; Nr. 44, Robert Gollin – Bomben- und Brandschaden

Schulzenstraße: Nr. 20, Frida Landwehr – Brandschaden; Nr. 26, Paul Roses – Brandschaden; Nr. 27, Zillies, Erben – Brandschaden; Nr. 28, Willi Stüwe – Brandschaden; Nr. 29, Richard Leumann, Erben – Brandschaden; Nr. 30, Bartels, Erben – Brandschaden; Nr. 31, Albert Goede – Brandschaden; Nr. 32, Dannenbergs, Erben – Brandschaden; Nr. 33, Horst Sieting – Brandschaden; Nr. 34, Frieda Havenstein – Brandschaden

Mühlenstraße: Nr. 1, Elise Köhler – Brandschaden; Nr. 2, Otto Seidler – Brandschaden; Nr. 3, Max Bandelow – Brandschaden; Nr.4, Johannes Schraermayer – Brand- u. Bombenschaden; Nr. 5, Anna Schmittel – Brandschaden; Nr. 6, Georg Huhle – Brandschaden; Nr. 7, Emil Kühne, Erben – Brandschaden; Nr. 8, Wilhelm Bethke, Erben – Brandschaden; Nr. 9, Walter Just – Brandschaden; Nr. 10, Wilhem Beckmann – Brandschaden; Nr. 11, Emilie Eckert, Erben – Brandschaden; Nr. 12, Adolf Mai – Brandschaden; Nr. 13, Kaysers, Erben – Brandschaden; Nr. 14, Georg Tappert – Brandschaden; Nr. 18, Ernst Giegler – Brandschaden; Nr. 9, Paul Schubert – Brandschaden; Nr. 20, Elisabeth Müncheberg – Brandschaden; Nr. 21, Paul Günther – Brandschaden; Nr. 22, Reinhardt Ecker und Huth – Brandschaden; Nr. 23, Karl Zimmermann – Brandschaden; Nr. 24, Albrecht Reinhardt – Brandschaden; Nr. 25, Max Tiedt – Brandschaden; Nr. 26, Heinz Becken – Brandschaden; Nr. 27, Fritz Fettig – Brandschaden; Nr. 28, Theodor Dähne – Brandschaden; Nr. 29, Minna Krämer – Brandschaden; Nr. 30, Bruno Albrecht – Brandschaden; Nr. 31, Fritz Radefeldt – Brandschaden

Grünstraße: (Goethestr.) Nr. 1, Willi Schirmer – Brandschaden; Nr. 7, Karl Zimmermann – Brandschaden; Nr. 6, Karl Kayser – Brandschaden; Nr. 8, Martha Otto – Brandschaden; Nr. 9, Ernst Layer – Brandschaden; Nr. 10, Otto Gollin, Erben – Brandschaden; Nr. 11, August Umlauf – Brandschaden; Nr. 12, Ferdinand Kayser – Brandschaden; Nr. 13, Marie u. Martha Rohde – Brandschaden; Nr. 14, Franz Michalski – Brandschaden; Nr. 15, Dorothea Schläwicke – Brandschaden;

Nr. 16, Otto Hilgert – Brandschaden; Nr. 17, Veronika Hauke – Brandschaden; Nr. 18, Else Kirstein – Brandschaden; Nr. 19, Wilhelmine Bandelow – Brandschaden; Nr. 20, Richard Gierke – Brandschaden; Nr. 21, Gertrud Freitag – Brandschaden; Nr. 22, Riecks,Erben – Brandschaden; Nr. 23, Gerhard Henning – Brandschaden; Nr. 24, Wilhelm Frank – Brandschaden; Nr. 26, Walter Kelpin – Brandschaden; Nr. 27, Ferdinand Battré – Brandschaden

Kirsteinstraße (Kantstraße): Nr. 1, Städtisches E-Werk – Brandschaden; Nr. 4, Hermann Kreutzfeldt – Brandschaden; Nr. 5, Haucks, Erben – Brandschaden; Nr. 6, Friedrich Thormann – Brandschaden; Nr. 7 Anna Dumnick – Brandschaden; Nr. 8, Elisabeth-Frauen-Verein – Brandschaden; Nr. 9, Anna Lehmann – Brandschaden; Nr. 10, August Matthies – Brandschaden; Nr.11, Margarete Grunwald – Brandschaden; Nr. 13, Max Hönicke – Brandschaden; Nr. 15, Otto Gerull Brandschaden; Nr. 16, Paul Beeskow – Brandschaden; Nr. 17, Ernst Seidler – Brandschaden; Nr. 23, Ernst Jakobi – Brandschaden; Nr. 24, Berta Rusch – Brandschaden; Nr. 25, Bitterlings, Erben – Brandschaden; Nr. 12, Berufsschule – Brandschaden

Propsteistraße (Martin-Luther-Straße): Nr. 4, Loni Kuckenburg – Brandschaden; Nr. 5, Andresen – Brandschaden; Nr. 11, früheres Rektorhaus – Brandschaden; Christian, Erben – Brandschaden; Nr. 6, Erwin Brose, Erben – Brandschaden; Nr. 18, August Kelm, Erben – Bombenschaden; Nr. 20, Max Dolch – Bombenschaden; Nr. 21, Hans Dolch – Brandschaden; Nr. 22, Ernst Zander – Brandschaden; Nr. 23, Ernst Fermum – Brandschaden; Nr. 24, August Heinicke, Erben – Brandschaden; Nr. 25, Richard Kayser – Brandschaden; Nr. 27, Paul Peters – Brandschaden; Nr. 28, Willi Hönicke – Brandschaden

Am Markt: Nr.17, Martin Zwerg – Brandschaden; Nr. 18, Spielmann, Erben – Brandschaden; Nr. 19, Emil Fleischmann – Brandschaden; Nr. 20, Karl Fleischmann, Erben – Brandschaden; Nr. 21, Anna Pritzkow – Brandschaden

Königstraße (Pestalozzistraße): Nr. 1a, Frieda Ihloff – Brandschaden; Nr. 2, Alma Krull – Brandschaden; Nr. 3, Hermann Deich – Brandschaden; Nr. 9, Wilhelm Teske – Bombenschaden; Nr. 10, August Zimmermann, Erben – Brandschaden; Nr. 11, Otto Malinowski – Brandschaden; Nr. 12, Baptistengemeinde – Brandschaden; Nr. 15, Herrmann Lüdersdorf – Bombenschaden; Nr. 16 P. Bütow - Bombenschaden

Waldstraße: Nr. 11/12 von Chamier/Gliszinski – Brandschaden; Nr. 21, Adolf Grenzow, Adolf – Brandschaden; Nr. 22, Auguste Hoffmann – Brandschaden; Nr. 23, Luise Gottlieb – Brandschaden; Nr. 24, Wilhelm Nelson – Brandschaden

Paul-Becker-Straße (Obere Mühlenstraße): Nr. 1, Lothar Lehmann – Brandschaden; Nr. 2, Katharina Kersten – Brandschaden; Nr. 3, Herrmann Utech – Brandschaden; Nr. 4, Gertrud Kracht – Brandschaden; Nr. 5, Margarete Witzky – Bombenschaden; Nr. 6, Wilhelm Dackert – Bomben- und Brandschaden; Nr. 7, Gabbert, Erben – Bomben- und Brandschaden; Nr. 8, Auguste Kersten – Bomben- und Brandschaden; Nr. 9, Walter Damm – Brandschaden; Nr. 10, Albert Mäckel – Brandschaden; Nr. 11, Paul Baugatz – Brandschaden; Nr. 12, Otto

Heintz – Brandschaden; Nr. 13, Albert Tietzmann – Brandschaden; Nr. 14, Utecht, Erben – Brandschaden

Arnimstraße (Prenzlauer Allee): Nr. 6, Marie Werner – Brandschaden; Nr. 7, Theodor Rettig – Bombenschaden; Nr. 8, Nr. 8 Erika Härter- Bombenschaden; Kreishaus – Brandschaden; Nr. 12 Werner Henning- Bombenschaden; Nr. 17, Max Hennig – Bombenschaden; Nr. 22, Betty Rickmann – Brandschaden; Nr. 23, Wilhelm Jost – Brandschaden; Nr. 43, Auguste Domnick – Brandschaden; Nr. 44, Frieda Johannsen – Brandschaden

Moltkestraße (Friedrich-Engels-Straße): Nr. 2, Frida Henning – Bomben- und Brandschaden; Nr. 3, Frida Henning – Bomben- und Brandschaden; Nr. 9 Familie Berlin - Bombenschaden

Bismarckstraße (Robert-Koch-Straße): Nr. 5, Ernst u. Max Gollin – Brandschaden; Nr. 6, Gerhard Adler – Bombenschaden; Nr. 15, Fritz Heise – Bombenschaden; Kreiskrankenhaus – Bombenschaden; Nr. 16, Vorstadtbahnhof – Bomben- und Brandschäden

Waldhofstraße: Nr. 9, Alwine Kirstein – Brandschaden; Nr. 11, Ferdinand Hoppe – Brandschaden

Prenzlauer Straße (Ernst-Thälmann-Straße): Nr. 1, Frieda Decker – Brandschaden; Nr. 2, Wilhelm Lühmann – Brandschaden; Nr. 3, Gabbert, Erben – Brandschaden; Nr. 4, Emma Müller – Brandschaden; Nr. 5, Kemnitz, Erben – Brandschaden; Nr. 6, Gierloff, Erben – Brandschaden; Nr. 7, Hermann Gollin, Erben – Brandschaden; Nr. 8, Gustav Schmöcker – Brandschaden; Nr. 9, Scholz, Erben – Brandschaden; Nr. 10, Alfred Funk – Brandschaden

Prenzlauer Allee: Nr. 8, Gertrud Paetow – Bombenschaden; Nr. 9, Erika Härter – Bombenschaden

Rühlstraße: Nr. 3, Löffler, Erben – Bombenschaden; Nr. 4, Erich Hamilton – Bombenschaden; Nr. 11, Kranz, Erben – Bombenschaden; Nr. 12, Panzer, Erben – Bombenschaden; Nr. 13, Gustav Tönnies – Bombenschaden

Am Wasserturm: Bombenschaden

Am Jahnplatz: Max Söhnert – Bombenschaden (60/61)

Insgesamt betrug die geschätzte Trümmermasse ca. 4 000 m³. Verstärkt wurde die so entstandene Wohnungsnot noch durch die zugewiesenen Flüchtlinge sowie die aus dem Westen wieder zurückgekehrten Familien. So kam es vor, dass von der Flucht zurückkehrende Wohnungsinhaber schon von Flüchtlingen oder Ausgebombten belegte Wohnungen vorfanden. Jede Person hatte nur Anspruch auf 8 m² Wohnraum, sodass mehrere Familien sich eine Wohnung teilten. Wegen Widerstandes bei der Wohnraumbeschlagnahme für Wohnungssuchende kam es zu Bestrafungen, sogar Gefängnis bis zu einem Jahr wurde verhängt.

Noch im Sommer 1945 begannen die ersten Enttrümmerungsarbeiten, die vor allem Frauen und Mädchen verrichten mussten. Der Schutt aus der Innenstadt wurde auf Feldloren über dazu speziell verlegte Schienen in den Ratsteich geschüttet. Dadurch erhielt dieser seine heutige Uferlinie. Vor der Aufschüttung verlief diese bis zu ca. 8 Meter an die Seestraße heran. Die Instandsetzung und Ausbesserung der Straßen und Wege der Stadt war eine weitere Möglichkeit der Entsorgung von Schuttmassen. So wurde der Eichwerder vor allem aus Resten der Bürgerschule aufgefüllt, ebenso die heutige Friedrich-Engels-Straße.

In der zweiten Hälfte des Jahres folgten weitere Wiederaufbauarbeiten:

- Instandsetzung der Kläranlage und des Kanalnetzes durch laufende Rohrnetzspülungen, Beseitigung von Verstopfungen
- Aufnahme des Postbetriebs und Wiederherstellung des Telegrafennetzes
- Instandsetzung der Schleusen-, Pionier-, Ziegelei-, Fährsee- und Eisenbahnbrücke
- Wiederherstellung des beschädigten Straßenpflasters in der Stadt
- Ausbesserung der Kreisstraßen
- Fertigstellung des Isolierhauses zum Krankenhaus
- Des Weiteren wurde begonnen, öffentliche Gebäude instand zu setzen wie Arbeitsamt, Rathaus, Finanzamt, Forstschule, Waldhof, Gesundheitsamt, Landwirtschaftsschule, Stadtmühle, Molkerei, Ortskrankenkasse.

Bis Ende 1949 war die Stadt vom Markt bis zum Mühlentor und westlich von der Mühlenstraße vom Schutt befreit. Anfang 1950 wurde die Enttrümmerung östlich der Mühlenstraße fortgesetzt.

Nach Ende des Krieges wollten viele Templiner sofort mit dem Neubau ihrer Häuser beginnen. Der damalige Stadtbaurat Schneider und Architekt Tholl projektierten den Wiederaufbau der Innenstadt nach historischem Vorbild. Grundlage sollte ein Generalbebauungsplan sein. Diese Pläne wurden aber von den höheren Instanzen abgelehnt, es sollte ein sozialistisches Stadtbild geschaffen werden. Doch dafür fehlten die finanziellen Mittel, und so wurde die Errichtung von billigeren und rationellen Typenbauten in den 50er Jahren geplant und ab 1959 auch umgesetzt.

Privatbauten an der Straßenfront waren untersagt. Da aber Wohnraum gebraucht wurde, begann man im Februar 1946 mit dem Ausbau der ersten Notwohnungen in Scheunen, Kellern und Hinterhäusern. Baumaterialien waren knapp und teuer, ein Sack Zement kostete vor der Währungsreform im Juni 1948 bis zu 120 Mark. Auf Zuteilung wurde er zu normalen Preisen, aber nur in geringen Mengen, abgegeben. Deshalb konnten zuerst nur Handwerker und Gewerbetreibende die Vorderhäuser aufbauen und damit ihr Gewerbe wieder in Gang bringen. Dazu gehörten bis Ende 1949: Ackerbürger Kayser – Goethestraße, Kaufmann Goede – Schinkelstraße, Elektromeister Engler – Pestalozzistraße, Elektromeister Beyer – Schinkelstraße, Ackerbürger Weber – Schinkelstraße, Viehhändler Schirmer – Goethestraße

TEIL II

TEMPLIN IN DER DDR-ZEIT

Leben im geteilten Deutschland – Die ersten DDR-Jahre

Bereits 1946 zeichnete sich ab, dass die Ost- und Westzonen auf Grund der unterschiedlichen politischen Auffassungen der Besatzungsmächte immer stärker auseinander drifteten. So waren in der sowjetischen Besatzungszone der Grundbesitz über 100 ha, die Banken und zentralen Betriebe sowie der gesamte Besitz von Nazi- und Kriegsverbrechern entschädigungslos enteignet und verstaatlicht worden. Bis 1946 waren auf Grund des Potsdamer Abkommens schon weit über 1 000 Betriebe demontiert. In der amerikanischen Besatzungszone waren Demontagen 1946 ganz eingestellt worden, bis 1948 endeten sie auch in der britischen und französischen Zone. Auch die Reparationszahlungen entfielen in den westlichen Besatzungszonen. Unter Einfluss der Sowjetunion wurde in der Ostzone die Planwirtschaft eingeführt. 1948 wurde der erste Halbjahresplan, Ende 1948 ein Zweijahresplan verkündet. Dagegen verschmolzen die Wirtschaften der Westzonen miteinander. Durch deren Einbeziehung in den Marshall-Plan wurde auf der Londoner-Sechs-Mächte-Konferenz Einigkeit über die Bildung einer westdeutschen Regierung erzielt. Die rigorose Politik der Sowjetunion während der Berlinkrise infolge der Währungsreform vertiefte den Weg zu einem Separatstaat, der über die Gründung der Bi- und Trizone im September 1949 zur Bundesrepublik Deutschland führte. Am 7. Oktober 1949 kam es zur Gründung der DDR. Einen Monat später fanden in den Städten und Gemeinden Wahlen für die neuen Volksvertretungen statt.

Erster Bürgermeister war Bernhard Wiegelmann. Als nach der Gründung der DDR die Sowjetische Militäradministration aufgehoben und die Geschäfte der deutschen Verwaltung übergeben wurden, verließen im Januar 1950 die sowjetischen militärischen Verwaltungsstellen bis auf die Kommandantur Templin. Die seit dem Jahre 1945 von der Russischen Staatspolizei genutzten Grundstücke in der Puschkinstraße wurden den örtlichen Dienststellen des Ministeriums für Staatssicherheit übergeben.

Die nach der Gründung der DDR gebildete Regierung stellte sich die Aufgabe, den bereits durch den Zweijahrplan 1948 begonnenen Aufbau des Sozialismus fortzusetzen. So wurde auf der II. Parteikonferenz im Juli 1952 der „Planmäßige Aufbau des Sozialismus" beschlossen, und u. a. die Gründung von „Landwirtschaftlichen Produktionsgenossenschaften" (LPG) und „Produktionsgenossenschaften des Handwerks" (PGH) verkündet. Damit sollte das Privateigentum beseitigt werden. Bis 1960 wurde so eine große Zahl der Handwerksbetriebe in PGH umgewandelt. Die Anbauflächen, die sich nach der Bodenreform noch zu etwa 70 % in Privatbesitz befanden, wurden durch Druck auf die Bauern vergenossenschaftlicht, ebenso der Vieh- und Maschinenbestand.

Im Zusammenhang mit der II. Parteikonferenz 1952 wurde auch eine Verwaltungsreform durchgeführt, die Länder aufgelöst und Bezirke gebildet. Das Land Brandenburg, das erst 1947 durch das Gesetz Nr. 46 des Alliierten Kontrollrates vom 25. Februar durch die Auflösung des Staates Preußen mit einer eigenen Verfassung, einem Landtag, einer Regierung und der Hauptstadt Potsdam wieder entstanden war, wurde abgeschafft und in die Bezirke Potsdam, Frankfurt/Oder und Cottbus aufgeteilt.

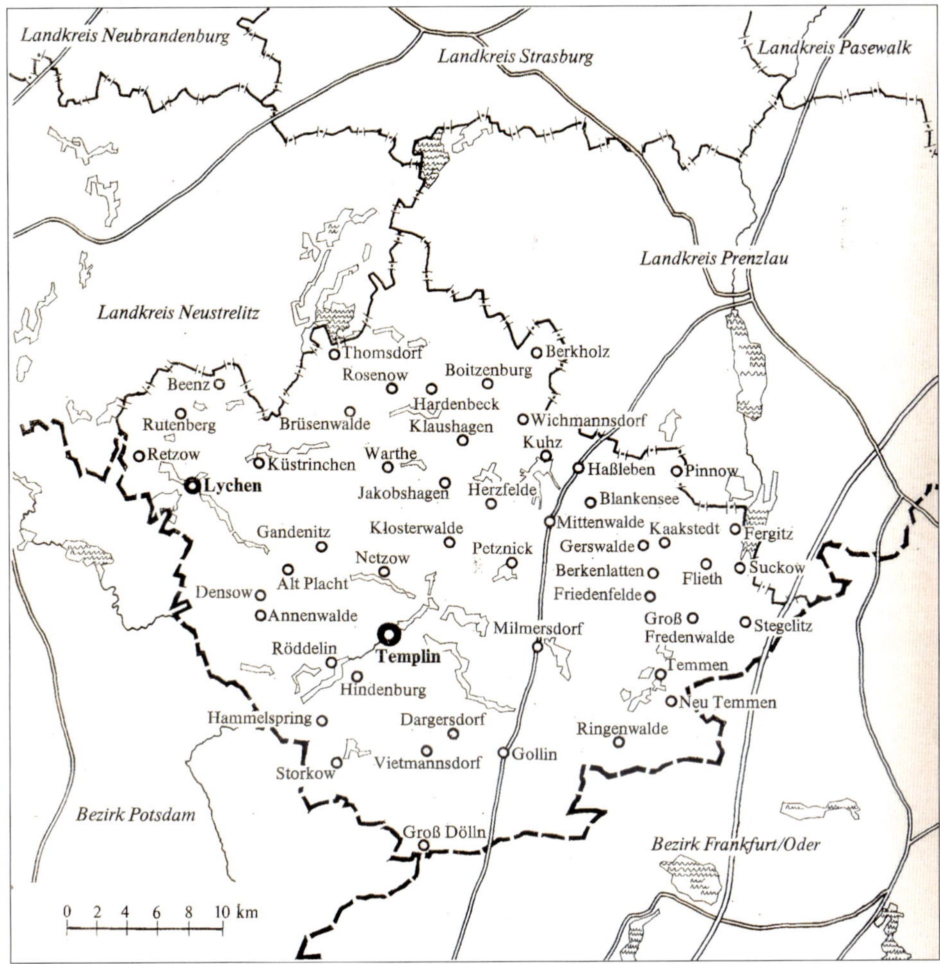

Der 1952 neugebildete Kreis Templin (K 9)

Templin gehörte nun zum Bezirk Neubrandenburg, der Kreis hatte 41208 Einwohner. Templin blieb Kreisstadt, aber durch die Bezirksbildung verlor der Kreis Templin umfangreiche Gebiete und Gemeinden. An den Kreis Prenzlau gingen die Dörfer Potzlow, Strehlow, Kröchlendorf, Naugarten, Weggun, Parmen und Warbende. Noch größer waren die Verluste im südwestlichen Kreisgebiet, da der Kreis Gransee mit der Stadt Zehdenick und die Dörfer Krewelin, Falkenthal, Liebenberg, Bergsdorf, Badingen, Mildenberg, Zabelsdorf, Burgwall, Marienthal, Kappe und Zootzen in den Bezirk Potsdam eingegliedert wurden. Genau wie der Bezirk Neubrandenburg blieb Templin durch die Land- und Forstwirtschaft geprägt. Die Stadt und ihre Umgebung sollten als Urlauber- und Feriengebiet erhalten und ausgebaut werden. Das schloss die Ansiedlung von Industrie aus.

Ein wichtiger Schritt zur weiteren Normalisierung des wirtschaftlichen Lebens war die Wiederherstellung der Verkehrswege. Die sowjetische Besatzungsmacht hatte als Reparationsleistung auch die Bahngleise nach Fürstenwerder vollständig abbauen lassen. Die Strecke wurde später stillgelegt. Auch die Strecke Templin-Prenzlau, Templin-Löwenberg und die Stellwerkseinrichtungen waren demontiert worden. Abgebaut waren ebenfalls Teilabschnitte zwischen Templin und Eberswalde, konkret von Templin nach Milmersdorf und von Alt-Hüttendorf nach Joachimsthal.

Diese Arbeiten hatten genau wie die Enttrümmerung die Frauen geleistet. Die Wiederaufnahme des Zugverkehrs erfolgte zunächst zwischen Eberswalde und Templin. Der genaue Zeitpunkt ist nicht bekannt. Erst am 30. Oktober 1953 konnte der Zugverkehr auf der Strecke Templin-Prenzlau wieder beginnen, jedoch blieben die Strecken eingleisig, was zu langen Fahrzeiten führte. 1953 konnten auch die Stellwerke wieder in Betrieb genommen werden.

Per Beschluss der Stadtverordneten wurde über das Eigentum von Bürgern entschieden, die sich in den letzten Kriegstagen das Leben genommen hatten oder „in den Westen" gegangen waren. So ging das Haus mit Grundstück Prenzlauer Allee 17, in dem sich der Kindergarten befand, in Volkseigentum über und das Haus Friedrich-Ebert-Straße 1 wechselte in Trägerschaft der FDJ (heute „Haus der Kultur und Jugend"). In diesem Zusammenhang erfolgte auch der Umzug der Polizei ins Haus Markt 12/13. Das „Seglerheim" sollte als Dienstleistungs- und Versorgungsbetrieb der Stadt bewirtschaftet werden.

„Der Stadt Templin ein neues Gesicht"

Wie schon beschrieben, sollte die Stadt nach einem Generalbebauungsplan nach historischer Vorlage wiederentstehen. Im Juni 1956 schrieb Klaus Polken unter dem Titel „Templin, Perle der Uckermark" in der Wochenpost Nr. 25, einer Zeitschrift, ausgestattet oder geduldet mit kleinen journalistischen Freiräumen, folgenden Situationsbericht: „Es ist eigentlich schwer einzusehen, warum die Templiner ihre Stadt mit einer so hohen Mauer umgeben haben. Wenn sich die Straßen in unserer Gegend schon immer so wie im heutigen Zustand befunden haben, dürfte es für marodierende Raubritter und Landsknechthorden des 30-jährigen Krieges fast unmöglich gewesen sein, die Stadt zu erreichen. Deshalb ein Kompliment unserer Motorradindustrie, denn es gelang mir trotzdem, so wie es sich gehört, die Stadt durch das Berliner Tor zu befahren.

Das Berliner Tor, ein ungefähr 20 Meter hohes gotisches Backsteintor, erbaut um 1320/30, als Berlin noch ein unscheinbares Fischerdorf war. Das ebenfalls noch vollständig erhaltene Prenzlauer Tor SOLL zu einem Heimatmuseum ausgebaut werden, ein bei der reichhaltigen Geschichte der Stadt lohnendes Unternehmen. Das „Soll" habe ich mit Absicht großgeschrieben. Da Räume und Ausstellungsstücke schon vorhanden sind, aber die Abteilung Kultur des Rates des Kreises Museen nicht zur Kultur rechnet und deshalb keine Anstalten zur Einrichtung und Eröffnung des Museums macht. Aber angeblich soll ja, was lange währt, gut werden.

Apropos Kultur. Vielleicht findet sich ja jemand, der die Fledermäuse im Templiner Kino einfängt. Wenn diese netten Tierchen während der Vorstellung vor der Leinwand flattern, irritiert das den Filmfreund ein wenig.

Aus der Geschichte der Stadt Templin sind uns ein Dutzend Brände vermeldet, bei denen die Stadt mehr oder weniger eingeäschert wurde. So mag auch die Tatsache, dass es zur Zeit meines Aufenthaltes in Templin keine Streichhölzer zu kaufen gab, auf die historisch begründete Vorsicht der Templiner und nicht auf die schlechte Versorgung von HO und Konsum zurückzuführen sein.

Leider wurde die Stadt im Jahre 1944 zu 56 % durch einen willkürlichen Bombenangriff und durch Kämpfe im Jahre 1945 zerstört, als einige Leute glaubten, ausgerechnet in Templin den Untergang des Nazireiches aufhalten zu können.

Dabei sind wir auch bei der Hauptsorge der Templiner angekommen, dem Wohnungsbau. Aber während des zweiten Fünfjahrplanes wird es auch in Templin, so versichert mir Bürgermeister Karsten, in dieser Beziehung vorangehen. Auch die Innenstadt soll neu entstehen. Die Projektierungsbehörden in Neubrandenburg haben moderne Typenbauten hierfür vorgesehen. Soweit so gut. Da sie wahrscheinlich noch nie in Templin waren, ist ihnen auch nicht aufgefallen, dass sie damit die architektonische Einheit der Stadt zerstören und nicht im geringsten der historischen Entwicklung Rechnung tragen. Die Stadtväter, dies erkennend, befinden sich in der unangenehmen Lage des Vogels, der fressen oder sterben soll. Es gibt zwar, so wurde mir versichert, Entwürfe des Stadtbaurates Schneider, aber möglicherweise sind sie teurer als Typenbauten und passen den Behörden in Neubrandenburg nicht in den Plan. So ist der Rat geneigt, die Typenbauten zu „fressen“, um ihren Bürgern zu neuen Wohnungen zu verhelfen. Der Rat des Bezirkes sollte schnell die ganze Angelegenheit noch einmal überprüfen, damit nicht spätere Generationen auf ihn mit Fingern zu zeigen brauchen. Nun wende ich mein Motorrad in der Gewissheit, dass die tüchtigen Bürger der Kreisstadt ihr Templin wieder zu einem Schmuckstückchen der Uckermark machen.“

Nach den hier angesprochenen Plänen der Architekten Günther Gisder und Ferdinand Rupp und des Büros für Stadt- und Dorfplanung sollten 3- bis 4-geschossige lange Wohnblocks des Typs Brandenburg die Lücken füllen. Am Markt war ein Kulturhaus, bestehend aus Tanzcafé, Hotel, Gaststätte, Klubhaus, Bibliothek und Buchhandlung, geplant. Das zerstörte Stadtviertel zwischen Markt-, Mühlen-, Martin-Luther- und Schinkelstraße sollte ein freier Platz für Veranstaltungen und Aufmärsche werden. Ecke Mühlenstraße/Martin-Luther-Straße war ein zehngeschossiges Hochhaus mit Büroräumen für Parteien und Organisationen vorgesehen. Ein zweites Hochhaus sollte als „Kleinstwohnhaus“ am Seeufer stehen. Von den historischen Bauten wären nur das Rathaus und die Maria-Magdalenen-Kirche integriert worden. Dagegen fand die gewachsene kleinteilige Architektur des Stadtkerns keinen Eingang in die Neubrandenburger Entwürfe. Sie sollten durch industriellen Wohnungsbau ersetzt werden.

Natürlich freuten sich viele Templiner, bald Wohnraum zu erhalten, aber es regte sich trotzdem Widerstand gegen diese geplante Bauweise. Vor allem der damalige Denkmalpfleger Scholz-Padiera, das Ehepaar Röhnisch und der Architekt Tholl lehnten die Pläne ab, genau wie der damalige Bürgermeister Kurt Karsten und der spätere Stadtbaudirektor Eckhard Jahnke. Durch ihren Einspruch konnten Kompromisslösungen zwischen Denkmalschutz und Stadt/Kreis/Bezirk gefunden und noch mehr Plattenbauten verhindert werden. Hinzu kam, dass die Baukapazität sehr begrenzt war, da Maßnahmen zur Landesverteidigung auf dem Flugplatz in Groß Dölln, dem Schießplatz in Vogelsang und Berlinbaustellen Vorrang hatten. Zudem war das finanzielle Korsett sehr eng geschnürt.

Damit wurde der weitere Aufbau der Stadt nach dem Plan „Der Stadt Templin ein neues Gesicht" Mitte der 60er Jahre verhindert, die noch vorhandenen barocken Häuser der Innenstadt blieben stehen.

Zur Beseitigung der Wohnungsnot hatten die Stadtverordneten bereits am 28. September 1954 die Bebauung der Goethestraße mit 2-Zimmer-Wohnungen durch die PGH Bauhütte Templin beschlossen. Am 23. Mai 1957 folgte der Beschluss zum Wohnungsbau auch in der Werder- und Mühlenstraße.

Für die am 21. November 1957 gegründete Arbeiter-Wohnungsbaugenossenschaft (AWG „Solidarität") wurden 1958 private Grundstücke in Teilen der zerstörten Kant-, Werder- und Mühlenstraße zum Wiederaufbaugebiet erklärt. Dazu gehörten die Grundstücke von Franz Weyde, Karl Kayser, Reinhold Wilde, Paul Stern, Artur Görwitz, Berthold Jakob, Elisabeth-Frauenverein, Anna Dummnick, Georg Thormann, Reinhard Albrecht, Charlotte Zimmermann. Ebenso vereinnahmte man das Ruinengrundstück Betty Rieckmann in der Wilhelm-Pieck-Straße als Aufbaugebiet für sechs Wohneinheiten und das Henningsche Ruinengrundstück später zum Bau des Polizeigebäudes. Die Entschädigung für die Grundstücke war gering.

Auf Grund des Gesetzes über die Finanzierung des volkseigenen Wohnungsbaues wurde 1958 der VEB Wohnungsverwaltung, die Kommunale Wohnungsverwaltung (KWV) Templin, gebildet. Um den Wohnungsbau schneller voranzutreiben, erklärte man weitere Straßenzüge im Juni 1959 gemäß des Aufbaugesetzes vom 6. Mai 1950 zum Aufbaugebiet: Die restliche linke Seite der Kantstraße, die Werderstraße beidseitig von der Kant- bis zur Goethestraße, die rechte Seite der Ernst-Thälmann-Straße, vom Markt aus die linke Seite der Oberen Mühlenstraße und die linke Seite der Fischerstraße.

Das Ruinengrundstück von Tischlermeister Rudolf Becken in der Werderstraße, jahrelang als Holzmietenplatz genutzt, stellte die Stadtverordnetenversammlung 1968 dem VEG (Volkseigenes Gut) Templin für den Bau von zwölf Wohneinheiten zur Verfügung. Dieser Bau wurde jedoch nicht realisiert, das Grundstück blieb Ruine. Einige Eigentümer, wie z. B. des Grundstückes Bahnhofstraße 70, übergaben

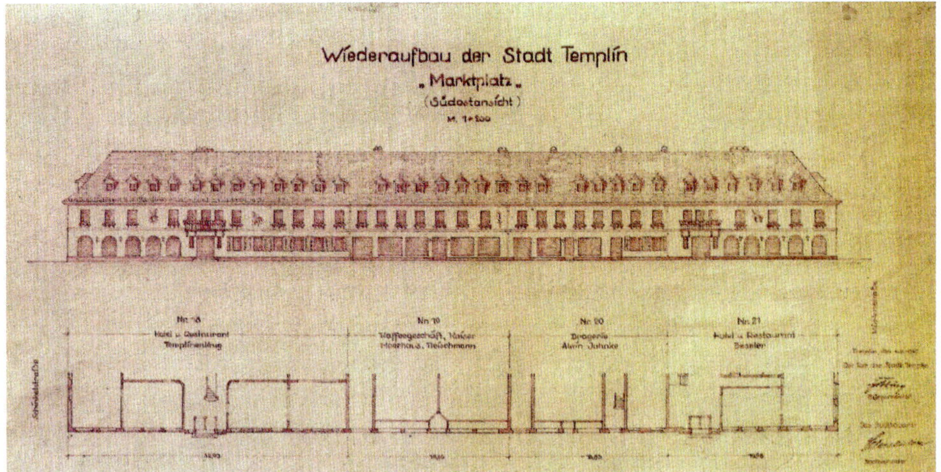

Plan für das zerstörte Marktareal von Stadtbaumeister Carl Schneider (B 143)

Haus und Garten freiwillig in städtischen Besitz, da sie nicht selbst zum Wiederaufbau ihres Hauses in der Lage waren. So schenkte auch Herr Liesner im Mai 1961 sein Grundstück Schinkelstraße 24 der Stadt.

Ein schon im Mai 1959 nach Plänen der Architekten Schneider und Tholl gefasster Beschluss zum Aufbau der Ernst-Thälmann-Straße als Ladenstraße mit dahinter liegenden Wohngebäuden sowie der Marktseite mit Wohnungen und integrierten Geschäften kam trotzdem nicht zur Ausführung.

Voraussetzung für die Neubauten war die weitere Enttrümmerung der Stadt. Dazu wurde, unter dem Motto „Templin soll wieder Perle der Uckermark" werden, die Bevölkerung wiederholt zu Arbeitseinsätzen aufgerufen. Erst 1962 begannen z. B. die Abrissarbeiten der Ruinen in der Mühlenstraße und der Wilhelm-Pieck-Straße.

In den 1960er Jahren konzentrierte sich der komplexe Wohnungsbau im Stadtkern auf die Ernst-Thälmann-, Obere Mühlen- und Fischerstraße sowie den Weg der Solidarität. Auch außerhalb der Stadtmauern wurden Neubaublocks in der Röddeliner Straße, Straße des Friedens, August-Bebel- und Robert-Koch-Straße sowie der Wilhelm-Pieck-Straße fertiggestellt. 1969 sind in der Waldstraße die ersten sechs Wohneinheiten von der Kommunalen Wohnungsverwaltung für den VEB (K) Hochbau übergeben worden, weitere sechs Wohnungen wurden im Juni 1970 fertig. Auch in der Rudolf-Breitscheid-Straße waren 1969 die ersten zwölf Wohneinheiten bezugsfertig. Ausführende Wohnungsbaukombinate kamen aus Neubrandenburg oder Pasewalk. Die PGH Bauhütte führte ab Mitte der 60er Jahre schwerpunktmäßig nur noch Aus- und Umbauten sowie Reparaturen durch.

Ein Schildbürgerstreich war die Veränderung der Straßenflucht in der Mühlenstraße. Um Grünanlagen zu schaffen, setzte man die Häuserzeile zurück und überbaute sogar die heutige Kantstraße mit einem Wohnblock. Diese Mängel wurden 2007 bei der Neugestaltung der Mühlenstraße revidiert. Neben der kommunalen Bautätigkeit begann 1954 der Bau der ersten Einfamilienhäuser in der Weinbergstraße.

Am 31. Dezember 1961 hatte die Stadt 11258 Bewohner, davon waren 4963 männlich und 6275 weiblich.

1971 beschloss der VIII. Parteitag der SED die weitere Erhöhung des materiellen und kulturellen Lebensniveaus. Als Kern der Sozialpolitik wurde das Wohnungswesen herausgehoben. Das daraus folgende und 1973 beschlossene Wohnungsbauprogramm beinhaltete, das Wohnungsproblem einschließlich entsprechender gesellschaftlicher Einrichtungen unter der Beachtung der Einheit von Neubau, Modernisierung und Werterhaltung bis 1990 zu lösen. Um die ebenfalls getroffenen sozialpolitischen Maßnahmen wie billige Wohnungen, kostenlose medizinische Betreuung und Kindergeld zu finanzieren, nahm die Regierung schon damals Kredite im westlichen Ausland auf.

Auf Grund dieser Beschlüsse änderten sich Mitte der 1970er Jahre die Ansichten über den Städtebau und die Städtebausanierung.

Das schlug sich auch im neuen Generalbebauungsplan vom 6. Juni 1976 für Templin nieder, der sowohl Standorte für den komplexen Wohnungsbau auswies, als auch Maßnahmen für die Rekonstruktion des Altstadtbereiches sowie Möglichkeiten für verkehrstechnische Verbesserungen in der Innenstadt vorsah. Nun schenkte man den barocken Strukturen Templins wieder stärkere Beachtung, indem man noch bestehende Baulücken innerhalb der Stadtmauern durch Eigenheimbauten schloss. Als „Lückenbau Templin“ wurde diese durch den Diplomingenieur Horst Mallek projektierte Bauweise bekannt. Diese Eigenheime über drei Ebenen mit ausgebautem Dachgeschoss hatten nur eine Breite von sechs Metern zur Straße, aber eine Haustiefe von zehn Metern. So konnte dieser Haustyp auch konisch in Fassade, Traufhöhe und Dachform in jede Baulücke der Stadt eingepasst werden. Das traf auf die Neubauten in der Fischer- und Kantstraße, der Schinkel- und Werderstraße zu. Diese waren unterkellert, im Erdgeschoss befanden sich Wohnzimmer, Küche und WC und im Obergeschoss Schlafzimmer, zwei Kinderzimmer sowie ein Bad.

Als besonderes Problem erwies sich die Sanierung der Altbausubstanz. Viele dieser Gebäude waren baupolizeilich gesperrt, denn die Fundamente bestanden z. T. aus losen Feldsteinen, das Fachwerk aus Kiefernholz, die Wände aus Lehmstaken mit durchgebogenen Deckenbalken und Fußböden, so dass auf dem Fußboden Murmeln wegrollten. Bei der Rekonstruktion dieser Häuser, zum Beispiel in der der Rühl- und Kantstraße, entstanden hinter alten Fassaden moderne Wohnungen.

Die Kehrseite des Marktplatz wurde in den Jahren 1979/ 1980 in den historisch städtebaulichen Proportionen mit dem Bau von 36 Wohneinheiten als Laubenganghaus mit unterlagerten Handelseinrichtungen geschlossen.

1984 urteilte die Zeitschrift „Magazin für Haus und Wohnung“ folgendermaßen über die Templiner Baupolitik: „Die Stadt Templin, landschaftlich schön im

Eigenheimbau in der Weinbergstraße (B 144)

Markt/Ecke Mühlenstraße 1969 (B 145)

Obere Mühlenstraße 1965 (B 146)

Gebiet der Lychen-Templiner Seenplatte gelegen, scheint auf den ersten Blick wenig Besonderheiten aufzuweisen und eben nur klein, hübsch und sauber zu sein. Schlichte zweigeschossige Fachwerkbauten, die Traufe zur Straße gewandt, prägen noch immer das Bild ganzer Straßenzüge, obwohl die Stadt im zweiten Weltkrieg zur Hälfte zerstört wurde. Dennoch teilte Templin nicht das Schicksal Neubrandenburgs oder Prenzlaus, wo nur noch Überreste alter Bebauung vorhanden sind. Das seit dem Stadtbrand von 1735 existierende Straßennetz, das als Stadtgrundriss noch Ähnlichkeit mit der 1240 gegründeten Kolonialstadt hat, ist vollständig erhalten, ebenso die fast sechs Meter hohe Stadtmauer. Mit all ihren Toren, Türmen und Wieckhäusern zählt diese zu den umfangreichsten Anlagen im nördlichen Gebiet der DDR.

Den Mittelpunkt der kleinen Stadt bildet der Marktplatz mit seinen alle Wohnhäuser überragenden Linden. Das barocke Rathaus, ein rechteckiger dreigeschossiger Putzbau, ist 1750 errichtet worden. Die Beschädigungen des Krieges wurden endgültig 1966 beseitigt. Ausgehend von der Notwendigkeit, das Bauen im innerstädtischen Bereich zu qualifizieren, wurde jetzt nach besseren städtebaulichen Lösungen gesucht, denn die in den zurückliegenden Aufbaujahren errichteten vereinzelten viergeschossigen Wohnhauszeilen sowie einige Versorgungseinrichtungen hätten geschickter angeordnet werden müssen. Heute geht man von den für die Stadt typischen Strukturen aus und begann mit Ergänzungsneubauten als Lückenschließung. Durch Erschließung von Baugrundstücken für das Eigenheimprogramm wurden unterbrochene Häuserzeilen mit zweigeschossigen Doppelwohnhäusern geschlossen und Straßenecken wieder bebaut, zum Beispiel die nördliche Marktseite wurde durch einen Neubau ergänzt, der das Bauvolumen der früheren Bebauung als Großform aufnimmt und trotzdem Maßstäblichkeit bewahrt. Durch diesen gleichsam punktuellen Einsatz an mehreren Stellen der Stadt ist ein wohltuender Effekt eingetreten: Neues reiht sich wieder an Altes, Mieter und Eigenheimbauer wurden wieder „Stadtbürger", vordem baufällig wirkende Straßenzüge beleben sich. Eine in Einzelheiten abgestimmte Konzeption der Gestaltung und Farbgebung beginnt zu wirken. Gerade weil das „Beispiel Templin" so schlicht vorgetragen wird, ist sein Eindruck umso stärker. Hier war nicht eine Summe von Denkmalen zu pflegen, sondern durch gezielten Einsatz von Neubauten ein städtebauliches Ensemble zu schaffen. Dass außerdem an den wenigen Einzeldenkmälern der Stadt wie Berliner Tor hervorragende denkmalpflegerische Restaurierungsarbeiten vollbracht wurden, rundet den harmonischen Eindruck dieser hoffnungsvollen Kreisstadt ab. Diese Entwicklung wurde mit dem „Architekturpreis des Bezirkes Neubrandenburg“ gewürdigt.

Im August 1986 wiesen die Templiner Wohnungen im DDR-Maßstab einen hohen Modernisierungsstand auf: 85,3 % waren mit Dusche oder Bad ausgerüstet, 84,5 % mit einem Innen-WC. Trotzdem beklagte im November 1989 der damalige Stadtbaudirektor Rossow noch immer 500 Wohnungsprobleme. Er schätzte ein, dass zur Werterhaltung in der Stadt 100 Millionen Mark nötig wären. Das DRK keine Räume für die Schnelle Medizinische Hilfe (SMH), die Sparkasse verfügte nur über katastrophale Arbeitsbedingungen. Es sei notwendig, einen aktualisierten Generalbebauungsplan der Stadt, einschließlich der Ortsteile, unter Hinzuziehung von Experten zu erarbeiten. Besondere Aufmerksamkeit müsse dabei der weiteren Vergrößerung der Anteile an Eigenheimneubauten gewidmet werden.

Neue Wohngebiete contra Eigenheime – Dargersdorfer und Lychener Straße

Der Wohnungsmangel konnte, wie festgestellt, trotz der Großblockbauweise innerhalb und außerhalb der Stadtmauern nicht beseitigt werden. Hinzu kam, dass sich durch die Ansiedlung des VEB Beton-Nord-Milmersdorf und der Schweinemastanlage in Hassleben viele Arbeitskräfte in Templin ansiedelten. Auch der Feriendienst zog Leute in die Stadt. Deshalb wurde 1963 das Gebiet hinter dem Vorstadtbahnhof als neuer Stadtteil geplant – die Südstadt entstand.

Am 3. Februar 1966 war Baubeginn für die ersten mehrgeschossigen Wohnblöcke, von der Stadt kommend rechts der Dargersdorfer Straße. Von 1972 bis 1974 folgten weitere Wohnungsbauten in der Ringstraße, von der Stadt kommend links, und in der Straße der Jugend rechts.

Dazu stimmte der Rat der Stadt im Mai 1972, um Erschließungskosten beim Wohnungsbau einzusparen, der 5-geschossigen Bauweise zu. Bisher waren WBS-70-Blöcke vom Typ Brandenburg mit 32 Wohnungen in vier Etagen gebaut worden. Bei der C-4- oder C-8-Methode waren es 40 Wohnungen mit entsprechend geringerer Grundfläche. Sechsgeschossige Bauten wurden abgelehnt, da laut Bauvorschrift ein Fahrstuhl nötig gewesen wäre. Für eine 3-Raumwohnung mit Ofenheizung betrug die Miete 48 bis 53 Mark, eine Fernheizungswohnung gleicher Größe kostete 88 bis 93 Mark.

Zur Versorgung des neuen Stadtteils wurde 1972 ein HO-Pavillon für Waren des täglichen Bedarfs, Eis und Feinfrostprodukte sowie Haushalts- und Schreibwaren eröffnet. 1979 baute man dort eine Kaufhalle, heute „Edeka“. 1973 kamen in diesem Wohngebiet eine Kinderkombination und eine 26-klassige Polytechnische Oberschule hinzu.

Mit den traditionellen drei Hammerschlägen wurde am 24. Mai 1976 in der Straße des Friedens der Grundstein für den Ausbau dieses Wohngebietes gelegt. Gebaut wurden dort 702 Wohneinheiten, ein Alters- und Pflegeheim, ein Ledi-

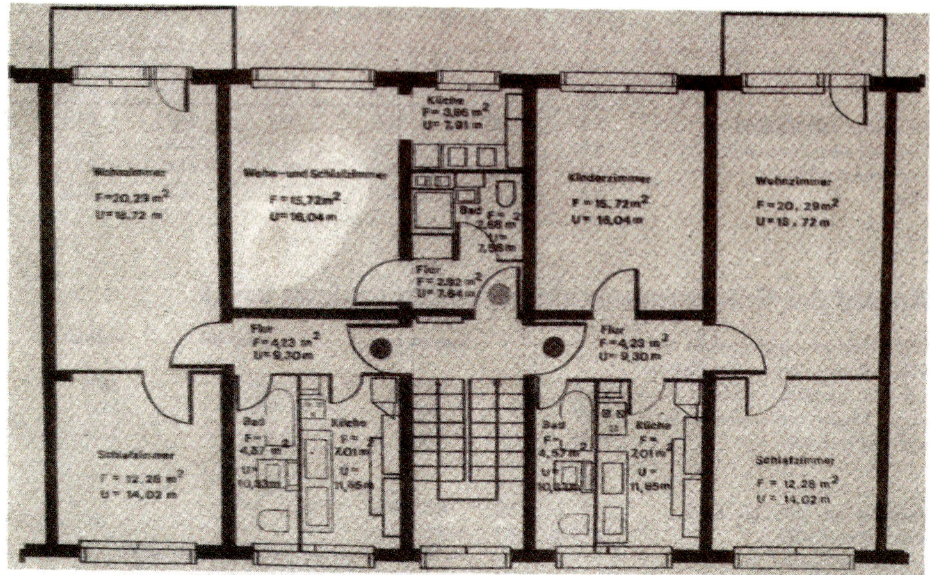

Der Grundriß zeigt die Möglichkeiten der Ein-, Zwei- und Dreiraumwohnung des fernbeheizten Wohnungstyps WBS 70, der in den nächsten Jahren errichtet wird.

Bauskizze für WBS-70-Bauten (B 147)

genwohnheim des FDGB-Feriendienstes und ein Ledigenwohnheim des Schweinemastkombinates Haßleben. Außerdem entstanden eine weitere Polytechnische Oberschule und eine Kinderkombination mit 180 Kindergarten- sowie 80 Krippenplätzen. An die bestehende Erdgasleitung wurden nur die Gesellschaftsbauten angeschlossen, die Fernwärmeversorgung übernahmen zwei dazu errichtete Heizhäuser. Den Gasanschluss lehnte die Bezirksleitung der SED aus Kostengründen ab, da die Mieten sonst Berliner Verhältnissen mit ca. 130 Mark entsprochen hätten. 1977 konnten die begehrten ersten Fernheizungswohnungen bezogen werden. Ab dem gleichen Jahr konnte im Neubaugebiet Straße des Friedens in den Aufgängen Nr. 5 und 6 ein Dienstleistungskomplex mit Kosmetik- und Friseursalon genutzt werden. Zusätzlich nahm eine Annahmestelle für Reparaturen und Reinigung den Betrieb auf. 1981 eröffnete das Feierabend- und Pflegeheim mit 177 Plätzen.

Neubaugebiet Süd (B 148/149)

Vorgesehen war auch eine Gaststätte, die u. a. die Versorgung der 1980 neu eröffneten Karl-Liebknecht-Schule, heute Egelpfuhlschule, übernehmen und eine Kapazität von 120 Saal- und 180 Klub- und Restaurantplätzen umfassen sollte. Geplant war diese Einrichtung hinter der Kaufhalle in der Minna-Ostrowski-Straße, konnte jedoch wegen fehlender Gelder nicht realisiert werden.

Im März 1989 war der Baubeginn des letzten Wohnkomplexes in der Minna-Ostrowski-Straße mit 232 Wohnungen des Richard-Bröse-Viertels, heute Strahl-Goder-Viertel. Im dazugehörigen altersgerechten Wohnblock waren 67 Einraumwohnungen, sechs Zweiraumwohnungen und eine Dreiraumwohnung sowie ein Fahrstuhl integriert. Im Parterre wurde eine Arztpraxis eingerichtet und in jeder zweiten Etage ein Klubraum.

Der von der Templiner Stadtverordnetenversammlung im Juni 1976 beschlossene Generalbebauungsplan sah auch den Bau von weiteren ca. 1 000 Wohnungen im Bereich der Lychener Straße, im Wohngebiet Nord, mit Schule, Kinderkombination, Kaufhalle und Gaststätte vor, da es immer noch 1 118 gemeldete Wohnungsprobleme gab. Familien lebten noch in Kellerwohnungen, Wohnungen waren überbelegt. Viele junge Leute heirateten, um zu einer eigenen Wohnung zu kommen.

Ende 1977 war Baubeginn im Wohngebiet Nord, in der Lychener Straße. Bis 1985 entstanden 377 Wohnungen und eine Kinderkombination mit 216 Plätzen. 1983 folgte der Bau des Wasserwerkes II für die Versorgung des Neubaugebietes, die Fernwärmeversorgung realisierte ein neugebautes Heizhaus. Gleichzeitig entstanden Neubauwohnungen auch im Bürgergarten und in der heutigen Parisiusstraße.

Doch Wohnraum blieb knapp. Familien mit mehreren Kindern konnten bevorzugt ein Eigenheim errichten. Sie erhielten Baustoffzuteilungen und zinsgünstige Kredite.

So wurden mit Unterstützung der Betriebe vorrangig im Ahornweg, Eschenweg, Rosa-Luxemburg-Straße und Weinbergstraße Eigenheime errichtet. Der Rat der Stadt beschloss am 11. Januar 1989 die Anlage einer Eigenheimsiedlung im Annenwalder Weg.

Sonstige Bautätigkeit – von A wie Aufbauwerk bis Z wie Ziegeleibrücke

Durch den Gemeindewirtschaftsplan von 1951 zog sich wie ein roter Faden die Beseitigung der durch die Kriegseinwirkungen angefallenen Trümmerberge. Um einen möglichst schnellen Wiederaufbau zu ermöglichen, wurde, wie schon erwähnt, die gesamte Einwohnerschaft der Stadt zur Enttrümmerung der kriegszerstörten Grundstücke einbezogen. Die Schwierigkeit war, dass schwere Räumtechnik nicht vorhanden war. Es fehlte an Baggern, Kränen und Transportfahrzeugen. Mit vereinzelt verbliebenen Traktoren und Pferdegespannen, mit Hacke und Spaten und vielen hungrigen Menschen rückte man den immer noch riesigen

Trümmerbergen zu Leibe. Die Betriebe der Stadt, wie Sägewerke oder Baubetriebe, mussten ihre vorhandene Technik zur Verfügung stellen.

Eine besondere Bedeutung kam dem Nationalen Aufbauwerk (NAW) zu. Es ging darum, durch freiwillige Leistungen in den verschiedensten Bereichen der Wirtschaft Kräfte zu mobilisieren und Kosten einzusparen. Geprägt von der Aufbaustimmung der damaligen Zeit engagierten sich viele Templiner für ihre Stadt. Später wurden solche Vorhaben als „Subbotnik" weitergeführt.

Grundlage dafür war das von den Stadtverordneten 1953 beschlossene Programm für NAW-Projekte. Umgesetzt wurden der Bau eines Parkplatzes in der Wilhelm-Pieck-Straße am Wasserturm, eines Kulturzentrums im Bürgergarten, sowie die Schaffung von Grünanlagen in der Ernst-Thälmann-Straße, Wilhelm-Pieck- und Goethestraße sowie von Kinderspielplätzen. Letztere entstanden in der Friedrich-Engels-Straße/Ecke Vietmannsdorfer Straße und in der Robert-Koch-/Ecke August-Bebel-Straße. In der Seestraße wurde auf dem Tennisplatz ein Sportgebäude errichtet. Allein von Anfang Januar 1961 bis Juli 1963 sind 83570 freiwillige Aufbaustunden geleistet worden. Im Vordergrund der Bautätigkeit stand das Wohnungsbauprogramm, erst dann kamen Versorgungs- und öffentliche Gebäude.

Im Rahmen des NAW konnte das Rathaus wiederaufgebaut werden. Dazu wurden Lottomittel in Höhe von 50000 Mark eingesetzt, Stadtplaner Eckhard Jahnke projektierte und begleitete die Rekonstruktionsarbeiten unentgeltlich. Die Mitarbeiter der PGH Bauhütte realisierten den Rathausbau außerhalb der Planaufgaben bis 1966.

Beschädigtes Rathaus (B 150)

Im Jahre 1965 wurden die Voraussetzungen geschaffen, den Ruinenflügel des Kreishauses zu räumen und durch einen neuen Anbau zu ersetzen. Gelder für eine früher geplante Räumung der Ruine wurden 1950 in den Aufbau der Goetheschule investiert. Den Projektierungsauftrag erhielt die Kreisentwicklungsgruppe - Architekt war Horst Mallek. Eine Berliner Firma sprengte Mitte Januar 1966 den Ruinenflügel. Mangels fehlender Holzkontingente kam es zu keiner Steildachanpassung. So entstand als Kontrast ein Kubus. Zur Angleichung der Fassade war ziegelsteinfarbige Mosaik-

Rathaus 1970 (B 151)

Kreisverwaltung 1970 (B 152)

keramik vorgesehen. Wegen vielschichtiger Probleme beim VEB Stuck- und Naturstein Berlin kam dann andersfarbiges Glasmosaik zur Ausführung. Die in Wohnungen und Baracken ausgelagerten Abteilungen der Kreisverwaltung zogen im November 1967 ins restaurierte Kreishaus zurück.

1958/59 begann in der Senke, einem Toteisloch der Eiszeit, zwischen dem Freibad und der Friedrich-Ebert-Straße neben dem Wasserturm, der Bau einer Freilichtbühne im NAW. Ende 1960 reifte die Einsicht, dass der Standort für diese Nutzung ungeeignet war. Die Arbeiten wurden eingestellt, die Senke mit Bauschutt und Sand aufgefüllt und als Sandparkplatz zur Nutzung übergeben. Bei den Bauarbeiten rund um den Wasserturm fanden die Bauarbeiter Skelettreste und abgeschlagene Fingerknochen aus der Zeit, als dieser Platz noch Hinrichtungsstätte war.

Templin brauchte aber eine Freilichtbühne. So ließ Bürgermeister Karsten 1962 den Baugrubenaushub vom Bau der Mühlenstraße auf dem Schießplatz des Schützenhauses abkippen. Nach einem Architektenwettbewerb begann der Bau der Freilichtbühne im NAW. Sie wurde am 7. Oktober 1965 feierlich eingeweiht. Ergänzend zur Freilichtbühne wurde der Bau eines Saales mit Bühne und Gastronomie als Ausgleichsspielstätte gefordert. Aus der Entwurfslösung, den Saal mit einer Dachkonstruktion als Faltwerk zu lösen, resultierte im Ergebnis der Bau der Hyparschale. Projektant für den Saal mit Freilichtbühne war Horst Mallek. Zur Wiederherstellung der Verkehrswege gehörte neben den Straßenbauarbeiten auch die Instandsetzung bzw. der Neubau von Brücken. So wurde im März 1959 die hölzerne Behelfsbrücke über die Schleuse abgerissen und eine massive Stahlbetonbrücke fertiggestellt. Zusätzlich wurde der Templiner Kanal ausgebaggert, da Lastkähne Kies von der Gleuenseeablage zu den Großbaustellen der DDR transportieren sollten. Von September 1973 bis Mai 1974 wurden im Zuge einer Schleusenrekonstruktion die Schleusentore automatisiert und die Untertore mit

Stahlblech beschlagen. Bei den Renovierungsarbeiten entfernte man auch noch Trümmer des Weltkrieges. Das Flussbett wurde neu gepflastert, um eine gute Befahrbarkeit herzustellen.

Trotz dieser Maßnahmen stellte man die Berufsschifffahrt völlig ein. Nur Schiffe der „Weißen Flotte", der Wasserwirtschaft, Fischerboote und Privatboote durften die Schleuse noch passieren. Sie hatte zu dieser Zeit eine Nutzfläche von 600 m^2, war 4,93 Meter breit und 25 Meter lang. Zur Schleusung wurden 6 500 m^3 Meter Wasser benötigt. Bei niedrigem Wasserstand wurde über die Schleuse die Havel versorgt, um dort die Schifffahrt aufrecht zu erhalten. Der Schleusenwärter maß täglich die Pegelstände, Luft- und Wassertemperaturen. Im Winter musste er zusätzlich die Eisdicke ermitteln und dieselbe aufbrechen. Im Sommer war er für die Pflege der Grünanlagen zuständig.

1963 begann die Instandsetzung der Pionierbrücke durch die Firma Gaede. Sie war 1965 wieder passierbar, nachdem grundlegende Umbauarbeiten durchgeführt worden waren. Der über dem Festland liegende Teil wurde dabei demontiert, die Uferböschung aufgefüllt. Von Seiten der Goetheschule wurde die Brücke verkürzt. An der anderen Seite entstand ein 40 m langer Erddamm, sodass von der einstigen 108 m langen Brücke nur noch 58 m übrig blieben. Die Zugänge wurden mit Gehwegplatten ausgelegt. Nun war die Brücke nur noch durch Fußgänger zu nutzen. Im April 1968 wurde eine neue Holzbrücke für Fußgänger über den Gleuensee fertig.

Zur Lösung der Verkehrs- und Parkprobleme in der Innenstadt gab es im gleichen Jahr Überlegungen, den Wallgraben und die Bullenwiese in der Ringstraße (Friedrich-Engels-Straße) zu einem Parkplatz und einem Busbahnhof umzugestalten. Dazu wurde das Wiesengelände von Stallungen und Schuppen beräumt, Buschwerk und Bäume beseitigt. Der tiefer gelegene Teil der Bullenwiese war als Grünanlage vorgesehen.

Mit dem Parkplatzbau sollte vor allem der Markt als Parkfläche entlastet werden. Realisiert wurde 1976 jedoch nur der Bau des Parkplatzes am Amtsgericht, der geplante Bau des Busbahnhofes scheiterte am Geldmangel. Des Weiteren widmete man den ehemaligen Parkplatz des Kraftverkehrs in der Heine-Straße/Ecke Obere Mühlenstraße für die Öffentlichkeit um und 1980 entstand auf dem früheren Gelände des Kraftverkehrs in der heutigen Prenzlauer Allee neben dem MKC ein weiterer. Auf dem Marktplatz war nun Parkverbot. Durch den Bau eines Fußgängertunnels im selben Jahr waren die langen Wartezeiten an den Bahnschranken am Vorstadtbahnhof beendet. Errichtet hatten den Tunnel die Firmen Wöstenberg, PGH-Steinmetz, VEB(K) Bau, Metallbaufirma Menz und Glaserei Hänler.

Pionierbrücke (B 153)

Straßenumbenennungen 1949-1989

1950
Äußeres Zeichen für die sozialistische Umgestaltung war 1950 der Beschluss der Stadtverordnetenversammlung zur Umbenennung folgender Straßen und Plätze:

7 Prenzlauer Straße: Ernst-Thälmann-Straße
7 Propsteistraße: Martin-Luther-Straße
7 Kirsteinstraße: Kantstraße
7 Jahnplatz: Stalinplatz
7 Elisabethstraße: Heine-Straße
7 Friederike-Krüger-Straße: Philipp-Scheidemann-Straße
7 Seestraße bis Stalinplatz: Friedrich-Ebert-Straße
7 Straße vom Stalinplatz bis Joachimsthalsches Gymnasium: Wilhelm-Pieck-Straße

1959
Durch den Wohnungsbau hatte die Stadt sich seit Langem außerhalb der Stadtmauern vergrößert, trotzdem waren manche Straßen und Wege noch nicht ausgezeichnet, sondern nur mit Nummern benannt. Hinter dem Vorstadtbahnhof kamen hinzu:

7 Rosa-Luxemburg-Straße, Karl-Liebknecht- und Thomas-Münzer-Straße
7 an der Bahnstrecke nach Prenzlau: Rudolf-Breitscheid-Straße, Bachstraße

1960
7 Stresemannstraße: Rückbenennung in Obere Mühlenstraße
7 Philipp-Scheidemann-Straße: Bachstraße, Friederike-Krüger-Straße

1961
7 Friedrich-Ebert-Straße: Wilhelm-Pieck-Straße
7 Stalinplatz: Rückbenennung in Jahnplatz
7 Goderstraße: August-Bebel-Straße
7 Straße zwischen Knehdener und Weinbergstraße: Lindenstraße

1969
7 Dargersdorfer Straße: Minna-Ostrowski-Straße

1972
7 Bahnhofstraße: Straße der Deutsch-Sowjetischen-Freundschaft

1989
7 Rückbenennung: Straße der Deutsch-Sowjetischen-Freundschaft in Bahnhofstraße

Entstehung und Entwicklung von Betrieben

Die sowjetischen Vorgaben zur Ausrichtung der Produktion auf die Schwerindustrie und die sich daran orientierenden Beschlüsse der II. Parteikonferenz 1952 führten zur Vernachlässigung der Produktion von Waren des täglichen Bedarfs. Hinzu kam, dass auch nach der Gründung der DDR zahlreiche Großbetriebe bis 1953 unter sowjetischen Betriebsleitungen als sowjetische Aktiengesellschaft (SAG) große Teile ihrer Produktion direkt in die Sowjetunion lieferten. Dadurch waren sowohl die Beseitigung der Kriegsschäden als auch die Versorgung außerordentlich erschwert. Finanzprobleme, die durch weitere Steuern und Abgaben des Mittelstandes, aber auch durch Preiserhöhungen, Streichung von Subventionen und Normerhöhungen um 10 % beseitigt werden sollten, führten zu verstärkter Republikflucht und zum Arbeiteraufstand vom 17. Juni 1953.

An diesem Tag fuhren von morgens an sowjetische Militärtransporter von Vogelsang über Templin in Richtung Berlin. Zu weiteren Ereignissen in Templin sind keine Unterlagen vorhanden.

Der Aufstand wurde niedergeschlagen. Im Ergebnis kam es zur „Politik des Neuen Kurses". Die SAG-Betriebe wurden in Volkseigentum überführt. Besonders wichtig war die Einstellung der Reparationsleistungen, die, soweit es die UdSSR betraf, auch für die BRD aufgebracht werden mussten, da diese nicht mehr gezahlt hatte. Die noch ausstehenden etwa 2,5 Milliarden Dollar wurden durch die Sowjetunion erlassen. 14 Milliarden waren schon gezahlt worden. Westdeutschland hatte nur 512 Millionen beglichen, zusätzlich sogar noch 1,7 Milliarden Dollar durch den Marshall-Plan erhalten. Als weitere Maßnahmen wurden das Konsumgüterangebot erhöht, Normerhöhungen zurückgenommen, Renten angehoben und der Wohnungsbau verstärkt. Für die Bauern entfielen die Ablieferungsnormen und nicht gelieferte Abgaben wurden gestundet. Über einige Jahre wurde die Verstaatlichung von Privat- und Landwirtschaftsbetrieben eingefroren. Die Versorgung der Bevölkerung mit Grundnahrungsmitteln verbesserte sich.

In Templin wurden vor allem die Wirtschaftsförderung, der Ausbau des Erholungs- und Feriendienstes, der Ausbau von Kulturstätten, die Förderung der Kinder- und Jugendarbeit und die medizinische Versorgung forciert.

1958 verkündete der V. Parteitag der SED die Vollendung des sozialistischen Aufbaus. Der Ausbau der Konsumgüterindustrie hatte zur Verbesserung des Lebensstandards beigetragen, das noch bestehende Kartensystem für Lebensmittel konnte aufgehoben werden.

Gleichzeitig setzte erneut eine Offensive zur Verstaatlichung ein. Letzte private Bauernwirtschaften wurden in die LPG gezwungen, Händler und Handwerker aufgefordert, ihre Betriebe bzw. ihren Besitz zu verstaatlichen.

Bereits 1960 war der Kreis Templin vollgenossenschaftlich, die meisten Handwerker waren in Produktionsgenossenschaften des Handwerks integriert und Handelsbetriebe wurden auf Kommissionsbasis teilverstaatlicht.

Die Schließung der Grenze zu Westberlin 1961, des letzten Tores zur Lebensordnung des Westens, brachte eine vorübergehende Stabilisierung durch Sozialmaßnahmen, mehr Konsumgüter und Wohnungsbau. Fernsehapparate, Kühlschränke und Waschmaschinen hielten in vielen Haushalten Einzug. Ende der 1960er Jahre brachten Arbeitszeitverkürzungen durch die schrittweise Abschaffung der Samstagsarbeit mehr Freizeit. 1971 setzte die Verstaatlichung der letzten selbständigen Handwerker und halbstaatlichen Betriebe ein, die bis dahin noch 40 % der Produktion ausmachten.

Auf Grundlage der Ausrichtung des Templiner Territoriums auf die Land- und Forstwirtschaft war Anfang 1950 eine Besamungsstation in der Dargersdorfer Straße am Vorwerk Ludwigshof eingerichtet worden. Von drei Zuchtbullen wurde der im danebenliegenden Labor untersuchte und behandelte Samen durch ausgebildete Besamungstechniker, im Volksmund „Rucksackbullen" genannt, verteilt, um so den Viehbestand zu erhöhen und Tierseuchen einzuschränken. 1953/54 baute man im Zusammenhang mit der Bildung von LPG eine neue Besamungsstation am alten Standort. Von dort wurde das gewonnene Sperma nun per Bahn oder Bus versandt. Später übernahm ein Depot in Pasewalk den Versand. Nach Schließung der Besamungsstation 1991 entstand dort 2000 das Wohngebiet Ludwigshof.

In Metzelthin wurde die erste LPG im Kreis gegründet, eine weitere folgte in Ludwigshof und Christianshof. Zur Unterstützung der Genossenschaften schuf man die Maschinen-Ausleih-Station (MAS) an der Milmersdorfer Chaussee. Für den Bau hatte die Stadt 4 ha städtischen Waldbesitz kostenlos überlassen. 1964 wurde daraus der Kreisbetrieb für Landtechnik (KfL) und es entstand das VEG Templin..

Auf Grund eines Ministerratsbeschlusses bildeten sich im Kreis Templin 1952 die Staatlichen Forstwirtschaftsbetriebe Templin und Lychen, deren Zusammenschluss 1956 erfolgte. Arbeitete man damals beim Holzeinschlag noch ausschließlich mit der Handsäge, bei der Holzabfuhr und beim Rücken mit Pferdegespannen, setzte man 1962 zu 96% die Motorsäge ein und nutzte Traktoren oder Lkw zur Holzabfuhr. 1954 begann die Forstbaumschule auf einem Terrain von 20 ha ihre Arbeit. Am 1. Januar 1970 nahm das Plattenwerk des Staatlichen Forstwirtschaftsbetriebes die Produktion von „Forststeinen" auf. Nach dieser „Templiner Idee" verarbeitete man Abfallmaterial, das bei Forst- und Pflegearbeiten anfiel, zu Bauplatten für Garagen und Bungalows. Ein Eigenheimmusterbau aus Forststeinen wurde hinter dem Vorstadtbahnhof links errichtet, aber nicht als Großprojekt umgesetzt.

Am 1. April 1954 entstand neben dem Kino in der damaligen Friedrich-Ebert-Straße, auf dem Gelände des ehemaligen Sägewerkes/Zimmerei Adolf Werner, auf einer Fläche von 1600 m^2, als eine Prenzlauer Außenstelle, der VEB Kraftverkehr. Zur ersten materiell-technischen Ausstattung gehörten fünf H-3-A-Pritschenfahrzeuge ohne Anhänger, vier F 2 aus Vorkriegszeiten, zwei sowjetische Lkw-SIS sowie ein Kom-Büssing. Mit diesen Fahrzeugen deckte der Betrieb anfangs den Personen- und Versorgungsverkehr ab. Mit Bildung des Verkehrskombinates Neubrandenburg am Anfang des Jahres 1970 erfolgte der Anschluss an den VEB Kraftverkehr Neustrelitz. In der Lychener Straße konnte am 26. April 1974 der Grundstein für einen neuen Verkehrshof mit Reparaturhalle, Heizhaus, Verwaltungs- und Sozialgebäude und Außenanlagen für 160 Lkw gelegt werden. Die Einweihung und Übergabe des Verkehrshofes in der Lychener Straße erfolgte anlässlich des Tages des Verkehrswesens der DDR am 11. Juni 1977. Eine neue Tankstelle hatte der VEB Minol Schwerin auf dem Gelände bereits 1970 in Betrieb genommen. Für Kleinabnehmer gab es weiterhin in der Bahnhofstraße eine Tankstelle, an der 1965 zusätzlich eine „nacht-tank-box“ für das Tanken an Sonn- und Feiertagen eingerichtet worden war. Ein Schlüssel kostete 7,50 MDN für 5 l Vergaserkraftstoff.

Vor dem Gelände des Verkehrshofes in der Lychener Straße befand sich bereits seit 1958 die PGH „Vorwärts“, der spätere Kraftfahrzeuginstandsetzungsbetrieb (KIB). Ab 1961 bot man dort auch einen Abschleppdienst an. Zusätzlich unterhielt die PGH Werkstätten in der Friedrich-Ebert-Straße für Autos und für Motorräder in der Schinkelstraße 1. Repariert wurden dort alle sowjetischen und tschechoslowakischen Autotypen, ebenso Fahrzeuge vom Typ Simson-Suhl.

Im gleichen Zeitraum gründeten Paul Rengert, Hermann Stahlberg und Paul Boldnan die PGH des Bauhandwerks „Bauhütte“ mit 30 Maurern, Zimmerern und Bauhilfsarbeitern. Später war es der VEB (K) Bau bzw. - Baureparaturen, dann VEB (K) Hochbau Templin. 1976 fusionierten VEB (K) Hochbau Templin, VEB (K) Straßen- und Tiefbau Templin, VEB (K) Tiefbau Gerswalde, VEB (K) Bau Lychen und die Firma Gramettke Lychen zum VEB (K) Hoch- und Tiefbau.

Aus dem Zusammenschluss der drei Templiner Steinmetzfirmen Alexander Weise, Alois Czylek und Johannes Mante entstand die PGH „Gemeingut-Steinmetz“. Der Betrieb lag auf einem ehemaligen Schuttplatz in der heutigen Friedrich-Engels-Straße. Produziert wurden Grabsteine, Fenstersolbänke, Treppenstufen, Türrahmungen und Gehwegplatten.

Im Oktober 1957 lief im Templiner Zweigbetrieb des Bekleidungswerkes Zehdenick in der Jebensstraße die Produktion an. Hier fanden viele Frauen einen Arbeitsplatz. Am 9. Oktober 1972 war die Grundsteinlegung für eine neue Produktionshalle in der Lychener Straße. Mit einer Bausumme von 5 Mill. Mark war es das bisher zweitgrößte Bauobjekt des Templiner VEB (K) Hochbau. Das alte Werk in der Jebensstraße diente als Lehrwerkstatt. Seit 1976 war das Bekleidungswerk ein eigenständiger Betrieb mit ca. 400 Beschäftigten. Vorübergehend waren auch ca. 100 Näherinnen aus der KVDR beschäftigt. Seit 1978 produzierte man dort Jeans der Marke „Wisent“, später Cordhosen, Jeans der Marke „Pionier“ und Freizeithosen auch für den Export.

Mit dem Bau des Bekleidungswerkes und des Verkehrshofes wurde auch die zentrale Be- und Entwässereung jenseits des Kanals gelöst.

Als weiterer volkseigener Betrieb wurde eine Tischlerei beim VEB (K) Bau Templin eingerichtet, außerdem die PGH-Steinsetzer-Handwerk „Straßen- und Tiefbau“ unter Richard Strüwe und 1959 die PGH Maler-„Palette“. Außerdem entstanden zu dieser Zeit der VEB Kohlehandel und in der ehemaligen Brauerei Dabelow in der Bahnhofstraße eine Lagerhalle für den neu gegründeten BetriebObst-Gemüse-Speisekartoffeln (OGS).

Seit Sommer 1969 entwickelte sich in der Hans-Sachs-Straße hinter dem Hauptbahnhof ein Industriegelände. Dazu wurden die Straße bis zu den Gleisanlagen am Hauptbahnhof erweitert und 250 m Gleise verlegt. Ab 1972 entstanden links der neuen Straße Wohnungen, Werkstatt und Garagen der Straßenmeisterei, dahinter Anlagen der Meliorationsgenossenschaft. Dann folgten die Bäuerliche Handelsgenossenschaft (BHG), eine Düngerhalle des Agro-Chemischen Zentrums (ACZ) und ein Trockenwerk mit einer Kapazität von 6 500 t. Dort wurden Grünhäcksel, Grünmehl und Pellets produziert. Dahinter stand die Siloanlage der Getreidewirtschaft. Zwischen beiden lag der zentrale Kartoffelsortierplatz mit zwei Anlagen. Die letztgenannten Betriebe waren infolge der Spezialisierung und der kooperativen Zusammenarbeit in der Landwirtschaft entstanden.

Anfang 1970 konnte in der damaligen Wilhelm-Pieck-Straße, heute Prenzlauer Allee, ein neues Wasserwerk, im Auftrag des VEB Wasserversorgung und Abwasserbehandlung Neubrandenburg, in Betrieb genommen werden. Baubeginn war 1968. Das alte, 1902 in Betrieb genommene Wasserwerk, wurde ohne Aufbereitungsanlage gefahren. Es führte nur Rohwasser und konnte den zunehmenden Bedarf nicht mehr decken. Gleichzeitig konnte man auf die Nutzung des baufälligen Wasserturms verzichten, da das neue Werk mittels Hydrophorkessel weitgehend automatisch arbeitete. Das Rohwasser wurde in Filterkesseln nach Luftbeimischung aufbereitet und als Reinwasser über Behälter in die Stadt gepumpt. Zusätzlich errichtet wurden ein Mehrzweckgebäude, in dem ein Büro, Kulturräume, vier Wohnungen, Werkstatt und Garagen lagen, sowie ein Reservebecken.

Parallel dazu begann der Bau einer neuen Hauptversorgungsleitung zum neuen Stadtteil Templin-Süd durch die Jahnstraße, über die Bahnlinie nördlich vorbei am Kinderheim „Neuhof", in die alte bestehende Leitung. Diese war so dimensioniert, dass sie südlich am Hauptbahnhof vorbei bis nach Hindenburg und Hammelspring weitergeführt werden konnte.

Von 1971 bis 1973 schuf man im Zusammenhang mit dem neuen Wasserwerk auch eine neue Kläranlage in der Vietmannsdorfer Straße, und in der Parkstraße ein Abwasserpumpwerk. Dazu wurde gegenüber dem Bahnhof das Hauptpumpwerk der neuen Kläranlage eingerichtet. 1977 konnte zusätzlich eine Anlage zur Fluoridierung des Trinkwassers den Betrieb aufnehmen. Für die Versorgung des Neubaugebietes in der Lychener Straße begann 1983 die Montage des Wasserwerks II.

Durch den Zusammenschluss der HO- mit der Konsum-Bäckerei entstand 1965 der Konsumbackwarenbetrieb Templin. Dessen Produktionsstätten lagen Am Markt 15, in der Pestalozzistraße 21, Ernst-Thälmann-Straße 14 und der Zehdenicker Straße 4. Erst 1989 entstand zur Zentralisierung der Produktion der neue Templiner Betriebsteil des Backwarenkombinats Neubrandenburg in der Vietmannsdorfer Straße, gegenüber dem Forstwirtschaftsbetrieb, mit Werkstätten, Sozial- und Verwaltungsgebäude. Der neue Standort wurde jedoch nicht mehr in Betrieb genommen. Für das VEB Fleischwarenkombinat nahm ab 1982 Am Birkenhain ein neues Unternehmen die Produktion auf.

Zur besseren Versorgung der arbeitenden Bevölkerung, aber auch der Templiner Schulen, eröffnete im März 1974 die Stadt eine Schülergaststätte in der Wilhelm-Pieck-Straße. Der Komplex mit Speisesaal und Gaststätte wurde auch zu kulturellen Veranstaltungen sowie Stadtverordnetensitzungen genutzt.

Laut einer Statistik vom 5. April 1978 gab es außerdem folgende Betriebe in der Stadt: einen Sägewerk- und Holzverarbeitungsbetrieb, ein Getränkekombinat, die Mühlenwerke, die Molkerei und den Feriendienst des FDGB mit ca. 700 Beschäftigten.

Erfasst waren außerdem die Meliorationsgenossenschaft, die Kooperative Abteilung Pflanzenproduktion, das Möbelwerk, die Binnenfischerei, das Trabergestüt Lindenhof und der Obstbau.

Mit den Zweigbetrieben der Sägewerke in Hardenbeck, Koldenhof, Ferdinandshof und Hintersee war der Sägewerk- und Holzverarbeitungsbetrieb Templin 1981 der größte Schnittholzproduzent des Bezirkes Neubrandenburg. 1988 eröffnete in der Bahnhofstraße 31 in der ehemaligen sowjetischen Kommandantur eine Filiale der Staatsbank der DDR, die bis dahin im Rathaus ihren Sitz hatte.

Der größte Arbeitgeber der Stadt war die Reichsbahn. In Spitzenzeiten arbeiteten bis zu 500 Eisenbahner und Angestellte dort. Am 11. September 1980 war ein Sozialgebäude in der Eisenbahnstraße seiner Bestimmung übergeben worden.

Am 21. Mai 1988 begingen Templiner und Gäste das 100-jährige Bestehen der Eisenbahnstrecke Löwenberg-Templin. Höhepunkt war eine „Museumsfahrt mit Dampf" von Neustrelitz über Fürstenberg-Templin-Löwenberg nach Zehdenick und zurück. Die Lok 38 205 zog den Traditionspersonenzug der DR aus Einheitsabteil- und Einheitsdurchgangswagen verschiedener Bauart, der älteste aus dem Jahre 1923.

Handel, Versorgung und Gaststättenwesen

Bereits nach der Währungsreform 1948 waren neben den Geschäften, die rationierte Waren auf Karten verkauften, zusätzlich Verkaufsstellen der „Staatlichen Handelsorganisation" (HO) entstanden. Sie wurde aus der Verstaatlichung von enteigneten Handelsbetrieben gebildet. Hier konnten die wenigen zahlungskräftigen Kunden Konsumgüter und Lebensmittel zu Preisen erwerben, die den Schwarzmarkt knapp unterboten.

Diese Umstrukturierung begann in Templin 1950. 1953 war die bis 1989 einzige Apotheke Templins, die „Königlich privilegierte Adler-Apotheke" Am Markt, Inhaber Max Rehdorff, verstaatlicht worden. Ab Beginn der 50er Jahre wurden in früheren Geschäftsräumen wieder Verkaufsstellen eingerichtet, die aber oft wechselten.

Das Konsumlebensmittelgeschäft Am Markt/Ecke Rühlstraße, seit 1925 Konsum-Verkaufsstelle, öffnete als eines der ersten. Im Februar 1957 nahm eine Fischverkaufsstelle Am Markt/Ecke Berliner Straße die Arbeit auf, in der Ernst-Thälmann-Straße wurde eine Feinbäckereiverkaufsstelle aufgemacht, neben dem Optikergeschäft Martini verkaufte Familie Otto Obst, Gemüse und Fisch.

In der Mühlenstraße wurde das verstaatlichte frühere Kaufhaus Radefeldt nach dem Wiederaufbau zum Verkauf von Textilien, Haushaltswaren, Spielwaren und auch Möbeln genutzt.

Das erste HO-Geschäft eröffnete im Eckgebäude Am Markt/Berliner Straße mit zwei Verkaufsräumen für Kurzwaren, Textilien, Stoffe, Wäsche, Schuhe, Fahrräder, Radios, Kinderwagen sowie Teppichen, ab 1961 auch für Lebensmittel. Ein weiterer Laden der HO lag im Hotel „Uckermärker Hof", der im Dezember 1959 zum Verkauf von Textilien, Schuhen und anderen Industriewaren eingerichtet wurde. Im separaten Vorraum bot man Lebensmittel an. Bereits 1953 ließ der HO Kreisbetrieb hinter den Bushaltestellen im Bereich der heutigen Ladenstraße Automaten für Süßigkeiten, Kaffee, Zigaretten, Filme, Kurzwaren sowie kosmetische Artikel aufstellen. Später folgten Verkaufspavillons für Täschnerwaren, Blumen und Zimmerpflanzen sowie Handarbeitsmaterial. Auch ein neuerbauter „HO Gaststättenkiosk am Rathaus" kam hinzu. In der Mühlenstraße wurde 1963 der Möbelpavillon etabliert. 1976 gestaltete man das Kellergeschoss des Möbelpavillons zu einer Verkaufsfläche für Beleuchtungskörper um. Zum Sortiment gehörten auch Raumtextilien. Eine HO Verkaufsstelle für Foto, Optik, Rundfunk und Fernsehen am Markt 4 (heute Optiker Suckow) wurde 1961 eingerichtet, ein Erweiterungsbau der Fleischwarenverkaufsstelle der HO Am Markt war ebenfalls zu dieser Zeit bezugsfertig. U. a. wurden dort Salate und Aspikartikel geführt.

Zur Erleichterung für die Werktätigen, vor allem für die Frauen, wurde seit Beginn der 1960er Jahre das Dienstleistungssystem aufgebaut. So wurde in der Schinkelstraße 7 ein HO Dienstleistungsbetrieb für Färberei, Reinigung, Reparatur und Ausleihe von elektrischen Bohnerbesen, Fruchtsaftpressen, Schreibmaschinen, Staubsaugern und Waschmaschinen eingerichtet. Auch das Konsumkaufhaus in der Ernst-Thälmann-Straße hielt diese Leistungen vor.

Einen besonderen Service bot in der Oberen Mühlenstraße eine HO Putzmacherei, in der alte Hüte wieder in Form gebracht bzw. neue angefertigt wurden.

Eine Statistik aus dem Jahr 1961 weist 77 Verkaufsstellen, davon 31 Industriewaren-, 44 Nahrungs- und Genussmittel-, einen Gemischtwaren- und ein Blumengeschäft aus. Von diesen Versorgungseinrichtungen waren 10 Kommissions- und noch 12 private Händler.

Zu den neun aufgelisteten Gaststätten gehörten vier HO-Einrichtungen, die Mitropa im Bahnhofsgebäude und vier private Einrichtungen. Dazu kamen zwei Cafés, eine Imbissstube und zwei Hotels, u. a. das 1960 wieder eröffnete „Club Café", früher „Ring Café", in der damaligen Ringstraße (Prokopiusstraße), das zum Sitz des „Klubs der Intelligenz" wurde, das „Café am Markt", die HO Gaststätte „Fährkrug" und der „Uckermärker Hof".

Auch außerhalb der Stadtmauern wurden Verkaufsstellen eingerichtet, so in der Zehdenicker Straße ein Geschäft für Back- und Fleischwaren, in der Bahnhofstraße ein Obst- und Gemüseladen, im Postheim ein Geschäft für Waren des täglichen Bedarfs sowie ein Verkaufspavillon in der Weinbergstraße.

Im Mai 1969 führte man den ersten Farbfernseher in der Konsum-Kontakt-Ring-Verkaufsstelle in der Ernst-Thälmann-Straße vor.

Im Kaufhaus „Magnet“, das seinen Namen 1976 erhielt, heute „Nessler“, wurde 1972 ein Kinderversorgungszentrum für Bekleidung und Schuhe integriert.

Um für die Werktätigen Waren konzentrierter anzubieten, eröffnete 1969 die Selbstbedienungskaufhalle der HO in der Mühlenstraße mit einer Nutzfläche von 720 m². Die Baukosten betrugen 1,4 Mill. Mark, es waren 30 Beschäftigte angestellt.

Im Juli 1970 erfolgte die Wiedereröffnung der modernisierten Kreissparkasse in der Berliner Straße. Das rekonstruierte Sparkassengebäude war Ausdruck für die zunehmende Beachtung der noch vorhandenen historischen Bausubstanz. Diese Tendenz widerspiegelt sich auch bei der Schaffung neuer Handels- und Dienstleistungseinrichtungen. So wurden diese in historische Gebäude integriert bzw. dem historischen Bild angepasst. Das schlug sich 1981 auch beim Bau der Ladenstraße mit integriertem Wohnraum Am Markt nieder. Als Handelseinrichtungen wurden dort eine Jugendmodeverkaufsstelle, eine Verkaufsstelle für Radio / Fernsehen und die Abteilung „Alles fürs Kind“ eingerichtet.

Um den gehobenen Bedürfnissen der Bevölkerung und den Versorgungsengpässen zu begegnen, aber auch um Geld abzuschöpfen, eröffnete auch in Templin ein Exquisitgeschäft für Damenmoden in der Mühlenstraße und Am Markt/Ecke Berliner Straße ein „Delikat-Geschäft“, in dem Spirituosen, Tabakwaren, Kaffee, Tee und Süßwaren, vorwiegend aus der BRD, angeboten wurden.

Von 1984 bis 1990 existierte in der Oberen Mühlenstraße Nr. 6, im damaligen „Uckermärker Hof“, auch ein „Intershop“.

Genau wie in der Landwirtschaft war man auch im Handel- und Gaststättenwesen bemüht gewesen, den privaten Sektor durch Abschluss von Kommissionsverträgen zu beseitigen. Trotzdem blieben auch in Templin bis zur Wende einige private Händler und Handwerker tätig bzw. konnten sich nach der Mitte der 1980er Jahre auf Grund bestehender Engpässe in der Versorgung, aber auch wegen des Umdenkens verantwortlicher Politiker, Nischen für einen neuen privaten Betrieb schaffen. Zu nennen wären als alte etablierte Unternehmen das Lebensmittelgeschäft Gierloff in der Ernst-Thälmann-Straße, Kassube in der Werderstraße, Textilgeschäft Wulkow in der Puschkinstraße und Giesch&Goede in der Schinkelstraße,

Kaufhalle Mühlenstraße (B 154)

Ladenstraße Am Markt (B 155)

Müthing Am Markt 5, die Friseursalons Sydow und Malingriaux, Drogerie Jahnke, Optiker Martini, Polsterei Damm. Dazu gehörten auch die Bäckereien Kolberg, Dackert, Günther, Höhn, Möller, Scheider, die Fleischereien Lucht und May.

Neu etablierten sich z. B. 1981 der Fotograf Klapczynski, Frau Krappig eröffnete 1987 eine „Miniboutique" in der Robert-Koch-Straße. Heute befindet sich ihr Geschäft „Gut Angezogen" am Markt in der Ladenstraße. Weitere Gewerbe veränderten das Wirtschaftsbild der Stadt ebenfalls.

Durch den Neubau des Wasserwerkes war der Wasserturm überflüssig. Es wurde erwogen, den durch den Bombenangriff von Rissen durchzogenen Turm abzureißen. Man entschied sich dann aber zum Umbau in ein Ausflugslokal. Dort entstand die Konsum-Gaststätte „Jägerklause". 1976 wurde der 120 t schwere Wasserturmkopf abgetragen und Ausbesserungsarbeiten getätigt mit dem Ziel, eine Plattform mit Dach, Umwehrung und eventueller Verglasung als Aussichtsturm zu montieren, die über eine Stahlwendeltreppe zu erreichen gewesen wäre. Der geplante Ausbau konnte wegen fehlender leistungsfähiger Krantechnik nicht umgesetzt werden.

1978 wurde an der Stelle des früheren „Strandgartens" am Templiner See eine "Mocca-Milch-Eisbar" eröffnet, ebenso am Markt der restaurierte „Uckermärker Hof". Letzterer sollte eigentlich nach der Einweihung der „Hyparschale" im Bürgergarten und der „Jägerklause" abgerissen werden, doch nach Bauuntersuchungen wurde der Um- und Ausbau entschieden. Brauchbar waren nur noch die Außenwände zur Straße. Das Dachgeschoss wurde völlig erneuert, im Obergeschoss Hotelzimmer integriert und im Erdgeschoss ein Frühstücksraum und eine Gaststätte eingerichtet.

Zusätzlich konnte in der Mühlenstraße am 6. Juni 1979 die neue Gaststätte „Stadt Templin" mit 230 Restaurant- und 58 Plätzen in der Tanzbar die ersten Gäste begrüßen.

Das Templiner Gesundheitswesen

Im Frühjahr 1950 begann der Wiederaufbau des beim Bombenangriff 1944 zerstörten Krankenhauses. Im März 1952 war der erste Abschnitt mit 236 Betten vollendet. Mit wenig Mobiliar und kleiner medizinischer Ausrüstung aus dem Notkrankenhaus, das dann als Poliklinik genutzt wurde, begann die Arbeit. Der zweite Abschnitt wurde 1956, der dritte 1957 fertiggestellt. Insgesamt standen dann 334 Betten zur Verfügung.

Im April 1956 hatte OMR Dr. Haase die Leitung des Kreiskrankenhauses und gleichzeitig die chirurgische Abteilung von Dr. Henrich übernommen, weitere Leiter waren Dr. Kluge und Dr. Weitermann. Chef der Chirurgie war von 1972 bis 2000 Dr. Felkeneyer. War das Haus früher vorwiegend eine chirurgische Einrichtung, kamen jetzt einzelne Fachabteilungen dazu. Gleichzeitig setzte eine Zentralisierung der technischen Ausrüstung ein, die sich auch in einem gemeinsamen Operationssaal für alle Fachbereiche widerspiegelte. 1953 richtete man eine gynäkologisch-geburtshilfliche Abteilung ein, 1954 wurde die erste Blutbank des Bezirkes Neubrandenburg im Krankenhaus integriert und eine Röntgenabteilung eröffnet. 1958 wurde das ehemalige Isolierhaus zur Frühchenstation mit zusätzlich 16 Betten sowie einer Frauenmilchküche (heute Schmerzpraxis) umstrukturiert. Außerdem richtete man eine selbständige Kinderabteilung ein. Erstmalig im Bezirk Neubrandenburg schuf man 1964 im Templiner Krankenhaus eine Anästhesieabteilung unter Leitung von Dr. Bertram, einem der ersten Anästhesiefachärzte der DDR. 1971 übernahm Dr. Wiegand diesen Bereich. Er baute später die Schmerztherapie auf. Eine Augenfachabteilung, die zuerst von Dr. Kutscher geführt wurde, dann von Dr. Brüllke, und ein Zentrallabor, unter Leitung von Diplomchemiker Ivo Nacke, ergänzten die Fachausrichtung. Seit 1956 wurde die Abteilung Physiotherapie mit Kurzwellenbehandlung, Massagen u. a. mitaufgebaut. 1969 begann der Anbau des Operationstraktes. Als zweite Einrichtung im Bezirk führte man Mammographieuntersuchungen durch. Da viele leitende Ärzte ehemals an führenden Universitätskliniken tätig waren, war das Krankenhaus als „Universität im Grünen“ oder „Brandenburgische Landesuniversität“ bekannt.

Dem Krankenhaus war die Poliklinik mit den Fachrichtungen Chirurgie, HNO, Orthopädie, Allgemeinmedizin, innere Medizin, Pädiatrie und Psychiatrie zugeordnet, die in den ersten Jahren von den Krankenhausärzten abgesichert wurden. Ab 1968 war sie eigenständig, erste Leitererin von 1968 bis 1971 war Frau Dr. Bestmann, ihr folgte Dr. Vogel. Die angestellten Ärzte mussten bei Notwendigkeit auch Dienst im Krankenhaus leisten und Bereitschaftsdienste übernehmen.

Zur Entlastung der Poliklinik wurde im September 1966 in der Dargersdorfer Straße ein neuer Poliklinikkomplex, bestehend aus der Kinderpoliklinik und dem Stomatologischen Zentrum, eröffnet. Im August 1972 nahm dort auch eine Beratungsstelle für Stimm- und Sprachgestörte ihre Tätigkeit auf.

1967 wurde die ärztliche Versorgung durch die Einrichtung staatlicher Arztpraxen erweitert. Im Wohngebiet Dargersdorfer Straße erfolgte im September 1968 in einer 3 ½ Zimmerwohnung die Einrichtung einer Abteilung Kinder- und Jugendzahnpflege und Kieferorthopädie mit zwei Sprechzimmern, eigenem Labor und Röntgengerät. Eine Besonderheit der Stomatologischen Abteilung war der „Zahnarzt auf Rädern“, der vom Kreisjugendzahnarzt Dr. Schroeter 1968 initiiert wurde. Er versorgte regelmäßig verkehrsmäßig ungünstig gelegene Orte wie Warthe, Grunewald und Dölln. Der Wagen hatte den gleichen Komfort wie ein normales Behandlungszimmer. Die Anschaffung des Wagens kostete 42 000 Mark. 2011 wurde dieses Projekt von der Zahnärztin Frau Dr. Finger wiederbelebt.

Ende 1961 arbeiteten in der Stadt 23 Ärzte, drei Zahnärzte und 106 Mitarbeiter des mittleren medizinischen Personals. Daneben gab es den Hygiene- und Jugendgesundheitsschutz, die Jugendzahnpflege, die Geschwulstvorsorge sowie die Schwangeren- und Mütterberatung. Eine Apotheke versorgte die Bewohner.

Unterhalten wurden außerdem 205 staatliche und 49 konfessionelle Feierabend- und Pflegeplätze.

Bis zur Fertigstellung des Schwesternwohnheims in der Friedrich-Engels-Straße im August 1961 waren die im Krankenhaus tätigen Schwestern ebenfalls dort untergebracht. Die im Krankenhaus dann frei gewordenen Räume wurden zur HNO-Abteilung unter MR Dr. Richter umgebaut.

Als Außenstelle der damaligen Medizinischen Fachschule Neustrelitz eröffnete 1959 in der Gewerblichen Berufsschule Dargersdorfer Straße zusätzlich die Medizinische Schule. Am 1. September 1961 wurde diese dem Krankenhaus als Versuchsschuleinrichtung der DDR angegliedert. Dort bildete man Säuglings- und Kinderkrankenschwestern, Sprechstundenhilfen und Krankenschwestern für den gesamten Bezirk Neubrandenburg aus. Für deren Auf- und Ausbau hat sich Dr. Wolfgang Weise, leitender Arzt der pädiatrischen Abteilung, besonders verdient gemacht. Die Eröffnung der Einrichtung fiel mit dem Beginn der sozialistischen Berufsausbildung zusammen. Bis 1973 wurden jährlich zwei Klassen Kinderkrankenschwestern und eine Klasse Sprechstundenhilfen unterrichtet. Die berufspraktische Ausbildung fand am hiesigen Krankenhaus statt. Mit der 1974 eingeführten Fachschulausbildung erhielt die Medizinische Schule den Status einer Fachschule. Es wurden weiterhin Kinderkrankenschwestern und in Zyklen auch die Fachrichtung Geburtshilfe ausgebildet. Zum Schuljahresbeginn 1977 erhielt die Medizinische Fachschule ein eigenständiges Internats- und Schulgebäude in der

Krankenhaus um 1970 (B 156)

Wilhelm-Pieck-Straße im ehemaligen Kinderheim „Willi Fahrenson". Außer Kinderkranken- und Sprechstundenschwestern bildete man nun auch Hebammen, Apothekenfacharbeiter und Facharbeiter für Krankenpflege aus.

Krippen und Kindergärten

In der Verfassung der DDR war im Artikel 20 die Gleichberechtigung von Frau und Mann festgeschrieben. Das bedeutete nicht nur das Recht auf Arbeit und gleichen Lohn für gleiche Arbeit. Es bot den Frauen auch die Chance auf Selbständigkeit und Unabhängigkeit. Dafür war die Unterbringung der Kinder eine Voraussetzung. In der Sommerzeit wurden zusätzlich saisonal Erntekindereinrichtungen eröffnet, für Eltern, die im Schichtdienst arbeiteten, standen Wochenkinderstätten zur Verfügung.

Eine Bildungsreform baute 1965 die Vorschulerziehung durch den Kindergarten aus. Das bedeutete, dass die Einrichtungen nach festgelegten Bildungs- und Erziehungsplänen arbeiteten. Für jedes Kind wurden Entwicklungsbögen geführt.

Bereits am 15. Februar 1951 war im Bürgergarten im ehemaligen Schützenhaus der Kindergarten „Frohe Zukunft" eröffnet worden. Am 6. April 1956 wurde beim Bauamt der erste Antrag auf Baugenehmigung für eine Säuglingskrippe auf dem Ruinengrundstück 23 in der Friedrich-Ebert-Straße (heute „Stadtsee-Pension" in der Prenzlauer Allee) gestellt. Im Februar 1957 war Richtfest und am 7. Oktober 1958 konnte sie übergeben werden. Der Bau wurde aus Solidaritätsaktionen, Spenden und Lottomitteln finanziert.

1964 eröffnete eine Säuglingskrippe für 15 Kinder im Postheim 24, einem ehemaligen Wohnhaus. Eine weitere Krippe nahm 1968 in einem umgebauten Wohnhaus in der Bahnhofstraße 28 mit 60 Plätzen die Arbeit auf. Sie trug später den Namen „Deutsch-Sowjetische Freundschaft". Dieses Haus war von der Hebamme Zangenberg der Stadt unter der Bedingung erblich vermacht worden, dass es stets für Kindereinrichtungen genutzt werden sollte.

Der erste Kindergarten wurde, wie schon erwähnt, 1945 im Haus des früheren Arztes Dr. Schröder in der Prenzlauer Allee eingerichtet. Er trug später den Namen „Clara Zetkin" und wurde 1964 durch ein zweites Haus erweitert. 1975 kam ein drittes Gebäude am Templiner See dazu. Dieses war ursprünglich als Wohnhaus für den damaligen 1. Sekretär der SED-Kreisleitung gebaut worden. Nach einem kritischen Beitrag dazu im Mai 1975 im ZDF unter dem Titel „Königsschlösschen" wurde es gemeinnützigen Zwecken zugeführt. Das Grundstück, dessen Besitzer in Westberlin wohnten, war für diesen Eigenheimbau zum Aufbaugebiet erklärt und teilweise aus staatlichen Mitteln finanziert worden, außerdem war der Uferbereich am Templiner See nicht mehr begehbar.

Am Institut für Lehrerbildung existierte ab dem 15. Februar 1955 ein Kindergarten. Ein seit März 1960 im Wohngebiet Postheim bestehender Erntekindergarten wurde zu einer Tages- und Wochenkrippe umgebaut. Der vierte Kindergarten,

„Olga Benario", wurde 1967 in der Robert-Koch-Straße von 125 Kindern bezogen. Davon kamen 70 Kinder aus dem bisherigen Kindergarten im Schützenhaus. Die Außenanlagen hatten die Eltern gestaltet.

Im Zusammenhang mit der Errichtung des Neubaugebietes in der Dargersdorfer Straße erfolgte am 9. Oktober 1972 die Grundsteinlegung für eine Kinderkombination, im April 1980 öffnete im Neubaugebiet Straße des Friedens die Kinderkombination, „Lea Grundig". Auch zum Neubaugebiet-Nord in der Lychener Straße gehörte eine Kinderkombination mit Krippe und Kindergarten.

Templiner Bildungseinrichtungen

Die gesellschaftlichen Veränderungen nach der Gründung der DDR schlugen sich auch in der inhaltlichen Gestaltung des Bildungswesens nieder. Gleichzeitig wurden mit dem Anwachsen der Bevölkerung Schulneubauten notwendig.

„Goetheschule" – „Kosmodemjanski-Schule" – „Karl-Liebknecht-Schule"

Zu den ersten Beschlüssen des neuen Gemeinderates gehörte der Wiederaufbaubau der zerstörten Bürgerschule. Sie konnte am 1. Juni 1951 als „Goethe-Schule" wieder eingeweiht werden. Die Baukosten betrugen 340 000 Mark. Die 1945 nicht zerstörte Turnhalle war sofort nutzbar.

1951 konnte die ehemalige, 1948 abgebrannte Schulbadeanstalt etwas kleiner wieder aufgebaut werden. Die Turnhalle erhielt 1955/56 zusätzlich einen Geräteraum sowie Wasch- und Umkleideräume. 1963 wurden ein weiterer Anbau für Sportgeräte, zwei Umkleideräume und zwei Duschräume fertiggestellt. Zusätzlich legten Lehrer, Schüler und Eltern im NAW einen Sport- und Spielplatz an.

Bis zum Schuljahr 1955/56 beherbergte die Goetheschule die Unterstufe bis zur vierten Klasse und die Mittelstufe bis zur Klasse acht. Dann wurde die Goetheschule zur Mittelschule ausgebaut, was den Abschluss der zehnten Klasse möglich machte.

Im 1955 etablierten Institut für Lehrerbildung, im früheren Joachimsthalschen Gymnasium, befand sich eine weitere Grundschule, in der die Lehrerabsolventen ihre schulpraktischen Übungen absolvierten.

Durch die im Februar 1959 in einer Baracke in der Friederike-Krüger-Straße, erfolgte Eröffnung einer dritten Grundschule, im Volksmund „Mutterglück", und den 1961 geschaffenen Neubau eines Unterstufengebäudes in der Kantstraße konnte das Raumproblem für die Klassen eins bis vier vorübergehend gelöst werden.

1959 wurde der 10-jährige Schulbesuch verbindlich.

Deshalb wurde für Schüler der Klassen 5-10 am 1. September 1966 in der Dargersdorfer Straße ein Neubau, später Hilfsschulinternat, in Betrieb genommen.

Goetheschule (B 157)

Im Zusammenhang mit dem Baubeginn des zweiten Wohnkomplexes in der Dargersdorfer Straße entstand eine weitere 10-Klassen-Schule, deren Bau bereits seit 1959 geplant war. Da bei ihrer Eröffnung am 1. September 1973 die Heizung fehlte, wurde nach den Herbstferien mit Getreidetrocknern warme Luft ins Gebäude geblasen. Die Turnhalle wurde später übergeben. Nach der Eröffnung dieser Schule wurden die Standorte Friederike-Krüger-Straße und der Neubau Dargersdorfer Straße aufgelöst, die Unterstufe in der Kantstraße an die Goetheschule angegliedert. Die neue Schule übernahm 1980 auch die Funktion der aufgelösten Übungsschule des Instituts für Lehrerbildung. 1975 erhielt sie anlässlich des 30. Jahrestages der Befreiung vom Faschismus den Namen „Kosmodemjanski-Schule".

Mit 25 Klassen für 560 Schüler mit 61 Lehrern eröffnete am 3. März 1980 im Neubaugebiet am Egelpfuhl eine weitere 10-klassige Polytechnische Oberschule (POS), die spätere „Karl-Liebknecht-Schule". Zum 1. September 1982 wurde dort auch ein Schulteil Erweiterte Oberschule (EOS) mit je zwei Jahrgangsstufen der 11. und 12. Klassen eingerichtet, da nach einer Vorgabe nur mindestens dreizügige EOS eigenständig blieben.

Zum 1. September 1989 weihte man im Neubaugebiet-Nord in der Lychener Straße die „Lindenschule" für die Klassen eins bis vier ein. Der geplante weitere Ausbau erfolgte nicht. Diese Schule wurde am Ende des Schuljahres 2001/2002 wieder geschlossen.

„Forstschule" – Erweiterte Oberschule – POS V

Nachdem die „Forstschule" während des Krieges als Lazarett und am Ende sowie nach dem Krieg für einige Monate als Flüchtlingsunterkunft diente, wurden dort bei der Wiederaufnahme des Schulbetriebes einige Räume genutzt. Die Einrichtung trug seit dem 1. September 1949 zuerst den Namen „Goetheschule". Gleichzeitig hatte dort auch die Forstverwaltung ihr Domizil. Nach der 1951 erfolgten Fertigstellung der Schule auf dem Eichwerder zog kurzzeitig die FDJ- Kreisleitung mit ins Gebäude ein. Als am 1. Januar 1952 die staatlichen Forstwirtschaftsbetriebe gegründet wurden, übernahm die Forstverwaltung das Gebäude erneut und führte einjährige Försterlehrgänge und später Qualifizierungen für staatlich geprüfte Buchhalter durch. 1958 erfolgte die Verlegung der Forstfachschule nach Lychen. Vom Schuljahr 1960/61 bis zum 1982 erfolgten Umzug in die „Karl-Liebknecht-

Schule" nutzte die Abiturstufe der Klassen 9-12 unter dem Namen EOS „Hermann Matern" das Gebäude. 1970 war die Einrichtung mit einer Mehrzweckhalle komplettiert worden. Danach zog eine Polytechnische Oberschule ein.

Berufsschule „Max Adrion"

Der Berufsschulunterricht begann nach Kriegsende im damaligen Joachimsthalschen Gymnasium, dann fand er im Gebäude Am Markt 12 statt. 1954 siedelte die Schule in eine Baracke in der Friederike-Krüger-Straße um.

Im Februar 1955 beschloss die Stadtverordnetenversammlung, für einen Berufsschulbau in der Dargersdorfer Straße 4000 M zum Kauf eines Grundstückes bereitzustellen.

Zum Schuljahresbeginn 1958 war das Gebäude unter Mitarbeit der Berufsschüler fertiggestellt. Die frei gewordene Baracke nutzte zuerst, wie schon dargelegt, eine Grundschule, danach zog die „Station der Jungen Naturforscher und Techniker" dort ein.

Die Kommunale Berufsschule begleitete nach dem Abschluss der Schulpflicht die Berufsausbildung. Ausgebildet wurden in Templin Bauberufe (Zimmerer, Dachdecker) und Holzbearbeitungsberufe (Tischler, Holzfacharbeiter, Holzmechaniker). Von 1959 bis 1977 gehörte auch die Medizinische Schule dazu.

Förderschule

1921 war in der damaligen Bürgerschule auf Initiative des Lehrers Willy Gabbert eine Hilfsschule eröffnet worden, um Kinder mit physischen und psychischen Schäden, die nicht den Anforderungen einer Normalschule entsprachen, in einer besonderen Klasse zu unterrichten. Aufgenommen wurden aus Kapazitätsgründen nur Schüler aus Templin. Die Schulräume befanden sich im Kellergeschoss. An der 1951 wiedereröffneten Bürgerschule, jetzt Goethe-Schule, wurde ebenfalls wieder die Hilfsschule integriert.

Als mit dem Schuljahr 1955/56 in der damaligen Landesschule das „Institut für Lehrerbildung" eingerichtet wurde, hatte das die Umsetzung von 160 Schülern an die Goetheschule zur Folge. Nach einer Zwischenunterbringung der Hilfsschule auf dem Dachboden wurde diese in das Kinderheim Neuhof verlegt, damit jedoch dessen Raumkapazität um 50 % verkleinert. Zwei im NAW gebaute Baracken nahmen die Hilfsschule bis 1980 auf, dann konnte ein Neubau genutzt werden. In der Kinderheimschule wurden sowohl die Heimkinder als auch Schüler der Stadt und des Kreises Templin unterrichtet. Daraus entwickelte sich die erste Zentralhilfsschule mit Internat im Bezirk Neubrandenburg, zuständig für die Kreise Templin, Prenzlau, Neustrelitz und Pasewalk. 1980 wurde eine Rehabilitationspädagogische

Einrichtung angegliedert, die geschädigte Kinder auch medizinisch betreute. Dazu gestaltete man ehemalige Horträume auf dem Gelände der Förderschule um.

Die ehemaligen Hilfsschulbaracken dienten ab 1982 der EOS als Internat, das Hilfsschulinternat erhielt auf dem ehemaligen Schulgebäude sein neues Domizil. 1984 erhielt die Einrichtung den Namen „Minna-Ostrowski-Schule".

Kinderheim „Neuhof"

Nach der Gründung der beiden deutschen Staaten 1949 änderte sich der bisherige Verwaltungsmodus nicht. Ins Kinderheim Templin „Neuhof" wurden auch weiterhin Jungen aus allen Berliner Stadtbezirken eingewiesen, die Lehrer und Erzieher wurden ebenfalls weiter durch den Magistrat von Großberlin eingestellt.

Erst ab 1951 übernahmen die Gebietskörperschaften innerhalb der DDR die Verwaltung der Heime. Das Heim ging in die Verwaltung der Stadt Templin über.

1955 gab es einschneidende Veränderungen: Neben der Einrichtung der Hilfsschule im Kinderheim wurde das Heim auf Anordnung des Rates des Bezirkes Neubrandenburg von einem Spezialheim für schwererziehbare Kinder in ein Spezialheim für bildungsunfähig-schwachsinnige Kinder mit einer Kapazität von 50 Plätzen umgewandelt. Zusätzlich erfolgte die Umsetzung von Kindern des Waldhofes ins Kinderheim Neuhof. Mit dieser Verlegung wollte man staatliche Heime auffüllen und konfessionelle Standorte abbauen.

Da seit dem Beginn der Berlinkrise 1959 keine Kinder mehr aus den Westsektoren Berlins ins Kinderheim eingewiesen wurden, kamen jetzt Kinder aus dem ganzen Bezirk Neubrandenburg nach Templin. Ab Ende der 70er Jahre waren insbesondere förderungsbedürftige Schüler aus vorwiegend zerrütteten Elternhäusern aufgenommen worden. Die Heiminsassen wurden regelmäßig medizinisch durch Kinder-, Zahnarzt und später auch einen Psychologen betreut. Ab den 70er Jahren gehörte auch die Sprachtherapie dazu, es gab Kontakte zur Sprachheilschule Lychen und zum Klinikum für psychisch Kranke in Eberswalde.

1984 erhielt das Kinderheim den Namen „Elfriede Paul". Diese war in den Jahren 1923/24 Erzieherin im Kinderheim, studierte später Medizin und war in der Zeit des Nationalsozialismus Mitglied der Widerstandsgruppe „Rote Kapelle". Ihr Wartezimmer diente als Treffpunkt der Mitglieder der Widerstandsgruppe.

Das „Fahrenson-Heim"

Nach Gründung der DDR blieb das Heim in der Prenzlauer Allee ein Normalheim für 40 Kinder der Klassenstufen fünf bis acht. Da Geschwister nicht getrennt werden durften, waren manchmal auch Schüler der 4. Klasse im Heim. Leiterin war Frau Spennrath. Im Februar 1966 wurde das Kinderheim in das ehemalige Schloss in Herzfelde verlegt, die Insassen besuchten nun die Schule in Mittenwalde. Das ehemalige Fahrenson-Heim beherbergte bis 1991 die Medizinische Fachschule und wurde dann von der Zweckgemeinschaft Berufsausbildung genutzt.

Der „Waldhof"

Unter dem Heimleiter Gramm gelang es, ab 1946 die kirchliche Erziehungsarbeit wieder auszubauen. Als 1958 alle Schwererziehbaren in die staatlichen Jugendwerkhöfe integriert wurden, da kirchlich-diakonische Einrichtungen keine Erziehungsaufgaben mehr wahrnehmen sollten, schloss die Waldhofschule vorübergehend.

Bereits ab November 1953 hatte der Leiter der Psychiatrie Eberswalde, Dr. Völz, Patienten mit geistiger Behinderung und psychisch-chronisch Kranke zum Templiner Waldhof überwiesen. Diese wurden nach der Verlegung der Jugendlichen in die Jugendwerkhöfe die neuen Bewohner des Waldhofes, da sie weder in den Familien betreut werden konnten, noch staatliche Einrichtungen für sie zur Verfügung standen. Das waren völlig neue inhaltliche Anforderungen an die Beschäftigten unter der Leitung von Diakon Rau, der seit 1958 diese Funktion innehatte.

Im gleichen Jahr begann der Pfarrer Horst Kasner in einem leeren Gebäude, das er mit seiner Familie auch als Wohnhaus nutzte, eine kirchliche Ausbildungsstätte für den Verwaltungsdienst zu etablieren, aus dem dann das Pastoralkolleg für die evangelische Kirche Berlin-Brandenburg hervorging, das nach dem Ruhestand von Pfarrer Kasner durch Pastor Klarson weitergeführt wurde und heute noch in Berlin arbeitet.

Zu Beginn der 70er Jahre, mit der Übernahme durch die Stephanus-Stiftung, verbesserten sich die materiellen Bedingungen für Insassen und Mitarbeiter durch den Bau von drei großen Bettenhäusern und die Rekonstruktion alter Gebäude. Errichtet wurden auch ein Heizhaus und Mitarbeiterhäuser. Das gelang auch durch finanzielle Unterstützung aus Westberlin und der Schweiz. Zu dieser Zeit konnte ebenfalls eine neue Kinderstation für 70 geschädigte Kinder im Waldhof übergeben werden. Im Zeitraum von 1984 bis 1988 entstanden weitere neue Gebäude für Schwerstmehrfachbehinderte. Es wurden fachlich ausgebildetes Personal eingestellt und bewährte Angestellte zu Heilerziehungspflegern weitergebildet.

Joachimsthalsches Gymnasium – Landesschule – Institut für Lehrerbildung – Pädagogische Schule

Im Mai 1947 erließ der damalige Ministerpräsident der Provinzialregierung Brandenburg eine neue Stiftungssatzung für das Joachimsthalsche Gymnasium und ordnete dieser neuen Stiftung das gesamte bisherige Immobilienvermögen der Schule zu. Damit wurde ein Bestandsschutz für die Einrichtung erklärt, den auch die SMAD bestätigte. Trotzdem verfügte die Landesregierung knapp ein Jahr später, im März 1948, dass das frühere Joachimsthalsche Gymnasium den Namen „Landesschule“ zu tragen hat.

Die Verwaltungsreform von 1952 beseitigte den Sonderstatus endgültig. Der Rat des Bezirkes Neubrandenburg verfügte schließlich in Übereinkunft mit dem Ministerium für Volksbildung der DDR, dass der Komplex auf der Grundlage der „Anordnung über die Errichtung und Rechtsstellung von Instituten für Lehrerbildung“ des Ministeriums am 1. Juni 1955 in ein Institut für Lehrerbildung umgewandelt wird.

Die Stiftung, da der Stiftungszweck in der DDR überflüssig sei, wurde enteignet. Dieser Bescheid ging am 16. August 1956 an den Rat des Kreises Templin.

In der „Landesschule“ wurde der Unterricht an der Oberschule zum Abschluss der 12. Klasse fortgeführt. Die letzte Abiturklasse verließ 1956 die Schule, die Erweiterte Oberschule wurde nach Lychen verlegt. Daneben waren neben der Oberschule und der Berufsschule bereits 1948/49 und 1949/50 Neulehrerkurse integriert. In zwei Einzelkursen bereiteten sich circa 60 „Neulehrer“ auf ihre Arbeit als „Schulamtsbewerber“, unter anderem für den Unterricht in den oberen Klassen in den Fächern Biologie, Chemie und Physik vor. Diese „Neulehrer“ erwarben in den folgenden Jahren im Fernstudium ihren Hochschulabschluss im jeweiligen Unterrichtsfach. Ab 1954 wurden auch Absolventen der achten Klasse aufgenommen, die in einer vierjährigen Ausbildung für eine Tätigkeit als Unterstufenlehrer für die Klassen eins bis vier geschult wurden.

Mit der Gründung des Lehrerbildungsinstituts erfolgte die Zentralisierung der Unterstufenlehrerausbildung in Templin. Bisher hatte es im Bezirk mehrere Lehrerbildungseinrichtungen gegeben. Die Studenten des IfL rekrutierten sich aus Klassen an der Landesschule Templin, des ehemaligen Instituts für Lehrerbildung Alt-Rehse sowie jeweils einer Klasse der Oberschulen Mirow und Greifswald. Zum Direktor des Instituts wurde der bis dahin in Prenzlau amtierende Kreisschulrat Ewald Schröder berufen. Von Mai 1958 bis zum August 1988 war Prof. Dr. Kieckbusch Leiter.

Die Ausbildung der Lehrerstudenten auf der Grundlage des Abschlusses der 8. Klasse machte es erforderlich, zusätzliche Räume zu schaffen, in denen weiterführende naturwissenschaftliche Grundlagen vermittelt werden konnten. Deshalb entstand der nicht zur Architektur passende Flachbau auf dem Schulhof mit drei Unterrichtsräumen, Lehrmittelzimmern und einem großen Sanitärtrakt, da die doppelte Anzahl an Lernenden gegenüber dem Joachimsthalschen Gymnasium zu versorgen war. Untergebracht waren die Studenten immer noch in den Alumnaten I-VI, jetzt als Heime bezeichnet. Die Jungen belegten das Heim I. In den Häusern I und II wandelte man die Speisesäle in eine große Mensa um, und schuf in den Gebäuden V und VI einen Hörsaal sowie einen speziellen Unterrichtsraum für die methodische Ausbildung. Lediglich der Speisesaal mit Musikzimmer im Alumnat III blieb in seinem ursprünglichen Zustand erhalten.

Hauptgebäude (B 158)

Im IfL wurden Lehrer(innen) für die Klassen 1-4 in den Fächern Deutsch und Mathematik sowie in einem der Wahlfächer Musik, Kunsterziehung, Sport und Schulgartenunterricht sowie anfangs Werken ausgebildet. Schon in der Frühphase des Studiums gehörte zu den wesentlichen Prinzipien die enge Verbindung zur Schulpraxis. Deshalb blieb die Grundschule als Übungsschule mit eigener Schulleitung auf dem Gelände erhalten. Dort fanden nach Absprache mit den dort tätigen Kollegen Hospitationen und Übungsstunden der Studenten statt.

Wegen der Verlegung der Lehrerausbildung an die 1988 neu eröffnete „Pädagogische Hochschule“ in Neubrandenburg verließen die Studierenden sowie ein Großteil der Lehrerschaft Templin. Beim Umzug wurde auch ein Teil der Joachimsthalschen Bibliothek nach Neubrandenburg verbracht.

Nach Templin wechselte aus Seewalde/Kreis Neustrelitz die „Pädagogische Fachschule für Kindergärtnerinnen“. Erste Leiterin war Dr. Christine Jahn, dann übernahm Dr. Reiner Dreblow diese Aufgabe.

Ferien- und Erholungswesen – Templin blieb Erholungsziel

Auch an die Traditionen Templins als Urlauberstadt seit Beginn des 20. Jh. wurde angeknüpft, der Fremdenverkehr ausgebaut. Der Kreis war als Haupterholungsgebiet für den Bezirk Leipzig bestimmt worden, ca. 170 Betriebs- und Kinderferienlager befanden sich auf seinem Gebiet. Dementsprechend war auch die Stadt eingebunden.

Schon im Jahre 1948 begann sich im Kreis Templin der Feriendienst des Freien Deutschen Gewerkschaftsbundes (FDGB) zu profilieren.

Anfang der 1950er Jahre entwickelte sich das Campingwesen. Zu den Standorten der Stadt zählten der Zeltplatz am Fährsee und am Lübbesee, letzterer 1968 durch eine HO-Zeltgaststätte mit 120 Plätzen aufgewertet, und das 1981 eröffnete Jugend- und Kindercamp an der Nordseite des Gleuensees.

Rund um den Lübbesee schufen sich Einheimische und Auswärtige in Bungalowsiedlungen ihr eigenes Ferienparadies. Hinzu kamen zahlreiche Privatquartiere. Das Areal „Neu Afrika" in Ahrensdorf wurde dem VEB Leuna-Werke übergeben und dort eine Betriebsferienanlage geschaffen. 1958 wurde das unweit von Hammelspring liegende „Klim-Woroschilow-Lager" als Pionierlager neu aufgebaut und ausgerüstet.

Beschrieb ein Besucher in der Zeitung die Stadt Templin am 15. Mai 1965 noch als „Dornröschen der Uckermark", so erwachte sie spätesten Ende der 60er Jahre aus diesem Dornröschenschlaf, da der Tourismus ein zunehmender Faktor im Wirtschaftsleben der Stadt wurde. Deshalb gründete man zur besseren Steuerung und Koordinierung des Fremdenverkehrs 1969 den Zweckverband Erholungswesen, zu dem Templin, Lychen, Rutenberg, Thomsdorf und Röddelin gehörten. Der Zweckverband bewirtschaftete auch Ausleihstützpunkte für Boote sowie Wassertreter und organisierte Kremserfahrten.

Zur Betreuung der Naherholer und Urlauber war 1961 die Fahrgastschifffahrt eröffnet worden. Seitdem durchfährt die „Uckermark" die Seen um Templin. 1969 wurde ein zweites Motorschiff von Siegfried Lubitz in Betrieb genommen. 1978 begann der Bau eines Bootsanlegers am Eichwerder. Die Wanderwege der Umgebung der Stadt wurden mit rohrgedeckten Pilzen als Wetterschutz ausgerüstet.

Am 4. Juni 1960 wurde die Gaststätte „Fährkrug" wieder in Betrieb genommen, für die am 23. April 1978 auch eine eigene Dampferanlegestelle geschaffen wurde. Am 24. Februar 1988 übernahm der aus Berlin stammende Lutz Richter, unter der zusätzlichen Bedingung zur Absicherung der Versorgung des Zeltplatzes C 83, die Gaststätte und war der erste Inhaber des von ihm gebauten „Hotels am Fährkrug".

Ein gern besuchtes Erholungsziel war das Stadtbad, früher Freibad. Es wurde 1973 neu gebaut und erweitert. Dazu hatte man bereits 1965 das daneben liegende Grundstück zum Aufbaugebiet erklärt, um die Fläche des Stadtbades um 1100 m^2 zu vergrößern. Die alten Umkleidekabinen wurden abgerissen, eine Minihyparschale als Verkaufspavillon sowie zwei Umkleidehäuser und ein Sprungturm geschaffen. Die Baukosten betrugen 750 000 Mark. Ein Jahr später wurde eine moderne 25-Meter-Schwimmbahn übergeben. Für das sanierte Stadtbad galten folgende Eintrittspreise: Kinder und Jugendliche von 4-16 Jahren 0,10 M, Wochenkarte 0,50 M, Saisonkarte 5 M. Jugendliche und Erwachsene ab 18 Jahren 0,20 M, Wochenkarte 1 M. Die Nutzung des Stadtbades durch Kindergärten und Schulen war kostenlos.

Seit 1971 ist Templin „Staatlich anerkannter Luftkurort", 1985 erhielt die Stadt den Titel „Staatlich anerkannter Erholungsort".

„Salvador Allende"- Erholungsheim

Nahe der Schleusenbrücke, am Rande des Bürgergartens, entstand erneut das Kulturzentrum der Stadt. Eine Freilichtbühne war bereits vorhanden. Am 25. Juli 1967 begannen neben dem Schützenhaus Vorarbeiten für einen modernen Gaststättenkomplex. Eigentlich sollte der 1949 abgebrannte Saal des Schützenhauses wieder nutzbar gemacht werden, aber schließlich kam es 1968 aus Kostengründen doch zum Abriss.

Begonnen wurde mit dem Bau der Hyparschale, anfangs geplant als Regenvariante für die Freilichtbühne. Sie ist ein Müther-Bau und steht heute unter Denkmalschutz. Als Anbau entstand ein Mehrzweckgebäude mit Speisesaal mit 250 Plätzen, einer Heimgaststätte mit 100 Plätzen für das zukünftige FDGB-Heim, einem Klubraum sowie einer Nachtbar mit 60 Plätzen. Die Einweihung der „Hyparschale" erfolgte im Sommer 1971. Das Restaurant und die Tanzbar eröffneten im Oktober 1972. Die gastronomischen Einrichtungen nutzten Gäste und Einheimische.

Am 1. April 1974 war Baubeginn für das FDGB-Bettenhaus im Bürgergarten mit 440 Betten, 200 Klubplätzen sowie Sport- und Spielräumen, Tennisplatz, Minigolfanlage, Volleyballplatz und einer Saunalandschaft. Für den Bau des Bettenhauses mussten große Teile der alten Stadtgärten am nördlichen Kanalufer weichen. Ab 16. Mai 1977 konnte das Heim von den Urlaubern genutzt werden. Zusätzlich standen zehn Bungalows mit 160 Betten zur Verfügung. In den Wintermonaten fanden hier prophylaktische Kuren statt. Dem FDGB-Heim wurde der Name „Salvador Allende" verliehen.

Hyparschale (B 159)

Parallel zum Aufbau des Kultur- und Erholungszentrums wurde der inzwischen verwilderte Bürgerpark neu gestaltet. In Vorbereitung dazu war eine Delegation unter Leitung von Bürgermeister Karsten nach Bad Muskau gefahren, um den dortigen Lenné-Garten zu besichtigen. Dort gelang es, den für den

Salvador-Allende-Heim (B 160)

Park zuständigen Herrn Stracke für die Umgestaltungsplanung zu gewinnen. Die Verantwortung für die Neustaltung lag in den Händen des Templiner Diplomforstingenieurs Friedrich-Wilhelm Giesel. In den neu gestalteten Bürgergarten integrierte man einen Goldfischteich und einen Springbrunnen mit einem Keramikrelief nach Plänen des Keramikers Bernd Tholl.

FDGB-Erholungsheim „Friedrich Engels“

Die Gewerkschaft übernahm 1952 im Postheim das Casino und eröffnete dort das FDGB-Ferienheim „Aufbau“. Zusätzlich standen dem Feriendienst vier der früheren Posterholungshäuser mit 103 Betten zur Verfügung. Außerdem stellten die Bewohner des Kuckucksheims und Elsternests, der Blumen- sowie Heimstraße Übernachtungsmöglichkeiten. Die restlichen Häuser des Postheims waren durch die Kommunale Wohnungsverwaltung belegt.

1964 gab es Überlegungen zum Ausbau des Ferienheimes. Doch erst im Generalbebauungsplan der Stadt von 1976 war die Errichtung eines Bettenhauses mit 1 00 Übernachtungsmöglichkeiten ausgewiesen.

Zwei Jahre später wurde das Verwaltungsgebäude für das zukünftige Erholungsheim übergeben. Am 31.Oktober 1978 begann das größte Investitionsvorhaben des FDGB - ein elfgeschossiger Bau mit 1368 Bettenplätzen und 465 Aufbettungen, Schwimmhalle und Sauna.

In dem Zusammenhang wurde der Templiner Campingplatz hinter dem Postheim am Lübbesee aufgelöst und eine Strandfläche am Ufer des Lübbesees von 350 m Länge geschaffen, die von Einheimischen und Besuchern genutzt werden konnte, genau wie das Dach- und Tanzcafé des Heims. Zur Versorgung des Heims baute man eine eigene Bäckerei, die gerne von den Einheimischen zu besonderen Feierlichkeiten in Anspruch genommen wurde. Doch mussten Schlagsahne und Früchte für die Torten geliefert werden.

Zum 1. Januar 1984 konnte das Ferienheim seiner Bestimmung übergeben werden. Es erhielt die Bezeichnung Erholungsheim „Friedrich Engels". Die ersten Urlauber und Bauarbeiter mit ihren Familien „probierten" das Haus bereits über Weihnachten und Silvester aus.

Mit schließlich 700 Zimmern für 1700 Urlauber war es das größte Ferienheim der DDR. Hier verbrachten vor allem Familien mit mehreren Kindern ihren Urlaub. Außerdem gab es in einer extra dafür hergerichteten Etage Urlaubsplätze für Körperbehinderte. Außerhalb der Ferienzeiten wurden Werktätige im Rahmen einer Herz-Kreislauf-Kur betreut.

Erholungsheim des Ministeriums für Staatssicherheit

Für Mitarbeiter des Ministeriums für Staatssicherheit wurde im November 1988 in der Buchheide der Bau eines Erholungsheims begonnen. Infolge der Wende stellte man den Bau ein. Trotz langer, ergebnisloser Debatten fanden sich weder ein Bauherr noch ein Käufer. Heute holt sich die Natur das Areal zurück.

Leben in alten Toren

In den 50er Jahren erließ die Regierung der DDR umfangreiche Maßnahmen und Gesetze zum Schutz von Kultur- und Museumsgut. U.a. wurde am 26. Juni 1952 eine Verordnung zur Erhaltung und Pflege der nationalen Kulturdenkmäler bekanntgegeben. Daraus resultierte der Beschluss des Kulturministeriums vom Oktober 1954, bis 1960 in jedem Kreis mindestens ein Museum zu etablieren. Finanzielle Mittel für den Um- und Neubau von Museen und Heimatstuben wurden bereitgestellt, Museologen ausgebildet.

Auf Grund der oben genannten Verordnungen der Regierung der DDR und des Beschlusses des Kulturministeriums war die Eröffnung von Museen in Templin, Prenzlau und Dargun bereits bis 1956 vorgesehen.

Vom „Templiner Heimatmuseum" zum „Volkskundemuseum"

Das Heimatmuseum im Zwinger des Prenzlauer Tores wurde am 31. März 1957 eröffnet. Aktivitäten zur Schaffung eines Museums in Templin gab es bereits seit den 1920er Jahren. Damals war es vor allem der Kreisbodendenkmalpfleger Hans Schübler, der mit seiner Sammlung Hervorragendes zur ur- und frühgeschicht-

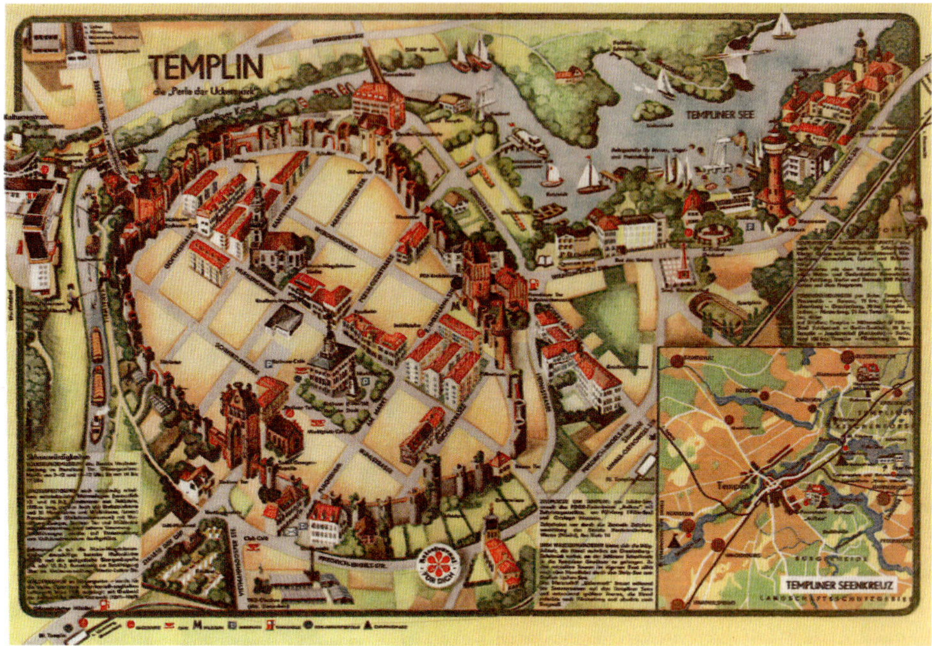

Stadtplan 1984 (K 10)

lichen Erforschung der Uckermark und des Kreises Templin leistete. Doch der Großteil der urgeschichtlichen Funde musste ans Museum in Prenzlau abgegeben werden, da ein solches in Templin noch fehlte. Die meisten Exponate dieser Sammlung sind leider beim Einmarsch der Roten Armee in Prenzlau 1945 vernichtet worden. In den 30er Jahren versuchte er erneut vergebens, gemeinsam mit Fritz Röhnisch ein Museum zu etablieren. Erst nach Ende des Krieges fand Fritz Röhnisch die Unterstützung des Antiquitätenhändlers und neuen Vorsitzenden des Kreisdenkmalausschusses, Herrn H.-D. Scholz-Padiera.

Nach zweijähriger Vorarbeit durch Scholz-Padiera übernahm Fritz Röhnisch den weiteren Aufbau. Er führte das Museum bis zu seinem Ruhestand 1970, unterstützt von seiner Frau Erna Taege-Röhnisch. Das Ehepaar zog oftmals mit einem Handwagen durch die Straßen, um Museumsgut zu sammeln.

Als besonderes Problem erwies sich der in Templin gewählte Standort. Die mittelalterliche Prenzlauer Wehr- und Toranlage war unter Beibehaltung der baulichen Eigenheiten zur Kulturstätte umzugestalten. Die Planungsaufgaben und die Funktion des Bauleiters hatte der Architekt Herbert Tholl übernommen. Die Toranlage war noch im ursprünglichen Zustand. Es waren noch keine Decken eingezogen, die straßenseitige Mauer des Zwingers hatte noch keine Fensterdurchbrüche. Im etwa 22 Meter hohen Turm gab es keine Zwischenböden, die Findlingsmauer neben dem Torturm war eingestürzt und die Holztüren waren verwittert.

Wir richten ein

Heimat-Museum

ein!

Bitte an die Bevölkerung des Kreises Templin!

Zu den Aufgaben des Kreisplanes 1953 gehört die Einrichtung eines Heimatmuseums in Templin.

Dieses Museum, das seit Jahren geplant ist, schließt die Lücke der durch den Krieg verlorengegangenen Museen in Prenzlau und Stettin. Zu diesem Zweck wird jetzt das Vortor des Prenzlauer Tores ausgebaut, das in Charakter und Anlage als Heimatmuseum ideal geeignet ist. Einige bauliche Veränderungen im Raume des Vortores, wie auch das Einbauen von weiteren Spitzbogenfenstern sind unvermeidlich; sie werden jedoch die historische Gestalt des Gebäudes nicht verletzen. **In den nächsten Monaten wird das Kreis- und Heimatmuseum Templin seine Pforten öffnen können.** Der Ausbau dieses Zwingervortores als Museum erfolgt im Zuge der kulturellen Maßnahmen unserer Regierung, **der wir für die Hilfe und die Sorge um die Erhaltung der uns verbliebenen historischen Denkmale als Kulturerbe danken müssen.** Ausgehend davon, daß Geschichte und Stammesart die Kraftquellen eines Volkes sind, aus denen neues Leben fließt, **soll unser Heimatmuseum eine Volksbildungsstätte vorbildlicher Art werden. Von der Vorgeschichte bis zur Gegenwart wollen wir die Entwicklungsstufen an Fundstücken und vielgestaltigen Zeugen der geschichtlichen und kulturellen Vergangenheit in diesen Räumen zeigen. Wir bitten deshalb die Bevölkerung von Stadt und Land unseres Kreises um tätige Mithilfe bei der Auffüllung des Museums mit nachgenannten Gegenständen:**

Vorgeschichtliche Funde aus dem Boden der Uckermark — dabei sind auch die unscheinbarsten Scherben und Bruchstücke eines Gegenstandes von Bedeutung und Interesse. Feuersteingeräte (Mikrolithen) Feuersteinwaffen, alte Gebrauchsgegenstände handwerklicher Art, Trinkgefäße, Becher, Krüge, Töpfereien, Zinngegenstände, Schreibzeuge, alte Waffen, Rüstungen, Uniformstücke, Erinnerungsstücke an die Arbeiterbewegung, schöne alte Glasgefäße, Messing- u. Kupfergeräte bis zum 18. Jahrhundert, alte Truhen, Schnitzereien, alte Landkarten und Stiche, Ansichtskarten, Lichtbilder, alte Verträge, Urkunden, Zunftbriefe, alte Zeitungs- und Zeitschriftenbände, alte Scherenschnitte, Volkskunstgegenstände, Trachtenstücke, heimatkundliche Kalender und Bücher, alte sprachkundliche Bücher und vieles andere aus der Geschichte unseres Kreises. Wir gehen dabei von der Annahme aus, daß sich noch manches in Privatbesitz befindet oder gefunden wurde und jetzt seinen Platz im Museum haben kann, wo es als Geschichtsmaterial besonders bedeutsam wird. Wir bitten sehr, uns solche Gegenstände und Dinge für unser Museum als Schenkung oder auch als Leihgaben zu überlassen.

In jedem Falle werden Stiftungsurkunden oder Empfangsbestätigungen ausgestellt und solche auch bei der Auslage im Museum beigegeben.

Für alle Überlassungen danken wir unseren Mitbürgern herzlich und für die damit bewiesene Unterstützung unserer Volksbildungsstätte Kreisheimatmuseum Templin.

Alle Gegenstände überbringen oder übersenden Sie bitte an den Kreishelfer für Denkmalschutz und Denkmalpflege und Museumsbeauftragten Kollegen Scholz Padièra in Templin, Friedrich-Ebert-Straße 21.

Der Rat des Kreises Templin
gez. **Albrecht**, Vorsitzender

Der Kreisarbeitsausschuß für Denkmalpflege und Denkmalschutz im Kreise Templin
gez. **Scholz Padièra**, Vorsitzender

Der Rat der Stadt Templin
gez. **Voigt**, Stadtrat

Spendenaufruf 1953 (B 161)

Zuerst waren im Vortor zwei Räume ohne Fensterverglasung und Beleuchtung provisorisch hergerichtet worden. Der straßenseitige Anbau des Kriegerdenkmals für die Gefallenen des Ersten Weltkrieges wurde nun als Arbeitsraum ausgebaut, die Gedenktafel auf dem städtischen Bauhof ausgelagert. Im Februar 1956 waren die zwei Räume soweit hergerichtet, dass die ersten Vitrinen aufgestellt werden konnten. In diesen waren die Reste der ur- und frühgeschichtlichen Sammlung des früheren Kreisbodendenkmalpflegers Hans Schübler untergebracht. Bei der Eröffnung im März 1957 waren nur diese zwei Räume im Vortor für Besucher zugänglich. Später wurden auch das Vortor und der Zwinger als Ausstellungsräume erschlossen. 1962 hat das Kreisheimatmuseum den Namen „Volkskundemuseum des Bezirkes Neubrandenburg" erhalten.

Es stellte die Arbeits- und Lebensweise in der Uckermark dar und zeigte in Dauerausstellungen in drei Bereichen die traditionellen Wirtschaftszweige. Die größte über die Waldarbeiter zeigte deren Arbeitsgeräte, Wohnweise und Feierabendbeschäftigung im 19. Jh. Das zweite Thema beschäftigte sich mit dem auf der Grundlage des Waldreichtums entstandenen Kohlenmeiler und Glashütten, die in den Dörfern der Umgebung bis Anfang des 20. Jh. betrieben wurden. Im Obergeschoss wurde das Leben der Schiffer, Fischer und Flößer präsentiert.

Im Eingangsbereich wurde 1986 ein kleiner Raum zur Stadtgeschichte gestaltet, um die zunehmende Zahl von Urlaubern mit der Vergangenheit Templins vertraut zu machen. Neben der Hauptaufgabe, zu sammeln und zu bewahren,

Museumsraum (B 162)

wurde durch Sonderausstellungen das kulturelle Angebot der Stadt erweitert.

So zeigte man Ausstellungen zu verschiedensten Themen von der Ur- und Frühgeschichte über „Figürliches Spielzeug", „Küche im Wandel", „Ägyptischen Totenkult" bis zu „Großmutters Bodenkammer". Über viele Jahre beherbergte das Museum die ständige Ausstellung „Holz und Heide, Forst und Tanger - der kulturelle Wald", in der die vorindustrielle Waldnutzung wie Brennholz, Waldweide, Teerschwelerei, Glashütten sowie das Forstwesen und die Waldarbeit im 19. und 20. Jh., die Schifffahrt und die Flößerei und auch die Geschichte des Uckermärkischen Platt präsentiert wurden.

1978 wurde eine Außenstelle, die „Klostermühle Boitzenburg", museal hergerichtet und 1979 als Produktionsmuseum mit einer gestalteten Müllerwohnung eröffnet. 1986 erweiterte das „Landeskulturkabinett" im Berliner Tor das museale Angebot.

Im Mühlentor wurde geschnitzt, gewebt und geschneidert

Während seit 1957 im Prenzlauer Tor das Museum etabliert war, nahm im Mühlentor erst 1977 die Arbeitsgemeinschaft Schnitzen beim Kulturbund ihre Tätigkeit auf. „Es ist wieder Licht im Mühlentor", hieß es damals in der Presse. Am 4. April des Jahres hatten Mitglieder des Schnitzzirkels unter Leitung von Wilfried Werner begonnen, die Räumlichkeiten des Mühlentores baulich instand zu setzen und einzurichten. Dafür wurden von der Stadt 10 000 M zur Verfügung gestellt. Fast 25 Jahre hatte die Arbeitsgemeinschaft dort ihren Sitz.

Es wurden Schnitzarbeiten für öffentliche Gebäude, z. B. die Ferienheime, den „Uckermärker Hof", den Kindergarten in der Lychener Straße und gesellschaftliche Höhepunkte angefertigt, und z. B. Sagen, wie die vom „Goldschatz im Großfredenwalder Weinberg", künstlerisch umgesetzt. Besucher konnten den Schnitzern über die Schulter sehen oder selbst zum Werkzeug greifen.

Leider wurden dabei die im unteren Torraum lagernden Archivalien des Bauamtes der Stadt als faschistisches Schriftgut angesehen und in der Mülldeponie nach Milmersdorf entsorgt.

Anfang 1990 baute man den unteren Torraum für den damaligen Textilzirkel des Kreiskabinetts für Kulturarbeit um, der sich im Oktober 1990 als „Volkskunstverein zur Pflege uckermärkischer Traditionen" e. V. organisierte. Beiden

Mühlentor (B 163)

Berliner Tor (B 164)

Arbeitsgruppen wurde das Mühlentor mietfrei unter der Prämisse zur Verfügung gestellt, es für Templiner und Urlauber zur Besichtigung offen zu halten. 2001 gaben die Vereine ihre Tätigkeit auf – das Mühlentor wurde geschlossen. 2012 bezog der „Phänomenta-Verein“ den Turm.

Das Berliner Tor – Domizil für das „Landeskulturkabinett“

Im Zusammenhang mit den Feierlichkeiten zu den Arbeiterfestspielen 1982 wurde im Berliner Torturm durch den Kulturbund der DDR das „Landeskulturkabinett“ mit einer Ausstellung zum Landschafts- und Naturschutz eingerichtet. Seit 1986 gehörte das Landeskulturkabinett als Außenstelle zum Volkskundemuseum. Über drei Etagen erhielt man einen Eindruck von der Landschaft und Tierwelt des Territoriums. Im Jahre 1995 wurde die Ausstellung anlässlich der 725-Jahrfeier der Ersterwähnung der Stadt neu gestaltet und präsentierte bis 2012 die Ausstellung „Lebensräume“.

ALTE UND NEUE DENKMALE – DENKMALSCHUTZ

Jede Gesellschaft schafft sich ihre Denkmale, alte werden umgewidmet oder andere entfernt, neue geschaffen.

Die Umsetzung der am 26. Juni 1952 bekanntgegebenen Verordnung zur Erhaltung und Pflege der nationalen Kulturdenkmäler war von ideologischen Vorgaben, insbesondere aber durch die finanziellen Gegebenheiten bestimmt. In der daraus resultierenden Denkmalschutzliste waren immer Einzelobjekte festgelegt, nicht wie heute z. B. der gesamte Templiner Stadtkern.

Die Templiner Stadtmauer mit ihren Toren und Wieckhäusern stand auf der Denkmalliste der Kategorie I an 24. Stelle. Da die Bezirksstadt Neubrandenburg Großstadt werden sollte, wurden die beschlossenen Baukapazitäten oftmals nicht freigegeben und zuerst in der Bezirksstadt die Stadtmauer völlig neu mit Toren und ausgebauten Wieckhäusern, die durch Geschäfte oder Institutionen genutzt wurden, hochgezogen. Templin erhielt deshalb lange Zeit keine Gelder zur Sanierung.

So ergab eine Überprüfung der Stadtmauer im März 1964, dass diese vom Berliner Tor bis zur Goethe-Schule erhebliche Risse aufwies, es fehlte die gesamte Abdeckung und zu 90 % waren die Fugen stark ausgewaschen. „Feldsteine hängen nur noch lose in den Lücken, die Tore zeigen klaffende Gebäuderisse“, klagte der Kreisdenkmalpfleger Scholz-Padiera. Die Bullenwiese und der ehemalige Stadtgraben waren mit Holzmieten belegt bzw. zum Lagern von Baumaterial genutzt. Die Wieckhäuser wurden zur Gerümpelablage missbraucht. Zur Schadenbeseitigung wären damals 310 000 M nötig gewesen.

Auf den sehr bedenklichen Zustand der Stadtmauer Ende der 1970er Jahre machten Eitel Knitter und Bärbel Makowitz mit Text- und Schriftmaterial in einem Schaukasten auf dem Marktplatz aufmerksam. Sie schrieben damals, dass der Erhalt und die Sanierung der Stadtmauer und Denkmäler auch oder gerade einem sozialistischen Staat gut zu Gesicht stünden. Da das ZDF zu Fernsehaufnahmen im Bekleidungswerk weilte, blieb dieses Material nur für wenige Stunden öffentlich. Aber die Sanierung der schlimmsten Schäden wurde endlich in Angriff genommen.

Im Zusammenhang mit den Arbeiterfestspielen kam es zu den ersten größeren Sanierungsarbeiten an der Mauer und dem Berliner Tor. Das Mühlentor wurde 1983 fertiggestellt. Mitte der 80er Jahre wurde die Restaurierung fortgesetzt, Bewuchs wurde entfernt. Polnische Spezialisten bekrönten die Mauer mit extra gefertigten Klosterformaten, verfugten die Feldsteine.

Bereits am 11. Dezember 1950 war das Denkmal für die VdN (Verfolgte des Naziregimes) mit der Inschrift: „Ruhm und Ehre den Widerstandskämpfern gegen den Faschismus. Den Lebenden zur Mahnung, den Toten zur Ehre“ in der Bahnhofstraße eingeweiht worden. Anlässlich des 30. Jahrestages der Gründung der KPD in Templin wurde im gleichen Jahr in der Mühlenstraße ein Gedenkstein mit den Namen der Gründer aufgestellt.

In dieser Zeit gab es auch Überlegungen zur Wiederherstellung des „Jüdischen

Friedhofes", den nach der Fertigstellung Mitarbeiter des „Waldhofes" pflegen wollten. Dieses Vorhaben wurde verschoben, da noch Untersuchungen wegen eines in den 1940er Jahren angelegten Bunkers durchgeführt werden sollten, wie in einer Ratssitzung vom 24. April 1950 festgelegt wurde. Deshalb hob man auch im August 1953 eine frühere Erlaubnis auf, den Wallgraben mit Müll zuzuschütten. Zu Ehren der letzten Templiner Jüdin Franziska Koeppen wurde der Friedhof wieder hergerichtet und 1960 eine Gedenkplatte aufgestellt.

Erst am 5. Oktober 1952 nannte man den ehemaligen Horst-Wessel-Platz in Beethoven-Platz um. Dazu hatte die Stadtverwaltung einen Wettbewerb ausgeschrieben, den ein Angehöriger der Kommandantur, ein Beethoven-Liebhaber, gewann. Das Denkmal schuf der Templiner Steinmetz Weise. Der Gedenkstein wurde aus einem Sandstein vom Kirchplatz, auf dem sich früher das Denkmal Friedrich III. befand, gearbeitet. Er trägt die Inschrift: „Dem deutschen Genius Ludwig van Beethoven 1770-1827".

Im gleichen Jahr fand in der Maria-Magdalenen-Kirche eine Glockenweihefeier zu Ehren der drei neuen, in der Glockengießerei Schilling in Apolda aus Stahl gegossenen Glocken, statt. Bei der Aufhängung der schwersten und größten Glocke riss der Flaschenzug und die Glocke stürzte auf den Boden, wobei jedoch niemand schwer verletzt wurde.

Anfang der 50er Jahre wurde der Beschluss zum Abtragen des Kriegerdenkmals vor dem Rathaus gefasst. Fehlende Gelder verhinderten zum Glück dieses Vorhaben. Trotzdem wurden das eiserne Kreuz und der Adler auf dem Rathaus als Symbole des preußischen Militarismus entfernt, der Adler jedoch im Museum bis zu seiner Verschrottung gelagert. Auf Initiative des Denkmalpflegers Scholz-Padiera fertigte der Schlosser Hubert Sydow Ende 1950 einen neuen. Umgesetzt wurde auch der Ratsbeschluss zur Beseitigung des Postheimdenkmals. Der Stein wurde abgeschliffen und anderweitig genutzt. Im Zuge des Museumsbaus entfernte man wie erwähnt auch die Kriegerehrung im Kreuzgang des Prenzlauer Tores.

Anlässlich des XXII. Parteitages der KPdSU weihte man 1961 in der Röddeliner-/Ecke Parkstraße ein aus Harzer Granit geschaffenes und 2,8 Meter hohes Karl-Marx-Denkmal ein. Auf der Vorderseite befindet sich der Kopf von Karl Marx aus Rotguss, geschaffen vom Kunstschmied Hans Füssel. Die Bearbeitung des Steins erfolgte durch Herrn Chylek von der PGH Steinmetz Templin. Aufschrift: „Karl Marx, 1818-1883. Die Theorie wird zur materiellen Gewalt, wenn sie die Massen ergreift". Zum 100. Geburtstag Lenins wurde im Bürgergarten 1970 ein durch das Betonwerk Milmerdorf geschaffenes Denkmal aufgestellt.

Auf der früheren Friedrich-Ebert-Gedenkstätte in der Prenzlauer Allee wurde zum Gedenken an Ernst Thälmann 1967 ein Ehrenhain errichtet, den der Templiner Künstler Gottfried Fröde 1986 mit einem Relief neu gestaltete.

Kulturelles Leben

Das kulturelle Leben wurde seit 1968 u. a. durch das „Fest der Forstarbeiter“, seit 1976 mit den „Templiner Sommerfesten“, und seit 1986 durch das „Templiner Wasserfest“ mitgestaltet. Auch die Etablierung eines Templiner Karnevalsklubs wurde versucht. Bereits am 1. August 1958 wurde ein Stadtchor gegründet, der 1965 mit dem neu gegründeten „Forstchor“ verschmolz. Erster Leiter war Herr Schmidt, ihm folgte Herr Bischof aus Lychen und nach dem Zusammenschluss der Musiklehrer Werner Richter. Seit dessen Tod 1968 leitet Peter Ulrich das Ensemble. Höhepunkt der Anfangsjahre war ein Auftritt bei „Herzklopfen kostenlos“ unter Leitung von Heinz Quermann. 1996 wurde dem Chor die Leistungsstufe II zuerkannt. Der Forstchor ist heute Mitglied im „Deutschen Allgemeinen Sängerbund“ und bereichert das kulturelle Leben der Region. Zu den bedeutenden Chören der Stadt gehörten auch der Schulchor der „Goetheschule“ unter Gundula Sjarow und der Chor des „Instituts für Lehrerbildung“ unter Dr. Sjarow. Unter Dr. Gundlach arbeitet seit 1982 der „Chor der Kantorei“ erfolgreich.

Zur Koordinierung der Aktivitäten hatte man 1961 in der Stadt einen „Kulturrat“ gebildet, dem Lehrer Dr. Martens, Kunstmaler Wilcke, Museumsleiter Fritz Röhnisch, Kreisdenkmalpfleger Scholz-Padiera, Stadtangestellter Walter Blankenburg sowie Kreisbaudirektor Mallek angehörten. Sie sollten auch die Verschönerung des Stadtbildes begleiten. Dies übernahm ab 1970 der „Beirat für Architektur und Bildende Kunst“. Der „Kulturrat“ war Herausgeber der „Heimatschriften des Kreises Templin“. 1976 übernahm das „Stadtkulturhaus“ diese Aufgaben, 1980 sammelte Dr. Schwill Gleichgesinnte im „Klub der Werktätigen“, um das kulturelle Leben zu bereichern. In den 60ern agierte in der Stadt das Kabarett „Die Blitze“, seit den 80ern setzen „Die Formlosen“ diese Tradition fort. 1974 bis 1986 besaß die Stadt sogar eine eigene Tanzkapelle, „Rhythmus 74“, unter Leitung von Gerd-Winfried König. 1981 wurden die Tanzmusiker als bestes Amateurtanzensemble unseres Kreises ausgezeichnet und erhielten das Prädikat „Oberstufe“.

Der „Templiner Kulturbund“

Viele Aktivitäten und Interessen wurden unter dem Dach des Kulturbundes gebündelt. Wegen der kritischen Haltung wurde ab Mitte der 50er Jahre die Tätigkeit des Verbandes, der für Meinungsfreiheit und gegen die Einmischung in Kunst und Kultur eintrat, auch in Templin erschwert, Mitglieder entlassen, der Klub verlor sein Domizil, das Seglerheim wurde wieder den Sportlern übergeben. Der Kulturbund nahm dann seinen Sitz in einer der Baracken in der Friedrich-Engels-Straße. Nach dem Freizug des Hauses Am Markt 12 durch die Polizei wurde dieses die neue Heimstatt. Anfang 1974 gründete sich die Ortsgruppe der „Natur- und Heimatfreunde“ beim Kulturbund unter der Leitung von Dr. Wilhelm Gerhardt. Von ihnen erschienen von 1976 bis 1989 unter dem Titel „Aus Natur und Heimat“ 189 Beiträge in der Zeitung „Freie Erde“. Zu Themen aus Natur, Umwelt und Heimatgeschichte wurden Probleme aus diesen Bereichen durchaus kritisch betrachtet.

Um eine noch bessere Basis für eine größere gesellschaftliche Einflussnahme auf die ständig zunehmenden Umweltprobleme zu nehmen, gründeten Mitglieder des Kulturbundes am 29. Mai 1980 unter der Leitung von Dr. Hensel die „Gesellschaft für Natur und Umwelt“ mit 32 Bundesfreunden. Konkreter Hintergrund für diese Gründung war eine zunehmende Verschmutzung der Seen im Kreis und des Templiner Seenkreuzes. Noch Ende der 1950er Jahre waren fast alle Seen des Templiner Seenkreuzes Klarwasserseen. Anfang der 1970er setzte eine massive Verschlechterung der Wasserqualität ein. Ursache war die Anlage der Entenfreimastanlage bei Klosterwalde und die Einleitung von kommunalen Abwässern aus Klosterwalde und Herzfelde, die über die Dolgenseekette in die Templiner Gewässer gelangten. Die Belastung durch die Entenmastanlage war dermaßen massiv geworden, dass der Badebetrieb des am Gleuensee gelegenen Campingplatzes gefährdet war. Bereits im Gründungsjahr gelang die Schließung der Entenmastanlage in Klosterwalde. Gleichzeitig konnte der Motorbootbetrieb auf dem Lübbesee unterbunden werden. Eine weitere massive Verschmutzung verursachte die Einleitung von kommunalen und landwirtschaftlichen Abwässern aus der Gemeinde Milmersdorf über den Labüskesee. In den 1970/80er Jahren war es der Obstbau, der durch Düngemittel wie Nitrat- und Phosphat-Pflanzenschutzmittel, Herbizide und Fungizide, die unmittelbar bei der Stadt gelegenen Seen stark belasteten. Die Natur- und Heimatfreunde konnten ebenfalls durchsetzen, dass viele Naturdenkmale und andere Objekte durch den Kreistag unter Schutz gestellt sowie Wanderwege angelegt wurden.

Über zwei Jahrzehnte hinweg engagierten sich die Bundesfreunde Dr. Hensel, Max Lobedan, Dr. Wilhelm Gerhardt, Norbert Bukowsky, Ernst Pries, Roland Resch, Dieter Heinrich, Dr. Knut Arendt und K. Willek für den Erhalt der Natur bzw. unserer Seen. Sie waren es, die sich über Jahre gegen die Gleichgültigkeit, die fachliche Unwissenheit sowie das Desinteresse an Umweltproblemen von Funktionären engagiert haben und dabei persönlichen Angriffen von staatlichen Institutionen und Betrieben ausgesetzt waren. Die Bundesfreunde Dr. Gerhardt und D. Heinrich leisteten darüber hinaus über Jahre an ihren Schulen eine intensive Jugendarbeit. 1978 entstand der „Freundeskreis Niederdeutsch“ unter Leitung von Gisela Kinzel, der spätere „Uckermärkische Heidstruck“.

Templiner „Stadtschreiber“

Stadtgeschichte wurde auch in der DDR dokumentiert. Es fehlte dabei nicht an der Bereitschaft zur Mitarbeit, doch oft an den notwendigen Geldern.

Einen ersten Anlauf gab es bereits im April 1954, als die Templiner Bevölkerung aufgerufen wurde, an einer Stadtchronik mitzuschreiben. Die gesammelten

Materialien sollten in einer Ortschronik durch Dr. Martens, Fritz Röhnisch und Walter Blankenburg zusammengefügt werden. Letzterer sollte dazu auch seine Unterlagen, die er seit 1938 erarbeitet hatte, einbringen. Da er dieses Ansinnen mit der Begründung ablehnte, dass es eine private Sammlung sei, blieb der Versuch in den Anfängen stecken.

1960 initiierte Eberhard Moths im Auftrag der Abteilung Kultur des Rates des Kreises die Herausgabe eines neuen „Templiner Kreiskalenders". Erneut war die Bevölkerung zur Mitarbeit aufgerufen. Aber für das fertige Manuskript gab es, angeblich wegen fehlenden Papierkontingents, keine Druckfreigabe.

Einen neuen Impuls erhielt die Stadtgeschichtsschreibung auf Grund einer Initiative des Kulturbundes, der durch die Gründung der „Natur- und Heimatfreunde" die Erforschung der Heimatgeschichte thematisiert hatte. Im November 1982 berief der Stadtrat Frau Gerda Pramer laut einer Verordnung vom 26. November 1981 zur Ortschronistin. Einige Jahre später übernahm Bärbel Makowitz diese Aufgabe. Beide hatten, wie viele andere, privat Material zur Stadtgeschichte gesammelt.

Sensibilisiert durch die Vorbereitung auf die 750-Jahr-Feier der Stadt und die Initiative der beiden Ortschronistinnen gelang es, den Rat zu überzeugen, die Chronik von Walter Blankenburg 1982 von seinen Nachfahren aufzukaufen. Die Geschichtskommission der SED-Kreisleitung plante Ende 1989 die Vervielfältigung der Blankenburg-Chronik, doch das Vorhaben wurde von der Stadtverwaltung u. a. wegen der Wahrung der Urheberrechte abgelehnt.

750 Jahre Stadt Templin – ein ausgefallenes Jubiläum – eine Schönheitskur für die Stadt

Auf Initiative des Kulturbundes hatte im November 1978 das Sekretariat der Kreisleitung der SED eine Konzeption des Rates der Stadt zur Vorbereitung und Durchführung der 750-Jahr-Feier der Kreisstadt im Jahr 1980 bestätigt. Im Festkomitee waren Mitglieder der Parteien und Massenorganisationen und wichtiger Betriebe des Kreises und der Kreisstadt vertreten. Des Weiteren wurden eine Koordinationsgruppe und neun Arbeitsgruppen geschaffen. Die Festwoche war für die Zeit vom 21. bis 27. Juni 1980 geplant. Diese sollte mit einer feierlichen Stadtverordnetenversammlung und einem festlichen Konzert in der Aula des Instituts für Lehrerbildung begonnen werden. Am zweiten Tag war die Präsentation verschiedener Ausstellungen wie Freizeit, Kunst und Lebensfreude, Briefmarken-, Münz-, Jagdtrophäen-, Zierfisch- und eine Kleintierausstellung geplant. Der kommende Tag sollte der Tag der Jugend und des Sportes werden, am drauffolgenden neben Gesprächen mit dem Bürgermeister ein Estradenkonzert zur Aufführung gelangen. Ein Tag der Land-, Forst- und Nahrungsgüterwirtschaft mit einem großen „Bauernmarkt" und abendlichem Tanz in allen Sälen war für den Freitag vorgesehen. Am Sonnabend standen der Festumzug und Kulturveranstaltungen sowie ein abendliches Feuerwerk auf dem Programm. Den Ausklang sollte ein sonntäglicher Frühschoppen bilden. Kontakte mit einem Leipziger historischen Kostümverleih für einen Festumzug waren aufgenommen worden, Souvenirs in Auftrag gegeben. So übernahm das Walzwerk Hettstedt die Anfertigung von 500 Medaillenmappen mit acht Motiven der Stadt einschließlich einer Klappkarte mit einer Kupferfolie, auf die das Berliner Tor eingraviert ist.

Mitte des Jahres 1979 wurde bekannt, dass die Stadt Templin 1982 Austragungsort der im Bezirk Neubrandenburg stattfindenden 19. Arbeiterfestspiele sein wird – das bedeutete, dass die 750-Jahr-Feier eine doppelte finanzielle Belastung ähnlich 1930 gebracht hätte. Also wurde beschlossen, beide Festlichkeiten 1982 miteinander zu verbinden. Schließlich wurde mit der Begründung, dass die Gründung der Stadt nicht urkundlich nachweisbar war, es deshalb keine staatliche finanzielle Unterstützung für das Stadtjubiläum geben würde, das „Aus" für die 750-Jahr-Feier verkündet. Der damalige Bürgermeister Heinz Kragl und der Sekretär des Rates der Stadt Rudolf Haeckel waren sogar noch persönlich bei Erich Honecker vorstellig geworden, brachten aber trotzdem keinen positiven Bescheid mit. Also entschied die SED-Kreisleitung mit der Stadtverwaltung, erst 1995 die 725-jährige Ersterwähnung der Stadt zu begehen. Die schon gefertigten Souvenirs wurden eingelagert, die Medaillenmappen später an verdienstvolle Bürger überreicht.

In Vorbereitung auf die Festivitäten hatten bereits 1976 Verschönerungsarbeiten zur Fassadengestaltung in der Innenstadt begonnen. Ein erster Abschnitt war die Ernst-Thälmann-Straße, dann folgten die Straßen Am Markt, die Schinkel-, Werder- sowie Martin-Luther-Straße. Des Weiteren wurden sechs Scheunen in der Lychener Straße abgerissen.

Auch die durch den zunehmenden Verkehr beschädigten Stadttore wurden saniert. Besonders stark verfallen war das Berliner Tor. Es war ab März 1979 gesperrt und durch das Einziehen von Stahlträgern gesichert worden. 1981/82 wandte die Stadt erhebliche Mittel auf, um das Tor instand zu setzen. Für die Außenfassade trug man Ziegel aus dem Innenbereich ab. Im Juni 1982 konnte das Tor wieder für die Öffentlichkeit als „Landeskulturkabinett" freigegeben werden.

Statt des Stadtjubiläums wurden am 25./26. Juni 1982 die 19. Arbeiterfestspie-

Souvenirs zur 750-Jahr-Feier der Stadt (B 165/167)

Fachwerkhaus Kantstraße (B 168)

le in Templin mit dem „Fest der Forstarbeiter“ begangen. Im Vorfeld fand auf dem Marktplatz ein Militärkonzert (Großer Zapfenstreich) statt. Eröffnet wurde das Fest mit einer Estrade des Ensembles der Kaliwerker vom Kalibetrieb Zielitz, es folgten am Sonnabend ein Chorkonzert und eine Estrade von Volkstänzen, Gesangs- und Instrumentaldarbietungen sowie Kinderveranstaltungen auf der Freilichtbühne im Bürgergarten und auf dem Sportplatz der Goetheschule. Am Sonntag wurden handwerkliche Tätigkeiten vorgeführt. Daneben fand eine Fotofreilichtausstellung statt.

Die Templiner Feuerwehr

Die Feuerwehrjubiläen zum 75. (1958), zum 90. (1973) und zum 100. Jahrestag 1983 waren stets große Volksfeste in der Stadt. 1983 wurde das Gerätehaus, zum Teil durch freiwillige Arbeitsleistungen der Wehrmitglieder, erweitert. 1983 gehörten vier Lösch- und Sonderfahrzeuge zum Bestand der Templiner Wehr. Mit den vier vorhandenen Fahrzeugen waren jährlich etwa 50-60 Einsätze zu meistern.

Templiner Russisch-, Mathe- und Akkordeonasse

Russisch, in der DDR die erste Fremdsprache, gehörte genau wie Mathematik, Naturwissenschaften und Sport zu den besonders geförderten Fächern. Talentierte Schüler wurden im Russisch- oder Matheklub betreut, für Sportbegabte gab es die Sportschule in Neubrandenburg. So errangen ab dem Schuljahr 1971/72 die Templiner Schüler ohne Unterbrechung 14 Mal hintereinander den Wanderpreis des Bezirksvorstandes für Deutsch-Sowjetische Freundschaft.

Angela Kasner erwarb als Schülerin der achten Klasse am 7. Juni 1969 in der Gruppe Klasse 10 die Bronzemedaille bei der 5. Zentralen Russischolympiade der DDR und den ersten Platz bei der Bezirksolympiade. Sybille Holzhauer erkämpfte sich auf der Stufe EOS die Goldmedaille. Auf der Bezirksrussischolympiade 1975 erreichten Sybille Holzhauer, Angela Kasner, Marianne Nötzel und Karin Reinke den Mannschaftssieg. Angela Völz belegte als Schülerin der achten Klasse im gleichen Jahr beim Festival der Freundschaft den ersten Platz und erhielt die Goldmedaille. 1977 holte sie als Schülerin der zehnten Klasse den gleichen Preis und 1978 bei der Internationalen Russischolympiade in Moskau Silber. Dirk Schröder erarbeitete sich 1984 im DDR-Maßstab die Silbermedaille. Steffen Brosig, Angela Völz und Volkmar Heinrich kehrten von der 3. Internationalen Russischolympiade im gleichen Jahr in Moskau mit Gold, Silber und Bronze zurück. Leiterin des Russischklubs war in diesen Jahren Erika Benn.Volkmar Heinrich war Teilnehmer der Internationalen Mathematikolympiade und Anke Heinrich und Heike Sypitzki DDR-Meister auf dem Akkordeon.

Erfolgreiche Templiner Sportler

Auch der Sport wurde unter der sowjetischen Besatzungsmacht nach deren Vorbild zentralisiert. Trägerbetriebe oder Industriegewerkschaften finanzierten die Sportgemeinschaften. Für den neugegründeten Arbeiter- und Bauernstaat war es entscheidend, dass beim Aufbau des Sports keine Privilegien zugelassen wurden, also jede Sportart allen zugänglich war.

Schon 1946 stellten sich die Sportfreunde Georg Görwitz und Arthur Meyer der Neuorganisation des Sports zur Verfügung. Ihnen schlossen sich Otto Schneider, Alfred Fiechel, Fred Wulkow, Georg Liebrecht, Hans Elsner, Erich Gast, Heinz Tochtenhagen, Erich Daun, Dr. Staufenbiel an. Sie bauten den Trainings-, Spiel- und Wettkampfbetrieb auf, gründeten das Sportamt Templin und später die erste Sektion Fußball. Diese trug zuerst den Namen SG Union, 1949 bis 1951 BSG Fortschritt, seit dem 4. Mai 1951 (BSG) „Einheit Templin". Bereits im August 1950 schloss sich die Sektion Rudern der BSG Templin an, deren Mitglieder den Wanderrudersport betrieben. Die Sportgemeinschaft ist Nachfolger des SC Victoria 1914.

Nachdem am 13. Mai 1954 der Angelsport gesetzlich geregelt worden war und der Deutsche Angler-Verein gegründet wurde, schufen sich auch die Templiner ihren Anglerverein. Die Gewässer konnten kostenlos genutzt werden.

Im gleichen Jahr organisierte sich die Sektion Motorsport unter Leitung von Herrn Malingriaux. Technischer Betreuer war Herr Teske. Hinzu kamen die Sportgemeinschaft (SG) „Dynamo Templin", die Arbeitersportgemeinschaft (ASG) „Vorwärts Templin" und 1957 die Sektion Motorsport. Zu nennen sind auch der Kanusport, Judo, Hand- und Volleyball, der Armeesportklub (ASK) „Vorwärts"-Boxen und die Sportgemeinschaften an den Schulen.

Unter der Leitung der schon genannten Sportorganisatoren wurden in den 50er und 60er Jahren in Templin viele sportliche Höhepunkte organisiert. Diese holten viele Weltklassesportler und Olympiateilnehmer nach Templin. Voraussetzung für diese sportlichen Höhepunkte war die Umgestaltung und der Ausbau der Sportanlagen. So wurde 1955 hinter dem 1922 errichteten Sportplatz ein Ausweichplatz auf einer bisherigen Mülldeponie geschaffen. Die Bewirtschaftung des Sportplatzes übernahm die BSG „Einheit" Templin. Zur Eröffnung richtete die Sektion Leichtathletik Templin den DDR-offenen Marathon aus. Auf der Marathonstrecke von 42,195 km kämpften 38 Sportler. Die ersten fünf Runden wurden im Templiner Stadion gelaufen, danach ging es neunmal durch die Templiner Straßen. Dabei waren Heinz Howe und Harald Minow besonders erfolgreich.

Zwei Jahre später trugen Sportler in dieser Disziplin die IX. DDR-Meisterschaften im Templiner Stadion aus. Im gleichen Jahr fand ein nationales Sportfest mit Teilnehmern aus Neumünster statt.

Für die Templiner Tennissportler erhielt die BSG „Einheit" 1959 ein Areal in der Seestraße neben dem Sportplatz der „Goetheschule" für einen Ballplatz zur Verfügung gestellt.

Im Februar 1976 begann die Rekonstruktion des Sportplatzes. Das Hauptspielfeld, bisher ein Schlackeplatz, erhielt neuen Rasen, die Laufbahnen wurden erneuert und die Sitzplätze verbessert. Im Januar war bereits ein Kiefernkomplex gefällt worden, um eine zusätzliche Kleinspielfläche anzulegen. Plätze für 3 000 Zuschauer boten an der Rasenspielfläche und den sechs Laufbahnen gute Sicht- und Sitzplätze. Die Arbeiten wurden im Juni 1978 abgeschlossen. Eingeweiht wurde das rekonstruierte Stadion als „Stadion der Freundschaft" mit einem Freundschaftsspiel der Juniorenfußballer der DDR und Ungarn. Am 6. Oktober 1980 war das Templiner Stadion Austragungsort für die erste Frauenfußballmeisterschaft der DDR. Ein weiterer Höhepunkt war das am 22. März 1986 ausgetragene Fußballspiel DDR gegen Dänemark, das mit 4:0 für die DDR endete.

Bereits 1951 errang die Templinerin Renate Stahlbaum den DDR-Meistertitel im Dreikampf der weiblichen Jugend A. Im gleichen Jahr begann auch Heinz Howe seine Sportlerlaufbahn. Er lief vor allem auf den 3 000- und 5 000-Meter-Strecken und war ein erfolgreicher Marathonläufer. Er war später der Trainer von Manfred Kokot.

Sybille Kobsch-Kassube wurde bis 1963 acht Mal DDR-Meisterin im Sprint über 75 m, 100 und 200 m. Am 24. Februar 1963 schaffte sie die Olympianorm über 100 m im Jugendländerkampf gegen die CSSR. Nach ihrer aktiven Zeit war sie über 25 Jahre Übungsleiterin. Sie führte viele Kinder und Jugendliche zu Kreis- und Bezirksmeisterschaften. Für ihr Engagement erhielt sie die höchste Auszeichnung des Deutschen Turn-und Sportbundes der DDR, die Friedrich-Ludwig-Jahn-Medaille.

Der Cross- und Mittelstreckenläufer Klaus Tietz begann als 13-Jähriger seine Sportlertlaufbahn. Seinen ersten Sieg errang er im 2 000-Meter-Crosslauf in Bad Wilsnack 1964. 1965 gewann er die DDR-Cross-Meisterschaften. Insgesamt 5 Mal erkämpfte er sich 1965 auf den Mittelstrecken und im 15-Kilometer-Straßenlauf den deutschen Meistertitel. Den größten Erfolg desselben Jahres schaffte er mit dem Europameistertitel über 3 000 Meter in Odessa in Weltbestzeit. Einen weiteren Erfolg konnte er 1969 im 3 000-Meter-Lauf der Hallenmeisterschaften erzielen. Am 15. Mai 1971 sprintete Manfred Kokot die 100 Meter in 10,0 Sekunden. Das bedeutete die Einstellung der Jahresweltbestleistung und Einstellung des Deutschen Rekords von Armin Harry BRD. Europa-Cup-Siege mit der Staffel 1973 und 1977, der Meistertitel über 100 Meter 1974 krönten seine Laufbahn. In der 4 x 100-Meter-Staffel der DDR 1976 bei den Olympischen Spielen in Montreal/Kanada errang er die Silbermedaille. Außerdem stellte er einen Weltrekord auf, als er über 50 m in 5,61 Sek. lief. Kokot ist der erfolgreichste Templiner Sportler.

Im Segelsport waren die Sportfreunde Wolfgang Staufenbiel und Wolfgang Lauchs zweifache DDR-Meister in der Senioren-Segel-Piratenklasse 1964 und 1967.

Am 19. April 1967 erkämpfte sich Rainer Binkow den Deutschen Box-Vizemeister-Titel im Welter Schwergewicht.

In den 1970/80er Jahren waren Karl-Heinz und Hartmut Krüger erfolgreiche Boxer. Karl-Heinz Krüger erkämpfte sich den Vize-Weltmeistertitel sowie die Bronze-Medaille 1978, 1979 und 1981 wurde er Europameister und 1980 Olympiasieger in Moskau. Ulrich Beyer wurde am 21. Juni 1971 Europameister im Halbweltergewicht..

Der Templiner Schiffsmodellbauer Hans Fink wurde in Ostende-Belgien in der Freien Bootsklasse Europameister 1971. DDR-Meisterin im Ruder-Einer über 800 m wurde 1964 Brigitte Schneider-Feldhahn. In den 70er und 80er Jahren waren die Ruderer Klaus und Bernd Redmann im Republikmaßstab besonders erfolgreich.

Am 4. Juli 1981 errangen die Kanuten 12 Gold-, 8 Silber- und 5 Bronzemedaillen bei den Bezirksmeisterschaften in Neubrandenburg. Die erfolgreichsten Kanuten waren Berit Splitt, Ricarda Pries, Thomas Bunk, Torsten Bahls, Wenke Samst und Horst Weitermann.

TEIL III

TEMPLIN NACH DER WENDE

CHRONIK DER WENDE IN TEMPLIN

Seit Mitte der 80er Jahre hatte die DDR den höchsten Lebensstandard innerhalb der sozialistischen Staaten zu verzeichnen. Billiger Wohnraum, Förderung junger Paare durch Ehekredite, kostenlose Schulbildung, Betreuung der Kinder in Krippen, Kindergärten und Schulhorten sowie Arbeit für alle verdeckten jedoch die Probleme – über Jahre waren die Subventionen nicht aus der Wirtschaft erwachsen, sondern wie sich herausstellte, auf Pump, vor allem über Kredite aus der BRD, bezahlt. Die DDR stand vor dem wirtschaftlichen Zusammenbruch. Hinzu kam aufgestaute Unzufriedenheit wegen Gängelung, mangelnder Demokratie und fehlender Reisefreiheit. Probleme des Umweltschutzes und die Reisebeschränkungen führten immer stärker zu Unmutsbezeigungen.

Als ab 1985 Michael Gorbatschow „Perestroika" (Umgestaltung) und „Glasnost" (Offenheit) propagierte, begannen im übrigen Ostblock Reformen. In der DDR blieb alles beim Alten, jedoch begann sich eine politische Opposition zu formieren. Auch in Templin wuchsen Aktivitäten. Die Forderung „Schwerter zu Pflugscharen" widerspiegelte sich im Stadtbild und an den Schulen. Unmut über die Nichtveröffentlichung der sowjetischen Zeitschrift „Sputnik" machte sich breit. Unter dem Dach der Kirche bildeten sich oppositionelle Gruppen. Ausgangspunkt für eine breite Protestbewegung waren auch in Templin die Kommunalwahlen im Mai 1989.

KOMMUNALWAHLEN 1989

In Vorbereitung auf die Wahlen am 7. Mai 1989 hatten sich Gruppen als Wahlbeobachter formiert, aus Furcht, die Wahlergebnisse könnten manipuliert werden. Wahlberechtigt waren 10 312 Bürger in der Stadt. Die Zeitungen berichteten von 99,14 % Wahlbeteiligung im Kreis und 99,32 % für die Stadt Templin. Das war angeblich das „viertschlechteste Ergebnis" im Bezirk Neubrandenburg.

Es hatten aber viele mit „Nein" gestimmt und Oppositionelle sowie Vertreter der Kirche erstatteten in der ganzen Republik Anzeige wegen Wahlmanipulation. Später konnte die Wahlfälschung, die mit zum Anlass der friedlichen Revolution in der DDR wurde, eindeutig nachgewiesen werden. In den Unterlagen der Staatssicherheit fanden sich namentliche Auflistungen der Nichtwähler und verschiedene Stimmungsberichte, die die Unzufriedenheit breiter Kreise der Bevölkerung dokumentierten. Man glaubte den täglichen Erfolgsmeldungen in der Presse nicht mehr.

Zur Vorsitzenden des Rates des Kreises wurde auf der konstituierenden Sitzung des Kreistages Christiane Anders gewählt, auf der konstituierenden Stadtverordnetenversammlung im Juni erneut Peter Mahnke zum Bürgermeister der Stadt Templin.

Im August stürmten DDR-Bürger in Prag und Budapest die Botschaften der BRD, im September öffnete Ungarn die Grenzen nach Österreich.

Zum 40. Jahrestag der DDR hielt der erste Sekretär der Kreisleitung der SED, Horst Puppe, trotzdem noch eine Rede, auf dem Marktplatz fanden Feierlichkeiten statt.

Ausgehend von Leipzig, Dresden und Berlin gingen auch in Templin die Menschen auf die Straße, viele wollten sich nicht mehr mit der DDR identifizieren. Vor den Demonstrationen standen die ersten Kerzen in den Fenstern und kündeten vom friedlichen Widerstand.

Es sollte ein Gemeinwesen entstehen, in dem die Volkssouveränität tatsächliche Realität wird, das Volk einzig und allein Subjekt politischer Machtausübung ist und der politisch mündige Bürger mit seinen Interessen sich selbst verwirklichen kann, ohne an bürokratisch-administrative Schranken zu stoßen.

Die Massenproteste bewirkten den Sturz Erich Honeckers am 18. Oktober durch das ZK der SED, Nachfolger wurde Egon Krenz.

Das erste Friedensgebet fand am 23. Oktober 1989 mit 800 Teilnehmern in der Maria-Magdalenen-Kirche statt. Die Worte „Herr gib uns deinen Frieden“, gelesen vom damaligen Pfarrer Steffen R. Schulz, wurden zum Leitsymbol. Viele äußerten ihren Unmut und ihre Forderungen am offenen Mikrofon, das zu einer ständigen Institution wurde. Als einer der ersten verlangte Jürgen Baron, die Waldgebiete in der Schorfheide für jeden zugänglich zu machen. Viele trugen sich an diesem Abend in die Liste des noch staatsfeindlichen „Neuen Forums“ ein. Im Anschluss fand eine Kundgebung auf dem Marktplatz statt. Die gesamte Demonstration wurde von Polizei und Staatssicherheit überwacht, lief jedoch friedlich ab. 18 weitere Friedensgebete folgten. Eitel Knitter, Teilnehmer der Montagsdemos, berichtete, dass er keine Fotos gemacht hätte, obwohl er wie andere die Kamera ständig dabei hatte, weil man nicht wusste, ob es nicht doch noch wieder anders kommt und man niemanden belasten wollte.

Dem Aufruf zum zweiten Friedensgebet folgten so viele Menschen, dass die Kirche die Massen gar nicht fassen konnte und man mit Lautsprechern die sich draußen Befindenden informierte. Gefordert wurde an diesem Abend, dass sich der erste Sekretär der Kreisleitung für seine Rede zum 7. Oktober 1989 entschuldigt oder zurücktritt. Anschließend formierte sich eine Demonstration, die mit einer Diskussion mit Vertretern von Staat und Partei im Kino endete. Die Teilnehmer kritisierten, dass über die Entwicklung in Stadt und Kreis nicht die Volksvertreter, sondern höhere Stellen entschieden. Auch Fragen zur Versorgung und zu Privilegien wurden aufgeworfen sowie Zweifel an den Wahlergebnissen vom Mai geäußert. Am gleichen Abend fand auch ein Jugendforum im Jugendklub statt, auf dem FDJ-Arbeit und Freizeitgestaltung zur Debatte standen.

Zur Diskussionsrunde in der Aula der „Pädagogischen Schule für Kindergärtnerinnen“, dem früheren „Joachimsthalschen Gymnasium“, hatte der Klub der Intelligenz einen Tag später geladen. Im Vordergrund standen kommunale Fragen neben Problemen der gesellschaftlichen Erneuerung. So wurden u. a. Widersprüche bezüglich Demokratie, Leistungsprinzip und Betreuung hilfsbedürftiger Menschen geäußert. Kritik und Vorwürfe gab es gegenüber der für den Kreis verantwortlichen Partei- und Staatsführung und vor allem der Staatssicherheit.

Beim vierten Friedensgebet versuchten Vertreter der SED-Kreisleitung die bisherige Politik zu verteidigen. Doch das Forum wurde von den Teilnehmern zu einer Anklage umgewandelt.

Die weiteren Friedensgebete beinhalteten bereits konkrete Forderungen, so die Umwandlung des Stasi-Ferienheimes in der Buchheide in ein Altersheim, die Auflösung des Regierungsobjektes „Mahlendorf", die Umwandlung des SED-Kreisleitungsgebäudes in eine Poliklinik, die Abschaffung des Wehrunterrichts in den Schulen, die Schaffung einer unabhängigen Zeitung.

Am 9.11. öffnete die DDR ihre Grenzen zu Westberlin und zur Bundesrepublik. Schüler- und Lehrertische, Arbeitsplätze sowie Wohnungen blieben leer, „auch Templiner stimmten mit den Füßen ab". „Der Worte sind genug gewechselt, …" unter diesem Motto stand die Montagsdemo vom 13. November, an der Tausende teilnahmen und jeder die Möglichkeit hatte, das Wort zu ergreifen. 36 traten ans Mikrofon, legten ihren Standpunkt zur Erneuerung dar und stellten Forderungen an die an der Krisensituation Schuldigen. Gefordert wurden die Abschaffung von Privilegien und freie Wahlen. Grundtenor war die Aussage, dass man lernen müsse, mit der neuen Demokratie umzugehen.

Dr. Moos, Arzt am Templiner Krankenhaus, äußerte: „Nicht wir, die Genossen, haben die Revolution gemacht – Urheber war das Volk mit seiner Demonstration. Es ist jetzt auch unsere Revolution geworden. Die Genossen sind die am meisten Belogenen und Betrogenen, denn sie hatten Vertrauen. Wir haben heute die Chancen, viel zu verändern. Fangen wir doch jetzt damit an, dass wir die Worte zum Erfolg führen." (62) Damit brachte er die Gedanken vieler zum Ausdruck.

In diese Aktivitäten fiel am 14. November 1989 die Gründung der Initiativgruppe des „Neuen Forums" unter Führung von Wolfgang Seyfried, Kurt Röhnisch, Horst Tittel.

Auf Grund des öffentlichen Drucks trat am nächsten Tag der erste Sekretär der Kreisleitung, Horst Puppe, zurück. Christiane Anders, Vorsitzende des Rates des Kreises, und Ute Szewzenko, Vorsitzende der Kreisplankommission, schieden auf eigenen Wunsch aus der SED-Kreisleitung aus. Schließlich trat das Sekretariat der SED-Kreisleitung geschlossen zurück.

Auch im Bereich Volksbildung begannen die ersten Veränderungen. Die Pionier- und FDJ-Arbeit an den Schulen wurde beendet, die Jugendweihe aus dem Schulbereich herausgelöst. Roland Resch stellte das Aktionsprogramm des Natur- und Umweltschutzes für den Kreis Templin vor. Er forderte das Erstellen von Sachberichten zu Schadstoffablagerungen in den Gewässern und Böden sowie die Offenlegung von Umweltdaten, z. B. zu Waldschäden und Luftverschmutzung.

Das Politbüro der SED trat am 3. Dezember zurück und machte den Weg frei für Neuwahlen.

Höhepunkt der friedlichen Auseinandersetzung war am 3. Dezember nach dem Friedensgebet die Diskussion mit Politikvertretern im Sitzungssaal des Rates des Kreises, u. a. mit der Volkskammerabgeordneten Erna Berg. Nur wenige von den tausend Teilnehmern fanden Platz im Versammlungssaal, also ging man zurück zur Kirche, wo Peter Köppen die Besetzung der Kreisdienststelle der Staatssicherheit in der Vietmannsdorfer Straße vorschlug. Beim Marsch dorthin war es mucksmäuschenstill. Der damalige Stasichef kooperierte. Auf der Mauer, die das Gebäude umgab, wurden Kerzen als Zeichen des friedlichen Umbruchs aufgestellt. Wahrscheinlich wurden in der Nacht aber noch Akten vernichtet, denn erst am kommenden Tag wurde das Stasi-Gebäude vom Aktionskomitee der Bürger des Kreises gesichert. Das Bürgerkomitee setzte sich aus Vertretern des Neuen Forums Templin, des Aktionskomitees Templin und Mitgliedern des Lychener Bürgeraktivs zusammen.

Während sich in Berlin der Zentrale Runde Tisch über eine neue Verfassung einigte, stellte man in Templin in Abstimmung mit der Staatsanwaltschaft und dem Staatlichen Forstwirtschaftsbetrieb die Ferienobjekte der ehemaligen SED-Führung sicher. Das betraf das Objekt Krolikowski in Mahlendorf und den Feriensitz Jarowinski in Ahrensdorf.

In einer weiteren Gesprächsrunde berieten Mitglieder des Neuen Forums und Gäste über die endgültige Räumung der Kreisdienststelle des ehemaligen MfS. Gleichzeitig riefen die Teilnehmer über die Presse auf, Gewalttätigkeiten zu verhindern und einen gewaltlosen Anfang in Frieden und Gerechtigkeit zu garantieren.

Wenige Tage später wurde das Amt für Nationale Sicherheit unter der Kontrolle des Aktionskomitees, des Kreisstaatsanwaltes und unter Mitarbeit der Kirche aufgelöst. Die Angehörigen wurden beurlaubt. Unter Bürgerkontrolle fand die protokollarische Aufnahme, Verpackung und Verladung des eingelagerten Schriftgutes statt, die Akten wurden nach Neubrandenburg gebracht. Dort wurden sie unter die Obhut des Bezirkskontrollausschusses gestellt, die vorhandenen Waffen und die Munition dem VPKA Templin übergeben. Das Gebäude mit Inventar wurde der Vorsitzenden des Rates des Kreises bis zur Entscheidung über die weitere Verwendung überantwortet.

Am 15. Dezember tagte der erste „Runde Tisch“ in der Stadt unter dem Vorsitz des einstimmig gewählten Superintendenten Martin Schultz-Ehrenburg. Am „Runden Tisch“, der 14-tägig tagen wollte, sollten jeweils zwei Vertreter der Parteien, Gruppen und Organisationen teilnehmen, wobei jede Gruppe eine Stimme hatte. Dazu gehörten Vertreter der evangelischen Kirche, der neuen Parteien wie „Demokratischer Aufbruch“, Neues Forum und SPD, der ehemaligen Parteien wie SED, später der PDS, DFD, LDPD, NDPD, CDU, der FDJ und des FDGB. Ab Januar waren auch Vertreter der „Grünen Partei“ dabei. Als Ziel wurde formuliert: „Die Teilnehmer treten ein für Ordnung, Sicherheit und Gewaltlosigkeit im Kreis. Sie setzen sich ein für erforderliche Strukturveränderungen und verständigen sich über dringende kommunale Probleme, sind Ansprechpartner für alle Initiativgruppen und Bürgerinitiativen“. (63)

Im Oktober schlossen sich das „Neue Forum“ und „Demokratie Jetzt“ zum „Bündnis 90“ in der Stadt zusammen. Dessen Vorsitzender wurde Jürgen Baron, der sich gemeinsam mit Rüdiger Waida insbesondere bei der Amtsenthebung der Vorsitzenden des Rates des Kreises engagierte, die die weitere Vermarktung und Bewirtschaftung beschlagnahmter Objekte der Staatssicherheit und der DDR-Regierung forcieren wollte.

Am 18. Dezember erfolgte die Gründung der SPD-Ortsgruppe, am 22. die Gründung einer PDS-Gruppe. Für eine grüne Wende trafen sich ca. 60 Interessierte zur 1. Versammlung der Grünen Partei in Templin. Dazu hatte eine fünfköpfige Initiativgruppe eingeladen, die folgende Zielstellung vortrug: Sanierung der Seen · etappenweise Schließung der Schweinezuchtmastanlage Haßleben · Umprofilierung der Meliorationsgenossenschaft · Bau von abgedichteten Klärbecken zur Abwasser- und Fäkalienbehandlung · Überprüfung aller Lagerstätten von Jauche, Gülle, Silagen, Mist und Dünger · Veröffentlichung aller Umweltdaten · Förderung von Landwirtschaftsbetrieben mit ökologischer Ausprägung.

Ein weiterer Schritt der Umgestaltung war die Bildung des „Ausschusses zur Überprüfung von Fällen des Amtsmissbrauchs“. Mitglieder der Stadt waren Wolfgang Fenski, Wolfgang Flemming, Ursula Feyn, Margot Gantzke, Karola Geldermann. Zu dessen Leitern wurden der Pfarrer Horst Kasner (evangelische Kirche, Waldhof) und Herr Dr. Peter Kayser (LDPD) gewählt.

Der zweite „Runde Tisch“ beschloss, dass zukünftig die evangelische Kirche, die CDU, der DBD, das Neue Forum, die LDPD, die NDPD, der Demokratische Aufbruch, die SPD, die SED-PDS, die Partei der Grünen und der Rat des Kreises mit beschließender Stimme teilnehmen. Eine beratende Stimme mit jeweils einem Vertreter hatten der Kulturbund, der FDGB, die FDJ, der DFD und die VdgB inne. Bestätigt wurde, eine Arbeitsgruppe des Runden Tisches zu bilden, die sich mit Fragen der Tourismusentwicklung beschäftigt. Diskutiert wurde auch die Problematik der Volksbildung und Erziehung. Außerdem ging es um Fragen der Chancengleichheit im künftigen Wahlkampf.

Die Mitglieder des dritten „Runden Tisches“ legten fest, zukünftig wöchentlich zu tagen und in Abwesenheit des Vorsitzenden Schulz-Ehrenburg Herrn Schulz, den geschäftsführenden Pfarrer, als Vertretung zu beauftragen. Zusätzlich gründete man eine Arbeitsgruppe zu Fragen der Volksbildung. Der Antrag der Pionierorganisation auf Teilnahme an den Gesprächen wurde abgelehnt. Zur Zusammenarbeit mit dem Rat des Kreises wurde festgelegt, dass der Arbeitsplan des Rates des Kreises dem Runden Tisch vorgelegt wird und Vertreter des Runden Tisches an Ratssitzungen teilnehmen können.

Eine weitere Arbeitsgruppe des „Runden Tisches“ befasste sich mit Fragen zur Schließung der Rehabilitationskette im Kreis, zu denen Herr Dr. Kluge als Vorsitzender der Kreisrehabilitationskommission einbezogen wurde. Er machte deutlich, dass geschützte Wohnplätze für Erwachsene und eine geschützte Werkstatt benötigt würden.

Da es Anfang des Jahres 1990 zu einer Stabilisierung der alten Machtverhältnisse kam, wurde eine Großkundgebung im ganzen Kreis Templin vorbereitet. Diese fand im Anschluss an das Friedensgebet am 15. Januar statt. An diesem Tag wurden in Berlin die Stasigebäude in der Normannenstraße gestürmt. Durch die Neugründung von Parteien wie Neues Forum, Demokratischer Aufbruch, SPD, Grüne Partei und die Nelken konnten sich die Veränderungen auch in Templin stabilisieren. Frühere Staatsparteien suchten neue Inhalte und Wege wie die SED-PDS, CDU, LDPD, DBD.

Unter dem Druck der Bürgerinitiativen räumte der damalige Staatsanwalt Hagen seinen Platz. Er hatte in seiner Amtszeit politisch motivierte Haftstrafen veranlasst und wollte seine Tätigkeit weiter fortsetzen. Der Schildermacher Rieck fertigte damals ein Transparent mit der Aufschrift „Keine Macht mehr für Staatsanwalt Hagen". Nach mehreren Mahnwachen vor dem Kreisgericht in der Puschkinstraße und Unterschriftensammlungen räumte dieser sein Büro und verließ das Gebäude durch die Hintertür.

Die Arbeitsgruppe Tourismus des „Runden Tisches" beschäftigte sich u. a. mit der Nutzung des im Bau befindenden Ferienobjektes des MfS in der Buchheide. Mit den Interessenten wurde das Gelände besucht, es erfolgte jedoch keine Vergabe.

Der vierte „Runde Tisch" am 19. Januar bestätigte die Teilnahme der katholischen Kirche mit beschließender Stimme, der Antrag der Gesellschaft für Regionalentwicklung wurde zurückgewiesen, da der Kulturbund bereits vertreten war. Der Stabschef des VPKA Templin, Major Jankow, informierte über die Auflösung der Kampfgruppen, die vom 19. Januar bis zum 3. Februar erfolgen sollte. Über die Verwendung ihrer Gebäude in der Friedrich-Engels-Straße sollte die örtliche Volksvertretung später entscheiden. Schließlich wurden die Baracken anfangs als Bibliothek genutzt, heute steht dort eine vom Investor Manfred Darge geschaffene Wohnsiedlung. Des Weiteren erläuterte der Chef des Zivilschutzes, bisher Zivilverteidigung, Herr Wegner, die zukünftige Zusammenarbeit mit der Feuerwehr und dem DRK. Am gleichen Tag wurde beschlossen, dass der SED-PDS-Apparat seine Arbeitsräume im Gebäude des Kreisvorstandes in der Robert-Koch-Straße, ehemals SED-Kreisleitung, in der dritten Etage konzentriert und in der ersten und zweiten Etage medizinische Betreuungseinrichtungen Platz finden sollten, um die Poliklinik und das Krankenhaus zu entlasten.

Am 24. Januar 1990 war das ehemalige Kreisamt für Nationale Sicherheit endgültig aufgelöst. Alle eigentumsrechtlichen Fragen waren geklärt. Zur Nutzung des Stasigebäudes in der Vietmanndorfer Straße wurden den Stadtverordneten drei Bewerber vorgeschlagen: Nutzung durch die Deutsche Post, den VEB Stadtwirtschaft oder die Konsumgenossenschaft, wobei zwei Betriebe das Objekt gemeinsam nutzen würden. Favorisiert wurden der VEB Stadtwirtschaft und die Deutsche Post.

Die Chancengleichheit im Wahlkampf zu den Volkskammerwahlen am 18. März thematisierte die fünfte Gesprächsrunde am „Runden Tisch". Dazu stellte man die Vitrinen auf dem Marktplatz den Parteien und politischen Gruppierungen zur

Selbstdarstellung zur Verfügung. Zur Verbesserung der Arbeit der „Freien Erde" wurde ein Pressebeirat gebildet.

Auf der sechsten Diskussionsrunde des „Runden Tisches" berichtete der Leiter des Fernmeldeamtes Herr Riedel, dass in nächster Zeit die neuen demokratischen Organisationen und Parteien, Schwerbeschädigte, Ärzte, Gewerbetreibende, Betriebe und Privatpersonen mit schon länger laufenden Anträgen mit Telefonanschlüssen versorgt würden. Festgelegt wurde auch, dass Jugendweihe, Konfirmation und Kommunion gleichgestellt sein sollten. Vom Vertreter des Wehrkreiskommandos, Oberstleutnant Heilbock, wurden Fragen zur Demokratisierung der Nationalen Volksarmee beantwortet.

Neu orientierten sich auch die Mitglieder des Kulturbundes. Sie berieten auf einer außerordentlichen Sitzung Möglichkeiten und Perspektiven des Kulturbundes und der Kultur. Die Leitung wurde reduziert und Dr. Gundlach und Dr. Weitermann zu Vorsitzenden des Klubrates gewählt. Die Organisation sollte auch in Zukunft Heimstatt und Dachverband zur Förderung kulturell und wissenschaftlich Interessierter und Tätiger sein, unabhängig von der Weltanschauung und der Parteizugehörigkeit.

Das letzte Friedensgebet fand am 12. März statt. Im Vorfeld hatte der Gemeindekirchenrat Templin zu einer stillen Demonstration in Vorbereitung auf den Wahltag am 18. März aufgefordert. „Wir werden lernen müssen, Andersdenkende ebenso wie Mehrheitsbeschlüsse zu akzeptieren", hieß es in dem Aufruf. (64)

Der siebente „Runde Tisch" informierte, dass sich die Bürger an einer Volksbefragung über die Zugehörigkeit des Kreises zu Mecklenburg/Vorpommern oder Brandenburg beteiligen sollten. Man besprach die letzten Wahlvorbereitungen. Als Kandidat für die Volkskammerwahlen wurde Ulrich Schoeneich benannt.

Bei den ersten demokratischen Wahlen in der DDR am 18. März 1990 erhielten im Kreis die SPD 36,7 %, CDU 29,3 %, PDS 19,7 %, Bündnis 90 2,0 %, Grüne 3,4 %, Demokratischer Aufbruch 0,3 % der Stimmen.

Gleichzeitig wurde ein Referendum über die Zugehörigkeit des Kreises Templin zu Mecklenburg/Vorpommern oder Brandenburg beendet.

Die ersten demokratischen Kommunalwahlen fanden am 6. Mai 1990 statt.
Für die Stadtverordnetenversammlung wurden 30 Abgeordnete gewählt.

Der „Runde Tisch" kam zum zwanzigsten und letzten Mal am 20. Mai zusammen. An die Mitglieder wurde der Antrag gestellt, weiter zu arbeiten und die neu gewählten Organe zu begleiten. Dieses Ansinnen wurde jedoch abgelehnt.

An die Arbeit des „Runden Tisches" erinnerte sich Superintendant Martin Schulz-Ehrenburg: „Das Klima war gut. Ich spürte überwiegend ein Wir-Gefühl, keinen feindlichen Umgang mit anderen. Natürlich fehlte uns die Sachkompetenz. Wir versuchten das durch Basisdemokratie zu kompensieren, haben einfach alles diskutiert und kamen so zu gemeinsamen Beschlüssen. Wir haben keine wichtigen Entscheidungen getroffen. Wir hatten ein Vakuum zu überbrücken, dafür zu sorgen, dass die Entwicklung nicht ins Chaos abglitt. Es gelang uns, diesen Umschwung in der ersten Phase unblutig zu gestalten und in der zweiten auch ohne Gewalt für Ruhe und Ordnung zu sorgen. In den Sitzungen sah man immer neue Gesichter. Einige Parteien gab es nicht mehr, dafür kamen aber dann Vertreter von Massenorganisationen oder neue Gruppierungen hinzu, ständig wurden Gäste geladen, die zu bestimmten Themen Rede und Antwort stehen sollten. Ich war immer wieder beeindruckt, wie Menschen, die vollkommen gegensätzlich dachten, aufeinander hörten und gemeinsam Verantwortung übernahmen." (65)

Konstituierung der neuen Stadtverordnetenversammlung

Am 31. Mai 1990 konstituierte sich im Rathaussaal die neue Stadtverordnetenversammlung. Die Vorsitzende der Stadtwahlkommission, Frau Gisela Haberer, sowie der bisherige Bürgermeister, Herr Peter Mahnke, beglückwünschten die Abgeordneten Dr. Horst Albrecht, SPD, Horst Baage, FDP, Heinz Barth, SPD, Hans-Jürgen Baron, KB/B 90/Grüne Partei, Dr. Christa Bestmann, CDU, Irina Bischof, PDS, Doris Fitz, SPD, Joachim Haberer, CDU, Vera Hahn, KB/B 90/Grüne Partei, Jutta Jankow, PDS, Sonja Kuntzagk, PDS, Bärbel Makowitz, KB/B 90/Grüne Partei, Rita Mikalowsky, SPD, Klaus-Peter Hüninger, CDU, Gabriele Mittag, DFD, Kirsten Muntau, SPD, Marina Pust, SPD, Elfi Sambol, CDU, Horst Scharnowsky, FDP, Ulrich Schirrmeister, SPD, Ulrich Schoeneich, SPD, Alfred Slowinsky, CDU, Andreas Tietze, KB/B 90/Grüne Partei, Peter Wittmüß, SPD, Bernd Zimdars, CDU, Norbert Liebe, KB/B 90/Grüne Partei, Hans-Werner Schulz, SPD, Anette Tattenberg, PDS, Uwe Schönberg, CDU, Dieter Schröder, CDU, zu ihrer Wahl. Herr Alfred Slowinski, als ältester Abgeordneter, leitete die erste Sitzung.

Für das Präsidium wurden gewählt: Präsident – Hans-Werner Schulz (SPD), erster Stellvertreter – Horst Baage (BfD/FDP), zweiter Stellvertreter – Vera Hahn (Grüne Partei).

Zum hauptamtlichen Bürgermeister wurde auf Vorschlag der SPD-Fraktion Ulrich Schoeneich gewählt. Das Amt hatte er bis zum 5. Mai 2010 inne. Herr Schoeneich ist Diplomingenieur für Maschinenbau und war bis zum Tag seiner Wahl Technischer Leiter auf dem „Waldhof" Templin. Ulrich Schoeneich hatte später das Amt des Stadtoberhauptes 20 Jahre inne und prägte die Entwicklung der Stadt entscheidend mit. In seine Amtszeit fiel die Neugestaltung des historischen Stadtkerns und Stadtbildes, der Bau der Therme und des Gewerbegebietes, des Feuerwehrgebäudes, des neuen Gymnasiums sowie das Bemühen um den Erhalt des Joachimsthalschen Gymnasiums. Seinem Wirken sind auch der Erhalt des Stadtwaldes und ein ausgeglichener Haushalt zu verdanken. Das Amt des ersten Stellvertretenden Bürgermeisters übernahm Alfred Hitzigrath, der am 5. September 1990 zurücktrat. Dann übertrugen die Abgeordneten der Kämmerin Frau Ursula Heise dieses Amt.

Erster Präsident der Stadtverordnetenversammlung war Hans-Werner Schulz, seit dem 15. Januar 1992 hatte Horst Baage dieses Amt inne. Er wurde mit 25 von 29 Stimmen gewählt und übte diese Funktion bis 1998 aus. Ihm folgten Helmut Jetter, 2003 Hans-Ulrich Beeskow, 2008 Rolf Siegmund, 2013 Berd Ziemkendorf.

Am 5. Mai 2010 wurde Detlef Tabbert zum neuen Stadtoberhaupt gewählt. Geboren 1960, absolvierte er ein Studium für Recht, Verwaltung und Finanzwirtschaft. Der Templiner Dr. med. vet. Kurt Seidler, 69, parteilos, war vom Kreistag Templin am 29. Mai 1990 mit Stimmenmehrheit auf Vorschlag der CDU zum ersten Landrat gewählt worden. Ihm folgte von Mai 1991 bis Dezember 1992 Roland Resch.

Zunächst wurden 1990 Dezernate geschaffen, die später zu Ämtern umgewandelt wurden (Hauptamt, Finanzen, Ordnung/Recht, Schule/Kultur/Jugend/Sport – das Amt wurde später aufgelöst und dem Hauptamt zugeordnet, Bau- und Wohnungswesen, Wohnungswirtschaft, Umwelt/Gleichstellungsbeauftragte – dieses Amt wurde später umstrukturiert, Gesundheit/Soziales). Alle Dezernate wurden in den ersten Jahren von Frauen geleitet. Auch das war ein Neubeginn.

Der Bürgermeister und die Dezernenten mussten eine völlig neue Verwaltungsstruktur unter Einbeziehung des vorhandenen Personals aufbauen und möglichst schnell arbeitsfähig werden. Um die unzureichende technische Ausstattung im Rathaus kurzfristig zu verbessern, beschlossen die Abgeordneten unter anderem einen Betrag von 13 260 DM aus vorhandenen Sitzungsgeldern zu verwenden und diesen Betrag innerhalb von zwei Jahren mit den entsprechenden Zinsen wieder zurückzuführen. Der Bürgermeister brachte zusätzlich ein altes geschenktes Kopiergerät mit ins Rathaus.

Zur Unterstützung und zur Vorbereitung wichtiger Ratsbeschlüsse wurden Ausschüsse gebildet, in denen neben Abgeordneten interessierte, sachkundige Bürger zur Mitarbeit herangezogen wurden. Dazu gehörten der Hauptausschuss, der Finanzausschuss, dem später der Forst-/Jagd- und Rechnungsprüfungsausschuss zugeordnet wurde, der Ausschuss für Wirtschaft/Stadtökologie/Tourismus mit dem späteren Unterausschuss Kur- und Bäderwesen. Des Weiteren der Ausschuss Bau/Gewerbe/Stadtentwicklung, der Ausschuss für Bildung/Jugend/Kultur/Sport und der Ausschuss Gesundheit/Soziales mit dem Unterausschuss Wohnungswesen. Die Vorsitzenden der Ausschüsse waren gleichzeitig Mitglied des Hauptausschusses. Ab der zweiten Legislaturperiode kamen der Ausschuss für Petitions- und Öffentlichkeitsarbeit und der Ausschuss Sicherheit/Ordnung hinzu. Seit der zweiten Legislaturperiode 1994 standen nur noch 22 Abgeordnete zur Wahl.

Im April 1991 wurde an die Gauck-Behörde die eidesstattliche Erklärung der Stadtverordnetenversammlung übersandt, dass niemand aus ihrem Kreis als Inoffizieller Mitarbeiter der Staatssicherheit gearbeitet hätte. Nach der Rückantwort der Behörde legten drei Abgeordnete ihr Mandat nieder.

Städtepartnerschaft Templin – Bad Lippspringe

Bereits im Dezember 1989 gab es eine erste Kontaktaufnahme zwischen der Bad Lippspringer Bürgermeisterin, Frau Winkler, und dem Templiner Stadtoberhaupt, Herrn Mahnke. Angeregt wurde die Verbindung durch Prof. Dr. Bergmann, Leiter der Asthma- und Allergieklinik in Bad Lippspringe, einem ehemaligen Templiner.

Eine offizielle Delegation aus der Stadtverwaltung und der Feuerwehr sowie des Krankenhauses weilte im Februar 1990 zu einem ersten Erfahrungsaustausch in Templin. Die Beziehungen setzten sich über Kontakte zwischen den Kommunalpolitikern und Bürgern fort. Man tauschte sich über Fragen der Verwaltung, der Bildung, des Kur- und Bäderwesens, der medizinischen Versorgung und der Feuerwehr aus. Die Entscheidung zum Abschluss einer Städtepartnerschaft fassten die Fraktionsvorsitzenden beider Parlamente, auch die Stadtverordneten gaben ihre Zustimmung. Nach den Kommunalwahlen im Mai 1990 bestätigten die neu gewählten Stadtverordneten diese Entscheidung.

Am ersten September 1990 unterzeichneten die Vertreter beider Städte auf einem Volksfest in Templin die Partnerschaft.

Frau Winkler äußerte damals: „Leicht finden wir Freunde, die uns helfen, schwer verdienen wir uns jene, die unsere Hilfe brauchen (Saint-Expery). Nehmen Sie, liebe Templinerinnen und Templiner, in diesem Sinne unsere Freundschaft und geben Sie uns die Ihre.“ Bei einem Gegenbesuch zur Unterzeichnung des Vertrages in Bad Lippspringe führte Bürgermeister Ulrich Schoeneich aus: „Unsere Freundschaft soll kein Luftschloss sein, das wie eine Seifenblase zerplatzt und auch kein Haus, das wir nur auf Sand stellen… Gegenseitig haben wir uns in Templin unsere Städte als zweites Zuhause angeboten. Jetzt rufe ich Euch auf: Lasst uns gemeinsam dieses Haus Freundschaft bauen und es für uns alle ein gemeinsames Zuhause werden.“ (66) Diese Städtepartnerschaft wurde eine wesentliche Grundlage des Werdens und Wachsens unserer Stadt.

Erste Schritte auf neuen Wegen

Zu den ersten Beschlüssen der Stadtverordnetenversammlung gehörte die Entscheidung zum Beitritt der Stadt in den „Deutschen Städtetag“ und zur Errichtung des Gewerbegebietes. Weitere Festlegungen waren die Einrichtung eines Gewerbeamtes, Grundstücksverkäufe, der Beschluss einer Marktordnung mit Standgebühren sowie einer Kurtaxe, des Weiteren der Bau einer neuen Sparkasse und Festlegung von Tankstellenvarianten. Als Gebäude für die Bibliothek wurde ein bisheriges Kampfgruppengebäude in der Friedrich-Engels-Straße zur Verfügung gestellt. Zudem ging es um die Rekonstruktion der Kläranlage mit biologischer Reinigung.

Anfang Juli begann Stadtdirektor Antonius Kappmeyer i. R. im Auftrag der Partnerstadt Bad Lippspringe, Bürgermeister Schoeneich bei kommunalpolitischen und verwaltungstechnischen Entscheidungen für dreieinhalb Wochen zu begleiten und zu beraten. Das verhalf der Stadt zu einem frühen Start bei der Planung und Umsetzung in allen Bereichen.

Bereits am 17. Mai wurde die neue Kommunalverfassung des Landes Brandenburg in Kraft gesetzt und übertrug den Gemeinden die souveräne Selbstverwaltung.

Durch die WIRTSCHAFTS- UND WÄHRUNGSUNION wurde mit dem 1. Juli 1990 die DM offizielles Zahlungsmittel für ganz Deutschland und seit dem 3. Oktober 1990, dem TAG DER DEUTSCHEN EINHEIT, gab es wieder einen deutschen Nationalstaat.

Die Bezirke Potsdam, Frankfurt/Oder und Cottbus schlossen sich am 1. November wieder zum Land Brandenburg mit Potsdam als Hauptstadt zusammen. Auf Grund der Volksbefragung gehört auch Templin wieder zum Land Brandenburg. Die erste Regierung setzte sich aus SPD, FDP, und Bündnis 90 unter Manfred Stolpe (SPD) zusammen. Von 1994 bis 1998 regierte die SPD unter Stolpe und ab 1998 eine SPD/CDU-Regierung ebenfalls unter Ministerpräsident Stolpe. 2002 trat er zugunsten von Matthias Platzeck als Ministerpräsident zurück.

Am Vorabend des Tages der deutschen Einheit 1990 wurde in Templin ein ökumenischer Gottesdienst organisiert. In Erinnerung an die Demonstrationen des Jahres 1989 fand anschließend ein Kerzen- und Lampionumzug statt. Die Gedenkrede hielt Pfarrer Horst Kasner. Die Bläser der Kantorei beendeten die Veranstaltung mit der Nationalhymne.

Am Tag der Einheit trafen sich um 10 Uhr in der Aula der Pädagogischen Schule Vertreter der Stadtverordnetenversammlung und des Kreistages, Schülervertreter, Mitglieder der Kirchenräte und ihre Angehörigen zu einer Festveranstaltung. Geladen waren auch die Kommandanten der Sowjetischen Garnison, denn es endete an diesem Tag das Alliierte Recht in Deutschland.

Eingestimmt durch das Streichquartett der Komischen Oper Berlin, erinnerte Hans-Ulrich Beeskow noch einmal an die Stationen des demokratischen Umbruchs in Templin. Am Nachmittag fand unter Mitwirkung des Forst- und Kantoreichores, der Lychener Stadtmusikanten, der Puppenbühne, der Kinderakrobatikgruppe, der Kinderjagdhornbläsergruppe sowie des Kabaretts „Mückenstich“ ein Volksfest auf dem Marktplatz statt. Für die Jüngsten gab es eine Bastelstraße. Umrahmt wurde das Ereignis mit einem uckermärkischen Landmarkt. Dazu hatten sich Bürgermeister Schoeneich und Landrat Resch in historische Kostüme gekleidet und führten einen historischen Zug vom Eichwerder zum Marktplatz an. Den Abschluss bildete ein abendliches Lagerfeuer.

Liest man heute, nach über 20 Jahren, Berichte der Stadtverordnetenversammlungen, der Ausschusssitzungen und der Verwaltung, muss man feststellen, dass eine systematische Neuordnung einzog. Selbst die Protokolle wurden interessant. Innerhalb kurzer Zeit gelang es, auf völlig neuer Gesetzesgrundlage zu arbeiten und mit so viel auf einmal (endlich) vorhandenem Geld umzugehen. Templin war anzusehen, dass hier gut gearbeitet wurde. Das war auf jeden Fall der Arbeit der ersten Abgeordneten, den beratenden und vielen ehrenamtlich arbeitenden Bürgern und insgesamt der Arbeit der Stadtverwaltung mit ihrem Bürgermeister zu verdanken.

Templin verlor seinen Kreisstadtstatus

1993 beschloss die Landesregierung das Gesetz über die Kreisgebietsreform und die Zuordnung Templins zum neuen Uckermarkkreis. Die letzte Sitzung des Templiner Kreistages fand am 24. November 1993 statt, mit Datum vom 6. Dezember verlor die Stadt ihren Kreissitz. Im neuen Uckermarkkreis wurden die ehemaligen Landkreise Templin, mit einer Fläche von 996 km² und einer Einwohnerzahl von 35 000, Prenzlau, Angermünde und die Kreisfreie Stadt Schwedt zusammengelegt. Der Landtag bestimmte Prenzlau zum Sitz der neuen Kreisstadt. Templin blieb Mittelzentrum.

Nun setzte eine allmähliche Zentralisierung der Ämter in Prenzlau ein, die kreislichen Institutionen wurden abgezogen. Anfangs verblieben noch Regionalstellen, die aber ab 1998 ebenfalls abgebaut wurden – zuerst das Sozialamt, 1999 die Zulassungsstelle, Straßenverkehrsbehörde und das Jugendamt. 2009 ging die Kreisverwaltung des DRK, das erst zwei Jahre zuvor in Räumlichkeiten der Sparkasse in der Schinkelstraße umgezogen war, nach Prenzlau. Der Betriebshof des Verkehrsbetriebes in der Lychener Straße wechselte 2011 ebenfalls in die Kreisstadt. Damit wurde nicht nur die Reparaturkapazität für Busse, sondern auch für Lkw, Pkw u. a. Fahrzeuge eingeschränkt.

Das Land verlege die Außenstelle des Straßenbauamtes Strausberg 2002 nach Eberswalde. Das bedeutete nicht nur längere Wege für die Bevölkerung, sondern auch lange Fahrtzeiten für die Beschäftigten bzw. sogar Verlust von Arbeitsplätzen. Auch die alten Kreisarchive wurden in Prenzlau zentralisiert.

Da das Gebäude der Kreisverwaltung in der Prenzlauer Allee nur noch Regionalstellen der kreislichen Verwaltung beherbergte, die Räume der Stadtverwaltung im Rathaus trotz der Nutzung der Häuser am Markt 12 und 13 nicht ausreichten, und außerdem renovierungsbedürftig waren, beschlossen die Stadtverordneten, das Kreishaus als „Neues Rathaus" zu nutzen. Das „Alte Rathaus" wurde nach einer umfassenden Sanierung unter maßgeblicher Mitwirkung von Klaus Bubels vom StadtMarketingTemplin einer neuen Nutzung zugeführt.

Templin – die achtgrösste Stadt Deutschlands

Strukturelle und finanzielle Veränderungen führten im Oktober 2003 zur Auflösung des gerade erst 2001 gegründeten Amtes Templin-Land. In diesem Amt hatten sich 14 umliegende Gemeinden, außer Ringenwalde, zusammengeschlossen, um ihre Eigenständigkeit zu erhalten. Nun wurden sie gegen ihren Willen in die

Stadt Templin eingemeindet. Vertreten sind sie durch ihre Ortsbürgermeister in der Stadtverordnetenversammlung. Mit rund 16 000 Einwohnern zählt Templin zu den „Kleinstädten", aber mit den 377 km² ist sie flächenmäßig die achtgrößte Stadt Deutschlands. „Templin ist also so groß wie München, aber leider nicht so reich", wie Bürgermeister Detlef Tabbert sagte. Solche „Ortsverschiebungen" bzw. Zusammenschlüsse gab es schon in früheren Zeiten. So wurde zum Beispiel Ahrensdorf mehrmals nach Templin ein- beziehungsweise nach Milmersdorf umgemeindet. Erstmals erfolgte ein Zusammenschluss der Stadt mit den umliegenden Dörfern am 13. Mai 1976 als Gemeindeverband Templin. Dazu gehörten die Gemeinden Densow, Gandenitz, Röddelin, Beutel, Vietmannsdorf, Hammelspring, Storkow, Grunewald und Hindenburg mit damals 15 200 Einwohnern auf einer Fläche von 263 km². 1990 erfolgte die Auflösung.

Die Ortsteile Templins

Die Ortsteile umschließen das Stadtgebiet von Templin wie eine Perlenkette.

AHRENSDORF: Das Dorf wurde 1306 erstmalig als dominus de Arndesdorp urkundlich erwähnt, was auf einen Herren- bzw. Rittersitz schließen lässt. Bereits 1320 kam das Dorf auf Befehl der Pommernherzöge Otto und Wladislav in den Besitz der Stadt Templin. 1375 noch im Landbuch Karl IV. genannt, verfiel der Ort zu einer wüsten Dorfstelle. Im Zuge der Kolonisation verlangte Friedrich der Große von der Stadt deren Wiederbelebung. Diese begann am 12. Mai 1772 nur sehr langsam, da die kargen Böden wenig Ertrag brachten. 1776 bestand das Dorf aus 14 Höfen, auf denen viele Siedler aus Süddeutschland stammten. 1860 wurde die Siedlung eine eigenständige Gemeinde, 1956 jedoch wieder an Templin, 1961 an Milmersdorf, 1993 endgültig an Templin angeschlossen. 1801 lebten 122 Menschen in Ahrensdorf, 1939 waren es 130, heute zählt der Ort 290 Bewohner.

1925 schuf der zugezogene Berliner Preußner die Urlauberkolonie „Neu Afrika". Diese Sommeranlage wurde 1950 zum Kinderferienlager des Postbetriebs Dessau, später Teil der Leuna-Ferienanlage. Heute im Privatbesitz, ist dieses Gebiet, umgeben von Zaar-, Fähr- und Lübbesee, wieder touristisch genutzt. Ahrensdorf gehört bereits seit 1993 zur Stadt.Am 19. August 2010 enthüllten die Ahrensdorfer einen Gedenkstein, der „Wie ein Fels in der Brandung des Lebens und als Ort der Ruhe und Besinnung von der Beständigkeit menschlicher Existenz künden soll", wie Dr. W. Gerhardt betonte.

Ahrensdorf (B 169)

BEUTEL: Bereits 1327 ist der Ort als

„Kirchlein im Grünen" (B 170)

Glashütte Annenwalde (B 171)

villa Beytel erwähnt worden, abgeleitet aus dem Slawischen von der „Siedlung eines Mannes namens Bytol". Durch Kriegswirren und Pest war das Dorf Ende des 15. Jh. menschenleer. Erst Anfang des 18. Jh. wurden ein Teerofen und 1739 ein Vorwerk angelegt. Ab 1745 begann der Ausbau zum Kolonistendorf, Pfälzer, Einwanderer aus dem Hunsrück sowie Holstein und Mecklenburg siedelten sich an, später folgten Brandenburger. Heute bilden Land- und Forstwirtschaft sowie Tourismus die wichtigsten Lebensgrundlagen. 1939 lebten 293 Einwohner im Ort, 2010 waren es 142.

DENSOW mit ANNENWALDE, ALT PLACHT und NEU PLACHT: DENSOW als Kolonistendorf 1307 erstmalig als Densuue erwähnt, ist im 18. Jh. nach einer wüsten Zeit neu aufgebaut worden.

Bei der Neubesiedlung entstand 1754 auch das Glashüttendorf ANNENWALDE. Die Glashütte war 100 Jahre in Betrieb. Diese Tradition wurde im Jahr 2000 durch Familie Kothe neu belebt. Neben der Glaswerkstatt sind das „Vorwerk Annenwalde", eine Künstlergalerie, die Schinkelkirche und das Kirchlein „Im Grünen" in ALT PLACHT besondere Sehenswürdigkeiten. Ein Höhepunkt ist das jährliche bundesweite „Glas-Sammler-Treffen" Ende August. 1928 wurden Neu Placht und Teile Alt Plachts an Densow angeschlossen. Alt Placht, das „Tor zur Kleinen Schorfheide", ist Sitz einer Oberförsterei.

GANDENITZ: Der Ort wurde als mecklenburgisches Grenzdorf mit einer Wehrkirche als Grenzbefestigung im 13. Jh. gegründet. 1325 schloss Markgraf Ludwig der Bayer in Gandenitz einen Grenzvertrag mit den mecklenburgischen Herzögen. Bereits im 15. Jh. wurde dort Kalk gewonnen. Nachdem Gandenitz während der Kriege zwischen Brandenburg und Mecklenburg zerstört wurde, kam es 1445 auf Verfügung des Kurfürsten völlig verwüstet zu Templin. Daraufhin wurde der Ort im Auftrag des Templiner Magistrats wieder mit Bauern und Kossäten besetzt und

Gandenitz (B 172)

ein Vorwerk mit Schäferei angelegt. Nach dem Verkauf der Bauernstellen ab 1741 verblieben nur das Kirchenpatronat und die Gandenitzer Heide, die so genannte Streuse, bei der Stadt. Der Name Gandenitz wurde aus dem Slawischen abgeleitet und bedeutet „Ort, wo Menschen eines Mannes namens Ganden wohnen." Heute gehören die Kirche „Peter und Paul" mit einem interessanten historischen Friedhof und die Fachwerkhäuser des Angerdorfes zu den Sehenswürdigkeiten.

GOLLIN mit REIERSDORF und WUCKER: Erstmalig erwähnt wurde das Dorf im Landbuch Karl IV. unter dem Namen „Ghollyn", was „kahle, unbewaldete Stelle" bedeutet. Zu Gollin gehören die Ortsteile Reiersdorf und Wucker. Der Ort kam im 15. Jh. zu denen von Holtzendorff in Vietmannsdorf. Eng verbunden ist die Geschichte der Orte mit der Nutzung der Schorfheide als Jagdgebiet. Eine bedeutsame Sehenswürdigkeit ist die Fachwerkkirche.

GROSS DÖLLN mit BEBERSEE, KLEIN DÖLLN, KLEIN VÄTER und GROSS VÄTER: Der Name GROSS DÖLLNS wurde vom Döllnfließ abgeleitet, aus dem Slawischen „in der Niederung liegendes bzw. fließendes Gewässer". Entstanden im 13. Jh., wurde das Dorf nach einer wüsten Zeit erst 1747/48 wieder neu besiedelt. 1727 war eine Glashütte erbaut worden, die jedoch 1744 abbrannte.

1805 gehörten zum Kolonistendorf elf Ganzbauern, sieben Halbkossäten, 24 Büdner, 30 Einlieger, verschiedene Handwerker, zwei Schiffer, zwei Schmiede und ein Krug. 1900 lebten und arbeiteten 50 Schiffer im Ort. 1952 wurde in der Nähe der größte Militärflughafen der Westgruppe der sowjetischen Armee angelegt. Nach Abzug der Truppen entstand hier ein Driving-Center mit einem

Groß Dölln (B 173)

Bebersee (B 174)

Fahrsicherheitstrainingsareal für Fahrzeuge aller Art. Auf der ehemaligen Hauptlandebahn schuf die Firma Belectric 2012 einen der größten Freiflächensolarparks Europas. Involviert wat der Investor auch in die Beseitigung der Altlasten wie Baumüll und Kampfmitteln, was mehrere Millionen Euro kostete.

In KLEIN DÖLLN existierten ein Teerofen und eine Wassermühle. Nachdem 1843 ein Teil des Dorfes mit Kirche und Schule durch ein Feuer vernichtet wurde, ist die Kirche 1849 wiederhergestellt worden.

BEBERSEE entwickelte sich aus einer Zaunsetzerstelle 1721 zu einem Vorwerk und später zu einem Kolonistendorf. Das Zaunsetzerhaus ist heute noch das älteste Gebäude des Ortes und galt als Begrenzung für das Wildgatter, mit dem das Überlaufen des Wildes in die Dörfer verhindert werden sollte. Mitte des 19. Jh. gab es 10 Wohn- und 22 Wirtschaftsgebäude, einen Krämer und eine Bockwindmühle. Der Name wurde vom gleichnamigen See übernommen, der seinen wiederum von seinem Biberreichtum bekommen haben soll.

Heute ist Bebersee vor allem ein Künstlerdorf und zieht mit dem „Beberseer Musikfestival" Einheimische und Gäste an. Das ehemalige Waldarbeiterdorf war der Geburtsort der Templiner Mundartdichterin Erna Taege-Röhnisch. Viele Jahre lebte auch der bekannte Karikaturist Heinz Jankowsky, bekannt aus dem „Eulenspiegel" und der „Superillu", in Bebersee. Er verstarb dort am 2. Mai 2002. Heute arbeitet dort u. a. das Künstlerpaar Britta Bastian und Dr. Eberhard Ugowski.

2006 wurde der Ort als „Denkmal Ortslage Bebersee" ausgewiesen, da viele Bewohner mit großer Liebe zum Detail ihre Häuser wieder in den Originalzustand zurückversetzt haben. Charakteristisch für den Ort ist die zweireihige Bebauung mit dem Bauernhaus einschließlich Altenteil hin zur Dorfstraße und den Stallanlagen dahinter. Aus Anlass des Tages des „Offenen Denkmals 2012" wurde Bebersee zum „Ort mit historischem Dorfkern" erklärt.

GRUNEWALD: Der Ort entwickelte sich aus einer Zaunsetzerstelle 1750/51 zu einer Dorfstelle, die mit 10 Kolonisten als Ackerbauern aus Mecklenburg und 18 Büdnern besiedelt wurde. Später entwickelte sich die Siedlung zu einem Schifferort. Viele Grunewalder besaßen einen eigenen Kahn zum Transport von Kohle u. a. Der Heimathafen war Zehdenick. 1939 lebten dort 363 Einwohner, 2010 waren es 233.

Hammelspring (B 175)

HAMMELSPRING mit ALSENHOF und ETASHOF: Die Gründung geht auf das Jahr 1241 durch Ritter Conradus II. de Hamelspring und seines Halbbruders Amelungus de Lippia zurück. 1735 wurde der Ort als Havelspringe erwähnt. 1699 siedelten französische Kolonisten im Ort und brachten neue Gemüsesorten, Tabak und die Strumpfwirkerei in unsere Gegend. An sie erinnert heute noch das „Hugenottenhaus". Um 1701 gründeten ca. 50 nach Hammelspring umgesiedelte Wallonen die einzige französisch-reformierte Gemeinde der Westuckermark. Ein großer Brand vernichtete 1810 Teile des Ortes. 1932 lebten 520 Einwohner in Hammelspring, 2010 waren es 409. Eine Attraktion ist heute das „Schokoladenhaus Wienold" im ehemaligen Schulhaus. Ebenso zu empfehlen ist die herrliche Landschaft an der Schleuse Kannenburg mit der Gaststätte „Berlin" und touristischen Angeboten.

HINDENBURG: Der Ort wurde bereits 1979 in die Stadt Templin eingemeindet. Gegründet wurde er gemeinsam mit Hammelspring durch einen Neffen Conrad II., erstmals erwähnt ist es 1333. Neben dem Dorf befindet sich die „Westernstadt Eldorado Templin". Am Röddelinsee hat sich der Bootsverleih, „Biberburg-Tours", mit touristischen Angeboten etabliert.

HERZFELDE: Im Landbuch wurde das Dorf Herzfelde als Hertzvelde oder Hetzvelde erstmals genannt. 1429 kaufte die Familie von dem Berge das Dorf und Rittergut vom Kloster Seehausen. Bis 1828 blieb es in deren Besitz. In den folgenden Jahrzehnten wechselten die Besitzer mehrmals. Im Dorf Herzfelde, mit den zugehörigen Wohnplätzen Kienheide, Koppel, Uhlenhof, Annenhof und Mühlenhof, lebten 2010 289 Einwohner.

Von 1908 bis 1911 wurde unter der Herrschaft des Kommerzienrates Max

Hindenburg (B 176)

Herzfelde (B 177)

Klosterwalde (B 178)

Francke auf dem Gut das Schloss Herzfelde gebaut, im gleichen Zeitraum auch der Park angelegt. Der Besitz wurde zum Mustergut der Provinz Brandenburg ausgebaut. Das Schloss mit Parkanlage nahm 1966 nach der Schließung des „Fahrenson-Kinderheims" deren Insassen auf, wurde jedoch 1991 geschlossen und privatisiert. Nach der Renovierung steht es heute für Tagungen und Seminare zur Verfügung.

Um 1690 wurde die viereckig angelegte, turmlose Feldsteinkirche errichtet. Am Dorfrand liegt der große Dolgensee mit einem reichen Fischbestand an Hecht, Aal, Plötz, Barsch, Zander, Blei und Schlei. Bewirtschaftet wird der See durch die Uckermark-Fisch GmbH Boitzenburg.

KLOSTERWALDE mit METZELTIN, ESELSHÜTT, GLEUENHOF, PAULINENHOF, RIEKENHOF und KLOSTERWALDER WASSERMÜHLE: KLOSTERWALDE wurde 1375 erstmals urkundlich erwähnt und gehörte bis 1541 dem Kloster Zehdenick. Ab dem 18. Jh. kamen die Ausbauten Eselshütt, Klosterwalder Wassermühle, Paulinenhof, Riekenhof, Gleuenhof und Metzelthin dazu. Der Ort gehört zu den Angerdörfern. Dort befindet sich eine sehenswerte frühgotische Feldsteinkirche aus dem 13. Jh. Jährlich nutzen viele Touristen den Campingplatz in der Nähe des Ortes, bekannt ist auch die Moto-Crossbahn des MSC Templin e. V. im „Kieferngrund".

METZELTHIN wurde im 14. Jh. auf der Feldmark Musseltyn angelegt und führte im 16. Jh. den Namen Mützelthin, ab 1775 trägt der Ort den heutigen Namen. Ein Anziehungspunkt für die Kleinen ist das „Märchenland Frau Holle". Seit 2011 etablierte sich im Ort erfolgreich das „Kulturgut" mit dem „Metzelthiner Theatersommer".

PETZNICK mit KREUZKRUG, HENKINGSHAIN und BIRKENHAIN: PETZNICK, gelegen an der Hauptverkehrsstraße 109, ist eine slawische Dorfgründung am gleichnamigen See. Später nutzten auch deutsche Siedler die Anlage und errichteten dort ein Vorwerk. Wegen der schlechten Wirtschaftslage wurde das Dorf mit der Zeit verlassen. Schon 1375 waren nur noch 15 Hufen von 36 bewirtschaftet. Nach einer Wüstungszeit erwarben die von Arnim diesen Ort 1472. 1860 befanden sich neben Petznick auch die Lehnsgüter Bökenberg mit Berkenlatten und Wilhelmshof, Kienwerder und Kreuzkrug im Besitz eines Otto von Arnim.

KREUZKRUG wurde als „Neuer Krug" 1720 erstmals erwähnt. 1928 entstand die Gemeinde Petznick mit Kreuzkrug, Henkingshain und Birkenhain. In Letzterem befindet sich heute eine Ferienanlage. Außerhalb des Dorfkerns von Petznick liegt in einer Baumpflanzung die 1850 errichtete kleine Kirche.

Röddelin (B 179)

Vietmannsdorf (B 180)

RÖDDELIN mit SCHULZENFELDE und HOHENFELDE: Als slawische Anlage, mit den Ausbauten Schulzenfelde und Hohenfelde, wurde RÖDDELIN erstmals 1287 urkundlich erwähnt und war bereits 1375 eine Wüstung.

Es wurde jedoch bald wieder besiedelt. Haupterwerbszweige neben der Landwirtschaft waren die Herstellung von Teer und Kienöl, außerdem wurden eine Ziegelei und eine Windmühle betrieben. Der Ort liegt idyllisch eingeschlossen vom Röddelin-, Großen und Kleinen Mahlgastsee und wird deshalb gern von Touristen besucht. Seit den 60er Jahren existiert am Röddelinsee ein Zeltplatz, der 1991 zu einem Stützpunkt für Wasserwanderung und Fahrradtouristik ausgebaut wurde. Mittelpunkt des Angerdorfes ist eine Feldsteinkirche. Aktiv ist seit Jahren der Röddeliner Karnevalsclub. Der „Kostümverleih Annette Abert" liefert zum Fasching und zu vielen anderen Anlässen das entsprechende Äußere. 2010 lebten in der Gemeinde 407 Einwohner.

STORKOW mit STEINFELD, STEINDAMM, MORITZDORF und FENNLUCH: Eingebettet in den Eich- und Kalkberg und das Fennluch liegt der Ort STORKOW. Er gehört zu den slawischen Gründungen als „Storkuouue" und bedeutet „Siedlung, bei der Pfähle verwendet wurden". Schon 1317 gab es einen Kalkofen, weshalb Storkow auch die Bezeichnung Kalkdorf trug. Trotzdem überwog die Landwirtschaft als Nahrungserwerb. Bestimmt wird der Angerort durch einen mittelalterlichen Kirchenbau. 1931 erfolgte der Anschluss der Wohnplätze Steinfeld, Steindamm, Moritzhof und Fennluch. Der Reiterhof „Arndt" ist nicht nur für Pferdeliebhaber ein lohnendes Ausflugsziel.

VIETMANNSDORF mit DARGERSDORF, GUT GOLLIN, BASSDORF und RINGOFEN: 1281 als „Vitumansdorpe" erstmals erwähnt, war der Ort 1304 Verhandlungsplatz zwischen Brandenburgern und Mecklenburgern wegen des Landes Stargard, das zwischen Lychen und Neubrandenburg lag. Außerdem diente eine Askanierburg zur ersten Verteidigung Templins. Von 1494 bis 1857 herrschten die von Holtzendorff über den Ort. Die „Vietmannsdorfer Heimatstube" informiert ausführlicher über das Straßendorf und seine Umgebung.

DARGERSDORF wurde 1375 urkundlich ebenfalls im Landbuch als Dargisdorp genannt. Noch 1687 lag das Dorf nach dem 30-jährigen Krieg wüst, erst

1774 zählte der Ort wieder 28 Feuerstellen mit 143 Einwohnern.

GUT GOLLIN wurde auch erstmals im Landbuch Karl IV. 1375 erwähnt und war anfänglich ein Bauernort, der aber ab Ende des 14. Jh. großteils wüst lag. Aus dem 13. Jh. ist eine frühgotische Backsteinkirche erhalten.

BASSDORF wurde 1335 als Bartoldesdorp erstmals erwähnt, 1375 im Landbuch als Bartilsdorp und war zeitweise im Besitz der Stadt Templin, der Familie Holtzendorff und einer Familie Stein zu Vietmannsdorf. 1928 wurde es genau wie Ringofen mit Vietmannsdorf vereinigt.

In RINGOFEN, zwischen Vietmannsdorf und Baßdorf gelegen, wurde 1873 ein Feldbrandofen zum Brennen von Ziegelsteinen für den „Industrieverein zu Vietmannsdorf“ errichtet. Der Ton wurde in umliegenden Tongruben geborgen und die fertigen Ziegel über das Vietmannsdorfer Fließ transportiert. Auf dem Rückweg lud man Brennstoffe. Ab der Havel übernahmen Dampfer den Weitertransport in Richtung Berlin. Da die Zehdenicker Ziegelindustrie eine zu große Konkurrenz wurde, schloss Ringofen 1897. Seit 1905 ist der Ort Sitz eines Revierförsters.

Historische Stadtkernsanierung

Templin war im Mai 1992 Mitbegründerin der unter der Schirmherrschaft des Ministers für Stadtentwicklung, Wohnen und Verkehr des Landes Brandenburg geschaffenen Arbeitsgemeinschaft „Städte mit historischem Stadtkern“.

Die historische Altstadt wurde in das Programm „Städtebaulicher Denkmalschutz“ des Bundesbauministeriums aufgenommen.

Anhand eines „Rahmenplanes“ zur städtebaulichen Erneuerung wies die Stadt den Bereich des Stadtkerns als Sanierungsgebiet aus und erließ eine entsprechende Satzung.

Als Sanierungsziele in Templin wurden formuliert: Der historische Stadtkern stellt ein siedlungs- und kulturgeschichtlich, städtebaulich und künstlerisch bedeutendes Denkmal dar, das mit seiner vollständig erhaltenen Stadtmauer und seiner barocken Stadtanlage eine Besonderheit der Uckermark ist. Deshalb müssen der barocke Stadtgrundriss und das Stadtbild sowie der wertvolle Gebäudebestand erhalten werden. Des Weiteren müssen die Gebäude vor dem Einbau und der Verwendung ortsbildfremder Baumaterialien und Gestaltungselemente wie Fenster und Türen aus Kunststoff oder Aluminium sowie störende Dachaufbauten zur Straßenseite geschützt werden. Neubauten müssen sich dem historischen Stadtbild anpassen und der Steigerung der Attraktivität der Altstadt als Zentrum, der Verbesserung der Lebensqualität in der Innenstadt, der Schaffung von Arbeitsplätzen, vor allem im Handel und Tourismus, dienen.

Auf Grund der beschlossenen Sanierungssatzung und der Sanierungsziele wurden die Arbeiten am Rathaus, Akzisehaus, Museum, der Maria-Magdalenen-Kir-

Rühlstraße (B 181)

Am Markt 4 (B 182)

che sowie an zahlreichen Fachwerkhäusern, wie dem historischen Sparkassengebäudes, als durchgängiger Fachwerkbau umgesetzt.

Zusätzlich beschlossen die Stadtverordneten am 17. November 2004 das Leitbild der Stadt Templin, das im November 2012 erweitert wurde. Danach soll eine konsequente Profilierung Templins als familienorientiertes, ländlich geprägtes Thermalsoleheilbad mit überregionalem Einzugsgebiet durchgesetzt und neben dem bisherigen aktivtouristischen Schwerpunkt künftig der Gesundheitstourismus zum Kernsegment des Thermalsoleheilbades Templin entwickelt werden.

Bis 2007 flossen 18,4 Millionen Fördermittel des Bundes, des Landes und der Kommune in die Templiner Innenstadt. Zwischen 1991 und 2006 setzten private Bauherren 14,4 Millionen Euro ein. Zusätzlich investierten Institutionen wie die Kirche und der Zweckverband für Wasserversorgung und Abwasserentsorgung ca. 2,7 Millionen Euro. Mit diesen Mitteln konnten Aufträge für einheimische Baubetriebe und Handwerksfirmen ausgelöst werden. Von 270 Gebäuden der Innenstadt waren 200 fertig gestellt. 26,2 % der Gelder wurden in die Gebäudesanierung investiert, 57,3 % für Straßen, Wege und Plätze eingesetzt. Mit viel Liebe fürs Detail gingen die Bauherren an die Modernisierung der historischen Gebäude Am Markt, in der Schinkel-, Rühl- und Werderstraße. In diesem Zusammenhang öffneten Hausbesitzer nach der Restaurierung auch das Hofgelände und machten es der Öffentlichkeit zugänglich, so Am Markt 4 und 14.

Bei der Altbausanierung hat sich besonders das Bauingenieurbüro Martin Bochmann einen Namen gemacht. Es hat kostenaufwendig Altbausubstanzen, zum Teil schon abrissreife Häuser, die noch in der Aufbauzeit nach dem Brand von 1735 entstanden sind, oft nach völliger Entkernung, in ihrer alten Schönheit wiederhergestellt und erhalten. Diese Häuser in der Martin-Luther-, der Rühl-, der Pestalozzi-, der Puschkinstraße und Am Markt prägen heute mit ihren schönen Fachwerkfassaden das Gesamtbild der Straßen und somit auch der Stadt Templin. Beim Projekt „Haus der Jugend und Kunst“ wurde er mit der Planung und Umsetzung betraut.

In der Mühlenstraße wurde die Front vom Uckermärker Hof bis zur Goethestraße wieder einheitlich hergestellt und dadurch auch die Kantstraße wieder durchgängig gemacht.

2001 konnte die Ladenstraße mit integrierten Wohnungen in der Mühlenstraße übergeben werden. Zusätzlich wurde der Bau der neuen Sparkasse auf dem bisherigen Parkplatz Schinkelstraße mit einer Tiefgarage realisiert, um gleichzeitig die Parkprobleme in der Innenstadt zu lösen.

Bereits 1992 wurde die Baulücke am Webertor durch den Neubau eines Getränkehandels geschlossen. Heute befindet sich dort die Gaststätte „Kutscherhaus".

Eines der letzten Ruinengrundstücke infolge des Bombenangriffs vom März 1944 beseitigte 2012 die Wohnungsbaugenossenschaft-„Uckermark" Templin e. G. in der Oberen Mühlenstraße/Ecke Fischerstraße neben dem Akzisehaus. Sie schuf im Sanierungsgebiet einen barrierefreien Wohnungsneubau für Ältere und Behinderte.

Das zum Sanierungsgebiet „Stadtkern" gehörende „Haus der Jugend und Kunst" in der Ernst-Thälmann-Straße 1, ein unter Denkmalschutz stehendes Einzelhaus, wurde als Bankgeschäftshaus Ihrke 1885 gebaut. In den 1930er/40er Jahren befanden sich dort die Arztpraxis und Wohnräume der Familie Kranz. Nach Kriegsende nutzten die Transportpolizei, in den 1970/80er Jahren die FDJ-Kreisleitung, der Jugendklub und Keramikzirkel das Gebäude. Nach der Wende etablierten sich, neben einer Discothek und einem Infocafe, der „Kunstverein e. V." und eine Musikpädagogin. Die Töpferzirkel verblieben ebenfalls dort. Für die Jahre 2012 bis 2014 ist dessen umfassende Sanierung mit Städtebaufördermitteln vorgesehen, sodass hier ein weiteres Schmuckstück die Stadt verschönern wird. Im Kellergeschoss werden Proben- und Aufenthaltsräume für Musikgruppen umgebaut. Das

Akzisehaus (B 183)

Stadtmauer (B 184)

Erdgeschoss wird ein Musikcafe mit Bühne beherbergen und auch die Keramiker haben hier ihr Domizil. Der „Kunstverein“ und das „Jugendhaus Villa“ werden Nutzer der oberen Räumlichkeiten sein.

Stadtmauersanierung

Bereits im Oktober 1990 wurde mit der umfassenden Sanierung der Stadtmauer und parallel der Restaurierung des unter Denkmalschutz stehenden Akzisehauses begonnen. Nach der Fertigstellung wurde es als „Haus des Gastes“ genutzt. Im Erdgeschoss war die Stadtinformation untergebracht, heute hat dort das Geschäft „Perlenzauber“ sein Domizil.
Die Stadtmauerrestaurierung setzte beidseitig zwischen Prenzlauer Tor

Sankt-Georgen-Kapelle (B 185/186)

und Pulverturm ein. Im Oktober 2002 fand die 1990 begonnene Sanierung der Templiner Stadtmauer mit ihren 48 Wieckhäusern, den drei großen Toren Berliner-, Mühlen- und Prenzlauer Tor, den kleineren Toren wie Töpfer-, Weber-, Eichwerder-, Schultor und des Pulver- und Eulenturmes sowie des inneren Mauerumweges ihren Abschluss. Dazu wurde die Mauerkrone teilweise abgetragen und mit Backsteinen und Biberschwänzen neu abgedeckt. Das Gleiche geschah mit den Kronen der Wieckhäuser. An diesen wurden die Schießschartenschlitze wiederhergestellt und das gesamte Mauerwerk beidseitig neu verfugt.

Von 1997 bis 2002 fand die Instandsetzung des inneren Umweges der Stadtmauer statt. Neben der Pflasterung eines Geh- und Radweges wurden auch in entsprechenden Bereichen der Regenwasserkanal und zur Beleuchtung sogenannte Windsor-Lampen installiert.

Das historische Rathaus

Am 26. Februar 1997 kaufte die Stadtverwaltung das Kreishaus in der Prenzlauer Allee für 3,1 Mio. DM, obwohl seit 1904 auf dem Kreishausgrundstück eine Sicherheitshypothek eingetragen worden war, die im Falle einer Verlegung des Landratamtes aus der Stadt Templin fällig werden sollte.

Im Oktober 1997 zog nach Renovierungsarbeiten die Stadtverwaltung ins „Neue Rathaus" um. Zu dem von den Stadtverordneten 2004 beschlossenen Leitbild der Stadt Templin gehörte auch die Wiederbelebung des früheren Rathauses. Nach elfjährigem Leerstand konnte im April 2007 eine Sanierung beginnen, die eine sozio-kulturelle Nutzung des Hauses zum Ziel hatte.

Im Interesse der Nutzungsänderung wurden dazu die drei Geschosse umgebaut und völlig umgestaltet. Zusätzlich wurden nicht tragende Wände entfernt, tragende Wände geöffnet sowie die Außenfassade erneuert. Der Rathaussaal wurde zu einem Festsaal umgestaltet. Um einen barrierefreien Eingang zu schaffen, musste das historische Pflaster des Marktes angehoben werden. Putzschäden machten die Erneuerung des 1995 am Rathaus angebrachten Farbanstrichs notwendig.

Die Sanierungsarbeiten beinhalteten auch Dachdecker- und Klempnerarbeiten am Turm und an der Kuppel sowie die Instandsetzung des preußischen Adlers auf der Rathausspitze. Er bekam in diesem Zuge seine goldene Krone wieder. Sie wurde von der Metallbaufirma Kreutzfeldt restauriert und die Kugel vom Juwelier Leupolt auf eigene Kosten vergoldet. Gleichzeitig begannen die Sanierungsarbeiten am Templiner Marktplatz.

Seit dem Wiederaufbau des Rathauses besaß der Rathausturm von 1945 bis 1997 ein mechanisches Uhrwerk, ein Eintageuhrwerk, das täglich von der Uhrmacherfamilie Lux aufgezogen werden musste. Deren Firma baute nun eine Funkhauptuhr mit Zentralantrieb/Schlagwerksteuerung mit elektrischem Hammerantrieb ein.

Am Mittwoch, dem 18. Juni 2008, wurde das Historische Rathaus nach völliger

„Historisches Rathaus“ (B 187)

Innensanierung seiner neuen Nutzung übergeben. Ins sanierte Gebäude zogen das Standesamt, das Kunstinstitut „BAJA“, der Seniorenklub, der TST-TourismusService Templin e.V. und die StadtMarketing Templin GmbH ein. In diesem Jahr wurden auch die letzten Linden vom April 1858 durch Neuanpflanzungen ersetzt.

Im Zuge der Sanierung ist auch das Kreiskriegerdenkmal vor dem Historischen Rathaus originalgetreu wiederhergestellt worden. Herr Peter Wagner schuf dazu, als berufliche Meisterarbeit, das seit Jahrzehnten fehlende Eiserne Kreuz auf der Spitze des Denkmals neu.

Die Maria-Magdalenen-Kirche

Im Zuge der historischen Stadtsanierung erfuhr auch die Maria-Magdalenen-Kirche eine Schönheitskur von innen und außen. So konnte am 8. Oktober 1994 unter der musikalischen Leitung von Kantor Dr. Gundlach mit einem Festgottesdienst eine neue Schuke-Orgel geweiht werden. Mit einem dreistöckigen Gehäuse, 2778 Flöten, 38 klingenden Stimmen auf drei Manualen und Pedal handelte es sich um den größten Neubau nach der Wende. Die Orgel ist die größte in der Uckermark. Die Gelder konnten durch Spenden und mit Landesunterstützung aufgebracht werden. Die alte Orgel von 1921 musste abgerissen werden.

Ein Jahr später fand man bei Bauarbeiten zur Sanierung des schadhaften Turms

Kirche mit neuem und altem Turm sowie der neuen Orgel (B 188/189)

der Kirche bei der Öffnung des Turmkopfes Dokumente, einen Fahrplan, die Ausgabe des „Templiner Kreisblattes" und Goldmünzen, die Kirchenmitglieder bei den Restaurierungsarbeiten 1878 hinterlegt hatten. In jenem Jahr wiederum fand man Zeitzeugnisse aus der Zeit der Kircheneinweihungn nach dem großen Stadtbrand. Dazu gehörten die Einweihungspredigt und das Einweihungslied des damaligen Pastors und Inspektors Thomas Haupt von 1749. Die damaligen Kirchenoberen hatten auch Berichte über das Kirchen- und Schulwesen hinzugefügt. Die Dokumente waren in einer Metallkartusche geschützt aufbewahrt worden.

Der fertiggestellte Turm der Maria-Magdalenen-Kirche wurde wieder mit dem originalgetreu hergestellten goldenen Turmknopf mit Wetterfahne gekrönt. Zuvor hinterlegte Superintendent Schulz-Ehrenburg in einer Kassette zeitgenössische Dokumente, wie die Beschreibung des jetzigen Baus, die Predigt, Zeitungsausschnitte und einen aktuellen Uckermark Kurier, Glückwünsche des katholischen Pfarrers, einen Satz gültiger Münzen von der 725-Jahr-Feier der Ersterwähnung sowie Namen der kirchlichen Mitarbeiter und der beteiligten Baufirmen. Auch die beim Öffnen der renovierungsbedürftigen Kugel entdeckten Münzen und Dokumente wurden wieder mit verschlossen. Kopien davon sind angefertigt und im Kirchenarchiv eingelagert worden. Aufwendig war die anschließende Dachsanierung, bei der auch der Kirchturm wieder begehbar gemacht wurde. 1999 konnte die renovierte Kirche mit einer Festwoche anlässlich des 250. Jahrestages des Wiederaufbaus 1749 der Öffentlichkeit übergeben werden.

Verkehrsentlastung für die Innenstadt – Die enge Westumfahrung

Die Templiner Stadtväter haben schon vor über 100 Jahren versucht, Ideen einer Verkehrslösung für die Stadt zu entwickeln. Bereits 1902 sollte laut einem Bebauungsplan eine Brücke über den Mühlenteich errichtet werden. Da auch eine Bebauung des Westufers des Kanals vorgesehen war, sollte ebenfalls Anfang des vergangenen Jahrhunderts eine Brücke an der Stelle der heutigen Pionierbrücke entstehen.

Diese Planungen waren erneut 1928 in einem Bebauungsplan von Stadtbaumeister Schneider enthalten.

Andere Überlegungen sahen eine Umgehungsstraße von der Bahnhofstraße entlang der Stadtmauer bis zur Schleusenbrücke vor, wie sie auch von der Stadtverordnetenversammlung in den ersten Jahren nach der Wende favorisiert worden war. Auch eine weite Westumfahrung war angedacht.

Die Verkehrsprobleme waren auch Schwerpunkt zu DDR-Zeiten. So stellte die damalige Verwaltung der Stadtverordnetenversammlung am 24. April 1969 die Variante eines Brückenbaus am Vorstadtbahnhof über die Bahnanlage bzw. über die Bahnanlage zwischen der katholischen Kirche und dem damaligen Kohlehandel, heute „City-Center“ in der Friedrich-Engels-Straße, vor. Eine weitere Variante war von der Röddeliner Straße durch die Kanalwiesen eine Querung der Bahnhofstraße mit Untertunnelung des Gleisbettes und Anbindung an die Eisenbahnstraße zum heutigen Gewerbegebiet. Diese Variante wurde 1978 vom Rat bestätigt, aber wegen fehlender Finanzen nicht weiter verfolgt.

Erneut begann die Diskussion zur Lösung des innerstädtischen Verkehrsproblems 1991. Verkehrszählungen hatten ergeben, dass täglich etwa 17 000 Kraftfahrzeuge die Mühlenstraße im Marktbereich frequentierten, über 18 000 das Mühlentor passierten.

Da die historische Innenstadt Aushängeschild unserer Stadt ist, machte das Land deren Verkehrsentlastung zur Auflage, damit Templin das Prädikat „Thermalsoleheilbad“ bekam und behält. Erste Konzepte bezogen die kurz vor der baubehördlichen Sperrung stehende Pionierbrücke als Straßenbrücke in die Planungen ein. Durch diese Fahrbahnführung wäre ein sehenswertes Stadtbild und außerdem die Goetheschule tangiert worden. Die Variante, das Berliner Tor zu durchqueren, entfiel aus Gründen des Denkmalschutzes, wegen der Statik und des Bauzustandes. Als günstigste Variante kristallisierte sich die so genannte „Enge Westumfahrung“ heraus, für die die Planungen 1997 vorlagen. Diese beinhalteten, dass der Verkehr von und in Richtung Lychen über die Friedrich-Engels-/Prokopiusstraße-Beethoven-Platz vorbei am Poetensteig über den Kanal geführt würde und die Fahrbahn in die Lychener Straße einmündet. Gegner dieser Möglichkeit betonten immer wieder, dass dadurch herrliche Natur- und Denkmalbereiche der Stadt zerstört würden.

Immer wieder aufflammende Diskussionen und Planungsverschiebungen verhinderten die konkrete Umsetzung. Schließlich minimierten geringere Landeszuweisungen und leere Fördertöpfe ab 2008 die Chancen zur Umsetzung des Verkehrskonzeptes. Trotzdem hängt von Seiten der Landesregierung die Wegnahme des Kurstadtstatus immer als Damoklesschwert über der Stadt und ihren Bürgern. Im Jahr 2011 war klar, dass die Landesregierung ihre finanziellen Zusagen für das Templiner Projekt nicht halten würde.

Neue Planungen für das Verkehrsproblem mussten in Auftrag gegeben werden, um die Innenstadt zu beruhigen. In dem Zuge wurden die Mühlen- und Lychener Straße 2011/2012 grundhaft saniert, Verkehrsinseln integriert. Der Teil der Oberen Mühlenstraße soll 2013/14 folgen. Nach deren Fertigstellung soll ein Verkehrsberuhigungskonzept die Innenstadt entlasten.

Einführung des „Fahrscheinfreien Stadtvrkehrs"

Am 14. Dezember 1997 wurde der „Fahrscheinfreie Stadtverkehr" innerhalb der Stadt Templin zur Erhöhung der Mobilität und der Attraktivität der Stadt eingeführt. Die Kosten wurden von der Stadt mitgetragen. Dazu wurden zur Verbesserung des Stadtbusnetzes 23 Bushaltestellen neu gebaut. Diese Maßnahme war von großem Medieninteresse begleitet und hob den Bekanntheitsgrad der Stadt erheblich. Ab 2003 gab es eine Veränderung der Zugangsberechtigung zum „Fahrscheinfreien Stadtverkehr". Aus Kostengründen musste eine finanzielle Beteiligung der Einwohner der Stadt über den Erwerb einer Jahreskurkarte für 44 Euro realisiert werden. Zusätzlich erhielten Familien mit Kindern zwischen dem vollendeten 6. bis 14. Lebensjahr je Kind eine Kinderkarte. Nach der Eingliederung der Ortsteile bezog man auch diese ab 2007 ein. Auch deren Bewohner können die rabattierte Jahreskurkarte erwerben.

Strassenbauten/Sanierungen

Mit der Wiedervereinigung nahm die Zahl der Autos rapide zu. Das machte auch den Neu- bzw. Ausbau von Straßen, Brücken und Parkplätzen notwendig.

So war die Stadt seit 1993 Straßengroßbaustelle. Begonnen wurde in der Friedrich-Engels-Straße und mit der Rekonstruktion des Beethoven-Platzes. Verbunden damit war der Bau der Spiegelkreuzung in der Robert-Koch-Straße und die Sanierung des Parkplatzes neben dem Gericht. Weitere Straßenbauten betrafen das Areal um den Marktplatz, die Obere Mühlenstraße, die Dargersdorfer Straße.

Im September 2011 begann die umfassende Sanierung der 952 Meter Ausbaustrecke der Lychener Straße. Sie konnte im November 2012 übergeben werden. Parallel dazu wurde der Weg hinter der Mühle zum Kanalufer mit rotbunten Natursteinen erneuert, sodass auch Rollstuhlfahrer diesen nutzen können, sowie ein Fahrstreifen für Pkw in Natursteinpflaster angelegt.

Während der Sommermonate 2012 konnte die Dargersdorfer Straße von der Einfahrt zur Feldstraße bzw. Heimstraße durch Asphaltierung verkehrsberuhigt ausgebaut werden.

In manchen Wohngebieten erfolgte die Straßensanierung in Eigeninitiative der Anwohner, so zum Beispiel in der Märkischen Straße, dem Wilhelm-Busch-Weg, in Blumenstraße, Heideweg, Clara-Zetkin-Straße, Karl-Liebknecht-, Parisius-, Franz-Mehring- und Friederike-Krüger-Straße.

Parallel zu den Straßenbauten entstand 1993 in der Knehdener Straße an der Kanalseite ein neuer Parkplatz. Im hinteren Teil sind Plätze für Busse und Stellplätze für Reisemobile geschaffen worden. Hier befanden sich bis in die 60er Jahre die Sägewerke Schoeps und Baade.

Ebenso 1993 erneuerte man am Wasserturm die Parkplatzanlage für 75 Pkw und 2 bis 3 Busse. Ein weiterer Parkplatz öffnete 2008 auf dem ehemaligen Gelände der Schülergaststätte in der Prenzlauer Allee.

BRÜCKENBAUTEN

Als Bestandteil des Radweges „Spur der Steine" auf dem alten Bahndamm von Templin nach Fürstenwerder wurde die Gleuenseebrücke als Stahlkonstruktion für Fußgänger- und Fahrräder erneuert.

Nach mehrmaligen Ausbesserungsarbeiten und darauf folgender Sperrung der Pionierbrücke wurde diese am 20. Juni 2001 endgültig geschlossen. Auch Durchfahrten von Dampfern waren verboten. Ende 2001 riss die Firma Eurovia der Verkehrsunion Lindow die marode Brücke ab. Im November 2003 begann der Neubau. Die Freigabe der erneuerten Pionierbrücke, einer Stahlkonstruktion mit Holzüberdachung für Fußgänger und Fahrräder, sowie im Bedarfsfall für Rettungsfahrzeuge, erfolgte am 20. Mai 2004.

Nachdem die Schleuse über 16 Jahre geschlossen war, begann im März 2004 mit dem ersten Spatenstich deren Neubau. Bundesverkehrsminister Manfred Stolpe weihte sie am 8. September 2005 ein. Sie ist die modernste Schleuse Brandenburgs mit einer Hubhöhe von 4,22 m und wird im halbautomatischen Selbstbedienungsbetrieb in Gang gehalten. Damit ist die freie Wasserfahrt von Berlin bis zum Templiner Seenkreuz wieder möglich. Die Templiner Gewässer spielen eine wichtige Rolle in der Wassertourismusinitiative Nordbrandenburg, da sie gemeinsam mit dem Landkreis Oberhavel, Ostprignitz-Ruppin, Barnim sowie den Städten Oranienburg, Neuruppin, Eberswalde und Templin insgesamt 100 Kilometer Wasserstraßen verbinden. 2007 erfolgte auch der Neubau der Ziegeleibrücke.

Neue Namen für alte und neue Strassen

Entsprechend den Beschlüssen der Stadtverordnetenversammlung wurden folgende Straßen umbenannt bzw. neu gewidmet:

17. Oktober 1990

- Minna-Ostrowski-Straße: Dargersdorfer Straße
- Wilhelm-Pieck-Straße: Prenzlauer Allee
- Richard-Bröse-Viertel: Strahl-Goder-Straße

11. Dezember 1993

- Im Wohngebiet Annenwalder Weg: Reiher-, Fasanenstraße, Lerchen- und Kranichweg.
- Umgehungsstraße zwischen der Dargersdorfer- und Vietmannsdorfer Straße: Feldstraße
- Weg vom Egelpfuhl zur Umgehungsstraße: Schreberweg

Pionierbrückenneubau (B 190/192)

- Umgehungsstraße im Gewerbegebiet ab Vietmannsdorfer Straße zur Zehdenicker Straße: Hindenburger Straße
- Erste Scheidung der Lychener Straße: Parisiusstraße

7. April 1993

- Straßenabschnitt zwischen Oberer Mühlenstraße und Beethoven-Platz: „Prokopiusstraße“
- Weg um den Egelpfuhl: Egelpfuhl
- ab Restaurant des Kleingartenvereins bis zur Vietmannsdorfer Straße: „Petersilienweg“

11. November 1993

- Querverbindung zwischen Parisiusstraße und 2. Scheidung: Wilhelm-Wilcke-Straße

17. Juni 1994

Straßennamen in Ahrensdorf:

- Weg an der Eisenbahn: Reifkrautweg
- Weg hinter der Petersdorfer Straße: Im Wäldchen

13. Juli 1994

Straßennamen im Gewerbegebiet:

- Otto-Lilienthal-Straße, Heinrich-Hertz-Straße, Lise-Meitner-Straße, Marie-Curie-Straße, Justus von Liebig-Straße, Rudolf-Diesel-Straße, Gottlieb-Daimler-Straße, Carl-Friedrich-Benz-Straße, An der Festwiese

22. August 1995

- ab Petersilienweg: Rosenweg
- ab Petersilienweg: Tulpenweg
- ab Dargersdorfer Straße zum Lübbesee: Zur Buchheide

28. Februar 1996

- Fürstenberger / Knehdener Straße erhielten folgende Stichstraßen:
- Platanenstraße
- Kastanienstraße
- Haselweg
- Eichenweg
- Straße Templin-Knehden: Am Knehdenmoor
- Straße Templin-Netzow: Netzower Landstraße

28. Mai 1997

- Straße im neuen Wohngebiet an der Vietmannsdorfer Straße:
- Bad-Lippspringer-Ring

Neue Wirtschaftsformen und Betriebe

Die Einheit Deutschlands war nicht umsonst zu haben. Die damit verbundene Marktwirtschaft brachte viele Betriebe in große Schwierigkeiten. Wie der gesamte Osten Deutschlands gerieten Kreis und Stadt Templin zunächst in eine tiefe Strukturkrise. Eine Arbeitslosenzahl von ca. 17 %, 2012 waren es 24-26 %, zeigte die gewaltigen wirtschaftlichen Startprobleme. Bisher war Arbeitslosigkeit eine unbekannte Größe, das Lebensgefühl vieler Menschen war von Zukunftsangst geprägt. Trotzdem stellte sich die große Mehrheit der Lösung der Aufgaben.

Es ging vorrangig um den Erhalt bzw. die Neuansiedlung kleiner und mittelständischer Betriebe in Handwerk und Gewerbe, den Aufbau des Dienstleistungsgewerbes und eines sozial- und landschaftsverträglichen Fremdenverkehrs.

Zudem verlangte die Einbettung der Stadt in die einzigartige Landschaft innerhalb des „Biosphärenreservats Schorfheide-Chorin“ auch ein Umdenken und eine Neuorientierung der Landwirte, die zunehmend zum Landschaftspfleger werden mussten.

Als Problem erwiesen sich über viele Jahre die sogenannten offenen Vermögensfragen und fehlendes Planungs- und Baurecht. Auch in Templin belegen Gewerbean- und -abmeldungen, wie viele Hoffnungen sich zerschlugen. Trotzdem entstanden aus staatlichen Betrieben Einzelunternehmen, leistungsfähige Betriebe der Land- und Forstwirtschaft, des Bauwesens und der Holzwirtschaft. Doch genau wie in anderen Gegenden sind nicht alle Blütenträume gereift.

Zu den ersten Aufgaben gehörte, die bestehenden volkseigenen Betriebe in die Privatwirtschaft zu überführen.

Insbesondere ging es um die Firmen, die die Treuhand nicht übernahm. So wurde der ehemalige VEB Gebäudewirtschaft Templin, der bis dato für den gesamten Altkreis Templin zuständig war, entflochten und daraus die WOBA GmbH, die Fernwärme GmbH sowie der Baubetrieb (Bau-Mod) geschaffen. Die Stadt wurde alleiniger Gesellschafter der WOBA und der Fernwärme GmbH.

In gleicher Weise mussten z. B. auch der VEB Stadtwirtschaft und der Kreisbetrieb Erholungswirtschaft aufgelöst und privatisiert werden. Einige Abteilungen, wie der Waldfriedhof in der Röddeliner Straße und die Straßenreinigung, wurden direkt von der Stadt übernommen. Als stadteigener Betrieb entstand auch die Forstverwaltung. Sie bewirtschaftet die bisher 2 800 ha zurückgegebenen Wald, von einst 33 000 ha, ebenso den Waldfriedhof in der Buchheide, den bereits viele Templiner und Auswärtige als letzte Ruhestätte gewählt haben.

Objekte, wie das Ferienhotel im Bürgergarten, das Lübbeseehotel und das Stasiheim in der Buchheide, die sich bis dahin in Rechtsträgerschaft der Stadt befanden, wurden in kommunales Eigentum übertragen.

Das Templiner Gewerbegebiet

Die Stadtverordnetenversammlung fasste am 14. November 1990 den Beschluss zur Einrichtung des Gewerbegebietes nahe der Vietmannsdorfer Straße zur Ansiedlung von Handel und Gewerbe. Das 36 Hektar große Areal wurde der Stadt von der Evangelischen Kirchengemeinde in Erbbaupacht bei einem Pachtzins von 1,20 DM pro Quadratmeter und Jahr für 50 Jahre mit Option für weitere Jahre überlassen. Die Erschließung des einstigen Ackers kostete rund 30 Mill. DM, wovon das Land 70 % übernahm. Noch auf der „grünen Wiese" wurde Ende November 1991 der Grundstein für den Schlachtbetrieb „Templiner Landfeine" gelegt, der 13 Monate später als erste Einrichtung den Betrieb mit 50 Arbeitern aufnahm. Nach Übernahme durch einen Berliner Investor wurde die Produktion eingestellt und die Firma wieder geschlossen.

Im Dezember 1991 begannen mit dem Straßenbau die Erschließungsarbeiten. Im ersten Abschnitt wurde die Haupttrasse samt aller Ver- und Entsorgungsleitungen verwirklicht. Von dieser Trasse gingen fischgrätenartig die Straßen zu den einzelnen Flächen ab.

Im „Gewerbepark Süd" hatten sich 1998 auf 14 Hektar 26 Firmen angesiedelt, 2012 waren es 61 Einrichtungen. Durch das Gewerbegebiet führte die erste wichtige Teilumgehungsstraße in Richtung Zehdenick, die das zukünftige Kurgebiet anband und zu einer erheblichen Entlastung des innerstädtischen Verkehrs beitrug.

Das Bekleidungswerk

Der ehemalige VEB Bekleidungswerk wurde 1990 in die „Freizeitmoden Templin" umgewandelt, neuer Betriebsleiter wurde Dieter Ende. Schon einen Monat später erfolgten die Gründung einer GmbH und die Trennung vom Betriebsteil Zehdenick. Im Februar 1992 übernahm die dänische Firma Brandtex den Betrieb, die ihn zwei Monate später aufkaufte und dann stilllegte. Wegen der günstigen Lage zwischen Skandinavien und Osteuropa nahm die dänische Firma „Joha" im September 1998 die Textilproduktion in den Räumen des Bekleidungswerkes wieder auf, installierte anfangs einen Werksverkauf, später ein Lager. Nach einer erneuten Schließung von 2000 bis 2007 wird im Bekleidungswerk wieder gearbeitet.

Der Wasserwirtschaftsbetrieb

Entsprechend der Auflagen des Umweltschutzes nahm eine neue vollbiologische Kläranlage bei Reinfeld am 22. April 1991 ihren Probebetrieb auf. Mit Gesamtkosten von 3 Millionen DM, von denen die Neubrandenburger Wasser-AG mehr als 1,4 Millionen übernahm, wurde die für 21 000 Einwohner ausgelegte Anlage errichtet und löste die alte Kläranlage ab. Die bisherige mechanische Anlage in der Vietmannsdorfer Straße konnte die Abwässer zwar von den sedimentierfähigen Stoffen befreien, aber diese mussten dann auf den umliegenden Feldern um Templin verregnet werden. In den Wintermonaten wurde das Abwasser zwischenzeitlich in vier Auffangbecken mit einer Kapazität von 460 000 Kubikmetern deponiert.

Neubauten und Ferienanlagen machten eine neue Abwasserentsorgung eigentlich schon zu DDR-Zeiten dringend notwendig. Deshalb stand die Errichtung einer neuen Kläranlage bei der politischen Neuorientierung nach der Wende im Focus der Debatten. Federführend übernahmen Betriebsleiter Peter Ramlau, Bernd Riesner, damaliger Produktionsleiter im WAB Templin, und Horst Baage, Bauleiter in der Neubrandenburger Wasser-AG, gemeinsam mit der Stadt die Bauvorbereitung. Die Ausführung oblag den Firmen Kultur- und Tiefbau Templin, Bauhof Haßleben, JKM Elektroanlagen, Groß und Thomas sowie Drescher. Damit war in Templin eine Experimentieranlage entstanden, die technologisch einzigartig war.

Im Januar 1993 wurde das Wasserwerk als Zweckverband selbständig und investierte als Eigenbetrieb der Stadt kontinuierlich weiter in die Kläranlage. 1997 und 1998 entstanden die Fugatwasserbecken eins und zwei, 2003 baute man eine zusätzliche Nachkläreinheit, Fugat drei, ein. Eine neue mechanische Vorreinigungsanlage in der Vietmannsdorfer Straße ergänzte die Vorrichtung, und von 2008 bis 2010 wurde die Klärschlammspeicherkapazität durch einen zweiten Schlammpolder erhöht. Um die hydraulische Kapazität bei Starkniederschlägen zu steigern, setzte man 2011 zusätzlich die vierte Nachkläreinheit ein.

In diesem Zusammenhang unterzog man auch das Wasserwerk einer Sanierung. Eine „30-jährige Dame wird geliftet", hieß es am 11. März 1998 in der Zeitung. Als Neuerung führte man die Belüftung des Trinkwassers mit reinem Sauerstoff ein, was Verunreinigung und Verkeimung des Trinkwassers ausschloss. Gleichzeitig ermöglichte die Rekonstruktion eine Kapazitätserhöhung. Eine Sanierung der Außenhülle schloss sich 2010/11 an.

Die „Templiner Backstuben"

Nach Auflösung des Konsumbackwarenkombinats Neubrandenburg hatten sich unter der Leitung von Burkhard Gohlke, Sigrid Ludwig und Erika Anklam 1991 die „Templiner Backstuben" erfolgreich etabliert. Von ehemals 75 Mitarbeitern behielten 22 eine Anstellung. 1992 begann die Produktion in der angemieteten Konditorei des Ferienhotels am Lübbesee. Ein Jahr später nahm man die ehemalige Werkstatt der Investruine des erst Ende der 80er Jahre gebauten Backwarenkombinates in der Vietmannsdorfer Straße für die Brot- und Brötchenproduktion in Betrieb. Dort befanden sich ab 1995 der neue Firmensitz sowie die gesamte Produktion.

Bereits 1993 eröffnete die Firma einen Verkaufskiosk in der Dargersdorfer Straße. Drei Jahre später konnten die Templiner Backstuben das „Café am Ratsteich" (heute „Shanty") einrichten. Weitere Cafés folgten in der Ernst-Thälmann-Straße und Am Markt. Filialen gab es in Zehdenick, und ein Verkaufswagen war auf den Wochenmärkten unterwegs. Zusätzlich fuhr am Sonnabend noch ein Landwagen über die Dörfer. Nach dem Eintritt der Geschäftsführer ins Rentenalter am 30. April 2009 kaufte der Dedelower Backbetrieb „Kotschate" die „Templiner Backstuben".

Anschlüsse für Telefon, Gas, Öl und Strom

Eine Engstelle war in DDR-Zeiten die Versorgung der Bevölkerung mit einem Telefonanschluss. Deshalb errichtete die Telekom Ende 1992 eine neue digitale Fern- und Ortsvermittlungsstelle in der Vietmannsdorfer Straße im früheren Gebäude der Staatssicherheit. Die alte Fernsprechvermittlungsanlage in der Puschkinstraße schaltete man nach über 50-jährigem Betrieb ab.

Entsprechend der Auflagen des Umweltschutzes wurden sowohl Betriebe als auch ein Großteil der Wohnbauten Anfang der 1990er Jahre von Kohle auf Gas oder Öl umgestellt. Dazu schloss die Ostmecklenburgische Gasversorgung Neubrandenburg GmbH (OMG) die Stadt an das Erdgasnetz an. Auch die Heizhäuser der Templiner Fernwärme GmbH in der Dargersdorfer und Lychener Straße wurden nun mit Öl bzw. Gas betrieben. Zusätzlich wird seit 2010 Fernwärme aus der Biogasanlage Schulzenfelde eingespeist. Im Juni 1991 wurde der Vertrag mit der EMO AG zur Stromversorgung geschlossen. Damit war ein wesentlicher Beitrag zur Schadstoffentlastung und Luftverbesserung sowie ein zusätzliches Energieangebot geschaffen worden, wie ein Klimagutachten, zu dem Messungen in der Zeit von 1995 bis 1997 erfolgt waren, bereits nachwies.

Die Templiner Verkehrsbetriebe

Seit dem 1. Januar 1992 war der Templiner Verkehrsbetrieb ein Unternehmen mit kommunaler Leitung, d. h. der Landkreis ist alleiniger Gesellschafter. Für das Templiner Verkehrsunternehmen wurde am 30. April 1995 in der Lychener Straße ein neuer Betriebshof übergeben, da sowohl der Templiner Öffentliche Personennahverkehr als auch der des Kreises zugenommen hatte. Die größte Bedeutung für das Unternehmen hatte weiterhin der Schülerverkehr. 2011 verlegte der Kreis den Betriebshof zum Nachteil Templins nach Prenzlau. Dadurch wurden Buslinien bzw. Fahrzeiten geändert, die Reparaturkapazitäten für Busse, Lkw, Pkw u. a. Fahrzeuge eingeschränkt und es entstanden weitere Arbeitswege.

Weitere Betriebe und Einrichtungen

Viele Bürger unserer Stadt wagten nach der Wende einen Neuanfang, schufen nicht nur für sich und ihre Familien eine Existenzgrundlage, sondern auch für die Angestellten. Erfolgreich waren die Neueinsteiger vor allem in den Baubetrieben und den damit verbundenen Gewerken und Architekturbüros. Doch auch auf diesem Gebiet sank das Angebot mit der Zeit und nicht alle konnten sich fest etablieren.

Zu den neu gegründeten Baubetrieben gehörten u. a. die Firmen Sambol, Grafe, die Templiner Tiefbau-GmbH und der Baubetrieb Aschoff. Fest etabliert haben sich die Firmen für Fensterbau Langfellner und Knop in der Vietmannsdorfer Straße sowie der Fuhrbetrieb „Korduan" in Storkow. Im August 1992 schuf die Kapro-Kisse GmbH in Templin-Reinfeld ein Asphaltwerk für 4,5 Mill. Mark. Es entstanden 21 Dauerarbeitsplätze.

Auch das Sägewerk Templin etablierte sich nach der Privatisierung 1993 durch den Geschäftsführer Christian Würfel als Holzindustrie Templin auf dem Markt. Seit Anfang 2000 wurde auch das 1995 geschlossene Möbelwerk wieder genutzt. Der Tischlereibetriebsinhaber Heiko Jähnke richtete dort zwei Fertigungslinien für Fenster- und Türenbau ein. Im gleichen Jahr entstanden ca. 60 Arbeitsplätze des Straßenbauamtes Strausberg in der Templiner Filiale. Diese wechselte 2002 ihren Standort nach Eberswalde.

Seit 1993 gibt es eine Filiale der „Volksbank Uckermark" in Templin. Sie vergrößerte sich mit einer Geschäftsstelle in der Lychener Straße. Auch die „Sparkasse Uckermark" konnte neben dem Hauptgebäude in der Schinkelstraße zwei Zweigstellen, in der Dargersdorfer- und der Lychener Straße, etablieren.

Einen Boom erreichte die Eröffnung von Autohäusern, womit sich nicht nur Männer langgehegte Herzenswünsche erfüllten. Auch die Etablierung von fünf Blumenläden in der Stadt ist zu nennen.

Vom Eisenbahnknotenpunkt zum Industriedenkmal

Nach dem Zusammenschluss von „Deutscher Reichsbahn" und „Deutscher Bundesbahn" zur „Deutschen Bahn AG" mit Sitz in Berlin am 1. Januar 1994 setzte der allmähliche Abbau des Templiner Eisenbahnnetzes ein.

Es begann am 31. Dezember 1994 mit der Einstellung des Güterverkehrs auf der Eisenbahnstrecke von Löwenberg nach Templin. Am 17. Mai 1996 war die letzte planmäßige Fahrt eines Triebwagens auf der Strecke von Fürstenberg nach Templin. An den ersten beiden Junitagen des Jahres 1996 endete der Dienst weiterer Eisenbahner mit Abschiedsfahrten von Fürstenberg nach Templin und umgekehrt mit einem Dampflokbespannten Sonderzug.

Auf dieser Strecke konnte ab dem 16. Juni desselben Jahres eine Draisinestrecke etabliert werden.

Die Anweisung zur Einstellung des Bahnpostdienstes in Deutschland am 31. Mai 1997 beendete auch auf den Templiner Eisenbahnstrecken diesen Servicebereich.

Im Januar 1998 wurde der Fußgängertunnel am Hauptbahnhof zum Bahnsteig 3 zugemauert, weil ab dort keine Züge mehr verkehrten, der Fahrkartenschalter war ebenfalls geschlossen worden. Dem folgte am 3. Dezember 1998 die Entwidmung der Eisenbahnstrecke von Templin über Lychen nach Fürstenberg. Am 27. Mai 2000 fuhr der letzte planmäßige Triebwagen von Prenzlau nach Templin, von den Einheimischen liebevoll „Ferkeltaxi“ genannt, da Haßleben Haltepunkt für die Beschäftigten der Schweinemastanlage war.

Dafür übernahm die Ostdeutsche Eisenbahngesellschaft ODEG von der Deutschen Bahn AG den Bahnbetrieb von Eberswalde bis Templin am 12. Dezember 2004, stellte aber zwei Jahre später wegen zu geringer Fahrgastzahl den Betrieb wieder ein. Ein Höhepunkt und zugleich eine Auszeichnung, die Templin noch bekannter machte, war am 25. März 2006 die Taufe eines ICE-2 in Berlin-Spandau auf den Namen „Templin“ durch Bürgermeister Schoeneich, Staatssekretär Bellmann und Dr. Trettin von der Deutschen Bahn AG im Beisein vieler Templiner Bürgerinnen und Bürger.

Seit dem 10. Dezember 2006 betreibt die Prignitzer Eisenbahn GmbH gemeinsam mit der Deutschen Bahn AG die Eisenbahnstrecke RB 12 von Berlin-Lichtenberg über Löwenberg und Zehdenick nach Templin. Die Eisenbahnstrecke von Templin Stadt bis Prenzlau Vorstadt kaufte die Mittenwalder Eisenbahnimmobiliengesellschaft in Spreenhagen. Sie plante ebenfalls die Einrichtung einer Draisinestrecke, doch dieses Projekt wurde nur über ein halbes Jahr zwischen Prenzlau-Vorstadt bis Beenz im Jahre 2009 befahren.

Letztendlich wurden 2009 die Templiner Hauptbahnhofsgebäude und Bahnanlagen als Industriedenkmal in die Denkmalsliste des Bundeslandes Brandenburg aufgenommen, weil das große, massive Empfangsgebäude mit vielen Diensträumen, auch zum Übernachten des Zugpersonals, die Bahnsteigdächer aus Holz, die Fußgängertunnel zu den drei Bahnsteigen sowie die großen Lagerhallen mit Gleisanschluss, das mechanische Stellwerk und Flügelhauptsignale noch ursprünglich vorhanden sind. Das gilt auch für die komplette Infrastruktur des Dampflokbetriebes, bestehend aus Wasserturm, Drehscheibe und Lokschuppen.

Am 10. Mai 2011 nahm man den Güterzug-Transport von Holzladungen auf der Eisenbahnstrecke von Löwenberg nach Templin wieder auf.

Um ein stufenfreies Einsteigen für gehbehinderte Menschen, die einen Rollstuhl benutzen müssen, in die Züge zu ermöglichen, erneuerte die Deutsche Bahn ab Februar 2012 die Bahnsteige am „Stadtbahnhof“ in der Dargersdorfer Straße und am Hauptbahnhof. Darüber hinaus wurden die Beleuchtung und das Wegeleitsystem überholt. Dazu wurden ca. 300 000 Euro investiert. 125 Jahre Eisenbahnverkehr von Berlin über Löwenberg und Zehdenick nach Templin wurden am 24.8.2013 mit einem Bahnhofsfest gefeiert.

Die Abhängigkeit Templins als Touristikzentrum von dieser letzten noch intakten Bahnverbindung Richtung Berlin zeigte sich bei der von September 2012 bis Juni 2013 erfolgten Unterbrechung der Strecke von Zehdenick bis Oranienburg wegen Bauarbeiten. Berufspendler, die Touristen selbst und alle touristischen Einrichtungen waren massiv betroffen.

Wohnungsbau

Der Aufgabe, dringend benötigten Wohnraum zu schaffen, stellten sich Land und Kommune genauso wie soziale und private Investoren. Bereits 1990 wurden durch die Stadtverordneten auch wichtige Beschlüsse für den Bau von städtischem Wohnraum, Wohneigentum und Sozialwohnungen gefasst.

Neue Wohngebiete – Schaffung von Wohneigentum

Zu den ersten Festlegungen der Abgeordneten gehörten u. a. der B-Plan 01 für das Wohngebiet Annenwalder Weg für ca. 300 Wohneinheiten sowie der B-Plan 02 für ein Wohngebiet in der Lychener Straße und zur Bebauung der Obstplantage.

Dank der Arbeit des Stadtarchitekten Wolfgang Grieger gehörte Templin im Land Brandenburg zu den ersten Städten, die einen gültigen Bebauungsplan für ein Eigenheimgebiet beschlossen hatten. So entstanden 1991/92 die vom Land geförderten Wohnkomplexe am Neuen Weg und in der Lychener Straße. Als Baugebiet für den Eigenheimbau wurde die Obstplantage in der heutigen Wilhelm-Wilcke-Straße durch die Firma Tiefbau Templin (Köhn), sowie das sogenannte Vogelviertel im Annenwalder Weg konzipiert. Letzteres war bereits 1989 als Eigenheimstandort ausgewiesen worden. Dort entstanden private Einfamilien-, Doppel- und Reihenhäuser sowie sozialer Wohnungsbau.

Parallel ergänzte die WOBA das Wohngebiet „Postheim“ durch den Bau von Eigentumswohnungen. Ehemalige Ferienbungalows am Bürgergarten wurden ebenfalls zu Eigenheimen umgewidmet.

Trotzdem lagen in der Stadtverwaltung 1995 immer noch 1540 Wohnungsanträge vor. Deshalb legte der Ausschuss für Soziales und Wohnen fest, Wohnraumberechtigungsscheine nur an Personen zu vergeben, deren Wohnungen gesperrt waren, an Schwangere, Alleinerziehende, Schwerstbehinderte und Rentner mit Ofenheizung.

Diese städtische Wohnraumlenkung wurde erst 2001 aufgehoben. 1995 legten die Baufirma Sambol und der Bauherr Stein den Grundstein in der neuen Eigenheimsiedlung „Petersilienweg“. Seit dem 15. Februar 1997 wich auch das Areal der früheren Landwirtschaftsschule in der Knehdener Straße, das von der Zweigstelle der Akademie für Wirtschaft und Technik in Zehdenick (AWT) genutzt wurde, einem Eigenheimstandort.

Im November 1997 war der Erschließungsbeginn für ein weiteres Wohngebiet in der Vietmannsdorfer Straße, dem späteren Bad-Lippspringer-Ring, wo 25 Eigenheime und 52 Eigentumswohnungen auf dem Territorium der Investruine der Neubrandenburger Großbäckerei entstanden. Das letzte Eigenheimgebiet entwickelte sich seit 2003 in der Kastanienstraße unter Federführung der WOBA. Parallel zum geschilderten Baugeschehen verlief die Sanierung und Renovierung der Wohngebiete aus DDR-Zeiten.

Sozialer Wohnungsbau

Bereits im Oktober 1990 fanden mit den privaten Investoren Barwinsky und Peters aus Paderborn und Bad Lippspringe sowie der Firma Klein, einem ehemaligem Templiner, erste Gespräche über den Bau von Sozialwohnungen statt. 1992 begannen die Erdarbeiten dafür am Neuen Weg. Die ersten Mieter zogen im Herbst 1993 ein. Es folgten Wohnungen in der Lychener Straße und im Wohngebiet Annenwalder Weg. Damit waren in Templin landesweit die ersten Sozialwohnungen fertiggestellt worden.

„Schöner Wohnen für die Alten"

Den älteren und alten Menschen in der Stadt einen geruhsamen Lebensabend zu bieten, wenn sie nicht mehr in den eigenen vier Wänden leben können, ist das Ziel von Bund, Land, paritätischer u. a. Verbände, Stadtverwaltung sowie Familienangehörigen. Deshalb gehörte die Schaffung altersgerechten Wohnraums ebenfalls zur Neu- und Umgestaltung der Stadt.

Den ersten Grundstein für altersgerechtes Wohnen legte am 28. August 1995 am Haselweg der Investor Herbert Neubrecht. Betreiber ist heute das DRK. Mit einem Straßenfest feierten zwei Jahre später die neuen Bewohner, Betreuer und Gäste den Einzug von 105 Mietern in die 81 altersbetreuten Wohnungen. Ab dem 22. September 2001 konnte das DRK sein Altenpflegeheim, das „Margarete-Henning-Haus" in der Kastanienstraße 4, mit 80 Betreuungsplätzen und 20 Plätzen für betreutes Wohnen, nutzen. Die ersten Bewohner des Hauses zogen u. a. aus dem sanierungsbedürftigen Altersheim in der Straße des Friedens ein.

Das Grundstück Prenzlauer Allee 1 neben dem alten „Kirsteinhaus", auf dem sich das Gebäude der Bibliothek und der Warmbadeanstalt, noch früher die Privatschule, befanden, wurde an die Innere Mission zur Erweiterung des bisherigen Pflegeheims veräußert. Das moderne, architektonisch in die Landschaft integrierte „Evangelische Betreuungszentrum für Senioren" wurde mit 40 Pflege- und sechs Kurzzeit- bzw. zwölf Tagespflegeplätzen und 25 Plätzen für betreutes Wohnen 2004 übergeben.

Seniorenwohnheim (B 193)

Evangelisches Altenheim „Richard Kirstein“ (B 194)

Als private Investorin schuf Carola Hinz 2008 in der Bahnhofstraße die Seniorenwohnanlage „Unter den Linden“ für betreutes Wohnen mit integrierter „Kaminstube“. Die Gaststätte kann auch von Templinern und Urlaubern genutzt werden.

Im gleichen Jahr eröffnete im Februar in der 2007 geschlossenen ehemaligen Reha-Klinik in der Dargersdorfer Straße der Senioren-Landsitz „An der Buchheide“ mit Hotel, Physiotherapie und Schwimmhalle. Dort befindet sich auch seit einigen Jahren eine Galerie, die Künstler der Region präsentiert.

Neben dem ältesten Gebäude der Stadt, der Sankt-Georgen-Kapelle, wurde das Seniorenwohnprojekt der evangelischen Stiftung „Sankt-Georgen-Hospital“ 2010 realisiert. Dazu wurde auf dem ehemaligen Friedhof ein Neubau mit 22 barrierefreien Wohnungen geschaffen. Das alte Haus des Sankt-Georgen-Hospitals wurde mit sieben altersgerechten Wohnungen ebenfalls rekonstruiert.

Seniorenlandsitz „An der Buchheide“ (B 195)

Sankt-Georgen-Seniorenheim (B 196)

„Aus Alt mach Neu" – Wohnungssanierung und Modernisierung durch „WOBA-Templin-UM" und „Wohnungsbaugenossenschaft Uckermark Templin" e. G.

Neben dem Neubau von Miet- und Sozialwohnungen war die Sanierung bzw. Modernisierung des vorhandenen Wohnbestandes eine wesentliche Aufgabe für den Stadtumbau. Verantwortlich für den städtischen Wohnraum war nach der Auflösung des VEB-Gebäudewirtschaft am 1. Juli 1990 die WOBA-Templin-UM. Die Wohnungsbaugenossenschaft Uckermark Templin e. G. fungierte als Nachfolgeinstitution der Arbeiterwohnungsgenossenschaft (AWG). Beide Betriebe waren Hauptbauträger bei der Wohnraumsanierung der Stadt und standen u. a. vor der Aufgabe, den vorhandenen Wohnraum bedarfsgerecht umzugestalten.

Im Zeitraum 1992-97 wurde die Siedlung Postheim durch die WOBA generalüberholt. Es wurden 105 Wohnungen modernisiert, 68 Wohnungen neu gebaut sowie ein Restaurant, eine Arztpraxis und elf Ferienhäuser errichtet. Nachdem in den 1990er Jahren das Wohngebiet in der Straße des Friedens und in der Ringstraße renoviert worden waren, begann die WOBA-Templin UM mit der Jahrtausendwende wie schon die Wohnungsbaugesellschaft Uckermark Templin ein Projekt, das in der Stadt neue Wege beschritt und viele neue Akzente setzte. Statt wie bisher die Plattenbauten äußerlich nur durch Farbgebung aufzuwerten, wurden die obersten Etagen abgetragen. Die Wohnungen wurden den Wünschen der Mieter entsprechend umgebaut, saniert und mit einem Balkon ausgerüstet.

Bei der Neugestaltung des Wohngebietes Nord (Lychener Straße) gelang es

Lychener Straße (B 197)

Strahl-Goder-Viertel (B 198)

durch den nachträglichen Einbau eines Eckgebäudes, ein einheitliches architektonisches Ensemble zu schaffen. In diesem wurden eine Physiotherapie und eine Gästewohnung untergebracht. Letztere funktionierte man aber wegen zu geringer Nutzung ebenfalls zu Wohnraum um. Die Rekonstruktion und Modernisierung dieses Areals wurden 2009 abgeschlossen. Ein dritter Sanierungsbezirk war die Südstadt (Dargersdorfer Straße), in der Ende 2012 der letzte ehemalige fünfgeschossige WBS-70-Wohnblock des Strahl-Goder-Viertels, durch Rückbau auf drei Etagen mit 27 Wohnungen, fertiggestellt wurde. Dieser Block ist als Mehrgenerationenhaus ausgerichtet, während der bisherige altersgerechte Wohnblock mit Arztpraxis und Gemeinschaftsräumen und Fahrstuhl wieder für die ehemaligen Bewohner hergerichtet worden ist. Insgesamt wurden bis 2012 rund 55 Millionen Euro in Rückbau und Sanierungsmaßnahmen sowie Außenanlagen mit Wegen und Grünanlagen investiert. In das Wohnviertel integriert wurde eine „Seniorenfitnessanlage."

Parallel fand durch die „Wohnungsbaugenossenschaft Uckermark Templin" e. G. seit Sommer 1992 auch die Grundsanierung von Wohnungen im Stadtzentrum sowie in Wohngebieten Süd und Nord statt. Als nächstes Großprojekt ist die Wiederbelebung der ehemaligen Kita „Kuschelkiefer" im Wohngebiet Lychener Straße geplant. Die „Wohnungsbaugenossenschaft Uckermark Templin" e. G. will hier, verteilt auf drei Geschosse, erneut eine Kindereinrichtung mit 96 Plätzen, darunter 36 Plätze für unter Dreijährige schaffen, die auch die Insassen der veralteten Kita „Spatzennest" in der Bahnhofstraße aufnehmen soll. Dazu wird ein Spielplatz mit einem Park auf einer Fläche von 3 000 m² gehören.

Einkaufszentrum contra „Tante Emma-Laden"

Die „freie Marktwirtschaft" brachte auch durchgreifende Veränderungen für das Geschäftsleben. Zahlreiche Lebensmittelläden, Drogerien und Textilgeschäfte wurden von großen Supermarktketten verdrängt, obwohl die Stadtverordneten ein Konzept zum Erhalt von Einzelhandelsgeschäften im Stadtzentrum beschlossen hatten. Dazu gehörten zum Beispiel die Geschäfte Wulckow (Textilien), Gierloff (Lebensmittel), Jahnke (Drogerie), May (Fleischerei).

Als erstes Großkaufhaus etablierte sich in der Hans-Sachs-Straße in der ehemaligen Kartoffellagerhalle das Geschäft „Nix wie hin", von den Templinern später „Nix wie weg" tituliert. Hier war von Möbeln über Teppiche und Textilien sowie Lebensmitteln und Drogeriewaren alles billig zu haben. Dieses Unternehmen wurde im Zuge des Ausbaus des Gewerbegebietes geschlossen.

1991 entschied die Stadtverordnetenversammlung zur Verbesserung der Versorgung mit Waren des täglichen Bedarfs, dass im unansehnlichen Scheunenviertel in der Lychener Straße ein Versorgungszentrum entstehen sollte, Ende des Jahres befürwortete man auch die Errichtung eines Aldi- und Kaiser-Marktes auf dem Gelände der ehemaligen Gärtnerei Dannenberg in der Vietmannsdorfer Straße. Sie wurden im November 1994 eröffnet. In die Räume des Kaiser-Marktes zog später ein Edeka-Markt.

Der Bauherr Willy Repkow von der Versorgungsbau GmbH stellte im März 1992 Planungen für ein Einkaufscenter in der Lychener Straße gegenüber der Aral-Tankstelle vor: Es sollte ein dreigeschossiges Einkaufscenter mit Bekleidung für Kinder, Damen und Herren, Spielzeugland, Spielothek und Videothek, Kfz-Ersatzteilhandel, Arztpraxen und Büroräumen sowie Rolltreppen, Aufzügen und einer dreigeschossigen Tiefgarage entstehen. Einbezogen werden sollten ein Plus- und ein Bau-Markt. Schon vertraglich gebunden wären ein Bistro und ein Drogeriemarkt. Diese Pläne scheiterten an fehlenden Finanzen des Bauherrn. Realisiert wurden der Plus-Markt mit einer Backwarenverkaufsstelle der Bäckerei Kolberg, eröffnet am 5. August 1993, und der Bau- und Gartenfachmarkt (Baywa). Seit 2012 befindet sich auf dem Areal anstelle des Plus-Centers eine Netto-Kaufhalle, ein schon früher eröffneter Netto-Markt liegt gegenüber an der Lychener Straße.

Später kam eine Norma-Kaufhalle dazu, die jedoch wegen des ungünstigen Standortes geschlossen wurde und zusammen mit einem Schlecker-Geschäft direkt an der Lychener Straße neu entstand. In die Norma-Kaufhalle zog ein „Dänisches Bettenhaus". Dieses wechselte im November 2012 in das City-Center in der Friedrich-Engels-Straße. Ein erster Norma-Markt befand sich seit 1994 neben dem Bekleidungswerk.

Auch die zweite Idee von Herrn Repkow, in der Mühlenstraße die von ihm übernommene Kaufhalle in ein großes Ladenstraßenprojekt mit integriertem Wohnraum und Gaststättenkomplex zu entwickeln, scheiterte schließlich an finanziellen Problemen bzw. fehlenden Mietern für die Einzelgeschäfte. Um dieses Vorhaben umzusetzen, waren die Gaststätte „Stadt Templin" und die dazu gehörende Tanzbar abgerissen worden und mit einer Lückenbebauung zum Markt Geschäfts- und Wohnräume begonnen, aber nicht beendet worden. Die ehemalige Kaufhalle bezog schließlich die Drogeriekette „Rossmann", die Investruine übernahm der Unternehmer Manfred Darge und gab diesem Abschnitt der Mühlenstraße ihr heutiges Gesicht.

Er war es auch, der ein Kleinod unserer Stadt, die „Altstadtpassage" von der Ernst-Thälmann- zur Pestalozzistraße, die durch den Bauunternehmer Jochen Köhn geschaffen worden war, im September 2011 wieder öffnete. Neben einem Café gab es dort bei der Ersteröffnung ein Landmoden-, ein Blumen- und ein Spielwarengeschäft sowie einen Laden für Heim- und Festschmuck. Hinzu kam ein Waschsalon. Heute befinden sich dort eine Confiserie mit Café, ein Kosmetikstudio, ein Geschäft mit Dekor und Festschmuck, die Agentur „Pro Templin -Leben in Brandenburg" sowie ein Fahrradcenter.

In der Südstadt wurden hinter der heutigen Edeka-Kaufhalle im Mai 1993 ein Penny-Markt sowie die Löwenzahn-Apotheke, eine Schlecker-Filiale, eine Lottoannahmestelle und ein Bekleidungsgeschäft eröffnet. Letzterer Laden ist nach dem Umzug der Boutique eine Schneiderei mit weiteren Dienstleistungsangeboten wie Reinigungs- und Schuhreparaturannahmestelle. Im Zuge der Schlecker-Insolvenz musste die Drogeriefiliale 2012 schließen. Ebenso wechselte nach langer Diskussion in der Stadtverordnetenversammlung der Penny-Discounter wegen zu geringer Verkaufsfläche seinen Standort in die Robert-Koch-Straße gegenüber dem Stadtbahnhof.

Bereits zu Beginn der 1990er Jahre hatten Investoren der KapHag-Gruppe für das Scheunenviertel in der Lychener Straße Pläne für das „StadtCenterTemplin" entwickelt und ca. 10 Millionen DM in das Einkaufszentrum ohne Beschränkungen im Sortiment investiert. Am 11. Dezember 1993 war die feierliche Grundsteinlegung. Als erstes Geschäft eröffnete der „Minimal-Markt", heute „Rewe". Dann folgten die „Blumenfee"-Woldt, ein Schuh- und Sportladen, eine Backwarenfiliale sowie ein Zeitungs-/Tabak- und Getränkeladen sowie als Gaststätte das „Pub". Auch Zweigstellen der Volksbank und Sparkasse fanden ein Domizil. In den alten Scheunen etablierten sich eine Versicherungsagentur, das „Eiscafé Cadillac" und ein Küchenstudio. Ein ebenfalls eröffnetes Baustoffversorgungscenter wurde wieder geschlossen, ebenso das „Pub". Neu zogen 2009 der Textildiscounter „KiK" und 2010 in einen Erweiterungsbau die Drogeriekette „Ihr Platz" ein, die jedoch wegen Firmeninsolvenz 2012 schloss. Das Sparkassengebäude nutzt heute ein Vodafon-Geschäft, Sparkassenkunden können sich am Automaten bedienen.

Erfreut waren nicht nur die Bewohner der Friedrich-Engels-Straße, dass das Gelände des ehemaligen Kohlenplatzes zum Bau des „City-Centers" durch die Familie Singer aufgekauft wurde, um hier ein Geschäftshaus mit Apotheke, die spätere „Sonnenapotheke", die sie selbst betreiben wollten, zu errichten. Aufgenommen wurden Geschäfte, eine Niederlassung der „Barmer"-Krankenkasse, das Arbeitsamt, Rechtsanwaltspraxen und Steuerbüros, eine Gaststätte, ein Fitness-Center und Arztpraxen. Geplant war auch ein Kurmittelhaus mit Massagen und Moorpackungen, das aber nicht realisiert wurde. In den Räumen des Sportstudios arbeitete vorübergehend eine Weiterbildungsagentur, dann wieder ein Sportstudio.

Am 24. September 1994 übernahm in der Mühlenstraße die Firma „Nessler" das frühere Kaufhaus, und betreibt auch den früheren Möbelpavillon. Zum Angebot gehören Textilien und Haushaltswaren. Leider ist ein Angebot des Unternehmens, die Baulücke einschließlich der Ecke Martin-Luther-Straße zu schließen, von der Stadt 1996 nicht akzeptiert worden.

GESUNDHEITSEINRICHTUNGEN

Genau wie in vielen anderen Bereichen musste man sich auch im Gesundheitswesen neuen Bedingungen und Erfordernissen stellen. Bisher staatliche Einrichtungen wurden privatisiert, die Poliklinik geschlossen und Kinderkrippen erhielten neue Träger.

Das Templiner Sana-Krankenhaus

Das Kreiskrankenhaus, dessen Träger nach der Kreisgebietsreform der Uckermarkkreis war, wurde auf Beschluss des Kreistages 1995 in die private Trägerschaft der Langenbahn-Dr.-Schubert-Gruppe unter dem Namen „Versalius"-Kliniken Templin GmbH überführt. Sie übernahm die 253 Mitarbeiter. Ein Konzept, das Haus als gemeinnützige GmbH zu führen, getragen von den Ärzten des Krankenhauses, war nicht genehmigt worden. 1998 wechselte das Haus in die Trägerschaft des Paritätischen Wohlstandsverbandes.

Im Jahre 2001 fusionierten die Krankenhäuser Templin und Gransee, was zu einer Verschmelzung der Verwaltung und der medizinischen Betreuung führte. Am 30. Mai 2001 erhielt das Krankenhaus endlich den Fördermittelbescheid zur umfassenden Sanierung. Start war im Juli 2001, abgeschlossen wurde sie 2009. Zuerst wurden ein neues Bettenhaus gebaut, der Operationssaal modernisiert und eine Notfallambulanz eingerichtet. Zwischenzeitlich übernahm 2006 der Sana-Klinik-Verbund 75,1% der Gesellschaftsanteile. Das Sana-Krankenhaus Templin wurde nach fast sechsjähriger Bauzeit mit einem Gesamtinvestitionsvolumen von 24 Millionen Euro komplett saniert wieder in Betrieb genommen.

Dass der Krankenhausstandort Templin trotz der jahrelangen Schwierigkeiten durch den ständigen Wechsel von Betreibern, deren Bestreben in der ersten Linie der Abschöpfung von Fördermitteln zu gelten schien, bzw. dem Abzug von Kapital, ist im Besonderen auch Dr. Ruth Mähl zu verdanken, die mit Kompetenz, Konsequenz und Durchhaltevermögen für dessen Erhalt gekämpft hat. Seit der Eröffnung stehen den 170 Mitarbeitern hochmoderne Arbeitsplätze und den Patienten zeitgemäße stationäre und ambulante Behandlungs- und Betreuungsplätze zur Verfügung. Zum Behandlungsspektrum im Rahmen der Grundversorgung gehören Pädiatrie, Chirurgie, Geburtenhilfe und Gynäkologie, Innere Medizin, Anästhesie und Intensivtherapie.

Seit Februar 2010 ist das Krankenhaus auch offizielle Beratungsstelle der Deut-

Sana-Krankenhaus (B 199)

schen Kontinenz Gesellschaft, seit 2012 gibt es eine geriatrische Betreuung. Durch Kooperation u.a. mit der kardiologischen Abteilung des Sana-Klinikums Lichtenberg ist das Templiner Krankenhaus in der Lage, kurzfristig auf eine spezialisierte kardiologische und Schlaganfalldiagnostik durch Nutzung der Telemedizin zurückgreifen zu können. Am 25. 11. 2009 konnte die neue Rettungswache neben dem Krankenhaus in Betrieb genommen werden.

Ärztehaus statt Poliklinik

War zu DDR-Zeiten die Poliklinik mit Allgemeinmedizinern und Fachärzten für Chirurgie, HNO, Augenheilkunde, Gynäkologie und Röntgenabteilung, neben

Sana-Krankenhaus (B 200)

den staatlichen Arztpraxen der Allgemeinmediziner in den Wohnbereichen, der Anlaufpunkt für die medizinische Erstversorgung, wurde sie nach der Wende geschlossen.

Von der Treuhand wurde der Kommunalverwaltung das Gebäude der Templiner Poliklinik übergeben. Damit wurde der Übergang in die Selbständigkeit notwendig. Die Ärzte, die nicht im Krankenhaus angestellt waren, eröffneten private Praxen. So setzte die Inhaberin der damaligen „Kastanienapotheke", Carola Berlin, in der Robert-Koch-Straße ein positives Zeichen mit dem Vorhaben zum Bau eines Geschäfts-, Büro- und Ärztehauses in der Mühlenstraße/Ecke Friedrich-Engels-Straße.

Die Stadtverordneten entschieden positiv über den Vorhabensplan für dessen Errichtung, so dass nach der Grundsteinlegung 1993 das Haus am 20. Mai 1995 eröffnet werden konnte. Die Eigentümerin ist gleichzeitig Inhaberin der Apotheke. Im Haus sind 2012 vier Allgemeinpraktische Ärzte, ein Chirurg, zwei Gynäkologen eine Neurologin und ein Gesichtschirurg niedergelassen. Letzterer, Dr. Pöhl, organisiert seit Jahren mit Kollegen/innen, u. a. der Schmerzärztin Dr. Schilling und der Zahnärztin Dr. Anke Weitermann, in ihrem Urlaub Einsätze in Peru, um dort Menschen mit Gesichtsdeformationen zu operieren. Außerdem sind eine Physiotherapie, eine Röntgenabteilung, ein Orthopädie- und Schuhgeschäft der Firma Gbur und ein Griechisches Restaurant integriert. Bis Dezember 2010 nutzte auch die Redaktion der „Templiner Zeitung" einige Räumlichkeiten, zog dann aber ins Gebäude der Sparkasse in der Schinkelstraße. 2012 übernahm ein Rechtsanwalt Geschäftsräume, während die Radiologie ins Krankenhaus wechselte.

In dem in den 1990er Jahren eröffneten gegenüberliegenden „City-Center" sind ein Dialysezentrum für Diabetiker, eine Hautärztin und eine Kieferorthopädin untergebracht. Daneben praktizieren in niedergelassenen Praxen drei Allgemeinpraktische Ärzte, ein Chirurg, eine Onkologin, zwei Kinderärztinnen, eine HNO-Ärztin und zwei Augenärzte. In der Apotheke Am Markt haben sich ein Allgemeinmediziner, eine Ärztin für Innere Medizin sowie vier Heilpraktiker niedergelassen.

Von der Reha-Klinik zur „Seniorenresidenz an der Buchheide"

Das Vorhaben, Templin zum Erholungs-, Kur- und Bäderstandort auszubauen, beinhaltete auch die Schaffung von Rehabilitationseinrichtungen. Bereits sehr früh stand diese Zielstellung auch auf der Tagesordnung von Stadtverwaltung und Stadtverordneten. So legte Bürgermeister Schoeneich am südlichen Stadtrand Templins bereits am 2. Dezember 1992, in Anwesenheit von Sozialministerin Regine Hildebrandt und Dr. Hager von der Reha-Med-Gesellschaft, den Grundstein für eine Rehabilitationsklinik für Herz-Kreislauf- und Stoffwechselerkrankungen der Reha-Med-GmbH-Königstein/Taunus. Das war der erste Schritt Templins auf dem Weg zu einem Kur- und Bäderzentrum.

Auch die Langenbahn-Schubert-Kliniken GmbH München, die später das Krankenhaus übernahm, bewarb sich im selben Jahr um den Bau von zwei Fachkliniken in dem als Sondergebiet für Kliniken ausgewiesenen Gelände in der Dargersdorfer Straße. Eine Klinik sollte mit 20 Beschäftigten für operative und konservative Behandlungen von Venenleiden dienen, die andere als orthopädisch-rheumatologische Fachklinik arbeiten. Einbezogen werden sollte das leer stehende Heim der Staatssicherheit. Doch das Gesundheitsministerium in Potsdam genehmigte nur den Bau einer Klinik.

Die am 9. August 1995 in Betrieb genommene Reha-Klinik „Uckermark" mit Schwimmhalle bot Platz für 236 Patienten. Gleichzeitig war ein Kurpark geschaffen worden, der allen Templinern und Gästen offen stand. Verschiedene Ursachen haben leider dazu geführt, dass die für ca. 80 Millionen DM errichtete Klinik nur zu ca. 20% belegt wurde und der Konkurs drohte. Zwischenzeitlich strebte die finanzierende Bank, die DEPFA Bank Wiesbaden, die inzwischen Eigentümer war, neue Betreibermodelle an. Es wurde angedacht, die in unmittelbarer Umgebung von Templin außerordentlich umfangreichen Moorvorkommen, deren Nutzung als Moorbad die Templiner Stadtverordneten schon am 15. Dezember 1966 diskutiert hatten, zu verwenden, und damit neben der Thermalsole ein zweites Heilmittel zu nutzen. Damals hatte Dr. Karl-Heinz Seidler angeregt, die umfangreichen Moorvorkommen bei Dargersdorf zur Behandlung von Arthritis, Rheuma, Knochen und Gelenkbeschwerden zu nutzen. Da diese Pläne erneut nicht realisiert werden konnten, erfolgte doch die Schließung zum Jahresbeginn 2007.

Auf Initiative von Dr. Ronald Lamprecht wurde fast ein Jahr später die Einrichtung als „Senioren-Landsitz an der Buchheide" mit Pflegeeinrichtung, Hotel, Physiotherapie und Schwimmhalle reaktiviert. Dr. Lambrecht ist ärztlicher Leiter und Geschäftsführer der Senioren-Landsitz GmbH und Anästhesist im Krankenhaus.

Eine neue Schullandschaft entstand

Mit dem Anschluss der DDR an die Bundesrepublik kam es auch zur Veränderung des Bildungswesens. Es wurde ein dreigliedriges Schulsystem mit Grundschule für die Klassen 1 - 6, Sekundarstufe I mit den Klassen 7-10 und Sekundarstufe II zur Ablegung des Abiturs nach den Klassen 11-13 eingeführt. Die Sekundarstufe I untergliederte sich in die Real- und Gesamtschule sowie das Gymnasium. Die Gesamtschulen profilierten sich als weiterführende Bildungseinrichtung für alle Schülerinnen und Schüler ab der 7. Klasse. Hier wurden individuelle Leistungsstärken bzw.- schwächen besonders berücksichtigt und Schüler/innen individuell gefördert. Die Realschule bereitete als weiterführende Schule vorrangig auf den Übergang in eine Berufsausbildung vor. Das Abitur konnte am Gymnasium oder an der weiterführenden Gesamtschule erworben werden. Eine Förderschule ermöglichte Kindern mit Lernschwächen bzw. geistigen Behinderungen eine schulische Bildung.

Grundschulstandorte

Die Wald- sowie die Lindenschule wurden als Grundschulen etabliert, die frühere Kosmodemjanski-Schule und die Karl-Liebknecht-Schule zuerst als Grund- und Gesamtschulen ausgewiesen. Mitte der 90er Jahre kam es wegen der abnehmenden Schülerzahlen durch Geburtenrückgang und Wegzug zu ersten Umstrukturierungen. Die Schule am Egelpfuhl wurde Grundschule, die Lindenschule nach Ablauf des Schuljahres 2002/2003 geschlossen, ebenso der Grundschulteil in der Dargersdorfer Straße. Die Klassenstufen fünf und sechs wurden auf die „Egelpfuhlschule" und die „Waldschule" verteilt. Gleichzeitig mit den Veränderungen der Schul standorte kam es zur Neuprofilierung von Schulen, um sich ein eigenes Gepräge zu geben bzw. um ihre Schule attraktiver zu machen. So richtete z. B. die „Egelpfuhlschule" Klassen zur sonderpädagogischen Förderung für sprachauffällige Kinder ein. Im März 2011 setzte der Umbau der ehemaligen Goetheschule ein. Nachdem das Gebäude seit Februar 2007 leer stand, wurde in einem ersten Bauabschnitt das Schulgebäude restauriert und umgebaut, eine Cafeteria in der ehemaligen Turnhalle eingerichtet. Beim zweiten Bauabschnitt im Juni des Jahres wurde auf dem Terrain des früheren Nebengebäudes der Bau der Turnhalle begonnen. Die neue Turnhalle besteht aus zwei Häusern, der Sporthalle und dem Sozialtrakt mit Umkleidebereich, Dusch- und Waschräumen und einem Geräte- und Lehrerraum. Im dritten Bauabschnitt folgten die Außenanlagen, die Bepflanzung und der Bau von Spielanlagen. Insgesamt sind Investitionen von 4,6 Millionen Euro, davon 270 000 Euro aus dem Konjunkturpaket II der Bundesregierung, geflossen. Zum Schuljahr 2012/13 konnte die „Waldschule" in das umfassend sanierte Areal der „Goetheschule", deren Namen sie nun auch trägt, umziehen. Wie Landrat Dietmar Schulze bei der offiziellen Übergabe am 17. August 2012 betonte, hat sich die Stadt damit eine weitere „Perle" geschaffen.

Von der Real- und Gesamtschule zur Oberschule

Die frühere Goetheschule profilierte sich seit 1990 als Realschule. Dazu begann im Dezember 1992 eine Sanierung, bei der das Dach, die Fassade und die Flurfenster erneuert wurden. Im Dachgeschoss wurden neue Kursräume für die Fächer Informatik und Schneidern ausgebaut und im Keller eine Küche für den Hauswirtschaftsunterricht eingerichtet. Zuvor wurden bereits die anderen Räume malermäßig instand gesetzt und die Turnhalle renoviert.

Die zehnklassige Schule in der Dargersdorfer Straße beherbergte seit 1990 die Gesamtschule. 1993 wurde sie in eine Ganztagsschule umgewandelt, was bedeutete, dass der Unterricht an mehreren Tagen in der Woche auf den Vor- und Nachmittag verteilt wurde. Dazu kamen die Hausaufgabenerledigung und Arbeitsgemeinschaften.

Sinkende Schülerzahlen machten 2005 nochmals eine Neuprofilierung der Sekundarstufe I im Land Brandenburg notwendig – aus Real- und Gesamtschulen entstand die Oberschule.

Deshalb musste ein Gebäude, und zwar die Goetheschule, geschlossen werden. Sie wurde während der Sanierung des Schulgebäudes in der Dargersdorfer Straße als Übergangsdomizil genutzt. Als einzige Oberschule blieb die inzwischen modernisierte Schule in der Dargersdorfer Straße.

Das Templiner Gymnasium

Der Errichtungsbeschluss für die Schulform Gymnasium in Templin erfolgte bereits 1990. Zu dieser Zeit war über den zukünftigen Standort und die Variante eines eigenständigen Gymnasiums aber noch nicht entschieden. Klar war nur, dass eine Sanierung des Joachimsthalschen Gymnasiums nicht finanzierbar war und die Räumlichkeiten vor allem für den naturwissenschaftlichen Unterricht dort nicht ausreichend waren bzw. ganz fehlten.

Der Templiner Kreistag beschloss deshalb am 31. Januar 1991 die Errichtung eines neuen Templiner Gymnasiumbaus. Diesem Bescheid folgte die Templiner Stadtverordnetenversammlung mit dem Beschluss zur Schaffung der planungsrechtlichen Voraussetzungen. Nach der Genehmigung des Neubaus durch das Bildungsministerium in Potsdam liefen die Kaufverhandlungen für das 5 ha große Grundstück an der Verbindungsstraße zwischen Dargersdorfer und Vietmannsdorfer Straße an. In diesem Zusammenhang wurde die Stadt auch Mitglied des „Schulverbandes der Gymnasien des Landes Brandenburg“.

Im Schuljahr 1991/92 begann mit den Klassenstufen sieben und acht für die Gymnasiasten der Unterricht noch in den Räumen der Städtischen Realschule. Als diese ihre eigenen Klassenstufen ausbaute, erfolgte im kommenden Schuljahr ein Umzug der Gymnasialklassen in Räume der Grund- und Gesamtschule am Egelpfuhl, weshalb von dort einige Grundschulklassen in andere Schulen verlagert werden mussten. Zusätzlich wurden noch Barackenräume in der Friederike-Krüger-Straße, später „Freie Naturschule“, genutzt. Das letzte Abitur nach DDR-Recht wurde 1993 in der Egelpfuhlschule abgelegt.

Wegen des weiteren Anwachsens der Klassenstufen zog das Gymnasium zum Schuljahr 1993/94 in die ehemalige Kommunale Berufsschule in der Dargersdorfer Straße ein. Dieses Gebäude war zu diesem Zeitpunkt frei geworden, da die Berufsschüler, Holzfacharbeiter, auf Grund der 1991 neu gebildeten Oberstufenzentren in Schwedt unterrichtet wurden. Auf dem Terrain der Berufsschule wurde durch einen zusätzlichen Containerbau 1994 die Raumnot gemindert. Sportunterricht wurde in den Turnhallen der Gesamtschule in der Dargersdorfer Straße und der Grundschule am Egelpfuhl erteilt.

Gymnasium (B 201)

Die Grundsteinlegung für das Gymnasium war am 9. September 1994 in der Feldstraße in Anwesenheit des Bürgermeisters Ulrich Schoeneich, des damaligen Bildungsministers Roland Resch und des Landrates Joachim Benthin.

Roland Resch hatte zunächst als Landrat und danach als Bildungsminister großen Anteil, dass in Templin nicht wie geplant ein Containerbau, sondern ein an die Templiner Architektur angelehntes Gebäude entstand. In Anlehnung an die Stadtmauer hatte Architekt Puhan-Schulz einen 50 bis 70 cm hohen Feldsteinsockel und die vollständige Verblendung des Turmes für die Bibliothek mit Feldsteinen projektiert. Das war für die Templiner Firma Grafe eine große Herausforderung, die bravourös gemeistert wurde. Bildungsministerin Peter eröffnete das neue Gymnasium in der Feldstraße zum Schuljahr 1996/97. Die Kosten betrugen 29,1 Mio. DM. Bis 2012 legten die Schüler dort nach 13 Schuljahren ihr Abitur ab, seit 2012 endete die Abiturstufe bereits nach der 12. Klasse.

Nach Fertigstellung des Schulhauses begann der Bau einer Mehrzweckhalle. Allerdings mussten diesmal statt der ursprünglich geplanten Feldsteine aus finanziellen Erwägungen Klinker für die Außenfassade verwendet werden. Die moderne Sporthalle steht neben dem Schul- und Vereinssport auch für Veranstaltungen zur Verfügung. Durch 300 einfahrbare Tribünenplätze wird insgesamt Platz für 675 Zuschauer geboten. Die Außensportanlagen konnten 2008 realisiert werden.

Das Gymnasium wurde ab dem Schuljahr 1999/2000 wie alle weiterführenden Schulen ab der Sekundarstufe I vom Kreis übernommen.

Waldhofschule (B 202)

Schulen in freier Trägerschaft

Als Schule in freier Trägerschaft gibt es seit dem Schuljahr 1997/98 eine nach Montessori orientierte Grundschule, eine Filiale der „Aktiven Naturschule der Freien Schule Prenzlau" e. V., für die Klassen eins bis sechs.

Da die „Goetheschule" als neues Domizil der „Waldschule" grundlegend renoviert wurde, konnte das Gebäude der „Waldschule" 2013 der „Freien Naturschule" und dem dazugehörigen Kindergarten zur Verfügung gestellt werden. Diese Einrichtungen arbeiteten bis dahin unter schlechten Bedingungen in Baracken in der Friederike-Krüger-Straße bzw. auf dem Gelände des ehemaligen Joachimsthalschen Gymnasiums. Zudem benötigte die „Aktive Naturschule" mehr Raum, um einen Schulabschluss der Fachoberschulreife, erweiterten Berufsbildungsreife und allgemeine Hochschulreife zu ermöglichen.

Daneben existiert in Trägerschaft der „Stephanus-Stiftung", heute „Hofbauer-Stiftung", die Schule für geistig Behinderte im „Waldhof", die 2004 zur „Schule für alle" umstrukturiert wurde. Dort lernen Schüler mit und ohne Behinderungen gemeinsam. Dieses Projekt hat bundesweit Vorbildcharakter und wurde 2010 mit dem „Deutschen Schulpreis" ausgezeichnet.

Das Schicksal des „Joachimsthalschen Gymnasiums"

Im ehemaligen Joachimsthalschen Gymnasium wurde die dort seit 1988 befindliche „Pädagogische Fachschule für Kindergärtnerinnen" auf Beschluss des Ministeriums für Bildung, Jugend und Sport ab September 1991 in eine „Fachschule für Sozialpädagogik und Berufsfachschule für soziale Berufe" umgewandelt und 1992 ins „Märkische Oberstufenzentrum" eingegliedert. Diese Bildungseinrichtung, mittlerweile eine Abteilung des Oberstufenzentrums Uckermark, siedelte 1996 nach Freizug durch das Gymnasium in die frühere Berufsschule in der Dargersdorfer Straße um. Seit dieser Zeit steht das Schulareal des „Joachimsthalschen Gymnasiums" leer.

Bei einem Treffen der „Alten Joachimsthaler" am 2. Oktober 1991 in Anwesenheit von Markus Meckel, Mitglied des Bundestages, ging es bereits um die Wiederbelebung der alten Bildungseinrichtung. Der Abgeordnete Meckel bestätigte die Notwendigkeit einer gymnasialen Ausbildung, sah aber nur geringe Chancen für eine Wiederbelebung des früheren Gymnasiums.

Im März 1996 stellte der Vorstandsvorsitzende der „Europäischen Gesellschaft für Förderung von Kultur, Bildung und Wirtschaft" im Bildungsausschuss Visionen einer „Europa-Schule" in Templin vor, woraufhin sich Ende des Jahres die Stadtverordnetenversammlung bereit erklärte, sich an einer gemeinsamen Stiftung für das Joachimsthalsche Gymnasium mit 51% zu beteiligen, wenn die Stiftung die Immobilie übernimmt und saniert. Das Land gab diesem Konzept seine Zustimmung, doch das Landesamt zur Regelung offener Vermögensfragen lehnte die Rückübertragung an den Verein der „Alten Joachimsthaler" erneut ab.

Im September 1998 wandte sich der Verein der „Alten Joachimsthaler" nochmals mit einem Informationsheft an die Öffentlichkeit, um sein Konzept, ein Gymnasium für besonders begabte Schüler der Klassen 7-12 zu schaffen, vorzustellen, und warb gleichzeitig um finanzielle Unterstützung. Doch Firmen wie VW oder die Bosch-Stiftung, die bereit waren eine Privatschule zu unterstützen, waren nicht bereit, finanzielle Mittel auszureichen, da die Immobilie dem Land gehörte. Außerdem schränkten Auflagen für den Denkmalschutz und das Mieterschutzrecht für die noch auf dem Gelände wohnenden Familien die Gestaltungsfreiräume weiter ein.

Auch das Projekt „Oberstufenkolleg Joachimsthal" von Dinnies von der Osten zur Schaffung eines internationalen Oberstufen-Internatgymnasiums scheiterte trotz Bestätigung durch das Brandenburger Bildungsministerium. Selbst die Fürsprache des damaligen Bundespräsidenten Dr. Richard von Weizsäcker gemeinsam mit Landrat Dr. Seidler, Dr. Joachim Bormeister, Max von Arnim und Wolfgang von Buch änderten nichts. Besonders engagierte sich neben vielen anderen auch der damalige Bürgermeister Herr Schoeneich.

Im November 2008 wurde das Gelände des Joachimsthalschen Gymnasiums als Hotel- und Wohnstandort ausgeschrieben, aber nicht vom Land, sondern durch

Eingang Joachimsthalsches Gymnasium (B 203)

die Private Brandenburgische Boden GmbH. Gekauft wurde das Areal durch den privaten Berliner Investor Christian Kolbe, der mit ersten Renovierungsarbeiten an den vermieteten Wohnhäusern begann.

Nach der 100-Jahr-Feier des Bestehens der Einrichtung in Templin gab es erneute Bemühungen, insbesondere durch Dr. Hubert Völker und den Stadtverordneten Dr. Horst Albrecht, sodass am 19. Oktober 2012 eine Delegation aus Schulexperten, Rechtsanwälten, dem Bürgermeister und Vertretern der Vor- und Nachkriegsschüler des Gymnasiums, im Potsdamer Bildungsministerium ihr Schulkonzept vortrugen. Hintergrund war die Zustimmung der Behörde, dass die Stiftung des Joachimsthalschen Gymnasiums ohne gültige Rechtsgrundlage abgeschafft wurde, während sie in Schulpforta, in Sachsen, weiter existiert. Vorgestellt wurde eine Konzeption für einen Spezialbildungsweg für Schulverweigerer bzw. Minderleisterer ab der neunten Klasse, um Fachkräfte zu gewinnen.

Die Idee wurde vom Ministerium zwar begrüßt, aber keine finanzielle Unterstützung in Aussicht gestellt. Abgelehnt wurde auch erneut die Beteiligung am Erhalt der denkmalgeschützten Immobilie.

Bis 2010 war man der Überzeugung, dass die Stiftungsurkunde von 1607 vernichtet wurde, aber sie wurde in den Beständen des Schweriner Staatsarchivs entdeckt.

Das Gymnasium und die Bibliothek hatten die Kriegszeit nicht unbeschadet überstanden, viele Räume waren nach dem Abzug der Panzerschule Ende 1945 verwüstet, auch die Bibliothek. 1946 wurden auf Befehl eines sowjetischen Offiziers drei Lastwagen mit Büchern abtransportiert, deren Verbleib noch nicht exakt ausgewiesen ist, deren Spur aber bis nach Tiflis führt. Problematisch ist auch die Auslagerung und Überführung von Archivalien am 16.12.1950 an die Pädagogische Hochschule nach Potsdam, heute Golmer Abteilung der Potsdamer Universitätsbibliothek. Teile der Musikaliensammlung gingen an die Hochschule für Musik in Weimar, an die Staatsbibliothek und die Humboldt-Universität in Berlin.

2009 wurden die noch verbliebenen umfangreichen Archivalien, Bücher, Urkunden und Bilder durch Dr. Christian Ritzi vom Förderkreis Bibliothek für Bildungsgeschichtliche Forschung Berlin e. V. aufgelistet und diese dann durch ABM-Kräfte in die Häuser des ehemaligen Landkreises Templin in der Puschkinstraße ausgelagert, gereinigt bzw. restauriert. Vorhanden ist auch eine Auflistung über die Überführungen nach Potsdam und Berlin. Geplündert wurde auch die Schmaltzsche Sammlung wertvoller Fossilien, Muscheln und Schnecken.

In dieser Alma Mater lernten so bekannte Persönlichkeiten wie Achim von Arnim, von Bodelschwingh, Büchmann und Zelter. Zudem absolvierte Gustav-Adolf Kuntzen (1907-1998), zuletzt Stellvertretender Generalinspekteur der Bundeswehr und danach Präsident der Clausewitz-Gesellschaft, diese Schule. Ernst von Harnack, Paul von Hase und Erwin Planck wurden in der NS-Zeit als Mitglieder der Widerstandsbewegung des 20. Juni 1944 hingerichtet. Ihnen wurde 2010 eine Gedenktafel auf dem Areal gewidmet.

Von der Berufsschule zum Oberstufenzentrum

Bereits im Juli 1990 ging die Berufsschule in die Trägerschaft des Kreises über. Zum Schuljahr 1992/93 sind diese Schulen auf Anweisung des Ministeriums für Bildung, Jugend und Sport in Oberstufenzentren umgewandelt worden. Das bedeutete, dass die Berufsschulen (einschließlich des Berufsbildungsjahres), Berufsfachschulen, Fachoberschulen, Fachschulen und gymnasialen Bildungsgängen im Bereich der Sekundarstufe II zu einem Oberstufenzentrum unter einer gemeinsamen Schulleitung organisatorisch zusammengefasst wurden. Dazu erfolgte eine Zusammenlegung der Kommunalen Berufsschule, Medizinischen Fachschule und der Pädagogischen Schule für Kindergärtnerinnen Templins mit der Kreisberufsschule Gransee. Im Zuge der Kreisneugliederung 1993 profilierte sich zur beruflichen Bildung das „Oberstufenzentrum Uckermark". Die Ausbildung der Holzfacharbeiter wurde nach Schwedt verlagert, gleichzeitig lief die Ausbildung im medizinischen Bereich aus. Nur die Erzieherausbildung wurde weitergeführt.

So wurde in Templin die Abteilung „Fachschule für Sozialpädagogik" etabliert, die vom Standort Prenzlauer Allee 1996 in die Dargersdorfer Straße wechselte.

Nach einem dreijährigen Studium können die Absolventen ihre sozialpädagogische Tätigkeit im Kindergarten oder in Kindertagesstätten, im Hort- und Heimbereich sowie in Einrichtungen für behinderte Kinder und Jugendliche aufnehmen.

Nach Sanierungsarbeitenen im Jahre 1997 wurde zum Schuljahresbeginn im Oberstufenzentrum auch eine Regionalstelle der „Volkshochschule“ eröffnet. 2012/13 erfolgten umfangreiche Sanierungsarbeiten im Inneren des Gebäudes.

Der „Templiner Waldhof“

Am 2. Oktober 1991 konnte die 100-Jahr-Feier des „Waldhofes“ in Templin begangen werden. Die Einrichtung betreut geistig behinderte Erwachsene und Schwerstbehinderte, z. T. mehrfach behinderte Kinder und Jugendliche. Hauptaufgabengebiete sind Förderarbeit und Arbeitstherapie, die insbesondere unter dem Diakon Reifenstein ausgebaut wurden.

1991 lebten 120 erwachsene Männer und Frauen mit geistiger Behinderung oder psychischen Krankheiten, 51 schwerstbehinderte Jugendliche und Erwachsene, 14 Frauen und Männer im „Geschützten Wohnen“ auf dem Waldhofareal. Elf Jugendliche waren in einer Wohneinrichtung untergebracht und gingen abends nach Hause. Im Heimbereich und in der „Anerkannten Werkstatt“ arbeiteten zu der Zeit 130 Beschäftigte.

Sehr verbunden mit der Einrichtung war die ehemalige Sozialministerin Regine Hildebrandt, die dort bereits während ihres Studiums ein Praktikum absolvierte. Sie besuchte den „Waldhof“ beim Behindertensportfest 1993 und ließ es sich nicht nehmen, mit Staatssekretär Tegtmeier vom Bonner Bundesarbeitsministerium an der Einweihung der Behindertenwerkstatt am 25. Oktober 1996 teilzunehmen.

Die neue Werkstatt für Behinderte war ein Neubau für Menschen mit Schwerst- und Mehrfachbehinderungen. Auch wurden auf zwei Etagen vier Wohngruppen mit je acht Plätzen eingerichtet. Mit der neuen Werkstatt entwickelte sich Templin auch in Richtung einer behindertenfreundlichen Stadt weiter.

1993 organisierte der „Waldhof“ im Templiner Stadion das 1. Internationale Behindertensportfest. Auch beim bundesweiten Behindertensportfest für Frauen 1995 übernahmen die Mitarbeiter des Waldhofes die Vorbereitung und Durchführung. Sportler des Waldhofes waren 1998 beim Staffellauf Wien-Templin erfolgreich dabei, ebenso beim Staffellauf von Rom nach Marathon im Mai 2003. Damit wurden die Teilnehmer zu Multiplikatoren der Waldhofeinrichtung und der Stadt.

Behindertenwerkstatt und Wohnhäuser (B 204)

Heute ist die Institution ein Wohnstätten-Verbund mit differenzierten Angeboten für Menschen mit geistiger und mehrfacher Behinderung mit einer Behindertenwerkstatt, integrativer Grundschule, Integrationstagesstätte sowie einer Frühförder- und

Beratungsstelle im ambulanten Dienst für Vorschulkinder mit Entwicklungsverzögerung. Der „Waldhof“ nimmt Menschen unabhängig von ihrer Konfession auf. Die Einrichtung ist heute der größte Arbeitgeber in der Stadt.

Das Kinderheim „Elfriede Paul“

Das Heim wurde 1990 vom Kreis in städtische Verwaltung übernommen, dann vom DRK und von der Diakonie. Seit 1992 befindet es sich in der Trägerschaft der Lebenshilfe für Menschen mit geistiger Behinderung Landesverband Brandenburg e.V. Diese Organisation hat ihren Sitz in Berlin-Hönow. Damit entstand ein integratives Kinderheim mit angeschlossener Wohnung für zwei Plätze im betreuten Einzelwohnen. Auf Grund der veränderten Bewohnerstruktur – weniger Kinder als Jugendliche - wird die Einrichtung seit 2001 als Kinder- und Jugendheim bezeichnet. Im Jahre 2002 wurde das betreute Einzelwohnen um eine Außenwohnung erweitert, um dem steigenden Bedarf gerecht zu werden. Derzeit werden Kinder und Jugendliche im Alter von sechs bis 27 Jahren betreut.

Das Templiner Bildungswerk

Auf Initiative und in Trägerschaft des Schulamtes der Kreisverwaltung Templin wurde am 24. Januar 1991 die „Zweckgemeinschaft für Berufsbildung“ als eingetragener Verein gegründet, um Lehrlingen nach der Schließung von Betrieben einen Berufsabschluss in vertraglich gebundenen Einrichtungen zu ermöglichen. Dazu gewann das Staatliche Schulamt Betriebe, die die praktische Berufsausbildung durchführten. Unterstützt wurden diese von vier Sozialpädagogen und vier Stützlehrern. Ein Jahr später wurde die „Templiner Beschäftigungs- und Bildungs-gGmbH“ als Nachfolgeorganisation geschaffen. Sie organisierte auch die Beschäftigung von Arbeitslosen. Vielen älteren Menschen gab sie eine Arbeitsmöglichkeit. Zusätzlich engagierte sich die Gesellschaft im sozialen Bereich. 1993 richtete die „Templiner Beschäftigungs- und Bildungs-gGmbH“ in der früheren Medizinischen Fachschule in der Prenzlauer Allee ein Lehrlingswohnheim mit 28 Plätzen ein. Im November des gleichen Jahres übernahm der Verein auch das INFO-Café im „Haus der Kultur“ gegenüber vom Museum. Zusätzlich stellte die Stadt das ehemalige Lehrlingswohnheim der Berufsschule in der Dargersdorfer Straße zur Verfügung. Auf dem Gelände der Forstwirtschaft in der Vietmannsdorfer Straße schuf die Beschäftigungsgesellschaft Arbeitsplätze mit einer Kostümschneiderei, Näherei, Wäscherei, einer Schlosserei und Tischlerei. Gearbeitet wurde außerdem z. B. mit zwei Elektromobilen, in der Ausstellung „Lebensräume“ im Berliner Tor, bei der Rekonstruktion der Freilichtbühne im Bürgergarten und beim Aufbau der Miniaturausstellung „Klein Templin“, die heute im „Ahorn-Seehotel“ zu besichtigen ist.

Wegen Mittelkürzungen im Oktober 2011 wurde die Gesellschaft liquidiert, Teile in andere Einrichtungen eingegliedert. So übernahm die Beschäftigungs- und Bildungs-gGmbH aus Zehdenick im Oktober 2011 das Internat und die Suppenküche mit vier Mitarbeitern. Von den vier Schulsozialarbeitern konnten drei im Angermünder Bildungswerk weiterarbeiten. Sie waren an der Ober- und der Förderschule in Templin und der Grabow-Schule in Prenzlau eingesetzt.

Templiner Kindertagesstätten

In der DDR waren die Kinderkrippen dem Gesundheitswesen, die Kindergärten der Volksbildung zugeordnet. Im Zuge der Umstrukturierungen der Verwaltung erfolgte die Zuordnung in kommunale Trägerschaft. Heute werden viele durch freie Träger betrieben.

Einige Einrichtungen wurden wegen der abnehmenden Kinderzahl bzw. aus Kostengründen in den 90er Jahren geschlossen. Heute betreuen die Kita „Egelpfuhlfrösche", „Käthe Kollwitz" sowie „Spatzennest", die sich in Trägerschaft der Jugend und Sozialwerk gGmbH Oranienburg befinden, die Kita „Olga Benario", „Entennest" und der „Waldkindergarten" die Jüngsten. Die Kita „Spatzennest" in der Bahnhofstraße wird nach der Rekonstruktion der Kindereinrichtung im Wohngebiet in der Lychener Straße ihre neue Heimstatt finden. Am 21. Juni 1993 erhielt der Kindergarten „Olga Benario" in Trägerschaft der Stephanus-Stiftung vom Landessozialamt Cottbus als einzige im Kreis die Zulassung als Integrationsstätte für behinderte und gesunde Kinder. In Trägerschaft der „Freien Naturschule" befindet sich der „Waldkindergarten" auf dem Gelände des früheren Joachimsthalschen Gymnasiums. Er erhält nach dem Umzug der Naturschule in die Röddeliner Straße dort ebenfalls sein neues Domizil.

Vom „Volkskundemuseum" zum „Museum für Stadtgeschichte Templin"

Im Zuge der Auflösung des Kreises Templin ging das Museum genau wie die Bibliothek in den Besitz der Stadt über. Am 1. Januar 1994 erfolgte die Trennung von der „Klostermühle" und deren Übergabe an die Gemeinde Boitzenburg. Das Templiner Museum erhielt den Namen „Uckermärkisches Volkskundemuseum".

2004 entstand die Idee, das Prenzlauer Tor als Gesamtensemble wieder erlebbar zu machen. Dafür erarbeitete Dr. Lutz Libert ein Sammlungsentwicklungskonzept für ein Stadt- und Regionalmuseum, Dr. Susanne Köstering erstellte seit 2007 eine Konzeption für das „Stadtmuseum Templin – ein Museum der Akzente". Mit der baulichen Umgestaltungsplanung für das heutige „Museum für Stadtgeschichte Templin" wurde der Architekt Wolfgang Grieger betraut.

„Museum für Stadtgeschichte“ (B 205)

Vor dem Umbau waren Vortor, Zwinger und Waldemarsgang mit Trennwänden kleinteilig untergliedert. Die Torbögen auf der Feldseite des Vortores und die Öffnungen der Kreuzgänge waren großteils zugemauert. Bei den Restaurierungsarbeiten wurden die Ein- und Umbauten entfernt und die historischen Gemäuer wieder freigelegt. Wände, Fenster, Türen, Decken und Fußböden wurden nach historischem Vorbild saniert und ergänzt. Neue Stahl-Glas-Elemente im Bereich der alten Torbögen gestatten einen Blick durch die alte Toranlage. Durch die Sanierung entstand zwischen Tor und Vortor ein großzügiger Raum, der nun die Dauerausstellung der Stadtgeschichte präsentiert. Das Konzept der Dauerausstellung ist unmittelbar mit der Architektur verbunden. Die Blickachse durch Tor, Zwinger und Vortor macht den Ort als Durchgang und Übergang erlebbar.

Der Sammlungsbestand wurde neu geordnet und präsentiert, um dem Besucher Orts-, Regional- und Museumsgeschichte nahezubringen. Die großen Abschnitte „Die Stadt“, „Das Leben in Stadt und Land“ sowie „Das Land“ bestimmen den Inhalt der Ausstellung und widerspiegeln gleichzeitig den kulturhistorischen Standort. Das städtische Leben, die Landschaft um Templin, Wald und Seen und der sich entwickelnde Tourismus spiegeln sich in den Ausstellungsobjekten wider. Im Waldemarsgang werden Stadtgeschichten erzählt, Geschichten von Personen, Einrichtungen und Orten, die das Leben der Stadt bestimmten und noch heute prägen. Als Ausstellungsdesigner fungierten Prof. Saalfeld und seine Frau. Das Besondere dieser Ausstellung ist, dass der Besucher durch Aufziehen von Schubladen sich selbst bestimmte Ausstellungsstücke erschließen kann.

Zusätzlich gestaltete man die Außenanlagen am Museum neu. Für die Kinder des Wohngebietes und die Besucher schaffte man neue Spielgeräte an, setzt Borde für die Freiflächen und stellte eine Pergola zur Begrünung auf. Findlinge, angelehnt an das Radwanderwegkonzept „Spur der Steine", wurden in die Freiflächen integriert und Sitzbänke laden zum Verweilen ein. Eine kleine Gaststätte mit Sanitäranlagen sollte das Ensemble ergänzen, die Eröffnung steht aber noch aus.

Anlässlich des 17. Stadtfestes 2011 wurde das umgebaute Museum der Öffentlichkeit präsentiert. Die reguläre Einweihung erfolgte am 9. März 2012 in Anwesenheit zahlreicher Gäste. Bereits am 20. November 2010 war der Platz vor dem Prenzlauer Tor, in Erinnerung an die durch das Ehepaar Röhnisch für das Museum geleistete Arbeit, feierlich als „Röhnisch-Platz" eingeweiht worden. Mit einer Gedenktafel im Kreuzgang des Tores wird an die Mundart- und Heimatdichterin „Erna Taege-Röhnisch" erinnert.

Eine weitere Attraktion ist im Mauerbereich vor dem Museum ein Magnetstein aus der Eiszeit, ein so genanntes Leitgeschiebe. Der Magnetismus rührt vom Mineral „Asby Diabas", einem hohen Eisenerzanteil, her. Der Stein, beim Bau der Stadtmauer zufällig eingefügt, kann mit Hilfe eines Magneten gesucht werden. 1995 wurde im Berliner Tor die Ausstellung „LebensRäume" eingerichtet. Über drei Etagen wird der Bogen zur Entwicklung der Uckermark gespannt, von der Eiszeit über die Stadtentstehung bis zur Bildung der Großschutzgebiete „Naturpark Uckermärkische Seen" und „Biossphärenreservat Schorfheide-Chorin". Zur Zeit ist die Ausstellung wegen fehlender Träger geschlossen.

Das MKC – ein kultureller Leuchtturm in der Uckermark

Am 20. November 1993 öffnete das Multi-Kulturelle-Centrum (MKC) in der Prenzlauer Allee 6, der „stattliche Templiner Musentempel", wie es Brandenburgs Kulturminister Hinrich Enderlein formulierte, seine Pforten. Den festlichen Rahmen gestalteten die Kantorei Templin und Mitglieder der „Komischen Oper" Berlin mit der Aufführung des „Halleluja" aus dem „Messias" und Bachs Orchestersuite Nr. 3 in D-dur.

Diesem feierlichen Akt war ein Ringen um den Erhalt des Hauses als Kulturstätte vorausgegangen. Am 1. Oktober 1991 wandten sich Bürger der Stadt in einem Protestbrief an Birgit Breuel, Leiterin der Treuhand, gegen den Verkauf des damaligen Kinos an einen privaten Investor, um das Gebäude als künftiges Kulturzentrum für die Stadt zu erhalten. Unterzeichner waren unter anderem Bürgermeister Ulrich Schoeneich, Landrat Roland Resch, die Dezernentin für Jugend, Kultur und Bildung der Stadt, Anne-Bärbel Beilke, und des Kreises, Brigitte Pilz, die Ausschussvorsitzende der Stadtverordnetenversammlung für Bildung/Kultur/Jugend/Sport Bärbel Makowitz, der Ausschussvorsitzende Kultur des Kreises Dr. Klaus-Jürgen Gundlach. Die Bürgerinitiative „Rettet das Kino" setzte die Über-

Multikulturelles Centrum (B 206)

tragung des Hauses an die Stadt durch. Ein von der Stadt und dem Kreis Templin gegründeter Zweckverband unter der Leitung von Dr. Gundlach wurde der Träger. Besonders der damalige Kulturminister des Landes Brandenburg, Enderlein, engagierte sich für die Einrichtung.

In diesem Gebäude war 1855 das Restaurant „Zum Seebad" eröffnet worden. Dazu gehörte eine für Männer und Frauen getrennte Badeanstalt. 1910 erweiterte der Besitzer Otto Lehmberg das Haus um einen Hotelbereich und einen Veranstaltungssaal sowie eine Kegelbahn. Das erste Kino, die „Union Lichtspiele Templin", öffnete 1913 im „Hotel und Restaurant Seebad". Damals führte man zweimal pro Woche mit einer mobilen Anlage Filme vor. Zwei Gaststätten, eine mit Bierausschank und ein Café, wurden betrieben. Große Bälle gehörten damals ebenfalls zum Programm. In der Zeit des Nationalsozialismus wurden hier viele politische Kundgebungen und Veranstaltungen durchgeführt. In den letzten Kriegsjahren erwarb das Haus der Besitzer der „Schauburg", Theodor Rettig. Der Bombenabwurf zerstörte das linke Drittel des Hauses, in dem sich auch das Restaurant befand. Nach dem Krieg trug man den zerstörten Teil ab, das Kino wurde als „Seebad Lichtspiele" privat weitergeführt. Ende der 50er Jahre ging das Haus an den Volkseigenen Lichtspielbetrieb Neubrandenburg über. Die Idee, die Seitenbalkone abzubauen, um Filme in Totalvision zeigen zu können, wurde nicht umgesetzt. Von 1964 bis in die 80er Jahre betrieb die HO die „Theater-Klause" als Gaststätte.

Bis zur Wende war das damalige „Filmtheater Templin“ gleichzeitig Kino, Fest-, Theater- und Konzertsaal und außerdem Kreisfilmstelle.

Im Dezember 1992 begann die Firma Grafe-Bau GmbH mit den Abbruch- und Umbauarbeiten. Die ursprünglichen Planungen sahen einen großen Saal für 500 Zuschauer, ein Terrassencafé und eine Gaststätte vor. Beide gastronomischen Einrichtungen sollten durch einen privaten Investor betrieben werden. Im Obergeschoss plante man Büroräume und eine Wohnung, im Keller wieder eine Kegelbahn, Proben-, Klub- und Zirkelräume. Sogar ein Ballettsaal war vorgesehen. Realisiert wurden die Sanierung und der Ausbau das alten Gebäudes sowie Erneuerung des Eingangsbereiches mit Foyer. Am Tag der Eröffnung des MKC wurde die Heimatdichterin Erna Taege-Röhnisch als Ehrenbürgerin der Stadt ausgezeichnet.

Als der Kreis wegen Sparmaßnahmen aus dem Zweckverband austrat, womit erhebliche finanzielle Mittel wegbrachen, wurde 1997 ein gemeinnütziger Verein gegründet. Mit Fördermitteln der Stadt, Projektgeldern des Kreises und finanzieller Unterstützung der Sparkasse Uckermark sowie Sponsorenwerbung gelang es,, das MKC neben der Kantorei als wichtige Kultureinrichtung der Stadt weiter zu stabilisieren. Den unterschiedlichsten Interessen der Templiner und Besucher wird man mit Kino, Musik, Theater, Kabarett, Ausstellungen und Lesungen zeitgenössischer Werke gerecht. Das Programmkino des MKC erhielt 2012 das sechste Mal in Folge den Brandenburgischen Filmpreis.

Die Kantorei Templin - das kirchenmusikalische Zentrum der Uckermark

Die „Kantorei Templin“ wurde 1982 als überregionaler Konzertchor unter der Leitung von Dr. Klaus-Jürgen Gundlach aus dem Kirchenchor der Maria-Magdalenen-Kirche gegründet. Ihre Arbeit prägte zwischen 1982 bis 1990 das Kulturleben der Stadt mit. Bedeutende Künstler und Ensembles wie der Pianist und Organist Amadeus Webersinke, der Kreuzchor und der Thomanerchor bestimmten in einem groß angelegten Konzertzyklus das Musikleben Templins. Das Orchester der Komischen Oper Berlin gastierte als Konzertpartner der Kantorei mindestens zweimal jährlich in unserer Stadt.

Diese Entwicklung setzte sich nach 1990 fort. Dr. Marcus Meckel sprach deshalb von der Entwicklung Templins zum kirchenmusikalischen Zentrum der Uckermark. Der Klangkörper konnte in der Zeit seines Bestehens große Teile des klassischen Oratorien-Reportoires, von Bachs h-Moll-Messe, den Passionen über die Werke Händels, Haynds, Mendelson Bartoldys bis hin zu A. Honnegers „König David“ zur Aufführung bringen. Mit der Präsentation von zwei Oratorien, einem a capella-Programm und der traditionellen „Weihnachtsmusik im Kerzenschein“ ist der Chor das tragende Element des jährlichen Konzertzyklus in der Maria-Magdalenen-Kirche und der St. Georgen-Kapelle. Neben dem Chor arbeiten ein

Kinder- und Bläserchor, das flauto con voce-Ensemble und der Flötenkreis. Mit den Uckermärkischen Musikwochen besteht seit Beginn eine feste Partnerschaft. Rundfunkaufnahmen, CD's und Konzertreisen machten den Chor bekannt.

Von der Volksbücherei zur Stadtbibliothek

Ein weiterer, unverzichtbarer Teil des kulturellen Lebens in unserer Kurstadt ist die nach vielen Standortwechseln im Jahr 2000 in die soliden Kellerräume des Neuen Rathauses eingezogene Stadtbibliothek.

Auch die Bibliotheksgeschichte Templins reicht weit zurück. 1876 regte Direktor Hinze in der Stadtschule die Einrichtung einer ersten Schülerbibliothek an. Ein Jahr später veranlasste der Gemeindekirchenrat die Schaffung einer Volksbibliothek, und um 1910 sorgte der Templiner Fortbildungsverein für den Fortbestand einer solchen wichtigen Stätte.1946 beweist die Bibliothekschronik das Vorhandensein einer unter schwierigen Bedingungen geschaffenen Volksbücherei, zu deren Aufstockung der Kulturbund sogar zur Büchersammlung in der Stadt aufrief. Die erste Kinderbibliothek empfing am 15. Juni 1956 die ersten Leser.

Heute erwartet die etwa 10 000 Besucher im Jahr unter Anleitung langjährig erfahrener Bibliothekarinnen ein Angebot von rund 22 000 Büchern, davon 11 000 für Kinder und Jugendliche, 1 000 Zeitschriftenhefte und 5 000 Non-Book-Medien wie DVD, Videos, CD und Kassetten. Neben der Betreuung von Schulklassen und Organisation von Lesungen wird durch die Einbeziehung eines gut organisierten Fernleiheprogramms auch ungewöhnlichen medialen Wünschen Rechnung getragen.

Templin als Tourismuszentrum in der Gegenwart

Wie bereits genannt, durfte sich Templin erstmals 1888 als „Luftkurort" bezeichnen. Seit 1971 ist Templin der Titel „Staatlich anerkannter Erholungsort" mehrmals zuerkannt worden. Heute ist es Thermalsoleheilbad.

Templin hat Natur und Historie zu bieten. Die historisch sanierte Altstadt, die Sankt-Georgen-Kapelle als ältestes Gebäude der Stadt, das Historische Rathaus auf dem schönen Marktplatz sowie die Maria-Magdalenen-Kirche und die vielen alten restaurierten Fachwerkhäuser sind gut anzusehen. Die gut erhaltene und restaurierte Stadtmauer lädt zum Spaziergang ein und gemütliche Cafés und Restaurants laden zum Verweilen.

Eine besondere Wohltat ist es, in der NaturTherme zu baden, im warmen Salzwasser zu planschen, in der Sauna zu schwitzen oder sich mit Massagen verwöhnen zu lassen. Lohnenswert ist auch eine Tour durch die zwei Kilometer lange Kurmeile, welche die historische Altstadt mit der NaturTherme verbindet. Der

Templin 1995 (B 207)

Weg führt durch Wiesen und Felder sowie durch den Schaugarten für alte Apfelsorten. Wen seine Füße nicht so weit tragen wollen, der lässt sich einfach mit dem Elektromobil dort entlang rollen. Zum Skaten oder Nordic Walking ist die Strecke ebenfalls ideal. Für die Kinder gibt es Spielplätze, für die Jugendlichen entstand ein Jugendfreizeitzentrum mit Basketballplatz, Half-pipe und Cross-Strecke sowie BMX-Bahn am Nordrand der Kurmeile.

Der „Uckermärkische Radrundweg" erschließt die nähere und weitere Umgebung der Stadt. Gelegen innerhalb des „Naturparks Uckermärkische Seen" und des Biosphärenreservats „Schorfheide-Chorin", verbindet er die drei Städte Templin, Prenzlau und Angermünde. Er kann in Etappen auch zu Fuß, mit Bus oder Bahn erkundet werden und stellt eine Verbindung zwischen den Radfernwegen Berlin-Kopenhagen und dem Oder-Neiße-Radweg her. Der „Märkische Landweg" führt durch Buchen-, Misch- und Kiefernwälder sowie Wiesen- und Moorlandschaften.

Als besondere Abwechslung bietet Templin eine Tour mit der Fahrraddraisine. Mit der Familie oder mit Freunden kann man sich auf der Schienenspur durch eine schöne Natur über Lychen nach Fürstenberg begeben. Der „Heideweg" schneidet die Stadt auf einer Route von der Oberlausitz nach Usedom.

Eine touristische Attraktion ist auch der Besuch des „Aschberger Moores" im Naturpark „Uckermärkische Seen", das 1998 durch Landrat Benthin eingeweiht worden ist. Über einen hölzernen Steg ist das schützenswerte Moor, eine besondere „Naturperle", erlebbar. Hier wurde eine alte Moorlandschaft auf Initiative des „Naturparks Uckermärkische Seen" renaturiert. Zu erleben ist dort beim Betreten ein geheimnisvoller Schwingrasen mit den typischen Farnen und dem fleischfressenden Sonnentau. In der Nähe der Therme zählt der Lübbesee zu jenen großen Brandenburger Seen, die, ohne auf wesentliche Hindernisse zu stoßen, auch heute noch umwandert werden können und in die man als Badewilliger einfach mal hineinspringen kann.

Mit dem Dampfer ist eine Fünfseenfahrt oder eine Bibertour durch den Templiner Kanal bis zum Röddelinsee möglich. Auch per pedes ist der Weg an den wegen der Orchideen unter Naturschutz stehenden Kanalwiesen ein lohnendes Ziel. Durch die Anlage des Templiner Stadthafens, wo Boote und Wassertreter gemietet werden bzw. Privatboote anlegen und auftanken können, stehen den Urlaubern und Einheimischen Möglichkeiten zur Verfügung, sich wassertouristische Kleinode der Stadt und ihrer Umgebung zu erschließen. Das Templiner Seenkreuz hat auf Grund seines verzweigten Gewässernetzes Anschluss an die „Obere Havelwasserstraße". So gelangen Wassersportler von Templin über den Templiner Kanal, den Röddelinsee, die Schleuse Kannenburg, das Schulzenfließ, über die Havel bei Zehdenick, Bischofswerder und Liebenwalde nach Oranienburg und von dort über den Heiligensee und Wannsee nach Berlin und Potsdam. Hinter Zehdenick, bei Marienthal, ist über die Wentow-Gewässer ein Abstecher zum Stechlinsee möglich. Ansonsten verläuft die Strecke über den Havelkanal, Paretzer Kanal nach Brandenburg, Magdeburg zur Elbe. Durch den Oder-Havelkanal ist auch eine Verbindung über den Werbellinsee nach Eberswalde und Schwedt nutzbar. Eine andere Wasserstraße führt vom Templiner See über den Fährsee, Gleuensee und durch das Knehdener Fließ zum Netzowsee. Am Ende dieses Sees muss man umsetzen und über Moses-Krug nach Gandenitz zum Platkow-See laufen. Von hier aus geht es über den Zenssee nach Lychen. Von dort kann man entweder über den Küstrinsee, den Hardenbecker Haussee, Suckow- und Krienkowsee, Schomellensee zum Küchenteich am Schloss Boitzenburg gelangen oder über die Rummelpforter Mühle über die Ücker nach Prenzlau.

Von Lychen aus ist eine Bootstour über Woblitz, Haussee, Himmelpfort, Fürstenberg, Ziernsee, die Havel-Müritz-Wasserstraße bis nach Mirow und zur Müritz möglich.

Die Landschaft um Templin bietet auf Grund des Reichtums an Wäldern, Seen, Wiesen und Mooren eine Artenvielfalt an Pflanzen und Tieren, die das Gebiet in Deutschland einmalig macht. So können Sie noch Rot-, Dam- sowie Muffelwild beobachten. Über unserem Gebiet kreist noch der Seeadler. Kraniche und Gänse gehören ebenso zum hiesigen Vogelbestand, sie sammeln sich im Herbst in der Nähe zum Abflug. Hier brüten auch noch die Große Rohrdommel, die Grauammer, der Gelbspötter, der Wiedehopf sowie die Schellente. Und auch der Biber hat Templin und seine Umgebung seit seiner Aussetzung 1974 in Besitz genommen und kostenlos und unbürokratisch Gewässer wiederhergestellt. Daneben haben sich der wegen seines kostbaren Fells gejagte Fischotter sowie seltene Amphibien, Fische und Insekten wieder angesiedelt. Zunehmend wird der Wildbestand auch im Gatter gehalten, um ihn Besuchern zugänglich zu machen, vor allem jedoch um es zu verwerten. So kann man zwischen Klosterwalde und Knehden Dam- und Muffelwild beobachten, gleiches gilt für ein Gehege zwischen Vietmannsdorf und Gollin.

Vielfältig ist auch der Bestand an Pflanzen, besonders an verschiedenen Orchideenarten. Der seltene fleischfressende Sonnentau und das Fettkraut, das Gelbe Knabenkraut, Moosbeere, Sumpfporst und Wollgras sind zu finden. Ebenso kommen Pilzfreunde hier auf ihre Kosten.

Hotels, Gaststätten und Pensionen

Mit alten und neuen Gaststätten, Hotels, Ferienhäusern und Pensionen richtete sich die Stadt auf weitere Gäste ein und bietet ihnen entsprechenden Komfort. Neu entstanden Hotels und Gaststätten wie die „Stadtsee-Pension", Hotel „Zum Eichwerder", das „Kutscherhaus", das „Altstadt Café" und „Café Kolberg", „Am Postheim".

Ein neuer Hotelkomplex entstand am „Fährkrug" mit dazu gehörigen Ferienhäusern und dem dahinterliegenden Campingplatz. Die Bauarbeiten hatten 1991 unter dem Investor Lutz Richter begonnen. Nach vierjähriger Bauzeit öffnete das Hotel, das heute von der Tilmann-Immobilien-Vertriebs GmbH betrieben wird.

Hotel „Fährkrug" (B 208)

„Ahorn-Seehotel“ (B 209)

Als Träger des Woroschilow-Lagers in Hindenburg beschloss die EMO, nach vergeblicher Suche nach einem Investor, gemeinsam mit den Dr. Limburg-Immobilien das ehemalige Pionierlager selbst zu einem Ferienpark auszubauen. Die „Westernstadt“ eröffnete am 31. Juli 2003 ihre Pforten, seit Juli 2006 ist dort die „Eldorado-Abenteuer-GmbH“ eingezogen. Hinter den Palisaden trifft man auf Cowboys, es werden Stuntshows gezeigt, man kann an Bürgerkriegswochenenden teilnehmen oder an Linedanceworkshops.

In der Dargersdorfer Straße erfolgte im Mai 2007 die Grundsteinlegung für einen großen Ferienpark durch den privaten Investor Barwinsky. Dazu entstanden die Gaststätte „BarBerino“, die sich seit 2011 als Steakhouse profiliert hat, Ferienhäuser, die 300 Personen Platz bieten, sowie ein Wohnmobilplatz. Ein Hotel mit Verbindung zur Therme war geplant und außerdem ein 6-Loch-Golf- und ein Fußballplatz.

Als Attraktion öffnete 1998 die Outdoor-Kartbahn „Templiner Ring“. Diese Anlage bietet, als Meisterschaftsbahn nach internationalen Maßstäben ausgelegt, auf einer Streckenlänge von 1102 Meter für Privatfahrer und Motorfans alle Möglichkeiten für spannende Rennen und Fahrspaß. 2011 und 2012 wurde die Templiner Anlage auf der Internationalen Kart-Ausstellung IKA-KART als „Beste Kartbahn Deutschlands“ ausgezeichnet.

Die früheren FDGB-Heime am Lübbesee und im Bürgergarten wurden anfangs von der Templiner Hotelgesellschaft mbH unter Leitung von Klaus Bubl und Bernd Zimdars übernommen. Die Geschäftsführer setzten auf Schulungs- und Tagungstourismus, Busreisegruppen sowie Urlauber und Dienstreisende als Individualtourismus.

Auf der Stadtverordnetenversammlung vom Oktober 1991 wurde jedoch beschlossen, das Objekt am Lübbesee an die thailändische Hotelkette Euromill zu verpachten und nach Klärung der Eigentumsverhältnisse zu verkaufen. Schließlich wurde 1996 der Vertrag mit der Euromill-Kette geschlossen. Die Stadt erhielt von den für das Hotel gezahlten 8,5 Mio. eine „Erlösauskehr" von 5 Mio., die nur für Touristikfragen genutzt werden durften. Davon stellte sie 4,5 Mio. DM der Kurentwicklungsgesellschaft für den Thermenneubau zur Verfügung. Im Gegenzug für die geringe Kaufsumme musste die Hotelkette 29,2 Mio. DM an Investitionen tätigen. Im November des Jahres begann der Hotelumbau, die Zimmeranzahl wurde reduziert, das Haus modernisiert.

Nach nochmaligen Besitzerwechseln gehört das „Ahorn-Seehotel" seit 2000 zur Hotelgruppe Albeck&Zehden und hat sich in der Tourismusbranche etabliert. Neben Schwimmhalle, Sauna und Kegelbahn bieten eine 18-Loch-Minigolfturnieranlage, ein Soccerplatz und anderes Freizeitmöglichkeiten. Das „Panorama Café" ist übrigens das höchste im Land Brandenburg.

Im Gegensatz dazu gelang es nicht, den Erholungskomplex im Bürgergarten mit Hotel und Restaurant zu erhalten. Trotz vieler Touristen wurde das ehemalige FDGB-Heim „Salvador Allende" im Bürgergarten ab 1991 geschlossen. Angebote von der Nutzung als Schulungsheim, Stadthotel mit gastronomischen Einrichtungen und Einkaufsshops über die Einrichtung eines Zentrums zur Therapie von Suchtkranken bis hin zum Bau einer Spielbank wurden unterbreitet. Dazu geschlossene Verträge wurden nicht eingehalten bzw. stellten sich sogar als Betrug heraus. Gleiches gilt für das Objekt des früheren Heimes der Staatssicherheit in der Buchheide. Die Hyparschale war für einige Jahre als Diskothek vermietet.

Da die Hyparschale als Mütherbau unter Denkmalschutz steht, sind derzeit dafür Planungen zum Erhalt angelaufen. Die zukünftige Nutzung des restlichen Areals ist noch ungewiss. Es bestanden Überlegungen der „Wohnungsbaugenossenschaft e. G." zur Restaurierung des Hotels als Anlage eines Seniorenwohnheims. Ein Bürgerentscheid bestätigte 2013 den Beschluss der SVV zum Abriss der Ruine.

NaturThermeTemplin – Thermalsoleheilbad

Am 11. November 2000 eröffnete in Anwesenheit der damaligen CDU-Vorsitzenden Angela Merkel die NaturThermeTemplin. Gleichzeitig erhielt der Bürgermeister das begehrte, schwer erreichbare Prädikat „Thermalsoleheilbad" aus den Händen von Gesundheits- und Sozialminister Alwin Ziel. Dieses war Voraussetzung für Verträge mit Kostenträgern von Kurmittelanwendungen. Damit war die Stadt auch in die Reihe der Kurstädte aufgenommen.

Den Anstoß zum Bau der Therme gab Harald Beer. Er war Leiter der Regionalen Planungsgemeinschaft und stieß auf Fakten, die vermuten ließen, dass auf Grund der geologischen Beschaffenheit des Templiner Territoriums in Templin Thermalwasser vorhanden sei. Bereits bekannt war das Vorhandensein von Moor.

NaturThermeTemplin (B 210)

Gemeinsam mit der damaligen Gas-Geothermie Neubrandenburg überzeugte er das Wirtschaftsministerium und die Stadtväter von den Chancen solcher Vorkommen für unsere strukturschwache Region.

Auf diesm Gelände war 1954 und 1978 das Vorhandensein von Braunkohle, Erdgas und Erdöl festgestellt worden.

Bereits 1991 begann die Stadtverwaltung ein Kurortentwicklungskonzept zu erstellen. Sie ging davon aus, dass eine Entwicklung Templins neben dem Ausbau als Tourismus- und Schulzentrum nur als Kur- und Bäderstadt eine Perspektive hat, da es in der Stadt und Region kaum Industrie gibt und deren Ansiedlung sich auch in Zukunft nicht realisieren lässt. Ein Thermalsolegesundheits- und Erlebnisbad sollte u. a. dazu dienen, die Saison in Templin zu verlängern.

Am 1. Oktober 1992 entstand auf Antrag der Stadtverordnetenversammlung der Arbeitskreis „Kurstadt Templin", aus dem später die Kurortentwicklungsgesellschaft hervorging. Prominentes Gründungsmitglied war Angela Merkel. Die Kurortentwicklungsgesellschaft stellte die Weichen für das weitere Vorgehen. Die Stadt war Mitbegründer des „Brandenburgischen Bäder- und Kurortverbandes".

Bereits 1994 bestätigte eine Machbarkeitsstudie den Plan zu einer dualen Nutzung von Thermalwasser und Moor für den Heil- und Tourismusbetrieb. Dieses Konzept, Kuren mit Tourismus zu verbinden, war bis dahin in Deutschland einmalig. 1995 wurde das Kurortentwicklungskonzept bestätigt, der Beschluss zur Gründung einer Kurortentwicklungsgesellschaft gefasst, welche die Erkundung und spätere Nutzung von Thermalwasser vorantreiben sollte. Grundlage der Arbeit der Kurentwicklungsgesellschaft war die Entscheidung der Stadtverordnetenversammlung zur Finanzausstattung der Gesellschaft mit 4,5 Mio. DM aus dem Verkauf des Ferienhotels am Lübbesee.

Im Juni erhielt Templin die Bergrechte für die Nutzung von Sole und Erdwärme im Kurgebiet offiziell durch das Bergbauamt Brandenburg. Am 24. April 1996 wurde Uwe Mohr zum Geschäftsführer des „Brandenburgischen Kur- und Bäderverbandes" gewählt, womit auch Templin zeitweise zum Sitz dieses Vereins wurde. Die Stadtverordnetenversammlung bestätigte den Bebauungsplan „Sondergebiet Kuren" auf dem Gelände der Rühlschen Stiftung.

Ein erster entscheidender Schritt war die Abteufung einer Probebohrung zur Gewinnung von Thermalwasser in der Zeit von Mai bis August 1996. Danach erhielt die Stadt die amtliche Bestätigung, dass Templin über Heilwasser verfügt. Die Thermalsole ist jodhaltig und eignet sich für therapeutische Anwendungen bei Erkrankung der Atemwege, des Bewegungs- und Stützapparates und bei Hauterkrankungen.

Am 26. Juni 1996 fand das „Anbaden" mit Thermalsolewasser aus 1650 m Tiefe statt, was mit vielen Gästen gefeiert wurde. Mit einer Temperatur von ca. 57 °C und einem Salzgehalt von 150 g/l wurden alle Hoffnungen erfüllt, sodass einer Nutzung dieser Sole als Heilmittel nichts mehr im Wege stand. Als weitere Voraussetzung hatte die Stadt 1997 vom Gesundheitsministerium das Prädikat „Ort mit Heilquellenkurbetrieb" erhalten.

Über einen Ideenwettbewerb, an dem sich zehn Fachbüros aus ganz Deutschland für ein „Erlebnis- und Gesundheitsthermalbad" beteiligten, erhielt das Templiner Planungsbüro KT Invest Consulting mit dem Architekten Wolfgang Grieger den Zuschlag für die Erstellung der Planung. Der Entwurf überzeugte durch seine naturnahe Gestaltung und Holzkonstruktion und unterstrich auch die ideale Lage zwischen zwei Großschutzgebieten. Auch das Motto „Baden soll Spaß machen" passte perfekt.

Am 18. Januar 1998 fiel die Entscheidung, dass Potsdam 55 Mio. Euro für die geplante NaturTherme genehmigt. Die Stadt sollte 20 Mio. Euro zahlen. Damit konnte mit der Baumaßnahme begonnen werden. Auftraggeber war die Kurortentwicklungsgesellschaft Templin mbH unter Uwe Mohr, für die die Stadt Templin Alleingesellschafter ist. Beteiligt am Thermenbau waren 13 Firmen, davon elf regionale, u. a. die Firmen Grafe-Bau, Elektro-Albert und Tischlerei Berkner. Im Juli 1998 wurde der erste Spatenstich geführt, im November 1999 war Richtfest, die Eröffnung 2000.

Die Therme ist mit einer großzügigen Badelandschaft, einem Saunaparadies sowie einem modernen Therapie- und Wellness-Zentrum ausgerüstet. An der NaturTherme wurde eine Kurmeile angelegt, die einen Landschaftspark mit vielen Erlebnisbereichen einschließt und eine Verbindung zur Innenstadt ermöglicht.

Auf Grund des Beschlusses der Stadtverordnetenversammlung und mit finanzieller Unterstützung des Kreises und des Landes wurden 2005 notwendige Reparaturen vorgenommen und auch Modernisierungsarbeiten wie der Einbau einer Regenbogenrutsche im Kinderbereich und Attraktivitätssteigerungen im Sauna- und Wellnessbereich unter der Leitung des damaligen Geschäftsführeres Bernd Zimdars realisiert. Im März 2007 übernahm der neu berufene Geschäftsführer Kurt Stroß die Therme. Am 29. November 2011 empfing die NaturTemplin ihren 3-millionsten Besucher. Am gleichen Tag wurde der Therme mit einer neuen Unterwasserpumpe ein neues „Herz" eingesetzt.

Mit der Draisine von Templin über Lychen nach Fürstenberg

Nach der Schließung der Strecke Templin-Fürstenberg durch die Bahn-AG am 17. Juni 1996 wurde, inspiriert durch Malin Forhaug vom schwedischen Unternehmen Aktiv Ferien, welches Draisinefahrten in Schweden erfolgreich anbot, eine solche Attraktion auch in unserem Territorium installiert. Auf Grund der Landschaft und des Gaststättenangebots eigne sich die Linie besonders für das Projekt, hieß es damals. Am 1. April 1996 war Probefahrt. Damit war ein weiteres Standbein für den Fremdenverkehr geschaffen.

1999 hatten sich die Orte Templin, Densow, Röddelin, Gandenitz, Beutel, Lychen, Retzow, Himmelpfort und Fürstenberg verständigt und gründeten gemeinsam mit dem Tourismusservice Templin und dem Naturpark „Uckermärkische Seen" die „Kommunale Arbeitsgemeinschaft Region Draisinestrecke Templin-Fürstenberg". Als Hauptaufgabe sah man an, den Wirtschaftsfaktor Tourismus entlang der Strecke in seiner Gesamtheit zu fördern, die Infrastruktur weiterzuentwickeln und Interessen der Anlieger zu fördern. Inzwischen waren der Tourismus-Service-Templin Eigentümer dieses Unternehmens und Berlins Reiseveranstalter Touristica und die „Kommunale Arbeitsgemeinschaft Region Draisinestrecke" die Betreiber. Bis 2011 zählte dieses Projekt 114 000 Gäste, 45 355 Mal wurden Draisinen ausgeliehen und damit 1 296 940 Kilometer bewältigt. Das entsprach 32 Erdumrundungen. Seit 2010 wird die Strecke jeweils von Templin bzw. Fürstenberg nach Lychen befahren. Heute ist der Betreiber die Erlebnisbahn Templin-Fürstenberg mit Sitz in Zossen.

Draisine (B 211)

Ein Stadtrundgang 2012

Liebe Leser, lassen Sie sich nun einladen zu einem Rundgang durch Templin im Jahr 2012 und genießen Sie dabei das heutige Flair der märkischen Kleinstadt Templin, „Der Perle der Uckermark".

Beginnen wir unseren Stadtrundgang wie 1730, von der Dargersdorfer Straße kommend, am Prenzlauer Tor. Gehen wir davon aus, dass Sie mit der Regionalbahn, die stündlich zwischen der pulsierenden Hauptstadt Berlin und dem beschaulichen Templin fährt, am Stadtbahnhof angekommen sind, oder Ihr Auto auf dem dortigen Parkplatz am Supermarkt abgestellt haben.

Von dort erreicht man, nach Querung der mitten durch die Kurstadt führenden B 109 und vorbei an der neuen Rettungswache und dem renovierten Krankenhaus, in wenigen Minuten einen ganz markanten Punkt am Rande des sanierten und restaurierten Stadtzentrums. Hier, am Ende der Prenzlauer Allee, der einstigen Handels- und Poststraße Stettin-Magdeburg, stehen wir vor dem Prenzlauer Tor und haben freien Zugang zur Innenstadt. Kein Torsteher und kein Akzisenehmer behindern uns oder den Verkehr. Aus den Prenzlauer Toranlagen wurde das gut ausgestattete „Museum für Stadtgeschichte", ein Schmuckstück unserer Stadt. Die gläserne Torfassade und der wiederhergestellte Durchgang zum Haupttor widerspiegeln den Zustand des Tores zur Zeit des ersten Stadtrundgangs 1730.

Im Museum können Sie sich ein Bild über das Leben in der Stadt und deren Umfeld seit ihrer Gründung machen. Es werden Geschichten erzählt von Menschen und Orten und Sie können selbst auf Entdeckungstour gehen.

Im dem Museum gegenüber liegenden Gebäude haben der „Templiner Kunstverein" e.V. und das „Jugendhaus Villa" ihr Domizil.

Eine kleine, erst 2012 geschaffene Parkanlage auf dem Museumsplatz, der den Namen „Röhnisch-Platz" trägt, lädt zu einem ersten Verweilen ein. Über die emsig geschäftige Ernst-Thälmann-Straße, die frühere Prenzlauer Straße, in dessen heutigem Eckgeschäft sich die erste Apotheke befand, gelangen wir unmittelbar ins Zentrum, zum Markt. Dieser ist so geräumig wie eh und je, aber um vieles schöner als einst. Das „Historische Rathaus", Heimstatt von Tourismus-Marketing-Templin GmbH, Tourismus-Service-Templin e. V. und Seniorenklub, wurde prächtig restauriert. Der vormals ans Rathaus angebaute Brotscharren, früher Verkaufsstand der Bäcker, ist den rund um den Markt in die Häuserzeilen eingegliederten Bäckereien und Cafés gewichen. Das Spritzenhaus wich einem modernen Feuerwehrgebäude. Der Marktplatz, ausgelegt mit historischem Pflaster und integriertem historischem Brunnen, ist umgeben von dicht belaubten schönen Linden, einem Teil jener Bäume, nach denen Templin seinen zweiten Namen erhielt: „Stadt der tausend Linden". Zur Blütezeit hüllen die Bäume alles in eine Duftwolke. Vermissen könnte man eventuell den früher vorhandenen Ratskeller mit Ausschank. Das Denkmal vor dem Rathaus erinnert an die Gefallenen der deutschen Einheitskriege von 1864 bis 1871, die Friedenseiche wurde nach Kriegsende 1871 gepflanzt. Da sich auf dem Marktplatz

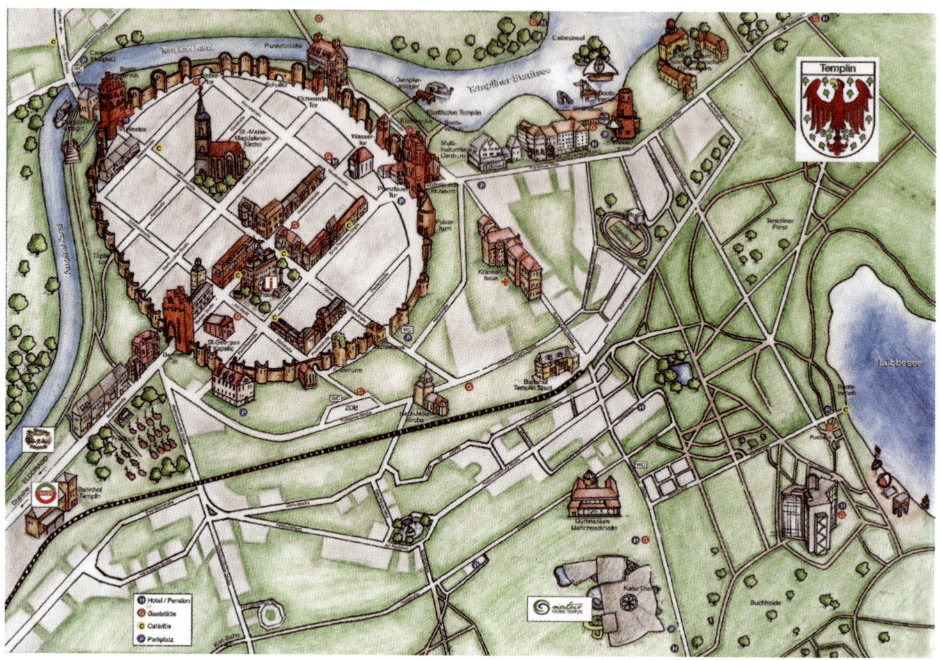

Stadtplan 2010 (K 11)

das „Historische Rathaus“ befindet, gibt es natürlich auch ein „Neues Rathaus“ in der Prenzlauer Allee, zu dem wir später einen Abstecher machen werden.

An drei Seiten des Marktplatzes befinden sich barocke zwei- bis dreistöckige Bürgerhäuser mit Geschäften, Cafés, Bistros und Gaststätten, jetzt ausnahmslos mit Ziegeldächern an Stelle der einstigen Strohdeckung versehen. Eine Marktseite, die wie das Rathaus durch Kriegseinwirkungen zerstört wurde, ist nach historischem Vorbild mit Wohnungen und integrierten Geschäften 1980 neu errichtet worden.

Ein Abstecher in die Rühlstraße in Richtung „Eulenturm“ versetzt uns mit ihren malerischen Fachwerkhäusern in nostalgische Stimmung, genau wie viele Innenhöfe rund um den Markt. Hier machen wir einen kurzen Halt in der „Galerie am Eulenturm“, die wechselnde Ausstellungen mit Verkauf anbietet. Zum Verweilen laden uns daneben auch das „Altstadt Café“ oder die „Buchhandlung Karger“ ein.

Vom Rathaus kommen wir über die Berliner Straße, einst Königsstraße, zum schönsten Stadttor, dem Berliner Tor, in dem bis 2012 eine interessante Ausstellung kleine und große Besucher über Natur, Landschaft und Lebensraum der Uckermark informierte. Aus dem zweiten Stockwerk dieses Tores bietet sich ein interessanter Rundblick über die Stadt. Wir heben uns diesen aber für eine Turmbesteigung der Maria-Magdalenen-Kirche auf.

Verlässt man die Stadt durch dieses Tor, führt die Bahnhofstraße, die in Richtung Zehdenick weiter verlaufende B 109, ihrem Namen entsprechend zum 1888 eröffneten Hauptbahnhof. Er ist heute noch in Betrieb, steht jedoch in seinen Hauptteilen unter Denkmalschutz. So weit wollen wir jedoch nicht laufen, deshalb nur der Hinweis, dass man per Fahrrad oder Auto in Richtung Zehdenick einen Abstecher zum Ortsteil Hindenburg in den Freizeitpark „Eldorado Templin" unternehmen könnte, um sich in die Zeit der amerikanischen Ureinwohner, der Indianer, und den „Wilden Westen" zurückversetzen zu lassen. Sie können sich am Röddelinsee auch ein „Hausboot" mieten und folgen den Spuren der Biber oder genießen einfach das idyllische Wasserparadies. Auf dem Weg zum Bahnhof befindet sich der Sankt-Georgen-Friedhof, einer von inzwischen drei Begräbnisstätten der Stadt.

Doch wir gehen nur einige Meter durch das Berliner Tor und können rechterhand hinter dem roten Backsteingebäude der „Deutschen Bank", der früheren „Kaiserlichen Post" und späteren „Russischen Kommandantur", auf die Reste der alten Wallanlage schauen. Auf dem nach rechts abbiegenden sogenannten Poetensteig besuchen wir den „Jüdischen Friedhof", der bis 1922 genutzt wurde. Er ist zwischen 2010 und 2012 auf Initiative von Templiner Gymnasiasten wiederhergestellt worden. Sie initiierten auch den in den Boden eingelassenen „Jüdischen Stern" vor dem Berliner Tor innerhalb der Stadtmauer, um an das ehemalige jüdische Viertel in diesem Stadtteil zu erinnern.

Auf unserem Weg zurück zum Marktplatz befindet sich auf der rechten Seite das älteste Gebäude Templins, die „Sankt-Georgen-Kirche", aus dem 14. Jh. Heute finden dort vielfältige musikalische Veranstaltungen statt. Daneben entstand 2008/2010 eine Seniorenresidenz unter Einbeziehung des früheren evangelischen Altersheims.

Vorbei am schönsten Fachwerkhaus aus dem 18. Jh., links am Ende der Straße Ecke Markt/Schinkelstraße, in dem, wie die umlaufende Inschrift aussagt, über Jahrzehnte die Sparkasse untergebracht war, gelangen wir zur Magistrale der Stadt, zur stark frequentierten Mühlenstraße. An deren Ecke zur heutigen Pestalozzistraße wurde 1730 das Brauhaus Fähleler genannt, als einziger Gasthof eingerichtet für fremde Reisende. Heute befindet sich dort eine Buchhandlung.

Wenden wir uns jetzt nach links. Die Mühlenstraße, vordem neben der Königs- und Prenzlauer Straße als einzige grob gepflastert, führt uns, nun asphaltiert, an Geschäfts- und Wohnhäusern vorbei zur „Maria-Magdalenen-Kirche". Die Kirche, gelegen zwischen Kant- und Martin-Luther-Straße, bildet neben dem „Historischen Rathaus" noch immer das Zentrum der Altstadt. 1749 nach dem großen Stadtbrand wieder aufgebaut, überragt sie die Stadt weithin sichtbar. Deshalb erklimmen wir die Stufen des Kirchturms und vor uns zu Füßen liegt der historische Stadtkern im schönsten Schachbrettmuster. Dieser exakte Grundriss prägt seit dem Wiederaufbau Templins nach 1735 noch heute das Stadtbild. Gleichzeitig breitet sich vor uns das Panorama der anfangs der 1920er Jahre aus der Stadtmauer „herausgewachsenen" Stadt aus, gelegen inmitten von Seen, Feldern und Wäldern, und lädt zu weiteren Entdeckungstouren ein. Die einst für Grabstätten genutzten Flächen neben der Kirche wichen ebenso wie die alte Friedhofsmauer neuen Grünanlagen. Auf dem Kirchenvorplatz konnte 2012 ein moderner Springbrunnen nach Plänen Christian Uhligs, eines Angermünder Künstlers, eingeweiht werden. Hier finden wir erneut Zeit zur Entspannung und Besinnung nach dem Turmaufstieg. In der Maria-Magdalenen-Kirche wird ganzjährig ein hochkarätiges Musikprogamm geboten. Dazu gehören z. B. der „Uckermärkische Musiksommer", Chorkonzerte der „Templiner Kantorei" sowie Orgelkonzerte nationaler und internationaler Künstler.

Nun folgen wir der Mühlenstraße zum dritten Tor der Stadt, dem Mühlentor, an weiteren Gaststätten und einem Eiscafé, die zum Verschnaufen einladen, vorbei. Die Templiner Mühlenanlage arbeitet schon lange nicht mehr. Trotzdem ist heute noch Leben in den alten Gemäuern und auch der Mühlenbach rauscht noch unverdrossen. Im Torturm, in dem lange Zeit der Schnitz- und Volkskunstzirkel arbeiteten, hat nun der „Phänomenta-Verein" seinen Sitz. In der alten Mühlenanlage hat sich ein Sportstudio erfolgreich etabliert, dessen Inhaber auch Veranstaltungsräume für Familienfeiern und andere Veranstaltungen anbietet. Geplant ist zusätzlich eine Herberge für Wassersportler. Daneben schuf sich ein Architektenehepaar, eingepasst in die historische Bausubstanz, eine Wohnung mit herrlichem Blick auf den Templiner Kanal.

Vom Mühlenplatz kann man eine Wanderung am Kanal vor der schönen Kulisse des Bürgergartens entlang unternehmen. Der „Templiner Kanal", das frühere Mühlenfließ, ist Teil einer Wasserstraße, welche die Stadt und ihre Seen mit den Müritzgewässern und denen um Berlin verbindet. Vom Schiffsanleger hinter der Mühle ist eine Dampferfahrt durch den Kanal, über den Röddelinsee bis Kannenburg oder weiter möglich.

Auf der gegenüberliegenden Seite steht an der Stelle des früheren Ausspanns für die Pferde der Mahlgäste die Gaststätte „Roßschwemme". Dort wurden den Besuchern in historischem Ambiente über viele Jahre kulinarische und unterhaltsame Genüsse angeboten, wie z. B. die „Mittelalterlichen Ritterabende" mit Gesang. Zur Zeit sind das Hotel „Mühlenseeperle" und die Gaststätte geschlossen.

Über die vor uns liegende Schleuse, eine der modernsten Selbstbedienungsanlagen, im Jahre 2008 völlig neu nach langjähriger Sperrung erbaut, führt uns der Weg in die Lychener Straße. Dort entstand in den 80er Jahren des vergangenen Jh. das zweite Neubaugebiet der Stadt. Heute ist es modernisiert und wird durch das „Stadtcenter" im Scheunenviertel mit verschiedenen Einkaufsmöglichkeiten, Dienstleistungseinrichtungen und dem Eiscafé „Cadillac" vervollkommnet. Das Eiscafé bietet als regionale Besonderheit Eis aus Ziegenmilch an, das Sie unbedingt probieren sollten.

Von hier aus würde sich für Sie auch ein Kurztrip zum „Kirchlein im Grünen" in Alt-Placht lohnen, wo Ihnen ebenfalls ganzjährig kulturelle Vielfalt durch den gleichnamigen Verein geboten wird. Zu empfehlen ist auch ein Besuch in der „Glashütte Annenwalde" mit dem angeschlossenen Landschaftspark. In der Werkstatt können Sie auch selbst kreativ werden und sich ein gläsernes Andenken fertigen. Aber wir biegen bereits links hinter der Schleuse ab, passieren den Bürgergarten, das Kulturzentrum der Stadt seit Mitte des 19. Jh., und statten dem „Waldhof" einen kurzen Besuch ab. Dieser ist seit Beginn der 1970er Jahre in Verwaltung der Stephanus-Stiftung und betreut geistig behinderte und schwerstbehinderte Kinder, Jugendliche und Erwachsene in modernsten Wohn- und Arbeitsanlagen. Die „Integrationsschule für alle" ist bundesweit bekannt und wurde bereits mit dem „Deutschen Schulpreis" ausgezeichnet.

Auf dem Rückweg in die Stadt passieren wir nicht erneut das Mühlentor, sondern gehen auf der anderen Schleusenseite am Kanal die Knehdener Straße entlang und über die „Pionierbrücke" in die Stadt zurück. Die Brücke, die Ihren Namen von den Baupionieren hat, die sie 1937 in nur sechs Wochen schufen, ermöglichte den Bewohnern der Eigenheimsiedlung auf dem Weinberg einen kürzeren Zugang zur Stadt. Heute ist die neu errichtete Brücke Bestandteil des „Uckermärkischen Radrundweges", der bis nach Mecklenburg-Vorpommern führt.

Nun kommen wir zur 1910 eingeweihten „Bürgerschule". Sie war in der DDR-Zeit eine Polytechnische Oberschule, dann Realschule und wurde nach längerer Schließung als neues Domizil für eine Grundschule mit Turnhalle und Cafeteria umfassend saniert.

Blicken wir in Richtung Stadt, sehen wir das „Eichwerder Tor", einen Mauerdurchbruch, der den Schulkindern den Weg abkürzte bzw. neue Verkehrswege erschloss. Auf der anderen Seite stehen die Gebäude der „Templiner Wasserwacht" und der „Freiwilligen Feuerwehr".

Und nun bietet sich uns ein einmaliger Blick, den wir schon vom Kirchturm genießen konnten, auf den „Templiner Ratsteich" mit der „Liebesinsel", die Dampferanlegestelle und den „Templiner Stadthafen". In den Sommermonaten finden dreimal täglich Dampferfahrten über die Templiner Seenkette statt. So eine zweistündige „Fünf-Seen-Fahrt" sollten Sie unbedingt in Ihr Programm aufnehmen. Auch für Familienfeiern und andere Anlässe können Termine gebucht werden. Im „Templiner Stadthafen" stehen, neben einem Gastgeberhafen mit Rundumversorgung und Bootsservice, Mietboote vom Kanu bis zur Motoryacht zur Verfügung.

Das Wasser des Sees, das einst fast bis an die Stadtmauern heranreichte, wurde durch das Einbringen von Trümmerschutt nach dem Zweiten Weltkrieg bis auf die heutige Uferlinie zurückgedrängt. Die gegenüberliegende Gaststätte „Shanty" bietet wieder eine Ruhepause bei regionalen Gerichten, besonders Fisch. Und natürlich eine imposante Aussicht.

Auch bei unserer weiteren Besichtigungstour sind Pausen mit und ohne kulinarische Genüsse möglich. Nachdem wir die kleine Anhöhe des „Seeberges" an der Seniorenresidenz „Richard Kirstein", benannt nach einem verdienten Bürger unserer Stadt, geschafft haben, biegen wir links in die Prenzlauer Allee ab.

Dort erwartet uns ein weiteres Highlight der Stadt, das „Multikulturelle Centrum". Dieses bietet, wie der Name schon sagt, die unterschiedlichsten Veranstaltungen, vom Kino, auch 3-D, über Theater und Konzerte von Klassik bis Jazz. Vor allem Künstler aus der Region, aber auch andere präsentieren hier ihre unterschiedlichsten Werke. Auch das daneben stehende „Neue Rathaus", das frühere „Kreishaus", ist nicht nur Verwaltungsgebäude, sondern schafft mit der ständig wechselnden Ausstellung der „Rathausgalerie" des „Templiner Kunstvereins" Möglichkeiten der Präsentation, sodass nicht nur ein Behördengang der Grund für einen Rathausbesuch ist. Der dem MKC gegenüberliegende Parkplatz bietet für Gäste der letztgenannten Häuser, aber auch für Templinbesucher, genügend Raum. Einige Meter weiter die Prenzlauer Allee entlang liegt ein weiterer Parkplatz, der vor allem von den Nutzern des „Templiner Stadtbades" bzw. des Restaurants „Kleine Seglerresidenz" frequentiert wird. Letzteres war und ist wieder Sitz des „Templiner Seglervereins".

Zum Stadtbad, das im Sommer von Einheimischen und Urlaubern gern genutzt wird, gehört auch eine Surfschule.

Auf der anderen Seeseite lädt das „Café Kreuzfeldt" zum Schlemmen ein. Auch Übernachtungen sind dort möglich. Deshalb an dieser Stelle ein weiterer Ausflugstip – wie wäre es mit einer Wanderung oder Radtour um den Templiner See, es sind nur zehn Kilometer. Das dem Stadtbad gegenüberliegende Stadion existiert bereits seit 1923. Mehrmals ausgebaut und generalüberholt, ist es Austragungsort für regionale, nationale und internationale Sportveranstaltungen.

Von hier wollen wir den Rückweg in die Stadt antreten. Würden wir weitergehen, stießen wir nach ca. einem Kilometer auf den Gebäudekomplex des ehemaligen „Joachimsthalschen Gymnasiums", das 2012 sein 100-jähriges Bestehen in der Stadt beging, aber bereits seit 1996 nicht mehr als Bildungsstätte genutzt wird.

Wir gehen das kurze Stück zur Stadt zu unserem Ausgangspunkt am Prenzlauer Tor zurück, wo unser Stadtrundgang endet.

Doch bevor wir uns trennen, noch eine letzte Empfehlung. Wie Sie wissen ist unsere Stadt nicht nur „Staatlich anerkannter Erholungsort", sondern erhielt bei der Eröffnung der „Naturtherme" auch den Titel „Thermalsoleheilbad". Ihr Besuch dort würde sich unbedingt lohnen. Sie gelangen dorthin wieder über die Dargerdorfer Straße, und queren auf Ihrem Weg den modernisierten Stadtteil Templin-Süd sowie ältere Viertel mit den ungewöhnlichen Namen „Kuckucksheim" und „Elsternest". An der Ecke Heim-/Dargersdorfer Straße würde sich noch ein Abstecher zum Lübbesee lohnen, wo sich das renovierte bzw. durch Neubauten ergänzte Areal des früheren „Postheims" befindet. Hier können Sie in renommierten Ferienhäusern Ihren Urlaub direkt am Lübbesee verbringen. Da auf ihm keine Motorboote fahren dürfen, zählt er zu den saubersten Seen. Eine Alternative wäre auch ein Aufenthalt im „Ahornhotel-Seehotel", einem früheren FDGB-Erholungsheim.

Sie können nun denselben Weg zur Dargersdorfer Straße zurückkehren und kommen, sich rechts haltend, an einem weiteren Ferienparadies, der Anlage „Bar-Berino", vorbei zur Therme mit Schwimmbad, verschiedenen Saunen und Kinderspaßbereich mit Rutsche. Das Thermalwasser ist aufgrund seines Salz- und

Jodgehaltes besonders gesundheitsfördernd. Unmittelbar dahinter liegen der Seniorenlandsitz und das Hotel „An der Buchheide".

Als Rückweg in die Stadt sollten Sie die sowohl am „Seniorenlandsitz" als auch an der „NaturTherme" ausgewiesene Kurmeile (2,5 km) nutzen, die durch renaturierte Streuobstwiesen führt und nicht nur für Naturfreunde ein Paradies ist. Auf dem Weg in die Stadt sehen Sie vor der Silhouette der Stadt das gelungen in die Landschaft eingepasste Gymnasium.

Nähern Sie sich der Stadt, verweilen Sie noch einmal kurz, Ihnen bietet sich ein Blick auf die Stadt mit der alten Befestigungsanlage, unserem besonderen Wahrzeichen. Der „Eulenturm" und der „Pulverturm" bestimmen hier das Bild. Der „Eulenturm" dient heute nicht mehr der Verwahrung von Gefangenen. Nur noch das Bistro „Zum alten Stadtgefängnis" erinnert hier noch an einen solchen Ort.

Dort, wo sich ehemals die sogenannte Bullenwiese erstreckte, befindet sich der ZOB, der Zentrale Omnibusbahnhof, als möglicher Startplatz für das weitere Erschließen der Umgebung.

Ins Zentrum zurück gelangen Sie über die Obere Mühlenstraße. Sollten Ihre Füße bei unserem zusätzlichen Trip zu sehr gelitten haben, kann man Ihnen sicher in der Apotheke im Ärztehaus eingangs der Mühlenstraße oder im gegenüberliegenden „City-Center" helfen.

In früherer Zeit hätte man Ihnen am „Akzisehaus" einen Obolus für das Betreten der Stadt abgenommen. Heute befindet sich in diesen historischen Mauern die Boutique „Perlenzauber". Folgen Sie Ihrer Neugier und entrichten Sie dort doch noch „Ihre Akzise" – nämlich für ein Geschenk oder ein Erinnerungsstück, zum Beispiel eine Perle, ein Templiner Unikat, wie „Templin, die Perle der Uckermark" eines ist.

Stadtfeste, Stadtmauerlauf und andere Höhepunkte

Frohsinn und gute Laune gehören auch heute zum Leben inner- und außerhalb der Stadtmauer.

Templiner Stadtfest

Das erste neue Templiner Stadtfest fand am 1. September 1990 statt. Aus diesem Anlass wurde die Städtepartnerschaft mit Bad-Lippspringe (Nordrhein-Westfalen) in Anwesenheit des damaligen Stadtdirektors Heinrich Kohlbrei, des stellvertretenden Stadtdirektors Hans Tofall, der Bürgermeisterin Elisabeth Winkler und dem stellvertretenden Bürgermeister Dr. Wilfried Rüdiger aus Bad Lippspringe sowie Bürgermeister Ulrich Schoeneich und Stadtverordnetenpräsident Hans-Werner Schulz unterzeichnet.

Die Partnerstadt Bad-Lippspringe, erstmals 780 durch Karl den Großen erwähnt, liegt am Rand des Teutoburger Waldes auf einer Fläche von knapp 60 Quadratkilometern. Seit 1975 ist die Stadt Heilbad und seit 1980 Heilklimatischer Kurort. Die Werbegemeinschaft Bad Lippspringe überreichte durch ihren ersten Vorsitzenden Wolfgang Scherer der Stadt Templin die erste neue Stadtfahne mit Wappen. Das Stadtfest wurde maßgeblich von der Werbegemeinschaft aus Bad Lippspringe ausgerichtet. Von dort wurden u. a. 80 Hektoliter Bier, alkoholfreie Getränke, Spirituosen, 5 000 Bratwürste und 85 kg Burgbraten nach Templin gebracht. Ein Erlös von ca. 70 000 DM wurde der Stadt Templin übergeben. Seit 1996 ist das 2. Wochenende im Juni ein festes Datum für dieses Fest, das von den Templinern und Gästen gern besucht wird. Hauptorganisatoren sind heute die Werbegemeinschaft, die TourismusMarketingTemplin GmbH und das MKC. Auftritte der Templiner Kitas und Sportvereine, Modenschauen der Templiner Bekleidungsgeschäfte, eine große Tombola und Auftritte von Künstlern, u. a. auf der Bühne des MKC am Museum, gehören zu den Attraktionen.

Historische Stadtfeste

Am 17. September 1992 feierte Templin das erste Historische Stadtfest. Über 300 professionelle Mitwirkende brachten den Besuchern Geschichte(n) nahe. Eine historische Druckerei, Kerzenzieher, Instrumentenbauer, Puppenschnitzer, Tänzerinnen, Jongleure und viele andere gestalteten den Tag. Einladungen wurden von einem reitenden Herold bis nach Berlin ausgesprochen. Den zweiten Historischen Festtag feierte die Stadt dann am 23. Juli 1993. Dazu ließen die Veranstalter Sondermünzen in Fünf-Uckermark-Stücken prägen. Sie bestanden aus 15 Gramm Feinsilber mit einer Abbildung des Prenzlauer Tores und dem Hinweis auf die II. Historischen Festspiele. Sie waren zum Vorzugspreis von 35 Mark zu erwerben. Als Pendant dazu wurden als gültiges Zahlungsmittel Fünf-Uckermark-Stücke in Kupfer zu fünf Mark verkauft. Diese Festivität ging im folgenden Jahr im „Templiner Stadtfest“ auf.

Templiner Stadtmauerlauf

„Stadtgeschichte wurde am Wochenende in Templin geschrieben. Denn noch nie war es in dem wechselvollen Auf und Ab der Historie der Fall, dass entlang der Stadtmauer zum abenteuerlichen Lauf geladen wurde.“ So hieß es im Bericht der Templiner Zeitung über die Premiere des Stadtmauerlaufes am 14. September 1996. Viel hat sich seit 1996 um das Ereignis Stadtmauerlauf getan, welcher seit seiner Premiere von der Kinder-Öko-Insel „Spatz“, einem umweltorientierten offenen Kinderhaus in Trägerschaft der Stadt Templin, organisiert wird. War er im ersten

Stadtmauerlauf (B 212)

Stadtmauerfest (B 213)

Jahr noch in ein zweitägiges Stadtmauerfest mit mittelalterlichem „Spilwut Spectaculum“ eingebunden, verlagerte sich das Geschehen um den Stadtmauerlauf in den folgenden drei Jahren an das Prenzlauer Tor. Ein „Altstadt-Wiek-End“ (in Anspielung auf die mittelalterlichen Wieckhäuser) mit „Motorloser Rallye“, einem Bauernmarkt sowie einem „Café unter der Platane“ wurde durch das Engagement vieler Templiner mit Leben erfüllt.

Im Jahr 2000 war das Gasthaus „Mühlenseeperle“ Dreh- und Angelpunkt des nunmehr fünften Stadtmauerlaufes. Ein kulturelles Rahmenprogramm und die Wärme vieler Schwedenfeuer sorgten an diesem Tag für besondere Highlights. Der historische Marktplatz und das Ambiente des „Nudlmarktes“ sind seit 2001 die Kulisse für den Templiner Stadtmauerlauf. Egal ob bei Regen oder Sonnenschein, die Templiner und insbesondere die Läuferpaare erfüllten den Stadtmauerlauf seit 1996 mit Leben.

Es starten jeweils Läuferpaare mit dem Auftrag, entlang der Stadtmauer bei der Bewältigung der zum Teil aus der Historie entlehnten Aufgaben, Proben ihres Mutes, Witzes, ihrer Klugheit oder auch handwerklichen Geschicks abzuliefern. In der Vergangenheit konnten dafür Kohle, Steine oder Holz eingeheimst werden, seit dem Jahr 2004 sind es Taler. 375 Läuferpaare sind von 1996 bis 2011 auf den Parcours um das Wahrzeichen der Stadt Templin gestartet. Beim Durchblättern der örtlichen Presse vergangener Jahre zum Stadtmauerlauf finden sich Schlagzeilen wie „Templiner Bürgermeister am Pranger“, „Bäckermeister Kolberg mit tollem Sprint im Ziel“, „Hund in der Karre, Schwein an der Mauer“, „Burgfräulein vom ... Keuschheitsgürtel befreit“. Es wird berichtet von einer Läuferin, die ihre Nachtmütze wusch, vom Abstürzen des Chefs der Templiner Werbegemeinschaft, von fassrollenden Fleischerlehrlingen und dem stärksten Mann der Stadt, Optikermeister Suckow.

Rhein-Hessisches Weinfest

Seit 1997 findet jährlich am ersten Augustwochenende das „Rhein-Hessische Weinfest" statt. Das erste war vom 8. bis 10. August 1997 auf dem Templiner Marktplatz. Mitgestaltet wurde diese Veranstaltung traditionell durch Winzerfamilien aus Rheinhessen, den Familien Scherner, Pfennig und Decheck. Letztere ist nach einer mehrjährigen Pause seit 2012 wieder dabei. Der Einladung der Stadtverwaltung folgten in jedem Jahr Gäste aus unseren Partnerstädten Bad Lippspringe und Polczyn Zdroj.

Templiner Wasserspiele

Seit 1996 fand mehrere Jahre die Veranstaltung „Stadtsee in Flammen" auf dem Eichwerder statt. Ein festliches Konzert mit anschließendem Feuerwerk gehörte zum Programm. Seit 2003 richtet das MKC die „Templiner Wasserspiele", anfangs ebenfalls auf dem Eichwerder, dann am Ufer des Templiner Sees, auf dem in Eigenarbeit geschaffenen Gelände der Kulturstätte, aus. Dabei dreht sich alles um das Thema Wasser.

Das Ufergelände wurde zur Bühne für Konzerte, Performances, Artistik und Theatervorstellungen. Neben einem vielfältigen Rahmenprogramm mit Ausstellungen, Filmvorführungen und anderen Aktivitäten für die jüngsten Besucher sowie einem Handwerkermarkt wurde das zweitägige Tagesprogramm gestaltet. Hochkarätige Abendveranstaltungen wurden mit einem Feuerwerk als Höhepunkt am Samstagabend geboten.

Die achten Wasserspiele 2011, mit 1500 Besuchern, wurden auch durch das Brandenburgische Fernsehen übertragen. Erstmalig waren die „Wasserspiele" 2012 nicht nur rund um das MKC, sondern auch in der Stadtmitte zu erleben. Ermöglicht wurde dies durch die Zusammenarbeit zwischen MKC und der Innenstadtinitiative „Templiner Pflaster", den Partnern von der Templiner Werbegemeinschaft, der Tourismus-Marketing Templin GmbH und dem Förderverein Stadtentwicklung Templin e. V. Künstler und Handwerker der verschiedensten Couleur boten Unterhaltung und Anregung zum Mitmachen über vier Tage.

„Templiner Wasserspiele 2010" (B 214)

Postheimfeste

Von 1999 bis 2010 organisierte die IG Postheim e.V. unter Federführung von Constanze Achard gemeinsam mit den Bewohnern diesen Höhepunkt, der von vielen Einheimischen und Besuchern gern angenommen wurde. Jährlich wurde ein umfangreiches Programm für Kinder und Erwachsene geboten. Höhepunkte waren die jährlich stattfinden Seifenkistenrennen sowie der Straßenfußball und ein attraktives Bühnenprogramm. 2008 wurde das Fest gemeinsam mit der 100. Jahrfeier des Postheims begangen. Ein Verdienst dieser Interessengemeinschaft ist auch die jährliche Durchführung des Lübbeseelaufs und die Anlage der dazugehörigen Laufstrecke am Lübbesee.

Templin feierte 725 Jahre Ersterwähnung – 29.9. bis 1.10.1995

Als „Falscher Waldemar“ zog Volker Müller, Geschäftsführer des „Landhauses Arnimshain“, bereits seit September 1994 durch die Städte und Dörfer des Landes Brandenburg, Mecklenburg-Vorpommerns und durch Berlin, um zur 725-Jahr-Feier der Stadt einzuladen. Mit zwei Torfesten, am 16. und am 23. September 1995 am Berliner und Prenzlauer Tor, wurde der erste Teil des Jubiläums begangen. Die Tore waren durch Vereine der Stadt geschmückt worden. 53 Gruppen und Vereine gestalteten mit Wort, Spiel, Tanz und Gesang beide Torfeste. Nachgestaltet wurde der „Bierkrieg mit Oranienburg“ durch die Städtische Realschule, und die „Moritat vom Falschen Waldemar“ wurde als Bänkelgesang durch das Kabarett „Die Formlosen“ uraufgeführt. Schausteller unterhielten die Gäste und Riesen-Aeroplastiken verdeckten so manches Baugerüst beim ersten Torfest. 130 Aktive kämpften beim Streetball-Turnier. Die „Villa“ stellte Ergebnisse der ersten Graffiti-Werkstatt vor. Am 29. September führte eine Theatergruppe, bestehend aus Schülern der „Waldschule“ und des „Waldhofes“, das Theaterstück „Die verzauberte Welt“ am Prenzlauer Tor auf. Am Sonnabend fand nach der Begrüßung durch Bürgermeister Schoeneich ein Lampionumzug für die Kinder statt. Die dazu spielende Musikkapelle setzte sich aus Lehrern der Templiner Schulen zusammen. Hauptfesttag war der 1. Oktober. In der Maria-Magdalenen-Kirche feierte man das Erntedankfest, und anschließend zog ein historischer Festzug durch die Stadt. Angeführt wurde der Zug durch die Lychener Stadtmusikanten. Der Bürgermeister und sein Gefolge aus dem Rathaus und einige Stadtverordnete zeigten sich in historischen Kostümen.

Emblem 725-Jahre Templin (B 215)

Begleitet wurde der Festumzug auch durch das Kabarett „Die Formlosen“, die Gruppe „Spilwut“

725-Jahre Templin (B 216)

sowie Angehörige der „Templiner Schützengilde“ und weitere uckermärkische Schützen. Die Templiner Schützengilde hatte zuvor auf dem Marktplatz die Weihe ihrer Fahne, die nach historischen Vorlagen gefertigt wurde, begangen. Überall auf den Festspielplätzen präsentierten sich alte Handwerke, Wahrsager und Musikgruppen. Abends zeigte sich der „Stadtsee in Flammen“, organisiert durch die Templiner Wasserwacht und den Kanuverein. Das Preußische Kammerorchester spielte Händels „Wassermusik“. An diesem Tag weilten ca. 30 000 Besucher in der Stadt. Speziell zum Jubiläum wurde eine Silbermünze geprägt. Sie zeigte auf der einen Seite das offizielle Stadtwappen und auf der anderen das alte Siegel der Templiner Bürgerschaft von 1618. Die Silbermünze kostete 40 Mark, die entsprechende Goldmünze 700 Mark. Der Festakt mit 200 Gästen fand im Multikulturellen Centrum statt. Prof. Hans-Joachim Schreckenbach, Vorsitzender der Brandenburgischen Gesellschaft für Landesgeschichte und Denkmalpflege, legte die wechselvolle Geschichte der Stadt Templin von ihren Anfängen bis zur Gegenwart dar. Er erinnerte daran, dass fast auf den Tag genau, am 2. Oktober 1270, die brandenburgischen Markgrafen Johann, Otto und Konrad in einer Urkunde die mit dem Bischof von Brandenburg beschlossene Vereinbarung über den Tausch der Lande und Städte Löwenberg und Königsberg unterzeichneten. Dieses Ereignis war Grundlage für die Ersterwähnung der Stadt.

VEREINE BRINGEN SICH EIN

Vereine sind wichtige Motoren des Gemeinwesens, so auch der Stadt Templin. Viele wurden in der ersten Zeit der großen Euphorie als eingetragene Vereine gegründet, andere verstanden sich als Initiativen, ein bestimmtes Ziel umzusetzen, und lösten sich dann später auf.

TEMPLINER WERBEGEMEINSCHAFT e. V. (6. Oktober 1990)

Auf Initiative des Elektromeisters Willi Saborosch wurde die Werbegemeinschaft e. V. ins Leben gerufen. Es ging darum, die Interessen der Stadt, der Gewerbetreibenden und Handwerker zu vereinigen. Als Vorsitzender wurde Harry Mädlow gewählt, Stellvertreter waren Ursula Höhn und Reinhard Zurell. In der Satzung hieß es, dass es Aufgabe und Zweck der Werbegemeinschaft sei, „den Attraktivitätswert der Stadt als Einkaufsstadt in ihrem Einzugsbereich für die Öffentlichkeit überzeugend und nachhaltig darzustellen." Heutiger Vorsitzender ist Wolfgang Janitschke. Innerhalb des Vereins hatte sich 1997 die AG Innenstadt etabliert. Ihre Zielsetzung waren die gemeinsame Werbung und gemeinsame Aktivitäten zur Belebung der Innenstadt unter dem Motto „Fahrt nicht fort, kauft am Ort." Daraus entwickelten sich Initiativen wie Vereinheitlichung der Ladenöffnungszeiten bzw. Veranstaltungen wie „Frühling in der Innenstadt", der „Ostermarkt" und der „Nudlmarkt". Besonders engagierten sich die Mitglieder auch bei der Einführung des Stadtmarketings 2003, der Erarbeitung des Leitbildes sowie der Konzeption zur Bewirtschaftung des Marktes und zur soziokulturellen Nutzung des Historischen Rathauses.

FREMDENVERKEHRSVEREIN TEMPLIN e. V. (27. Oktober 1990)- TOURISMUSMARKETING TEMPLIN GmbH

Der Fremdenverkehrsverein Templin übernahm in enger Zusammenarbeit mit der Stadtverwaltung die Steuerung und Koordinierung des Tourismus. Seinen Sitz hatte dieser ab 1994 im Akzisehaus, ab 2009 im „Historischen Rathaus". Erster Vorsitzender war Lutz Richter, damaliger Betreiber des Hotels „Fährkrug", erste Geschäftsführerin Christa Kothe. Ihr folgten Simone Mensing und später Sabine Hertrich. 1999 entwickelte sich daraus der TourismusServiceTemplin e.V. Dieser betreibt die Stadtinformation Am Markt. Seit diesem Zeitpunkt hat Kurt Stroß, Geschäftsführer der NaturThermeTemplin, vorübergehend die Aufgaben übernommen. Die TST hatte wesentlichen Anteil an der Verleihung des Titels „Staatlich anerkannter Erholungsort" 1998, an der Eröffnung der NaturThermeTemplin und der Ernennung Templins zum Thermalsoleheilbad. Bei Gründung des Fremdenverkehrsvereins 1991 hatte er 18 Mitglieder, 2010 waren es 139.
Am 1. Januar 2011 ist die Stadtmarketinggesellschaft auf Beschluss der Stadtverordneten zur TourismusMarketing Templin GmbH umgebildet worden. Geschäftsführerin der neuen Gesellschaft wurde Jana Thum. Sie hatte das Amt bis zum 1. Juni des Jahres inne. Dann übernahm Kurt Stroß, Geschäftsführer der NaturThermeTemplin, diese Aufgabe.

TEMPLINER HEIMATKLUB e. V. (1. Oktober 1990)

Auf einem außerordentlichen Bundeskongress 1990 in Potsdam wurde der „Kulturbund e. V. des Landes Brandenburg" gegründet. Dessen Arbeit in Templin endete 2001. Der „Templiner Heimatklub e.V." gründete sich deshalb als selbständiger Verein, um die ortschronistische Arbeit aufrechtzuerhalten bzw. Ortschronisten bei ihrer Arbeit zu unterstützen. Außerdem wurden die Geschichtslehrer bei der Einbeziehung der Heimatgeschichte in den Unterricht unterstützt. 1990 nutzte der Verein die entstehenden Kontakte zur Partnerstadt Bad Lippspringe, nach 48 Jahren den „Templiner Kreiskalender“, dann „Templiner Heimatkalender“, wieder herauszugeben. Das ist auch das derzeitige Hauptarbeitsfeld des Vereins unter der Leitung von Bärbel Makowitz.

KUNSTINSTITUT BAJA (1. Februar 1991)

Hauptziel des Vereins unter Leitung von Barbara Richter-Rumstieg war es, Kinder, Jugendliche und Erwachsene mit Kunst vertraut zu machen, die Künste unter einem Dach zusammenzuführen und den Schülern des Instituts eine bestmögliche Kombination verschiedener Fächer anzubieten, vor allem in den Bereichen Musik, Malen und Literatur. Außerdem gehörten seit 1992 die Organisation von Treffen junger Gitarristen sowie des Internationalen Gitarrenwettbewerbs zu den Höhepunkten. Durch die Leiterin des Instituts wurden u. a. auch die Prominentenporträts organisiert, die Persönlichkeiten der Stadt, des Kreises und der Landesregierung vorstellten und sie zu ihrem Verhältnis zur Kunst befragten. Zu den Befragten gehörten u. a. die Heimatdichterin Erna Täge-Röhnisch, Ex-Bürgermeister Ullrich Schoeneich, Ex-Landrat Dr. Joachim Benthin, Kantor Dr. Klaus-Jürgen Gundlach, Ex-Kulturminister Hinrich Enderlein, Ex-Landrat und Bildungsminister Roland Resch sowie Ministerpräsident Matthias Platzeck. Am 24. April 2012 stellte das Baja die Arbeit aus finanziellen Gründen ein.

TEMPLINER ORTSVERBAND DES BRANDENBURGISCHEN SENIORENVERBANDES (24. April 1991)

Der Templiner Ortsverband des Brandenburgischen Seniorenverbandes wurde von 22 ehemaligen Mitarbeitern des öffentlichen Dienstes gegründet.

TEMPLINER SENIORENKLUB (4. März 1992)

Der Seniorenklub gründete einen eingeschriebenen Verein mit dem Ziel der Förderung und Pflege geistig-kultureller und sozialer Kontakte älterer Bürger. Ein weiterer Grund war die beabsichtigte Schließung des „Klubs der Volkssolidarität“ vor dem Berliner Tor. Mit der Gründung des Vereins übernahm dieser das Haus. Es wurde zum Treffpunkt für die Wohngruppen der Volkssolidarität, des Blinden- und Sehschwachen-, Gehörlosen- und Schwerhörigenvereins sowie des Seniorenchors, des Schneider- und Literaturzirkels und einer Seniorenradfahrgruppe. Nachdem der Seniorenklub kurzzeitig in das Haus neben der Post in der Puschkinstraße gewechselt war, bezog er im Rahmen der Sanierung des „Historischen Rathauses“ 2007 dort sein neues Domizil.

TEMPLINER WASSERWACHT (23. Oktober 1953)

Die Templiner Wasserwacht ist die Nachfolgeorganisation des Wasserrettungsdienstes der DDR, die 1950 innerhalb des Turn- und Sportbundes durch Friseurmeister Lorenz und Lehrer Heiner Krüger gegründet wurde. 1953 wechselte sie zum DRK. Neben der Arbeit als Rettungsschwimmer in Kinderferienlagern, im Freibad und an der Badestelle am Lübbesee, übernahmen die Mitglieder die Schwimmausbildung und bildeten ihren eigenen Nachwuchs aus. Seit dem Umbau des Stadtbades mit einer Schwimmbahn organisierten sie auch Wettkämpfe des Wasserrettungsdienstes. Nach 1989 gehören die Ausbildung von Rettungsschwimmern, Bootsführern und Tauchern sowie Rettungsdiensteinsätze zu ihrem Aufgabenfeld. Mehrmals nahm der Templiner Ortsverein des Wasserrettungsdienstes erfolgreich an Meisterschaften teil. Besonders engagiert waren und sind: Gerhard und Dieter Rößner, Ulrich Saß, Erich Gast, Fritz Meinke, Rüdiger Michael, Bernd Weber, Jana Gartz und Anke Schmidt sowie Nico Köppe.

FÖRDERVEREIN „VILLA“ (4. März 1993)

In Vorbereitung auf die Wiedereröffnung des restaurierten Jugendhauses „Villa“ wurde ein Förderverein gegründet, um bestimmte Förderprogramme umzusetzen. Erster Vorsitzender war Horst Kasner.

PHÄNOMENTA-VEREIN (12. Oktober 1995)

Ziel des Vereins war, Geschehnisse der Physik und Technik erlebbar zu machen. Die Ausstellungen wurde vor allem durch Schulen genutzt. 2012 wurde der Verein reaktiviert.

FÖRDERVEREIN „MULTIKULTURELLES CENTRUM“ e. V. (16. April 1997)

Der Förderverein wurde nach dem 1997 wegen Sparmaßnahmen erfolgten Austritt des Kreises aus dem Zweckverband des MKC als gemeinnütziger Verein gegründet. Über Fördermittel, Projektgelder sowie Sponsorenwerbung gelang es, das MKC als eine wichtige Kultureinrichtung der Stadt zu stabilisieren. Den unterschiedlichsten Interessen der Templiner und Besucher wird das Haus mit einem hochwertigen Programm aus Kino, Musik, Theater, Kabarett, Ausstellungen und Lesungen zeitgenössischer Werke gerecht und unterstützt so auch die Entwicklung Templins als Kur- und Bäderstadt. In den letzten Jahren wurde der Programmkinobereich erfolgreich ausgebaut und auch das 3-D-Kino hat Einzug gehalten. Ebenfalls werden Tagungen und politische Veranstaltungen zum Austausch in der Region abgehalten. Der erste Geschäftsführer war Dr. Eberhart Ugowski, nach seinem Ruhestandseintritt übernahm das Amt Peter-Detlef Grunwald-Ockel und seit dem 1. Februar 2000 führt Katrin Frese das Haus. Vereinsvorsitzender war von 1997 bis 2007 Dr. Klaus-Jürgen Gundlach, seit 2007 hat Bärbel Makowitz das Amt inne.

KUNSTVEREIN TEMPLIN e. V. (28. April 1993)

Gegründet 1993, verfolgt der Verein das Ziel, die Kunstrezeption und das Kunstschaffen zu fördern. Die Ausstellung von Kunstwerken aller Genres, das Betreiben einer ständigen Galerie, die Durchführung von Werkstatttagen bzw. Kunst- und Bildungsprojekten dienen der kreativen Auseinandersetzung der Bevölkerung mit der Kunst. Besonders aktiv wird die Arbeit mit Kindern und Jugendlichen forciert. Der Verein arbeitet in den Bereichen „Galerie am Eulenturm“, „Galerie im Rathaus“, „Bildende Kunst“, „Kunstschule Templin“, „Offene Werkstätten“ sowie „Regionales Kunstarchiv“. Erster Vorsitzender war Christian Uhlig, derzeit übt Michael Heber diese Funktion aus.

VEREIN DER HAUS- UND GRUNDSTÜCKEIGENTÜMER WESTUCKERMARK (25. Juni 1991)

Gegründet wurde der Verein als Interessenvertretung unter dem Vorsitz von Frithjof Schlicke.

KINDER-ÖKO - INSEL "SPATZ " (20. September 1993)

Die Eröffnung der Kinder-Öko-Insel „Spatz“ fand am Weltkindertag in der Dargersdorfer Straße in den Räumen der ehemaligen Station „Junge Naturforscher und Techniker“ statt. Zuerst war es eine kreisliche Jugendeinrichtung, wurde dann aber mit Unterstützung des damaligen Landrates Resch und Fördermitteln vom Umweltministerium in ein umweltorientiertes Kinderhaus umgewandelt. 1998 wurde der „Freundeskreis der Kinder-Öko-Insel“ gegründet. Durch diese Einrichtung wurde der „Stadtmauerlauf“ 1996 erstmals initiiert.

„JUGENDKELLA“ (10. Mai 1993)

Im Gebäude der evangelischen Kirche konnte mit der Einweihung des „Jugendkella“ den jungen Leuten ein weiterer Treff- und Freizeitraum übergeben werden. Er wird heute auch für die offene Jugendarbeit genutzt.

„UM QUEER“ e. V. (6. März 2010)

Im April 2005 kam es auf Initiative von Christian Hartphiel zu einem ersten Stammtischtreffen für Schwule und Lesben der Region Templin. Daraus entwickelte sich ein Netzwerk unter dem Namen „UM-Queer“. Es erfasst alle Lebensentwürfe und sexuelle Identitäten erfasst. 2010 wurde der Verein gegründet, durch den jährlich viele Veranstaltungen und Aktivitäten in der Stadt organisiert werden.

„TEMPLINER SCHÜTZENGILDE“ (19. Juni 1994)

Seine Wurzeln hat der heutige Verein in der am 19. Juni 1810 gegründeten Schützengilde. 15 Gleichgesinnte fanden sich 1994 zusammen und gründeten die „Schützengilde Templin 1810“ neu. Am 31. Januar 2003 wurde die neue Trainingsanlage der Schützengilde im Gewerbegebiet eingeweiht. 2010 konnte das 200-jährige Bestehen gefeiert werden. Vorsitzender ist seit 2004 Helmut Böge, Heiko Strempel ist Sportverantwortlicher.

„UCKERMÄRKISCHER HEIDSTRUCK“ (5. April 1978)

Der „Uckermärkische Heidstruck“ feierte 2008 sein 30-jähriges Bestehen. Inspiriert durch eine Lesung im Februar 1978 durch die Mundartschriftstellerin Erna Taege-Röhnisch aus ihrem Buch „Tieden un Lüt“, trafen sich Interessierte des uckermärkischen Platt und gründeten unter dem Dach des Kulturbundes den „Zirkel für Niederdeutsch“. 1995 gab der Zirkel unter Leitung von Paul Meißner das Buch „Geschichten und Mundartliches aus der Uckermark“ als Gemeinschaftswerk der Mitglieder, jetzt „Uckermärkischer Heidstruck“, heraus. Weiterhin erschienen „Osterstiepen, Hochtid, Gansbraden - Bräuche aus der Uckermark“, „Es weihnachtet in der Uckermark“ und „Wie die Nachtigall in die Uckermark kam“ sowie weitere 30 Anthologien mit Gedichten, Erzählungen und Liedern. Mitglieder des „Heidstruck“ waren mehrmals erfolgreich an Plattdeutschen Literaturwettbewerben beteiligt.

„TEMPLINER PUPPENKISTE“ e.V. (1994)

Die 1961 gegründete „Templiner Puppenkiste“ organisierte sich 1994 als Verein. Von 1990 bis 1994 war die Puppenkiste auch als mobiles Puppentheater unterwegs. Der Templiner Spielort war im „Treff am Tor“ gegenüber dem Museum, ab 1993 neben der Pizzeria „Blaue Grotte“.

DIE FREIWILLIGE FEUERWEHR (25. September 1883)

Nach der Wiedervereinigung beider deutscher Staaten veränderte sich das Einsatzgeschehen mit den zusätzlichen Aufgaben der technischen Hilfeleistungen. Zur schnelleren Einsatzbereitschaft wurde 1992 die Funkalarmierung eingeführt. Am 20. November 1993 kam es zur Gründung der Templiner Jugendfeuerwehr. 1994 wurde das Feuerwehrgerätehaus erweitert und zwei Jahre später feierlich der Wehr übergeben. Die Templiner Feuerwehr erhielt 1994 ein neues Tanklöschfahrzeug TLF 16/45 zur Waldbrandbekämpfung und verfügte damit über einen Bestand von acht Einsatzfahrzeugen. Mit 197 Einsätzen, darunter 67 Waldbränden und 59 technischen Hilfeleistungen, wurde 1994 ein neuer Höhepunkt erreicht. Die Templiner Feuerwehr hat derzeit einen Mannschaftsstand von 118 Mitgliedern, 74 aktiven Mitgliedern, 23 Mitgliedern der Jugendfeuerwehr und 21 Mitgliedern der Alters- und Ehrenabteilung. Im Jahre 1992 standen 126 Einsätze zu Buche, davon 38 technische Hilfeleistungen. Die Feier zum 110. Wehrjubiläum am 25. September 1993 wurde erneut zu einem großen Volksfest. Willi Saborosch wurde für seine jahrelange Tätigkeit als Wehrführer der Stadt zum Ehrenbrandmeister ernannt. Ein neues Feuerwehrhaus konnte am 13. September 1996 an die Wehr übergeben werden.

Templiner Sportvereine

„SEGLERCLUB TEMPLIN" e. V.

SV LOKOMOTIVE 1951 TEMPLIN
Handball, Schwimmen, Radsport, Gymnastik, Seniorensport

SV BLAU-WEISS RÖDDELIN/TEMPLIN e. V.
Fußball, Herzsport

POLIZEISPORTVEREIN e. V.
Judo

SC VIKTORIA 1914 TEMPLIN e.V.
Fußball

SV ALLEMANIA 1952 e. V.
Kegeln, Volleyball, Leichtathletik, Fußball, Badminton, Callanetic

MOTORSPORTCLUB
Motor-Cross

TEMPLINER TURNVEREIN
Volleyball, Gymnastik, Geräteturnen

TEMPLINER TISCHTENNISVEREIN 92 e. V.
Tischtennis

FORTUNA 1996 e. V.
Volleyball

KANUSPORTVEREIN TEMPLIN e. V.
Kanusport

TENNIS-CLUB ROT-WEISS TEMPLIN e. V.

H(ERZ) SV BUCHHEIDE TEMPLIN e. V.

IG POSTHEIM e. V.

TEIL IV

CHRONOLOGIE
ZAHLEN – EREIGNISSE – FAKTEN

TEMPLIN-CHRONOLOGIE

Um 12 000 – 5 000 v. Chr.

Volksstamm der Semnonen besiedelte das Stadtgebiet und dessen Umfeld.

500 n. Chr.

Germanische Stämme, die Sweben oder Sueben und Burgunder, zogen während der Völkerwanderungszeit nach Süden.

Anfang des 7. Jahrhunderts

Beginn der Neubesiedlung durch slawische Stämme, die Ukranen.

1230 – 1250

Eroberung der Uckermark durch Askanier und Ausbau Vietmannsdorfs als festen Platz.

Frage, ob auf dem damaligen Platz von Templin eine Burg der Pommern gestanden hat, bis heute ungeklärt.

1230

Erwerb des Territoriums des heutigen Templins durch Kauf von Pommernherzögen durch Söhne Albrechts II., die askanischen Markgrafen Johann I. (1220 – 1266) und Otto III. (1220 – 1267).

Erwerb der Siedlungsstelle Templins 1230 gilt auch als Gründungsdatum, das Stadtrecht wurde wahrscheinlich nach erster Befestigung verliehen.

1250

Templin brandenburgisch.

1258 – 1273

Älteste Häuser der Stadt dokumentiert.

1270

Erste urkundliche Erwähnung der Stadt „Templyn" am 2. Oktober 1270 anlässlich des Ländertausches der Gebiete und Städte Löwenberg und Königsberg (Neumark, heute Choina) zwischen den askanischen Markgrafen Johann, Otto und Konrad und dem Bischof Heinrich von Brandenburg.

1287

(26. April)

Besuch Markgraf Otto IV. („mit dem Pfeil", Sohn Johann I.), worauf die älteste in der Stadt ausgestellte Urkunde hinweist. Templin wurde als gut befestigte Stadt auch in den Folgejahren mehrfach als Verhandlungsort genutzt.

2. Hälfte 13. Jahrhunderts

Der Stadtmauerbau begann. Die Gesamtbauzeit betrug ca.150 Jahre.

1309

Unter der Herrschaft des Markgrafen Waldemar („der Große") aus dem Haus der Askanier wurde Templin zur wohlhabenden Stadt.

1310

Zur Absicherung seiner Interessen- und Machtpolitik, vor allem gegenüber den Pommern und Mecklenburgern, schloss Waldemar Vereinbarungen für friedliches Zusammen- und Nebeneinander, u. a. den „Templiner Vertrag" mit dem Dänenkönig Erich über militärischen Beistand.

1311

(**3. Juli**)

Waldemar wurde zu Pfingsten in Rostock vom dänischen König Erich IV. zum Ritter geschlagen, und damit wurde er vorübergehend zu dessen Verbündetem. Auf seinem Rückweg nach Brandenburg kam der Markgraf auch über Templin.

1314

(**30. August**)

Anlässlich militärischer Beistandsbekundung Heinrichs von Mecklenburg für Markgraf Waldemar und Ausstellung einer Schenkungsurkunde wurde erstmalig die Bezeichnung „Oppidum Templin" – Stadt Templin verwendet.

1317

Templin als Stadt -civitas- und markgräflicher Urkundenort benannt.

(**25. November**)

Frieden zu Templin zwischen Brandenburg und Mecklenburg mit dem König von Dänemark nach dreijährigem Krieg um das Land Stargard geschlossen.

1319

(**24. August**)

Plötzlicher Tod des brandenburgischen Markgrafen Waldemar in Bärwalde (Neumark).

Templin war nach Tod Waldemars schutzlos, Pommern besetzten sofort Teile der Uckermark und auch Templin.

1320

(**13. Februar**)

Templin stellte sich wegen der Kriegswirren unter Schutz der Pommernherzöge Otto und Wladislaw, die im Auftrag des Dänenkönigs Christoph handelten. Die Herzöge bestätigen das Oberste Gericht, das bis dahin markgräfliche Eigentum der Wasser- und Mühlenpacht sowie das Buchholz bei Vietmannsdorf und das Bürgerrecht für die Juden. Dazu das Dorf Ahrensdorf nebst Holzung und Brüchen, die markgräfliche Wiese bei Labüske, Zollfreiheit zu Vietmannsdorf und anderswo sowie die Gerichtsbarkeit über slawische und deutsche Bauern. Zusätzlich wurde das Recht zum Münz- und Geldwechsel gewährt.

(September)

Ende der Pommernherrschaft und Regierungsbeginn Herzog Heinrich II. von Mecklenburg.

(1. Oktober)

Zusicherung weiterer Rechte durch den neuen Landesherrn, Herzog von Mecklenburg, nachdem die Stadt ihm gehuldigt hatte.

Damals lebten ca. 300 Einwohner in Templin.

1325

(14. Februar)

Huldigung für den neuen brandenburgischen Landesherrn, Markgraf Ludwig von Bayern, der erneut der Stadt alle früheren Rechte bestätigte.

(3. Juni)

Im Vertrag von Gandenitz Abtretung von Teilen der Uckermark und Verzicht auf die Lehnshoheit von Pommern, um anhaltende Grenzkriege zwischen Brandenburg, Pommern und Mecklenburg zu beenden.

Der Umbau der drei Stadtausgänge zu hausartigen, 20 Meter hohen gotischen Backsteintoren begann.

1348

Beistandsbündnis zwischen Templin, Prenzlau, Pasewalk und Angermünde.

Anerkennung des Bündnisses durch Ludwig, der Städten auch die Hinrichtung von Friedensstörern erlaubte.

Erscheinen eines Pilgers am Hof des Erzbischofs von Magdeburg, der sich als verstorbener Markgraf Waldemar zu erkennen gab.

1349

Märkische Städte, darunter auch Templin, gaben ihr „Treuebekenntnis zu Spandau“ für Waldemar ab.

1350

Karl IV. setzte Waldemar ab und erklärte ihn zum Betrüger.

1353

Vogtei in Templin genannt.

1355

(6. März)

Beendigung der Streitigkeiten zwischen Bayern und Askaniern durch Frieden zu Prenzlau.

Huldigung Templins für den Bayern „Ludwig der Römer“.

1369

(5. Juli)

Lossprechung der Templiner von allen Eiden und Huldigungen durch Fürsten von

Anhalt und Grafen von Askanien in einer Urkunde.

(5. August)

Auslösung der Stadt durch Markgrafen Ludwig.

1373

Huldigung und Treueschwur für den neuen Herrscher in Prag.

1375

(2. Juli)

Karl IV. veranlasste das „Landbuch der Mark Brandenburg“ – eine Auflistung aller zur Mark gehörenden Städte und Dörfer sowie deren Besitzstände, Abgaben und Leistungen.

Verwaltung Templins durch drei Bürgermeister und neun Ratsherren.

(7. Juli)

Ersterwähnung des ältesten Gebäudes, der heutigen Sankt-Georgen-Kapelle. Erbaut als Sankt-Spiritus-Hospital, spätere Umbenennung. Das Hospitalgelände gehörte als Stadthof den Fürsten.

Templin galt mit Außenwall, Wassergraben, Innenwall und Mauer bereits als befestigte Stadt.

1379

Erlaubnis des Markgrafen Sigismund für den Beitritt zum Städtebündnis Stralsund, Stettin, Pasewalk, Prenzlau und Straßburg zum Schutz gegen Straßenräuberei.

1412

(30. Juli)

Templin huldigte als erste uckermärkische Stadt dem neuen Landesherrn Sigismund.

Zeitweise Besetzung der Uckermark und Templins während der anhaltenden Auseinandersetzungen zwischen Hohenzollern und Pommern durch Truppen der Herzöge von Pommern-Stettin.

1415

Templin war Ackerbürgerstadt mit dem größten Waldbesitz aller märkischen Städte und im Besitz aller Seen des Templiner Seenkreuzes.

1421

(5. – 16. Juni)

Beendigung des Krieges zwischen Pommern und Brandenburg mit „Friedensvertrag von Eberswalde und Templin“ auf dem Fürstentag zu Templin. Kurfürst Friedrich I. sicherte das Gebiet Templin für Brandenburg.

Im genannten Friedensvertrag wurde erstmals der Templiner Bürgermeister Johann Hoffmeister (Hans Havemeister) als Unterzeichner genannt.

1422

Im Vertrag von Templin Verpflichtung Brandenburgs und Mecklenburgs zu ewigem Beistand.

1431

Templin wurde Sitz für Schiedsgericht.

1445

(13. Juli)

Templin erhielt vom Kurfürsten Friedrich II. für besondere Treue die Dorfstelle Gandenitz und den umliegenden Wald, die heutige Streuse.

Bis 1450

Templin erreichte die größte politische und wirtschaftliche Bedeutung. Die Stadt war politisch weitgehend selbständig mit Gerichtsbarkeit, Marktrecht und Bürgerrecht für die Juden. Templin gehörte zu den Immediat-Städten.

Verwaltung nach dem Magdeburger Recht.

1465

Erste urkundliche Nennung der Bezeichnung „Uckermark" (slawisch „ukrai" – Grenze, deutsch – Grenzland).

1479

Laut „Friedensvertrag von Prenzlau" kommt Templin endgültig zu Brandenburg.

1470

Rundbau des Pulverturms aus ehemaligem Wieckhaus beendet. Begonnen wurde er bereits in der ersten Hälfte des 14. Jahrhunderts.

1480

Templin nach mehrfachen Herrschaftswechseln endgültig brandenburgisch.

1486

Baßdorf durch Kauf städtischer Besitz.

1492

Erster großer Stadtbrand zerstört die Stadt fast vollständig. Steuererlass für sechs Jahre durch Kurfürst Johann.

Kauf der wüsten Feldmark Hermsdorf zwischen Templin und Gandenitz.

1504

Propstei erwähnt.

1530 und 1546

Weitere Brände. 1530 wurden u. a. Kirche, Schule und Rathaus vernichtet.

1524

Armin Schultze Bürgermeister.

1536

Lorenz Potzern war Bürgermeister.

1538

„Bierkrieg“ mit Bötzow, dem heutigen Oranienburg, wegen angeblichem Schadenszauber und Bierpanscherei.

Einheimisches Bier war „Potsfelten Gebräu“.

1543

(22. Juli)

Umbenennung der Marien-Kirche in Maria-Magdalenen-Kirche anlässlich des Tages von Maria-Magdalena.

Kirchliches Visitationsprotokoll verzeichnete eine Marien-Kirche, Anna- und Jakobus-Kapelle, Heilig-Geist-Kapelle (Sankt-Spiritus) mit Hospital und „vor dem Tore“, möglicherweise vor dem Mühlentor, eine Sankt-Gertrauden-Kapelle mit Hospital.

Ersterwähnung der Schulausbildung in der „Küsterschule“ neben der Kirche.

Überlieferung erster Nachrichten über die Tuchmacherinnung.

1546

Dienstmagd von Urban Rath zündete die Scheune ihres Dienstherren an, weil ihr 6 Groschen vom Lohn abgezogen wurden, und löste den dritten Stadtbrand aus.

1557

Privileg der Templiner Schneider überliefert.

1558

Anklage wegen Zauberei gegen mehrere Templinerinnen.

1563

Erstmalig eine Fähre zwischen Fähr- und Bruchsee genannt.

1564

Templin hatte 301 Feuerstellen.

1567

„Verzeichnuß und Würderung der Häuser und liegenden Gründe zu Templin anno 1567“ verfasst. Danach waren Haupterwerbszweige der Ackerbau auf den Röddelinschen, Güteritzken und Hindenburgschen Feldern und Viehzucht auf abgelegenen Weiden. Zusätzlich wurden Morgenländer und Neuland alle 3, 5 oder 9 Jahre bestellt. Fast jeder Bewohner besaß einen Garten und Grundstücke vor den Stadttoren. Der Hufenbesitz lag zwischen ¼ Hufe bis 6 Hufen. 30 Brauereien arbeiteten u. a. für sechs Dörfer. Die Bürger durften Fußfischerei ausüben, 8 besaßen eine Scheune, 2 einen Weinberg. Die Wassermühle gehörte der Stadt. Als Handwerker lebten 15 Schuster, 26 Tuchmacher, 16 Schneider, 6 Bäcker, 5 Schmiede, 2 Kleinschmiede, 18 Radmacher, 7 Böttcher, 9 Leinweber, 2 Pelzer, 1 Kupferschmied mit Kupferhammer (am heutigen Hammerfließ) sowie 1 Teerbrenner in der Stadt. Von den Schustern, Tuchmachern und Bäckern waren nicht alle beschäftigt, mussten teilweise als Tagelöhner arbeiten. Des Weiteren wurden genannt 1 Brauer, 1 Drechsler, 1 Flaschenträger, 3 Fuhrleute, 1 Goldschmied, 1 Hausmann, 3 Krämer, 1 Kürschner, 1 Moldenhauer, 1 Mühlenmeister, 1 Nagelschmied, 1 Repschläger, 1 Sattler, 1 Scharfrichter, 1 Schwertfeger, 1 Sewenmacher, 1 Siebmacher, 1 Spunreiter, 1 Spunreißer, 1 Splettreiter, 1 Steinsetzer, 1 Stellmacher, 43 Tagelöhner, 5 Tischler, 2 Tuchscherer, 2 Tubickenmacher, 1 Viehkäufer, 1 Viehtreiber, 7 Wollweber, 5 Zimmerleute.

Verwaltet wurde die Stadt durch 3 Bürgermeister, angestellt waren 2 Ratsdiener, 1 Stadtdiener, 1 Torwärter. In 3 Wohnvierteln, Mühlen-, Peterisches- und Hindenburgsches lagen 276 Feuerstätten (L. Enders).

Paul Dieterichs, Martin Fuhrmann, Henning Krüger als Bürgermeister genannt.

1568

Martin Fuhrmann/Paul Dietrich Bürgermeister.

1574

(15. Februar)

Dolgenseeausbruch führte zu 2 Meter hoher Flutwelle.

Älteste Zunftordnung der Fischer von Kurfürst Johann Georg.

1595

Erneuter Dolgenseeausbruch schwemmte Mauern und Damm am Mühlentor weg.

1600 – 1610

Caspar Rühl als Bürgermeister.

1610

Zweite Einwohnerliste, eine „Musterrolle“ mit 11 Zimmerleuten, 35 „langen Röhren“, 28 „langen Spießen“, 185 Hellebardieren und Federspießen erstellt.

Ältestes Privileg der Garn- und Leinweber sowie Züchner.

David Dürberg war Bürgermeister.

1618

(30. Mai)

Stadtbrand äscherte ganze Stadt ein und vernichtete alle Akten, Urkunden und Privilegienbriefe im Rathaus. Nur die äußeren Torwärterhäuser brannten nicht ab. Zur damaligen Bevölkerung gehörten 6 Geistliche (1 Propst, 1 Diakon, 1 Schulrektor, 1 Korrektor, 1 Jungfernschulmeister, 1 Organist) und Verwaltungsangestellte 3 Bürgermeister, 1 Richter, 1 Stadtschreiber. Von den Bürgern lebten 110 im Mühlenviertel, darunter der Scharfrichter, 3 Pfarrer von Röddelin/Hindenburg, Mildenberg/Badingen und Gandenitz/Placht/Metzeltin. In diesem Viertel lagen die Kaplanwohnung, die Schule und die Propstei. Im Petersdorfschen Viertel lebten 90 Bürger und im Hindenburgschen 108, u. a. 1 Jungfernschulmeister, 1 Marktmeister, 1 Apotheker, 1 Waageknecht, 1 Gerichtsdiener. Das Rathaus, das Tanzhaus und drei Ratsbuden befanden sich ebenfalls in diesem Viertel. Zum städtischen Grundbesitz zählten die Mühlen, Gandenitz nebst Heide und Holzung, das Dorf Placht, das Vorwerk Knehden, die Feldmark Ahrensdorf, Holz und Wiesen bei Ahrensnest, das Purinluch sowie die Feldmark, das Gericht und die Fischerei von Baßdorf sowie das Buchholz zwischen Lübbesee und Baßdorf. Heide und Feld Teschendorf beim Fährkrug waren Kircheneigentum, während die Feldmark Hermsdorf die Bürgerschaft besaß (L. Enders).

(1618 – 1628)

Georg Potzern war Bürgermeister und Stadtrichter.

1619

(15. Juli)

Bestätigung der Stadtrechte durch Kurfürst Georg Wilhelm sowie zusätzliche Genehmigung einer Konzession zur Durchführung von Vieh- und Pferdemärkten zur Erschließung weiterer Einnahmequellen.

1621

Darlehensaufnahme zum Wiederaufbau der Stadt.

1622

Aufstellung über den Besitz an Grund und Boden, Gebäuden und Privilegien – „Schriftliche Nachrichtungen wegen der Stadt Templin Regalien und Gerechtigkeiten, wovon die Documenta und Privilegien der Feuersbrunst Anno 1618 umbkommen“ durch Bürgermeister Potzern.

Vor dem Brand hatte Templin 308 Häuser. 64 Familien verließen nach dem Brand die Stadt. Nur 250 Hausstellen, meist aus Holz, wurden wieder aufgebaut.

Bewilligung eines Vieh- und Pferdemarktes zusätzlich zu den drei bestehenden Märkten.

1623

Hagelschlag verwüstete die Stadt und ihre Umgebung.

1625

Durchzug Mansfeldischer Truppen, verfolgt von Wallensteinschen, während des 30-jährigen Krieges.

1626

Mit den Kriegshorden eingeschleppte Pest löschte bis Kriegsende 47 Familien aus. Beerdigungen auf zwei Friedhöfen außerhalb der Stadtmauer in der Vietmannsdorfer Straße und bei der Ziegeleibrücke, oftmals im Hof oder Hausgarten.

(25. Mai)

Beschießung der Stadt, insbesondere des Hindenburgschen Tores, und Besetzung durch die Dänen.

1627

Joachim Wegener Magistratsvorsteher.

1628

161 Häuser noch bewohnt, viele Menschen wanderten ab. Im Jahre 1618 abgebrannte Häuser lagen noch immer wüst.

Verwaltung durch vier Bürgermeister: Martin Fuhrmann, Georg Potzern, Samuel Fuhrmann und Jürgen Sager.

1628 – 1629

Beginn kaiserlicher Truppendurchzüge, die nach der Devise „Der Krieg muss den Krieg ernähren" plünderten und raubten.

Verpfändung weiteren Besitzes, z.B. der Nutzung des Dolgen- und Ragollinsees, für die aufzubringenden Kriegskosten.

1632

Das Vierergewerk der Bäcker, Tuchmacher, Schuster und Schlächter vertrat die Bürgerschaft.

1633 – 1638

Joachim Lubach, Michael Pripert und Johann Dierberg waren Bürgermeister und Stadtrichter.

1636

Bis zu zehn Regimenter der Kurfürstlich-Sächsischen Truppen in der Stadt.

1637

Weitere Familien fielen erneuter Pestwelle zum Opfer, Geld und Lebensmittel wurden immer knapper. Vor dem Mühlentor brannte die Mühle nieder.

1633 – 1638

(28. Oktober)

Hilfeersuchen des Rates an den in Templin geborenen Obrist-Wachtmeister Samuell Fuhrmann in Spandau.

(Dezember)

Bittgesuch an den Kurfürsten wegen der erschreckenden Lage in der Stadt.

1638

Eintragungen im Templiner Kirchenbuch begannen.

Johann Dierberg regierender Bürgermeister, 2. Magistratsmitglied Christian Gültzow.

(1638 – 1645)

Daniel Fehdeler regierender Bürgermeister. Andreas Cräen und Johann Brendicke als weitere Bürgermeister genannt.

1640

Nur noch 40 Familien in der Stadt.

(13. Juni – 18. August)

Versorgung der Kurfürstlichen Reitereskadronen und monatliche Zahlung von 50 Talern Kontribution.

1641

Erneute Plünderung durch die Schweden.

1642

(1642 – 1652)

Johann Thiele war zuerst Stadtrichter, dann Bürgermeister.

1643

Große Verwüstungen nach Abzug der Schweden · Abwanderung von Familien nach Lychen und in umliegende Dörfer.

1645

Von vormals 413 Familien verblieben nur ca. 30 mit 156 Bürgern.

(**22. März** 1645 – **1. Juli** 1694)

Johann Friesicke regierender Bürgermeister. Mit 49 Jahren längste Amtsausübung.

1646

Postlinien nach Stettin und Mecklenburg führten über Templin. Abfahrt am Montag und Mittwoch von auf dem Markt eingerichteter Posthalterei.

Erteilung der Schankgerechtigkeit für Wein und fremde Biere im Rathaus durch den Kurfürsten.

1648

(**9. August**)

Abzug schwedischer Truppen.

Georg Fehdeler leitete den Magistrat.

1649

Wiedereröffnung der Maria-Magdalenen-Kirche.

Bau der Walkmühle nahe der späteren Ziegeleibrücke. Sie existierte bis 1682.

1650

Erstmaliger Brückenbau am Fährsee mit einer Zollstation.

Templin war verschuldet, Handwerk, Gewerbe und Ackerbau lagen am Boden. Erlass von Schulden durch den Kurfürsten.

1651

Wiederinbetriebnahme des Rathauses.

1652

Erstes erhaltenes Bild von Merian nach einem Kupferstich von 1618.

(1652 – 1694)

Heinrich Potzern 2. Bürgermeister.

1658

Befreiung von Truppendurchzügen und Einquartierungen und Erlass aller steuerlichen Abgaben 1661 durch den Kurfürsten.

1655 – 1679

Erneute Truppendurchmärsche, Einquartierungen und Plünderungen während der schwedisch-polnischen und brandenburgisch-schwedischen Kriege.

1660

Beginn des Wiederaufbaus, abgewanderte Bürger kehrten zurück.

1661

Hein Schröder regierender Bürgermeister, Hein Gobbin Bürgermeister und Richter.

1665

(**6. Juni**)

Bestätigung der Konzession für die „ordinäre Postfuhr" zwischen Berlin und Prenzlau über Oranienburg, Zehdenick und Templin durch den Großen Kurfürsten.

1667

Errichtung von Akzisehäusern (Torschreiberhäusern) auf Anweisung Friedrich Wilhelm II. an den Stadttoren.

1670

Brückenerneuerung zwischen Bruch- und Fährsee auf königliche Weisung. Sie war etwa 40,50 m lang und 6 m breit.

Einquartierung des schwedischen Generals und Gouverneurs von Pommern, Conrad von Mardefeldt, im Hause des Bürgermeisters Heinrich Potzern.

1674

Um Schneide- und Walkmühle sowie Kalk- und Ziegelofen zu erhalten, wurde Lehnsgut Placht wiederverkaufsweise veräußert.

1676

Errichtung einer Postrelaisstation durch kurfürstliches Leibdragonerregiment zur Sicherstellung der militärischen Briefpost zwischen Stettin und Berlin.

1678

Haus des Pfarrinspektors Böttcher brannte ab.

1679

Bestätigung des kurfürstlichen Privilegs zum Ausschank von Wein und „fremdem Bier" im Ratskeller. Dort befand sich auch die Ratswaage.

1680

Diakonathaus und Pfarrhaus brannten ab.

1682

Einbau neuer Walkmühle am Mühlentor. An Stelle der alten Bau einer neuen Ziegelei zur Dach- und Mauersteinfertigung.

1683
Durchführung von drei Jahrmärkten.

1684
Durch Fahrlässigkeit erneuter Stadtbrand – fünf neu erbaute Häuser sowie Scheunen und Ställe zerstört.

1685
Niederlassung französischer Glaubensflüchtlinge nach dem Erlass des „Kurbrandenburgischen Ediktes".

Am Kanal ein Ziegeleiwerk in Betrieb genommen.

(**13. Oktober**)

Umbenennung der Sankt-Spiritus-Kapelle in „Sankt-Georgen-Kapelle".

1687
(**21. Februar**)

Einquartierung von Teilen der 2. Kompanie der französischen Musketiere.

1688
Bau einer Holzbrücke über das damalige Mühlenfließ, den jetzigen Kanal, als Abkürzung zur Stadt.

Ziegelei ging in Stadteigentum über.

Einquartierung eines Viertels der Infanteriekompanie des Regiments „Kurprinz".

1690
Erweiterung der Fischereiordnung von 1574.

1691
(**2. Mai**)

Anlegung neuer Brücke über das Mühlenfließ.

1694
(1694 – 1700)

Georg Jonius Bürgermeister.

(1694 – 1717)

Christoph Laurisius Bürgermeister.

1696
Beglaubigung alter Privilegien vom Kurfürsten.

1707

(18. Juni)

Erstes königliches Privileg Friedrich I. an Apotheker Provisor Johannes Sturm, aus Calbe an der Saale stammend, Am Markt 1 ein „Corpus Pharmaceuticum" anzulegen und einzurichten.

1709

Kirche gab Auftrag für einen Schulneubau.

1712

Krankenhausbau vor dem Berliner Tor begonnen.

1714

(29. Juni)

Eine Liste über die Verhältnisse in der Stadt vom Bürgermeister Laurisius – „Inventarium über die dem Rath-Hause in der Stadt Templin zustehende Güter, Privilegien, Gerechtigkeiten, auch bewegliche Stücke, was die gemeine Stadt oder hiesige Bürgerschaft von sich besitzet und genießet" bestätigte den Besitz von 1618 zuzüglich des Labüske- und Lübbesees, der Ziegelei am Templiner Kanal, des Kalkofens vor dem Prenzlauer Tor und des Fährkrugs sowie eines 1712 begonnenen Krankenhauses vor dem Hindenburgischen Tor.

Erstmalige Erwähnung des „Fehre-Krug".

1715

Templin bis 1740 Bürgerquartierstadt. Zu stellendes Lazarett in der heutigen Martin-Luther-Straße/Ecke Schinkelstraße. Auch Behandlung von Bürgern.

(17. Mai)

Templin erhielt das Patronat über Gandenitz.

(22. Juni)

Umwandlung der Konzession zur Durchführung von Vieh- und Pferdemärkten von König Friedrich Wilhelm I. in ein „Generalprivileg".

1717

Laut Schulvisitation gab es eine Lateinschule, Küster- und Mädchenschule.

(1. Oktober 1717 – 13. November 1748)

Johann Friedrich Berger Bürgermeister.

(4. Dezember)

So genanntes „Ordonnantz-Haus" wurde auf Grund des vom König Friedrich Wilhelm I. herausgegebenen „Edikts wegen der Ordonnantz- und Wirtshäuser in den Churmärkischen Städten" am Markt/Ecke Mühlenstraße eingerichtet.

1719

(4. Mai)

Erlass einer „Templiner Feuerordnung" durch König Friedrich Wilhelm I.

1721

Verpachtung der Stadtmühle am Mühlentor.

1722

Es gab 262 Wohnhäuser, etwa 1200 Einwohner, 36 Hausstellen waren noch wüst.

1725

Verzeichnis – „Castrum derer Hausstellen der Imediat Stadt Templin 1725. Gefertigt von Christoph Dietrich Wanckenheim".

Erstmals Mitspracherecht für Pfarrer bei der Verwaltung des Kirchenvermögens.

138 Braustellen für Bier vorhanden. Namentlich bekannt ist Gastwirt Jochen Friedrich Fähleler. Andere Gasthäuser waren nur Bier- und Branntweinstuben.

1730

Es gab 267 Wohnhäuser, davon waren 167 mit Ziegeln bedeckt, 108 Scheunen. Immer noch lagen 33 Hausstellen wüst. 1690 Menschen lebten in Templin.

1732

(28. August)

Templiner Strumpfwirker erhielten Innungsprivileg. Die Innung hatte zehn Meister.

1733

Infanterie-Regiment 12 erhielt als „Kanton" die Uckermark mit den Städten Templin, Prenzlau, Strasburg und Lychen.

Am Markt gab es die erste bürgerliche Herberge für Reisende.

1735

(24. August)

Größtes Brandunglück der Stadt.

1737

Besuch König Friedrich Wilhelm I. im Mai, um den Wiederaufbau zu besichtigen. Befehl des Königs zum Stadtmauerdurchbruch – Wassertor – in der heutigen Pestalozzistrasse, um schneller ans Löschwasser zu gelangen.

1738

(28. Mai)

Verankerung neuer „Feuer-Polizei- und Löschordnung" zur Vorbeugung vor neuen Katastrophen im „Rathäuslichen Reglement für die Stadt Templin".

1740

306 neu errichtete Häuser mit Ziegeldächern fertig – 1731 Einwohner, 17 Hausstellen lagen noch wüst.

Formierung des Infanterie-Regiments von Kenitz Nr. 39 in der Stadt und danach Verlegung nach Königsberg.

1741

(7. Februar)

Kältester Tag seit Jahrzehnten mit -26 Grad Celsius.

1742–1794

Einquartierung von zwei Grenadier-Kompanien des Garnisons-Regiments 7 mit Stab in Eberswalde.

1743

Bau erster Holzschleuse, so genannter „Ratsschleuse" als Doppelschleuse vor dem Mühlentor. Gleichzeitig Begradigung und Ausbau des Kanals ab Schleuse in Richtung Ziegeleibrücke.

Glockenguss durch Christian Daniel Heintze aus Berlin-Spandau in Templin – zwei neue Glocken gegossen.

1744

Erneute Aufstellung über die Liegenschaften und den Grundbesitz – „Corpus bonorum". Danach war der Land-, Wald- und Wiesenbesitz gleich dem von 1714.

1744/1745

Auf Weisung Friedrich II. Anlage des Templiner Kanals als Verbindung vom Libbesicker See, Lübbe- und Fährsee bis zum Röddeliner See, um das in der Ringenwaldschen Heide gehauene Salzsiederholz nach Spandau und Magdeburg zu flößen. Durch Bau des Finowkanals 1746 ging Nutzung zurück.

Bitte an den König zum baldigen Kirchenneubau.

1746

Beginn des Rathausbaus.

Durch Eröffnung des zweiten Finowkanals verlor die Salzhandelsstraße Magdeburg-Stettin über Templin an Bedeutung. Damit entfielen auch die Zoll- und Steuereinnahmen.

1747

Der Wiederaufbau der Stadtkirche begann.

1748

(12. Januar)

Abfassung der ältesten Baugewerksordnung, dem sich Ackerbau treibende Bürger anschließen mussten, um die städtischen Wiesen als Weideland nutzen zu dürfen.

(20. November 1748 – 15. Juli 1765)

Theodor Ludwig Kraffel Bürgermeister.

1749

(30. November)

Kantor Johann Thomas Haupt weihte die dreischiffige Maria-Magdalenen-Kirche ein.

Wahrscheinlich mit Kirche Wiedereinrichtung einer Schule, deren erster Rektor Gottlieb Freygang war.

1750

Kupferstich von Johann David Schleuen – „Prospect der königlichen Preussischen Stadt Templin“ überliefert.

Templin hatte 311 Häuser und 1757 Einwohner.

Anlage einer Maulbeerplantage vor dem Berliner Tor durch Bürger Gebel auf ihm „erb- und eigentümlich“ überlassenem Gelände zur Seidenraupenzucht.

1751

Einweihung des neuen, im Barockstil errichteten Rathauses.

1752

Verlagerung der Scharfrichterei nach außerhalb der Stadtmauer.

1755

Auswirkungen eines Erdbebens in Lissabon auch in Templin und Umgebung spürbar.

1756 – 1763

Zeitweilige Stationierung schwedischer (1757 – 1759) und russischer Truppen (1760) während des Siebenjährigen Krieges. 1762 wurden österreichische Gefangene, die nach Stettin transportiert wurden, beherbergt. Leistung umfangreicher Geldzahlungen und Warenlieferungen sowie Schanzarbeiten bei Stettin wurden verlangt.

1758

Konzession für die Apotheke Silling Am Markt 1 erteilt.

1763

Gaststätte in der Berliner Straße/Ecke Schinkelstraße eingerichtet.

Nutzung des „alten publique Darrehauses“ in der damaligen Schulzenstraße (Schinkelstraße)/Ecke Propsteistraße (Martin-Luther-Straße) als Lazarett für die Garnison bis 1789.

1764

Abtragung des Stadtwalls als ehemalige Befestigung rechts am Berliner Tor und Anlage von Gärten.

Auf Befehl Friedrich II. Ansiedlung einer Strumpf- und Mützenfabrik.

1764 – 1806

Wegen fehlendem Gotteshaus katholische Gottesdienste in der Sankt-Georgen-Kapelle.

1765

(27. Juli 1765 – 3. September 1773)

Johann Jakob Freyschmidt Bürgermeister.

1766

(31. Januar)

Von der Kriegs- und Domänenkammer angewiesene Erbverpachtung des Fährkruges umgesetzt. Erster Pächter war Gustav Wulle.

1767

Verzeichnis einer Steuerrolle über 272 Hausstellen mit 185 Häusern und 87 Buden.

Einsturz des Torschreiberhauses links am Berliner Tor. Nach dem Wiederaufbau stand es noch ca. 100 Jahre.

1768

Bau des „Neuen Tores" an der „Bullenwiese" in der Oberen Mühlenstraße, daneben entstand das Akzisehaus (Zollhaus).

Am Markt befand sich die Gaststätte „Zum halben Mond".

Verlauf der Postlinien Berlin-Stettin und Berlin-Stralsund über Templin.

1769

Gründung einer Strumpf- und Mützenmanufaktur.

1770

In Templin lebten 1902 Menschen in 312 Häusern, neun Hausstellen waren noch wüst. Größter Teil der Bewohner war Ackerbürger.

1771

(11. Dezember)

Erbverpachtung des Eichwerders an Konsul Freyschmidt, Bruder des Bürgermeisters, zur Nutzung als Bleiche für die Weberinnung.

1774

1. Mai 1774 – 31. Dezember 1794

Cristian Ludwig Küster war Stadtoberhaupt.

1782

Gaststätte „Zum weißen Schwan" in der Mühlenstraße.

1783

Existenz einer separaten Stadtschule für Knaben und Mädchen.

1788

(16. September)

Abschluss eines Erbbaukontraktes zwischen Magistrat und Garnwebergewerk für den Eichwerder.

1788–1795

Einquartierung des Infanterieregiments 46.

1789

(20. Juni)

Erhaltener Bürgerbrief gibt Einblick in die Rechte und Pflichten der Bürger.

(21. Dezember)

Begründung der Rühlschen-Stiftung für Notleidende.

1794

Kollekte zum Hospitalhausbau erfolgt.

(8. September)

Notizen zur Stadtchronik in einer Kupferbüchse durch Kupferschmied Andreas Colas in den Kirchturmkopf eingelassen.

1795

(9. April 1795 – 1. April 1808)

Emanuel Theodor Dennstadt Bürgermeister.

(6. Juni)

Eröffnung des Gasthauses „Zum grünen Baum" am Markt.

1778

Ernennung Joachim Hahns zum Scharfrichter.

1799

Einquartierung von je zwei Grenadierkompanien des Infanterieregiments 12 (Prenzlau) und Infanterieregiments 34 (Neuruppin) bis 1805.

(7. Mai)

Erstmals Stadtfriedhof vor dem Berliner Tor erwähnt.

Erweiterung des Lazaretts.

1800

Templin hatte 2 013 Einwohner und 318 Wohnhäuser.

Am Markt befand sich der Gasthof „Zum Schwarzen Adler".

Schriftliche Fixierung der Schulverhältnisse auf Grund königlichen Erlasses von 1798 zur Verbesserung des Schulwesens.

1801

In der Stadt befanden sich 318 Häuser mit Ziegeldächern und 152 Scheunen, 8 Feuerstellen lagen noch wüst. Neben 104 Ackerbürgern lebten folgende Handwerker in der Stadt: 2 Apotheker, 13 Bäcker, 1 Bader, 1 Barbier, 4 Bierschenker, 2 Bierspünder, 3 Besenbinder, 8 Böttcher, 30 Branntweinbrenner, 5 Brauer, 2 Bleicher, 1 Buchbinder, 1 Caffetier, 1 Destillateur, 1 medizinischer Doktor, 2 Drechsler, 22 Fabrikanten, 9 Fleischer, 4 Fuhrleute, 12 Fischer, 4 Gastwirte, 1 Glashändler, 2 Glaser, 1 Grützmacher,

2 Hebammen, 6 Huf- und Waffenschmiede, 3 Handschuhmacher, 2 Hutmacher, 6 Hirten, 9 Höker, 1 Hausschlächter, 7 Judenfamilien, 2 Kahnführer, 1 Kalkbrenner, 8 Kaufleute, 1 Knopfmacher, 1 Kupferschmied, 1 Kürschner, 14 Leinweber, 1 Leistenschneider, 4 Lehmentierer, 3 Lohberber, 1 Lohmüller, 3 Maurer, 8 Materialisten, 1 Müller, 4 Mützenmacher, 1 Musikus, 4 Nadler, 1 Nagelschmied, 1 Ordonanzwirt, 1 Perückenmacher, 1 Pfeifenmacher, 1 Potaschebrenner, 1 Röhrmeister, 3 Sattler, 3 Schlosser, 14 Schneider, 1 Schornsteinfeger, 1 Schleifer, 2 Seiler, 22 Schuhmacher, 1 Strumpffabrikant, 1 Seifensieder, 1 Stärkemacher, 3 Stell- und Radmacher, 2 Splettreißer, 1 Strumpfwalker, 11 Strumpfweber, 9 Tischler, 2 Totengräber, 7 Töpfer, 1 Tuchhändler, 6 Tuchmacher, 60 Tagelöhner, 1 Walkmüller, 1 Weißgerber, 1 Weinhändler, 2 Wollkratzer, 1 Wollkämmer, 160 Wollspinner, 1 Ziegelbrenner, 3 Zimmerleute, 1 Zinngießer sowie 39 Stadtarme. Zur Gruppe der Beamten und Offizianten zählten: 8 Akzisebeamte, 1 Aktuar, 1 Armenoffiziant, 3 Assessoren, 3 Bürgermeister, 1 Bauinspektor, 1 Briefträger, 2 Kontrolleure, 1 Kämmerer, 1 Kantor, 1 Fabrikinspektor, 1 Gassenvogt, 2 Gerichtsdiener, 2 Heidebedienstete, 1 Justitiar, 1 Küster, 1 Landreiter, 4 Magistratsbedienstete, 1 Mühlenbereiter, 1 Nachrichter, 2 Nachtwächter, 1 Organist, 1 Postmeister, 2 Postillions, 3 Prediger, 3 Präzeptoren oder Schullehrer, 1 Richter, 1 Ratmann, 1 Schleusenmeister, 1 Sekretär, 1 Servisredant, 2 Schulmeister, 4 Stadtdeputierte, 3 Torschreiber, 3 Waagebedienstete, 2 Visitatoren, 1 Vikar, 2 Zollverwalter, 1 Zollbereiter, 1 Ziesemeister. Angesiedelt waren 1 Königliches Postamt und 1 Königliches Akzise- und Hauptlandzollamt. Außerdem lebten 7 jüdische Familien im Ort. Jährlich fanden 4 Kram- und Viehmärkte statt. Es wurden eine Wollmützen- und Strumpfmanufaktur sowie 41 Braustellen und 30 Branntweinblasen sowie 1 Mahl-, 1 Schneide- und 1 Walkmühle betrieben.

Die Kämmerei bezog Einnahmen aus dem Besitz von Gandenitz, dem Vorwerk Knehden, Ahrensdorf, dem Fährkrug, der Ziegelei, den Mühlen, den 21 Seen, der Ratswaage, dem Dammzoll, dem 5 787 Morgen umfassenden Forstrevier, der Meierei und der Ratsziegelei.

1806

Ab diesem Jahr hieß der erste Pfarrer der Kirchengemeinde nicht mehr Inspektor, sondern Superintendent.

(26. Oktober)

Einmarsch erster französischer Truppen nach preußischer Niederlage gegen Napoleon bei Jena und Auerstedt.

(27. Oktober)

Erste Chasseurs (französische Reiter) plünderten unter Prinz Murat drei Tage.

(28. Oktober)

Nach preußischer Kapitulation Einquartierung französischer Truppen mit 300 Geschützen.

(1. November)

1800 gefangene preußische Soldaten mussten versorgt werden.

(6. November)

Besserung der Verhältnisse unter neuem französischen Militärkommandanten Harriet.

Bis November Durchmarsch von ca. 250 000 Mann.

1807

8 602 Soldaten und 1 437 Pferde waren in Templin.

(27. Juli)

Nahrungs- und Aussaatsteuer zur Aufbringung der zweiten Kriegszahlung von 3353 Talern.

(November)

20 000 fremde Soldaten passierten die Stadt – 10 fache Zahl der Einwohner.

(10. Dezember)

Unterbringung eines Regiments mit 60 Offizieren, 1895 Soldaten, 50 Pferden und Tross Bediensteter und Köche.

1808

Heranziehung Templiner Bürger zum Heerlagerbau in Stettin.

(27. Oktober)

Nach der Räumung preußischer Provinzen auf Befehl Napoleons erneut französische Truppen in Templin.

(1. April 1808 – 1. Januar 1810)

Karl Friedrich Wilhelm Tischmeyer Bürgermeister.

1809

(30. Juli)

Feierliche Einführung des neuen Magistrats mit Bürgermeister Tischmeyer, einem Beigeordneten und sechs Ratsherren sowie 33 Stadtverordneten und 11 Stellvertretern durch den königlichen Kommissar, Landrat von Wedell.

Einteilung der Stadt in vier Verwaltungsbezirke – Prenzlauer-, Mühlen-, Berliner- sowie Königsbezirk.

„Verordnung über die Einrichtung des hiesigen Schulwesens" im Zuge der „Preußischen Reformen" erlassen.

1810

(1. Januar 1810 – 14.11.1831)

Heinrich Christian Johann Heimburger Bürgermeister.

(19. Juni)

Bildung der Templiner Schützengesellschaft, auch Schützenkompanie oder „Schützengilde" genannt, auf Initiative des Bürgermeisters Tischmeyer und des Stadtverordnetenvorstehers Postmeister Bardke.

Eröffnung des Hotels „Uckermärker Hof" am Markt. Daneben gab es weiteren Gasthof „für Personen aus gebildeten Ständen" und weitere sechs mit „Ausspannung für den gemeinen Mann".

Errichtung von zwei Windmühlen durch Müller Kranike und Bauer Hauser vor dem Berliner Tor.

1813

Einsetzung von Kommandanten während der Befreiungskriege – in Templin Major von Bredow.

Meldung von sieben Jugendlichen zum Eintritt in das Freiwillige Jägerkorps, ungefähr

140 Templiner kämpften in der Landwehr und im Landsturm.

(**29. März**)

Aufruf an die Stadtbewohner zur Geldsammlung für die freiwilligen Jäger. Spende von 239 Talern, 17 Groschen und 7 Pfennigen zur Ausrüstung von vier Freiwilligen mit Pferd, Waffen und Uniform.

(**16. Mai**)

Vereidigung des Templiner Landsturms.

(**6. August**)

Stadtchronik auf Erlass der Stadtverwaltung angelegt.

1813 – 1819

Teile des zweiten Bataillons des Kurmärkischen Landwehr-Regiments einquartiert.

1816

(**16. März**)

Templin erhielt den Kreisstadtstatus – stellte dazu das Kreishaus.

Zum Kreis Templin gehörten die Städte Templin, Lychen, Zehdenick, die Flecken (Dörfer mit einzelnen Stadtrechten, z. B. Marktrecht) Boitzenburg, Gerswalde, Groß Fredenwalde, sowie 49 Dörfer, 74 Güter und Vorwerke, 17 Kolonien und Abbaue.

Im Kreis lebten damals 25834 Einwohner.

1817

In der Stadt befanden sich 315 Häuser.

(**18. Januar**)

Friedensfeier zum Ende der Befreiungskriege.

(**14. Februar**)

Erster Landrat – Friedrich Wilhelm Carl von Arnim-Gerswalde von 1817 – 1830.

Stiftete einen goldenen Siegelring in dem später Namen und Amtszeiten aller Landräte von 1817 bis 1920 eingraviert wurden.

1819

Strumpffabrikant Dünz legte am Weinberg eine Ziegelei an.

1820

Bau des Töpfer- (Kantstraße) und Webertors (Werderstraße) in der Stadtmauer als Fluchtmöglichkeit und zum Wassertransport.

(**10. November**)

Landrat Friedrich Wilhelm von Arnim-Gerswalde zum ersten Ehrenbürger ernannt.

1821

Gründung des „Vereins der Grundbesitzer des Templinschen Kreises“ zur Sparkassengründung.

1822

(1. April)

Eröffnung einer städtischen Sparkasse im Kreishaus auf Vorschlag des obigen Vereins.

1830

(27. April)

Grundsteinlegung für das Schützenhaus.

Umgestaltung des 34 ha großen Kiefernwaldes zum „Bürgerpark" durch Schützengilde.

Errichtung einer Tabagie – eines Wirtshauses mit geräumigem Saal in der Senke zum Eichwerder und Ratsteich durch Friedrich Sellin.

1831

(1. April)

Eröffnung der Klein- oder Armenschule in der Propsteistraße (Martin-Luther-Straße).

(30. Mai)

Einweihung des Schützenhauses mit einem Königsschießen und Schützenball.

(15. November 1831 – 1. April 1869)

August Papenbrock Bürgermeister. Widmung des Papenbrock-Platzes im Bürgergarten für die Amtsführung und sein städtisches Engagement.

1832

(19. Juli)

Sturm des Rathauses wegen des Streites um Holzerlöse aus städtischem Wald.

Gründung des „Templiner Singevereins" durch Lehrer Parisius.

1833

Seit Ostern gab es jährliche Schulzeugnisse.

1834

(22. September)

Inkrafttreten einer vom königlichen Oberpräsidium der Provinz Brandenburg vom 20. Januar 1832 verfügten neuen Feuer-, Polizei- und Löschordnung.

Postamt erstmals erwähnt.

Zehdenicker Straße mit Linden bepflanzt.

Die Stadt hatte 3150 Einwohner, 21 öffentliche Gebäude, 334 Wohnhäuser, fünf Fabrikgebäude, 595 Ställe/Schuppen.

1838

Das „Templiner Wochenblatt" erschien.

1840

Gründung von Druckerei und Buchhandlung durch Wilhelm Bethke in der Mühlenstrasse 8.

Templin hatte 3019 Einwohner, 342 Häuser.

(15. Oktober)

Ladung des Templiner Bürgermeisters Papenbrock, Stadtverordnetenvorsitzenden Amen, Ratsmanns Hauck und Malermeisters Neumann zur Erbhuldigung für König Friedrich Wilhelm III. ins Berliner Schloss.

1841

(6. Februar)

Kreistagsbeschluss für neues Krankenhaus. Leitung durch den Landrat, Landphysikus Sanitätsrat Dr. Wittzack und Bürgermeister Papenbrock.

1842

(1. Oktober)

Einrichtung des neuen Krankenhauses für hilfsbedürftige und unvermögende Einwohner im ehemaligen Eckbrauhaus Schinkelstraße 10.

1843

(22. November)

Beschluss zur Anschaffung von 17 Öllampen, eine pro Straßenkreuzung und jeweils eine an den Toren.

1844

(1. Mai)

Inbetriebnahme eines Schulneubaus Ecke Diakonat-(Kantstraße)/Werderstraße mit drei geräumigen Klassen und zwei Lehrerwohnungen nebst Schuldienerwohnung.

(1. Juli)

Ernennung des Superintendenten und Oberpredigers Christian Samuel Bartsch zum Ehrenbürger anlässlich seines 50. Amtsjubiläums.

(13. November)

Aufruf zur Gründung des Templiner „Elisabeth-Frauen-Vereins“ durch Diakon Niedlich.

1845

Durch Restaurierung erhielt der Pulverturm heutiges Aussehen.

1846

(22. November)

Straßenbeleuchtung mit Öllampen ausgerüstet.

1847

Friedrich Wassermann erster Buch- und Zeitungsdrucker.

1848

Straßenbau Gransee-Zehdenick-Templin über Petznick nach Prenzlau durch die Templin-Zehdenicker-Chaussee-Gesellschaft. Errichtung eines Brückenneubaus aus Holz neben der alten Fährbrücke.

Bau neuer Bockwindmühle an der Straße nach Zehdenick.

Gründung eines „Konstitutionellen Klubs“ und eines „Patriotischen Klubs“.

(1. April)

Publikationserlaubnis für das „Templiner Kreisblatt“ von Buchdrucker Friedrich Wassermann. Erscheinen einmal wöchentlich am Samstag.

(27. April)

Gründung der Templiner Bürgerwehr unter dem Kommandanten Premier-Leutnant von Zülow mit ca. 200 Mitgliedern.

(31. Mai)

Die Teilnehmerin der Befreiungskriege, Friederike Krüger, in Templin verstorben.

(11. Juni)

Gründung der Baptistengemeinde.

(Juni)

Gründung des „Bürgerrettungsvereins“ zur Unterstützung in Not geratener Bürger durch Darlehen zu tragbaren Zinsen. Daraus entwickelte sich die „Volksbank“.

1849

Straßenbau Lychen-Boitzenburg.

Hauptpostlinien von Berlin nach Stettin und nach Stralsund verliefen über Templin.

(1. April)

Stadt erhielt das Kreisgericht – es tagte im großen Rathaussaal.

(7. März)

Öffentliche Konstituierung der neuen Stadtverordnetenversammlung.

1850

Neugestaltung der Ackerwirtschaft durch „Separation“, wodurch Ausbauten entstanden.

(4. Februar)

Auflösung der Bürgerwehr durch Gesetz vom 24. Oktober 1849. Die 120 Templiner Gewehre mussten auf Stadtkosten beim königlichen Artillerie-Depot Spandau abgeliefert werden.

1852

Gründung des „Vereins zur Erziehung verwahrloster Knaben“ unter Superintendent Ideler als Einrichtung der „Inneren Mission“.

Spaltung des „Templiner Singevereins“ wegen Kostenstreits in Eberswalde.

1854

(25. Januar)

1852 gegründeter „Verein zur Erziehung sittlich verwahrloster Knaben“ eröffnete das „Rettungshaus Templin“ am Prenzlauer Tor. Erster Leiter war Diakon Siemann.

1855

Eröffnung des Restaurants „Seebad“ in der Arnimstraße 7 durch Ludwig Friedrich Schuhmacher.

Weitere gastronomische Einrichtungen waren das „Hotel Beseler“ und „Uckermärkischer Hof“ am Markt, Hotel „Templiner Krug“ in der Mühlenstraße, „Strandkaffee“ in der Seestraße und weitere drei Gasthäuser am Markt.

Abriss des „Brotscharrens“ – des Verkaufshauses des Bäckergewerks auf dem Marktplatz.

1856

Umzug des Postamtes in die Prenzlauer Str. 58, von 1874 bis 1892 Haus 57.

Außer der Postbeförderung wurde eine viersitzige tägliche Personenpost zwischen Löwenberg-Prenzlau und Gransee-Prenzlau über Templin organisiert.

(15. November)

25. Jahrestag der Amtseinführung von Bürgermeister Papenbrock.

1857

((24. Januar)

Gründung der Strahlschen Stiftung.

(16. September)

Ratsherr Theodor Strahl wurde Ehrenbürger.

1858

(2. Januar)

Übernahme der städtischen Sparkasse als Kreissparkasse durch den Landkreis und Umbenennung in Kreissparkasse.

(November)

Tägliches Personenfuhrwerk von Berlin nach Templin und zurück eingerichtet.

1859

Forsthausbau in der Buchheide Richtung Prenzlau, „Torfhaus“ Richtung Vietmannsdorf und „Eichwerderhaus“ am Fährkrug errichtet.

(10. April)

Bau der Baptistenkapelle in der Königsstraße (Pestalozzistraße).

1859–66

Restaurierung der Sankt-Georgen-Kapelle nach Nutzung als Magazin durch französische Truppen.

1860

Beginn umfangreicher Instandsetzungs- und Umbauarbeiten am Berliner Tor – Butzenscheibenfenster in großen Bogenöffnungen, Einzug von Zwischenböden zur Getreidelagerung.

39 Braustellen wurden erwähnt.

Eingemeindung von Ahrensnest mit 35 Einwohnern in fünf Häusern.

Zur Stadt gehörten laut L. Enders die Ausbaue: Eichwerderhaus, Weinberg, Abdeckerei, Heidemann, Dumnick, Kaiser, Zühlsdorf, Hauch, Dahm, Schröder, Bandelows Hof, 1 Ziegelei sowie drei Windmühlen. Es gab 1 Buchdruckerei, 1 Tuchfabrik,

4 Leinenfabriken, 2 Brauereien, 2 Destillationen, 1 Leimsiederei, 1 Kalkbrennerei, 3 Ziegeleien. Außerdem die Ackergehöfte Karlshof mit Ziegelei, Dorettenhof, Engelsburg, Christianshof, Wohnhaus Ahrensnest sowie die Forsthäuser Bürgerheide, Laatz und Torfhaus.

1861

Beginn von Renovierungsarbeiten am Prenzlauer Tor.

(1. Juli)

Einrichtung einer zweisitzigen täglichen Personenpost zwischen Templin und Lychen. Fuhr vorher nur dreimal wöchentlich.

Templin hatte 4142 Einwohner und 363 Wohnhäuser. Dazu kamen Bauten für öffentliche, gewerbliche oder wirtschaftliche Zwecke – z. B. eine Druckerei, eine Tuchfabrik, eine Strumpfwirkerei, zwei Brauereien, zwei Destilieranstalten, eine Seifensiederei, eine Kalkbrennerei am Fährkrug, drei Ziegeleien und drei Mühlen.

1862

(12. Mai)

Gründung des „Männer-Turn-Vereins Templin von 1862“.

Schaffung eines neuen Turnplatzes beim Schützenhaus.

1863

Erweiterung der Stadtschule für Knaben durch Aufkauf des Nebengebäudes.

(26. Juni)

Bildung der Turner-Feuerwehr – Vorläuferin späterer „Freiwilligen Feuerwehr Templin“, unter dem Vereinsvorsitzenden Privatlehrer Louis Lampe.

(1. Dezember)

Aufnahme des Telegrafiebetriebes.

1864

Während des preußischen Krieges gegen Dänemark fielen sechs Templiner (Otto Braune, Ferdinand Heidemann, Karl Kurzmann, Wilhelm Tellnett, Rudolph Wilke, Wilhelm Zimmermann).

Fund von Geschützkugeln von 1627 bei Reparaturarbeiten am Berliner Tor.

Schaberhaus der Gerber vor dem Mühlentor abgerissen und Überwölbung der Mühlenarche.

Gründung des „Evangelischen Jünglingsvereins“ für unverheiratete Männer und herumziehende Wanderburschen.

(15. Mai 1864 – 14. November 1871)

Gustav Borgmann Bürgermeister.

1866

Laut L. Enders gehörten folgende Ausbaue zur Stadt: Heydemann, Dumnick, Kayser, Liebermann, F. Hauck, C Hauck, Berg, Regling, Bandelow, Eckert, Küster.

Im Krieg gegen Österreich fielen Wilhelm Tabbert und August Härtel.

(2. Mai)

Feierliche Einweihung des Sankt-Georgen-Hospital nach Umbau und Renovierung.

(9. Oktober)

Übergabe des im Juli 1866 begonnenen Schulerweiterungsbaus mit vier neuen Klassen.

(3. November)

Vererbung des Grundstücks Berliner Straße 9 an jüdische Gemeinde mit testamentarischer Verfügung des Rückfalls an die Stadt mit übrigem Besitz, wenn kein Jude mehr in Templin lebt.

1867

Überdachung des Zwingers am Prenzlauer Tor, danach Nutzung als Spritzenhaus der Feuerwehr und als Unterstand von städtischen Geräten und Wagenpark.

Stadtmauerdurchbruch zur Verbesserung der Verkehrsmöglichkeiten – Abriss der äußeren Durchfahrt am früheren Außentor nebst dem Torschreiberhaus und den Ställen.

1868

(6. April)

Grundsteinlegung für die Synagoge im Hinterhof der Berliner Straße 9.

(26. August)

Zerstörung von neun Häusern und rund 30 Nebengebäuden durch Brandstiftung.

Erwerb des neuen Kreishausgebäudes am Markt 13 und Vergrößerung durch ein Stockwerk.

1869

Umzug ins neue Kreishaus.

Um 1870

Auswanderungen aus wirtschaftlicher Not vor allem nach Amerika und Australien.

Templin hatte nur noch 3928 Einwohner.

1871

Im Krieg gegen Frankreich stellte Templin 57 Landwehrmänner, (August Schöning, Hermann Franz, Friedrich Baade, Wilhelm Hartmann, August Kräegenbrink, H. Krüger fielen).

Wirtschaftlicher Aufschwung auf Grund französischer Entschädigungszahlungen in Templin im Eisenbahn- und Straßenbau sowie der Errichtung öffentlicher Gebäude und Wohnhäuser spürbar.

(18. Juni)

Friedensfeier in der Stadt.

(Juli)

Orgeleinbau in der Georgenkapelle für 600 Taler durch den Orgelbaumeister Lütkemüller aus Wittstock.

(18. Oktober)

„Friedenseiche“ auf dem Marktplatz gepflanzt.

1872

Abriss des Waldemartores am Mühlentor wegen zu geringer Durchfahrtshöhe.

(11. April 1872 – 22. Juni 1897)

Friedrich Nitzschke Bürgermeister.

1873

(17. September)

Ernennung des ehemaligen Landrats von Arnim Boitzenburg zum Ehrenbürger.

1874

Fährbrücke ging in Kreisbesitz über.

1875

Abriss des Waldemartores am Berliner Tor wegen Mauerrissen.

Rathausnutzung – Erdgeschoss als Stadtverordnetenversammlungssaal, das Kreisgericht tagte in der oberen Etage, im Keller befand sich das Kreisgerichtsgefängnis.

Umbenennung des bisherigen Kirchenkollegiums in Kirchengemeinderat.

1877

Einrichtung der Volksbibliothek durch den Gemeindekirchenrat veranlasst.

Beschluss zum Krankenhausneubau. Dazu Gartenkauf mit städtischem Zuschuss von 2 000 Mark durch das Sankt-Georgen-Hospital vor dem Prenzlauer Tor.

1878

Gründung des Templiner Imkervereins.

1877 – 78

Umbau und Renovierung der Maria-Magdalenen-Kirche.

1879

(April)

Übergabe des neuen Krankenhauses.

1880

Bildung eines Kirchenchores unter Leitung des Organisten Kühn.

(12. Januar)

Übergabe der eisernen Fährseebrücke.

Nennung folgender Gaststätten und Hotels: „Hotel Beseler“, „Uckermärkischer Hof“ · „Templiner Krug“, „Deutsches Haus“, „Saarlinde“, „Strandkaffee“, „Seebad“, „Schützenhaus“.

1881

Gründung des „Vereins ehemaliger Militärs“ (später „Kriegerverein“).

Maria-Magdalenen-Kirche erhielt die dritte, in Stettin gegossene Glocke.

1882

(11. Oktober)

Auf Grund anhaltender Beschwerden über die Brotqualität, das Gewicht und den Preis organisierte der Magistrat eine Brotausstellung mit Backwaren aus ganz Deutschland.

1883

(1. Februar)

Verein der „Uckermärker in Berlin" gegründet.

(18. März)

Bisheriger „Bürgerrettungsverein" wurde zum „Spar- und Darlehenskassen-Verein zu Templin".

(25. September)

Gründung der „Turner-Feuerwehr", später Freiwillige Feuerwehr.

1884

32 jüdische Bürger lebten in Templin.

1885

(18. Oktober)

Einweihung des Kreiskriegerdenkmals zu Ehren der in den Kriegen gegen Dänemark (1864), Österreich (1866) und Frankreich (1870/71) 146 Gefallenen des Kreises Templin auf dem Marktplatz.

1887

Vorarbeiten für den Chausseebau Templin-Densow-Lychen – Baubeginn 1888.

Im Herbst Baubeginn der Straße Templin-Ahrensdorf-Milmersdorf-Stegelitz.

Straßenverbreiterung am Berliner Tor durch Überwölbung des Wallgrabens und Brückenabriss samt Pfeilern sowie Erschließung der Bahnhofstraße im Zusammenhang mit dem Bahnhofsbau in der Hindenburger Feldflur.

1888

(1. Mai)

Eröffnung des Hauptbahnhofs und der Eisenbahnlinie Löwenberg-Templin.

Erstmalige Nennung Templins als Luftkurort.

Straßenausbau Boitzenburg-Klaushagen-Jakobshagen-Klosterwalde, ebenso Templin-Milmersdorf-Wilmersdorf.

1889

(14. April)

Gründung der „Molkerei-Genossenschaft-Templin". Produktionsbeginn am 1. Oktober 1890 im dazu angekauften Gebäude,
Verkauf der ersten Butter (500 g für 1,21 Mark) am 3. Oktober.

(16. Mai)

Landrat von Arnim Milmersdorf wurde Ehrenbürger.

(18. September)

Aufstellung einer Büste Kaiser Wilhelm I. im Bürgergarten auf einer steinernen Säule.

1890

(18. Juli)

Auszeichnung des Geheimen Kanzleirates Wilhelm Goder mit der Ehrenbürgerwürde anlässlich seines 50. Dienstjubiläums – begründete Stiftung für drei würdige bedürftige Bürger.

Herausgabe der „Templiner Zeitung“ (bis 1916).

1891

Abriss des Torwächterhauses am Berliner Tor.

(16. März)

Einrichtung einer „Spielschule“ durch den Elisabeth-Frauenverein in der damaligen Diakonatsstraße Nr.8 (Kantstraße).

(2. November)

Eröffnung des „Waldhofes“.

1892

(6. April)

Einweihung des neuen Kaiserlichen Postamtes vor dem Berliner Tor.

Abbruch des Wassertores in der Pestalozzi-Straße und Straßenverbreiterung auf heutiges Niveau.

1893

(1. April)

Schließung der Armenschule. Durch Eröffnung der höheren Privatschule – einer Knaben- und Mädchenschule - wurde dem Bürgerwunsch nach Möglichkeiten für höhere Bildung ihrer Kinder entsprochen.

(17. August)

Erstes Auto in Templin fuhr Kaufmann Albert Bundfuß.

(18. August)

Aufstellung eines Standbildes Kaiser Friedrich III. vor der Maria-Magdalenen- Kirche.

Ersterwähnung von „Engelsburg“ im Amtsblatt des Regierungs-Bezirkes Potsdam. Benennung nach dem Landeigentümer Engel.

1894

Wieckhäuser in der Stadtmauer unter öffentlichen Schutz gestellt.

Übertragung des Vermögens von 2 000 Mark durch den Lotterieverkäufer Ihrcke an die Stadt (Ihrcksche Stiftung). Die Zinsen sollten der Kirche zukommen, um das Herumreichen des Klingelbeutels einzustellen.

Einrichtung der Diakonissenstation durch Pfarrer Richard Kirstein in der heutigen Kantstraße.

1894–1896

Neuregulierung des Templiner Kanals durch Vertiefung auf das Dreifache und Schleusenneubau mit einer Länge von 44 m und 5,10 m Breite. Seitdem Dampferverkehr bis Berlin, was zur Entwicklung des Tourismus beitrug.

Templin wurde Luftkurort.

1895

Gründung des SPD-Wahlvereins unter der Führung des Zimmermanns Gustav Bartel und der Maurer Karl Grün und Karl Fuck.

(2. Dezember)

Die Volkszählung ermittelte für Templin 4439 Einwohner, im Kreis lebten 46102.

(1. Oktober)

Gründung Gewerblicher Fortbildungsschule Am Markt 12- ab 1919 auch als landwirtschaftliche Berufsschule genutzt.

1896

(1. September)

Eröffnung des von der Firma Hübsch, Hostjes u. Co. Berlin gebauten Elektrizitätswerkes in der Diakonatstraße.

1897

Zweite Brücke für die Eisenbahn neben der Chausseebrücke am Fährsee im Zuge des Eisenbahnstreckenneubaus Templin-Prenzlau.

Abriss der Holzpforte im Webertor in der Nähe des heutigen „Kutscherhauses" und Freigabe für den öffentlichen Verkehr.

1898

Zusammenschluss der jüdischen Gemeinden Templins, Lychens und Zehdenicks, da die notwendigen zehn Männer für den jüdischen Gottesdienst nicht mehr in Templin lebten. Gemeinsame Nutzung der Templiner Synagoge, aber separate Vermögensverwaltung.

(5. Januar 1898 – 4. September 1909)

Richard Neumann Bürgermeister.

(27. August)

Auftragserteilung für den Bau eines vierständigen Lokschuppens hinter der Drehscheibe am (Haupt-)Bahnhof.

(18. November)

Vertrag mit der Aktiengesellschaft „Deutsche Wasserwerke Berlin" zur Wasserversorgung der Stadt über 50 Jahre. Dazu Bau des Wasserturms auf dem Galgenberg, des Wasserwerks und dazugehörigen Wohnhauses in der Prenzlauer Allee. Templiner erhielten direkten Hauswasseranschluss.

(15. Dezember)

Einweihung der Eisenbahnlinie Templin-Joachimsthal-Eberswalde.

1899

(24. März)

Eröffnung der Eisenbahnlinie nach Prenzlau.

(14. Mai)

Benennung der Straße vor dem Prenzlauer Tor als Arnimstraße, der vom Berliner Tor zum Bahnhof führenden als Goderstraße. Da Bezeichnung für die zum Bahnhof führende Straße unlogisch, 1910 Umbenennung in Bahnhofstraße. Neue, von der Bismarck- zur Arnimstraße führende Straße, erhielt den Namen Goderstraße, heute August-Bebel-Straße.

(18. Mai)

Erste Filmvorführung mit einem Kinematographen im Schützenhaus.

(15. Juni)

Zwei Tage zuvor geschenkte und auf dem Ratsteich ausgesetzte Schwäne wurden irrtümlicherweise abgeschossen.

(16. August)

Inbetriebnahme der Eisenbahnlinie nach Fürstenberg.

(11. September)

Abgabe alter Folterinstrumente des Scharfrichters an neu eröffnetes „Uckermärkisches Museum" in Prenzlau.

(20. Oktober)

Stadt bekam erneut zwei Schwäne geschenkt und veröffentlichte Abschussverbot.

(1. November)

Inbetriebnahme der Berliner Schultheiß-Brauerei in der Goderstraße (Bahnhofstraße).

1898 – 1900

Bau von Wasserturm und Wasserwerk – Wasser aus 60 m tiefem Brunnen.

1900

(23. Januar)

Neu zu bauende Bahnstation am Dargersdorfer Weg erhielt den Namen „Templin-Vorstadt".

(9. März)

Baubeginn für den Vorstadtbahnhof.

(1. April)

Im Bürgergarten wurde „Bismarck-Eiche" gepflanzt.

(10. Mai)

Stadtältester August Hauck erhielt Ehrenbürgerwürde.

(10. Juli)

Gründung des Templiner Eisenbahner- und Beamtenvereins.

(18. Juli)

Ehrung für Geheimrat Goder anlässlich des 60-jährigen Dienstjubiläums mit dem Königlichen Kronenorden II. Klasse sowie vom Herzog von Sachsen-Meiningen mit dem Komturkreuz II. Klasse des Sachsen-Ernestinischen Hausordens.

(1. September)

Feierliche Inbetriebnahme des Bahnhofs Templin-Vorstadt in Anwesenheit von städtischen Behörden und Templiner Bürgern.

(26. Oktober)

Im Bürgergarten Pflanzung einer Linde und Setzung eines Gedenksteins aus schlesischem Marmor auf Feldsteinmonument zu Ehren des 100. Geburtstages von Feldmarschall Helmut Graf von Moltke.

(15. November)

Verbreiterung des Treidelweg am Templiner Kanal und Freigabe für die Fußgänger.

(1. Dezember)

In Templin lebten 4961 Einwohner.

1901

(1. August)

Übernahme des Elektrizitätswerkes durch die Stadt für 45 000 Mark.

(1. Oktober)

14 Templiner an öffentliches Fernsprechnetz angeschlossen.

1902

(28. Januar)

Beschluss zum Bau der Ringstraße (heute Prokopiusstraße) bis zum Abzweig der damaligen Moltkestraße, heute Friedrich-Engels-Straße.

Anschaffung einer Fuhrwerkswaage – vor dem Rathaus von städtischen Angestellten bedient.

(27. März)

Verkauf von zwei Jungschwanpaaren für 60 Mark nach Berlin.

(10. Juni)

100. Hauswasseranschluss verlegt.

(24. Juni)

Neuer städtischer Bebauungsplan fertig gestellt.

(5. Dezember)

Feier der Aufstellung einer Bronzebüste Friedrichs II. über der Rathaustür zum Gedenken an den vor 145 Jahren errungenen Sieg des „Alten Fritz" bei Leuthen (heute Lutynia, Polen, westlich Breslaus) über Österreich.

1903

(28. März)

Umwandlung der geplanten sechsklassigen Volksschule mit Genehmigung der königlichen Regierung in eine achtstufige Schule auf Initiative von Rektor Hanschke.

Bestätigung zur Bereitstellung des Kreishausbauplatzes in der Arnimstraße und Ankauf des alten Gebäudes.

Gründung des „Eisenbahnvereins Templin".

(4. Mai – 14. Juni)
„Krieg der Pankgrafen gegen Templin"

(2. Juli)
Bewerbung zum Kreishausbau positiv für Templin entschieden.

(22. November)
Baubeginn für das Eisenbahnerwohnhaus in der Gartenstraße.

1904 – 1905

Kreishausneubau in der Arnimstraße.

1904

(24. April)
Baubeginn der Straße Templin-Gandenitz.

(8. September)
Richtfest für das neue Kreishaus.

(19. November)
Straßenpflasterungsarbeiten vom Krankenhaus bis zum Dargersdorfer Weg.

1905

(27. März)
Planung zum Neubau einer achtklassigen Mädchenschule wegen Baufälligkeit der 1759 errichteten Schule in der Propsteistraße (Kantstraße).

(23. Mai)
Erwägungen zum Bau einer Badeanstalt auf dem Eichwerder mit getrennten Bassins für Frauen, Männer und Nichtschwimmer sowie acht Einzelbadezellen, zwei Warteräumen und 18 Umkleidekabinen.

(20. Juni)
Rechnungsrat Friedrich Colas Ehrenbürger.

(1. Juli)
Verkauf des Schulzengutes in Ahrensdorf für 31 000 Mark an Wilhelm Gerhardt.

(9. August)
Einweihung des neuen Kreishauses.

(25. August)
Bewerbung für die Einrichtung einer Forstschule auf dem alten Turnplatz in der Röddeliner Straße.

Beschluss zur Nutzung des Eichwerders, der nach der Auflösung der Weberinnung an die Stadt übergegangen war, als Standort für die Mädchenschule.

Gleichzeitige Festlegung, mit einem Stadtmauerdurchbruch an der Diakonats- und Propsteistraße (Luther- und Kantstraße) weitere Verbindung zur Innenstadt zu schaffen.

(12. September)
Erweiterung des „Seebadrestaurants" mit Bühne, Kegelbahn im Erdgeschoss und Fremdenzimmern im zweiten Stock.

1906

(19. Januar)

Bestätigung zur Errichtung der Forstschule.

Beschluss zum Altersheimneubau für Frauen und Männer, eines Auguste-Viktoria-Heimes – wurde später aber nicht realisiert.

(24. März)

Kaufmann Alexander Pinkus verkaufte für 85 000 Mark sein am Markt gelegenes Geschäft an den Kaufmann Hannemann.

(20. Mai)

Bewerbung um die von der Post-Erholungsheim-Genossenschaft mbH zu Berlin geplante Errichtung eines Erholungsheimes. Templin erhielt auf Grund der günstigen Konditionen den Zuschlag.

(12. Juni)

Ehrenbürgerbrief von Geheimrat Goder auf dessen Wunsch im Stadtarchiv archiviert.

(16. August)

Ernennung Dr. Jebens zum Amtsgerichtsrat.

(28. Oktober)

Übergabe erster privater Forstlehrlingsschule Deutschlands in Röddeliner Straße.

1907

Templin war noch immer Ackerbürgerstadt – 17 Ackerbürger besaßen zwischen 5-33 ha, 1 Ackerwirt 5 ha, 29 Landwirte 1-98 ha, 9 Eigentümer 1-5 ha, 2 Gutsbesitzer 100 ha.

Als Betriebe existierten 1 Molkerei, 1 Maschinen-, 1 Selters-, 1 Käse-, 2 Pantinen-, 2 Wagen-, 3 Zigarrenfabriken, 2 Brauereien, 1 Schnapsbrennerei, 2 Buchdruckereien, 2 Speditionen, 1 Bank. Außerdem 1 Wasserwerk, 1 Ziegelringofen, 5 Mühlen, 1 Abdeckerei, 11 Hotels bzw. Restaurants, 1 Bau- und 1 Tiefbauunternehmen.

Einen weiteren Einblick in das gesellschaftliche und soziale Gefüge gibt die folgende Übersicht: 11 Bäckermeister, 2 Barbiere, 4 Böttchermeister, 2 Buchbindermeister, 1 Bürstenmacher, 11 Dachdeckermeister, 3 Drechslermeister, 6 Fischermeister, 4 Fleischermeister, 1 Färbermeister, 1 Fotograf, 2 Friseure, 1 Kapellmeister, 4 Klempnermeister, 2 Konditoren, 1 Korbmachermeister, 1 Kupferschmiedemeister, 6 Malermeister, 2 Maurermeister, 1 Messerschmiedemeister, 5 Sattlermeister, 7 Schlächtermeister, 3 Schlossermeister, 7 Schmiedemeister, 8 Schneidermeister, 1 Schornsteinfegermeister, 7 Schuhmachermeister, 1 Seilermeister, 1 Steinmetzmeister, 4 Stellmachermeister, 1 Tapezierer, 12 Tischlermeister, 2 Töpfermeister, 4 Uhrmacher, 24 Zimmermeister und 1 Zuschneider wirkten im Handwerk.

In der Stadtverwaltung waren angestellt: 1 Bürgermeister, 1 Stadtsekretär, 1 Polizeisergant, 1 Magistratsdiener, 1 Magistratsbüroassistent, 1 Marktmeister, 1 Amtsgerichtsrat, 1 Amtsrichter, 1 Gerichtsassistent, 2 Gerichtssekretäre, 3 Gerichtskanzlisten, 1 Gerichtsdiener, 1 Gerichtsaktuar, 1 Rechtsanwalt und Notar, 1 Prozeßagent, 1 Gerichtsvollzieher, 1 Gefangenenaufseher, 1 Königlicher Rentmeister, 2 Steuereinnehmer, 2 Rechnungsräte, 3 Steueraufseher, 1 Obersteuerkontrolleur, 1 Königlicher Steuerinspektor, 1 Katasterzeichner, 1 Steuersekretär.

Als Beamte der Kreisverwaltung wirkten 1 Landrat, 1 Kreiskommissar, 1 Kreistierarzt, 1 Kreisbaumeister, 1 Kreisbauinspektor und Baurat, 1 Kreissekretär, 1 Kreiskassenrendant, 1 Kreissparkassenkontrolleur, 1 Kreisbote, 1 Wegeaufseher.

Außerdem wurden erwähnt 1 Postmeister, 1 Oberpostassistent, 1 Posttelegrafenassistent, 1 Postsekretär, 9 Postschaffner, 2 Briefträger, 9 Landbriefträger, 1 Königlicher Bahnhofsvorsteher, 1 Eisenbahnbeamter, 1 Stationsdiätar, 3 Bahnmeister, 1 Haltepunktwärter, 2 Eisenbahnassistenten, 1 Eisenbahnbetriebssekretär, 4 Weichensteller, 1 Bahnarbeiter, 1 Bahnhofswirt, 12 Lokomotivführer, 2 Zugführer, 23 Bahnschaffner, 11 Lokomotivheizer, 1 Schleusenmeister.

Vertreter der Kiche waren 1 Superintendent, 4 Pfarrer, Pastoren und Prediger, 1 Kandidat, 1 Organist, 1 Kantor und 1 Kirchendiener. An den Schulen verrichteten 1 Rektor, 1 Schulvorsteher, 18 Lehrer/innen, 1 Mathematiklehrer, 1 Schuldiener ihren Dienst. 5 Lehrer waren bereits im Ruhestand. Im medizinischen Bereich angestellt waren 3 praktische Ärzte, 3 Hebammen, 1 Zahntechniker, 1 Kreiskrankenwärter, 1 Tierarzt, 3 Apotheker, 2 Drogisten.

Außerdem lebten in der Stadt 12 Privatiers, 13 Pensionäre, 103 Rentiers, 1 Invalide und 3 ehemalige Militärs (L. Enders).

(**18. August**)

Grundsteinlegung für das Posterholungsheim.

(**31. August**)

Einweihung des Kaufhauses Bundfuss in der Mühlenstraße.

(**26. September**)

Abtragung der Erdwälle auf dem Eichwerder begonnen.

1908

(**10. März**)

Bauplatzbesichtigung für das Joachimsthalsche Gymnasium durch Staats- und Kulturminister Dr. Holle, Vizepräsident des Königlichen Schulkollegs, weitere Vertreter des Kulturministeriums, den Landrat, Bürgermeister Neumann und Stadtverordnete.

(**1. April**)

Eröffnung des Eisenbahnbetriebswerkes am Hauptbahnhof als größter Betrieb.

(**14. April**)

Bauplan und Kostenvoranschlag von 250 000 Mark für den Bau und die Einrichtung der Volksschule mit Turnhalle bestätigt.

(**17. Mai**)

Feierliche Einweihung der ersten sechs Häuser sowie einiger Versorgungseinrichtungen im Postferienheim. Als Dank wurde den Projektförderern mit dem „Vorbeckstein“ ein Denkmal gesetzt.

(**16. August**)

25-jähriges Bestehen der Feuerwehr gefeiert.

(**3. September**)

Feierliche Grundsteinlegung für die neue Bürgerschule auf dem Eichwerder in Anwesenheit von Bürgermeister Neumann, Baumeister Scheurenbrandt, Superintendant Schuchardt und Rektor Hanschke sowie Lehrern und Bauleuten.

1909

Beginn der Arbeitersportbewegung mit der Gründung des Arbeiter-Radfahrvereins „Frei weg“.

(23. Februar)

Verlegung des „Joachimsthalschen Gymnasiums“ nach Templin bestätigt.

(2. Februar)

Pläne zum Mauerdurchbruch in der Propstei-(Lutherstraße) und Diakonatstraße (Kantstraße) bestätigt.

(24. März)

Konstituierung eines Komitees unter Bürgermeister Neumann, um den Bahnstreckenbau Berlin über Groß Schönebeck, Groß Dölln, Vietmannsdorf und Templin nach Strasburg voranzutreiben. Dem Komitee gehörten auch die Landräte von Templin und Niederbarnim an.

(1. Mai)

Einweihung des neu errichteten zweistöckigen Bahnhofsgebäudes Templin-Vorstadt.

(10. Mai)

Beschluss zum Anschluss des Rathauses an die Kanalisation und Einbau von Wassertoiletten.

(28. Juli)

Königlich-preußische Konzession für die Strecke Berlin-Fürstenwerder erteilt.

(2. September)

Bürgermeister Neumann erneut für 12 Jahre gewählt, verstarb aber am 4. September.

(14. September)

Beigeordneter Paul Becker kommissarischer Bürgermeister.

(26. September)

Mauerdurchbruch in der Diakonat- (Schultor) und Propsteistraße (Eichwerdertor).

(14. Oktober)

Kostenlose Landbereitstellung für die neue Eisenbahnstrecke Templin-Fürstenwerder.

(30. Oktober)

Bestätigung der Übersiedlung des Joachimsthalschen Gymnasiums und Genehmigung der zugehörigen Badeanstalt durch Stadtverordnete.

(2. Dezember)

Ernennung des Geheimrats Landrat Ludwig Arnim und Forstmeisters Fischer aus Reiersdorf zu Ehrenbürgern.

2. Dezember 1909 – 29. Mai 1911

Adolf Mann leitete den Magistrat.

(22. Dezember)

In Templin lebten 5 663 Einwohner.

1910

(7. März)

Einweihung der neuen Bürgerschule am Eichwerder.

Wechsel der Höheren Privatschule in altes Schulhaus in der Kirstein-/Ecke Werderstraße und Umwandlung in eine städtische Gymnasial- und Mädchenschule.

(30. März)

Staatsminister von Trott zu Solz Ehrenbürger.

(25. April)

Gründung des „Vereins für Verkehr und Heimatpflege“ zur Stärkung von Heimat- und Gemeinsinn durch Bürgermeister Mann.

(2. Mai)

Baubeginn am „Joachimsthalschen Gymnasium“.

(28.- 31.Mai)

100-Jahr-Feier der „Templiner Schützengilde“.

(31. Mai)

Beschluss zur Neu- und Umbenennung von 23 Straßen.

bisherige Goderstraße: Bahnhofstraße

bisheriger Dargersdorfer Weg vom Prenzlauer Tor bis Vorstadtbahnhof: Bismarckstraße

hinter dem Krankenhaus: Elisabethstraße

Straße von der Bismarckstraße links ab: Goderstraße, bisher Sedanstraße

von der Goderstraße zum Wald: Waldstraße

bisheriger Gartenweg von der Bismarckstraße rechts ab bis Bahnkörper: Moltkestraße

Verlängerung der letzten bis Vietmannsdorfer Straße: Gartenstraße

bisheriger Vietmannsdorfer Weg: Vietmannsdorfer Straße

bisheriger Gartenweg von Vietmannsdorfer Straße rechts ab: Ackerstraße

Bahnhof endete am Birkenwäldchen, von da ab: Zehdenicker Straße

so genannter Gandenitzer Weg: Lychener Straße

bisheriger Röddeliner Weg von der Lychener Straße ab: Röddeliner Straße

Straße am Bürgergarten bis Röddeliner Straße: Parkstraße

Strecke vom Mühlentor bis zur Stadtschleuse: Am Mühlentor

neue Abdeckerei und zum Weinberg: Weinbergstraße

das Schleusenmeisterhaus: Kanalwall

längs des Mühlenteiches an Schule vorbei: Seestraße

Teil der Königs- von der Schulzenstraße bis ans Berliner Tor: Berliner Straße

oberer Teil der Mühlenstraße von Ecke Prenzlauer bis zum Neuen Tor: Obere Mühlenstraße

Hausgrundstücke an der Stadtmauer zwischen Rühl- und Strahlstraße: Am Eulenturm

Teil der Schulzenstraße von der Prenzlauer Straße bis zur Mauer: Rühlstraße

Teil der Prenzlauer Straße bis zur Mauer: Strahlstraße

bisheriger Gartenweg von Bahnhofstraße zur Bullenwiese: Ringstraße

Tor in der Propsteistraße : Eichwerdertor

Tor in der Diakonatstraße: Schultor

(1. Juni)

Eröffnung Mütterberatungsstelle durch Vaterländischen Frauenverein.

(7. Juli)

Plan zur Errichtung eines Heilerziehungsheims in der Dargersdorfer Straße.

(28. Juli)

Behördliche Genehmigung zum Bau der Bahnstrecke Berlin-Templin-Strasburg.

(1. Dezember)

Volkszählung ermittelte für Templin 5 670 Einwohner, 513 bewohnte sowie 15 leere Häuser, 11 Hütten, Wagen, Schiffe und dergleichen. Haushalte mit zwei und mehr Personen wurden 1 269 gezählt und außerdem 14 Gasthöfe, Gasthäuser und Herbergen.

Trennung von Polizei- und Magistratsverwaltung – Unterbringung des Polizeibüros im ehemaligen Kreishaus, jetzt Stadthaus Am Markt 13.

Ansiedelung der Brauerei Dabelow in der Bahnhofstraße.

1911

(23. Januar)

Mauerdurchbruch in Verlängerung der Strahlstraße (Puschkinstraße) zur Anbindung an die Ringstraße (Prokopiusstraße).

Teppichspende (auf veilchenblauem Grund goldgelbe Kreuze sowie Weizenähren und Weintrauben als Sinnbilder für Brot und Wein) für die Georgen-Kapelle.

Antrag auf Auslagerung des Königlichen Amtsgerichts und Amtsgerichtsgefängnisses aus dem Rathaus wegen Platzmangel. Dazu Besichtigung mehrerer möglicher Bauplätze.

(1. April)

Übernahme der Gebäude der Höheren Privatschule für 22 500 Mark zur späteren Nutzung als Bibliothek und Warmbad.

Erste Straßenkehrmaschine eingesetzt.

(4. April)

Baubeginn von Wohnhäusern in der Röddeliner-, Goder- und Moltkestraße (August-Bebel- und Gartenstraße).

Antrag für Brückenbau über den Gleuensee für die Zugstrecke nach Fürstenwerder.

(29. Mai)

Bürgermeister Mann verstarb nach einer Blinddarmoperation in Berlin.

(9. Juni)

Genehmigung des Antrags des „Sängerbundes“, im Bürgergarten eine Musikhalle für 150 Sänger auf Stadtkosten zu bauen.

(17. Juli)

Eröffnung der Warmbadeanstalt unter dem Namen „Hohenzollernbad“.
Dazu Einrichtung von Bibliothek und Lesehalle durch den „Fortbildungsverein“.

(24. Juli)

Um 16 Uhr herrschte eine Temperatur von 35 °. Gewitter mit einer Windhose tobte im und hinter dem Bürgergarten.

(10. August)

Für vakante Bürgermeisterstelle gab es 207 Bewerbungen.

(15. Augudt)

Auslegung einer „Bürgerrolle“ in Vorbereitung auf die Reichstagswahlen 1912.

(26. September)

Zustimmung zum Bau des Kaiserlichen Postgebäudes in der Strahlstraße (Puschkinstraße).

(20. Oktober 1911 – 1. April 1934)

Bürgermeister Georg Riebeling.

(25. November)

Amtseinführung des neuen Bürgermeisters durch den Landrat von Arnim im Auftrag des Regierungspräsidenten.

1912

(4. Januar)

Bürgermeister Riebeling erhielt Bürgerrecht.

(18.Januar)

Beschluss zur Verlegung der Abdeckerei nach außerhalb der Stadtmauer.

(20. Mai)

Gründung des Vereins der Kohlehändler und der Spedition Schulenburg.

(23. Mai)

Beginn der Bauarbeiten für den Wasserturm am Hauptbahnhof.

(2. Juli)

Fertigstellung des Personentunnels am Hauptbahnhof zu den drei Bahnsteigen.

(13. Juli)

Feier des 50. Stiftungsfestes des „Männer-Turnvereins".

80-jähriges Fest des „Sängerbundes" mit Einweihung des Schützenhausanbaus im Bürgergarten als Musikhalle.

(15. August)

Eröffnung der Eisenbahnstrecke Templin-Fürstenwerder für den Personen- und Güterverkehr über Fährkrug, Knehden, Metzelthin, Warthe, Hardenbeck, Krewitz, Weggun und Parmen.

(1. Oktober)

Umzug der Kaiserlichen Post zur Strahlstraße (Puschkinstraße).

(7. November)

Einweihung des Königlichen Joachimsthalschen Gymnasiums. Anlage des Botanischen Gartens durch den damaligen Biologielehrer Gustav Lehmann.

1913

(1. Januar)

Erhöhung der Stadtverordnetenanzahl von 18 auf 24.

Denkmal für Kurfürst Joachim Friedrich am Joachimsthalschen Gymnasium.

Unterzeichnung des Staatsvertrages zwischen Preußen und Mecklenburg-Strelitz über den Bau der Bahnstrecke Fürstenwerder-Strasburg als Fortsetzung der 1912 fertig gestellten Strecke Templin-Fürstenwerder.

(1. Februar)

30-Zentner-Glocke von 1749 in der Maria-Magdalenen-Kirche zersprungen.

(31. Mai)

Freiheitsfeier zu Ehren der Kriegsfreiwilligen Friederike Krüger mit Festumzug zum

Schützenhaus anlässlich des 100. Jahrestages der Befreiungskriege gegen Napoleon.

(13. Juli)

Elisabeth-Frauenverein erwarb das frühere Diakonatshaus zur Einrichtung des „Elisabeth-Stifts“ durch Pfarrer Kirstein.

(15. Juli)

Auspfarrung des Joachimsthalschen Gymnasiums aus der Kirchengemeinde und Erhebung zu eigener Anstaltsparochie mit selbständigem Pfarramt.

(14. September)

Planung des Kinderheims Neuhof in der Dargersdorfer Straße als „Heilerziehungsheim“ für schwererziehbare Jungen aus Berliner Beamtenfamilien.

(4. Oktober)

Wiederanbringung der Bronzeglocke nach Umguss durch Glockengießerei Ohlson in Lübeck in der Maria-Magdalenen-Kirche.

(13. November)

Einweihung des „Elisabeth-Stifts“.

(18. Dezember)

Eröffnung der „Union-Lichtspiele“ im Hotel „Seebad“ in der Arnimstraße (Prenzlauer Allee).

Bau eines Casinos im Postheim.

Pflasterung der Strahl-, Goder-, Berliner-, Königs- und Bismarckstraße einschließlich der Bürgersteige.

1914

(10. März)

In Rühlscher Stiftung waren 113 236 Mark gezeichnet.

(21. März)

Kreistagsprüfungsbeschluss zum Krankenhausausbau oder Neubau. Neubauplan wurde wegen des ersten Weltkrieges und der Inflation vorerst nicht umgesetzt.

(5. April)

Gründung des Fußballvereins „Victoria 1914“.

(4. Juli)

Pfarrer Kirstein erhielt den Königlichen Kronenorden III. Klasse anlässlich des 70. Geburtstags.

Austragung des „Uckermärkischen Sängerfestes“.

Beginn der Pflasterung des Vietmannsdorfer Weges zur Karlshofer Ziegelei und des Dargersdorfer Weges vom Vorstadtbahnhof bis Ludwigshof.

(31. Juli)

Bekanntgabe der Mobilisierung nach Verkündigung des Kriegszustandes.

(1. August)

Begeisterung über die Kriegserklärung gegen Russland, Bereitschaft, Hab und Gut für Kaiser und Vaterland zu opfern.

(3. August)

Nach der Bekanntgabe der Kriegserklärung gegen Frankreich erfolgte die Abgabe von Pferden und Wagen gegen Quittung, ebenso von Kraftfahrzeugen.

Ununterbrochene Transporte von Truppen und Kriegsmaterial nach Ost und West, Einschränkung des Reiseverkehrs, des Post- und Telegrafenbetriebs.

Warentransporte auf dem Wasserweg verteuert.

Schüler des Joachimsthalschen Gymnasiums ersetzten eingezogene Arbeitskräfte.

Aufruf im „Templiner Kreisblatt“ zur Ausbildung zum Kriegskrankenpfleger folgten siebzig Frauen und Mädchen.

Lazarett im Joachimsthalschen Gymnasium eingerichtet.

(**11. August**)

Unterstützung für Kriegsteilnehmerfamilien beschlossen.

(**12. September**)

Erste Kriegsanleihe gezeichnet.

(**13. Oktober**)

Beginn der militärischen Ausbildung Jugendlicher in Jugendwehr.

(**18. Oktober**)

Erste Anordnung für die Brotherstellung kein Weizenmehl, sondern anteilig Roggen- und Kartoffelmehl zu verwenden, sowie Abgabe von Goldmünzen bei den Sparkassen, um der Reichsbank Edelmetalle zuzuführen.

(**31. Oktober**)

Aus Prenzlau erste Verwundete eingetroffen.

(**6. November**)

Erste Flüchtlinge aus Ostpreußen im Postheim untergebracht.

1915

(**16. Januar**)

Abgabe von Brotgetreide nur noch an bestallte Aufkäufer.

(**18. Januar**)

Aufruf zur Abgabe von Wollsocken für Soldaten.

(**26. Januar**)

Bewilligung von 5 000 Mark zum Schmalzkauf, um den Buttermangel auszugleichen.

(**1. Februar**)

Beschlagnahme aller Hafervorräte.

(**9. Februar**)

3 000 Mark zum Kauf von geräuchertem Speck bewilligt, um ihn in Notzeiten an die bedürftige Bevölkerung zu veräußern.

(**16. Februar**)

Verbot zum Backen und Verkauf von Konditoreiwaren.

(**März**)

Neue Kriegsanleihe in Höhe von 147 500 Reichsmark. Ablieferungspflicht für Goldmünzen.

Brotkarteneinführung – pro Person wöchentlich zwei kg Brot oder 1 400 g Mehl.

(**Juni**)

Beschäftigung russischer Kriegsgefangener im Kirsteinhaus.

(Juli)

Beschlagnahme der Gummibereifung von Kinderwagen und anderen Fahrzeugen.

Sammeln von Bucheckern und Lindensamen zur Ölgewinnung.

(August)

Melde- und Ablieferungspflicht für Gegenstände aus Kupfer, Messing, Reinnickel.

Einquartierung einer Kompanie Genesender im Schützenhaus.

(7. September)

Zeichnung dritter Kriegsanleihe.

(1. November)

Dienstag und Freitag als fleischlose Tage deklariert.

(12. November)

7800 Mark für Weihnachtsgeschenke an Kriegsangehörige zur Verfügung gestellt.

(Dezember)

Festlegung von Höchstpreisen für Lebensmittel. Ein Pfund Butter kostete 2,55 Mark Schweinefleisch 1,30 Mark, 500 Gramm Zwieback 0,50 Mark. Beschlagnahme von Baumwolle und Garnen verkündet.

1916

Brotzuteilungen pro Tag auf 285 und Mehlzuteilungen auf 200 Gramm gesenkt.

(26. Februar)

Templin erneut Garnisonsstadt. 300 Soldaten des III. Armeekorps bis 1918 untergebracht und versorgt.

(März)

45000 RM als erneute Kriegsanleihe. Auch Seifen und fetthaltige Waschmittel, Kohlen, Zucker, Eier, Butter und Fleisch rationiert.

(April)

Die Butterration betrug wöchentlich 125 g ab vollendetem zweitem Lebensjahr.

875 Gramm Zucker nur noch auf Zuckermarken pro Kopf und Monat verkauft, für Teeersatz Sammlung von Brombeer- und Johannisbeerblättern.

Beschlagnahme von Altgummi und Gummiabfällen.

(28. April)

Verfügung in der „Templiner Zeitung", zur Volksernährung junge Saatkrähen zu nutzen.

(31. Mai)

Verbot von Privatfahrten mit Fahrrädern.

(Juli)

Ausgabe von Reisebrotmarken.

(1. August)

Textilien nur noch auf Bezugsschein.

(September/Oktober)

Weitere Sammlungen bzw. Beschlagnahme von Edelmetallen und Zinn. Aufrufe in der Zeitung sollten die Bevölkerung zu Spenden animieren.

Fleischverkauf nur noch nach Namenslisten.

Kartoffelverbrauch pro Person auf ein Pfund festgelegt, für Schwerstarbeiter 1 kg pro Tag auf Bezugsschein. Anrecht auf Milch hatten Kinder bis zur Vollendung des 10. Lebensjahres, schwangere Frauen bis einen Monat vor Entbindung und Kranke.

(5. September)

Stadtverordnete unterzeichneten fünfte Kriegsanleihe.

Zustimmung zum Antrag der katholischen Kirche, Grundstück zum Kirchen- und Wohnhausbau bereitzustellen.

(16. September)

Im Kino „Seebadlichtspiele" zeigte man „Templin im Film".

(24. Oktober)

Pastor Richard Kirstein Ehrenbürger.

Ankauf von 800 Zentner Kartoffeln, um im Frühjahr bedürftige Bevölkerung zu versorgen. Verbrauch von Weizenmehl verboten, Bierglasdeckel beschlagnahmt, Goldgegenstände sollten abgeliefert werden.

(27. Oktober)

Da Petroleum fehlte, durften sich Soldaten bei ihren Quartierwirten aufhalten.

W. Bethke stellte das Erscheinen der „Templiner Zeitung" ein.

(1. November)

Anzahl der Personenzüge auf den Strecken Löwenberg-Templin-Prenzlau und Eberswalde-Templin reduziert.

Milch und Eier nur noch auf Karten zu erhalten.

Ausgabe von auf Karton gedruckten Wertmarken von fünf und zehn Pfennig durch Gewerbetreibende.

1917

Verkauf von Kohlrüben als Ersatz für Kartoffeln, Marmelade, Kaffee u. a.

Stromabschaltungen und Wasserabnahmebeschränkungen wurden veranlasst.

Schließung der Templiner Schulen zum Kohlensparen.

Abbau von Blitzableitern und kupfernen Dachrinnen an öffentlichen und privaten Bauten sowie Beschlagnahme zinnerner Orgelpfeifen in der Kirche.

Private Eisenbahnfahrten bedurften der Genehmigung.

Zur Schuhherstellung bzw. Ausbesserung Einziehung der ledernen Feuereimer, die jeder Haushalt zur Brandbekämpfung besaß.

(1. März)

Einrichtung eines Geschäftes zum An- und Verkauf gebrauchter Kleidung.

(9. März)

Sechste Kriegsanleihe in Höhe von 1 000 000 Mark.

(21. Juni)

Auf Befehl des Preußischen Kriegsministeriums Abbau der Bronzeglocken in der Maria-Magdalenen-Kirche (große von 1743, kleine von 1881, erhalten blieb nur mittlere von 1743).

(9. Oktober)

Siebente Kriegsanleihe von 100 000 M. Aufruf an Bürger zu weiteren Spenden.

1918

(März)

Aufruf zur Ablieferung von Alteisen.

Achte Kriegsanleihe von 100 000 M.

Einführung von Nähfadenkarten für Familien, Einzelpersonen hatten kein Anrecht.

(26. April)

Zur Förderung der Kriegswirtschaft Sammlung von Frauenhaar, Gummi, Knochen, Metall, Stanniol, Kupfer, Silber und Papier durch Kinder und Jugendliche.

(Juni)

Ausgabe von nur noch 3 500 g Kartoffeln, 1 750 g Brot, 150 g Fleisch, 150 g Zucker und 30 g Butter für Erwachsene pro Woche.

Frauenproteste gegen ständige Preissteigerungen, Forderung nach Arbeit und höheren Löhnen.

(August)

Am 19. August 1918 zusätzlich zu zwei fleischlosen Tagen Einführung von vier fleischlosen Wochen bis Ende Oktober.

Schlechte Versorgung und zerrüttete Lebensbedingungen führten wie in ganz Deutschland zu einer Grippeepidemie, der auch Templiner zum Opfer fielen.

(24. September)

Neunte Kriegsanleihe. Insgesamt waren es 606 550 RM.

Bronzebüste Wilhelm I. aus dem Bürgergarten beschlagnahmt.

(9. November)

Templiner Eisenbahner folgten nach dem Bekanntwerden des Kieler Matrosenaufstandes dem Aufruf zum Generalstreik – der Zugverkehr, der immer noch Truppen und Munition transportierte, wurde eingestellt, Telefon- und Nachrichtenleitungen unterbrochen.

Magistrat erhielt nachmittags die Nachricht vom Rücktritt des Kaisers.

(10. – 12. November 1918)

Abends unterstellten sich der Bürgermeister und die Stadtverordneten den Soldaten.

Rote Fahne auf dem Rathaus und dem altem Kreishaus gehisst.

Entlassung von Inhaftierten.

Entwaffnung und Kontrolle von Polizei und Gendarmerie.

Absetzung des Landrates von Arnim in der Nacht vom 11. zum 12. November

Auf dem Landratsamt Hissen der roter Fahne.

Besetzung der Post.

Beschäftigte in Rathaus und Kreisverwaltung blieben im Amt, wurden aber kontrolliert.

Wahl eines Arbeiter- und Soldaten-Rates (Bürovorsteher Schmidtchen, Student Möller, Eisenbahnschlosser Perlwitz und Klage, Landwirt Helm).

(11. November)

Templin beklagte 176 Kriegsgefallene, 71 Soldaten waren in Gefangenschaft.

(17. November)

Bekanntgabe, dass die Wahl des Arbeiter- und Soldaten-Rates ungültig war, da es noch keine Sozialdemokratische Partei gab.

(**19. November**)

Gründung des „Sozialdemokratischen Wahlvereins" im „Deutschen Haus" in der Mühlenstraße 22/23, späterer „Schauburg". Erster Vorsitzender Schlosser Paul Götting, zweiter Vorsitzender Landwirt Wilhelm Prätz.

Wiederholung der Wahl des Arbeiterrates – er kontrollierte weiterhin die Verwaltung von Stadt und Kreis.

(**07. Dezember**)

Aufnahme von drei Vertretern der Deutschen Demokratischen Partei in Arbeiter- und Soldatenrat.

1919

(**19. Januar**)

Wahlen zur Nationalversammlung – 1448 Templiner für Sozialistische Partei Deutschlands (SPD), 1364 für Deutsche Demokratische Partei (DDP), 357 für Deutsch Nationale Volkspartei (DNVP), 136 für Deutsche Volkspartei (DVP), 26 für Zentrum (Z) und 4 für Unabhängige Sozialistische Partei Deutschlands (USPD).

(**23. Februar**)

Wahlen zur Stadtverordnetenversammlung ergaben – neun Sitze SPD, 11 DDP, zwei DNP und zwei DVP. Stadtverordnetenvorsteher – Justizrat Henning, Stellvertreter Schlosser Paul Götting.

(**18. März**)

Stadtverordnetenversammlung beschloss Bildung von zwei Fraktionen – einer demokratischen unter Dähne und einer sozialdemokratischen unter Götting.

(**14. April**)

Auf Antrag der SPD-Fraktion Wahl einer Lebensmittelkommission zur Überwachung von Preisbildung und Verkauf von Lebensmitteln.

(**April**)

Werbung für den Aufbau einer vorläufigen Reichswehr sowie eines Grenz- und Heimatschutzes auch in den Templiner Zeitungen.

Bildung einer Mieteinigungskommission, um für zuziehende Umsiedler Wohnraum zu organisieren.

(**1. Mai**)

Öffentliche Maifeier der SPD unter Losung „Für Völkerfrieden und Recht".

(**13. Mai**)

Mehrheit der Templiner ohne Unterschied der Parteienzugehörigkeit bei einer Kundgebung gegen die Friedensbedingungen des Versailler Vertrages.

(**1. Juni**)

Erneut Lebensmittelkarten eingeführt.

(**3. Juni**)

Rationierte Ausgabe von nur am Verkaufstag gültigen Eisenbahnfahrkarten.

(**13. Juni**)

Bekanntmachung, dass beim Zuzug von außerhalb keine Wohnungs- und Lebensmittelversorgung möglich ist.

(29. August)

Schaffung eines Wohnungsamtes unter Leitung des Bürgermeisters zur Erfassung leer stehender Wohnungen bzw. Organisation des Umbaus zu kleineren Einheiten.

Bereitstellung von 400 000 Mark zum Ankauf von 200 Zentnern Hülsenfrüchten, die in Portionen zu 125 g pro Kopf für 60 Pfennig verkauft wurden, sowie 400 Zentnern Schmalz zu 10,00 Mark pro 5 Pfund.

(14. Oktober)

Erneute Wahl Riebelings zum Bürgermeister.

(26. Oktober)

Einstellung des Zugverkehrs zwischen Templin und Stettin an Sonntagen durch die Reichsbahndirektion Stettin.

(30. Oktober)

Noch 71 Templiner Soldaten in Kriegsgefangenschaft.

Bildung der Städtischen Volkshochschule.

(6. Dezember)

Erste Templiner Kriegsgefangene kehrten zurück.

1919 veräußerten 37 Hausbesitzer ihr Eigentum auf Grund der wirtschaftlichen Lage.

Verbindung zwischen der Knehdener und Lychener Straße in Jebensstraße umbenannt. Dr. Jebens war Amtsgerichtsrat in Templin und engagierte sich bei der Armenpflege.

(19. Dezember)

Einstellung der Kontrolltätigkeit des Arbeiter- und Soldatenrates.

1920

(20. Januar)

47 Pferdebesitzer mussten ihre Tiere als Reparationsleistung zur Verfügung stellen.

(1. Februar)

Weihe zweier neuer in der Glockengießerei Voss & Sohn in Stettin gegossener Bronzeglocken – große 1,1 t, kleinere 0,33 t.

(13. Februar)

Gründung des Bankvereins Templin eGmbH, Vorläufer heutiger Volksbank.

(1. April)

Bereitstellung von 10 000 Mark zum Kauf von Wohnungen und Erwerb des Hotels „König von Preußen“ Am Markt 12 mit Inventar, aber ohne Land, für 280 000 Mark, zum Umbau für 10 Wohnungen.

(16. März)

Arbeiter verhinderten Aktivitäten von Reichswehrangehörigen unter der Führung des Gutsbesitzers Belbe/Hindenburg, nach dem Putschversuch unter Kapp-Lüttwitz in Berlin, in der Nacht vom 16. zum 17. März 1920 in Templin die gewählte Volksvertretung zu stürzen.

(6. April)

Gründung der KPD-Ortsgruppe im „Deutschen Haus“ in der Mühlenstrasse 23/24.

(20. April)

„Kriegerverein“ stellte Antrag auf die Errichtung eines Kriegerdenkmals.

(**10. Juli**)

Herausgabe von Papiernotgeld durch die Geschäftsleute Bundfuß, Schraermeyer, Ecker und Huth, Büsch und Rettig aus Templin sowie anderer aus dem Kreis im Wert von 25 (Mühlentor) und 50 (Schultor) Pfennig.

(**7. August**)

Reichsfleischkarten ungültig. Verkauf von Fleischwaren mit Kundenlisten.

(**1. Oktober**)

Anstellung von zwei Schulärzten, für Mädchen der praktische Arzt Dr. Isbary, für Jungen Dr. Haemisch, an der Bürgerschule.

(**18. Oktober**)

Bisheriger Landratsamtverwalter, Regierungsassessor Dr. Reitzenstein, auf Beschluss der Preußischen Landesregierung erneut zum Landrat bestellt.

Von 1920 bis 1931 lebten 200 Familien aus Westpreußen im Postheim. Dagegen gab es mehrfachen erfolglosen Widerspruch durch den Berliner Postvorstand.

Wegen der großen Wohnungsnot infolge der Umsiedlung begann 1920 auf Anregung des „Krieger-Heimstätten-Verbandes" der Wohnungsbau am Hauptbahnhof, in der Waldstraße und Dargersdorfer Straße.

Templin wurde „Kurstadt".

1920 letztes „Templiner Bier" gebraut.

Seit 1920

Optiker Martini in der Thälmann-Straße ansässig – seit 1994 Sohn Karl-Heinz Martini Firmeninhaber.

Herbert Giegler, Tischlermeister, unterhielt Tischlerei und Bestattungshaus seit 1920 in der Mühlen-Straße 18/19 (Übernahme von Ernst Giegler 1957 · nach Unterbrechung Neueröffnung nach der Wende 1989).

1921

Gut Dollshof als neuer Ausbau.

(**11. Februar**)

50 000 Mark zur Schaffung weiterer Notwohnungen bereitgestellt.

Durch Verstaatlichung schiffbarer, an Reichswasserstraßennetz angeschlossener Gewässer, verlor die Stadt die Besitzrechte am Templiner Kanal, Templiner See und an weiteren Seen, insgesamt ca. 600 ha Wasserfläche.

(**1. April**)

Gründung des „Segelclubs Templin" (SCT).

Gymnasial- und Mädchenschule wurde Reformrealprogymnasium.

(**23. April**)

Gründung des Arbeiter-, Turn- und Sportbundes.

(**27. April**)

Rückkehr letzter Templiner Kriegsgefangener.

(**8. Juni**)

An der Bürgerschule integrierte Lehrer Gabbert eine Hilfsschule für 16 Kinder mit Lernschwächen im Alter von acht bis elf Jahren.

(11. September)

KPD-Mitglieder protestierten auf dem Marktplatz gegen hohe Steuern und Preise, insbesondere die Fleischpreise, sowie die Wohnungsnot.

(1. Oktober)

Übernahme des Wasserwerkes für 840 000 Mark in städtischen Besitz.

(2. Oktober)

Großdemonstration der Bevölkerung gegen hohe Fleischpreise mit dem Ergebnis, dass die Stadtverordneten beschlossen, eine städtische Fleischerei einzurichten und erneut Kartoffeln für Minderbemittelte zu kaufen.

(8. Oktober)

Übergabe der Siedlungshäuser in der Waldstraße.

(24. Oktober)

Streik der Templiner Holzarbeiter für höhere Löhne.

(7. Dezember)

Städtischer Fleischverkauf begann in der Schulzenstraße 5 (Schinkelstraße).

(18. Dezember)

Beigeordneter Paul Becker erhielt Ehrenbürgertitel.

1922

Auf dem jüdischen Friedhof letzter Jude, Stavenhagen, beigesetzt.

(13. Januar)

Fleischverkaufsstelle wegen der hohen Verluste gegen den Willen der SPD-Fraktion durch die Stadtverordnetenversammlung wieder geschlossen.

(8. Juni)

Preiserhöhungen erreichten ersten Höhepunkt. Im Vergleich zu 1913 kostete ein Hühnerei statt 0,05 RM 4,20 RM, ein Pfund Butter 80,00 statt 1,10 RM, ein Pfund Kartoffeln statt 0,03 RM jetzt 2,00 RM, ein Liter Milch statt 0,12 RM 6,00 RM.

(22. Juni)

Obere Mühlenstraße nach dem ehemaligen Bürgermeister und Ehrenbürger in Paul-Becker-Straße, Diakonatsstraße zum Gedenken an den Ehrenbürger Pastor Richard Kirstein in Kirsteinstraße umbenannt.

(8. Juli)

Trotz großer finanzieller Probleme auf Antrag des „Männer-Turn-Vereins 1862“ und des „Viktoria-Fußballklubs 1914“ Beschluss für einen Turn- und Sportplatz in der Jahnstraße gefasst.

(5. September)

Proteste gegen ständige Preissteigerungen nahmen zu, so dass die Polizeiverwaltung bei Preiswucher mit Bestrafung drohte.

(11. September)

Gründung des Kreisfeuerwehrverbandes Templin mit 11 Wehren.

(1. November)

Eröffnung des städtischen Säuglingsheims und Kindergartens, auch „Kleinkindschule“ oder „Spielschule“ genannt, in leer stehenden Räumen des Elisabethstiftes in der Kirsteinstraße (Kantstraße).

(6. Dezember)

Ein Brot kostet 230,00 RM, ein Pfund Weizenmehl 190,00 RM.

1922

Lebensmittelgeschäft Otto Kassube, Werderstraße 31 geöffnet (Vor 1922 Obst- und Gemüsehandel · ab 1961 Kommissionladen der HO · 1971 Geschäftsübernahme durch Frau Giesela Drews · ab 1986 Hannelore Kassube).

1922/23

Beamtenwohnhaus für die Beamten der Kreisverwaltung in der Arnimstraße 44/45 errichtet.

1923

Wegen der zunehmenden Inflation richtete die Verwaltung im städtischen Wohlfahrtsamt Am Markt 13 eine Pfandleihe und Ankaufsstelle ein.

(29. Januar)

Erhöhung des Brotpreises auf 510,00 Mark.

(1. Februar)

Wegen Kohlenmangel fielen wöchentlich sechs Züge aus.

(23. Februar)

Zusammenschluss des „Fußball-Vereins Viktoria" mit 1922 gegründetem Leichtathletik-Verein zum „Sport-Club-Viktoria 1914"

(10. Juni)

Feierliche Stadioneinweihung mit sportlichen Aktivitäten.

(22. Juni)

Ein Markenbrot kostete 22 400 Mark.

(27. Juni)

Trotz finanzieller Probleme Beschluss zum Bau der Kriegerehrung für 1 248 000 RM. Außerdem 20 Millionen für die Torgangeindeckung bewilligt. Die Baukosten verringerten sich, da Baurat Rohr und Architekt Baar auf ihr Honorar verzichteten.

(14./15. Juli)

Bezirksturn- und Sportfest des Arbeiter-Sport-Bundes im Templiner Stadion.

(August)

Erneute Herausgabe von Bezugsscheinen auf Höhepunkt der Inflation.

Brotpreis stieg vom Januar von 510,- RM auf 14 000,- RM.

(1. August)

Die Kreissparkasse gab mit Unterschrift von drei Kassenbeamten, die Stadtkasse mit Unterschrift des Bürgermeisters Riebeling und des Ratsherrn Wenzel Schecks als Notgeld in Umlauf.

(18. August)

Gutscheine über je 500 000 Mark und 1 000 000 Mark serienweise ausgegeben.

(20. August)

Wegen Anstiegs der Beerdigungskosten von 100 Reichsmark auf Millionenhöhe

„Bestattungsverein für Templin und Umgebung" mit Zweckversicherung gegründet.

(September)

Vom Monatsanfang stiegen die Brotpreise von 280 000 RM auf 13 000 000 RM.

(23. Oktober)

Bürgermeister rief zu Korn- und Kartoffelspenden für Rentner und Arbeitslose auf.

(31. Oktober)

Stadt kaufte für Bedürftige 50 Zentner Roggen und 1 000 Zentner Kartoffeln.

(10. November)

Postkartenporto im Fernverkehr kostete 5 Milliarden, im Ortsverkehr 2 Milliarden – trotzdem wurde eine Karte laut Poststempel in Templin verschickt.

(Dezember)

Kassenbücher verzeichneten am Jahresende 1923
Einnahmen: 169. 973. 103. 102. 250. 060, 96 Mark
Ausgaben: 173, 043. 273. 102. 250. 060, 96 Mark und demnach einen
Fehlbetrag: 3. 070. 170. 000. 000. 000, 00 Mark.

Dieser Betrag nach 1924 im Wert von 3.070 Rentenmark 17 Pfennig übernommen = einhundertneunundsechzig Tausend neunhundertdreiundsiebzig Billionen, einhundertdrei Milliarden, einhundertzwei Millionen, zweihundertfünfzig Tausend, sechzig Mark und sechsundneunzig Pfennig.

1924

(16. Januar)

Nutzung des Zeichensaals der Schule in der Kirsteinstraße als Wärmeraum für Rentner und Bedürftige am Mittwoch-, Donnerstag- und Freitagnachmittag.

(28. Januar)

Auf Grund der Proteste wegen wirtschaftlicher Verluste hielten Züge wieder am Vorstadtbahnhof.

(1. April)

Trotz finanzieller Belastungen Umprofilierung der Höheren Privatschule zum Reformrealprogymnasium (auch für Mädchen).

(1. August)

Ratsherr und Kaufmann Hermann Wentzel Ehrenbürger.

(31. August)

Im Stadion fanden die Brandenburgischen Meisterschaften in der Leichtathletik statt.

(26. Oktober)

Denkmal zu Ehren der 176 Gefallenen im Kreuzgang des Prenzlauer Tores eingeweiht.

1925

(23. April)

Übergabe der zum Polizeigefängnis umgebauten Bellingschen Schmiede am Eulenturm. Obere Räume für Obdachlose, „Tippelbrüder", genutzt. Bis dahin lag das Stadtgefängnis in der Fischerstraße beim Pulverturm.

(12. Mai)

Reichspräsidentenwahl Hindenburgs mit Fackelzug von den Vereinen (Elisabeth-

Frauenverein“, „Seglerverein“, „Ackerbauerverein“, „Bismarckjugend“, „Deutscher Offiziersbund“, „Vaterländischer Verein“, „Jungdeutscher Orden“, „Junglandbund“, „Kampfgenossenverein“, „Kavallerieverein“, „Kriegerverein“, „Militäranwärterverein“, „Militäranwärterverein zu Hindenburg“, „Nationalverband deutscher Offiziere“, „Schützengilde“, „Sängerbund“ und „Männergesangsverein Eintracht“) gefeiert.

(25. Mai)

Bildung des Wassersportclubs Templin (WCT) und Errichtung eines Bootshafens mit Bootshaus.

(Juli)

Ortsgruppe des „Rotfrontkämpferbundes“, einer militärischen KPD-Organisation, gegründet. Erste Mitglieder Richard Bröse, Ralf Krüger, Erich Gienau, Willi Pangratz, Josef Hinz.

Templin hatte 7596 Einwohner und 792 Wohnhäuser.

Eröffnung der Landwirtschaftsschule Am Markt 12, ehemals Hotel „König von Preußen“.

Von Hans Philipp erschien die „Geschichte der Stadt Templin“.

„Land- und Forstarbeiter-Heimstätten-Genossenschaft“ baute weitere 10 Doppelhäuser im „Kuckucksheim“ – Bezug September 1927.

Templiner Wohnungsbaugenossenschaft errichtete in der Heimstraße 10 Doppelhäuser mit 20 Wohnungen.

Erster Konsumladen öffnete in der Rühlstraße/Ecke Puschkinstraße.

Streik der Templiner Maurer.

Das „Postheim“ erhielt durch den Bau eines Kindererholungsheims den Namen „Postgenesungsheim“.

1927

(8. Februar)

Ehrenbürger wurden Ratsherr Rentier Hermann Schmarsow und Beigeordneter Kaufmann Clemens Schraermeyer.

(3. März)

Kreistagsbeschluss für Krankenhausneubau.

Bezug der Siedlung „Kuckucksheim“.

(29. April)

Gründung einer Tennisabteilung im „Sportclub Viktoria 1914“, späterer Tennis-Club.

(18. September)

Eröffnung des Lagers der Roten Jungpioniere „Klim Woroschilow“ am Röddelin-See.

(22. Oktober)

Gründung der ersten NSDAP-Gruppe (sieben Mitglieder) durch Kaufmannsgehilfen Herbert Eggert und einer SA-Gruppe unter W.C. Günther.

1928

(28. März)

Wegen fehlender Mitglieder wurde die Synagoge an die Sieben-Tage-Adventisten vermietet.

(29. April)

Fahnenweihe des „Rot-Frontkämpferbundes " in der Mühlenstraße.

(23. Mai)

Kino „Schauburg" in der Gaststätte „Deutsches Haus" in der Mühlenstraße 22/23 (Besitzer Rettig) eröffnet.

(27. Juni)

Grundsteinlegung für das Kreiskrankenhaus in der Bismarckstraße (Robert-Koch-Straße).

(3. September)

Gastwirt Sonnenberg kaufte das Grundstück mit einem Restaurant in der Bismarckstraße 17 von Ferdinand Lüder.

(23. September)

Gedenkstein für den Begründer des Botanischen Gartens, Prof. Gustav Lehmann, aufgestellt.

(28. September)

Damen- und Herren Friseursalon Hans Dolch empfing erste Kunden (Übernahme durch Friseurmeister Horst Sydow am 1. Juni 1972 · Übergabe an Sohn Veiko Sydow am 1. Januar 2003).

(12. November)

Wegen Kohleersparnis fielen weitere Personenzüge und der Halt am Vorstadtbahnhof weg.

(11. Dezember)

Erste freiwillige Sanitätskolonne mit eigenem Krankenwagen gegründet – Vorläufer des DRK.

(21. Dezember)

Ehrenbürgerwürde für Ratsherrn Landwirt Ernst Kayser.

1929

Templin wurde erneut Luftkurort.

Neue Ausbaue waren Gut Joachimshof und Schmidtshof.

(22. Januar)

Vom Stadtbaumeister Schneider entwickelter Stadtplan wurde verkauft.

Versammlung des „Stahlhelms" propagierte Änderung des parlamentarischen Systems und Schaffung des 3. Großdeutschen Reiches.

(27. April)

1. Spatenstich zum Bau der städtischen Kanalisation durch Arbeitslose.

(1. Juni)

Umbenennung ObererMühlenstraße in Paul-Becker-Straße.

(8. September)

Denkmal in der Prenzlauer Chaussee für den ersten Reichspräsidenten Friedrich Ebert übergeben.

(25. Oktober)

Weltwirtschaftskrise führte zur Verschlechterung der Lebensbedingungen.

Aufrufe, Wäsche und Kleidung für Bedürftige zu spenden.

Nationalistische Propaganda und politische Auseinandersetzungen verschärften sich –

Gründung neuer Vereine und Parteien (Ortsgruppe „Deutsch-Nationale Volkspartei", „Deutscher Ostbund").

Baubeginn für die Siedlungen „Elsternest" und Fürstenberger Straße.

(1. November)

Beschluss zum Bau eines Amtsgerichtes gegenüber der Post.

1930

(März)

Umbenennung der Prenzlauer Chaussee vom Sportplatz bis zum Joachimsthalschen Gymnasium in Prenzlauer Allee.

(31. März.)

Einen Tag vor der offiziellen Krankenhauseinweihung wurde erste Blinddarmoperation mit Äther-Narkose durchgeführt.

(1. April)

Feierliche Inbetriebnahme des neues Krankenhaus mit 102, später 130 Betten.

(20. April)

Öffentliche Krankenhauseinweihung.

(19.-22. Mai)

Tagung des Märkischen Forstvereins unter dem Motto „700 Jahre Stadt Templin – 700 Jahre Stadtwald".

Broschüren von Forstmeister i. R. Schmidt und Lehrer i. R. Hentschel anlässlich des 700. Stadtjubiläums zu 50 Pfennig verkauft.

Am Rathaus verkündete ein Plakat: „1230 – 1930 – 700 Jahre Stadt Templin".

(30. Juni)

Inbetriebnahme der neuen Kanalisation.

(7. Juli)

Treffen des Landesgerichtspräsidenten mit Vertretern des Justiz- und Finanzministeriums mit Regierungs- und Baurat Rohr wegen des Neubaus des Amtgerichtgebäudes.

(19. August)

Männergesangsvereine „Sängerbund" und „Eintracht" begruben ihre Unstimmigkeiten und arbeiteten wieder zusammen.

(24. August)

Erster öffentlicher NSDAP-Aufruf lud unter dem Thema „Dein eiserner Besen Hitler zeigt Euch den Weg" zur Versammlungsteilnahme am 30. August 1933 ein.

Vermehrte öffentliche Versammlungen der NSDAP.

(29. August)

„Deutsche Volkspartei" unter Vorsitz Dr. Isbary diskutierte gegen die Programme von KPD und NSDAP, Bestehendes gewaltsam zu beseitigen, und verlangte Reformen.

(7. September)

Einweihung einer neuen Friedhofskapelle in der Bahnhofstraße.

(1. November)

Dem Erziehungsheim „Waldhof" wurde die Einrichtung einer Badeanstalt am Röddelinsee gestattet.

(3. November)

In der „Templiner Zeitung“ wurde bedauert, dass die Stadt aufgrund ihrer wirtschaftlichen Probleme das 700-jährige Bestehen nicht feiern konnte.

(14. November)

Erstmals Zusammenlegung von Realreformgymnasium mit Joachimthalschem Gymnasium erörtert, um Einsparungen zu erreichen.

(21. Dezember)

Ablehnung der Kostenübernahme für Broschüren von Forstmeister i. R. Schmidt und Lehrer i. R. Hentschel zum Stadtjubiläum aus finanziellen Gründen.

1931

(14. April)

Einmal täglich fahrende Kraftpostlinie Templin-Gerswalde eröffnet.

(23. April)

10-jähriges Bestehen des Arbeiter-, Turn- und Sportbundes gefeiert.

(7. Mai)

Neubesetzung der Konrektorstelle an der Bürgerschule durch Lehrerin Held.

(16. Mai)

Wachsende Wohnsiedlung am südlichen Templiner Seehang in der Zeitung als „Neu-Templin“ bezeichnet.

(20. Mai)

25-jähriges Bestehen des „Posterholungsheims“ in Anwesenheit des Staatssekretärs vom Reichspostministerium und städtischer Körperschaften sowie Gästen gefeiert.

(27. Mai)

Einweihung einer Jugendherberge in der Mühlenstraße 1 hinter dem Hotel „Beseler“ im Haus der Zigarrenfabrik von Max Stemmwedel.

(7. Juni)

Forstlehrlingsschule beging 25. Jubiläum. Bislang wurden 1 000 Förster ausgebildet.

(12. Juni)

Beschluss zur Errichtung einer katholischen Kirche mit Pfarrhaus.

(9. September)

Im Rathaus liegende Urkunden von 1536–1826 mussten an das Geheime Staatsarchiv Berlin-Dahlem abgegeben werden.

(11. September)

Ortsgruppe des „Deutschen Frauenvereins des Roten Hakenkreuzes“ gegründet.

(31. November)

Wohlfahrtsgesellschaft eröffnete eine Volksküche im Stallgebäude des ehemaligen Gerichtsgefängnisses.

(3. Dezember)

Georg Riebeling beging 20. Bürgermeisterjubiläum.

(Dezember)

„Winterhilfeaufruf" für kinderreiche Familien und Arbeitslose brachte nur wenige Wäsche- und Kleidungsstücke.

1932

(15. Januar)

Anschluss des Joachimsthalschen Gymnasiums an die städtische Entwässerung genehmigt.

(10. April)

Paul von Hindenburg erhielt bei den Reichstagswahlen im 2. Wahlgang auch in Templin die notwendigen Stimmen für das Reichspräsidentenamt.

(15. April)

Übergabe der Kleingartenkolonie „Zur Sonne" am Egelpfuhl – Parzellenvergabe vorwiegend an Bedürftige und Arbeitslose.

(27. Juni)

Gedenkfeier anlässlich des 90. Geburtstags von Adolf Wilhelm Parisius.

(8. Juli)

Zweitägige Demonstration von Erwerbslosen gegen die Kürzung bzw. den Entzug der Unterstützung.

(21. August)

Einweihung des Parisius-Platzes mit Gedenkstein im Bürgergarten.

(24. August)

Großer Festumzug anlässlich der 700-Jahr-Feier der Stadt Templin und des 100-jährigen Bestehens des Sängervereins.

(27. September)

325-jähriges Stiftungsfest des Joachimsthalschen Gymnasiums.

(November)

Wiederholte Aufrufe, für die „Winterhilfe" zu spenden, und Durchführung separater Kleidersammlung.

Schließung des Reformrealgymnasiums aus Kostengründen und Eingliederung ins Joachimsthalsche Gymnasium.

(1. Dezember)

Wiedereröffnung der Volksküche bis zum 8. April 1933.

1933

(29. Januar)

Auf Grund des Erlasses des preußischen Ministers für Wirtschaft und Arbeit vom 5. Januar 1933 Beschluss zur Errichtung von 30 Kleinwohnungen in der Dargersdorfer Straße hinter dem Kuckucksheim.

(1. Februar)

Organisation eines Fackelzuges durch die NSDAP-Ortsgruppe anlässlich Hitlers Ernennung zum Reichskanzler mit anschließender Feier im Parteilokal Otto Reiche in Ringstraße 2, heutiger Beethovenplatz.

(28. Februar)

KPD-Mitglieder verteilten Flugblätter gegen die Machtübertragung in der Arnimstraße.

(1. März)

In einer so genannten Vorwahlversammlung rief die NSDAP-Ortsgruppe zur Wahl am 5. März auf.

(5. März)

An den Reichstagswahlen nahmen 93 % teil – NSDAP 2695, SPD 1065, KPD 289, Zentrum 58, Nationalpartei 807, Deutsche Volkspartei 73 Stimmen.

(10. März)

Am Abend des 10. März 1933 wurde am jüdischen Geschäft „Nordstern-Filiale", heute Ecke Berliner Straße/Am Markt, ein Schild mit der Aufschrift „Deutsche kauft in deutschen Geschäften und nicht bei Juden" angebracht.

(12. März)

Auf der Liste für die Neuwahlen zur Stadtverordnetenversammlung waren NSDAP, SPD, KPD, Kampffront Schwarz-Weiß-Rot, Bürgerliche Vereinigung für Beamte und Pensionäre und eine Personengruppe Kase eingetragen. Die Abstimmung brachte der NSDAP 2002 Stimmen = 10 Sitze und SPD 846 Stimmen = 4 Sitze.

(30. März)

75 Jahre Kreissparkasse gefeiert.

(31. März)

Einführung neugewählter Stadtverordneter durch Bürgermeister Riebeling.

Stadtverordnetenvorsteher – Dir. Marczinzik, Stellvertreter – Ernst Goede, Schriftführer – Bürodiener Schulz, stellvertretender Schriftführer – Bethke. Beigeordneter des Magistrats Dr. Riedel, Wiesenbaumeister Witzke, Molkereiverwalter Sinner, Gastwirt Reiche (NSDAP), Revierförster Kreikenbohm (Schwarz-Weiß-Rot), Willi Perlwitz (SPD).

Außerdem Bestimmung der Ausschussmitglieder. Da dazu keine Wahlen stattfanden, verzichtete die SPD auf einen Sitz.

(2. April)

„Templiner Zeitung" lehnte Veröffentlichungen für jüdische Bürger ab.

Schmierereien am „Friedrich-Ebert-Denkmal".

Erste Verhaftungen – Marquardt, Porten und Brüder Krüger unter dem Verdacht der kommunistischen Tätigkeit in Schutzhaft genommen.

(25. April)

Stadtverordnetenversammlung beschloss die Verleihung der Ehrenbürgerschaft an Reichskanzler Adolf Hitler, Reichsminister Göring, Reichstagsabgeordneten Dr. Decker-Sachsenhausen und Reichspräsidenten Paul von Hindenburg. Außerdem erfolgte die Umbenennung der Prenzlauer Allee ab Sportplatz in Hermann-Göring-Allee, der heutigen Friederike-Krüger-Straße in Walter-Mientkewitz-Straße sowie des Platzes zwischen der Ringstraße und der Vietmannsdorfer Straße in Horst-Wessel-Platz.

(2. Mai)

Verleihung der Ehrenbürgerschaft an obige Politiker.

(6. Mai)

Niederlegung der SPD-Mandate nach Diskussionen und Anfeindungen in der Stadtverordnetenversammlung, die Nachfolgekandidaten nahmen kein Mandat an. Die

„Templiner Zeitung“ kommentierte am nächsten Tag, dass das Parlament jetzt „frei von Marxisten sei.“

(10. Mai)

In den Folgetagen lösten sich die Ortsgruppen der Parteien in Templin auf.

(25. Mai)

Zahlung von jährlich 2 RM zur Aufbesserung der Stadtkasse durch alle männlichen Personen von 18 bis 60 Jahren, die nicht der Feuerwehr angehörten.

(1. Juni)

Einteilung der Stadt zur besseren Kontrolle und Organisation in Zellen, die Zellen- und Blockwart kontrollierten. Der Kreisleiter bestimmte Zellenleiter, diese wiederum die Blockwarte, die die Haushalte beaufsichtigten.

(8. Juni)

Eröffnung einer Geschäftsstelle der NSDAP-Ortgruppe in der Rühlstraße 3, Anfang August erfolgte der Umzug ins Zentral-Hotel-Reiche in der Ringstraße 2.

(15. August)

Gründung einer Luftschutzortsgruppe – sie sollte in jedem Haus Luftschutzräume schaffen und Aufklärungsarbeit leisten. Verstoß gegen die Anordnungen war ab 1. November strafbar.

Bisheriges Reformrealgymnasiumsgebäude in der Kirsteinstraße zur Unterbringung eines Arbeitsstammlagers der Uckermark geplant. Aufhebung dieses Vorhabens im September 1935 durch die Stadtverordneten und Festlegung, ein Barackenlager in Nähe des Gutes Ludwigshof auf einer von der Sparkasse zu erwerbenden Landparzelle zu errichten.

Verzicht der ehrenamtlichen Magistratsmitglieder auf ihre Aufwandsentschädigung zur Entlastung der Stadtkasse.

(20. Juni)

Für einen SS-Aufmarsch mussten 500 Mittag- und Abendessen gestellt werden.

(25. Oktober)

Beginn des Winterhilfswerks mit „Abenden der Volkswohlfahrt“, Aufrufen zu Eintopfsonntagen, Listensammlungen für Spenden von Kartoffeln, Getreide, Lebensmitteln, Holz und Kohle. In den Lokalen wurde beim Eintopf ein Getränkeaufgeld von 5 Pfennig, auf sonstige Speisen von 10 Pfennig erhoben. In Geschäften zahlte man den „Zwillingspfennig“.

(15. November)

Erstmaliger verbilligter Verkauf von Speisefetten und Haushaltsmargarine an Bedürftige.

(2. Dezember)

Weihe der restaurierten Orgel in der Sankt-Georgen-Kapelle.

(15. Dezember)

Bereitstellung von Räumen im Kirsteinhaus für Mitglieder des BdM, das Jungvolk erhielt Zimmer in der Jugendherberge.

(27. Dezember)

Die Stadt hatte 8 098 Einwohner.

Am Dargersdorfer Weg entstand mit 30 Kleinhäusern das „Elsternest“, ebenfalls Fertigstellung von Siedlungshäusern in der Fürstenberger Straße.

1934

(5. Februar)

Zusammenschluss der beiden Templiner Männerchöre zum „Singeverein Parisius 1832". 1938 erfolgte die Umbenennung zum „Männergesangsverein Templin 1832-Sängerbund-Eintracht".

(24. Februar)

Bekanntmachung der Umbenennung der Stadtverordneten im Gemeinderat, dessen Vorsitzender automatisch der Bürgermeister ist. Die Sitzungen waren nicht mehr öffentlich. Der Gemeinderat besaß kein Beschlussrecht mehr.

Gemeinderat bestand seit dem 1. November 1934 nur noch aus zehn Mitgliedern.

(4. März)

Information der Bevölkerung durch neu eingerichtete kommunale Pressestelle über die Gemeinderatssitzungen.

(8. März)

Einteilung Deutschlands in fünf Gaue, Templin gehörte zum „Kurmarkgau".

(22. März)

Anordnung des Reichsministeriums des Inneren über die bevorzugte Einstellung von bewährten Vertretern der nationalen Erhebung in die Stadtverwaltung. Aus Templin wurde keine Vollzugsmeldung erteilt.

(1. April 1934-1. Februar1942)

Otto Schläfke Bürgermeister

(13. Mai)

Fußgängerdurchbruch am Berliner Tor auf der Hospitalseite.

(1. Juni)

Zusammenschluss der Templiner Tageszeitung „Uckermärkisches Tageblatt" und des Prenzlauer „Uckermärkischen Kuriers" zum „Uckermärkischen Kurier – Uckermärker Tageblatt" auf Anordnung der Reichspressekammer und des Gauleiters für Presse und Kultur.

(22. Juni)

Feier zum 50-jährigen Bestehen der Templiner Feuerwehr.

(14. Juli)

Aufruf, Quartiere für die Urlaubsorganisation „Kraft durch Freude" bereit zu stellen.

(7. August)

Umstellung des Fernsprechamtes in der Stadt auf Selbstwählbetrieb.

(30. August)

Auf Antrag des Landrates Weinberg unter Naturschutz gestellt.

(10. Oktober)

Templin zählte 8 315 Einwohner.

(27. Oktober)

Verpflichtung der NSDAP-Ortsgruppe zur Teilnahme am Vortrag über die „Jüdische Rasse".

(4. November)

Grundsteinlegung für die katholische Kirche.

(9. November)

Feierliche Aufnahmeveranstaltung für neue Parteimitglieder und in Formationen der Partei. Diese sollten nun laut Gesetz jährlich stattfinden.

(8. Dezember)

8. Dezember, Tag der nationalen Solidarität, mit Sammlungen auf der Straße und in Lokalen begangen.

(17. Dezember)

Auf Grund sehr warmen Winters, 10° Tagestemperatur, wurden in der Vorweihnachtswoche am Spitzen Ort Blau- und Erdbeeren gefunden.

1935

(2. Februar)

Übernahme der „Forstschule" durch das Berufserziehungsamt der DAF (Deutschen Arbeitsfront), um sie neuer Berufsausbildung anzupassen. Einsetzung eines neuen Leiters.

(5. Juni)

125 Jahre „Schützengilde" gefeiert.

(24. August)

Gedenkgottesdienst anlässlich des 200. Jahrestages des großen Stadtbrandes.

(22. September)

Einweihung der Katholischen Kirche in Templin in der Moltkestraße. Glocken wurden nicht angeschafft, da man den Verlust im Kriegsfall befürchtete.

(18. Oktober)

Veröffentlichung von Höchstpreisen für Fleischwaren, z. B. ein Pfund Schnitzel 90-, Kotelett 90-, Leber 120-, Rindfleisch 100-, Gulasch 100 Pfennig.

(25. Oktober)

Genehmigung zum Bau eines neuen Amtsgerichtsgebäudes durch das Reichsjustiz- und Preußische Finanzministerium.

(13. November)

Aufgrund neuer Gemeindeverordnung vom 30. Januar 1935 Neuberufung der Ratsmitglieder Witzke, Oeltjen, Reiche, Koller, Isbary, Landwehr, Eberhard, Krämer, Meyer und Otto durch Beauftragte der NSDAP.

(30. Dezember)

Gemeindevertretersitzungen wieder öffentlich. Die Termine dazu standen im „Templiner Kreisblatt".

(Dezember)

Nennung folgender Behörden und Institutionen in der Stadt:
Amtsgericht im Rathaus, Finanzamt und Zollamt Bismarckstraße (Robert-Koch-Straße) 4 c, Katasteramt in der Bismarckstraße 10, Hochbauamt Königsstraße (Pestalozzistraße) 22, Kirchenkasse Propsteistraße (Martin-Luther-Straße) 7, Kreiskrankenhaus Bismarckstraße, Landratsamt in der Arnimstraße (Prenzlauer Allee), Magistrat im Rathaus und Stadthaus Am Markt, Postamt in der Strahlstraße (Puschkinstraße).

Es gab fünf über Templin fahrende Zuglinien:
Templin-Löwenberg-Oranienburg-Berlin, Templin-Eberswalde-Berlin-Stettin, Templin-Lychen-Fürstenberg-Neustrelitz-Stralsund und Templin-Prenzlau-Stettin oder

zu den Ostseebädern sowie Templin-Fürstenwerder.

1936

(10. März)

Verpflichtung zur Teilnahme an neun im Jahr stattfindenden nationalsozialistischen Schulungen sowie an Kameradschaftsabenden und Versammlungen für Beamte und Angestellte. Bei Fehlen wurde eine Geldstrafe fällig.

(31. März)

Schließung des städtischen Gymnasiums aus Kostengründen.

(20. April)

Anlässlich des Hitlergeburtstages fand auf Grund eines neuen Gesetzes eine Eingliederungsfeier der Zehn- und Elfjährigen in das Jungvolk und die Jungmädelgruppe statt.

Gleichzeitig feierliche Überführung der 14-jährigen Jungvolkpimpfe in die Hitlerjugend.

(22. Mai)

Bekanntgabe eines Brückenbaus über den Templiner See, der dem Pionierbatallion Brandenburg-Havel für 4 000 Reichsmark übertragen wurde.

Beschluss zur Errichtung von privaten Wohnhäusern am Stadtsee und am Vorstadtbahnhof.

(27. Mai)

Stadtrat Zimmermeister Adolf Werner anlässlich seines 50-jährigen Meisterjubiläums zum Ehrenbürger ernannt.

(22. Juli)

Bei einer Zwangsversteigerung erwarb die Stadt den Weinberg für 30 100 Reichsmark zur Schaffung einer öffentlichen Erholungsanlage.

(7. August)

Genehmigung eines neuen Stadtwappens mit rotem brandenburgischem Adler, mit goldenem Schnabel und goldenen Fängen auf silbernem Feld mit grünen Kleeblättern, und einer neuen Stadtfahne.

(4. Oktober)

Aufruf an die Bevölkerung zur Mitarbeit an einer Chronik.

(15. Oktober)

Die Stadt war offiziell Eigentümerin des Weinberges.

Neue Häusernummerierung nach Straßenzügen - bisher fortlaufend.

1937

(16. März)

Ablösung bisheriger Templiner SA-Führung – Morawski als neuer Standartenführer für die Kreise Prenzlau und Templin eingesetzt.

(25. März)

Festlegung einer Kurtaxe, um den finanziellen Problemen zu begegnen.

(30. März)

Beschluss zum Neubau eines Kreissparkassengebäudes wegen Platzmangel und nicht ausreichender Sicherheit im Kreishaus trotz finanzieller Probleme.

(9. Mai)

Neues Amtsgericht in der Puschkinstraße seiner Bestimmung übergeben.

Einweihung der „Pionierbrücke“, erbaut vom 5. April bis 9. Mai 1937 durch das Pionierbataillon 23 aus Spandau. Sie war 108 Meter lang, 6 Meter breit und als zweispurige Fahrbrücke ausgelegt.

(18. Mai)

Installation einer Beleuchtung an der Pionierbrücke.

(19. Mai)

Festnahme von Richard Weitz durch die GESTAPO wegen staatsfeindlicher Äußerungen.

(8. Juni)

Verkauf von Volksschutzmasken durch Luftschutzbund.

(23. Juli)

Wehrdienstuntaugliche Männer mussten eine Wehrsteuer zahlen.

(1. August)

Einrichtung von Klassen zum Erwerb der mittleren Reife an der Bürgerschule.

Nutzung des Gebäudes des Realreformgymnasiums in der Kirsteinstraße (Kantstraße) von der Berufsschule, die Räume in der Mitte und an der Nordseite zeitweise vom Reichsarbeitsdienst, dann von der NSDAP als so genannte „Schulungsburg“ requiriert.

(2. August)

Einweihung des neuen Stadtbades.

Anlegen eines Flugplatzes bei Ahlimbsmühle als Verbindungsflugplatz für Hermann Göring nach Carin-Hall.

(4. November)

Anbringung einer „Roland“-Figur am neuen Amtsgericht.

(20. November)

Schließung der Jugendherberge aus finanziellen Gründen.

1938

(26. Januar)

Einrichtung eines Wehrmeldeamtes für den Kreis in der Hermann-Göring-Allee 11.

(13. März)

Anlässlich der Annexion Österreichs am Vortag Beflaggung der Stadt. Aufzug der SA und ein Fackelumzug fanden statt.

Im ersten Halbjahr zählte Templin 3 470 Kurgäste mit 17 053 Übernachtungen.

Brandstiftung an der Synagoge in der Berliner Straße im März 1938, obwohl sie als Wohnhaus genutzt wurde.

(16. Juni)

Hermann Neff, Vorsitzender des Deutschen Beamtenbundes, Ehrenbürger.

(20. August)

Preisvergleich im August 1937 und 1938 zeigte Ansteigen der Preise für einzelne Lebensmittel wie Fisch, Gemüse, Obst und Kleidungsstücke.

(29. September)

Einweisung von 1100 Flüchtlingen, Frauen und Kindern aus dem Sudetengebiet, ins Postheim.

(30. September)

Feier zur gewaltlosen Angliederung Österreichs und des Sudetengebiets an Deutschland. Die Flüchtlinge verließen die Stadt Mitte Oktober wieder.

(6. Oktober)

Verkauf des Synagogengebäudes an Friseurmeister Malingriaux für 11500 RM.

(4. November)

Wöchentliche Zuteilung von 200 g Butter wöchentlich pro Kopf. Eier, Mandeln, Sultaninen sowie Bettwäsche waren knapp.

Eröffnung des Friseursalons von Erich Malingriaux in der Berliner Straße (Übergabe an den Sohn Klaus 1966. Geschäftsübernahme durch die Schwester Evelin Migmer, die 2008 an ihre Töchter übergab).

1939

Es gab 6 land- und forstwirtschaftliche Betriebe mit mehr als 100 ha, 42 mit 20–100 ha, 25 mit 10–20 ha, 20 mit 5–10 ha, 58 mit 0,5–5 ha Land (L. Enders).

(19. Januar)

Zur Arbeitsbeschaffung wurde mit dem Ausbau der Bahnhofstraße begonnen.

(27. Januar)

Auslegung eines Templiner Ehrenbuches im Schützenhaus.

(14. Februar)

„Templiner Kreisblatt": „Die Aktionen des Winterhilfswerks 1938/39 wurden durch Weihnachtspaketspenden erweitert, die Templiner packten 675 Pakete, wovon 570 in der Stadt verteilt wurden. Dabei wurden sowohl Lebensmittel als auch Kleidungsstücke gespendet."

(20. März)

Wegen Platzbedarfs im Krankenhaus projektierte Prof. Baumgarten einen Anbau für 50 Betten einschließlich eines Luftschutzkellers.

(März)

Eintopfsammlungen und Aufrufe, einmal pro Woche ohne Fleisch auszukommen sowie am Sonntag Eintopfgerichte zu kochen. Eingespartes Geld als Spende für das WHW.

(1. April)

NS-Schulreform sowie finanzielle Gründe führten zur Schließung der „Höheren Klassen" an der Bürgerschule. Dafür Einführung der Mittelschule von Klasse 5 bis 10, deren Abschluss zur höheren Beamtenlaufbahn und zum Fachschulbesuch berechtigte.

(April)

Im Auftrag der Reichsstelle für Wirtschaftsausbau Durchführung einer „Werkstoffschau", die ca. 5000 Besucher ansahen.

(9. Mai)

Ausbesserungsarbeiten als Arbeitsbeschaffungsprojekt auch am Berliner Tor.

(15. Juni)

Der Templiner Fremdenverkehrsverein vermeldete eine 97%ige Steigerung der

Besucherzahlen unter Einrechnung der Kuraufenthalte und Mutter- und Kindkuren sowie der Kinderlandverschickung.

(5. Juli)

Für Jugendliche fand ein von der NS-Frauenschaft organisierter Heimabend statt.

Templiner Kinder fuhren im Austausch mit der Stadt Dittersbach ins Kindererholungsheim.

In der Zeitung Aufruf zur Steigerung der Versorgung. Es sollte Grünland in Ackerflächen umgewandelt werden, um Arbeitsplätze zu schaffen.

(12. August)

1500 kinderreichen Müttern im Kreis wurde erstmals das „Ehrenkreuz der deutschen Mutter" verliehen.

(28. August)

Betriebseinschränkungen bei der Bahn, Pferdebesitzer mussten erneut alle Zu- und Abgänge melden.

(30. August)

Einstellung aller Sonntagszugfahrten.

(1. September)

Jubel beim Ausbruch des II. Weltkrieges.

Behördliche Zuteilung von Berechtigungskarten für Lebensmittel, Spinnstoffwaren, Schuhe, Hausbrandkohle und Seife.

(3. September)

Erste Todesanzeige im „Templiner Kreisblatt" (Schütze Gerhard Krämer).

(6. September)

Erste offizielle Aufforderungen, Opfer für die Kriegsführung in Form von Spenden von Lebensmitteln, Kleidung und Metallen. Erhebung von Kriegszuschlägen auf die Einkommenssteuer, Bier und Tabakwaren.

(13. September)

Der Portionssatz für Fleisch je Woche auf 500 Gramm gesenkt.

Meldung, dass Ärzte nur in dringenden Fällen gerufen werden sollten, da viele zum Militärdienst einberufen waren.

(22. September)

Anweisung zur Ablieferung aller privaten Fahrzeug-Kautschuk-Bereifungen.

(4. Oktober)

Anlässlich des 150. Geburtstages von Friederike Krüger wurde eine parallel zur Prenzlauer Allee angelegte Straße nach ihr benannt.

(15. Oktober)

Eröffnung des WHW durch die Deutsche Arbeitsfront.

Hinweis in der Templiner Presse auf Herausgabe eines Küchenzettels, um mit weniger Zutaten auszukommen.

(30. Oktober)

Einrichtung eines Kindergartens im „Seglerheim" für berufstätige Mütter durch die NS-Volksfürsorge und NS-Frauenschaft.

(7. November)

Erste Sonderzuteilung von Fleisch, Butter, Eiern, Reis, Hülsenfrüchten und Schokolade.

Ausgabe einer Punktekleiderkarte für Zivilisten.

Verbot von Privatbauten wegen Baustoffmangels.

Nach dem Sieg über Polen erste Kriegsgefangene auch nach Templin gebracht, die vor allem in der Landwirtschaft eingesetzt wurden.

(18. Dezember)

Ankündigung zur Einziehung der Fünfzigpfennigmünzen aus Aluminium und Nickel.

Ofenbaumeister Fritz Rengert eröffnete ein Geschäft (Übernahme durch Ofenbaumeister und Fliesenleger Jürgen Rengert 1976 in der Fischerstraße 6).

1940

(1940 – April 1945)

Nach Kriegsbeginn residierten im Posterholungsheim Teile von Führungskräften der SS mit ihren Familien weitab vom Bombenkrieg in Berlin, sowie eine Dienststelle der SS, die „Volksdeutsche Mittelstelle".

(1. Januar)

Eine Erhebung zur Sozialstruktur spiegelt die Situation des Kreises wider:

Die Kreisfläche betrug 1 435 Quadratkilometer mit rund 59 000 Einwohnern, d. h. 41 Einwohner pro Quadratkilometer.

Es existierten 16 550 Haushalte mit rund 30 500 männlichen und 28 000 weiblichen Personen.

Davon waren Arbeiter 61,5 %, Selbständige 16,0 %, Angestellte 7,1 %, Beamte 4,2 %, mithelfende Familienangehörige 11,2 %.

Nach Ausbruch des Krieges wurde das WHW zum Kriegswinterhilfswerk. Templin opferte im ersten Kriegsjahr 40 183,33 RM.

(8. Januar)

Anmeldungspflicht zur Sammlung von Küchenabfällen für die Viehfütterung.

Aufruf, Säcke und Sackflicken nicht wegzuwerfen, sondern Schäden zu reparieren. Wenn sie nicht mehr gebraucht werden, würden sie von der HJ abgeholt.

(11. März)

Erste große Kleidersammlungen.

Zur Preiskontrolle auf Anordnung des Regierungspräsidenten des Regierungsbezirkes Potsdam Erstellung von Preislisten durch ausgewählte Verkaufsstellen.

(8. März)

Konzert im Schützenhaus zu Gunsten des Kriegswinterhilfswerks auf Einladung des NS-Amtes für Volkswohlfahrt.

(6. März)

Bekanntmachung, dass im Rathaus eine Metallspendenannahme beginnt. Spender erhielten eine Urkunde.

(27. April)

Erste Spenden anlässlich des 51. Geburtstages Hitlers – Gegenstände aus Kupfer, Zinn, Messing, Blei, Nickel.

(23. Mai)

Überführung der im Posterholungsheim untergebrachten Wolhynien-Deutschen (Aussiedler aus der Ukraine) in eroberte polnische Gebiete.

(28. Mai)

Erstmalig verschärfte Verdunklung angeordnet.

(20. Juni)

Taschenlampenbatterien nur noch auf Zuteilung erhältlich.

(20. Juli)

Schließung des jüdischen Friedhofes auf Anweisung des Regierungspräsidenten Potsdam auf Grund eines Gutachtens des Gesundheitsamtes Templin und Bau eines Luftschutzbunkers unter dem Friedhof.

(21. August)

Da die jungen Männer zum Kriegsdienst eingezogen, wurden die Mädchen des Jahrgangs 1922 für den Reichsarbeitsdienst gemustert. Zur Unterbringung Errichtung von acht Baracken in der Dargersdorfer Straße links in Höhe des Abzweigs zum Gutshof Ludwigshof. Bis zur Fertigstellung Nutzung von Räumen des früheren Gymnasiums in der Kantstraße.

(24. September)

Führung einer Kriegschronik durch Walter Blankenburg in der Stadtverwaltung begonnen.

Als Treffpunkt der SA kristallisierten sich die Lokale an den beiden Bahnhöfen und das Hotel Reiche in der Ringstraße heraus. Vor dem letzteren fanden auch die Aufmärsche statt.

Internierte französische Kriegsgefangene wurden im „Seebad“ untergebracht. Sie mussten tagsüber bei Bauern und in Betrieben arbeiten.

1941

(3. Januar)

Urlaubsstreichung für immer mehr Arbeitskräfte.

Abgabe von Fisch, Kunsthonig, Möbeln, Fahrrädern nur noch auf Bezugsschein.

(18. Januar:

Sparkassenumzug in das historisch renovierte Fachwerkhaus in der Berliner Straße.

(18. Februar)

Beschwerdeweitergabe durch Stadtverwaltung über fehlendes Schweinefleisch, Wild und Geflügel, Obst- und Gemüsekonserven sowie Dosenmilch und Zitronen.

(11. März)

Zwei fleischfreie Tage in der Woche wurden verbindlich.

(20. März)

Klage über mangelnde Versorgung mit Damen- und Herrenbekleidung, Weiß-, Woll- und Kurzwaren.

(12. Juni)

Erstmalige Warnung, wegen verstärkter feindlicher Angriffe bei Bombenalarm unbedingt den Luftschutzkeller aufzusuchen.

(7. **Juli**)

Erwerb des Grundstückes des Gastwirtes Sonnenberg in der Bismarckstraße 17 am Vorstadtbahnhof durch das DRK als neue Kreisgeschäftsstelle. Der Sitz befand sich bisher in der Schulzenstraße 1.

(8. **Juli**)

Eine Anordnung des Landrates forderte die Bürgermeister auf zu unterbinden, dass Kriegsgefangene von Deutschen gültiges Geld erhalten.

(4. **August**)

Amtliche Bekanntmachung des Landrates über die Zuteilung eines Herings für alle über 18-Jährigen.

Verlängerung der Gültigkeit der Reichskleiderkarte bis 31. August 1942, da sofortige Nutzung wegen leerer Lager infolge fehlender Transportmöglichkeiten nicht möglich.

(20. **September**)

Aufruf zur Spende von Wintersachen für die Soldaten.

(26. **Oktober**)

Möbel nur noch für Ausgebombte und Verheiratete, die über Wohnraum verfügten und einen Mietvertrag vorlegen konnten.

(11. **November**)

Der Stadtchronist Walter Blankenburg berichtete in der Zeitung, dass die Stadtchronik wächst und die Reinschrift schon begonnen wurde.

(4. **Dezember**)

Fahrradverkauf nur noch im Dringlichkeitsfall zur Erreichung der Arbeitsstätte, zum Schulbesuch und zum Einkauf für kinderreiche Familien auf Bezugsschein. Kerzen wurden nicht mehr für Gaststätten oder Feiern ausgereicht.

1942

(3. **Januar**)

Die Wintersachensammlung in der Stadt wurde als sehr erfolgreich gewertet.

(1. **Februar**)

Berufung des Bürgermeisters Otto Schläfke als Landrat nach Soldin/Neumark, wo er bereits am 13. Februar 1942 verstarb. Er wurde in Templin beigesetzt.

(12. **Februar**)

Die erst 1920 angebrachten Glocken der Maria-Magdalenen-Kirche wurden vom Turm geholt und zur Metallgewinnung abgeliefert.

(13. **Februar 1942 – Oktober 1942**)

Übernahme des Bürgermeisteramtes durch Dr. Riedel.

(23. **Februar**)

Ausgabe von Wintermänteln nur noch auf Bezugsschein, wenn der alte getragene unentgeltlich abgegeben wurde oder nachgewiesen werden konnte, dass dieser in der Familie noch getragen wurde.

(23. **März**)

Vergnügungsfahrten mit der Bahn wurden unter Androhung von KZ-Einlieferung verboten, es gab keine privaten Osterzugfahrten. Ebenso wurden Tagungen und Konferenzen, die Zugfahrten nötig machten, untersagt.

(22. April)

Aufruf zur Sammlung von Altkleidern.

(15. Juni)

Protestschreiben von sechs Templiner Frauen:
Ungenügende Obst- und Gemüseversorgung. Schlechtere Versorgung als in Lychen und Zehdenick. Ablehnung weiterer Preisüberwachung in der Stadt.

(28. August)

Weitergabe alter Schulmappen an Schulanfänger, Kontingentierung von Schuhen.

Zigarettenverkauf nur noch an Männer ab 18 und Frauen ab 29 Jahren auf Bezugschein.

Glühlampen gab es nur bei Abgabe einer alten, da Wolfram ein wichtiger Rohstoff war.

Aus Bucheckern sollte Speiseöl hergestellt werden. Aufrufe wie „Kampf dem Verderb! Prüft von Zeit zu Zeit die eingekellerten Kartoffelvorräte!", sollten zu weiterer Sparsamkeit animieren.

Schulhefte wurden auch nur noch gegen Abgabe alter bzw. gegen Vorlage einer Bescheinigung der Schule, dass ein neues Heft notwendig ist, verkauft.

(Oktober)

Von August bis Oktober wurden 11 Personen wegen zu hoher Käse- und Fischpreise, Obstpreisüberschreitungen und Verstößen im Gaststättenbereich bestraft.

Öffentliche Gebäude wurden nicht mehr beheizt, Reisebescheinigungen nur für dringende Fälle ausgestellt.

(4. Dezember 1942 – April 1945)

Dr. Kästner Bürgermeister.

1943

Zu Beginn des Jahres Verschlechterung der Versorgung mit Frauenkleidung, Scheuertüchern, Besen, Bürstenwaren.

(12. März)

Neue Vorschriften für die Lebensmittelherstellung – Mehl wurde durch Schrot, Kartoffelmalz oder Quellmehl ersetzt, Wurst unter Zusatz von Gemüse und Kartoffeln produziert.

(29. Juli)

Auf Anweisung des Präsidialdirektors des Landes Einrichtung einer Heimschule für Waisenkinder im Joachimsthalschen Gymnasium.

(2. August)

Keine Kleiderausgabe mehr für Erwachsene, ab dem 4. August auch keine Herstellung von Bekleidung für Zivilisten.

(5. August)

Völlige Einstellung des Erholungsverkehrs. In Herbergen nur noch Aufnahme von Bombengeschädigten und Personen aus bombengefährdeten Gebieten.

Templin hatte ca. 8 000 Einwohner und 820 Häuser mit 2 485 Wohnungen.

(17. Oktober)

Aufrufe zur Einsparung von Strom in der Zeit von 11 – 14 Uhr.

(27. Oktober)

Ankündigung einer Weihnachtssonderzuteilung über 255 g Zucker, 500 g Weizenmehl, 125 g Butter für nichtlandwirtschaftliche Selbstversorger. Alle über 18-Jährigen bekamen 125 g Zuckerwaren oder Zucker oder Bohnenkaffee, Kinder und Jugendliche bis 18 Jahre 250 g Zuckerwaren oder 200 g Zucker.

(23. Dezember)

Zur Sicherung der Versorgung für Bombengeschädigte Verkaufsverbot für Kleidungsstücke. Für Reparaturen durften 80 cm^2 Stoff verkauft werden.

Verlegung von Berliner Institutionen wegen der Bombenangriffe nach Templin. So wohnte z. B. in der Waldstraße 12 ein japanischer Botschaftsrat.

1944

(Januar)

Denunzierung der Jüdin Franziska Koeppen durch einen Mitbürger und nach misslungenem Selbstmordversuch Deportation ins Konzentrationslager Theresienstadt.

(8. Februar)

Trotz eigener Probleme umfangreiche Spenden bei der 5. Opfersammlung des WHW.

Aufruf zu weiterer Sparsamkeit (Wiederverwendung gebrauchten Packpapiers, Abgabe leerer Aluminiumtuben).

(25. Februar)

Aufforderung, bei Fliegeralarm am Tag auch die Luftschutzkeller aufzusuchen.

Die 15-jährigen Schüler des Jahrgangs 1929 erhielten nach Musterung den Wehrpass.

(6. März)

Bombardierung Templins durch die achte Luftflotte der USA um 13.32 Uhr. Es starben 130 Menschen, der jüngste gerade einen Tag alt. 85 Menschen erlagen später ihren schweren Verletzungen.

(12. März)

Beisetzung der Toten auf dem neu angelegten „Waldfriedhof".

(16. März)

Eröffnung einer Beratungs- und Betreuungsstelle des Deutschen Wohnungshilfsdienstes in der Geschäftsstelle der NSDAP-Ortsgruppe in der Berliner Straße zur Unterstützung der Bombenopfer.

(Herbst)

Aufstellung von zwei Aufgeboten des „Volkssturms". Die Ausbildungen und Übungen erfolgten in Morgenland bei Ahrensdorf, dem Templiner SA-Ausbildungsgelände. Erfasst wurden alle bisher als „unabkömmlich" gestellten Männer im Alter von 16–60 Jahren.

1945

(Januar)

Überstellung des ersten Aufgebots des Volkssturms aus Templin in die 9. Armee bei Frankfurt/Oder. Dazu große Sammelaktion von Uniformen und militärischen Ausrüstungsgegenständen.

Einrichtung eines Wehrertüchtigungslagers auf dem Waldhof.

Unterbringung von Flüchtlingen in der Bürgerschule seit Anfang des Monats. Unterricht nur für zwei bis drei Stunden im Joachimsthalschen Gymnasium.

(Februar)

Erste Flüchtlingskolonnen in der Stadt. Fuhrwerke verstopften die Straßen und wurden in Richtung Zehdenick weitergeleitet.

(15. Februar)

SS-Führer verließen mit ihren Familien Templin und setzten sich nach Westen ab.

(März)

„Templiner Kreisblatt" erschien nur noch mit zwei Seiten mit Aufrufen, Parolen, Frontberichten und Mitteilungen zu Versorgungskürzungen.

Nochmalige Senkung der wöchentlichen Lebensmittelrationen für „Normalverbraucher".

Zu Ostern als Sonderzuteilung ein Ei auf die Lebensmittelkarte G ausgegeben.

Alle arbeitsfähigen Männer und Frauen sollten zwischen 8–18 Uhr zum Ausheben von Panzergräben erscheinen. Bei Nichterscheinen drohten der Entzug der Lebensmittelkarten und die Bestrafung durch den Wehrmachtskommandanten.

Templin bot das äußere Bild einer Stadt im rückwärtigen Kampfgebiet.

(Anfang April)

Anbringung von Sprengvorrichtungen an der Pionier-, Schleusen-, Ziegelei- und Eisenbahnbrücke nach Fürstenberg.

Aufforderung zur Aufgabe durch Flugblätter des „Nationalkomitees Freies Deutschland".

(6. April)

10 398 Einwohner lebten in der Stadt.

(19. April)

Einstellung des Unterrichts in der Bürgerschule.

Erste Nationalsozialisten verließen die Stadt.

An den Lebensmittelläden bildeten sich Schlangen, da die „eiserne Ration" veräußert wurde.

Einstellung des „Templiner Kreisblattes".

Strom nur noch stundenweise eingespeist.

(22. April)

In der Nacht zum 23. April in der Stadt erste Detonationen von Flugzeugabschüssen zu hören.

(23. April)

Verlegung von Seeminen auf dem Hauptbahnhof alle 20 Meter, um die Sprengung vorzubereiten.

Verstopfung der Straßen durch Wehrmachtsfahrzeuge und Flüchtlingskolonnen.

Kommandoübernahme durch die Wehrmacht in der Stadt. Beschlagnahme von Gebäuden für militärische Zwecke, u. a. die spätere Poliklinik in der Robert-Koch-Straße und das Joachimsthalsche Gymnasium, wo eine Truppentransporteinheit mit Lkw lag, die mit Panzerfäusten ausgerüstet war.

(25. April)

Die Front näherte sich.

Durch die Stadt zogen sich versprengte Einheiten zurück.

Vorbereitung von Panzer- und Schützengräben im Südosten der Stadt.

Angriff sowjetischer Flugzeuge auf Militärtransporte Richtung Prenzlau und Eberswalde.

(26. April)

Alle nicht wehrfähigen Einwohner durch die Blockwarte aufgefordert, die Stadt in Richtung Röddelin zu verlassen. Erste Familien folgten der Aufforderung.

(27. April)

Stilllegung der städtischen Versorgungsbetriebe wie Wasser-, Elektrizitäts-, Bahnbetriebswerk.

Um die Stadt waren Geschütze und Panzer aufgestellt.

Angriff russischer Flieger von Mittag bis abends.

Mehrzahl der Templiner Einwohner verließ am Abend die Stadt.

Sprengung der Eisenbahn-, Fährkrug- und Gleuensee-, Schleusen- und Pionierbrücke durch ein Einsatzkommando der SA.

Erste Selbstmorde von NS-Führern.

Besetzung der Stadt in der Nacht vom 27. zum 28., aber keine organisierte Verteidigung.

Erster Templiner Stadtkommandant war Major Kerstej.

(28. April)

Im Scheunenviertel in der Lychener Straße und anderen Stadtvierteln brach Feuer aus.

Plünderung der Stadt über zwei Tage.

Beschlagnahme von Häusern der Puschkinstraße 14–16 und des Hotels Reiche durch russische Polizei GPU, später NKWD.

Vorrücken der sowjetischen Truppen in Richtung Lychen und Hindenburg.

(30. April)

In den Mittagsstunden brannte die Bürgerschule nieder.

(Mai)

Im Zusammenhang mit den Plünderungen erschossen die Russen einen ihrer Offiziere, der den Stalinbefehl zur Einstellung der Plünderungen und Vergewaltigungen durchsetzen wollte.

Die Bahnhofssiedlung wurde erstes Quartier für russische Truppen.

Einrichtung der russischen Militärkommandantur Am Markt 13 und im Rathaus, die Offiziere wohnten in der Puschkinstraße und um den Markt sowie im Landhaus Laber.

(1. Mai)

Rückkehr erster Einwohner.

(2. Mai 1945 – 13. September 1946)

Einsetzung des Kommunisten Hans Brandt als ersten Bürgermeister. Beteiligung an der Organisation der neuen Verwaltungsorgane.

Richard Bröse war 1. Kreisbürgermeister (Landrat des Kreises Templin).

(3. Mai)

Inbrandsetzung von Häusern in der Prenzlauer Allee und des rechten Flügels des Kreishauses durch polnische Zwangs- oder Fremdarbeiter beim Verlassen der Stadt.

Verhaftung von Jugendlichen und Männern durch den russischen Geheimdienst und Abtransport in Arbeitslager.

Verlegung der Kreisverwaltung ins Amtsgericht.

(8. Mai)

Ingangsetzung von Wasserwerk und Elektrizitätswerk.

Gesprengte Brücken mit Bretterbohlen wieder begehbar gemacht.

Heranziehung der Bevölkerung zu Enttrümmerungsarbeiten.

Verhängung eines Ausgangsverbots.

Erste Versammlung der sich neu bildenden Behörden im Haus 10 am Markt zur Organisation des städtischen Lebens.

(23. Mai)

Vorbereitungen zur Wiederaufnahme des Schulbetriebes unter Lehrer Dolge.

(Juni.)

Vertreter der in der NS-Zeit verbotenen KPD und SPD begannen politische Tätigkeit.

Einquartierung sowjetischer Truppen im Postheim.

Ausbruch von Typhus und anderen Krankheiten auf Grund der Lebensmittelknappheit und schlechter Lebensbedingungen.

Einrichtung von Isolierbaracken und Notbetten im Waldhof und im Joachimsthalschen Gymnasium. Unterbringung erkrankter Kinder im Schloss Gerswalde.

Demontage der Eisenbahnlinien nach Fürstenwerder und Löwenberg als Reparationsleistung an die Sowjetunion.

Herausgabe der „Templiner Rundschau“ als Mitteilungsorgan der sowjetischen Militärkommandatur.

(17. Juni)

500 Brandenburger, unter ihnen Templiner, u. a. Angestellte der Einkaufs- und Liefergenossenschaft, deren Leiter der NSDAP-Leiter Marczinzik war, Beamte und Polizisten mussten ins Lager „Fünf-Eichen“ bei Neubrandenburg laufen. Unterwegs verstorbene wurden durch verhaftete Dorfbewohner ersetzt.

(Juli)

Nutzung des früheren Kataster- bzw. Finanzamtes in der Robert-Koch-Straße als Notkrankenhaus, zur ambulanten Versorgung Nutzung des Isolierhauses in der Elisabethstraße. In einem noch stehenden Flügel des Krankenhauses Einrichtung einer Typhusstation.

Einrichtung einer Volksbibliothek im Rathaus und Wiedereröffnung des Kinos im „Seebad“, nachdem zuerst im „Strandgarten“ Filmvorführungen stattfanden.

Aufruf des Kreisbürgermeisters Richard Bröse, vorhandene Zahlungsmittel bei der Sparkasse oder Genossenschaftsbank anzulegen. Begüterte Einwohner des Kreises wurden um Geldspenden für den Wiederaufbau gebeten.

Die Lehrer Lang und Gabbert und der aus Arnimswalde stammende Flüchtling Breszinski organisierten die Einrichtung eines Kindergartens in der Prenzlauer Allee 18.

Nutzung des Vierfamilienhauses Prenzlauer Allee 26/27, das bis dahin Eigentum der Deutschen Post war, als selbständiges Kinderheim. Erste Leiterin war Frau Nels, später Elise Spennrath.

Beginn weiterer Arbeiten zum Wiederaufbau: Arbeiten an der Kläranlage und am Kanalnetz zur Wiederinbetriebnahme wie laufende Rohrnetzspülungen, Beseitigung von Verstopfungen.

Aufnahme des Postbetriebes und Wiederherstellung des Telegrafennetzes

Instandsetzung der Brücken

Wiederherstellung des beschädigten Straßenpflasters

Beginn der Instandsetzung öffentlicher Gebäude wie Arbeitsamt, Rathaus, Finanzamt, Forstschule, Waldhof, Gesundheitsamt, Landwirtschaftsschule, Stadtmühle, Molkerei, Ortskrankenkasse.

(15. Juli)

Erste FDGB-Mitglieder waren Angestellte des Bahnbetriebswerkes und des Bahnhofs, Post- und Verwaltungsangestellte. Das erste Gewerkschaftslokal befand sich in der Ernst-Thälmann-Straße 11.

(25. Juli)

Richtlinie des Landrats zur Aufnahme aller zurückkehrenden Ortsansässigen sowie Evakuierten aus Polen und dem Sudetengebiet.

Einrichtung von Flüchtlings- und Heimkehrerlagern in der Engelsburg bei Ahrensdorf, im Postheim und in Baracken des Reichsarbeitsdienstes in der Dargersdorfer Straße.

Berliner, deren Wohnungen nicht zerstört waren, mussten nach Berlin zurückkehren.

Organisation der Enttrümmerung, die unter den Losungen „Baut alle mit auf" und „Jeder Einwohner der Stadt Templin ein Kämpfer für die Erhaltung des Friedens und die Einheit Deutschlands" stand.

Verpflichtung aller männlichen und weiblichen Einwohner der Stadt im Alter von 14 bis 60 Jahren, mit Ausnahme von Schwangeren oder Kranken, für diese Arbeiten.

Schaffung weiterer Kindergärten zur Absicherung von Arbeitskräften für die Ernte und andere Arbeiten.

Die Stadt hatte mit Umsiedlern und Flüchtlingen ca. 11 500 Einwohner.

(ab August)

Ausgabe von Lebensmittelkarten für Brot, Mehl, Butter, Margarine, Marmelade, Zucker, Fleisch und Wurst.

(8. August)

Übergabe des Gutes Hindenburg des ehemaligen Gutsbesitzers und Ortsbauernführers Belbe als Stadtgut in die Verwaltung der Stadt.

(1. Oktober)

Aufnahme des Schulbetriebes in Räumen der Post, im Konfirmandensaal und in der Forstschule, später auch im Waldhof.

(21. Oktober)

Geschäfte erhielten die Lebensmittel von zentraler Stelle in der Bahnhofstraße Nr. 23/24.

Versorgung der Kinder mit Kleidung und Schuhwerk über die Schulen.

Erste Institutionen und Verwaltungen nahmen Tätigkeit in ehemaligen Baracken des Konzentrationslagers Ravensbrück und des Reichsarbeitsdienstes in der Dargersdorfer Straße gegenüber der Post auf.

Es arbeiteten neun Bäckereien, sechs Schlächtereien, fünf Milchgeschäfte, 20 Kolonialwarengeschäfte und eine Ölmühle. Letztere vorrangig für die russische Armee.

(8. Dezember)

Berechtigung für ehemalige Mitglieder der Hitlerjugend (geboren nach dem 1. Januar 1920, ohne Funktion) zum Eintritt in den öffentlichen oder privaten Dienst.

Das galt nicht für SS-Mitglieder.

Kurt Liesner übernahm von dem Inhaber Benthin die Schmiede in der Werderstraße 13 und richtete dort später eine Werkstatt für Elektroinstallation ein. (1954 Übernahme durch Sohn, der in der Goethestraße auf dem Standort des heutigen „Kutscherhauses" bis 1987 eine Werkstatt für KfZ-Technik betrieb. Die Werkstatt übernahm Martin Kerner und eröffnete nach der Wende in der Zehdenicker Straße 34 ein Autohaus mit Vertragswerkstatt für VW und Audi.).

Kurt Liesner betrieb in der Martin-Luther-Straße einen Betrieb zur Wicklung von E-Motoren. Am 1. April 1990 Übernahme durch Elmasch-Sieker-Elektomotoren.

1946

(9. Februar)

Baubeginn für 52 Notwohnungen in ehemaligen Scheunen, Kellern und Hinterhäusern, in der Heimstraße wurden neun Behelfsheime weitergeführt.

(23. Februar)

Beginn von Verhandlungen zwischen der Kreisverwaltung und der Oberpostdirektion Berlin zur weiteren Nutzung des Posthauses in der Prenzlauer Allee als Kinderheim.

(23. März)

Getrennte Treffen der Mitglieder der KPD und SPD im „Waldhof" und im „Strandgarten" zur Vorbereitung des Zusammenschlusses beider Parteien.

(24. März)

Gründung der SED in Templin.

(1. April)

Bildung des Sportamtes unter ehrenamtlicher Leitung von Georg Görwitz und Arthur Meyer.

(6. April)

10 398 Personen waren polizeilich gemeldet.

(1. Mai)

Straßenumbenennungen:

Schulzenstraße: Schinkelstraße
Goderstraße: August-Bebel Straße
Prenzlauer Straße: Ernst-Thälmann-Straße
Bismarckstraße: Robert-Koch-Straße
Grünstraße: Goethe-Straße
Moltke-Straße: Friedrich-Engels-Straße
Kirsteinstraße: Kantstraße
Arnimstraße: Friedrich-Ebert-Straße
Propsteistraße: Martin-Luther-Straße
Paul-Becker-Straße: Stresemann-Straße
Hermann-Göring-Allee: Prenzlauer Allee
Walter-Mientkewitz-Straße: Philipp-Scheidemann-Straße

(7. Juli)

Im früheren Finanz-/Katasteramt in der Bismarckstraße (Robert-Koch-Straße) Eröffnung der ersten Kreispoliklinik mit den Fachgebieten: Allgemeinpraxis – Dr. Freytag, Chirurgie Dr. Bergmann, Dentist – Herr Collin, HNO – Dr. Schneider, Gynäkologie – Dr. Ranck, Augenarzt – Dr. Gutseit, Schwangerschaftsberatung – Hebamme Dannenberg.

(15. September)

Wahl des ersten Stadtparlamentes.

10 Personen war das aktive Wahlrecht wegen ihrer Nazivergangenheit entzogen.

Bei den ersten Gemeindewahlen in Templin wurden gewählt:

CDU - Ernst Tamm, Karl Lauens, Ernst Kreuzfeldt, LDPD - Theodor Dähne, Max Gaedicke, SED - Paul Götting, Axel Bauer, Richard Bröse Frauenausschuss: Else Nehls, Frieda Thiemann, Minna Köhler.

Bürgermeister wurde Paul Götting, sein Stellvertreter Paul Nickel, Vorsitzender der Gemeindevertretung Dr. Hildebrand.

(15. September 1946 – 2. Juni 1948)

Paul Götting Bürgermeister

(1. November)

Wahl der Herren Schneider, Lüdke, Buseke, Keuck und Laneus in den Magistrat und Festlegung der Mitglieder für die Ausschüsse für Finanzen, Bau, Fürsorge, Forst, Wohnungswirtschaft und Schule.

Beschluss, Schützenhaus und Fährkrug in städtischem Eigentum zu belassen.

Übergabe des ehemaligen Posterholungsheims mit 26 Häusern an den FDGB. Bis 1959 Nutzung von erst 15 % zur Erholung, Vergabe der restlichen noch zweckentfremdet durch die Kommunale Wohnungsverwaltung.

Heinrich Friedrich gründete 1946 in der Bahnhofstraße eine Reparaturwerkstatt

für Rundfunkgeräte. (Ab 1975 Betriebsübernahme durch den Sohn Ulf-Reiner Friedrich

als Funk- und Fernsehgeschäft · 1996 Übergabe an den Sohn Jens-Uwe-Friedrich)

1946 Gründung von CDU und LDPD sowie des „Templiner Kulturbundes“ durch den damaligen Kreisschulrat Dr. Hildebrand.

1947

Beschlagnahme einiger Häuser der heutigen Friedrich-Engels-Straße für Offiziere der Roten Armee.

(22. Januar)

Enteignung von 15 Personen als Naziaktivisten in Templin auf Grund des Befehls Nr. 201 der SMAD zur Durchführung der Direktive Nr. 24 und 38 des Alliierten Kontrollrates zur Entnazifizierung und Enteignung.

(21. Februar)

Beschluss zur Verpachtung des Fährkruges und Verbleib von Ahrensnest bei der Stadt.

(1. März)

Alfred Slowinski ließ sich mit einer Vulkanisier- und Reifendienstwerkstatt in der Werderstraße 32 nieder (Übernahme durch den Sohn Gerhard Slowinski am 1. Juli 1985, Umzug der Werkstatt im Oktober 2007 zur Hindenburger Straße 37).

(7. März)

Gründung einer DFD-Gruppe (Demokratischer Frauenbund Deutschlands)

(28. März)

Die Stadtverordnetenversammlung bestätigte Übergabe städtischer Kindergärten und Kinderheime an den Kreis und beschloss den Wiederaufbau der Bürgerschule.

Plätze im TBC-Krankenhaus im Postheim zur Betreuung alter Menschen umgewidmet.

(29. Mai)

Laut Bürgermeisterstatistik 899 Steinhäuser, 15 Holzhäuser und folgende Institutionen, Verwaltungen, Fabriken oder Werke genannt:

Verwaltungen und Institutionen:

Russische Besatzungsmacht mit Kommandantur, Casino im damaligen „Café Reiche", Dienstgebäude Am Markt 1 , Privatwohnungen des Kommandanten und der Offiziere in der Puschkinstraße und vier Privathäusern in der Friedrich-Ebert-Straße

Stadtverwaltung mit Bürgermeisteramt, Einwohnermeldeamt, Standesamt, Sozialamt, Wirtschaftsamt, Landwirtschaftsamt, Forstamt, Stadtkasse, Wohnungsamt, Bauamt, Verwaltung kommunaler Werke, Landeskreditbank

Kreisverwaltung mit Landratsabteilung, Kreisratsabteilung, Büroleiter, Abt. Allgemeine Verwaltung, Abt. Industrie und Verkehr, Landwirtschaft und Forsten, Volksbildung, Finanzen, Arbeit und Sozialwesen, Umsiedler- und Kreiswohnungsamt, Kreisjugendamt und Suchdienst, Arbeitsschutzamt, Abt. Gesundheitswesen, Abt. Polizei, Abt. Handel und Versorgung, Kreisenergieamt

Dienstleistungsbetriebe:

Postamt, Bahnamt, Finanzamt, Kreisarbeitsamt, Provisorisches Hochbauamt, Sozialversicherungskasse, Provisorisches Straßenbauamt, Amtsgericht, Landwirtschaftlicher Ein- und Verkaufsverein, Kino einschließlich Theaterklause, Tankstelle Schwanebeck (Tankstelle und Öllager der Besatzungsmacht), Kohlenhalle Schulenburg, Tankstelle Benthin, Apotheke, Kirsteinhaus,

Gebäude der SED und des FDGB in der Friedrich-Engels-Straße 1

Schulen:

Gymnasium einschließlich Berufs- und Fortbildungsschule, Volksschule, Schule im Erziehungsheim Waldhof, Schule im Kinderheim Neuhof, Forstschule

Krankenhäuser/medizinisches Personal:

Kreiskrankenhaus, TBC-Station, zwei Altersheime

Dr. Bergmann, Dr., Feuerhack, Dr. Großhans, Dr. Petersen, Dr. Trieloff, Heilpraktiker Bauer, Dentist Zeise, Dentist Utecht, Hebammen Zangenberg und Görwitz

Fabriken oder Werke:

Sägewerk Flögel (Herstellung von Schnittholz und Schwellen mit einer Belegschaft von 76 Mann), Sägewerk Liepe & Co (Schnittholzproduktion, 12 Arbeiter), Sägewerk Willi Baade (Standardbohlen und -bretter, 11 Mitarbeiter), Sägewerk Schöps (produzierte Schnittholz mit 16 Arbeitern), Pharmazeutische Fabrik (soll pharmazeutische Artikel herstellen, ist aber erst im Aufbau mit 14 Belegschaftsangehörigen), Templiner Holzverarbeitungsgesellschaft (produziert nichts, im Aufbau begriffen), Metallwaren Stöckel & Co (konnte nicht arbeiten, da kein Material vorhanden)

Betriebe, die landwirtschaftliche Produkte verarbeiten:

Stadtmühle Templin, Obstkelterei Römer, Molkereigenossenschaft

Bevölkerung:

In der Stadt 10146 Personen, davon waren 3278 Männer, 4514 Frauen und 2354 Kinder bis 14 Jahren. Davon waren 12,8 % Angestellte, 16,5 % Arbeiter, 9,1 % Handwerker, 2,0 % Händler, 2,5 % Klein- und Mittelbauern bis 50 ha und 6 Großbauernbetriebe über 50 ha.

(8. Juli)

Bekanntgabe im „Templiner Nachrichtenblatt", dass 26 384 Personen als Umsiedler in den Kreis kamen, 49 746 Alteinwohner waren.

(21. Juli)

Zulassung der Nationaldemokratischen Partei Deutschlands (NDPD) durch den Kreiskommandanten.

(5. September)

Einrichtung eines Kommunalbetriebes zur Gewinnung von Torfmull bei Heinrichshof im Großen Moor (hinter Karlshof).

(11. September)

Bürgermeister erließ Versteigerungsverbot für Lebens- und Genussmittel auf Wohltätigkeitsveranstaltungen.

(25. Oktober)

Aufruf, zur „Umsiedlerwoche" Mobiliar, Hausrat usw. abzugeben.

Umgestaltung des Friedhofes der gefallenen sowjetischen Soldaten zu einem Ehrenmal auf dem Jahnplatz.

(8. November)

Aufruf zur Einschränkung der Wohnansprüche, um die Unterbringung der Umsiedler zu verbessern.

(10. November)

Aufruf zur Holzaktion für Alte und Witwen mit kleinen Kindern gegen die Winternot.

(29. November)

Wiederinbetriebnahme der Bäckerei Dackert in der Mühlenstraße.

Aufbau einer provisorischen Holzfußgängerbrücke auf die noch vorhandene Pfahlgründung der Schleuse 1947/48.

Als Selbständiger begann Leo Janischewski mit einer Schmiede und Schlosserei in der Fischerstraße 2 (Seit 1948 Schmiede-Schlosserei-Schleiferei · Übernahme des Betriebes durch Wolfgang Janischewski 1979 · Aufgabe 2008).

(17. Dezember)

Beschluss des Kreistages erklärte „Templiner Nachrichtenblatt" zum amtlichen Mitteilungsorgan des Kreises Templin.

1948

491 ha Land waren enteignet worden. Aufgeteilt wurden 168 ha an 19 landarme Bauern und Landarbeiter, 73 ha an 8 landarme Bauern, 217 ha an 22 Umsiedler, 28 ha an nichtlandwirtschaftliche Arbeiter und Angestellte, 1,5 ha gingen an die Stadt (L. Enders).

Das Gebiet von Vogelsang bis zu den Miltenwiesen bei Tangersdorf wurde zum Truppenübungsplatz der sowjetischen Armee. Uralter Waldbestand und Wiesen wurden vernichtet.

Rückkehr von verhafteten Männern aus sowjetischen Arbeitslagern.

(2. Januar)

Eröffnung des Altersfeierabendhauses Engelsburg.

(23. Januar)

Die Stadtverwaltung beschäftigte bis Oktober sechs Nachtwächter mit Hunden.

(20. Februar)

Sperrung des Stadtbades aus baulichen Gründen.

(28. Februar)

Beschluss zum Bau einer Verladeanlage am Templiner See.

Auf Anordnung der Landesregierung Durchführung von Hausbegehungen, um Wohnraum für Umsiedler, Flüchtlinge und Ausgebombte zu erfassen.

(27. März)

Auf Grund eines Befehls der SMAD Solidaritätsaktion für die Umsiedler zur Gewinnung von Baumaterialien. Die Aktion erbrachte 35 000 Ziegelsteine, 25 m^3 Holz und zwei Tonnen Eisen.

Auf Anordnung der Landesregierung Umbenennung des Joachimsthalschen Gymnasiums in „Landesschule Templin".

Keine Ausstellung von Zuzugsgenehmigungen für Stadt und Kreis, da schon 600 Umsiedler in den Kreis eingewiesen.

(22. Mai)

Aufruf zum Eintrag in die Liste zum „Volksbegehren für die Einheit Deutschlands" am 19. Juni 1948.

(16. Juni)

Friedrich Ebert sprach in Vorbereitung auf das Volksbegehren.

(2. Juli 1948 – 4. November 1949)

August Kross Bürgermeister

(15. Juli)

Inbetriebnahme der Eisenbahnstrecke Templin-Zehdenick.

(14. August)

Aufruf an alle landwirtschaftlichen Erzeuger, Überschüsse auf „Freiem Markt" zu verkaufen.

(1. September)

Ehemalige Forstschule erhielt den Namen „Goetheschule".

(25. September)

Als Vorsitzende der Parteien und Organisationen wurden genannt:

SED – Wiegelmann/Gartmann, NPD – Heymann, VdgB – Schuldte, LDP – Görwitz,

CDU – Pelka, FDJ – Wronski, FDGB – Hausmann,

(29. September)

Als Teilnehmer zum Deutschen Volkskongress Hesse, Hildebrandt, Kross, Martens und Gremzow gewählt.

(23. Oktober)

Dr. Gribnitz, Lehrer an der Landesschule, als Naturschutzbeauftragter eingesetzt.

(5./6. November)

Die erste Landjugendkonferenz des Landes Brandenburg fand in Templin statt.

Erfassung aller nach dem 1. Januar 1930 geborenen Kinder, um sie aus Heimen oder Pflegefamilien zu den leiblichen Eltern oder Verwandten zurückzuführen.

(7. November)

Ausrichtung eines Fußballvergleiches zwischen den Ländermannschaften Brandenburgs und Sachsens im Stadion.

(6. November)

SED-Kreisvorstand bezog in der Pestalozzistraße/Ecke Mühlenstraße neue Geschäftsstelle.

(7. November)

Anlässlich des Weltjugendtages sprach der Vorsitzende des Zentralrates der FDJ, Erich Honecker, im Stadion.

(11. Dezember)

Durchführung eines Weihnachtsmarktes im Gebäude der ehemaligen Druckerei Kortes. Auf Spendenscheine erhielt man Spielsachen aus Thüringen. Ferner lief eine Sammlung von Weihnachtsgebäck, Äpfeln und anderen Weihnachtsartikeln für Kinder- und Waisenheime.

Neueröffnung eines Uhrengeschäftes durch Uhrmachermeister Emil Kühn, dessen erstes, 1923 in der Mühlenstraße 7, eröffnetes Geschäft durch Kriegseinwirkung zerstört wurde, in der Thälmann-Straße 15 (Am 1. April 1972 Übergabe an Schwiegersohn Gunter Leupolt).

1949

(1. – 15. Januar)

Büchersammlung des Kulturbundes zum Aufbau von Büchereien.

(25. Februar)

Das Haus Nr. 3 im Postheim wurde Kreisalters- und TBC-Heim. Ende des Jahres erfolgte die Verlegung des Altersheims nach Engelsburg.

(2. März)

Der als Konsumlager genutzte Saalanbau des Schützenhauses brannte ab.

(9. April)

Ausgabe einer Lebertranspende der Vereinten Nationen an Säuglinge, werdende und stillende Mütter und TBC-kranke Kinder.

(10. April)

Sturz des Denkmals des Kurfürsten Joachim Friedrich im Joachimsthalschen Gymnasiums durch Teilnehmer eines Neulehrerjahrgangs. Spätere Einschmelzung desselben in der Messingschmiede Britz bei Eberswalde.

(12. Mai)

Großkundgebung zum 3. Deutschen Volkskongress im „Seebad". Aus Templin war kein Kandidat zum Volkskongress aufgestellt.

(5. Juni)

Wahl Minna Ostrowskis zur Vorsitzenden des Vereins der Verfolgten des Naziregimes (VVN).

(10. Juni)

Umbenennung der Strahl- in Puschkinstraße.

(16. Juli)

Rede Wilhelm Piecks, erster Präsident der DDR, auf dem Marktplatz zum Thema „Die Nationale Front und die Verbesserung unserer Ernährung."

(27. August)

Eröffnung einer Säuglingskrippe in der Prenzlauer Allee 9.

(2. Oktober)

Das Kinderheim in der Prenzlauer Allee erhielt Namen des Antifaschisten Willi Fahrenson.

(Dezember)

Die Stadt war vom Markt bis zum Mühlentor und westlich von der Mühlenstraße vom Schutt befreit.

Folgende Vorderhäuser waren neu gebaut worden:

Ackerbürger Kayser, Goethestraße
Kaufmann Goede, Schinkelstraße
Elektromeister Engler, Pestalozzistrasse
Elektromeister Beyer, Schinkelstraße
Ackerbürger Weber, Schinkelstraße
Viehhändler Schirmer, Goethestraße

Die Einwohnerzahl betrug 11 500.

Beschluss zum Wiederaufbau des zerstörten Krankenhauses.

(23. Dezember 1949 – 28. Juni 1950)

Bernhard Wiegelmann Bürgermeister.

1950

(Januar)

Die russischen militärischen Verwaltungsstellen verließen Templin. Die Kommandantur verblieb in der Bahnhofstraße 31.

(7. Juni)

Geschäftseröffnung der Polsterei Schneider in der Elisabethstraße (Heinestraße) 5 (Übernahme des Geschäfts durch den Sohn Jürgen Schneider am 1. Oktober 1985).

(13. Januar)

Beschluss zur Umbennenung der Prenzlauer Straße in Ernst-Thälmann-Straße und des Jahnplatzes in Stalinplatz.

(1. Februar)

Gründung des „Kommunalwirtschaftsunternehmens des Kreises Templin", des späteren VEB Hoch- und Tiefbau. Zu den ersten Aufgaben gehörten das Siedlungsbauprogramm und der Aufbau des Krankenhauses.

(20. März)

Aufnahme des Zugverkehrs Templin-Löwenberg.

(24. Mai)

Überlegungen zur Wiederherstellung des „Jüdischen Friedhofes" wegen des darunter befindlichen Bunkers vertagt.

(5. Mai)

Bildung eines Ortsfriedenskomitees mit den Herren Sauermann, Dr. Peterson, Rektor Gabbert, Frau Eggert, Schwester Lindner, Herrn Hauck, Baade, Wienecke, Witzky-FDGB, A. Klette, Müthing, Flemming-Kunstmaler, Hebamme Dannenberg, Herrn W. Koch-Uckermärker Hof, Bernhard Wiegelmann-Bürgermeister, A. Schade, Dolch, Keller-VEAB – Vorsitzender Herr Witzky.

(6. Mai)

Gemäß Aufbaugesetz folgende Straßenzüge zum Aufbaugebiet erklärt: Die linke Seite der Kantstraße vom Markt aus, die Werderstraße beidseitig von der Kant- bis zur Goethestraße, die rechte Ernst-Thälmann-Straßenseite, vom Markt aus die linke Seite der Oberen Mühlenstraße und die linke Seite der Fischerstraße.

(26. Juni)

Umbenennung der Elisabethstraße in Heinestraße und der Friederike-Krüger-Straße in Bachstraße.

(28. Juni 1950 – 13. November 1953)

Willi Rieck Bürgermeister.

(28. Juli)

Einrichtung des neuen Kreispolizeiamtes Am Markt 13.

Erarbeitung einer neuen Katasteraufstellung für die Stadt.

(Oktober)

Willi Stagen gründete eine Blaskapelle des Bahnhofes.

(11. Dezember)

Einweihung des Denkmals für die Verfolgten des Naziregimes in der Bahnhofstraße – finanziert aus Spendenmitteln.

(15. Dezember)

Wiederaufnahme des Zugverkehrs Templin-Fürstenberg.

(22. Dezember)

Umbenennung der Prenzlauer in Ernst-Thälmann-Straße, des Stalinplatzes in Jahnplatz.

1951

Eröffnung des ersten HO-Geschäftes im Eckgebäude Am Markt/Berliner Straße mit zwei Verkaufsräumen für Kurzwaren, Textilien, Stoffe, Wäsche, Schuhe, Fahrräder, Radios, Kinderwagen, Teppiche.

Einrichtung einer Besamungsstation am Vorwerk Ludwigshof.

(1. Mai)

Gründung des VEB (K)-Tischlerei Templin als volkseigener Betrieb. In dem Jahr Herstellung von Möbeln im Wert von 187 000 DM.

(4. April)

Gründung der BSG „Einheit" Templin durch die Sportfreunde Georg Görwitz und Arthur Meyer mit den Sektionen Fußball, Leichtathletik, Wassersport, Tennis, Tischtennis, Boxen, Handball und Faustball.

(1. Juni)

Übergabe der neu aufgebauten Bürgerschule als „Goethe-Schule".

(6. Juli)

Kostenlose Überlassung von 4 Hektar städtischem Wald zur Errichtung einer Maschinen-Ausleih-Station (MAS) an der Milmersdorfer Chaussee.

(10. August)

Gründung der Sektion Rudern der BSG Templin, vorwiegend für den Wanderrudersport.

(14. September)

Verfügung zum Bau einer Schulbadeanstalt für die Goetheschule als Ersatz für die 1948 abgebrannte Schulbadeanstalt in kleinerem Umfang.

(19. September)

Renate Stahlbaum DDR-Meisterin der weiblichen Jugend A im Dreikampf in Halle.

1952

(1. Februar)

Eröffnung des FDGB-Ferienheimes „Aufbau" im Gebäude des ehemaligen „Casinos" im Postheim durch den Feriendienst der Gewerkschaft mit 103 Betten in vier Häusern. Zusätzlich stellten Bewohner des Kuckucks- und Elsternnestes, der Blumen- und Heimstraße Betten zur Verfügung.

Der Ruderklub gab den Bau von zwei Gig-Doppelvierern in Auftrag, die der Bootsbauer Kaatsch im Frühjahr 1952 für je 2500 DM lieferte.

(20. März)

Auf Grund eines Ministerratsbeschlusses Bildung der Staatlichen Forstwirtschaftsbetriebe Templin und Lychen im Kreis.

(März)

Erster Abschnitt des wieder aufzubauenden Krankenhauses vollendet.

(25. April)

Umbenennung Horst-Wessel-Platz in Beethoven-Platz.

(23. Juli)

Zuordnung des verkleinerten Kreises Templin im Zuge der Gebiets- und Verwaltungsreform zum Bezirk Neubrandenburg. Templin blieb Kreisstadt.

(7. August)

Glockenfeier in der Maria-Magdalenen-Kirche für die drei neuen in der Glockengießerei Schilling Apolda gegossenen Stahlglocken.

1953

Umbenennung der Prenzlauer Allee in Wilhelm-Pieck-Straße.

Verstaatlichung der „königlich privilegierten" Adler-Apotheke, bis 1989 die einzige Apotheke in der Stadt.

Gründung der LPG Ludwigshof und einer Maschinenausleihstation, des späteren Kreisbetriebs für Landtechnik (KfL).

(22. März)

Beschluss im Programm des Nationalen Aufbauwerkes (NAW) zum Bau einer Freilichtbühne in der Wilhelm-Pieck-Straße, eines Kulturzentrums im Bürgergarten, sowie zur Schaffung von Spielplätzen.

(1. Mai)

Einrichtung einer gynäkologisch-geburtshilflichen Abteilung im Krankenhaus.

(6. Mai.)

Aufstellung von Automaten für Süßigkeiten, Kaffee, Zigaretten, Filme, Kurzwaren und kosmetische Artikel auf dem Markt hinter den Bushaltestellen durch den HO-Kreisbetrieb.

(17. Juni)

Am Tag des Arbeiteraufstandes durchfuhren russische Militärkolonnen von Vogelsang kommend die Stadt nach Berlin.

(18. Juli)

Anschluss eines sechsten Brunnens im Rahmen der Notwasserversorgung.

(23. Oktober)

Gründung des DRK-Wasserrettungsdienstes Templin.

(30. Oktober)

Feierliche Wiederinbetriebnahme der Eisenbahnstrecke Templin-Prenzlau.

(November)

Einweisung von Patienten mit geistiger Behinderung und psychisch-chronisch Kranker in den „Waldhof".

(13. November 1953 – 14. Januar 1955)

Erich Voigt Bürgermeister.

1954

Wegen seiner kritischen Haltung verlor der Templiner Kulturbund sein Domizil, das Seglerheim wurde wieder den Sportlern übergeben.

(1. Januar)

Das Bahnbetriebswerk Templin wurde selbständig.

Einrichtung einer Röntgenabteilung und der ersten Blutbank des Bezirkes Neubrandenburg im Kreiskrankenhaus.

(9. Februar)

Beschluss zur Auflösung der Rühlschen (Pachtrest 1280 M), Strahlschen und Billerbeckschen Stiftung, da der Zweck nicht mehr in die Zeit passen würde. Die noch vorhandenen Hypotheken sollten in Volkseigentum überführt werden.

(1. April)

Gründung einer Templiner Außenstelle des VEB-Kraftverkehr Prenzlau.

(23. Mai)

Gründung des Anglervereins. Die Gewässernutzung war kostenlos.

(7. Juli)

Gründung der Sektion Motorsport unter Leitung von Herrn Malingriaux. Technischer Betreuer war Herr Teske.

(1. September)

Übernahme des Kinderheims „Neuhof" in städtische Verwaltung.

Bau erster Einfamilienhäuser in der Weinbergstraße.

(28. Oktober)

Verlegung der Hilfsschule ins Kinderheim Neuhof.

1955

(1. Januar. 1955 – 16. November 1956)

Kurt Karsten Bürgermeister

Bau einer neuen Kapelle auf dem Waldfriedhof.

(15. Januar)

Beschluss zur Entfernung des Rathausadlers nicht umgesetzt.

(15. Februar)

Für den Berufsschulbau in der Dargersdorfer Straße wurden 4 000 M zum Landkauf geplant.

Beschluss zum Kauf einer Stadtfunkanlage.

(25. Februar)

Schaffung eines Ausweichplatzes hinter dem Sportplatz auf bisheriger Mülldeponie.

(16. März)

Übertragung der Bewirtschaftung des Stadions an die BSG „Einheit" Templin.

(24. Mai)

Ratsbeschluss zur Beseitigung des Postheimdenkmals.

(1. Juni)

Umwandlung der Landesschule per Gesetz in ein „Institut für Lehrerbildung" und Enteignung der Stiftung des „Joachimsthalschen Gymnasiums".

(14. Juni)

Eingliederung des Ortsteils Ahrensnest in die Gemeinde Ahrensdorf.

(Juni)

Baubeginn bzw. Ausbau der Bahnhof- und Weinbergstraße, der Wilhelm-Pieck-Straße vom Stadion bis zum Wasserturm und der Schillerstraße.

(11. Oktober)

Beschluss zur Beantragung von Lottomitteln zum Wiederaufbau des Rathauses (50 000 M).

1956

Zusammenschluss der Forstwirtschaftsbetriebe Templin und Lychen.

(24. Januar)

Laut Ratsprotokoll Nr. 13/17-56 sollten Besucher aus der BRD zu Stadtverordnetenversammlungen eingeladen werden.

(April)

Übernahme der Krankenhausleitung und der chirurgischen Abteilung durch Dr. Haase.

(6. April)

Antrag auf Baugenehmigung für eine Säuglingskrippe auf dem Ruinengrundstück 23 in der Friedrich-Ebert-Straße (heute „Stadtsee-Pension" in der Prenzlauer Allee).

(24. April)

Einsätze im NAW nicht mehr am Sonntag, sondern mittwochs nach der Arbeit und sonnabends von 14 – 17 Uhr.

(25. Mai)

Bildung der Stadtverordnetenkommissionen Volksbildung/Kultur/Jugend, Landwirtschaft, Soziales/Gesundheit, Haushalt/Finanzen, Bau/Kommunale Wirtschaft/Wohnung/Stadtverschönerung sowie Seuchen/Brandschutz.

Eingemeindung von Knehden und Ahrensdorf.

(15. Juni)

Einrichtung einer Kinderbibliothek in der Ernst-Thälmann-Straße 1.

(28. September)

Beschluss zur Bebauung der Goethestraße mit 2-Zimmer-Wohnungen durch den VEB (K)Bau Templin.

(28. Oktober)

Ausrichtung eines DDR-offenen Marathons durch die Sektion Leichtathletik.

(9. November)

Baubeginn für den letzten Flügel des Krankenhauses.

Bereitstellung einer Fläche von 75x70 m zur Installierung eines Verstärkersenders des Funkamtes Oranienburg auf dem Weinberg.

Ablösung der Berufsfeuerwehr durch die Freiwillige Feuerwehr.

(16. November 1956 – 3. Mai 1961)

Otto Rickmann Bürgermeister

(1. Dezember)

Arbeitsbeginn der Forstbaumschule.

(30. Dezember)

Eröffnung der Bäckerei Otto Höhn in der Werderstraße 12 (Übernahme der Bäckerei im Jahre 1972 durch den Sohn Karl-Heinz · an dessen Sohn Dirk Höhn am 1. Oktober 2004 übergeben).

1957

(1. Januar)

Eröffnung eines Elektroinstallationsbetriebes in der Schinkelstr. 28 durch Gerhart Zimmermann (später Umzug in die Berliner Straße Nr. 7 · Geschäftsübernahme durch den Sohn Ralf Zimmermann am 1. Januar 1978, Übergabe des Geschäfts an den Schwiegersohn Matthias Weiher).

(25. Januar)

Eröffnung des Ferienheims „Aufbau" am Lübbesee auch für Templiner Bürger.

(5. Februar)

Beitritt zum neugegründeteten Städte- und Gemeindetag.

(12. Februar)

Gründung der PGH des Bauhandwerks „Bauhütte" mit 30 Maurern, Zimmerern und Bauhilfsarbeitern unter der Leitung von Paul Rengert, Hermann Stahlberg und Paul Boldnan.

(21. Februar)

Eröffnung einer Fischverkaufsstelle Am Markt/Ecke Berliner Straße.

(22. Februar)

Übergabe des Grundstückes Bahnhofstraße 70 in städtischen Besitz.

(23. Februar)

Richtfest für die neue Kinderkrippe „Jenny Marx" (heute „Stadtsee-Pension").

Neubau der Schleusenbrücke am Mühlentor.

(31. März)

Übergabe des Heimatmuseums im Zwinger des Prenzlauer Tores.

(2. April)

Aufruf zum Verfassen einer Stadtchronik.

(11. April)

Eröffnung der Kreisbibliothek in der Friedrich-Ebert-Straße 2 im Haus der städtischen Warmbadeanstalt.

(15. Mai)

Nationales Sportfest mit Teilnehmern aus Neumünster (BRD) ausgetragen.

(31. Mai)

Beginn des Wohnungsbaus in der Goethe-, Werder- und Mühlenstraße.

(22. Juni)

Aufruf zur Enttrümmerung der Ernst-Thälmann-Straße unter dem Motto „Templin soll wieder Perle der Uckermark werden".

(7. Juli)

Gründung der Sektion Motorrennsport.

(12. Juli)

Forderung zur Gründung einer Arbeiterwohnungsbaugenossenschaft (AWG).

(29. August)

Beschluss, zur Verbesserung der gesamtdeutschen Zusammenarbeit, Kontakte mit dem Bürgermeister Dr. Beusen, dem Stadtamtsmann Henning und dem Abgeordneten Dr. Drache der Stadt Heide/Holstein aufzunehmen.

(17. September)

Mitteilung, dass die Seen in Rechtsträgerschaft des Bezirkes Neubrandenburg, Abt. Fischereiwesen, übergehen.

(2. Oktober)

Ergebnislose Gespräche zur Führung einer Ortschronik mit Dr. Martens, Fritz Röhnisch und Walter Blankenburg.

(16. Okrober)

Inbetriebnahme des Templiner Zweigbetriebes des Bekleidungswerkes Zehdenick in der Jebensstraße auf dem Grundstück Janicke.

(21. November)

Bildung der AWG. Als erster Bauabschnitt Kantstraße 13–16 zum Wiederaufbaugebiet erklärt.

(3. Dezember)

Übergabe des volkseigenen Grundstücks am Webertor (ehemals städtischer Bauhof) an das Fischereiwesen des Bezirkes.

1958

(9. Januar)

Beschluss zur Bildung einer Wohnungsverwaltung auf Grund des Gesetzes über die Finanzierung des volkseigenen Wohnungsbaus - am 24.7. Gründung der KWV.

(15. Februar)

Eröffnung eines Kindergartens am Institut für Lehrerbildung.

(13. Juni)

Grundsteinlegung für die ersten AWG-Bauten in Dreigeschossbauweise in der Kantstraße.

(1. August)

Gründung eines Stadtchores unter Leitung von Herrn Schmidt, später Übernahme durch Herrn Bischof aus Lychen.

(20. August)

Gründung der PGH „Gemeingut-Steinmetz".

(1. September)

Eröffnung der Berufsschule in der Dargersdorfer Straße.

Einrichtung der Sonderschule in zwei separaten Baracken neben dem Kinderheim „Neuhof" in der Dargersdorfer Straße.

Bildung der LPG Christianshof.

(7. Oktober)

Einweihung der Kinderkrippe „Jenny Marx" in der Prenzlauer Allee.

(9. Dezember)

Bildung der PGH „Vorwärts". Sie unterhielt Auto-Werkstätten in der Friedrich-Ebert-Straße und für Motorräder in der Schinkelstraße 1.

Einrichtung einer Frühchenstation und Frauenmilchküche (heute Schmerzpraxis) sowie einer selbständigen Kinderabteilung im Krankenhaus.

(30. Dezember)

Gründung des Forstchores.

Frau Nitsche eröffnete 1958 die Fortuna-Drogerie Am Markt 11 (Nachfolgerin wurde am 1. Januar 2002 in der Oberen Mühlen-Str.15 Frau Ziems).

(31.Dezember)

Auflösung des VEB-Autoreparatur als städtischen Betrieb und Übergabe an PGH „Vorwärts".

1959

(13. Januar)

Beschluss zum Rathausaufbau gefasst.

(20. Januar)

Eröffnung neuer Vertragswerkstatt für alle sowjetischen und tschechoslowakischen Autotypen durch die PGH-„Vorwärts" des Kfz-Handwerks.

(25. Januar)

Konsumlebensmittelgeschäft am Markt/Ecke Rühlstraße stellte als erstes auf Teilselbstbedienung um.

(30. Januar)

Gemüse- und Fischhändler Otto (Ernst-Thälmann-Straße) schloss Kommissionsvertrag.

(12. Februar)

Planung einer HO-Ladenstraße in der Ernst-Thälmann-Straße, die unten mit Geschäften und oben mit Wohnungen ausgestattet werden sollte.

Nur Realisierung des Wohnungsbaus.

(Februar)

Durch Eröffnung der Grundschule III in einer Baracke der Friederike-Krüger-Straße vorübergehende Lösung des Raumproblems für die Klassen 1–4.

(16. März)

Abriss der hölzernen Behelfsbrücke über die Schleuse und Fertigstellung massiver Stahlbetonbrücke.

Bezug der AWG-Neubauten in der Goethestraße.

Am Rathaus Beginn der Sanierungsarbeiten.

(14. März)

Gründung der PGH-Maler „Palette“.

(19. März)

Eröffnung einer Feinbäckereiverkaufsstelle in der Ernst-Thälmann-Straße.

(6. April)

Schaffung einer zusätzlichen Vertragswerkstatt für Fahrzeuge vom Typ Simson-Suhl durch die PGH „Vorwärts“.

(19. April)

Nutzung der ehemaligen Brauerei Dabelow in der Bahnhofstraße als Lagerhalle für neu gegründete Großhandelsgenossenschaft Obst, Gemüse und Speisekartoffeln (OGS).

(27. April)

Bekanntgabe eines Stadtbebauungsplanes durch Stadtbauamt.

(26. Mai)

Ausbaggerung des Templiner Kanals für Lastkähne, die Kies von der Gleuenseeablage zu den Großbaustellen der DDR transportieren sollten.

(16. Juni)

Übergabe des Geländes am Feuerwehrdepot an den Anglerverband.

(18. Juni)

Erklärung folgender Straßen zum Aufbaugebiet: Linke Seite der Kantstraße vom Markt aus, Werderstraße beidseitig von der Kant- bis zur Goethestraße, rechte Ernst-Thälmannstraßenseite, vom Markt aus die linke Seite der Oberen Mühlenstraße und linke Seite der Fischerstraße.

Beschluss zur Erweiterung der Molkerei.

(21. Juli)

Auf Antrag der AWG „Solidarität“ im Bereich Stresemann- (Obere Mühlenstraße), Werder- und Kantstraße weitere Grundstücke zum Wiederaufbaugebiet erklärt.

(30. Juli)

Eröffnung einer Spezialverkaufsstelle für Spielwaren der HO in der Berliner Straße. Dadurch gewonnener Freiraum im bisherigen HO-Kaufhaus ermöglichte Ausbau des Möbelverkaufs.

(10. August)

Beginn von Umbauarbeiten in den „Seebadlichtspielen“.

In der Gewerblichen Berufsschule in der Dargersdorfer Straße Eröffnung der Medizinischen Schule als Außenstelle der Medizinischen Fachschule Neustrelitz.

(9. November)

Aufbau eines Sendemastes auf dem Weinberg als Störsender, um westliche Nachrichtensender, insbesondere den RIAS (Radio im amerikanischen Sektor), zu stören. Immer, wenn Nachrichten gesprochen wurden, ertönte ein Heulton. Anfang der 70er Jahre Abschaltung des Senders.

(17. November)

Bau des Schwesternheimes in der Friedrich-Engels-Straße.

(2. Dezember)

Zweite HO-Verkaufsstelle zum Verkauf von Textilien, Schuhen und anderen Industriewaren im ehemaligen „Uckermärker Hof" eröffnet. Im vorderen Raum Lebensmittelverkauf.

Straßenneubenennungen: Hinter dem Vorstadtbahnhof Rosa-Luxemburg-, Karl-Liebknecht- und Thomas-Münzer-Straße, an der Bahnstrecke nach Prenzlau Rudolf-Breitscheid-Straße.

(30. Dezember)

Der Kreis übernahm den Wasserwirtschaftsbetrieb.

1960

(1. Januar)

Zusammenlegung des VEG Tierzucht Templin und des VEG Reinfeld zum Volkseigenen Gut Templin (VEG).

(6. Januar)

Abschluss eines Kommissionsvertrages des HO Kreisbetriebes mit Minna Albrecht, Inhaberin eines Fachgeschäftes für handwerkliche Geschenkartikel Am Markt/ Ecke Mühlenstraße. Verlegung des Geschäftes in die Pestalozzistraße (heute Gaststätte „Grünling") wegen Bau eines Bürgersteiges.

(12. Januar)

PGH-Steinmetz schuf für den Jüdischen Friedhof im NAW einen Gedenkstein mit der Aufschrift „Ruhestätte der jüdischen Gemeinde".

(18. Februar)

Gemäß Aufbaugesetz vom 6. Mai 1950 Umwidmung des Ruinengrundstücks Betty Rieckmanns in der Friedrich-Engels-Straße zum Aufbaugebiet für sechs Wohneinheiten.

(9. März)

Der Kreis Templin war vollgenossenschaftlich.

Verstärkter Abschluss von Kommissionshandelsverträgen zwischen privaten Einzelhändlern und Gastwirten mit HO und Konsum.

Erweiterung des Kreisheimatmuseums um einen Raum.

In der „Templiner Zeitung" verteilte ein Stadtreporter bis zum Ende des Jahres den „Siebenmeilenstiefelorden" oder den „Filzlatschenorden der Langmütigen" als Lob bzw. Tadel.

(23. März)

Gründung der PGH Steinsetzer-Handwerk „Straßen- und Tiefbau" durch Richard Stüwe.

(19. April)

Planung der Herausgabe eines neuen „Templiner Kreiskalenders" im Auftrag der

Abteilung Kultur des Rates des Kreises durch Eberhard Moths. Keine Druckfreigabe wegen angeblich fehlenden Papierkontingents.

(24. April)

Der „vollgenossenschaftliche Kreis" wurde mit einem Volksfest gefeiert.

(4. Juni)

Wiederinbetriebnahme der HO-Gaststätte „Fährkrug".

(17. Juni)

Zurückbenennung der Stresemannstraße in Obere Mühlenstraße.

(22. Juni)

Mitglieder der AWG bezogen in der Werderstraße erste Wohnungen.

(1. September)

Zurückverlegung der Erweiterten Oberschule von Lychen nach Templin in die damalige Forstfinanzschule in der Röddeliner Straße zum Schuljahresbeginn. Sie erhielt den Namen „Hermann Matern".

1960 – 66

Beim Wiederaufbau des Rathauses im „Nationalen Aufbauwerk" (NAW) wurden 83 570 Stunden geleistet.

Anfang 60er Jahre Einrichtung einer Zivilverteidigungszentrale in Kellerräumen des IfL. Diese wurde in den 70er Jahren als Übungslager der Studenten genutzt.

1961

(17. Februar)

In der Schinkelstraße 7 Eröffnung eines HO-Dienstleistungsbetriebes für Färberei, Reinigung, Reparatur und Ausleihe.

(3. März)

Bildung eines „Kulturrates", dem Dr. Martens, Lehrer am IfL, Kunstmaler Wilcke, Museumsleiter Fritz Röhnisch, Kreisdenkmalpfleger Scholz-Padiera und Stadtangestellter Walter Blankenburg angehörten. Sie sollten die Verschönerung des Stadtbildes begleiten.

(8. März)

In der Lychener Straße wurden neue Gebäude für die PGH „Vorwärts" gebaut.

(17. März)

Bezug des neuen Erntekindergartens im Wohngebiet Postheim.

Wiedereröffnung des renovierten „Ring Cafés" unter dem neuen Namen „Club Café" am Beethovenplatz. Gaststätte wurde zum Treffpunkt des „Klubs der Intelligenz".

(7. April)

Forderung des Kulturbundes, die Verordnung zur Erhaltung und Pflege der nationalen Kulturdenkmäler vom 26. Juni 1952 in der Stadt, durch Entrümpelung der Stadtmauer mit den Wieckhäusern und des Bullengrabens und Schutz als Denkmal, umzusetzen.

(10. April)

Renovierungsarbeiten an der Schleuse.

(3. Mai 1961 – 14. Februar 1978)

Kurt Karsten Bürgermeister

(4. Mai)

Beginn einer Leserdiskussion in der „Freien Erde“ – „Der Stadt Templin ein neues Gesicht“.

(24. Mai)

Schenkung des Grundstücks Schinkelstraße 24 durch Herrn Liesner an die Stadt.

Der Volkswirtschaftsplan für das Jahr 1961 sah vor, die Stadt wieder zur „Perle der Uckermark“ zu machen. Geplant war u. a. die weitere Räumung der Ruinen, Lückenbebauung, Errichtung einer Freilichtbühne mit 1 000 Plätzen in der Senke in der Wilhelm-Pieck-Straße, Anlage eines Wildparkgeheges im Bürgergarten sowie Bau einer Straße nach Christianshof.

(12. Juli)

Auf Empfehlung des Rates des Kreises Beschluss zur Umgemeindung der Ortsteile Ahrensdorf, Ahrensnest und Engelsburg nach Milmersdorf.

Beschluss zur Übergabe des Areals „Neu-Afrika“ in Ahrensdorf an den VEB Leuna-Werke.

Horst Kuntsche öffnete ein Geschäft für Heizung-Klima-Sanitär in der Weinbergstraße 26 (Übernahme durch den Sohn Burkhart Kuntsche im Februar 1985 mit Geschäftseröffnung in der Lychener Straße).

Herausgabe der „Templiner Rundschau“ als Wochenendbeilage der „Freien Erde“.

(1. August)

Einweihung des Schwesternwohnheims in der Friedrich-Engels-Straße. Der Bau kostete 650 TDM. Im Krankenhaus Umbau der frei gewordenen Räume zur HNO- Abteilung, geleitet von Dr. Richter.

(1. September)

Angliederung der Medizinischen Schule ans Krankenhaus als Ausbildungseinrichtung für Säuglings-, Kinderkranken-, Sprechstunden- und Krankenschwestern für den Bezirk Neubrandenburg.

(25. Oktober)

Die Straße zwischen Knehdener und Weinbergstraße erhielt den Namen „Lindenweg“.

(7. November)

Aufstellung des Karl-Marx-Ehrenmals in der Röddeliner-/Ecke Parkstraße.

(20. Dezember)

Rückbenennung der Philipp-Scheidemann-Straße hinter dem Sportplatz zur Friederike-Krüger-Straße, die Friedrich-Ebert-Straße von der Seestraße bis zum Institut für Lehrerbildung erhielt den Namen Wilhelm-Pieck-Straße (heute Prenzlauer Allee).

(31. Dezember)

Die „Templiner Puppenkiste“ entstand unter der Leitung von Liesbeth Eckardt. Puppen, Kulissen und andere Utensilien wurden selbst gebaut, die Stücke oft nach eigenen Ideen entwickelt.

11 258 Einwohner lebten in der Stadt, davon waren 4 963 männlich und 6 275 weiblich.

1962

Kreisheimatmuseum wurde „Volkskundemuseum des Bezirkes Neubrandenburg“.

(6. Februar)

Abriss weiterer Ruinen in der Mühlenstraße.

Baubeginn der Freilichtbühne im Bürgergarten im NAW.

Bau weiterer 72 AWG-Wohnungen im Weg der Solidarität.

(18. März)

Installation der ersten Neonstraßenlampen in der Ernst-Thälmann-Straße.

(3. April)

Pflanzung neuer Laubbäume in der Wilhelm-Pieck-Straße als Ersatz für die abgeholzten Kiefern.

(21. Juni)

Die Stadt erteilte dem Maler Wilhelm Wilcke den Auftrag zur Anfertigung eines Ölgemäldes vom Berliner Tor für den Rathaussaal.

(6. September)

Am Lübbesee Einrichtung eines Campingplatzes durch den VEB-Leunawerke.

(1. Oktober)

Friseurmeister Werner Aschoff übernahm von Heinz Sydow das Geschäft in der Puschkinstraße 22 (Aufgabe des Geschäfts am 31. Dezember 1992 wegen Krankheit und Übernahme durch Frau Irene Pilz 1992).

(6. November)

Unterrichtsbeginn für 370 Kinder im neuen Schulgebäude am Kanal in acht Räumen - Ende des Schichtunterrichts in der Goetheschule.

(8. November)

Das Krankenhaus zählte zu den modernsten der DDR, das Frühchenhaus zu den modernsten Europas.

(24. November)

Eröffnung einer Selbstbedienungsverkaufsstelle im Postheim.

1963

(1. Januar)

Inbetriebnahme einer Möbeltischlerei durch Jürgen Berkner in der Waldstraße 14 (Betriebsübergabe an Sohn Matthias im Jahre 2005).

(11. März)

Fertigstellung eines Anbaus für Sportgeräte, zwei Umkleideräume und zwei Duschräume an der Turnhalle der Goetheschule.

(19. März)

Am Berliner Tor wurde mit der Bleivergasung der Fenster begonnen.

(20. März)

Gestaltung eines Raumes zur Volkskunde der Schiffer und Fischer im Museum.

(7. Oktober)

Eröffnung der durch Horst Mallek projektierten Freilichtbühne.

1964

(1. Januar)

Eröffnung eines Geschäfts für Elektro-Licht-Kraftinstallation in der Weinbergstraße durch Willi Saborosch, Geschäftsaufgabe am 28. Februar 1995.

(7. Januar)

Bau eines zweiten Handballkleinfeldes sowie Sprunggruben für Hoch- und Weitsprung durch Schüler der Berufsschule auf dem Berufsschulgelände in der Dargersdorfer Straße.

(18. Januar)

Die PGH Bauhütte sollte zukünftig schwerpunktmäßig Aus- und Umbauten und Reparaturen durchführen.

(20. Februar)

Umbau des ehemaligen Erntekindergartens im Postheim zu einer Tages- und Wochenkrippe.

(1. April)

Erstmalig im Bezirk Neubrandenburg Einrichtung einer Anästhesieabteilung im Krankenhaus, Leitung Dr. Bertram. Eine Augenfachabteilung unter Dr. Kutscher, später Dr. Brüllke und ein Zentrallabor unter Leitung von Diplomchemiker Ivo Nacke ergänzten die Fachausrichtung.

Wohnungsbaubeginn in der Mühlenstraße.

(27. April)

Eröffnung einer HO-Verkaufsstelle für Foto, Optik, Rundfunk und Fernsehen am Markt 4 (heute Optikergeschäft Suckow).

(28. April)

Erweiterungsbau der Fleischwarenverkaufsstelle der HO Am Markt war bezugsfertig. U. a. wurden Salate und Aspikartikel geführt.

(29. April)

Spezialverkaufsstelle für Backwaren in der Zehdenicker Straße errichtet.

(6. Juli)

Am Uferweg eröffnete Erika Kreutzfeldt einen Café-Garten. (Übernahme durch Sohn Jörg Kreutzfeld am 1. Mai 1990 als Restaurant-Kaffeegarten-Pension „Seeblick").

(7. August)

Verdopplung der Fläche des städtischen Friedhofs in der Röddeliner Straße.

(24. August)

Eröffnung eines zweiten Hauses für den Kindergarten „Clara Zetkin" in der Prenzlauer Allee.

(1. September)

Gründung des VEB Obstbau.

(7. November)

Abschluss der Restaurierung des Sowjetischen Ehrenmals in der Jahnstraße.

Arbeitsbeginn des Kreisbetriebes für Landtechnik (KfL) mit ca. 440 Beschäftigten.

1965

Der Stadtchor verschmolz mit dem Forstchor.

(1. Januar)

Als neue Zeitung erschien die „Neue Uckermark", als Beilage blieb die „Templiner Rundschau".

(5. Januar)

Einrichtung einer „nacht-tank-box“ in der Tankstelle Bahnhofstraße für das Tanken an Sonn- und Feiertagen.

(6. Januar)

Planung von 175 000 MDN für den Bau eines Kindergartens in der Nähe des Kreiskrankenhauses.

(19. Januar)

Um 15.30 Uhr wurde die Richtkrone auf dem wieder aufgebauten Teil des Rathauses aufgezogen. Der Bau erfolgte durch Bauleute des VEB (K) Baureparaturen außerhalb der Planaufgaben.

(27. Januar)

Beginn der Ausschachtungsarbeiten für 40 neue Wohneinheiten in der August-Bebel-Straße.

(5. Februar)

Verlegung des Kinderheims „Willi Fahrenson“ in das Schloss Herzfelde.

(11. Februar)

Nach grundlegenden Umbauarbeiten durch Hoch-Tiefbau-Firma Ernst Gäde war Pionierbrücke wieder passierbar, nachdem sie 1964 mehrmals gesperrt werden musste.

(19. März)

Baubeginn für einen neuen Poliklinikkomplex (Poliklinik II und Stomatologisches Zentrum) in der Dargersdorfer Straße.

Drittes Bruthaus der DDR für Jungfische auf dem Territorium der Stadtmühle durch die Ortsgruppe des DAV in Betrieb genommen.

(April)

Diskussion zur Erweiterung des Ferienheims „Aufbau“ durch Hotelneubau oder Leerzug von Häusern im Postheim.

(20. April)

Freiwillige Templiner Feuerwehr setzte erstmalig im Bezirk chemische Mittel zur Bekämpfung von Waldbränden ein.

(1. Mai)

Eröffnung des Möbelpavillons in der Mühlen-/Ecke Lutherstraße.

Eröffnung einer Putzmacherei in der Oberen Mühlenstraße durch die HO.

In der Friederike-Krüger-Straße eröffnete Wolfgang Lauchs eine Betriebsvertragswerkstatt für Waschmaschinen (Geschäftsübernahme durch seinen Sohn Thomas Lauchs am 1. Januar 2003).

Eröffnung des Kulturhauses des VEB (K) Bau in der Zehdenicker Straße.

Am Markt Aufstellung von zwei Kiosken für Täschnerwaren und Handarbeitszubehör durch die HO.

(2. Mai)

Einführung eines Ausleihdienstes für elektrische Bohnerbesen, Fruchtsaftpressen, Schreibmaschinen, Staubsauger und Waschmaschinen im Konsumkaufhaus.

(12. Mai)

In der Stadt existierten drei Zeltplätze: Am Lübbesee (Kapazität 150 Personen, Trinkwasser und sanitäre Anlagen vorhanden), am Fährkrug (Kapazität 60 Personen,

Trinkwasser und sanitäre Anlagen vorhanden) und am Gleuensee (sehr klein und schlechter Zustand).

(1. Juni)

Das Passagierschiff „Uckermark" in Dienst gestellt.

Wohnungsbaubeginn in der Ernst-Thälmann-, Rudolf-Breitscheid-, Röddeliner Straße, Straße des Friedens und der Robert-Koch-Straße.

Zusammenschluss der HO- mit der Konsum-Bäckerei zum Konsumbackwarenbetrieb Templin. Die Produktionsstätten befanden sich Am Markt 15, in der Pestalozzistrasse 21, Ernst-Thälmann-Straße 14 und der Zehdenicker Straße 4.

(29. Juni)

Im Bürgergarten Eröffnung des Kindergartens „Frohe Zukunft" im Anbau des ehemaligen Schützenhauses.

(4. Juli)

Ulrich Beyer führte seinen 30. Boxkampf ungeschlagen.

(7. Oktober)

Freilichtbühne im Bürgergarten war im NAW fertig gestellt.

(18. Oktober)

Baggerarbeiten des Zehdenicker Wasserstraßenbauamts an der Schleusenbrücke, um einen festen Liegeplatz für den Dampfer zu schaffen.

(20. Oktober)

Eine Spezialverkaufsstelle für Obst und Gemüse öffnete in der Bahnhofstraße.

(26. Oktober)

Brückenneubau an der Straße Knehden - Netzow übergeben.

(1. November)

Das Kulturhaus des VEB (K) Bau in der Zehdenicker Straße erhielt den Namen „Erich Weinert" und wurde für die Öffentlichkeit freigegeben.

(13. November)

Baubeginn für ein zweites Gleis zwischen Haupt- und Vorstadtbahnhof.

Gegenüber vom Kino wurde ein Kiosk für Sportwaren geschaffen. Nach dem Umzug des Sortiments in die Mühlenstraße neben das Uhrengeschäft Bandelow, heute Lux, nutzte der VEB-Kraftverkehr den Kiosk.

(20. Dezember)

Neuerbauter „HO-Gaststättenkiosk am Rathaus" („Glaskasten") übergeben.

1966

(6. Januar)

Die Molkerei in der Zehdenicker Straße produzierte täglich 3 000 Stück Butter.

(8. Januar)

Geschäftseröffnung durch Orthopädieschuhmachermeister Kunibert Gbur in der Bahnhofstraße (Geschäftsübernahme durch den Sohn Stefan Gbur am 1. Januar 2003).

(20./21. Januar)

Sprengung der Ruine des Kreishauses durch eine Berliner Firma.

(11. Februr)

Anbau einer großräumigen Küche, eines Kultur- und Speiseraums sowie von sieben Wohnzimmern im „Kirsteinhaus".

(30. März)

Beginn der Ausschachtungsarbeiten für einen 40-WE-Block in der Mühlenstraße.

(2. April)

Durchführung eines DDR-offenes Tanzturniers mit 20 Amateurtanzpaaren der Klasse C und D sowie mit ungarischen und polnischen Gästen im Ferienheim „Aufbau".

(7. April)

Der 17-jährige Klaus Tietz wurde Deutscher Jugendmeister A im Vierkilometerlauf.

(11. Mai)

Das Wohnungsbaukombinat Pasewalk begann in der Oberen Mühlenstraße mit dem Bau eines 32-WE-Blocks. Gleichzeitig in der Ernst-Thälmann-Straße Errichtung zweier Wohnblocks.

(20. Mai)

Richtkrone auf dem Kindergarten „Olga Benario" in der Robert-Koch-Straße.

(29. Mai)

Besuch einer Delegation der Weltgesundheitsorganisation im Krankenhaus.

(2. Juni)

Ein Templiner gewann bei „6 aus 49" eine Drei-Länder-Schwarzmeerreise mit dem Urlauberschiff „Friedrich Heckert".

(22. Juni)

Erster Farbanstrich für das Rathaus nach dem Wiederaufbau, der Turm musste noch renoviert werden.

(28. Juni)

Fertigstellung neuer Betonbrücke über das Fließ bei Ahrensdorf.

(1. September)

Gegenüber der Heimstraße Übergabe neuer Schule (Oberschule V) für die Klassen 5-8.

(3. September)

Der Kreisdenkmalpfleger Scholz-Padiera beklagte den Zustand der Templiner Stadtmauer.

(14. September)

Schlüsselübergabe für die Poliklinik II in der Dargersdorfer Straße an die Leiterin Frau Medizinalrat Dr. Seidler.

(12. Oktober)

Montage von 142 Hochspannungsquecksilberleuchten als neue Straßenbeleuchtung von der August-Bebel-Straße bis zur Zehdenicker Straße.

(3. November)

Richtfest für den neu gebauten Gebäudeteil des Kreishauses.

(4. November)

10 000. Besucher im Museum begrüßt.

(5. November)

Baubeginn für ein neues Wasserwerk in der Wilhelm-Pieck-Straße (Prenzlauer Allee).

Projektiert durch den VEB-Wasserversorgung und Abwasserbehandlung Neubrandenburg unter Erhalt der Uferpromenade.

(15. Dezember)

Diskussion über Errichtung eines Moorbades.

1967

(1. Februar)

Eröffnung des Kindergartens „Olga Benario".

(11. Februar)

In der Dargersdorfer Straße Baubeginn von 160 Wohnungen von der Stadt kommend rechtsseitig.

(1. März)

Anlauf der Produktion von Herrensilastikhosen (Steghosen) im Bekleidungswerk.

Der Kreisjugendzahnarzt Dr. Schröter begann den neuen Service „Zahnarzt auf Rädern".

(14. April)

Münzfund am Internat der Sonderschule.

(19. April)

Verleihung des Namens der Antifaschistin „Käthe Niederkirchner" an die Schule IV in der Kantstraße.

10 000. Geburt im Kreiskrankenhaus.

Rainer Binkow wurde DDR-Box-Vizemeister im Weltergewicht.

(2. Juli)

„Café am Markt" nach umfangreicher Renovierung wiedereröffnet.

(19. Juli)

Einrüstung des Rathausturms zur Renovierung. Die Instandsetzung der Rathausuhr übernahm eine Leipziger Firma.

(20. Juli)

Erklärung des neben dem Freibad liegenden Grundstücks 43 (Köhn) zum Aufbaugebiet, um die Fläche des Stadtbades um 1 100 m^2 zu vergrößern.

(25. Juli)

Beginn von Vorarbeiten für eine neue Gaststätte, die Hyparschale, im Bürgergarten neben dem Schützenhaus.

Verblendung des viergeschossigen Anbaus des Kreishauses mit Glasmosaiksteinen.

Unfall eines Zugfahrzeugs der Nationalen Volksarmee vom Typ KrAZ-214 an der Fährkrugbrücke während der Kommandostabsübung „Rochade"- beim Transport einer Raketenstartrampe blieb das Fahrzeug stecken und blockierte sowohl die Straße als auch die Eisenbahnstrecke für einen Tag.

(1. September)

Eröffnung der Oberschule V in der Dargersdorfer Straße.

(8. September)

Bekanntgabe von Plänen zum Wiederaufbau des Schützenhauses.

Übergabe von 30 Wohnungen in der Fischerstraße.

(30. September)

Wolfgang Staufenbiel und Wolfgang Lauchs wurden Deutsche Meister im Piraten-Senioren-Segeln.

(16. Oktober)

Erste staatliche Arztpraxis von Dr. Kluge in der Oberen Mühlen-/Ecke Fischerstraße.

(25. Oktober)

Richtkrone auf der Hyparschale.

(28. November)

Einzug ausgelagerter Abteilungen der Kreisverwaltung ins restaurierte Kreishaus.

(8. Dezember)

Straßenbeleuchtungsinstallation in der Randsiedlung Blumenstraße.

(15. Dezember)

In Templin weilten in diesem Jahr 22360 Urlauber.

Umgestaltung der früheren Friedrich-Ebert-Gedenkstätte zum Ernst-Thälmann-Ehrenhain.

1968

(15. Januar)

Übergabe des neuen Verwaltungsgebäudes des Staatlichen Forstwirtschaftsbetriebes.

Abriss des Schützenhauses im Bürgergarten aus Kostengründen.

(18. Januar)

Auslagerung kommunaler Einrichtungen aus der städtischen Verwaltung an Dienstleistungseinrichtungen (Fahrgastschiff „Uckermark" einschließlich Anleger am Eichwerder, Warmbad, Gärtnerei in der Hans-Sachs-Straße, Waldfriedhof und Straßenreinigung).

(25. Februar)

Manfred Kokot stellte bei den Deutschen Hallenmeisterschaften mit 6,2 Sek. den DDR-Rekord über 55 m ein.

(29. Februar)

Fertigstellung des letzten der fünf dreistöckigen Wohnblöcke in der Dargersdorfer Straße im Rohbau.

In Templin lebten 187 kinderreiche Familien, davon 95 mit vier, 51 mit fünf, 21 mit sechs, zwölf mit sieben, sechs mit acht, vier mit neun, und je eine Familie mit zehn bzw. elf Kindern.

(8. März)

Umbau des Wohnhauses Bahnhofstraße 28 zur Kinderkrippe mit 60 Plätzen.

(17. – 23. März)

Wintereinbruch mit Schneechaos in Stadt und Kreis Templin.

(25. März)

Am Berliner Tor wurde eine Konsumverkaufsstelle eröffnet.

(3. April)

Übergabe einer neuen Holzbrücke für Fußgänger über den Gleuensee.

(1. Mai)

Die Glaserei Wolf-Bodo Hänler nahm den Betrieb auf (Übergabe des Betriebes an dessen Sohn Michael Hänler im Jahre 2000).

(30. Juni)

Grundsteinlegung für die HO-Selbstbedienungskaufhalle in der Mühlenstrasse. Mit einer Nutzfläche von 720 m^2 war sie damals die größte Verkaufseinrichtung des Kreises.

(10. Juli)

Erster Auftritt des Kabaretts „Die Blitze".

(13. Juli)

Eröffnung einer HO Zeltgaststätte mit 120 Plätzen am „Kuhbad" am Lübbesee.

(31. Juli)

Baubeschluss für weitere 48 WE in der Dargersdorfer Straße.

(1. August)

Übergabe der Kinderkrippe in der Bahnhofstraße.

Umzug der Medizinischen Fachschule in die Wilhelm-Pieck-Straße 34.

(9. August)

Einrichtung einer Abteilung Jugendzahnpflege im Block 11 in der Dargersdorfer Straße.

(14. September)

In Ahrensdorf durch den VEB Leunawerke Bau einer Dampferanlegestelle am Zaarsee.

(17. September)

Karl-Ernst Lootz schuf in der Schinkelstraße ein Geschäft für Bürotechnik. 2008 erweiterte er dieses mit einem Geschäft in der Ernst-Thälmann-Straße 12.

1969

(1. Januar)

Gründung des Zweckverbandes Erholungswesen zur Steuerung und Koordinierung des Tourismus.

Das Knehdener Moor wurde auf Antrag des Institutes für Landesforschung und Naturschutz Greifswald zum Flächendenkmal erklärt.

(8. Januar)

In der Waldstraße wurden die ersten sechs Wohneinheiten für Beschäftigte des VEB (K) Hochbau übergeben.

(16. Januar)

In der Weinbergstraße öffnete ein Verkaufspavillon.

(22. Januar)

Die Wanderwege der Umgebung der Stadt wurden mit Rohr gedeckten Pilzen als Wetterschutz ausgerüstet.

(1. – 17. Februar)

Der Templiner Karneval wurde im „Strandgarten" bzw. im Klubhaus „Erich- Weinert" mit großem Maskenball, Rosenmontag-Kostümfest und Rentnerfasching begangen.

(17. – 19. Februar)

Schneechaos legte erneut auch in Templin und Umgebung den Verkehr lahm,

Räumfahrzeuge transportierten die Schneemassen zum Templiner See.

(18. April)

Errichtung einer Produktionshalle für Holzbetonsteine auf dem Gelände hinter dem Verwaltungsgebäude des Staatlichen Forstwirtschaftsbetriebes.

Templin hatte 11 263 Einwohner.

(24. April)

Bei der Erdkabelverlegung für das neue Wasserwerk wurde eine 125 kg schwere Fliegerbombe gefunden und entschärft.

(7. Juni)

Angela Kasner erwarb als Schülerin der 8. Klasse in der Gruppe Klasse 10 die Bronzemedaille bei der 5. Zentralen Russischolympiade der DDR und den ersten Platz bei der Bezirksolympiade. Sybille Holzhauer errang in der Stufe EOS die Goldmedaille.

(17. Juli)

Erweiterung des Stadtbades.

(24. Juli)

Entstehung eines Industriegeländes in der Hans-Sachs-Straße.

Für Seenrundfahrten wurde ein zweites Motorschiff von Siegfried Lubitz in Betrieb genommen.

(6. – 7. September)

Erstes Kreisforstarbeiterfest am Lübbesee.

(9. September)

Am Lübbesee wurde bei Ahrensdorf durch die Leunawerke ein Gaststättenbau begonnen.

(6. Oktober)

Umbenennung der Dargersdorfer Straße in Minna-Ostrowski-Straße. Auf Empfehlung der SED-Kreisleitung erhielt die Hilfsschule den gleichen Namen.

(18. Oktober)

Abschluss eines Patenschaftsvertrages mit der Stadt Kaya aus Obervolta (heute Burkina Faso).

(8. November)

Beginn des Anbaus eines Operationstraktes am Krankenhaus.

(13. November)

Minihyparschale als Attraktion im Freibad.

(20. Dezember)

Übergabe von 12 Wohneinheiten in der Rudolf-Breitscheid-Straße.

1970

1970 wurde in einer Familie das 15. Kind geboren.

(1. Januar)

Beginn des Probebetriebs im Plattenwerk des Forstwirtschaftsbetriebes.

Zuordnung des Templiner Kraftverkehrs als Betriebsteil des VEB Kraftverkehr Neustrelitz nach Bildung des Verkehrskombinates Neubrandenburg.

Jürgen Rossow wurde zum Stadtbaudirektor ernannt.

(15. Januar)

Das Templiner Wasserwerk nahm Betrieb auf und speiste gefiltertes, aufbereitetes Trinkwasser in das Versorgungsnetz.

(13. Februar)

Im Bürgergarten Grundsteinlegung für einen Gaststättenkomplex am Standort des früheren Schützenhauses.

(26. März)

Ein Templiner gewann einen Pkw „Trabant“ bei der Wettart „5 aus 45“.

Montage eines 40 m hohen Antennenmastes für das Volkspolizeikreisamt am Markt durch einen Hubschrauber der Interflug.

Eine Überprüfung der Stadtmauer ergab erhebliche Risse im Bereich vom Berliner Tor bis zur Goethe-Schule. Die Mauerkronenbedeckung fehlte, zu 90 % waren die Fugen stark ausgewaschen.

(22. April)

Einweihung des Lenindenkmals am Bürgergarten anlässlich seines 100. Geburtstages.

(27. Mai)

Vorführung des ersten Farbfernsehers in der Konsum-Verkaufsstelle in der Ernst-Thälmann-Straße.

In der Bahnhofstraße gegenüber der damaligen Tankstelle Baubeginn eines Wohnhauses für Familien der russischen Kommandantur. Daraus resultierte die spätere Umbenennung in Straße der „Deutsch-Sowjetischen-Freundschaft“.

(9. Juli)

Plan zur Errichtung einer Großtankstelle des VEB Minol Schwerin im Jahre 1970 in der Lychener Straße, 2. Scheidung rechts.

(5. Oktober)

Eröffnung der Kaufhalle in der Mühlenstraße (heute Rossmann) mit 30 Beschäftigten. Die Baukosten betrugen 1,4 Mill. Mark.

(6. November)

Richtfest am Gaststättenkomplex im Bürgergarten.

(14. November)

Bildung eines „Klubs der Werktätigen“, der die Entwicklung des geistig-kulturellen Lebens der Stadt planen, leiten und koordinieren sollte.

(16. November)

Einbeziehung eines Kinderversorgungszentrums für Bekleidung und Schuhe im Kaufhaus „Magnet“, heute „Nessler“.

(23. November)

Anlage eines Kinderspielplatzes durch Einwohner des Wohngebietes in der Robert-Koch-Straße/Ecke August-Bebel-Straße.

Bau einer Mehrzweckhalle für die EOS „Hermann Matern“. Am Bau beteiligt waren auch Schüler im Rahmen des Unterrichtstages in der Produktion.

(21. Dezember)

Hubschraubereinsatz im Bürgergarten, um drei Düker, ein Wasser-, ein Abwasser- und ein Reserverohr in einem 15 m breiten Kanal zur Be- und Entwässerung des Stadtteils Bürgergarten zu verlegen. Dazu wurde im Mai 1971 ein Abwasserpumpwerk in der

Parkstraße in Betrieb genommen.

(30. Dezember)

Das Betriebswerk des Bahnhofes Templin wurde durch die Reichsbahndirektion Greifswald dem Bahnbetriebswerk Neustrelitz zugeordnet.

Auf Grund der 1965 eingeführten Antibabypille war die Anzahl der Geburten im Krankenhaus um 250 pro Jahr zurückgegangen.

1971

Übernahme des Waldhofes durch die Stephanus-Stiftung.

Hauptneubaugebiet war die Minna-Ostrowski-Straße.

(6. Januar)

Einrichtung eines Stadtkulturhauses Am Markt 12

Übergabe einer neuen Kinderstation für 70 geschädigte Kinder im Pflegeheim Waldhof.

(8. Januar)

Nächtliche Abschaltung der Straßenlaternen aus Sparsamkeitsgründen.

(5. Februar)

Information des Bürgermeisters Karsten im Rathausgespräch über den geplanten Bau einer Schülergaststätte in der Wilhelm-Pieck-Straße.

(20. Februar)

Übergabe des Wasserturms an die Konsumgenossenschaft zum Gaststättenbau.

(26. April)

Grundsteinlegung für einen neuen Verkehrshof in der Lychener Straße.

(5. Mai)

Einweihung des umgebauten Freibades, jetzt Stadtbad.

Templin wurde „Staatlich anerkannter Luftkurort".

Errichtung des Abwasserpumpwerkes an der Parkstraße.

Baubeginn für den 2. Wohnkomplex in der Minna-Ostrowski-Straße, von der Stadt kommend links. 360 Wohnungen sollten entstehen. Mit dem Wohnungsbau war auch der Bau einer Kinderkombination und einer 10-Klassen-Schule geplant.

(6. Mai)

Übergabe öffentlicher Einrichtungen vom Rat der Stadt zur Bewirtschaftung an die Kommunale Wohnungsverwaltung: Schulen, Kindergärten und Krippen, das Gebäude der Freiwilligen Feuerwehr, das Sportlerheim und der Sportplatz.

Ablehnung eines Gasanschlusses für die Neubauten in der Minna-Ostrowski-Straße aus Kostengründen.

(19. Mai)

Beginn der 5-geschossigen Bauweise in der Minna-Ostrowski-Straße zur Reduzierung der Erschließungskosten.

(1. Juni)

Eröffnung der Gaststätte „Hyparschale" im Bürgergarten.

(21. Juni)

Der Templiner Ulrich Beyer wurde in Madrid Europameister im Halbweltergewicht.

(23. Juni)

In internen Berichten Klagen über massive Versorgungsmängel.

(28. Juli)

Modernisierte Kreissparkasse in der Berliner Straße eröffnet.

Der Eigenheimbau in der Weinbergstraße links begann.

(5. Juli)

Die „Hyparschale“ und der Anbau des neuen Kulturzentrums am Bürgergarten wurden dem FDGB übertragen.

(26. August)

„3. Forstarbeiterfest“ auf dem Festgelände am Bürgergarten.

(1. September)

Der Templiner Schiffsmodellbauer Hans Fink wurde in Ostende – Belgien in der Freien Bootsklasse Europameister.

(9. September)

Im Wasserturm wurde mit der Einrichtung einer gastronomischen Einrichtung, der „Jägerklause“, begonnen.

(30. November)

Aufstellung einer Batterie von 24 Getreidesilos mit einer Kapazität von 7 200 Tonnen vom Getreidewirtschaftsbetrieb in der Hans-Sachs-Straße.

1971 – 73

Bau einer neuen Kläranlage in der Vietmannsdorfer Straße.

1972

(1. Januar)

Ausbau des Industriegebietes in der Hans-Sachs-Straße.

(10. Januar)

In der Minna-Ostrowski-Straße eröffnete ein HO-Pavillon für Waren des täglichen Bedarfs, Eis und Feinfrostprodukte sowie Haushalts- und Schreibwaren.

Dr. Alfred Vogel löste Frau Dr. Bestmann als neuer Poliklinikleiter ab.

(10. Februar)

Patenschaftsvertrag zwischen der Stadt und dem „Minen-Such- und Räumschiff Templin“ in Rostock.

(15. – 29. Februar)

Sperrung der Pionierbrücke zur Erneuerung des Unterbaus.

(1. März)

Grundsteinlegung für einen 26-klassigen Schulneubau und eine Kinderkombination (Kinderkrippe/-garten) in der damaligen Minna-Ostrowski-Straße.

(16. März)

Bei Meliorationsarbeiten in der Gemarkung Gandenitz Fund von zwei Einbäumen.

(4. April)

Im früheren Imbisskiosk Am Markt wurde ein Gebrauchtwarengeschäft eröffnet.

(29. April)

Umbau der „Theaterklause“ in den „Seebad-Lichtspielen“ begann (Garderobe, Toiletten und eine Kasse wurden eingebaut).

(15. Mai)

Die PGH „Bauhütte“ wurde zum VEB (K) Bau.

(1. Juli)

Übergabe der Konsum-Gaststätte „Jägerklause“ im Wasserturm.

(12. Juli)

Ein Sturm fällte im Bürgergarten viele Bäume.

(1. August)

Eröffnung einer Beratungsstelle für Stimm- und Sprachgestörte.

(15. August)

Gastspiel der „Puhdys“ auf der Freilichtbühne.

(31. August)

„4. Fest der Forstarbeiter“ am Lübbesee mit Vorführungen neuerster Technik.

Am Wanderweg zwischen Vorstadtbahnhof und Ferienheim „Aufbau“ Schaffung eines Rodelbergs und damit Beseitigung eines Schandflecks aus Bauschutt und Gerümpel.

(1. September)

Die Medizinische Schule erhielt den Fachschulstatus.

(September/Oktober)

Installation der Straßenbeleuchtung in der Knehdener Straße.

(7. Oktober)

Im Kulturzentrum im Bürgergarten öffneten das Restaurant und die Tanzbar.

(9. Oktober)

Grundsteinlegung für eine Produktionshalle des Bekleidungswerkes in der Lychener Straße. Mit einer Bausumme von 5 Mill. Mark war es das bisher zweitgrößte Bauobjekt des Templiner VEB(K) Hochbau.

Grundsteinlegung für die Kinderkombination in der Dargersdorfer Straße.

Übergabe der ersten Wohnungen im fünfstöckigen Wohnungsbau in der Minna-Ostrowski-Straße.

(30. Oktober)

Verstaatlichung der letzten privaten und halbstaatlichen Betriebe sowie PGH.

Umbau des Museums am Prenzlauer Tor.

(30. Dezember)

Die Bahnhofstraße wurde zur Straße der Deutsch-Sowjetischen-Freundschaft anlässlich des 50. Jahrestages der Gründung der Sowjetunion.

1972–74

Wohnungsneubauten in der Ringstraße, Park- und Rudolf-Breitscheid-Straße.

1973

(1. Januar)

Errichtung des Agrochemischen Zentrums (ACZ) als eigenständigen Betrieb in der Hans-Sachs-Straße.

Gerhard Schnee eröffnete in der August-Bebel-Straße 18 eine Firma für Sattlerei (heute Türen-, Fenster-, Rollladen- und Wintergartenbau).

(7. Februar)

Eröffnung der Kinderkombination „Käthe Kollwitz" in der Minna-Ostrowski-Straße.

(23. Februar)

Die Kommunale Wohnungsverwaltung (KWV) wurde zum VEB Gebäudewirtschaft umstrukturiert. Ihr erster Leiter war Karl Teske.

(27. April)

Einrichtung eines Kosmetiksalons Am Markt.

(22. Mai)

Übergabe des neuen Springbrunnens mit einem Keramikrelief des Diplom-Keramikers Fröde im Bürgergarten.

(2. September)

Eröffnung des Schulneubaus, heute Oberschule, in der Dargersdorfer Straße.

(8. September)

Schließung des „Uckermärker Hofes" wegen Baufälligkeit.

Aussetzen von seit 1954 unter Naturschutz stehenden Elbebibern.

(27. September)

Der erste sowjetische Stadtkommandant von 1945–1949 besuchte die Stadt.

(20. Oktober – 5. November)

Schließung des Berliner Tores wegen Dachdeckerarbeiten.

(2. November)

Verlegung neuer Druckrohrleitung in der Bahnhofstraße, gegenüber dem Bahnhof wurde das Hauptpumpwerk einer neuen Kläranlage eingerichtet.

1973–1974

Umbau der Schleuse von September 1973 bis Mai 1974.

1974

(30. Januar)

Gründung der Ortsgruppe der Natur- und Heimatfreunde beim Kulturbund unter der Leitung von Dr. Wilhelm Gerhardt.

Untersagung des Motorbootbetriebes auf dem Lübbesee.

(1. April)

Baubeginn für das FDGB-Bettenhaus im Bürgergarten.

(12. April)

Überführung des Grundstückes Radefeld´s Erben (heute Kaufhaus Nessler) in der Mühlenstr. 31 in Volkseigentum.

(26. April)

Grundsteinlegung für ein Sozialgebäude des Verkehrshofes in der Lychener Straße.

(1. Mai)

Inbetriebnahme des neuen Parkplatzes am Kreisgericht.

(17. Mai)

Übergabe einer Verkaufsstelle für Waren des täglichen Bedarfs sowie für Fleisch- und Wurstwaren in der Zehdenicker Straße.

(11. Juni)

Durch den „Zweckverband Erholungswesen" wurde die schlechte Wasserqualität der Seen kritisiert.

(6. Juli)

Übergabe einer Saisongaststätte auf dem Zeltplatz am Lübbesee.

(24. Juli)

Neuer Standort für das Volkspolizeikreisamt auf dem Henningschen Grundstück in der heutigen Friedrich-Engels-Straße beschlossen.

(5. Oktober)

Einweihung einer Gedenktafel in der Mühlenstraße für die Gründer der KPD-Ortsgruppe.

(19. Oktober)

Richtfest am Verkehrshof in der Lychener Straße.

(22. Oktober)

Umbau des Kellergeschosses des Möbelpavillons zu einer Verkaufsfläche für Beleuchtungskörper und Raumtextilien.

Eigenheimbau in der Weinberg- und Fürstenberger Straße wurde fortgesetzt.

(5. November)

Schließung der Gaststätte „Strandgarten", von den Templinern nur „Diele" genannt.

(8. Dezember)

Richtfest am Bettenhaus für das Ferienheim im Bürgergarten.

1975

(1. Januar)

Bildung des VEB Großküche und Umbildung des „Zweckverbandes Erholungswesen" zum VEB Erholungswesen „Uckermark Tourist".

Gründung der Kooperativen Abteilung Pflanzenproduktion Templin durch Zusammenschluss der LPG Templin, Neu-Placht, Densow, Annenwalde, Beutel, Röddelin, Hindenburg, Hammelspring, Grunewald, Vietmannsdorf, Dargersdorf, Netzow, Knehden und Gandenitz.

(15. Januar)

Montage des Heizhausturmes am Bekleidungswerk durch Hubschrauber der Interflug an drei Tagen.

(29. April)

Vorfristige Übergabe des neuen Bekleidungswerkes in der Lychener Straße. Seit Beginn des Monats lief eine Trainingsstrecke mit 40 Näherinnen. Das Heizhaus wurde in Betrieb genommen.

(30. April)

Eröffnung des Klubs der Volkssolidarität „Hermann Gartmann" in der Bahnhofstraße in der ehemaligen Gaststätte „Saarlinde".

Gründung der Meliorationsgenossenschaft und des Trockenwerkes.

Möbelwerk, Binnenfischerei, Trabergestüt und Obstbau wurden volkseigene Betriebe.

Templin hatte 11 716 Einwohner.

(8. Mai)

Inbetriebnahme des Bekleidungswerkes in der Lychener Straße mit ca. 400 Beschäftigten. Es begann die Produktion von „Wisent"-Jeans.

Die Kommandantur der Sowjetarmee zog das Gebäude in der Bahnhofstraße frei.

Anfang des Monats war Baubeginn für das neue Polizeigebäude.

(13. Juni)

Beginn der Abrissarbeiten der Gaststätte „Strandgarten".

(21. Juni)

Grundsteinlegung und Baubeginn für zehn Bungalows im Bürgergarten mit 160 Betten.

(27. August)

Im Springbrunnen im Bürgergarten wurden 150 Goldfische eingesetzt.

(7. Dezember)

Vorfristige Übergabe von 16 Wohnungseinheiten in der Waldstraße.

1976

(15. Januar)

Beginn der Produktion von Wohnraummöbeln im Templiner Möbelwerk.

(19. Januar)

Eröffnung der physiotherapeutischen Abteilung des Krankenhauses in der ehemaligen Warmbadeanstalt in der Wilhelm-Pieck-Straße 1 (Prenzlauer Allee).

(14. Februar)

Übergabe des Kaufhauses Radefeldsche Erben an die HO. Das Kaufhaus in der Mühlenstraße erhielt den Namen „Magnet".

(23. April)

Einrüstung des Turms des IfL wegen Neueindeckung des Daches und zum Putzen. Dazu musste wegen der Höhe des Turmes das Rüstmaterial aus verschiedenen Baubetrieben organisiert werden.

(24. März)

Am Vorstadtbahnhof Baubeginn für einen Fußgängertunnel zur Unterführung der Gleise durch die Firmen K. Wöstenberg, A. Menz, PGH-Steinmetz, VEB (K) Bau und Hänler.

(13. Mai)

Gründung des Gemeindeverbandes Templin mit den Gemeinden Densow, Gandenitz, Röddelin, Beutel, Vietmannsdorf, Hammelspring, Storkow, Grunewald und Hindenburg. Der Gemeindeverband umfasste eine Fläche von 263 km² mit 15 200 Einwohnern.

(14. Mai)

Einbau eines Jugendklubs im Keller der FDJ-Kreisleitung (heute Sitz von „Kunstverein" und „Villa").

(16. Mai)

Eröffnung des Bettenhauses des FDGB-Ferienheimes im Bürgergarten.

(21. Mai)

Übergabe der Kälberzuchtanlage für 1 600 Tiere in Ludwigshof.

(24. Mai)

Grundsteinlegung für ein neues Wohngebiet in der Minna-Ostrowski-Straße, rechts der Straße des Friedens.

In der Zehdenicker Straße Einrichtung einer Backwarenverkaufsstelle, die durch eine Backstube des Backwarenkombinates auf dem Hof mit frischen Erzeugnissen versorgt wurde.

(27. Mai)

Übergabe von vier Häusern der Urlaubersiedlung des FDGB im Bürgergarten.

(6. Juni)

Beschluss des Generalbebauungsplans bis 1990, der die barocke Baustruktur berücksichtigte, die Lückenbebauung der Innenstadt in den Vordergrund stellte sowie Möglichkeiten für verkehrstechnische Lösungen in der Innenstadt vorsah.

Konkret war beabsichtigt:

Der Bau von ca. 1 000 Wohnungen im Bereich der Lychener Straße mit Kaufhalle, Schule, Gaststätte und zwei Kinderkombinationen.

Die Wärmeversorgung sollte über Fernwärme erfolgen, wozu auch ein neues Heizhaus geplant war.

Für die Altstadt war eine umfangreiche Sanierung vorgesehen, z. B. der Abriss von baupolizeilich gesperrten Gebäuden in der Werderstraße und anschließende Lückenbebauung.

Zur Herstellung der Geschlossenheit der Bebauung an der Nordseite des Marktes war der Bau von 36 Wohnungen mit einer Ladenstraße vorgesehen.

Errichtung eines Bettenhauses für den FDGB am Lübbesee mit 1 400 Übernachtungsmöglichkeiten.

(12. Juni)

Rückbau des Wasserturmkopfes und Ausbesserungsarbeiten erfolgten mit dem Ziel zur Nutzung als Aussichtsturm. Keine Umsetzung des geplanten Ausbaus des Turms als Aussichtspunkt wegen fehlender leistungsfähiger Krantechnik.

(24./25. Juli)

Erstes Templiner Sommerfest.

(8. September)

Überprüfung illegaler Abwassereinläufe in den Templiner See, da die Sichttiefe nur noch 0,30 – 0,50 m betrug und ab 3 m Wassertiefe kein Sauerstoff mehr vorhanden war.

(14. Oktober)

Nach der Einstellung des Funkturmbetriebes Freigabe des Weinbergs für die Öffentlichkeit.

(2. November)

Am Standort des früheren Restaurants „Strandgarten“ in der Seestraße entstand eine „Mocca-Milch-Eisbar“.

(11. November)

Baubeginn für die Gaststätte in der Mühlenstraße mit 230 Restaurant- und 58 Barplätzen

(15. Dezember)

Ankauf des ehemaligen Sägewerkes Baade an der Schleuse (heute Parkplatz) und Übernahme des Sägewerkgrundstückes Liepe in der Parkstraße 5. Letzteres wurde dem Zweckverband für Erholungswesen als Verwaltungssitz zur Verfügung gestellt.

(29. Dezember)

Gründungsversammlung für den VEB (K) Hoch- und Tiefbau Templin.

(30. Dezember)

Übergabe des Heizwerkes in der Minna-Ostrowski-Straße und Baubeginn für einen weiteren Wohnungskomplexes in der Minna-Ostrowski-Straße von der Stadt kommend links.

Bau von 22 Eigenheimen.

Rekonstruktion des Stadions begann.

1977

(7. Januar)

Bezug der ersten Fernheizungswohnungen in der Minna-Ostrowski-Straße.

(10. Januar)

Montage eines 23 m hohen Stahlblechschornsteins in der Lychener Straße am Verkehrshof mit einem Hubschrauber.

(11. März)

Übergabe der neuen Schülergaststätte in der damaligen Wilhelm-Pieck-Straße.

(18. April)

Anlage zur Fluoridierung des Trinkwassers nahm den Betrieb auf.

(6. Mai)

Richtfest für die ersten 24 Wohneinheiten in der Lychener Straße.

(11. Juni)

Feierliche Übergabe des Verkehrshofes.

(18. Juni)

Der Chor der Goethe-Schule unter Leitung von Gunthild Sjarow wurde bester Chor des Bezirkes Neubrandenburg.

(28. Juni)

In der Stadt gab es 118 als dringend eingestufte Wohnungsprobleme. Es fehlte Wohnraum, unzumutbare Kellerwohnungen wurden genutzt, dazu kamen viele Überbelegungen.

(6. Juli)

Mitteilung in der „Templiner Zeitung", dass 1982 die 750-Jahr-Feier zusammen mit den Arbeiterfestspielen begangen werden soll, die der Bezirk Neubrandenburg ausrichten wird.

(9. Juli)

Nach Bauuntersuchungen wurde der als baufällig eingestufte „Uckermärker Hof" nicht abgerissen, sondern mit dem Um- und Ausbau begonnen.

(15. Juli)

Ersetzung der Freileitungen durch Erdkabel bei Straßenbaumaßnahmen in der Mühlenstraße.

(16. Juli)

Anschluss der Eigenheime in der Fürstenberger Straße an das Abwassernetz.

(21. Juli)

In Vorbereitung auf die 750-Jahr-Feier 1982 begann die Fassadengestaltung in der Innenstadt.

(6. August)

Wilfried Schöne eröffnete einen Betrieb für „Pkw-Pflege und Hohlraumkonservierung" in der Dargersdorfer Straße, später „Autohaus Hyundai" (Übergabe an den Sohn Detlef Schöne am 1. Januar 2012).

(23. August)

Für die Wärmeversorgung des zweiten und dritten Bauabschnitts in der Minna-Ostrowski-Straße (Wohnungen, neue Hilfsschule, Alters- und Pflegeheim, Kaufhalle) Bau eines weiteren Heizhauses.

(1. September)

Fertigstellung des neuen Internatsgebäudes der Medizinischen Fachschule in der Wilhelm-Pieck-Straße.

(6. September)

Übergabe des Fußgängertunnels am Vorstadtbahnhof.

Beginn der Wohnungsbauten im Neuen Weg, in der Straße des Friedens, von Eigenheimbauten in der Rosa-Luxemburg-Straße und im Ahornweg.

(12. Oktober)

In der Stadt lagen ca. 1 000 Wohnungsanträge vor.

(19. Oktober)

Eine Vereinbarung über die Zusammenarbeit zwischen Templin und der polnischen Stadt Polczyn Zdroj in der Wojewodschaft Koszalin wurde unterzeichnet.

(22. Dezember)

Baubeginn der Kaufhalle in der Minna-Ostrowski-Straße.

Nach dem Freizug des Hauses Am Markt 13 durch die Volkspolizei Unterbringung der verschiedensten Organisationen wie Kulturbund, Kreiskulturkabinett, Musikschule, Kreis- und Stadt- sowie Kinderbibliothek.

1978

(14. Februar)

Erna Taege-Röhnisch las aus ihrem Buch „Tieden un Lüt".

(25. Februar)

Der Bau des Bootsanlegers am Eichwerder wurde begonnen.

(9. März)

Rat der Stadt bestätigte Planung einer Westumfahrung.

(5. April)

Gründung des „Freundeskreises Niederdeutsch" unter Leitung von Gisela Kinzel, des späteren „Uckermärkischen Heidstrucks".

Neu strukturiert entstanden die volkseigenen Betriebe Sägewerk und Holzverarbeitung, Getränkekombinat, Mühlenwerk, Backwarenkombinat, Fleischwarenkombinat, Volkseigenes Gut, Molkerei und Feriendienst des FDGB.

(8. Juni 1978 – 3. November 1988)

Heinz Kragl Bürgermeister

(19. April)

Dr. Hensel und Herr Rauch als Naturschutzbeauftragte bestätigt. Dr. Hensel und Dr. Gerhardt erhielten den Auftrag, eine Übersicht über den Zustand des Templiner Sees anzufertigen.

(1. Mai)

Eröffnung einer Gemeindeschwesternstation Am Markt 13.

(13. Juni)

Verabschiedung des Bürgermeisters Karsten nach 22 Jahren wegen Invalidität.

(16. Juni)

Nach umfangreicher Umgestaltung Einweihung des Stadions als „Stadion der Freundschaft" mit einem Freundschaftsspiel der Juniorenfußballer DDR gegen Ungarn.

(19. Juni)

Bau der Fleischerei in der Zehdenicker Straße.

Neubauwohnungen im Bürgergarten und der Straße der Jugend fertig gestellt.

(23. Juni)

Stefan Brosig gewann bei der Internationalen Russischolympiade in Moskau die Goldmedaille. Angela Völz erreichte Silber, Volkmar Heinrich Bronze.

(1. Juli)

In der Heine-Straße/Ecke Obere Mühlenstraße wurde der ehemalige Parkplatz des Kraftverkehrs zur öffentlichen Nutzung freigegeben.

(12.Juli)

Einweihung der „Mocca-Milch-Bar" am Ratsteich und Wiedereröffnung des Uckermärker Hofes.

(27. Juli)

Das Verwaltungsgebäude des Erholungsheimes am Lübbesee wurde übergeben.

(4. August)

Im Neubaugebiet Straße des Friedens wurden in den Aufgängen 5 und 6 ein Dienstleistungskomplex mit Kosmetik- und Friseursalon bzw. eine Annahmestelle für Reparaturen und Reinigung eingerichtet.

(20. September)

1 050 Wohnanträge lagen vor.

(8. Oktober)

Die Arbeitsgemeinschaft Schnitzen beim Kulturbund nahm ihre Tätigkeit im Mühlentor auf.

(19. Oktober)

Umbau von Geschäfts- und Wohnräumen zu einer Jugendmodeverkaufsstelle Am Markt.

In der Puschkinstraße eröffnete ein Kosmetikgeschäft.

(31. Oktober)

Größtes Investitionsvorhaben des FDGB: ein 11-geschossiger dreiflügeliger Bau mit 1368 Bettenplätzen und 465 Aufbettungen, Schwimmhalle und Sauna am Lübbesee begann.

(1. Dezember)

Der Templiner Fotozirkel des Kulturbundes nahm seine Arbeit auf. Dazu wurde durch das Kreiskabinett für Kulturarbeit ein Fotolabor unter Leitung von Eitel Knitter eingerichtet.

(30. Dezember)

Ein zwei Wochen anhaltender Schnee- und Kälteeinbruch legte das Leben in der Stadt lahm.

Folgende Betriebe waren angesiedelt: Bekleidungswerk, Sägewerk und Holzverarbeitung, Möbelwerk Lychen – Betriebsteil Templin, Binnenfischerei Neubrandenburg – Betriebsteil Templin, Fleischwirtschaft Neubrandenburg – Betriebsteil Templin, Getränkekombinat Neubrandenburg – Betriebsteil Templin, Getreidewirtschaft Neubrandenburg – Betriebsteil Templin, Uckermärkischer Milchhof Prenzlau – Betriebsteil Templin, Mühlenwerke Neubrandenburg – Betriebsteil Templin, Konsum-Fleischerei Neubrandenburg – Betriebsteil Templin, PGH Steinmetzhandwerk, VE Trabergestüt Lindenhof, Besamungsstation Ludwigshof, VEG Templin, Obstbau, LPG Christianshof, Staatlicher Forstwirtschaftsbetrieb (L. Enders).

1979

(17. Januar)

Der Kommunalen Berufsschule in der Dargersdorfer Straße wurde der Name des antifaschistischen Widerstandskämpfers „Max Adrian" verliehen.

(19. Januar)

Beginn der Abrissarbeiten auf den gesperrten Ruinengrundstücken in der Fischer-/Ecke Obere Mühlenstraße.

(1. Februar)

Am Marktplatz Baubeginn von 36 Wohneinheiten mit unterlagerten Handelseinrichtungen.

(28. Februar)

Übernahme des Grundstückes August-Bebel-Straße 3 von den Erben in Volkseigentum.

(März)

Baubeginn für neue POS in der Rosa-Luxemburg-Straße.

(6. März)

Das Berliner Tor wurde wegen des schlechten Bauzustandes gesperrt und damit auch die Berliner Straße.

(23. März)

Am Fährkrug wurde eine Dampferanlegestelle für den Campingplatz eingerichtet.

(1. April)

Peter Grünberg machte sich im Elsternest mit einer Firma für Bau und Reparatur von Blitzschutzanlagen selbständig.

(2. Mai)

Eröffnung einer rehabilitationspädagogischen Einrichtung. Hier wurden anfangs

10 geschädigte Kinder betreut und medizinisch überwacht. Dazu Umbau der ehemaligen Horträume auf dem Gelände der Förderschule.

(7. **Mai**)

Am Markt/Ecke Berliner Straße Eröffnung eines „Delikat-Geschäftes", in dem Spirituosen, Tabakwaren, Kaffee, Tee und Süßwaren, vorwiegend aus der BRD, angeboten wurden.

(30. **Mai**)

Die Straße parallel zum Ahornweg erhielt den Namen Eschenweg.

(8. **Juni**)

Einrichtung einer Kraftfahrzeugwaschanlage im Verkehrsbetrieb in der Lychener Straße.

(2. **Juli**)

In der Dargersdorfer Straße öffnete die Kaufhalle.

(25. **Juli**)

Sperrung des Marktplatzes als Parkplatz.

(12. **August**)

In Berlin-Karlshorst siegte auf der Traberrennstrecke über 2 600 Meter Tobby von Stentor-Teutonia vor seiner Zuchtgefährtin aus dem Stall des Gestüts Lindenhof. An diesem Rennen nahmen fünf weitere Pferde des Gestüts teil.

(15./16. **September**)

Templin war Austragungsort der XXII. DDR-Meisterschaften im Angeln.

(17. **September**)

Notwendige Reparaturarbeiten führten zur erneuten Sperrung der Pionierbrücke für drei Wochen. Ein Pionierbataillon der Sowjetarmee aus Vogelsang reparierte die Brücke.

Templin wurde Sieger im Wettbewerb der Städte und Gemeinden des Kreises.

(18. **September**)

Beginn der Erschließungsarbeiten am Eigenheimkomplex Ahorn-/Eschenweg.

(6. **November**)

In der Werderstraße 1 und 1a etablierte sich ein Stützpunkt für Malerbedarf und sonstige Kleinreparaturen.

(27. **November**)

Eine Organisationsgruppe mit 11 Arbeitsgruppen bereitete die 750-Jahr-Feier vor.

(31. **Dezember**)

Die Tanzkapelle „Rhythmus 74" unter Leitung von Gerd-Winfried König mit Lothar Lessow, Burghard Brückmann, Detlef Klaus, Marion Bethke und Rita Grünberg war eine gefragte Band.

Mit Unterstützung der Betriebe der Bauherren wurden im Zeitraum von 1971 bis Oktober 1979 an den Standorten Ahornweg, Eschenweg, Weinbergstraße, Lindenweg und Minna-Ostrowski-Straße 110 Eigenheime gebaut. 23 weitere wurden begonnen.

1980

Pläne für den Bau eines Zentralen Busbahnhofes neben dem Gericht in der Friedrich-Engels-Straße waren erarbeitet, es fehlte jedoch das Geld zur Umsetzung.

(16. Januar)

Übergabe der neuen Förderschule in der Minna-Ostrowski-Straße.

(8. Februar)

Im Krankenhaus Geburt von Drillingen.

(3. März)

Einweihung der Polytechnischen Oberschule am Egelpfuhl mit 25 Klassen (Oberschule III, später Karl-Liebknecht-Schule) für 560 Schüler mit 61 Lehrern.

(1. April)

Das Templiner Kreiskrankenhaus bestand 50 Jahre. Als Gäste nahmen auch die Veteranen Dr. Bergmann und Dr. Freytag, die 1945 zu den Aktivisten beim Aufbau des Gesundheitswesens gehörten, an der Festveranstaltung teil. Anwesend war auch Käthe Charzinski, die schon bei der Einweihung des Krankenhauses 1930 als Krankenschwester dabei war.

(2. April)

Lothar Gutsche eröffnete einen Betrieb für Reparaturen von Heißwasserspeichern und Elektroinstallation in der Eisenbahnstraße · seit 1991 befindet sich das Geschäft in der Berliner Straße.

(14. April)

Eröffnung der Kinderkombination „Lea Grundig".

(30. April)

Anschluss der Gemeinde Hindenburg. Die Bevölkerung wuchs auf 14 810 Einwohner.

(15./16. Juni)

Durchführung des 2. Landeskulturtages in Templin. Themen: Schutz der Natur, Verbesserung der Umwelt.

(18. Juni)

Übergabe der neuen Gaststätte „Stadt Templin" in der Mühlenstraße. Sie verfügte über zwei Restaurants , einen Salon und einen Saal mit insgesamt 320 Plätzen. Hinzu kamen in der Bar 60 Plätze.

(12. Juli)

Die Stadt beging das 5. Sommerfest.

(24. Juli)

Das Berliner Tor wurde für umfassende Restaurierungsarbeiten eingerüstet.

(1. September)

Erhard Bannek eröffnete einen Tischlereibetrieb zur Reparatur und zum Bau von Möbeln in der Martin-Luther-Straße (Ab 1990 Spezialisierung auf Treppenbau · Übergang des Betriebes an den Sohn Bernd Bannek am 1. Januar 2000 in der Zehdenicker Straße).

(11. September)

Übergabe eines Sozialgebäudes für die Mitarbeiter der Deutschen Reichsbahn in der Eisenbahnstraße. Dort befanden sich Wasch-, Umkleide- und Büroräume sowie ein Unterrichtsraum und medizinische Einrichtungen.

(15. September)

Beginn des Selbstwählferndienstes im Fernmeldeamt. Es mussten keine Gesprächsblätter mehr ausgeschrieben werden. Ferngespräche in andere Staaten und nach Westberlin wurden weiterhin nach der alten Technologie abgewickelt.

(6. Oktober)

Austragung der ersten Frauenfußballmeisterschaft der DDR im „Stadion der Freundschaft".

(29. November)

Dachreparaturarbeiten am Eichwerdertor an der Goetheschule durch die Firma Erzgräber.

1981

(12. Januar)

Das Tanzmusikensemble „Rhythmus 74" wurde als bestes Amateurtanzensemble des Kreises ausgezeichnet und erhielt das Prädikat „Oberstufe".

(17. Januar)

Einweihung des Jugendklubs „TaT" (Treff am Turm) im ausgebauten Keller der FDJ-Kreisleitung.

(9. April)

Einweihung des Altenpflegeheims in der Straße des Friedens.

(14. Juni)

Wasserwanderweg ab Schleuse bis Ziegeleibrücke war wieder nutzbar.

(4. Juli)

Templiner Kanuten errangen 12 Gold-, acht Silber- und fünf Bronzemedaillen bei den Bezirksmeisterschaften. Die erfolgreichsten Kanuten waren Berit Splitt, Ricarda Pries, Thomas Bunk, Torsten Bahls, Wenke Samst und Horst Weitermann.

(11. Dezember)

In der Werderstraße Baubeginn von sechs Eigenheimen. Diese mussten der vorhandenen Bebauung angepasst werden. Sie waren unterkellert, im Erdgeschoss befanden sich Wohnzimmer, Küche und WC und im Obergeschoss Schlafzimmer, zwei Kinderzimmer sowie ein Bad.

1982

(1. Januar)

Der „Templiner Kulturbund" erhielt seine neue Heimstätte Am Markt 13.

Beginn der Fleischereiproduktion am Birkenhain.

(6. Januar)

Indienststellung eines fabrikneuen Löschfahrzeugs vom Typ W 50 L/LF 16 für die Feuerwehr.

(23. Januar)

Mit den Sägewerken Hardenbeck, Koldenhof, Ferdinandshof und Hintersee war der Sägewerk- und Holzverarbeitungsbetrieb Templin der größte Schnittholzproduzent des Bezirkes Neubrandenburg.

(28. Januar)

Unter Vorsitz von Dr. Schwill Bildung eines „Klubs der Werktätigen". Hauptaufgabe des Klubs sollte es erneut sein, das kulturelle Leben zu bereichern.

(17. Februar)

Montagebeginn des Wasserwerkes II am Neuen Weg.

(4. **März**)

Karl Teske, der 17 Jahre lang dem VEB Gebäudewirtschaft vorstand, ist zum Leiter der Templiner Geschäftsstelle der Handwerkskammer berufen worden.

(17. **März**)

In Vorbereitung auf die Arbeiterfestspiele Abriss von sechs Scheunen in der Lychener Straße und die Fertigstellung der Außenarbeiten am Berliner Tor sowie weitere Malerarbeiten.

(30. **April**)

Übergabe der Ladenstraße Am Markt.

(1. **Januar**)

Gründung der „Templiner Kantorei“ unter Leitung von Dr. Klaus-Jürgen Gundlach.

(18. **Juni**)

Im Zusammenhang mit den Feierlichkeiten zu den Arbeiterfestspielen Gestaltung einer Ausstellung zum Landschafts- und Naturschutz im Berliner Tor als Landeskulturkabinett durch den Kulturbund der DDR.

(25. – 27. **Juni**)

Ausrichtung der 19. Arbeiterfestspiele in Templin als „Fest der Forstarbeiter“.

(1. **September**)

An der Oberschule III zur Abiturausbildung Einrichtung eines Schulteils EOS mit den Jahrgangsstufen 11 und 12. Die Erweiterte Oberschule (EOS) „Hermann Matern“ in der Röddeliner Straße wurde mit Ablauf des Schuljahres 1982/83 geschlossen. Dort wurde eine Polytechnische Oberschule für die Klassen 5–10 eingerichtet. Die Übungsschule des Instituts für Lehrerbildung wurde aufgelöst und an die Kosmodemjanskischule angeschlossen.

(19. **November**)

Der Stadtrat berief mit Verordnung vom 26. November 1981 Frau Gerda Pramer zur Ortschronistin.

(24. **November**)

In der Minna-Ostrowski-Straße Übergabe des Heizhauses.

1983

(22. **März**)

Grundsteinlegung für den neuen Wohnkomplex in der Lychener Straße

(26. **Juni**)

Auszeichnung der Stadt mit dem „Architekturpreis des Bezirkes Neubrandenburg“ an Bürgermeister Heinz Kragl, Horst Mallek, Karl Teske, Wolfgang Grieger und Karl Krüger.

(30. **Juli**)

Rekonstruktion von 16 Wohnungen in der Pestalozzistraße 13 und 14.

(10. **August**)

Richard Bröse, erster Landrat nach dem 2. Weltkrieg, wurde zum Ehrenbürger ernannt.

(29. **September**)

Bei Ausschachtungsarbeiten in der Templiner Innenstadt an der Werder-/Ecke Pestalozzistraße wurde in 2,20 m Tiefe eine in den alten Stadtplänen verzeichnete Straße freigelegt.

(17. November)

Generalreparatur des Mühlentores.

(7. Dezember)

Die ersten 274 Wohneinheiten in der Lychener Straße wurden übergeben. Davon waren 141 AWG-Wohnungen.

1984

(1. Januar)

Eröffnung des FDGB-Ferienheimes am Lübbesee (heute „Ahorn-Seehotel").

(6. Februar)

Das Kinderheim „Neuhof" erhielt den Ehrennamen „Elfriede Paul". Elfriede Paul war Mitglied der antifaschistischen Widerstandsgruppe „Rote Kapelle" und arbeitete 1923 als Lehramtsanwärterin kurze Zeit im Heim.

In der Puschkinstraße 18 wurden vier Wohneinheiten rekonstruiert.

(7. – 8. Juli)

9. Templiner Sommerfest.

(1. September)

Für die Arbeiter des Schweinezucht- und Mastbetriebes Haßleben wurden in der Lychener Straße eine Krippe- und ein Kindergarten eröffnet.

1984 – 1990

Intershopgeschäft im Gebäude des „Uckermärker Hofes".

1985

(1. Januar)

Gründung des Motorsportclubs Templin.

Baubeginn einer Holzausformungsanlage im Forstwirtschaftsbetrieb.

(22. März)

Eröffnung der Kinderkrippe am Lübbesee.

(1. Mai)

In der Werderstraße/Ecke Pestalozzistraße Übergabe der Lückenbebauung mit 16 Wohneinheiten.

(9. Mai)

Erneute Verleihung des Titels „Staatlich anerkannter Erholungsort".

Übergabe von Neubauwohnungen in der Ringstraße.

(17. Mai)

Restauration der historischen Schwengelpumpe auf dem Marktplatz, die auch gleichzeitig eine Notwasserversorgung ermöglichte.

1985 mit 595 Geburten, 315 Jungen und 280 Mädchen, das geburtenstärkste Jahr seit 1967.

1986

Zum Stadtgebiet gehörten Ahrensdorf, Knehden, Netzow, Albertshof, Fettingshof, Bandelowshof, Christianshof, Dorettenhof, Engelsburg, Ahrensnest, Karlshof,

Ludwigshof, Lindenhof, Dollshof, Heinrichshof, Neu Placht, Dreihäuser, Morgenland, Schmidtshof, Joachimshof, Hindenburg, die Forsthäuser Buchheide, Fährkrug, Laatz, Ringofen.

(3. **Januar**)

Reinhard Zurell, Heinestraße 4, eröffnete einen Glas-Service-Betrieb.

(29. **Januar**)

Im Territorium der Stadt befanden sich 10 Kleingartenanlagen mit 596 Mitgliedern und 493 Gärten auf einer Fläche von 24,5 ha. Dazu kamen fünf Sparten von Kleintierzüchtern mit 235 Mitgliedern.

(7. **Mai**)

Der VEB Gebäudewirtschaft erweiterte sein Reparaturdienstangebot auf Dächer, Fassaden und andere Hausreparaturen.

(9. **Mai**)

Erneute Geburt von Drillingen.

(14. **August**)

Templiner Wohnungen hatten zu 85,3 % Dusche oder Bad, zu 84,5 % ein Innen-WC.

(4. **September**)

Neubau der Ziegeleibrücke durch die Firma Wöstenberg.

(17. **November**)

Beginn von Sicherungsarbeiten an der Liebesinsel im Templiner See.

(20. **November**)

Einsatz eines „Bürocomputers“ vom Typ 5120 mit Drucker und einem Programm zum Absatz und zur Lohnabrechnung im Möbelwerk.

1987

(4. **Januar**)

Eine „Miniboutique“ wurde in der Robert-Koch-Straße 2 durch Frau Krappig eröffnet (Von 1992 – 2009 Maxi-Boutique in der Ernst-Thälmann-Straße · ab August 2009 Am Markt 18).

(17. **Februar**)

500 000. Besucher im Museum.

(25. **Februar**)

Frau Christina Gärtner, geb. Gierloff, erhielt durch den Rat der Stadt die Genehmigung zur Übernahme des Lebensmittelgeschäftes ihres Vaters in der Ernst-Thälmann-Straße.

(**März**)

Unter der Leitung des Bürgermeisters Bildung einer Gruppe Wohnungstausch. Ihre Aufgabe war es, alle erforderlichen Schritte, beginnend mit Familiengesprächen bis hin zu den organisatorischen Aufgaben zur Durchführung des Umzugs der Tauschpartner, vorzubereiten und durchzuführen.

(22. **April**)

Gewerbeerlaubnis zur Eröffnung der ersten privaten Sauna für Frau U. Laack.

(7. **Juli**)

In der Bahnhofstraße 31 eröffnete in der ehemaligen Kommandantur eine Filiale der

Staatsbank der DDR. Der vorherige Sitz befand sich in der unteren Etage des Rathauses.

(8. Juli)

Zur Pflege des kulturellen Erbes wurde die Kommission Kunst- und Literatur beim Kulturbund der Stadt gegründet.

(Dezember)

Templin hatte 14361 Einwohner und 5116 Wohnungen.

1988

(1. Januar)

Damen- und Herrensalon von Christa Neutsch in der Werderstraße 42 eröffnete.

(9. Januar)

Auszeichnung der Kleingartenanlagen am Egelpfuhl mit dem Titel „Staatlich anerkanntes Naherholungsgebiet".

(16. Januar)

Das Templiner Möbelwerk baute ein neues Modell einer kompakten Schrankwand.

(11. März)

Baubeginn des Geh- und Radweges nach Röddelin.

(22. März)

Das im Stadion ausgetragene Fußballspiel DDR gegen Dänemark endete 4:0 für die DDR.

(6. April)

Dietmar Damm eröffnete seine Werkstatt für Reparatur und Neuanfertigung von Polstermöbeln.

(21. Mai)

Zum hundertjährigen Bestehen der Strecke Löwenberg-Templin erfolgte eine „Museumsfahrt mit Dampf" der ehemaligen Preußischen Staatsbahn P 8 von Neustrelitz über Fürstenberg-Templin-Löwenberg nach Zehdenick und zurück.

(29. Juni)

Der stellvertretende Bürgermeister Mahnke informierte über den Plan zum Bau eines Springbrunnens in der Mühlenstraße in Höhe der Kirche.

(24. Juli)

Das erste Templiner Wasserfest wurde mit Wasserski, Surfen und Schwimmwettkämpfen begangen.

(1. September)

Eröffnung der Kindergärtnerinnenschule „Käthe Niederkirchner", die bislang in Seewalde angesiedelt war, im Gebäudekomplex Joachimsthalsches Gymnasium.

(3. September)

Renovierung und Ausbau des Altersheims Engelsburg begonnen.

(8. September)

Ausbau der Minna-Ostrowski-Straße auf 6 m Breite.

(14. September)

Im Bekleidungswerk Herstellung von Cordhosen, Jeans der Marke „Pionier" und Freizeithosen.

(22. Oktober)

Der „Templiner Forstchor" trat in der Fernsehsendung „Alles singt" auf.

(28. Oktober)

Anlässlich des 175. Jahrestages der Völkerschlacht bei Leipzig fand eine Kranzniederlegung am Grab von Friederike Krüger statt.

(3. November 1988 – 31. Mai 1990)

Peter Mahnke Bürgermeister

(8. November)

Anbringung einer Gedenktafel zur Erinnerung an die jüdische Gemeinde in Templin und an die Reichspogromnacht 1938 am Fachwerkhaus Berliner Straße 9, dem ehemaligen Gebäude der jüdischen Gemeinde.

Baubeginn des Erholungsheims für das Ministerium für Staatssicherheit in der Buchheide.

(21. Dezember)

Baubeginn in der Lychener Straße/1. Scheidung von 44 Wohneinheiten für die Angestellten des Bekleidungswerkes.

(31. Dezember)

Templin hatte laut Statistischem Jahrbuch mit 14 467 Einwohnern einschließlich der Gemeinden die bisher höchste Einwohnerzahl.

1988 – 2004

Sperrung der Templiner Schleuse wegen umfangreichen Sanierungsbedarfs. Durch den Einspruch des Rates der Stadt wurde eine geplante Sprengung verhindert.

1989

(4. Januar)

Zwischen Templin und Reinfeld entstand ein neuer Kohleumschlagplatz, um die Staubbelastung der Anwohner am Hauptbahnhof/Zehdenicker-Straße zu beenden.

(11. Januar)

Ratsbeschluss zur Anlage einer Eigenheimsiedlung für ca. 80 Häuser im Annenwalder Weg.

Zustimmung zur Eröffnung einer Strickboutique in der Martin-Luther-Straße durch Frau Splinter/heute „Modeboutique" Thälmann/Ecke Mühlenstraße.

(21. Januar)

Errichtung des Sozial- und Verwaltungsgebäudes der Großbäckerei in der Vietmannsdorfer Straße gegenüber dem Forstwirtschaftsbetrieb.

(28. Januar)

Montagebeginn von 44 weiteren WE vom Typ C-8 in der Lychener Straße.

(2. März)

Baubeginn eines weiteren Wohnkomplexes in der Minna-Ostrowski-Straße mit 232 Wohnungen, darunter einem altersgerechten Wohnblock.

(29. März)

Rückbenennung der Straße der Deutsch-Sowjetischen-Freundschaft in Bahnhofstraße.

(13. April)

Richtfest auf der Baustelle für den Backwarenbetrieb in der Vietmannsdorfer Straße.

(19. April)

Neuer Wohnkomplex in Minna-Ostrowski-Straße erhielt den Namen „Richard-Bröse-Viertel", heute „Strahl-Goder-Viertel".

(7. Mai)

Bei den Wahlen waren 10 312 Templiner wahlberechtigt. Eine 99,32 %ige Wahlbeteiligung wurde für Templin gemeldet.

(1. Juni)

Umgestaltung des Ehrenhains auf dem Waldfriedhof für die Opfer des Bombenangriffs, Ersetzung der Holzkreuze durch Marmorplatten und Schaffung einer Grünanlage.

(6. Juni)

Auf der konstituierenden Sitzung der Stadtverordnetenversammlung wurde Peter Mahnke als Bürgermeister bestätigt.

(14. Juni)

Aus einem Bericht des Rates der Stadt ging hervor, dass sich in den letzten fünf Jahren 20 private Handwerksbetriebe neu angesiedelt haben. Insgesamt gab es im Stadtgebiet 79 private Handwerks- und Gewerbetreibende.

Eröffnung eines Handwerksbetriebes für elektrische Geräte, Goethestraße 11 (Wollert).

(28. Juni)

Dr. Jörg Peter Bunk war Gründungsmitglied des Verbandes der Freidenker der DDR, der sich mit philosophischen, weltanschaulichen, moralischen und anderen Fragen beschäftigen wollte. Damit sollten auch individuelle Lebensprobleme und praktische Lebenshilfe wie Krankheit, Alter, Einsamkeit, Unvermeidlichkeit des Todes thematisiert werden.

(8. Juli)

14. Templiner Sommerfest.

(26. Juli)

Überlegungen zum Bau einer Umgehungsstraße zwischen Minna-Ostrowski- und Vietmannsdorfer Straße, spätere Feldstraße, wegen Materialmangels nicht umgesetzt. Aus dem gleichen Grund konnten Reparaturen an der Pionierbrücke nicht durchgeführt werden.

(12. August)

30 000 Besucher nahmen am zweiten Templiner Wasserfest mit Wettschwimmen zur Liebesinsel und Vorführungen des Wasserrettungsdienstes, Wasserski und Kinderprogramm teil.

(1. September)

Einweihung der Lindenschule (erster Bauabschnitt für die Klasen 1–4) im Wohngebiet Lychener Straße.

(September)

Im Stadtzentrum Beginn von Lückenschließungen, so an der Ecke Fischerstraße/Obere Mühlenstraße. Bau von acht Wohnungen und einer Verkaufseinrichtung (Möbel-Damm), Martin-Luther-Straße/Ecke Schinkelstraße zwei Wohnungen. In der Schinkelstraße 12 bis 14 sollten sechs Wohnungen entstehen und zehn in der Lücke Nummer 15/16.

In der Minna-Ostrowski-Straße wurden die ersten 53 Wohneinheiten des Richard-Bröse-Viertels (heute Strahl-Goder-Straße) übergeben.

(7. **Oktober**)

Feierlichkeiten zum 40. Jahrestag der DDR auf dem Marktplatz mit einer Rede des 1. Sekretärs der Kreisleitung der SED, Horst Puppe.

(23. **Oktober**)

Das erste Friedensgebet fand in der Maria-Magdalenen-Kirche statt.

(30. **Oktober**)

Dem Aufruf zum zweiten Friedensgebet folgten so viele Menschen, dass die Kirche die Massen nicht fassen konnte und man mit Lautsprechern die sich draußen Befindenden informierte.

Am gleichen Abend gab es ein Jugendforum im Jugendklub, wo die Rolle der FDJ und Freizeitgestaltungsmöglichkeiten diskutiert wurden.

(31. **Oktober**)

Der „Klub der Intelligenz" lud zur Diskussionsrunde in die Aula der „Pädagogischen Schule für Kindergärtnerinnen.

(1. **November**)

Die Geschichtskommission der SED-Kreisleitung plante die Vervielfältigung der Blankenburg-Chronik. Das Vorhaben wurde von der Stadtverwaltung, u. a. wegen der Wahrung der Urheberrechte, abgelehnt.

Das Grundstück der Gaststätte „Fährkrug" wurde an den VEB Gebäudewirtschaft übergeben (vorher-HO).

(6. **November**)

4. Friedensgebet

(10. **November**)

Aktualisierung des Generalbebauungsplans für die kommenden zehn bis zwanzig Jahre.

(13. **November**)

„Der Worte sind genug gewechselt, …" unter diesem Motto stand die Montagsdemo.

(14. **November**)

Gründung der Initiativgruppe des „Neuen Forums" unter Leitung der Herren Seyfried, Röhnisch, Tittel.

(16. **November**)

Geschlossener Rücktritt des Sekretariats der SED-Kreisleitung.

(28. **November**)

Roland Resch stellte das Aktionsprogramm des Natur- und Umweltschutzes für den Kreis Templin vor.

(29. **November**)

In einer Diskussionsrunde wurde die Situation in der Stadt als sehr kritisch dargestellt – fehlende Wohnungen, schlechte Arbeitsbedingungen bei der Sparkasse und dem DRK, bedenklicher Zustand der Brücken und der Schleuse.

(3. **Dezember**)

Nach dem Friedensgebet Marsch der Teilnehmer zur Kreisdienststelle der Staatssicherheit in der Vietmannsdorfer Straße und Forderung der Auflösung.

(5. Dezember)

Sicherung des Stasi-Gebäudes durch das Aktionskomitee der Bürger des Kreises.

(6. Dezember)

Beschlagnahme der Ferienobjekte der ehemaligen SED-Führung. Das betraf das Objekt Krolikowski in Mahlendorf und den Feriensitz Jarowinski in Ahrensdorf.

Gesprächsrunde über die Räumung der Kreisdienststelle des ehemaligen MfS.

Aufruf über die Presse, Gewalttätigkeiten zu verhindern und einen gewaltlosen Anfang in Frieden und Gerechtigkeit zu garantieren.

(9. Dezember)

Das Amt für Nationale Sicherheit Templin wurde unter der Kontrolle des Aktionskomitees, des Kreisstaatsanwaltes und unter Mitarbeit der Kirche aufgelöst.

Dr. med. Weise, Chefarzt des Krankenhauses, erhielt die Hufeland-Medaille in Gold.

(11. Dezember)

8. Friedensgebet in der Maria-Magdalenen-Kirche.

(15. Dezember)

Tagung des ersten „Runden Tisches“ unter dem Vorsitz des einstimmig gewählten Superintendenten Schultz-Ehrenburg.

(18. Dezember)

Gründung der SPD-Ortsgruppe.

(19. Dezember)

Bildung des „Ausschusses zur Überprüfung von Fällen des Amtsmissbrauches“.

(21. Dezember)

Vertreter des „Neuen Forums“ informierten sich in der Abteilung Wohnungswirtschaft über anstehende Probleme.

(22. Dezember)

Gründung einer PDS-Gruppe.

(27. Dezember)

Zweiter „Runder Tisch“ beschloss Richtlinien für die weitere Arbeit.

1990

(3. Januar)

Erste Versammlung der „Grünen Partei“ in Templin.

(12. Januar)

Der dritte „Runde Tisch“ beschloss, zukünftig wöchentlich zu tagen. Es wurden Fragen der Volksbildung besprochen.

(15. Januar)

Großkundgebung nach dem Friedensgebet.

(16. Januar)

Antrag an die Arbeitsgruppe Tourismus des „Runden Tisches“ durch die Deutsche Post, den VEB Stadtwirtschaft bzw. die Konsumgenossenschaft zur Nutzung des ehemaligen Gebäudes des MfS in der Vietmannsdorfer Straße.

(19. Januar)

Auf dem vierten „Runden Tisch" Information über die Auflösung der Kampfgruppen.

(24. Januar)

Das ehemalige Kreisamt für Nationale Sicherheit ist endgültig aufgelöst. Alle eigentumsrechtlichen Fragen waren geklärt.

Der Bürgermeister wurde zur Kontaktaufnahme für eine Städtepartnerschaft mit Bad Lippspringe, Eutin, Höxter, Lage und Schleswig beauftragt.

(26. Januar)

Die fünfte Gesprächsrunde am „Runden Tisch" thematisierte die Chancengleichheit im Wahlkampf zu den Volkskammerwahlen am 18. März.

(29. Januar)

Im Bekleidungswerk Arbeitsniederlegung für eineinhalb Stunden und Forderung zur Rekonstruktion einzelner Produktionsbereiche, der Reduzierung der Verwaltung und der Zusammenarbeit mit westlichen Unternehmen.

Stadtverordnetenbeschluss, das noch nicht fertig gestellte Ferienheim des MfS in der Buchheide dem Reisebüro der DDR zu übergeben.

(30. Januar)

Erste Beratung der Arbeitsgruppe Volksbildung des „Runden Tisches".

(6. Februar)

Sechste Diskussionsrunde des „Runden Tisches" behandelte Telefonanschlüsse sowie die Auflösung der Sonderjagdgebiete.

(17. Februar)

Einrichtung einer „Kleiderkammer für Bedürftige" durch das DRK in der Robert-Koch-Straße.

(27. Februar)

Eine Delegation aus Bad Lippspringe führte in Templin Gespräche zum Abschluss einer Städtepartnerschaft.

(1. März)

Beratung der Mitglieder des Kulturbundes auf einer außerordentlichen Sitzung über Möglichkeiten und Perspektiven des Verbandes.

(10. März)

Der Parteivorsitzende der SPD, Hans-Jochen Vogel, sprach auf dem Templiner Marktplatz.

(12. März)

Das letzte Friedensgebet fand in Vorbereitung auf den Wahltag am 18. März statt.

(12./13. März)

Vereinbarung der Städtepartnerschaft bei einem Besuch in Bad Lippspringe.

(14. März)

Tagung des siebenten „Runden Tisches". Es wurde informiert, dass sich die Bürger an einer Volksbefragung über die Zugehörigkeit des Kreises Templin zu Mecklenburg/Vorpommern oder Brandenburg beteiligen sollten.

Besprechung letzter Wahlvorbereitungen. Als Kandidat für die Volkskammerwahlen wurde Herr Schoeneich benannt.

(16. März)

Übergabe des altersgerechten Wohnblocks in der Minna-Ostrowski-Straße.

(18. März)

Volkswahlen und Referendum über die Zugehörigkeit des Kreises Templin zu Mecklenburg/Vorpommern oder Brandenburg.

Bei der ersten Kommunalwahl nach der Wende Wahl von 30 Abgeordneten für die Stadtverordnetenversammlung. Die SPD erhielt zehn, die CDU acht, Bündnis 90/Grüne/Kulturbund fünf, die PDS vier, die FDP zwei Sitze und der DFD einen Sitz.

(29. März)

Erste Diskussionen zum Bau eines Gewerbegebietes.

(2. Mai)

Von Januar bis Ende April 79 Antragsstellungen auf eine Gewerbeerlaubnis.

(29. Mai)

Wahl des Templiners Dr. med. vet. Kurt Seidler, 69, parteilos, durch den Kreistag Templin auf Vorschlag der CDU zum ersten Landrat.

(31. Mai)

Konstituierende Sitzung der neuen Stadtverordnetenversammlung im Rathaussaal.

Zum hauptamtlichen Bürgermeister wurde, auf Vorschlag der SPD-Fraktion, Ulrich Schoeneich gewählt.

Festlegung von Dezernaten und Ausschüssen.

Zu den ersten Beschlüssen gehörten die Entscheidungen zum Beitritt der Stadt in den „Deutschen Städtetag", zur Errichtung des Gewerbegebietes, eines Gewerbeamtes, Grundstücksverkäufe, Beschluss einer Marktordnung mit Standgebühren sowie einer Kurtaxe, der Bau einer neuen Sparkasse, die Festlegung von Tankstellenstandorten, die Rekonstruktion der Kläranlage und die gastechnische Erschließung bzw. die Nutzung umweltfreundlicher Energieträger.

(31. Mai 1990 – 5. Mai 2010)

Ulrich Schoeneich Bürgermeister.

(1. Juni)

Umwandlung des ehemaligen Bekleidungswerkes in „Freizeitmoden Templin". Neuer Betriebsleiter wurde Dieter Ende, einen Monat später GmbH-Gründung und Trennung vom Betriebsteil Zehdenick.

(1. Juli)

Entflechtung des früheren VEB Gebäudewirtschaft Templin, der für den gesamten Altkreis Templin zuständig war, und daraus Bildung der WOBA GmbH, der Fernwärme GmbH sowie des Baubetriebes Bau-Mod.

Die Stadt wurde alleiniger Gesellschafter der WOBA und der Fernwärme GmbH.

Übernahme des Kinderheims „Elfriede Paul" in kreisliche Trägerschaft.

(2. Juli)

Stadtdirektor Antonius Kappmeyer i. R. unterstützte für dreieinhalb Wochen im Auftrag der Partnerstadt Bad Lippspringe Bürgermeister Schoeneich bei kommunalpolitischen und verwaltungstechnischen Entscheidungen.

(8. August)

Baubeginn der neuen Kläranlage – System Biolak – bei Reinfeld.

(1. September)

1. Templiner Stadtfest mit Unterzeichnung der Städtepartnerschaft mit Bad Lippspringe (Nordrhein-Westfalen) in Anwesenheit des damaligen Stadtdirektors Heinrich Kohlbrei, des stellvertretenden Stadtdirektors Hans Tofall, der Bürgermeisterin Elisabeth Winkler und dem stellvertretenden Bürgermeister Dr. Wilfried Rüdiger aus Bad Lippspringe sowie Bürgermeister Ulrich Schoeneich und Stadtverordnetenpräsident Hans-Werner Schulz. Die Werbegemeinschaft Bad Lippspringe überreichte durch ihren ersten Vorsitzenden Wolfgang Scherer der Stadt Templin die erste neue Stadtfahne mit Wappen.

(5. September)

Durch Entflechtung der Stadtwirtschaft entstanden die Bereiche Grünanlagen, Waldfriedhof sowie Straßenreinigung als städtische Einrichtungen.

Antrag an den Kreis, in Rechtsträgerschaft der Stadt befindliche Gebäude in kommunales Eigentum zu überführen, so u. a. Erholungsheim Buchheide, Allende-Heim, Lübbeseehotel.

(1. Oktober)

Gründung des „Templiner Heimatklubs", der erneut den „Templiner Kreiskalender" ab 1997 „Templiner Heimatkalender", herausgibt.

(2. Oktober)

Am Vorabend des Tages der deutschen Einheit fand ein ökumenischer Gottesdienst sowie ein Kerzen- und Lampionumzug statt. Herr Kasner betrachtete mit seiner Gedenkrede Chancen und Gefahren des geeinten Deutschlands. Die Bläser der Kantorei beendeten die Veranstaltung mit der Nationalhymne.

(3. Oktober)

Festveranstaltung zum Tag der deutschen Einheit in der Aula der Pädagogischen Schule mit Vertretern der Stadtverordnetenversammlung und des Kreistages, der Schülerräte, der Kirchenräte und ihren Angehörigen. Nachmittags fand ein Volksfest auf dem Marktplatz statt, das mit einem abendlichen Lagerfeuer ausklang.

(6. Oktober)

Im Hotel Bürgergarten Gründung der Werbegemeinschaft e.V. Initiator war Elektromeister Saborosch.

(12. Oktober)

In Bad Lippspringe Unterzeichnung der Freundschaftsurkunden der beiden Partnerstädte in Anwesenheit von Templiner Stadtverordneten und Bürgern.

(15. Oktober)

Beginn einer umfassenden Sanierung der Stadtmauer, die 2002 abgeschlossen wurde.

(24. Oktober)

Gespräche mit den privaten Investoren Barwinsky und Peters aus Paderborn und Bad Lippspringe über den Bau von Sozialwohnungen.

(27. Oktober)

Gründung des Fremdenverkehrsvereins Templin, der die Steuerung und Koordinierung des Tourismus übernahm.

(1. November)

Templin gehört wieder zum neu gebildeten Land Brandenburg.

(14. November)

Stadtverordnetenbeschluss zur Einrichtung des „Gewerbeparks Süd" nahe der

Vietmannsdorfer Straße.

Entscheidung, zur Verbesserung der Versorgung mit Waren des täglichen Bedarfs und zur Verschönerung des unansehnlichen Scheunenviertels in der Lychener Straße ein Versorgungszentrum zu errichten.

(19. November)

Die Stadt bekam einen gebrauchten Krankenwagen Typ „Mercedes" geschenkt, der dem DRK übergeben wurde.

Einrichtung eines Obdachlosenheims in der Prenzlauer Allee 44 und Gründung der „Mobilen Lebenshilfe".

Restaurierungsbeginn des historischen Stadtkerns.

Beschlüsse für den Bau von Wohnungseigentum und Sozialwohnungen gefasst.

(1. Dezember)

Erneute Auflage des „Templiner Kreiskalenders", später „Heimatkalender", nach 48 Jahren, mit dem Redaktionskollegium Eitel Knitter, Dr. Detlef Hensel und Max Lobedan unter Leitung von Bärbel Makowitz.

1991

(6. Januar)

Bauarbeiten am „Fährkrug" haben begonnen.

(10. Januar)

Baubeginn für die neue Filiale der Sparkasse in der Schinkelstraße.

(16. Januar)

Bestellung Alfons Klaffkis als Geschäftsführer der WOBA.

(22. Januar)

Weihung von zwei Bronzeglocken, gegossen von der Firma Petit-Edelbrock aus Gescher/NRW, in der Katholischen Kirche. 2/3 der Kosten wurden von der Partnerstadt Bad Lippspringe übernommen.

(28. Januar)

Die Sankt-Georgen-Kapelle erhielt ein neues Dach.

(31. Januar)

Beschluss des Templiner Kreistags zur Einrichtung eines Gymnasiums. Diesem Bescheid folgte die Stadtverordnetenversammlung mit dem Beschluss zur Schaffung der planungsrechtlichen Voraussetzungen.

(1. Februar)

Gründung des Kunstinstituts BAJA durch Frau Barbara Richter-Rumstig.

Treuhand übergab der Kommune die Häuser der Templiner Poliklinik.

(9. März)

Mit 14396 Bürgern hatte Templin den höchsten Einwohnerstand nach der Wende.

(11. März)

Entsprechend des Beschlusses der Stadtverordnetenversammlung vom 17. Oktober 1990 Umbenennung folgender Straßen:
Minna-Ostrowski-Straße: Dargersdorfer Straße
Wilhelm-Pieck-Straße: Prenzlauer Allee

Richard-Bröse-Viertel: Strahl-Goder-Straße

(10. April)

Übergabe weiterer vier Gebäude des ehemaligen ambulanten Gesundheitswesens, der FDGB-Häuser am Lübbesee und im Bürgergarten sowie des „Freizeittreffs“ am Museum durch die Treuhand an die Stadt.

(22. April)

Die vollbiologische Kläranlage bei Reinfeld nahm ihren Probebetrieb auf.

(24. April)

Beginn der Arbeiten für den sozialen Wohnungsbau der Firma Klein am Neuen Weg.

Der Templiner Ortsverband des Brandenburgischen Seniorenverbandes wurde von 22 ehemaligen Mitarbeitern des öffentlichen Dienstes gegründet. Vorsitzender war Werner Aust.

Der Gauck-Behörde wurde die eidesstattliche Erklärung der Stadtverordneten zu eventueller Tätigkeit als informeller Mitarbeiter der Staatssicherheit übergeben. Im Ergebnis der Überprüfung Rückgabe von drei Abgeordnetenmandaten.

(1. Mai)

Nach Auflösung des Konsumbackwarenkombinats Neubrandenburg Gründung der „Templiner Backstuben“ durch ehemalige Mitarbeiter unter der Leitung von Burkhard Gohlke.

(2. Mai)

Schließung des ehemaligen FDGB-Heims „Salvador Allende“.

Übernahme des Ferienheims „Am Lübbesee“ von der Templiner Hotelgesellschaft mbH unter Leitung von Klaus Bubl und Bernd Zimdars.

(4./5. Mai)

Großveranstaltung auf dem Marktplatz mit „Antenne Brandenburg“.

(14. Mai)

Eröffnung einer Verkaufsgalerie durch Künstler verschiedener Genres im „Waldhus“, im Vorwerk Annenwalde, in Anwesenheit der Kulturdezernentin des Kreises, Brigitte Pilz, und der Bürgermeisterin der Gemeinde Beutel, Marianne Repkow.

(6.Juni)

„Verein der Haus- und Grundstückeigentümer Westuckermark“ e. V. unter Frithjof Schlicke gegründet.

(8. Juni)

Erstes Kreisheimattreffen von Templinern aus West und Ost.

(30. Juni)

Privatisierung des Fleischereibetriebes in der Zehdenicker Straße unter dem Namen „Templiner Schinken-Spezialitäten“.

(1. Juli)

Private Niederlassung von Ärzten der ehemaligen Kreispoliklinik.

(2. Juli)

Schließung von Hotel und Gaststätte „Uckermärker Hof“ und späterer Umbau für eine Apotheke, Arztpraxen, ein Restaurant, ein Kosmetikstudio und Büroräume.

(21. August)

Umbau der Bungalows am Bürgergarten zu Wohnungen begann.

(31. August)

Templin feierte das 2. Stadtfest.

(1. September)

Umstrukturierung der Pädagogischen Fachschule für Kindergärtnerinnen im ehemaligen Joachimsthalschen Gymnasium auf Beschluss des Ministeriums für Bildung, Jugend und Sport ab September 1991 zur Fachschule für Sozialpädagogik.

(2. September)

Gründung der Förderschule für geistig Behinderte im „Waldhof" als Schule in freier Trägerschaft mit 45 Schülern und 20 Mitarbeitern.

(31. September)

Der Templiner Kreistag beschloss den Bau eines neuen Schulgebäudes für das Gymnasium, was von den Stadtverordneten bestätigt und mit dem Beschluss, 2,7 Millionen Mark als Anteil der Stadt einzubringen, untermauert wurde.

(1. Oktober)

Bürger protestierten gegen geplanten Verkauf des Kinos an einen privaten Investor in einem Brief an Frau Birgit Breuel, Leiterin der Treuhand, um das Gebäude als künftiges Kulturzentrum für die Stadt zu erhalten.

(2. Oktober)

100-Jahr-Feier Waldhof Templin.

Treffen der „Alten Joachimsthaler" in Templin mit dem Mitglied des Bundestages Markus Meckel zur Wiederbelebung der Bildungseinrichtung.

Der Wohnkomplex „Neuer Weg" entstand.

(3. Oktober)

Feier des Tages der deutschen Einheit mit einem Uckermärkischen Landmarkt.

(4. Oktober)

Bewilligung von 250 000 DM für die Restaurierung der Stadtmauer für das Jahr 1991.

(13. Oktober)

Zusammenschluss von „Neuem Forum" und „Demokratie Jetzt" zum „Bündnis 90" unter Vorsitz von Jürgen Baron.

(17. Oktober)

Verpachtung des Hotels am Lübbesee an die Kette „Eurotel-International", die „Inpro-GmbH" übernahm das Objekt im Bürgergarten.

(2. November)

Ermächtigung des Landrates, zum Kauf eines Grundstücks für das künftige Gymnasium einen Kredit zu beantragen.

(5. November)

Besuch einer SPD-Delegation aus Unna gemeinsam mit Brandenburgs Ministerpräsidenten Manfred Stolpe.

(13. November)

Mit der Entflechtung der Waldeigentumsanteile erhielt die Stadt 3 400 Hektar Wald zurück.

(14. November)

Beschluss der verbindlichen Bauleitplanung für das Gewerbegebiet

(15. November)

Eröffnung der Aral-Tankstelle in der Lychener Straße.

(29. November)

Im Gewerbegebiet Süd Grundsteinlegung für den Schlachtbetrieb „Templiner Landfeine", der 13 Monate später als erste Einrichtung den Betrieb mit 50 Arbeitern aufnahm.

(2. Dezember)

Abschluss eines Konzessionsvertrages zwischen Templin und der Ostmecklenburgischen Gasversorgung über 20 Jahre.

(9. Dezember)

Die Stadt befürwortete die Errichtung eines Aldi-Marktes auf dem Gelände des Garten-Center-Geländes in der Vietmannsdorfer Straße.

(26. Dezember)

Zur Verbesserung des Telefonverkehrs Errichtung eines Richtfunkmastes durch die Telekom in der Vietmannsdorfer Straße.

1992

(10. Januar)

Ein Pachtvertrag für das Ferienhotel am Lübbesee wurde mit der „Euromill-GmbH" unterzeichnet.

(15. Januar)

Horst Baage mit 25 von 29 Stimmen als neuer Stadtverordnetenvorsteher gewählt.

(16. Januar)

Der Bürgermeister wandte sich in einem Brief an Bundeskanzler Helmut Kohl und Bundesjustizminister Klaus Klinkel zur Zukunft des im Rohbau stehenden Stasi-Urlauberheims „Buchheide", das die Stadt von der Treuhand kaufen wolle, um dort ein Herz-Kreislauf-Sanatorium einzurichten.

(27. Januar)

Das Filmtheater in der Prenzlauer Allee gehörte offiziell der Stadt.

(1. Februar)

Übernahme des Bekleidungswerkes durch die dänische Firma „Brantex".

(4. Februar)

Die Ausbildungsbrücke Bad-Lippspringe-Templin stellte für Schulabgänger 26 Ausbildungsplätze in der Partnerstadt zur Verfügung.

(4. März)

Der Seniorenklub gründete einen eingeschriebenen Verein.

(13. März)

Investor Willy Repkow stellte Planungen für ein Einkaufszentrum in der Lychener Straße gegenüber der Aral-Tankstelle vor.

(April)

Übergabe einer Einkaufspassage von der Ernst-Thälmann- zur Pestalozzistraße durch den Bauunternehmer Jochen Köhn.

(10. April)

Fritz-Reuter-Preis an Erna Taege-Röhnisch anlässlich ihres 80. Geburtstages.

(28. April)

„Templiner Wasserwacht“ gegründet.

(22. Mai)

Templin war Mitbegründer der unter der Schirmherrschaft des Ministers für Stadtentwicklung, Wohnen und Verkehr des Landes Brandenburg geschaffenen Arbeitsgemeinschaft „Städte mit historischem Stadtkern“. Die historische Altstadt wurde in das Programm „Städtebaulicher Denkmalschutz“ des Bundesbauministeriums aufgenommen.

Im Auftrag der Stadt Templin hatte die Arbeitsgemeinschaft des Büros für Stadtplanung, -forschung und -erneuerung (PFE) und die Beratergesellschaft für Stadterneuerung und Modernisierung (BSM) im Bereich der historischen Altstadt „Vorbereitende Untersuchungen“ durchgeführt und anhand eines städtebaulichen „Rahmenplanes“ Maßnahmen zur städtebaulichen Erneuerung aufgezeigt. Dementsprechend hatte die Stadt den Bereich des Stadtkerns als Sanierungsgebiet ausgewiesen und eine Sanierungssatzung erlassen.

(29. Mai)

Besuch der damaligen Bundesministerin für Frauen und Jugend, Dr. Angela Merkel. Sie war zu Gast in der Kindertagesstätte „Olga Benario“, um sich über ein Konzept zur integrativen Betreuung von behinderten und gesunden Kindern zu informieren. Es folgten ein Besuch im „Jugendhaus Villa“ und ein Gespräch mit Templiner Bürgern zu aktuellen Fragen.

Sozialer Wohnungsbaubeginn in der Lychener Straße durch die Investoren Peters und Barwinsky.

(9. Juni)

Eine Stadtbuslinie fuhr im Stundentakt in der Zeit von 8 Uhr bis 19 Uhr vom Plusmarkt in der Lychener Straße durch die Stadt zum Ferienhotel.

(10. Juni)

Tiefenbohrung für Thermalwasser begann.

(24. Juni)

Information des Bürgermeisters Schoeneich über die Bewerbung der Langenbahn-Schubert-Kliniken GmbH München zum Bau einer Fachklinik in dem als Sondergebiet für Kliniken ausgewiesenen Gelände in der Dargersdorfer Straße.

(16. Juni)

Umstellung des Heizhauses der Templiner Fernwärme GmbH in der Dargersdorfer Straße auf Gas. Von einst 30 Arbeitern waren nur noch vier tätig.

(26. Juni)

Beschluss zur Fortführung der Rühlschen Stiftung aus dem Jahre 1789 zur Betreuung der ersten Obdachlosen.

Sperrung der Pionierbrücke wegen Bauarbeiten für acht Wochen.

9. Juli)

Start für die Grundsanierung von 48 Wohnungen der Wohnungsbaugenossenschaft Uckermark Templin e. G. im Stadtzentrum.

(**14. Juli**)
Beschluss des Kirchenbeirats zur Verpachtung der Fläche für das zukünftige Gewebegebiet in Erbbaupacht an die Stadt.

(**7. August**)
Die KAPRO-KISSE GmbH begann in Templin-Reinfeld mit dem Bau eines Asphaltwerkes für 4,5 Mill. Mark. Es entstanden 21 Dauerarbeitsplätze.

(**17.September**)
1. Historisches Stadtfest

(**20. September**)
Eröffnung der „Kinderöko-Insel-Spatz" am Weltkindertag in der Dargersdorfer Straße.

(**23. September**)
Einweihung des ersten Radwanderwegabschnitts im Altkreis Templin durch Sozialministerin Regine Hildebrandt in Anwesenheit von Landrat Roland Resch. Die Fahrräder stellte Kurt Röhnisch, Inhaber eines Zweiradgeschäftes, zur Verfügung.

(**1. Oktober**)
Bau von 48 Wohnungen im vom Land Brandenburg geförderten Wohnungsbau in der Lychener Straße durch die Dortmunder Firma Klein.

(**8. Oktober**)
Kündigung des Pachtvertrages durch die Firma Inpro für das Hotel im Bürgergarten zum 31. Januar 1993.

(**15. Oktober**)
Straßenbauarbeiten für drei Mio. DM begannen an der Friedrich-Engels-Straße. Ein „Großprojekt" dabei war die so genannte Spiegelkreuzung.

(**17.November**)
Am Annenwalder Weg Beginn der Erschließungsarbeiten für ein neues Wohngebiet. Für das so genannte „Vogelviertel" waren Einfamilien-, Doppel- und Reihenhäuser sowie sozialer Wohnungsbau vorgesehen.

(**19. November**)
Neueröffnung der Fleischerei Löffler in der Puschkinstraße, wo sie bereits zwischen 1924 bis 1959 ihr Geschäft führte.

(**2. Dezember**)
In Anwesenheit von Sozialministerin Regine Hildebrandt und Dr. Hager von der Reha-Med-Gesellschaft Grundsteinlegung für eine Rehabilationsklinik der Med GmbH Königstein für Herz-Kreislauf- und Stoffwechselerkrankungen durch Bürgermeister Schöneich in der Dargersdorfer Straße. Das war der erste Schritt Templins auf dem Weg zu einem Kur- und Bäderzentrum.

(**14. Dezember**)
Beginn der Sanierung der Goetheschule.

(**16. Dezember**)
Inbetriebnahme der neuen digitalen Fern- und Ortsvermittlungsstelle in der Vietmannsdorfer Straße. Damit erhielten 1300 weitere Templiner einen Telefonanschluss. Die alte Fernsprechvermittlungsanlage in der Puschkinstraße wurde nach über 50-jährigem Betrieb abgeschaltet.

(21. Dezember)

Die Erschließungsarbeiten zum Gewerbegebiet Süd wurden mit dem Straßenbau begonnen.

Bildung der Templiner Beschäftigungs- und Bildungs-gGmbH, die gemeinsam mit dem im Januar 1991 gegründeten Verein Zweckgemeinschaft für Berufsbildung die Beschäftigung von Arbeitslosen organisierten.

1993

(1. Januar)

Gründung Zweckverbandes Wasserversorgung und Abwasserversorgung Westuckermark.

(13. Januar)

Nach einer viermonatigen ABM-Maßnahme Übergabe des geräumten Mühlgrabens.

(14. Januar)

Bei Baumaßnahmen für die neue Sparkasse in der Schinkelstraße stießen Archäologen auf weitere steinerne Zeugen aus der Vergangenheit.

(24. Januar)

Das Sturmtief „Barbara“ wütete über Templin.

(25. Januar)

Beginn von Renovierung, Restaurierung und Neubau im Wohngebiet „Postheim“ durch die WOBA. Es wurden 105 Wohnungen modernisiert, 68 Wohnungen neu gebaut sowie ein Restaurant und 11 Ferienhäuser errichtet.

(30. Januar)

Ex-SPD-Vorsitzender Hans-Jochen Vogel weilte auf Einladung der SPD erneut in der Stadt.

(3. Februar)

Das Akzisehaus wurde zur Rekonstruktion eingerüstet. Es standen 100 000 DM Fördermittel zur Verfügung.

(9. Februar)

Das Ferienhotel am Lübbesee, mit 1 023 Betten das viertgrößte in Deutschland, wurde durch die Treuhand erneut ausgeschrieben, da Euromill statt der geforderten 23 Mio. DM nur 8,5 Mio. zahlen wollte.

(10. Februar)

Beschluss zur Benennung von Straßen:

Im Wohngebiet „Annenwalder Weg“: Reiher-, Fasanen-, Kranich-, Lerchen- und Finkenweg

Verbindungsstraße zwischen Dargersdorfer und Vietmannsdorfer Straße: Feldstraße

Weg vom Egelpfuhl zur Feldstraße: Schreberweg

Verbindung im Gewerbegebiet von der Feldstraße zur Zehdenicker Straße: Hindenburger Straße

erste Scheidung der Lychener Straße: Parisiusstraße

(11. Februar)

Richtfest für 48 Sozialwohnungen der Bauherren Barwinski und Peters aus Paderborn in der Lychener Straße.

(12. Februar)

Die Zweckgemeinschaft für Berufsbildung kaufte von der Treuhand auf dem Gelände der Forstwirtschaft eine Immobilie und schuf dort 10 Arbeitsplätze.

(17. Februar)

Verbesserung der Verkehrssituation am Bahnübergang Robert-Koch-/Dargersdorfer-Straße durch Einbau einer automatischen Halbschrankenanlage.

(19. Februar)

Schließung der Baulücke am Webertor durch einen Neubau für den Getränkehandel Schmidt.

(26. Februar)

Schaffung von 60 Arbeitsplätzen durch das Straßenbauamt Strausberg in seiner Filiale im Strahl-Goder-Viertel.

(10. März)

Die Stadtverordneten entschieden positiv über den Vorhabenplan der Bauherrin Carola Berlin für ein Geschäfts-, Büro- und Ärztehaus in der Oberen Mühlen-/Ecke Friedrich-Engels-Straße.

(16. März)

Übergabe des Bibliotheksgebäudes an den Landesausschuss der Inneren Mission für eine Erweiterung des Pflegeheims „Richard Kirstein“.

(22. März)

Baubeginn eines Parkplatzes für 75 Pkw und zwei bis drei Busse am Wasserturm.

(31. März)

Eröffnung von Gaststätte und Hotel „Fährkrug“ nach vierjähriger Bauzeit.

(7. April)

Die Stadtverordneten beschlossen weitere Namensänderungen:

Straßenabschnitt zwischen Oberer Mühlenstraße und Beethoven-Platz:

„Prokopiusstraße“, der Weg um den Egelpfuhl: „Am Egelphuhl“, Straße ab Restaurant des Kleingartenvereins bis zur Vietmannsdorfer Straße: „Petersilienweg“.

(8. April)

Eingemeindung von Ahrensdorf.

(28. April)

Kauf von Grundstücken und Bauten aus ehemaligem Volkseigentum für je eine DM von der Treuhand, u. a. die Bungalows und der 16-WE-Block des Ferienheimes „Salvador Allende“ in der Parkstraße, den ehemaligen FDGB-Block in der Ringstraße sowie das ehemalige Verwaltungsgebäude des Ferienhotels am Lübbesee.

Verkauf des Ferienhotels am Lübbesee für 10 Millionen an die bisherigen Pächter, die Euromill-Gruppe. Als erstes wurde der Umbau des Bettenhauses in Angriff genommen.

Gründung des „Templiner Kunstvereins“ im Brandenburgischen Kulturbund e.V. unter der Leitung von Christian Uhlig.

(5. Mai)

Beschluss eines Entwicklungskonzeptes für die WOBA bis 2000. Sie besaß 227 Gebäude mit 2355 Wohnungen, 114 Gewerbeobjekte, 72 Mietgaragen, 226 Pachtgaragen, 198 Gärten, insgesamt ein Bestandsvolumen von 25,4 Mio. DM.

Abschluss eines Erbbau-Pachtvertrages für das „Seglerheim" über 50 Jahre mit dem Segler-Club.

(9. Mai)

Erstes Internationales Behindertensportfest im Stadion.

(10.5.)

„Jugendkella" eröffnet.

(13. Mai)

Penny-Markt in der Süd-Stadt eröffnet.

(16. Juni)

Zustimmung des Kreistags zum Vorhaben der Stadt, Kur- und Bäderstadt zu werden.

(17. Juni)

Sozialministerin Hildebrandt besuchte die Gesamtschule II.

(21. Juni)

Zulassungsbescheid als Integrationsstätte für behinderte und gesunde Kinder für den Kindergarten „Olga Benario" in der Robert-Koch-Straße vom Landessozialamt Cottbus.

(25. – 27. Juni)

50 Templiner besuchten das Bad Lippspringer Sommerfest.

(30. Juni)

Das Bildungsministerium genehmigte den Gymnasiumsneubau.

(1. Juli)

Übergabe von Museum und Bibliothek an die Stadt

(2. Juli)

Grundsteinlegung für das neue Sparkassengebäude in der Schinkelstraße.

(18. Juli)

Eröffnung der neuen Filiale der Volksbank „Uckermark" am Markt.

(23.Juli)

2. Historische Festtage

(29. Juli)

140 Fahrzeuge einer Oldtimer-Rallye querten auch Templin.

(30. Juli)

Übergabe der letzten 15 Eigenheime der Firma Köhn von der Templiner Tiefbau GmbH am Neuen Weg. Eine weitere Eigenheimsiedlung baute die Firma Köhn auf dem Gelände der ehemaligen Obstplantage in der heutigen Wilhelm-Wilcke-Straße.

(3. August)

Grundsteinlegung für das Ärztehaus in der Friedrich-Engels-Straße

(15. August)

16 Sozialwohnungen wurden von der Firma Klein und weitere im Oktober von der Firma Barwinsky im „Vogelviertel" übergeben. In Templin entstanden damit bundesweit die ersten Sozialwohnungen auf dem Gebiet der ehemaligen DDR.

(28. August)

Templin beging sein 4. Stadtfest.

(2. September)

Als erstes Geschäft des neuen Einkaufszentrums in der Lychener Straße gegenüber der Aral-Tankstelle eröffnete ein Bau- und Gartenfachmarkt.

(15. September)

Aus drei neuen Bewerbern für das Hotel am Bürgergarten wurde das „WTC-World Trade Center“ favorisiert.

(16. September)

Kauf des ehemaligen Lagerplatzes des Kohlehandels in der Friedrich-Engels-Straße zur Errichtung des „City-Centers“ mit Geschäften, Arztpraxen und Apotheke durch die Berliner Familie Singer.

(20. September)

Grundsteinlegung für das Geschäfts- und Ärztehaus in der Mühlenstraße/Ecke Friedrich-Engels-Straße.

(25. September)

Die Templiner Feuerwehr feierte den 110. Jahrestag ihrer Gründung. Der langjährige Wehrleiter Willi Saborosch wurde Ehrenbrandmeister.

(11. Oktober)

Ablehnung eines Klinik-Verbund-Modells durch die Krankenkassen, da der Bedarf der Neurologie an Reha-Kliniken gedeckt sei.

(19. Oktober)

Die Stadt stellte der Zweckgemeinschaft Berufsbildung e. V. das ehemalige Lehrlingswohnheim der Berufsschule in der Dargersdorfer Straße zur Verfügung.

(20. Oktober)

Grundsteinlegung am Einkaufszentrum Lychener Straße durch die Firma Kap Hag für das „Stadt Center Templin“.

(3. November)

Ausweisung der Stadt als Mittelzentrum.

(11. November)

Die neu entstandene Querverbindung zwischen Parisiusstraße und 2. Scheidung erhielt den Namen des Templiner Kunstmalers Wilhelm Wilcke.

(20. November)

Eröffnung des Multi-Kulturellen-Centrums (MKC) in der Prenzlauer Allee 6. Bei diesem Anlass wurde die Heimatdichterin Erna Taege-Röhnisch Ehrenbürgerin.

(24. November)

Die letzte Sitzung des Templiner Kreistages fand statt.

Erschließungsarbeiten im Gewerbegebiet begannen.

(2. Dezember)

Anschluss der Stadt an das Erdgasnetz durch die Ostmecklenburgische Gasversorgung Neubrandenburg GmbH OMG.

(6. Dezember)

Bei den Kommunalwahlen erhielt Ulrich Schoeneich erneut die Mehrzahl der Wählerstimmen. Auf die SPD entfielen 38 %, PDS 18 %, CDU 17 %, Grüne/Bündnis 90 12 %, FDP 8 %.

(10. Dezember)

Richtfest am Ärzte- und Geschäftshaus in der Mühlenstraße/Ecke Friedrich-Engels-Straße.

(11. Dezember)

Grundsteinlegung für das „Stadt-Center" in der Lychener Straße

(15. Dezember)

China-Restaurant Am Markt eröffnet.

Privatisierung des Sägewerkes – Christian Würfel Geschäftsführer der Holzindustrie Templin.

1994

(1. Januar)

Übernahme von Museum, Berliner Tor und Klostermühle Boitzenburg durch Kreis.

(19. Januar)

Stilllegung des Möbelwerkes durch den Hamburger Besitzer Koch.

Bildung einer stadteigenen Forstverwaltung zur Bewirtschaftung des 3 400 Hektar umfassenden stadteigenen Waldes.

(26. Januar)

Abschluss Erbbauvertrag mit der Firma World Trade Center (WTC) aus Gelsenkirchen für 99 Jahre für das Objekt „Bürgergarten".

Baubeginn für einen neuen Busbahnhof in der Friedrich-Engels-Straße.

(14. Februar)

Erneute Auszeichnung als „Staatlich anerkannter Erholungsort".

Grundsteinlegung für die Pension „Am Eichwerder".

(23. Februar)

Bei Bauarbeiten in der Thälmannstraße Ausgrabung eines Brunnens.

Erbverpachtung des Zeltplatzes am Fährsee an den Geschäftsführer des „Fährkruges" auf 50 Jahre.

(4. März)

In Vorbereitung auf die Wiedereröffnung des restaurierten Jugendhauses „Villa" Gründung eines Fördervereins unter dem Vorsitz von Horst Kasner.

(6. April)

Am AOK-Gebäude in der Heine-Straße erfolgte ein Anbau für 2,5 Mill. DM.

(6. Mai)

Ausrichtung des ersten Behindertensportfestes der Uckermark.

(10. Mai)

Ein Norma-Markt öffnete in der Lychener Straße beim ehemaligen Bekleidungswerk.

(1. Juni)

Übernahme von Museum und Bibliothek aus der Trägerschaft des Kreises durch die Stadt.

(11. Juni)

Im Zusammenhang mit dem Waldhofjahresfest wurden in der Stadt der Uckermärkische Kirchentag und ein Landesjugendcamp durchgeführt.

Eröffnung der Produktionsstätte „Templiner Backstuben" in der Vietmannsdorfer Straße.

(17. Juni)

Neue Straßennamen in Ahrensdorf:

Weg an der Eisenbahn: Reifkrautweg
Weg hinter Petersdorfer Straße: Im Wäldchen

Verkauf des früheren Stasi-Objektes Buchheide an Hochfeld/Matucek für 85 000 DM mit der Auflage, dort Ferienwohnungen zu errichten.

(19. Juni)

Feierlichkeiten zur Wiedergründung der „Templiner Schützengilde".

(30. Juni)

Die Einwohnerzahl betrug 13 902.

(13. Juli)

Straßenbenennung im Gewerbegebiet:

Otto-Lilienthal-, Heinrich-Hertz-, Ilse-Meitner-, Marie-Curie-, Justus-von Liebig-, Rudolf-Diesel-, Gottlieb-Daimler-, Carl-Friedrich-Benz-Straße, An der Festwiese

(4. August)

Mitteilung der Kreisverwaltung, dass in den nächsten Jahren die alten Kreisarchive in Prenzlau zentralisiert werden.

(5. August)

Eröffnung des Plusmarktes in der Lychener Straße.

(12. – 13. August)

Brandenburgs Ministerpräsident Manfred Stolpe und Ministerpräsident Johannes Rau aus Nordrhein-Westfalen sowie Bildungsminister Roland Resch und Innenminister Alwin Ziel weilten während des Wahlkampfes auf dem Ferienhof Kunert in Etashof und in Templin. Zum Wochenendaufenthalt gehörte ein Stadtrundgang durch Templin, bei dem Bürgermeister Schoeneich das Bemühen um die Entwicklung zur Kur- und Bäderstadt verdeutlichte.

(19. August)

Templin erhielt erneut den Titel „Staatlich anerkannter Erholungsort".

(23. August)

Grundsteinlegung für Ergänzungsneubauten im Wohngebiet „Postheim" durch die Woba.

(26. – 28. August)

5. Templiner Stadtfest.

(28. August)

Abschluss der Sanierungsarbeiten am Akzisehaus, das seit dem 29. August Sitz des Templiner Fremdenverkehrsvereins war.

(7. September)

Reha-Klinik in der Dargersdorfer Straße im Rohbau fertiggestellt.

(8. September)

In der Maria-Magdalenen-Kirche Einweihung der neuen Schuke-Orgel mit einem Festgottesdienst. Sie ist die größte Orgel in der Uckermark.

(9. September)

Grundsteinlegung für das Gymnasium in der Feldstraße in Anwesenheit des Bürgermeisters Ulrich Schoeneich, des damaligen Bildungsministers Roland Resch und des Landrates Joachim Benthin. Die Baukosten waren mit 25 Mill. DM angesetzt. Das Ministerium für Bildung, Jugend und Sport übernahm 20 Mill. DM.

(**24. September**)

Eröffnung des Nessler-Kaufhauses in der Mühlenstraße.

(**28. Oktober**)

Erste von der Stadt durchgeführte Jagd im Stadtforst.

(**1. November**)

Übernahme des Hauses Am Markt 13 von der WOBA als Verwaltungsgebäude.

(**3. November**)

Richtfest an Reha-med-Klinik.

(**16. November**)

Minimalmarkt (heute Rewe) im Stadt-Center eröffnet.

(**28. November**)

Baubeginn des Busbahnhofs in der Prokopiusstraße.

(**29. November**)

Aldi- und Kayser-Markt (heute Edeka) in Vietmannsdorfer Straße übergeben.

(**12. Dezember**)

Neues Sparkassengebäude in der Schinkelstraße fertiggestellt.

(**13. Dezember**)

Kauf mehrerer Bände der „Templiner Zeitung" der Jahre 1870 bis 1944 von dem Templiner Bürger Dr. Weinhold.

(**21. Dezember**)

Gründung einer Kurortentwicklungsgesellschaft zur Förderung und späteren Nutzung von Thermalwasser. Sie gründete die NaturThermeTemplin GmbH als Betreibergesellschaft. Gesellschafter war die Stadt.

(**31. Dezember**)

Einstellung des Güterverkehrs auf der Strecke Templin-Löwenberg.

1995

(**11. Januar**)

Ungefähr 1540 Wohnungsanträge lagen in der Stadt vor, real fehlten nach Aussage des Vorsitzenden des Ausschusses für Soziales und Wohnen, Dr. G. Bohusch, höchstens 600 Wohnungen.

(**30. Januar**)

Eine Bürgerinitiative forderte Neueinrichtung des Joachimsthalschen Gymnasiums auf den alten Wurzeln mit europäischer Prägung.

(**31. Januar**)

Rückgabe der Nutzungsrechte an Seen, die auf Grund eines Staatsvertrages aus dem Jahr 1921 an das Reich gegangen waren, an die Stadt, da Templin damals keine Entschädigung erhalten hatte.

(**16. Februar**)

Bau der Prokopiusstraße und Rekonstruktion des Beethoven-Platzes.

(10. März)

Beschluss des Kurentwicklungskonzeptes der Vamed Hospital GmbH Berlin.

(18. März)

Einrüstung des Turms der Maria-Magdalenen-Kirche für Restaurierungsarbeiten.

(20. März)

Grundsteinlegung für eine neue Werkstatt für Behinderte mit Gesamtkosten von fast 12 Mill. Mark auf dem Waldhof.

(19. April)

Grundsteinlegung in der neuen Eigenheimsiedlung „Petersilienweg" durch die Baufirma Sambol und den Bauherren Stein.

Beginn der Straßenbauarbeiten im Annenwalder Weg.

(31. April)

Übergabe des neuen Betriebshofes des Templiner Verkehrsbetriebes in der Lychener Straße.

(4. Mai)

Schließung eines Gebäudes des Kindergartens „Clara Zetkin" aus Kostengründen.

(9. Mai)

Beginn der Erneuerung der Außenfassade des historischen Rathauses.

(13. Mai)

Deutscher Meistertitel in der männlichen Jugend D für die Templiner Volleyballer vom SC Victoria 1914 unter ihrem Trainer Bernd Neumann in Elm/Saarland.

(20. Mai)

Eröffnung des Ärztehauses

(16. Juni)

Templin erhielt durch das Bergamt Neubrandenburg offiziell die Rechte für die Nutzung von Thermalwasser im Kurgebiet.

(7. Juli)

Restaurierung des preußischen Adlers auf der Rathausspitze von der Metallbaufirma Kreutzfeldt und Vergoldung durch den Juwelier Leupolt auf eigene Kosten.

(12. Juli)

Beschluss zur Weitergabe des Erbbaurechtsvertrages für das Hotel am Bürgergarten.

(19. Juli)

Entwicklung einer neuen Ausstellungskonzeption für das Berliner Tor, das die Präsentation der zwei von drei Großschutzgebieten der Uckermark beinhaltete. Die Kosten für die vorbereitende Turmsanierung betrugen 225 000 DM, für die Konzeptumsetzung 200 000 DM.

(21. Juli)

Artur Meyer schenkte der Stadt historische Raritäten aus dem Nachlass seines Vaters.

(3. August)

Im Turm der evangelischen Kirche Versenkung des so genannten Kaiserstuhls mit einem Hubschrauber, eines sechs Meter langen Holzbalkens, der für die Festigkeit des Turmes notwendig ist. Das Holz, Uckermärkische Kiefer, stammte aus dem Laatzer Forst.

(9. August)

Inbetriebnahme der Reha-Klinik „Uckermark“ zur Behandlung von Herz-Kreislauf- und Stoffwechselkrankheiten. Die Klinik bot Platz für 236 Patienten. Gleichzeitig war ein Kurpark geschaffen worden, der allen Templinern und Gästen offenstand.

(22. August)

Richtfest am Gymnasium.

Das Museum heißt jetzt „Uckermärkisches Volkskundemuseum“.

Neue Straßennamen:

ab Petersilienweg: Rosenweg

ab Petersilienweg: Tulpenweg

ab Dargersdorfer Straße zum Lübbesee: Zur Buchheide

(28. August)

Grundsteinlegung für 81 altersgerechte Wohnungen des Investors Herbert Neubrech zwischen der Parisius- und Knehdener Straße.

(1.September)

Arbeits- und Sozialministerin Regine Hildebrandt besichtigte die auf dem „Waldhof“ entstehende Behindertenwerkstatt. Sie lobte das Engagement der Templiner für Behinderte.

Übernahme des Hotels am Bürgergarten von der Allianz-Holding AG-Genf Hochfeld mit Erbbaurechtskaufvertrag.

(4. September)

Als „Falscher Waldemar“ zog Volker Müller, Geschäftsführer des „Landhauses Arnimshain“, durch die Städte und Dörfer des Landes Brandesburg, Mecklenburg-Vorpommern und Berlin, um zur 725-Jahr-Feier der Stadt einzuladen.

(5. September)

Der sanierte Turm der Maria-Magdalenen-Kirche wurde mit dem originalgetreu hergestellten goldenen Turmkopf mit Wetterfahne gekrönt.

(24. September)

60. Jahrestag der Herz-Jesu-Kirche. Anlässlich dieses Jubiläums wurde der Straßenabschnitt der Friedrich-Engels-Straße von der Einmündung Obere Mühlenstraße bis zur Einmündung Puschkinstraße in Prokopiusstraße umbenannt.

(29. September – 1. Oktober)

Templin feierte 725 Jahre Ersterwähnung.

(29. September)

Überführung des Kreiskrankenhauses, dessen Träger nach der Kreisgebietsreform der Uckermarkkreis war, in die private Trägerschaft der Langenbahn-Dr. Schubert Gruppe „Versalius“-Kliniken Templin GmbH.

(2. Oktober)

Die 2. Scheidung erhielt in Anwesenheit der Tochter Jutta Dogan den Namen des Autors der „Geschichte der Stadt Templin“, Hans Philipp.

(4. Oktober)

Die Templiner Großküche meldete Konkurs an.

Auszeichnung des Hautarztes Prof. Dr. Heinz-Dieter Jung in Dresden mit dem

Gustav-Riehl-Preis.

(6. **Oktober**)

Richtfest für das neue Feuerwehrhaus.

(12. **Oktober**)

Gründung des „Phänomenta"-Vereins.

(14. **Oktober**)

Namensgebung für die Grundschule in der Karl-Liebknecht-Straße - „Egelpfuhlschule".

(18. **Oktober**)

Unterzeichnung des Vertrages über Probebohrungen nach Thermalwasser unweit der Reha-Klinik auf dem Gelände der Rühlschen Stiftung. Den Zuschlag erhielt die Bohrgesellschaft Rhein-Ruhr mbH.

Bezug des ersten Hauses der Eigenheimsiedung in der Petersilienstraße.

(19. **Oktober**)

Beginn der Restaurierung der Stadtmauer durch die Firma Denkmalpflege

GmbH Prenzlau.

(21./22. **Oktober**)

Das bundesweite Behindertensportfest für Frauen fand in Templin und Lychen statt.

(27. **November**)

Beginn der Rekonstruktion der alten Fachwerkbauten in der Werderstraße.

Abschluss der Probebohrung nach Thermalwasser bis 35 m als Vorausdeutung für weitere Tiefgänge.

(12. **Dezember**)

Grundsteinlegung für das City-Center auf dem alten Kohleplatz.

1996

(10. **Januar**)

Antrag der „Europäischen Gesellschaft zur Förderung von Kultur, Bildung und Wirtschaft" zur Nutzung der Immobilie des Joachimsthalschen Gymnasiums als „Europa-Gymnasium".

(18. **Januar**)

Ablehnung der beantragten Erweiterung des Nessler-Kaufhauses durch eine Eckbebauung Mühlen-/Martin-Luther-Straße durch den Bürgermeister.

(24. **Januar**)

Beschluss, das Kriegerdenkmal auf dem Markt wieder mit dem „Eisernen Kreuz" zu komplettieren.

(28. **Februar**)

Neue Straßennamen:
Fürstenberger/Knehdener Straße erhielten folgende Stichstraßen: Platanenstraße, Kastanienstraße, Haselweg, Eichenweg
Straße Templin-Knehden: Am Knehdenmoor
Straße Templin-Netzow: Netzower Landstraße

(26. **März**)

Vorstellung der Visionen einer „Europa-Schule" vom Vorstandsvorsitzenden der

Europäischen Gesellschaft für Förderung von Kultur, Bildung und Wirtschaft im Bildungsausschuss.

(1. April)

Anstellung von Herrn Uwe Mohr als Thermengeschäftsführer.

(8. April)

Die Templiner Backstuben richteten das „Café am Ratsteich“ ein.

(10. April)

Brandenburgs Ministerpräsident Manfred Stolpe weilte in der Stadt, um für die Fusion Brandenburg/Berlin zu werben.

Wertungsläufe des Motorsportclubs im „Kieferngrund“ zur Deutschen Meisterschaft im Moto-Cross.

(24. April)

Abriss der Rafena-Siedlung am Lübbesee.

Euromill zahlte 8,5 Mio. für das Ferienheim am Lübbesee. Davon erhielt die Stadt 5 Mio. „Erlösauskehr“, die nur für Touristikfragen genutzt werden durften.

Die Stadt plante einen Seehafen am Eichwerder.

(15. Mai)

Übergabe eines neuen Parkplatzes neben dem Gericht in der Prokopiusstraße. Dazu Ausreichung von 350 000 DM Fördermitteln.

Herr Mohr wurde zum Geschäftsführer des „Brandenburgischen Kur- und Bäderverbandes“ gewählt, damit wurde Templin zum Sitz dieses Vereins.

(17. Mai)

Einstellung der Eisenbahnlinie nach Fürstenberg.

(24. Mai)

Erneuter Bohrbeginn am neuen Kurgebiet.

(30. Mai)

Tag der offenen Tür am künftigen Sport- und Freizeitzentrum Buchheide (ehemaliges Stasiobjekt). Das Objekt von 80 000 m² war für 850 000 DM durch die Allianz Holding AG Genf gekauft worden und sollte für 46 Mill. DM u.a. mit Fördermitteln umgebaut werden. Die Entkernung war bereits abgeschlossen.

(15. Juni)

Einweihung der damals deutschlandweit ersten Draisinestrecke zwischen Templin und Fürstenberg über eine Länge von 28 km.

(18. Juni)

Vier Mitglieder der „Europäischen Gesellschaft zur Förderung von Kultur, Bildung und Wissenschaft“ hielten Vorträge in der Staatskanzlei in Potsdam zum Konzept „Europaschule unter Nutzung der Immobilie Joachimsthalsches Gymnasium in Templin“. Anwesend waren Vertreter des Bildungs-, Finanz-, Europa- und Wirtschaftsministeriums. Im Ergebnis wurde vereinbart, dass die Stadt ein finanzielles Konzept einreicht und das Ministerium eine Ausschreibung veranlasst. Es wurde zu bedenken gegeben, dass durch den Auszug des Oberstufenzentrums im Sommer niemand für die Immobilie verantwortlich sein wird und das Archiv gefährdet ist.

Montage des „Eisernen Kreuzes“ auf dem Kreiskriegerdenkmal vor dem alten Rathaus.

(21. Juni)

Ein Thermalwasser-Reservoir wurde gefunden. Der Speicher liegt bei 1615–1650 m. Die Bohrtiefe betrug 1788 m. Das Thermalwasser enthält 150 g Salz/l, hat eine Temperatur von 57 °C und wird mit einer Unterwasserrohrpumpe gefördert, sodass einer Nutzung dieser Sole als Heilmittel nichts mehr im Wege stand.

Die Kosten der Bohrung in Höhe von 4 Mill. DM wurden zu 100 % vom Land Brandenburg übernommen. Auf dieser Grundlage begannen die Planungen für ein zukünftiges Thermalbad in Templin.

(24. Juli)

Aufwendung von 670 000 DM zur Hausschwammbeseitigung in der Sankt-Georgen-Kapelle.

(1. August)

Eröffnung des neuen Gymnasiums in der Feldstraße durch Bildungsministerin Peters. Die Kosten beliefen sich auf 29,1 Mio. DM.

(6. August)

Umzug der Fachschule für Sozialpädagogik unter der Leitung von Dr. Reiner Dreblow vom Standort Prenzlauer Allee in die Dargersdorfer Straße.

(13. September)

Einweihung des neuen modernen Feuerwehrgerätehauses.

(14./15. September)

Begleitet von historischem Markttreiben und Wasserspektakel vor der Liebesinsel fand der Große Templiner Stadtmauerlauf statt.

(25. September)

Die „Alten Joachimsthaler" erbaten vom Land die Option zum Erwerb der Immobilie für ein Jahr zur Sponsorensuche.

Plan der Stadtverwaltung zur Übernahme des Kreishauses als neuen Sitz. Dazu sollte das Straßenbauamt zur Kostenersparnis mit einziehen.

(11./12. Oktober)

Auf Einladung des Bürgermeisters von Polczyn Zdroj weilten Frau Kasner, Herr Baage und Herr Mohr in der Partnerstadt.

(25. Oktober)

Übergabe der neuen Behinderten-Werkstatt in Anwesenheit von Staatssekretär Tegtmeier vom Bonner Bundesarbeitsministerium und Sozialministerin Regine Hildebrandt.

(26. Oktober)

Verhandlungen über den Kauf des Kreishauses.

(9. November)

Das Hotel „Fontane" in der Robert-Koch-Straße mit 25 Doppelzimmern durch Martina Hatter, die die alte Poliklinik 1993 gekauft hatte, eröffnet.

(15. November)

Umbaubeginn des Euromill-Hotels.

(16.November)

Weitere Zentralisierung der Kreisbehörden durch Schließung der Führerscheinstelle.

(28. November)

Geschäftseröffnung im „City-Haus" in der Friedrich-Engels-Straße.

Auf Grund neuer Städtebaurichtlinien des Landes gab sich die Stadt eigene Grundsätze, um möglichst vielen Hauseigentümern Fördermittel ausreichen zu können.

Die Kurentwicklungsgesellschaft wurde von der Stadt mit 1 Mio. DM aus dem Erlös für das Ferienhotel ausgestattet. Dazu erhielt sie ein Darlehen von vier Mio. DM.

(29. Dezember)

Letzter Tanz im „Hyper-Dance", der früheren Hyparschale.

1997

(2. Januar)

Seit Jahresbeginn hatte die Stadt eigene Forstbedienstete.

(7. Januar)

Trotz Schließung der ersten Bahnstrecke (Templin-Lychen), schlug die Bahn-AG vor, den Vorstadtbahnhof in die Nähe des Fußgängerüberweges in der Gartenstraße zu verlegen. Ablehnung dieses Ansinnens durch Stadt und Fremdenverkehrsverein.

(1. Februar)

Amtliche Bestätigung, dass Templin über Heilwasser verfügt. Die Thermalsole sei jodhaltig und eigne sich für therapeutische Anwendungen bei Erkrankung der Atemwege, des Bewegungs- und Stützapparates und bei Hauterkrankungen.

(15. Februar)

Planung zum Abriss der Investruine der Großbäckerei in der Vietmannsdorfer Straße und Errichtung eines Wohnparks Süd.

Anstelle der früheren Landwirtschaftsschule in der Knehdener Straße, die noch von der Akademie für Wirtschaft und Technik genutzt wurde, Planung eines Eigenheimstandortes.

(26. Februar)

Kauf des Kreishauses in der Prenzlauer Allee als neues Rathaus. Der Kaufpreis betrug 3,1 Mio. DM. 14 Abgeordnete hatten dafür, fünf dagegen gestimmt.

(Oktober)

Bürgermeister und Stadtverwaltung bezogen das neue Rathaus.

(28. Februar)

Gründung der Arbeitsgruppe „Innenstadt" der Templiner Einzelhändler.

Im Berliner Tor Einrichtung der Ausstellung „LebensRäume".

(20. März)

Die Tilmann-Immobilien-Vertriebs GmbH ist neuer Betreiber des „Fährkrugs".

(16. April)

„Förderverein Multikulturelles Zentrum" e. V. gegründet.

(24. April)

Der Templiner Architekt Wolfgang Grieger gewann den europaweit ausgeschriebenen Wettbewerb für den Thermenbau. Der Kostenrahmen lag bei 52 Mio. DM.

(13. Mai)

Für die in Liquidation befindliche Reha-Klinik Uckermark GmbH fungierte die

DePfa-Bank-Wiesbaden als Auffanggesellschaft für den Weiterbetrieb.

(13. Juni)

Der Energieversorger Müritz/Oder beschloss nach vergeblicher Investorensuche, gemeinsam mit den Dr. Limburg-Immobilien, das ehemalige Woroschilow-Lager zu einem Ferienpark auszubauen und 50 Mio. zu investieren.

(3. Juli)

Sanierung des Wasserwerkes I in der Prenzlauer Allee nach 27 Jahren.

(24. Juli)

Beschluss zur Eröffnung der „Aktiven Naturschule" zum Schuljahr 1997/98.

(8./10. August)

1. „Rheinhessisches Weinfest".

(4. August)

Nach umfangreichen Sanierungen in Höhe von 2 Mill. DM in der Abteilung Fachschule für Sozialwesen des OSZ Uckermark zog dort auch die Regionalstelle der Volkshochschule ein.

(8. August)

Größter Münzfund der Region in der Kantstraße.

(23. August)

Feier des Einzugs von 105 Mietern in die 81 altersgerechten Wohnungen am Haselweg mit einem Straßenfest.

(1. September)

Grundsteinlegung für die Mehrzweckhalle am Gymnasium. Die Stadt beteiligte sich mit 2,8 Mio. DM an den Gesamtkosten von 9,73 Mio. DM.

(13. September)

Templiner Altstadt-Wiek-End am Prenzlauer Tor.

(17. September)

Für das neue Wohn- und Geschäftshaus im Postheim mit Wohnungen, Artpraxis und Café Grundsteinlegung im Beisein von Landrat Benthin.

(18. September)

Da das Land ein Verbundmodell favorisierte, erhielt die Langenbahn-Gruppe keine Förderung für die Krankenhausrekonstruktion.

(Oktober)

Beilegung eines Namensrechtsstreites – Die „Templiner Puppenkiste" konnte ihre Bezeichnung behalten, geklagt hatte die „Augsburger Puppenkiste".

(29. November)

Erschließungsbeginn für ein weiteres Wohngebiet in der Vietmannsdorfer Straße für 25 Eigenheime und 52 Eigentumswohnungen.

(14. Dezember)

Einführung des „Fahrscheinfreien Stadtverkehrs".

(15. Dezember)

Das Landesamt zur Regelung offener Vermögensfragen lehnte den Widerspruch des Vereins der „Alten Joachimsthaler" zur Rückübertragung erneut ab.

(16. Dezember)

Unterzeichnung der Städtepartnerschaft mit der polnischen Stadt Polczyn Zdroj (Bad Polzin).

Das historische Rathaus erhielt eine Funkhauptuhr.

Templin konnte die ersten fünf Jahre Stadterneuerung im Stadtkern bilanzieren. Insgesamt wurden in diesem Zeitraum 6 420,16 TDM an Fördermitteln ausgegeben, die Stadt brachte einen Eigenanteil von 1 284,03 TDM auf.

1998

(5. Januar)

5 000. Besucher in der Ausstellung „LebensRäume“ im Berliner Tor.

(18. Januar)

Aufnahme Templins in den Katalog „Standortüberlegungen für Hallenbäder“ des Landes. Das Land genehmigte 52 Mio. DM für die geplante NaturTherme, die Stadt sollte 20 Mio. DM zahlen.

(15. Januar)

Mit dem Zumauern des Fußgängertunnels auf dem Hauptbahnhof für die Gleise 5 und 6 wurden die Streckenstilllegungen bekräftigt.

(13. Februar)

Am Markt entstand eine neue „Cafestube“ durch Verkleinerung des Schuhladens. Betreiber waren die „Templiner Backstuben“.

(11. März)

Rekonstruktion des Wasserwerkes und als Neuerung die Belüftung des Trinkwassers mit reinem Sauerstoff eingeführt. Dadurch werden Verunreinigung und Verkeimung des Trinkwassers ausgeschlossen. Gleichzeitig wurde durch die Rekonstruktion die Kapazität erhöht.

(16. März)

Spendenaufruf des Museums, um das „Grunewalder Schiffsmodell“ aus dem Jahr 1856 zu restaurieren. Benötigt wurden 16 000 DM, um die am Schiff befestigten 94 Schleifen zu erneuern, die junge Mädchen zwischen 1889 bis 1914 angefertigt hatten, als sie zum ersten Mal den Schifferball besuchen durften.

(19. März)

Laut Gutachten des Deutschen Wetterdienstes Potsdam entsprach die Klima- und Luftqualität der Stadt den Anforderungen für ein zukünftiges Kurort-Prädikat.

(25. März)

Der wachsenden Jugendkriminalität sollte durch Gründung einer Koordinierungsgruppe zur Prävention begegnet werden. Vor allem die Zunahme von Propagandadelikten aus der rechten Szene veranlasste Vertreter der Polizei, Abgeordnete, Verwaltungsmitarbeiter und Streetworker nach Möglichkeiten zur Verhinderung von Straftaten durch bessere Koordination und Freizeitmöglichkeiten zu suchen. Als erste Maßnahme wurde ein Jugendbeirat gebildet.

(27. März)

Vor 100 Jahren gründete August Gäde sein Bauunternehmen, die heutige Firma Wöstenberg, damals als Tiefbaubetrieb.

(30. März)

Für den Wettbewerb „Attraktive Geschäftsstraßen - Ideen für den Erlaubnisraum Innenstadt" des Deutschen Seminars für Städtebau und Wirtschaft bewarb sich die Stadt u. a. mit ihren Projekten Fahrscheinfreier Stadtverkehr, Aktionen der AG Innenstadt und den Stadtfest-Ideen der Werbegemeinschaft.

(4. Mai)

Heimatdichterin Erna Taege-Röhnisch verstorben.

Die Volleyballspieler der Realschule qualifizierten sich zum 2. Mal für das Bundesfinale „Jugend trainiert für Olympia".

(14. Mai)

Sanierungsarbeiten am Templiner Marktplatz begannen.

(19. Mai)

Am gleichnamigen Hotel wurde ein Fontane-Koffer als Werbegag aufgestellt. Der Annenwalder Künstler Peter Westphal hatte ihn aus einer 250-jährigen Eiche geschaffen und mit Buchtiteln Fontanes beschriftet.

(22. Mai)

Auf dem Templiner Friedhof wurden 40 Grabsteine umgeworfen und teilweise beschädigt.

(24. Mai)

Anlässlich des 150. Todestages von Friederike Krüger legte die Templiner Schützengilde auf dem Georgen-Friedhof einen Kranz nieder.

In den Fraktionen der Stadtverordnetenversammlung wurde auf Druck von Gewerbetreibenden die Abwahl des Bürgermeisters Ulrich Schoeneich erörtert. Dazu hätten von den etwa 8 000 wahlberechtigten Bürgern 2 000 mit ihrer Unterschrift für einen Abwahlantrag stimmen müssen.

(28. Mai)

Dem Templiner Museum wurden drei Protokollbücher der Maurerinnung Templin aus dem Jahre 1736, also ein Jahr nach dem großen Stadtbrand, übergeben, in denen alle Innungsgewerke und deren Handwerksmeister genannt wurden.

(29. Mai)

Die Freikirchliche Gemeinde feierte den 150. Gründungstag.

(5./6. Juni)

Das „Stadion der Freundschaft" feierte den 75-jährigen Geburtstag, die Feier wurde wegen der Fußball-WM vom 10. Juni vorverlegt.

(16. Juni)

Die „Stadtsee-Pension" öffnete in der Prenzlauer Allee in der früheren Kinderkrippe „Jenny Marx" nach der Rückübertragung des Hauses an den Alteigentümer 1993. (Fleischermeister Schade kaufte 1952 das Anwesen, 1953 wurde er enteignet). Es wurden 1,2 Mio. DM investiert, davon die Hälfte Fördermittel.

(17. Juni)

Eröffnung des „Aschberger Moors" im Naturpark „Uckermärkische Seen" als touristische Attraktion durch Landrat Benthin.

(24. Juni)

Der Kreistag stimmte dem Trägerwechsel des Krankenhauses von der Versalius GmbH zum Paritätischen Wohlfahrtsverband zu.

(1. – 5. Juli)

Das Internationale Gitarrenfestival wurde durch das Kunstinstitut BAJA e. V. organisiert.

(8. Juli)

In Templin gab es den ersten elektronischen Zimmernachweis Brandenburgs.

(17. Juli)

1. Spatenstich an der NaturThermeTemplin als Kernstück des Kurkonzeptes. Der brandenburgische Wirtschaftsminister Dreher übergab die Urkunde, die Templin als staatlich anerkannten Kurort auswies.

(31. Juli)

Eröffnung des Geschäftshauses Suckow Am Markt 4. Auch das Hofgelände wurde restauriert und zugänglich gemacht.

(6. August)

Eröffnung des „Restaurants am Lübbesee“ durch Constance Achard und Michael Hemmerling.

(5. September)

Der frühere Bundespräsiden Richard von Weizäcker besuchte auf Einladung der Initiative „Brandenburgischer Dorfkirchen-Sommer“ Templin. Er besichtigte auch die restaurierte Kirche in Alt Placht und hielt einen Vortrag im MKC.

(6. September)

Mit einem 5. Platz seiner Klasse kehrte der 16-jährige Templiner Surfer Mathias Herbon von der Teilnahme an den Surfweltmeisterschaften der Junioren- und Senioren in Frankreich zurück.

(10. September)

Mit einer Informationsschrift wandte sich der Verein der „Alten Joachimsthaler“ nochmals an die Öffentlichkeit, um sein Konzept, ein Gymnasium für besonders begabte Schüler der Klassen 7 – 12 durchzusetzen, und warb gleichzeitig um finanzielle Unterstützung.

(11. September)

Zulassungsstelle und Straßenverkehrsbehörde wurden im Zuge einer weiteren Zentralisierung in Templin geschlossen.

Übernahme des MKC durch einen gemeinnützigen Förderverein.

(12. September)

„Templiner Altstadt-Wiek-End“ am Prenzlauer Tor.

(16. September)

Die Templiner Feuerwehr schuf den höchsten Zeitungsstapel mit 6,01 m im Wettbewerb des Uckermark-Kurier „Wer baut den höchsten Zeitungsturm“.

(27. September)

Bei der Stadtverordnetenwahl bewarben sich um die 22 Sitze 84 Kandidaten aus 13 Parteien und Gruppierungen. Die CDU erreichte 18,5 %, SPD- 49,9 %, PDS- 20,6 %, Grüne- 1,6 %, DVU- 1,8 %, REP- 0,9 %, FDP-1,9 %, NPD-1,2 %. Sitzverteilung: CDU/WGT/B-90- acht, SPD-zehn, PDS-vier Sitze. Stadtverordnetenvorsitzender wurde H. Jetter, Stellvertreter R. Siegmund und H. Baage.

Eröffnung der Outdoor-Kartbahn „Templiner Ring“.

Eröffnung von Gaststätte „Roßschwemme“ und Hotel „Mühlenseeperle“.

Wiederaufnahme einer Textilproduktion in den Räumen des Bekleidungswerkes durch die dänische Firma „Joha“.

(6. Oktober)

Bei Bauarbeiten Am Markt wurde erneut ein Brunnen gefunden.

(10. Oktober)

Das originellste Templiner Bürogebäude entstand im Gewerbegebiet als Firmendomizil der KT Invest-Consulting mit 900 m² Fläche. Entworfen wurde es vom Hausarchitekten Wolfgang Grieger.

(23. Oktober)

Durch Ministerin Regine Hildebrandt wurde der Grundstein für die NaturTherme gelegt.

(29. Oktober)

Mitteilung des Staatssekretärs Herwig Schirmer, dass in der Kastanienstraße ein DRK-Altersheim mit 80 Pflegeplätzen und 20 Plätzen für betreutes Wohnen sowie das Kirsteinhaus in der Prenzlauer Allee mit 40 Pflege- und sechs Kurzzeit- bzw. 12 Tagespflegeplätzen und 25 für betreutes Wohnen errichtet werden.

(31. Oktober)

Zwei junge Griechen wurden in Templin durch drei Jugendliche geschlagen. Auch die Helfer wurden angegriffen und verletzt. Die Stadtverordneten distanzierten sich von dieser Tat.

Zur Mahnung und Erinnerung an die jüdische Gemeinde wurde im Beisein des Brandenburgischen Ministers für Bildung, Jugend und Sport Reiche und des jüdischen Landesrabbiners ein Denkmal in Form eines jüdischen Sterns im Straßenpflaster in der Berliner Straße eingeweiht.

(13. November)

In der Knehdener Straße entstand an der Kanalseite ein neuer Parkplatz. Im hinteren Teil wurden Stellplätze für Busse und Reisemobile geschaffen.

(2. Dezember)

Am Gymnasium wurde eine moderne Sporthalle für den Schul- und Vereinssport sowie für Großveranstaltungen fertiggestellt.

(5. Dezember)

In der Mühlenstraße 13/14 wurde ein 1970 errichteter Neubaublock abgerissen, um die historische Straßenflucht wieder aufnehmen zu können. Dadurch wurde die Kantstraße wieder durchgängig befahrbar.

(12. Dezember)

Aus dem Zentralarchiv in Prag erhielt das Stadtarchiv das Duplikat einer in Templin geschriebenen Urkunde vom 21. Mai 1374.

(16. Dezember)

Überlegungen zu Partnerschaftbeziehungen nach Italien zu Roncegno und Pennabilli wurden durch Beziehungen des Kunstvereins nach Italien angeregt, blieben aber auf den künstlerischen Bereich beschränkt.

1999

(Januar)

Die Stadt erwarb aus dem Bestand des Zentralarchivs Prag eine weitere Urkunde vom 6. Juli 1367 als Kopie.

(7. Juli)

Die Stadtverordnetenversammlung distanzierte sich erneut von einem Beschluss, den die Stadtverordneten am 2. Mai 1933 zur Ehrenbürgerschaft Adolf Hitlers, Hermann Görings, Paul von Hindenburgs und Dr. Deckers gefasst hatten.

(17./18. September)

Zweitägiges „Stadtmauerfest am Prenzlauer Tor".

Die Evangelische Gemeinde Templin feierte das „250. Jubiläum des Wiederaufbaus der Maria-Magdalenen-Kirche" und den Abschluss der Renovierung mit einer Festwoche.

2000

(Januar)

Auf dem Weinberg wurde ein Obdachlosenheim unter dem Namen „Rettungsinsel" eingerichtet.

(15. Januar)

Wiederinbetriebnahme des Möbelwerkes

(1. Februar)

Frau Kathrin Bohm (Frese) wurde neue Geschäftsführerin des MKC.

(2. März)

Mehrheit der Stadtverordneten stimmte für eine enge Westumfahrung.

(29. April)

Die Bäckerei Kolberg konnte auf eine 100-jährige Bäckertradition in der Stadt zurückblicken.

(24. Mai)

Beginn der Abrissarbeiten an der Bibliothek in der Prenzlauer Allee 1, um Baufreiheit für das neue Kirsteinhaus zu schaffen.

(27. Mai)

Einstellung des Eisenbahnverkehrs nach Prenzlau.

(6. Juni)

Baubeginn für das DRK-Heim im Kastanienweg.

(23. Juni)

Ein Gewittersturm riss viele Bäume um.

(5. Juli)

Schließung des Tunnelzugangs in der Robert-Koch-Straße.

(27. Juli)

Auf dem „Waldhof" wurde ein Neubau für Behinderte feierlich eingeweiht. Die Gesamtinvestitionen betrugen 4 Mio. DM.

(16. September)

Stadtmauerfest an der Gaststätte „Mühlenseeperle".

(6. November)

Erneuerung des Obelisken auf dem sowjetischen Ehrenfriedhof.

(11. November)

In Anwesenheit der CDU-Vorsitzenden Dr. Angela Merkel eröffnete die

NaturThermeTemplin. Die Stadt erhielt den Titel „Thermalsoleheilbad".

(15. November)

Übernahme des alten Möbelwerks durch den Lychener Tischlereibetrieb Heiko Jähnke zum Fenster- und Türenbau.

Erneute Schließung des Bekleidungswerkes. 20 Beschäftigte wurden entlassen. Der Werksverkauf lief weiter.

(27. November)

Die Stadt wurde als Mitglied der Arbeitsgemeinschaft „Städte mit historischem Stadtkern" mit der „Silbernen Halbkugel" durch das Deutsche Nationale Komitee für Denkmalschutz ausgezeichnet.

(8. Dezember)

Die Richtkrone auf dem neuen DRK-Pflegeheim kündete vom Baufortschritt bei der Schaffung von 80 Pflegeplätzen bei Investitionen von 11,3 Mio. DM.

Trotz der umfassenden positiven Veränderungen verließen vor allem junge Leute wegen fehlender Berufschancen die Stadt. Templin hatte nur noch 14 044 Einwohner.

2001

(1. Januar)

Fusion der Krankenhäuser Templin und Gransee.

(2. Januar)

Der Kreistag gab grünes Licht für die Bildung einer amtsfreien Gemeinde im Umland der Stadt Templin. 13 der 14 Gemeinden des Amtes Land-Templin gehörten ihr an.

Einrichtung des Kabelfernsehens in Templin.

(24. Januar)

Reifendienst Slowinski zog in die Zehdenicker Straße 36 um.

(28. Januar)

Zum Ausbau des Wasserturms zu einem Aussichsturm wurde eine 50 %ige Förderung des Landes für die 1,7 Mio. Gesamtkosten zugesichert, die Maßnahme wurde aber nicht realisiert.

(7. Februar)

Richtfest für ein behindertengerechtes Wohnhaus in der Kantstraße für Angehörige des „Waldhofes".

(1. März)

Der Förderverein des MKC beschloss den Einbau von 75 modernen Sesseln auf der Empore.

(21. März)

Übergabe der Ladenstraße mit integrierten Wohnungen in der Mühlenstraße.

(24.April)

Die Bahn-AG fasste den Beschluss, die Gaststätte und die Schalterhalle am Hauptbahnhof zu schließen und das Haus zu verkaufen.

(30. Mai)

Das Krankenhaus erhielt den Fördermittelbescheid zur umfassenden Sanierung.

(8. Juni)

Abriss der Gaststätte „ Stadt Templin“ begann.

(9. Juni)

Gaststätte „Zum Holzwurm“ im Gewerbegebiet eröffnet.

(13. Juni)

Sperrung der Pionierbrücke, auch Durchfahrten von Dampfern waren durch das Wasser- und Schifffahrtsamt Eberswalde verboten worden.

(4. Juli)

1. Spatenstich für Sanierung und Teilneubau des Templiner Krankenhauses. 18,6 Mio. Euro zahlten Bund, Land und Krankenkassen.

(7. Juli)

Archäologen fanden bei Bauarbeiten vor dem Museum im Bereich See-/Werderstraße ein dreifaches Wallgrabensystem.

(11. Juli)

Entscheidung für die „enge Westumfahrung“ und Bestätigung der Variante, die am südlichen Rand des ehemaligen Hotels gegenüber vom Poetensteig durch einen Brückenbau den Kanal überqueren sollte.

(17. August)

Der 61-jährige Unternehmer Löffler kehrte nach Schließung der „Fleischerei Löffler“ erneut nach Templin zurück und eröffnete im Gebäude des früheren Gerichtes in der Puschkinstraße eine Firma, die Wirtschaftsprognosen, Imageforschung und Adressenverwaltung betreibt.

(1. September)

Beschluss zur Zwangsversteigerung des Ferienheimes der früheren Staatssicherheit.

(19. September)

Das ehemalige Stadtgefängnis am Busbahnhof wurde als Café-Bistro „Altes Stadtgefängnis“ übergeben.

(20. September)

10. Geburtstag der „Kinderöko-Insel Spatz“.

(22. September)

Eröffnung des DRK-Altenpflegeheims „Margarete-Henning-Haus“ für 80 Personen im Kastanienweg 4.

(29. September)

Dinnies von der Osten stellte im Bildungsministerium das Projekt „Internationales Oberstufenkolleg Joachimsthal“ als Internatsgymnasium vor. Diese Idee wurde vom Ministerium begrüßt.

(6. Oktober)

„Templiner Nudlmarkt“ auf dem Marktplatz.

(24. Oktober)

Der Sozialausschuss der Templiner Stadtverordnetenversammlung befürwortete das Ende der Belegungsbindung für Wohnraum in der Stadt.

(6. November)

Rad- und Gehwegbau in der Feldstraße begann.

2002

(**19. Januar**)

DRK plant den Kauf der 81 altersgerechten Wohnungen im Haselweg von der Landesinvestitionsbank, da diese z. Z. zwangsverwaltet wurden, um sie zu erhalten.

Neubau der Pionierbrücke ist Teil des Projektes „Uckermärkischer Radrundweg".

(**8. Februar**)

500 000. Besucher in der NaturTherme.

(**13. Februar**)

Abrissarbeiten des alten Kirsteinhauses begannen, um Baufreiheit für den Neubau zu schaffen.

(**25. Februar**)

Bei der Bürgermeisterwahl erhielt kein Kandidat die absolute Mehrheit der Stimmen: Ulrich Schoeneich (SPD), 48,8 %, Bernd Zimdars (CDU), 32,5 %, Volker Loest (Einzelkandidat) 18,6 %.

(**11. März**)

Abriss des ehemaligen Getränkestützpunktes als Startschuss für eine Ferienhausanlage an der NaturTherme durch den Investor Barwinsky.

(**17. März**)

Bei der Stichwahl für die Bürgermeisterfunktion siegte mit 60 % der Stimmen der bisherige Amtsinhaber Ulrich Schoeneich und begann damit seine 3. Amtszeit.

(**3. April**)

Auf Beschluss der Stadtverordnetenversammlung stellte die Stadt die Lieferung von Mittagessen aus den stadteigenen Küchen ein.

(**Juni**)

Inbetriebnahme Europas größter Test- und Fahrtrainingsanlage auf dem ehemaligen Militärflugplatz Groß-Dölln.

(**10. Juli**)

Ein Orkan der Windstärke 12 zog mit einer Geschwindigkeit von 150 km pro Stunde, verbunden mit einem schweren Gewitter, über die Stadt.

(**5. Oktober**)

„Templiner Nudlmarkt" auf dem Marktplatz.

10 Jahre Stadterneuerung Templin.

(**9. Oktober**)

Die SVV setzte den Radwegebau von Ahlimsmühle, entlang des Lübbesees bis zum Ferienhotel weiter zum Stadion, durch die Stadt über die Pionierbrücke nach Gandenitz, Lychen und weiter nach Mecklenburg-Vorpommern, auf den 1. Platz der Investitionsliste.

(**14. November**)

Die Kurortentwicklungsgesellschaft wurde liquidiert.

(**04. Dezember**)

Templiner Sole ist als Heilmittel anerkannt worden.

1990 – 2002

Sanierung der Templiner Stadtmauer mit ihren 48 Wieckhäusern, den drei großen

Toren (Berliner-, Mühlen- und Prenzlauer Tor), den kleineren Toren wie Töpfer-, Weber-, Eichwerder-, Schultor und des Pulver- und Eulenturmes sowie des inneren Mauerumweges.

2003

(1. Januar)

Die Zugangsberechtigung zum „Fahrscheinfreien Stadtverkehr" wurde verändert.

(18. Januar)

Ulf Adam plante ein Privatgymnasium mit Berufsausbildung als genehmigte Ersatzschule auf dem Gelände des Joachimsthalschen Gymnasiums für 250 Internatsschüler und ca. 50 Externe. Die Berufsausbildung sollte im Bereich Neue Medien und internationaler Tourismus erfolgen.

(31. Januar)

Neue Trainingsanlage der Schützengilde im Gewerbegebiet eingeweiht.

(14. März)

Grundsteinlegung für das evangelische Seniorenzentrum „Richard Kirstein".

(28. März)

Ins ehemalige Pförtnerhäuschen der Großbäckerei in der Vietmannsdorfer Straße zog die 1993 gegründeten Fenster- und Türenbaufirma von Bernd Knop ein.

(25. April)

Für das erste Haus im neuen Wohngebiet Kastanienstraße wurde durch die WOBA der Grundstein gelegt.

(11. Juli)

Das Finanzministerium stimmte dem Bau der Pionierbrücke als Holzkonstruktion mit Dach als Schutz für 11,5 Mio. Euro zu.

(13. Juli)

Die Planungen zum Bau der Westernstadt waren fertig, der Investor „Silver Lake City" hatte das Grundstück gekauft und wollte ca. 17 Mio. Euro investieren.

(4. Oktober)

„Templiner Nudlmarkt" auf dem Marktplatz.

(24. Oktober)

Erster Spatenstich für die Errichtung der Westernstadt.

(26. Oktober)

Auflösung des Amtes Templin-Land und Eingemeindung der Orte (außer Ringenwalde) in die Stadt Templin.

(6. November)

Neubaubeginn der Pionierbrücke.

(10. Dezember)

Sanierungsarbeiten am „Neuen Rathaus" beendet. Das Gebäude erhielt eine neue Klinkerfassade. Auf der Vorderseite wurde das Templiner Wappen aus Fusing-Glas in der Größe 1,50 x 1,20 m, gefertigt vom Annenwalder Künstler Werner Kothe, angebracht. Das alte Kreiswappen wurde entfernt, da es nicht mehr zu reparieren war.

2004

(9. Januar)

Die Ex-Sparkaufhalle in der Mühlenstraße bekam einen neuen Eigentümer, der einen Drogeriemarkt eröffnen wollte.

(8. März)

Schulneubaubeginn auf dem Waldhofgelände. 80 % der Baukosten, das waren 773 600 Euro, wurden aus Mitteln des Ganztagsschulprogramms des Bundesbildungsministeriums beglichen.

(22. März)

Erster Spatenstich für die neue Schleuse.

(2. April)

Das Jugend- und Sozialwerk Oranienburg beantragte die Übernahme der städtischen Kita „Lea Grundig“, „Käthe Kollwitz“, „Spatzennest“ und „Kuschelkiefer“ zum 1. Oktober 2004.

(27. Mai)

Freigabe der erneuerten Pionierbrücke für Fußgänger und Radfahrer sowie im Bedarfsfall auch für Rettungsfahrzeuge.

(11. Juni)

Der „Waldhof“ wurde 150 Jahre.

(12. Juli)

Sanierungsprogramm von WOBA und Wohnungsbaugenossenschaft in der Lychener Straße mit Rück- und Umbau begonnen.

(14. Juli)

Eröffnung des evangelischen Seniorenbetreuungszentrums „Richard Kirstein“ in der Prenzlauer Allee.

(31. Juli)

Eröffnung der „Westernstadt“, einer weitgehend originalgetreu nachgebauten amerikanischen Stadt um 1880, auf dem Gelände des ehem. „Woroschilow“-Lagers.

(20. – 21. August)

1. „Templiner Wasserspiele“

(27. August)

Bezug des neuen Schulgebäudes der Waldhofschule.

Übergabe des neu gebauten Bettenhauses des Krankenhauses.

(2. Oktober)

„Templiner Nudlmarkt“.

(11. November)

Förderverein für Stadtentwicklung gegründet, der eine Stadtmarketing GmbH schaffen sollte.

(17. November)

Beschluss des Leitbildes der Stadt Templin. Dazu gehörte auch die Wiederbelebung des Historischen Rathauses.

(23. November)

Ab Schuljahr 2005/06 wurden durch Landesgesetz Gesamt- und Realschule zur

Oberschule. Wegen des Rückganges der Schülerzahlen Einrichtung nur einer Oberschule.

(21. Dezember)

7,4 km Radweg von der Landesgrenze zum Barnim nach Reiersdorf, Gollin und Ahlimbsmühle waren fertiggestellt.

2005

(1. Januar)

Der Wirtschaftshof Stadt Templin wurde kommunaler Eigenbetrieb.

(25. April)

Die Westernstadt befand sich im Insolvenzverfahren.

(4. Mai)

Beschluss der SVV, mit weiteren finanziellen Zuschüssen bzw. Bürgschaften für den Weiterbetrieb und die Sanierung der Therme zu garantieren. Die Sanierung wurde europaweit ausgeschrieben. Gleichzeitig wurde beschlossen, den Gaststättentrakt zu privatisieren, um kostengünstiger wirtschaften zu können.

(19./20. August)

Das MKC führte die 2. „Templiner Wasserspiele" durch.

(1. September)

Als Standort für die zukünftige Oberschule wurde die bisherige Gesamtschule ausgewählt, da an der Goetheschule die Voraussetzungen für einen Umbau fehlten. Während der Sanierung des Gebäudes in der Dargersdorfer Straße bis zum Februar 2007 Nutzung der Goetheschule als Übergangsdomizil.

(8. September)

Einweihung der neu gebauten Schleuse durch Ministerpräsident Manfred Stolpe, nachdem die Schleusenkammer am 23. August problemlos geflutet worden war.

(30. September)

Übergabe einer neuen Gleuenseebrücke als Teilstück des Radweges „Spur der Steine".

(Oktober)

„Templiner Nudlmarkt".

(30. Oktober)

Eröffnung des „Sortenschaugartens für alte Apfelsorten" im Kurgebiet.

(22. November)

Die in Templin aufgewachsene Angela Merkel wurde zur Bundeskanzlerin gewählt.

2006

(12. Januar)

In Vorbereitung auf den Bau einer Wohnanlage Abriss des Gutshofes „Ludwigshof".

(1. Februar)

Die Reha-Klinik befand sich im ordentlichen Insolvenzverfahren, aber der Betrieb wurde fortgesetzt.

(11. Februar)

Der Sana-Klinikverbund übernahm das Templiner Krankenhaus mit 75,1 % der Gesellschaftsanteile.

(25. März)

In Berlin-Spandau wurde ein ICE- 2 auf den Namen „Templin“ getauft.

(März – Dezember)

Sanierung der NaturTherme. Das Land gab 2,2 Mio. Euro zur Attraktivierung, die Sanierung der Bauschäden, über 4,5 Mio. Euro musste die Stadt allein tragen.

(2. Mai)

Radwegebau zwischen Hindenburg und Hammelspring begann.

(26. Mai)

Inbetriebnahme des neu gebauten Schiffsanlegers am Templiner See sowie des neuen Stadthafens Templin.

(15. Juni)

10-jähriges Bestehen der Draisinestrecke Templin-Fürstenberg.

(26. Juni)

Sanierung des Gerichtsgebäudes durch den privaten Investor, Familie Löffler, abgeschlossen und als „Denkmal des Monats“ ausgezeichnet.

(1. Juli)

Neueröffnung des Erlebnisparks „ Eldorado“ Templin, der bisherigen „Westernstadt Silver-Lake-City“.

(18./20. August)

Die 3. „Templiner Wasserspiele“ wurden begangen.

(20. September)

Im Zuge von Straßenbauarbeiten in der Martin-Luther-Straße/Ecke Schinkelstraße haben Archäologen einen alten Friedhof freigelegt.

Die Außenstelle Templin der Kreismusikschule wird ins Gymnasium verlegt.

(7. Oktober)

„Templiner Nudlmarkt“.

(5. November)

Der Einbau von 44 bequemen Sesseln auf der Kinoempore sorgt für erhöhten Filmgenuss.

(9. Dezember)

Einstellung des Eisenbahnverkehrs nach Eberswalde.

(13. Dezember)

Prenzlauer Allee nach grundhaftem Ausbau offiziell übergeben.

(14. Dezember)

Kinder und Jugendliche aus zwei Templiner Schulen bewirtschaften 731 ha des Templiner Stadtwaldes in einer Schülerfirma.

(20. Dezember)

Umzug des DRK aus dem Domizil in der Robert-Koch-Straße ins Sparkassengebäude in der Schinkelstraße, da das Gebäude verkauft werden soll. Ein Kauf wäre für das DRK zu teuer und auch ein Erweiterungsbau ist nicht möglich.

Nach acht Monaten Bauzeit Wiedereröffnung der Therme nach Sanierung und Attraktivierung.

(27. Dezember)

Inbetriebnahme des neuen Funktionstrakts für Intensivmedizin im Sana-Krankenhaus.

Templin hatte 17 333 Einwohner, davon 12 708 im eigentlichen Stadtgebiet, 4 625 lebten in 17 Ortsteilen.

2007

Zu Beginn des Jahres wurde Bilanz über die zurückliegende 15-jährige Sanierung der Innenstadt gezogen:

18,4 Mio. Fördermittel des Bundes, des Landes und der Kommune flossen in die Templiner Innenstadt. Die Bauherren selbst beteiligten sich mit 6,2 Mio. Euro.

Zwischen 1991 und 2006 setzten private Bauherren 14,4 Mio. Euro ein.

Zusätzlich investierten Institutionen wie die Kirche und der Zweckverband für Wasserversorgung und Abwasserentsorgung ca. 2,7 Millionen. Mit diesen Mitteln konnten Aufträge für einheimische Baubetriebe und Handwerksfirmen ausgelöst werden.

Von 270 Gebäuden der Innenstadt waren 200 saniert, u. a. das Hofensemble Am Markt 4 und die alte Sparkasse als durchgängiger Fachwerkbau.

26,2 % der Gelder wurden in die Gebäudesanierung investiert, 57,3 % für Straßen, Wege und Plätze eingesetzt.

(1. Januar)

Schließung der Reha-med-Klinik in der Dargerdorfer Straße.

(9. Januar)

Abrissarbeiten an Ziegeleibrücke abgeschlossen.

(26. Januar)

Neubau der Ziegeleibrücke im Gange.

(29. Januar)

Beginn der Abrissarbeiten an der ehemaligen Schülergasstätte für einen neuen Parkplatz.

(1. Februar)

Umfassende Renovierung des ältesten Hauses Am Markt, Markt 8, durch das Bestattungshaus Wollschläger abgeschlossen.

(9. Februar)

Kirchengemeinderat gab grünes Licht für die Umgestaltung des Kirchplatzes, um die Kirche städtebaulich besser ins Licht zu rücken.

(22. Februar)

Festwoche der Wohnungsbaugenossenschaft UM Templin e. G. unter der Geschäftsführerin Anke Füchsel-Juncker, der früheren AWG, zum 50-jährigen Bestehen.

(13. April)

Beginn der Umbauarbeiten des historischen Rathauses für eine soziokulturelle Nutzung nach 7 Jahren Leerstand.

(18. April)

Ein Berliner Baufachmann ersteigerte das Joachimsthalsche Gymnasium für 1,6 Mio. Euro.

(27. April)

Die Deutsche Bahn-AG verkaufte die Strecke Templin-Prenzlau an die Mittenwalder

Eisenbahnimmobiliengesellschaft mbH & Co.

(10. Mai)

Moderne OP-Säle im Sana-Krankenhaus eingeweiht.

(22. Mai)

Bei der Zwangsversteigerung der Investruine in der Mühlenstraße erwarb die Firma Darge den Markthallenrohbau.

(25.Mai)

Die neu gebaute Ziegeleibrücke überspannt wieder den Kanal.

(22. Juli)

Lieferung von Fernwärme aus der Biogasanlage Schulzenfelde u.a. an den „Waldhof" und private Nutzer.

(9. August)

Dr. Ronald Lambrecht erwarb die in Insolvenz gegangene Reha-Klinik zur Einrichtung einer Seniorenresidenz mit Dauerpflegeplätzen, Kurzzeitpflegeplätzen und Intensivtheraphie.

(17./19. August)

4. „Templiner Wasserspiele".

(14. September)

Beginn des Parkplatzbaus auf dem Standort der ehemaligen Schülergaststätte in der Prenzlauer Allee.

(6. Oktober)

„Herbstfest" auf dem Marktplatz.

(26. Oktober)

Richtfest auf dem Eckbau als Verbindungsstück zwischen zwei Wohnblöcken in der Lychener Straße.

Das 2000 geschlossene Bekleidungswerk wurde durch die dänische Firma Joha wieder in Betrieb genommen.

Nach der Eingliederung der Ortsteile konnten jetzt auch deren Bewohner mit einer Jahreskurkarte die Stadtverkehrvariante nutzen.

2008

(14. Februar)

Offizieller Abschluss der Sanierungsarbeiten am Sana-Krankenhaus. Das Land hat 23,65 Mio. Euro investiert. Zum Behandlungsspektrum gehören Pädiatrie, Chirurgie, Geburtenhilfe und Gynäkologie, Innere Medizin, Anästhesie und Intensivtherapie.

(3. April)

Neuanpflanzungen für die letzten fünf alten Linden auf dem Marktplatz.

(5. April)

Der „Uckermärkische Heidstruck" feierte sein 30-jähriges Bestehen.

(26. April)

Einweihung des Waldfriedhofs Templin-Buchheide. 500 Bäume wurden als Begräbnisstätte ausgewiesen.

(13. Mai)

Grundsteinlegung für den 7,5 ha großen Ferienpark in der Dargersdorfer Straße durch den privaten Investor Barwinsky. Es entstanden die Gaststätte „BarBerino“, Ferienhäuser , sowie ein Wohnmobilparkplatz.

(24. Mai)

Anlässlich der feierlichen Inbetriebnahme der ersten sechs Häuser des Postheims 1908 wurden „100 Jahre Postheim“ gemeinsam mit dem „9. Postheimfest“ gefeiert.

(16. Juni)

Fertigstellung des Parkplatzes in der Prenzlauer Allee.

(18. Juni)

Nach umfassender Restaurierung öffnete das historische Rathaus, nunmehr Sitz von Standesamt, TourismusServiceTemplin e. V., StadtmarketingTemplin e. V., Kunstinstitut Baja und Seniorenclub Templin wieder seine Pforten.

(15./17. August)

Die 5. „Templiner Wasserspiele“ wurden organisiert.

(21. August)

Carola Hinz weihte ihre in der Bahnhofstraße neu gebaute Seniorenwohnanlage ein.

(3. September)

Grundsteinlegung für den Neubau des Seniorenwohnprojekts der evangelischen Stiftung „Sankt-Georgen-Hospital“.

(7. September)

Wiedereröffnung der früheren Reha-Klinik als Hotel und „Senioren-Landsitz“ mit betreutem Wohnen und Schwimmhalle sowie Physiotherapie.

(28. September)

Vor 80 Jahren eröffnete Johannes Dolch in der damalige Königsstraße, heute Pestalozzistraße, seinen Friseursalon.

(4. Oktober)

„Herbstfest“ auf dem Marktplatz mit Gästen aus der polnischen Partnerstadt.

(9. November)

Anlässlich des 70. Jahrestages der Reichspogromnacht von 1938 wurde ein Gedenkstein auf dem Gelände des jüdischen Friedhofes am Poetensteig enthüllt.

(19. November)

Ausschreibung des Gebäudekomplexes des Joachimsthalschen Gymnasiums durch die Private Brandenburgische Boden GmbH als Hotel- und Wohnstandort.

2009

(12. Februar)

Richtkrone auf der neuen Rettungswache in der Robert-Koch-Straße.

(24. April)

Zuwendungsbescheid über 400 000 Euro für den Museumsumbau. Hinzu kamen 100 000 Euro aus dem Kommunalen Kulturinvestitionsprogramm und der Stadt.

(30. April)

Nach dem Eintritt des Geschäftsführers B. Gohlke ins Rentenalter wurden die

„Templiner Backstuben" an den Dedelower Backbetrieb „Kotschate" verkauft.

(15. Mai)

Richtfest für das Seniorenwohnheim „Sankt-Georgen-Hospital" am Berliner Tor.

(28. Mai)

Der Ausbau der August-Bebel-Straße wurde mit einem Straßenfest abgeschlossen.

(29. Juli)

Baubeginn für ein neues Schulhaus der „Waldhofschule" aus Raummodulen. Bauherr ist die evangelische Stephanus-Stiftung. Die Baukosten betrugen ca. 2,5 Mio. Euro.

(7./8. August)

6. „Templiner Wasserspiele" gefeiert.

(24. September)

Errichtung einer verlässlichen Halbtagsgrundschule am Standort Goetheschule beschlossen.

(3. Oktober)

„Herbstfest" auf dem Templiner Markt.

(7. Oktober)

Eröffnung des Ferienparks in der Dargersdorfer Straße mit einem „Tag der offenen Tür". 24 Appartements und 32 Reihenhäuser mit insgesamt 196 Betten stehen zur Verfügung.

(2. November)

Schüler bezogen ihr neues Schulgebäude auf dem Waldhof.

(7. November)

Herr Heinz Pantzier, Musiker, Poet und Mundartschreiber, wurde mit dem „Fritz-Reuter-Literaturpreis" geehrt.

Für die Bürgermeisterwahlen 2010 stellten sich folgende Kandidaten vor: Wolfgang Seyfried (SPD), Detlef Tabbert (Die Linke) , Michael Klette (FDP), Andre Rabe (Wählergemeinschaft dem Bürger verpflichtet), Ulrich Bräuer (Uckermärker Heide), Oliver Sajons (unabhängiger Kandidat), Ulrich Schoeneich (amtierender Bürgermeister).

(22. November)

Beendigung des Umbaus der WOBA-Häuser in der Lychener Straße Nord und Einzug erster Mieter.

(25. November)

Neue Waldhofschule „Eine Schule für alle" der „Stephanus-Stiftung eingeweiht.

Neue Rettungswache neben dem Krankenhaus in Betrieb genommen.

2010

(1. Februar)

Einweihung des Neubaus des Seniorenwohnprojekts der evangelischen Stiftung „Sankt-Georgen-Hospital" mit 22 barrierefreien Wohnungen.

(28. Februar)

Bei den Bürgermeisterwahlen erhielt keiner der Bewerber mehr als 50 % der Stimmen, sodass eine Stichwahl notwendig wurde. Im zweiten Wahlgang trafen Ulrich Schoeneich (amtierender Bürgermeister) und Detlef Tabbert (die Linke) aufeinander.

(6. März)

Zusammenschluss von Schwulen und Lesben im Verein „Um Queer".

(14. März)

Aus der Stichwahl ging Detlef Tabbert als neues Stadtoberhaupt hervor.

(22. März)

Der Dienstsitz des Superintendenten des neuen Kirchenkreises Templin-Gransee-Oranienburg wird Gransee sein.

Beginn der Umbauarbeiten am Museum.

(5. Mai)

Detlef Tabbert wurde als neuer Bürgermeister vereidigt.

(19. Juni)

„Templiner Schützengilde" feierte sein 200-jähriges Bestehen. Drei Salutschüsse bildeten den Auftakt in Anwesenheit befreundeter Bürgervereine, u.a. aus der Partnerstadt Bad Lippspringe. Neben einem großen Festumzug fanden das Königsschießen und ein Schützenfest statt.

(28. Juli)

Sanierung der katholischen Kirche „Herz-Jesu". Vor der Erneuerung des Kirchendaches wurden sechs Meter lange Metallträger im Kirchendach verankert, da Pfeiler und Wände im Laufe der Zeit immer weiter nach außen gedrückt wurden. Ursache dafür sind die Bombenabwürfe vom März 1944, bei der rechts und links der Kirche Bomben einschlugen und durch die Detonation die Mauern beeinträchtigt wurden. Auch der Kirchturm wurde saniert. Die Baukosten von 75 000 Euro trugen die katholische Kirchengemeinde, das bischöfliche Ordinariat und das Land Brandenburg. Dach und Turm erhielten die gleichen Ziegel wie das Gemeindehaus.

(6./7. August)

Das MKC führte die 7. „Templiner Wasserspiele" durch.

(5. September)

75. Jahrestag der Einweihung der katholischen Kirche gefeiert.

(2. Oktober)

Auf dem Marktplatz fand der 15. Templiner Stadtmauerlauf unter dem Thema „Herbstfest" statt.

(6. Oktober)

Die „Templiner Werbegemeinschaft" e.V. feierte ihren 20. Gründungstag. Zu dieser Zeit waren 59 Mitglieder aus Handel, Handwerk und Dienstleistung organisiert. Innerhalb des Vereins hatte sich 1997 die AG Innenstadt etabliert. Ihre Zielsetzung war die gemeinsame Werbung und gemeinsame Aktivitäten zur Belebung der Innenstadt unter dem Motto „Fahrt nicht fort, kauft am Ort." Daraus entwickelten sich Initiativen wie Vereinheitlichung der Ladenöffnungszeiten bzw. Veranstaltungen wie „Frühling in der Innenstadt", der „Ostermarkt" und der „Nudlmarkt". Auch die Weihnachtsbeleuchtung gelang unter der Verantwortung des Vereins. Besonders engagierten sich die Mitglieder auch bei der Einführung des Stadtmarketings 2003 und der Erarbeitung des Leitbildes sowie der Konzeption zur Bewirtschaftung des Marktes und zur soziokulturellen Nutzung des Historischen Rathauses. Ständig mitgearbeitet hatte die Werbegemeinschaft auch bei der Gestaltung der 20 Stadtfeste, bei denen sich insbesondere Wolfgang Janitschke, Angelika Ullrich, Constanze Achard, Elvira Steinhöfel, Kathrin Frese, Axel Schulz, Detlef Hoffmann und Detlef Damm engagierten.

(14. Oktober)

Mit einem Festgottesdienst in der Maria-Magdalenen-Kirche wurde ein neuer Altarteppich eingeweiht.

(11. November)

10 Jahre NaturThermeTemplin wurden in Anwesenheit von über 100 geladenen Gästen aus Politik und Wirtschaft gefeiert. Anwesend waren auch die Mitarbeiter der ersten Stunde: Uwe Mohr, Georg Römer, Anke Wlodarczyk und der damalige Bürgermeister Schoeneich sowie der heutige Geschäftsführer Kurt Stroß und Bürgermeister Tabbert. Geladen waren auch die Abgeordneten, die dieses Projekt beschlossen und begleitet hatten.

Bis zu diesem Zeitpunkt hatten 3,8 Millionen Gäste die Therme genutzt.

(20. November)

Einweihung des Platzes vor dem Prenzlauer Tor als „Röhnisch-Platz“ in Anerkennung der Leistungen des Ehepaares Röhnisch für das Museum. Innerhalb der Aktion „Unser Denkmal des Monats“ der Arbeitsgemeinschaft „Städte mit historischem Stadtkern“ des Landes Brandenburg, die unter dem Motto „Frauen machen Stadt“ stand, erinnert eine Gedenktafel im Kreuzgang des Tores als „FrauenOrt“ an „Erna-Taege-Röhnisch“.

(29. Dezember)

Templin trägt weiterhin den Titel „Thermalsoleheilbad“, schrieb die Ministerin für Umwelt, Gesundheit und Verbraucherschutz, Anita Tack. Bedingung blieb jedoch, dass die Stadt ein integriertes kommunales Verkehrskonzept entwickelt, das umfangreiche Maßnahmen zur Verkehrsberuhigung innerhalb der Stadtmauern zum Inhalt hat.

(31. Dezember)

Die Stadt hatte einen Bestand von 4001 Wohngebäuden, darunter 2710 Eigenheimen mit einer Wohnung. Die Anzahl der Wohnungen betrug 9111, von denen 1270 noch vor 1919 errichtet worden waren. Mehr als 5000 entstanden zwischen 1919 und 1978.

2011

(1. Januar)

Auf Beschluss der Stadtverordneten sollten die Stadtmarketinggesellschaft und der Tourismus-Service zur TourismusMarketingTemplin GmbH zusammengeführt werden. Dazu wurde die TourismusMarketingTemplin GmbH gegründet. Erste Geschäftsführerin .war Jana Thun aus Lychen, die das Amt bereite nach einem halben Jahr aufgab.

(15. Februar)

Der Pflegedienst Carola Hinz beging den 20. Jahrestag des Bestehens.

Das Kunstinstitut „Baja“ e.V. feierte den 20. Jahrestag seiner Gründung.

(18. Februar)

Neben dem ältesten Gebäude der Stadt, der Sankt-Georgen-Kapelle, wurde das sanierte Haus des Sankt-Georgen-Hospitals als altersgerechte Wohneinrichtung mit sieben altersgerechten Wohnungen übergeben.

(4. März)

Die Städte Templin und Lychen, das Amt Gerswalde und die Gemeinde Boitzenburger Land streben in den Bereichen Gefahrenabwendung/Brandschutz, Gesundheitsvorsorge und Verkehrsprojekte eine interkommunale Zusammenarbeit an. Von den politischen Vertretern dieser Orte (Bürgermeister Tabbert für Templin, Hauptamtsleiterin Karola Gundlach für Lychen, Amtsdirektor Andreas Rutter für Gerswalde und Bürgermeister

Bernhardt Rengert für Boitzenburg) wurde dazu eine öffentlich-rechtliche Vereinbarung unterzeichnet. Es wurde betont, dass die kommunale Selbstverwaltung nicht aufgegeben wird, sondern es um die Schaffung von Synergien geht.

(März)

Beginn der Sanierung der ehemaligen Goetheschule.

(1. April)

Der „Templiner Segler Club" feierte seinen 90. Geburtstag.

(16. April)

Mit einem festlichen Empfang wurden 20 Jahre TourismusServiceTemplin begangen.

(24. April)

Der Ortsverband Templin des „Brandenburgischen Seniorenverbandes" beging unter der Leitung von Lothar Angermann den 20. Gründungstag.

(1. Juni)

Kurt Stroß, Geschäftsführer der NaturThermeTemplin und Vorsitzender des TST e. V., übernahm vorübergehend die Aufgaben des Geschäftsführers der TourismusMarketingTemplin GmbH, da Jana Thum aus persönlichen Gründen ihre Arbeit niedergelegt hatte.

(8. Juni)

Die Förderschule „Willy Gabbert" feierte ihren 90. Geburtstag mit einem Schulfest.

(17. Juni)

Das 17. Stadtfest wurde gefeiert.

Aus diesem Anlass wurde das umgebaute Museum der Öffentlichkeit präsentiert.

(25. Juni)

20-jähriges Bestehen des Haus- und Grundstückeigentümervereins.

Templins Kleingärtner waren Gastgeber für das bundesweite Treffen zum „Tag des Gartens" in der Kleingartensparte „Freundschaft" am Egelpfuhl. Gast war der brandenburgische Ministerpräsident Matthias Platzeck.

(20. Juli)

An der ehemaligen Goetheschule wurde der zweite Bauabschnitt, der Bau der Turnhalle, begonnen, nachdem die Archäologen die Baustelle freigegeben hatten.

(4. August)

Ministerpräsident Matthias Platzeck besuchte die Uckermark, u. a. auch erneut Templin.

(5./6. August)

Ausrichtung der „8. Templiner Wasserspiele" durch das MKC. 1500 Besucher erlebten vielfältige Aktivitäten, die auch durch das Brandenburgische Fernsehen übertragen wurden.

(14. – 15. August)

Die Stadt und ihre Gäste feierten das „15. Weinfest". Mitgestaltet wurde diese Veranstaltung traditionell durch die Winzerfamilien Scherner und Pfennig aus Rheinhessen. Der Einladung der Stadtverwaltung folgten auch wieder Gäste aus unseren Partnerstädten Bad Lippspringe und Polczyn Zdroj.

(15. August)

Die Enkel des Templiner Heimatmalers Wilhelm Wilcke (1885 – 1979), Dr. Dietrich

Wachsmuth und Dr. Christian Wachsmuth, übergaben an Templins Bürgermeister Tabbert zwei Lithografien. Sie bereichern das Wilhelm-Wilcke-Zimmer im Neuen Rathaus, das auch als Trauungsraum genutzt wird.

(20. September)

Vor 20 Jahren öffnete die „Kinderöko-Insel Spatz".

(16. September)

Das MKC erhielt zum fünften Mal in Folge den Filmpreis und beteiligte sich am Projekt „100 Jahre Filmstudio Babelsberg" unter dem Titel „Licht/Spiel/Haus-moderne in film. kunst.baukultur" mit Stumm- und frühen Tonfilmen.

(18. September)

Beginn der umfassenden Sanierung der Lychener Straße. Parallel dazu wurde der Weg hinter der Mühle zum Kanalufer mit rotbunten Natursteinen erneuert, so dass auch Rollstuhlfahrer diesen nutzen können. Außerdem wurde ein Fahrstreifen für Pkw in Natursteinpflaster von der Firma Aschoff gelegt.

(22. September)

Das DRK- Altenheim „Margarethe-Henning-Haus" feierte sein 10-jähriges Bestehen.

(1. Oktober)

„Herbstfest" fand als 16. Stadtmauerlauf statt.

(18. Oktober)

Die Stadt beteiligte sich am Kooperationsvertrag des Regionalbudgets zwischen dem Kreis und den Städten Schwedt, Templin, Prenzlau und Angermünde. Diese Gemeinschaft verfolgte das Ziel, die Chancen des regionalen Wachstumskerns Schwedt mit den übrigen regionalen Wirtschaftsstrukturen zu bündeln und gemeinsame Wachstumsprozesse zu initiieren.

(26. Oktober)

Liquidation der Zweckgemeinschaft für Berufsbildung e. V. und der Templiner Beschäftigungs- und Bildungs gGmbH wegen Kürzung der finanziellen Mittel. Sie betreuten Teilnehmer von Arbeitsbeschaffungsmaßnahmen und Entgeltmaßnahmen. Dies geschah u. a. in der Näherei/Wäscherei, einer Schlosserei und der Tischlerei in der Vietmannsdorfer Straße. Gearbeitet wurde z. B. mit den beiden Elektromobilen, in der Ausstellung „LebensRäume" im Berliner Tor, an der Rekonstruktion der Freilichtbühne im Bürgergarten und beim Aufbau einer Miniaturausstellung mit Sehenswürdigkeiten „Klein Templin", die heute im „Ahorn-Seehotel" zu besichtigen ist.

(30. Oktober)

Einweihung des jüdischen Friedhofs nach einer umfassenden Sanierung auf der Grundlage des Jugendprojektes „Jüdischer Friedhof Templin" des Templiner Gymnasiums unter der Leitung von Holger Losch. Anwesend waren Vertreter des Zentralrates der Juden in Deutschland, Rabbiner Tovia Ben Chorin, der Templiner Bürgermeister, der Vorsitzende der Stadtverordnetenversammlung, Templiner und Gäste.

(2. November)

Ein neuer „Runder Tisch" mit den Kirchen wurde eingerichtet. Der Templiner Bürgermeister Tabbert traf sich mit Vertretern der evangelischen und der katholischen Kirche sowie der freikirchlichen Gemeinde zu einer Gesprächsrunde über aktuelle Probleme wie das Baugeschehen in der Stadt, den Bahn- und Busverkehr und Fragen des Denkmalschutzes. Angeregt wurde auch, in den folgenden Jahren das Stadtfest mit einem ökumenischen Gottesdienst zu beenden.

(26. November)

Archäologen stießen auf Reste der ehemaligen Mühlenstraße vor dem großen Stadtbrand 1735. Daraus wuchs die Idee, diese in die Brunnengestaltung einzubeziehen und über ein Stück Straße einen begehbaren Schacht zu errichten, der, mit einer Glasplatte abgedeckt, den Betrachtern einen Einblick ins Templiner Mittelalter ermöglicht.
So entstand auf dem Vorplatz der Marie-Magdalenen-Kirche eine Brunnenanlage nach einem Projekt des Architekten Grieger, die mit fünf Stahlfiguren des Künstlers Christian Uhlig gestaltet wurde. Auf die „gläserne Brücke" wurde später aus finanziellen Gründen verzichtet.

(29. November)

Hinter der Mühle wurden die neu gestaltete Zuwegung zum Kanal und Sitzgelegenheiten an der Dampferanlegestelle übergeben.

(15. Dezember)

Die NaturThermeTemplin empfing ihren dreimillionsten Besucher. Am gleichen Tag wurde der Therme mit einer neuen Unterwasserpumpe ein neues „Herz" eingesetzt.

2012

(21. Februar)

Gründung eines Jugendbeirates. Er will auf die Kinder- und Jugendpolitik der Stadt Einfluss nehmen. Die Vertreter haben Rederecht im städtischen Ausschuss für Soziales, Kultur, Bildung und Sport, um ihre Ideen, Wünsche und Meinungen einzubringen. Ihr Wunsch war es, Rederecht bei den Diskussionen beim Haushalt zu erhalten, um eigene Konzepte durchzusetzen.

(27. Februar)

Die Deutsche Bahn begann Ende Februar 2012 mit dem Neubau der Bahnsteige am „Stadtbahnhof" in der Dargersdorfer Straße und am „Hauptbahnhof", um ein stufenfreies Einsteigen in die Züge zu ermöglichen. Darüber hinaus wurden die Beleuchtung und das Wegeleitsystem erneuert. Dazu wurden ca. 300 000 Euro investiert.

(9. März)

Einweihung des „Templiner Museums für Stadtgeschichte".

Waldverkauf erregte die Gemüter: Bereits im August 2010 informierte die Stadtverwaltung, dass die Bodenverwertungs- und -verwaltungs GmbH (BVVG) 7,8 Hektar Wald an einen privaten Interessenten verkaufen will, ein Waldstück, das die Stadt selbst seit Jahren gern zurück haben wollte und das Einheimische wie Besucher gern zu Spaziergängen nutzen. Das Waldstück liegt am Ahorn-Seehotel am Lübbesee und gehörte zu DDR-Zeiten der Stadt. Mit der Errichtung des Ferienheims „Friedrich Engels" war es dem FDGB zur Nutzung überlassen worden. Nach der Wende fiel es als Sondervermögen der Gewerkschaft dem Bund zu. Da das Waldareal unmittelbar an den Stadtwald grenzt, Wanderwege zwischen dem Hotel und der NaturTherme liegen und der Uckermärkische Radrundweg hindurchführt, es außerdem im Flächennutzungsplan als „Erholungswald" ausgewiesen ist, bemühte sich die Stadtverwaltung um den Kauf. Trotzdem entschied die Bodenverwertungsgesellschaft den Verkauf an einen sogenannten Anspruchsberechtigten nach dem Ausgleichsleistungsgesetz, da seine Ansprüche schwerer wiegen würden als die der Stadt. Der folgende Holzeinschlag führte zu einer Auslichtung des Bestandes und machte die vorher dichte Sichtblende zwischen Hotel und Heimstraße durchsichtig.

(12. Mai)

Das 100-jährige Bestehen des „Joachimsthalschen Gymnasiums" in Templin wurde mit einer Festveranstaltung im „Multikulturellen Centrum“ begangen.

(17. Mai)

Grundsteinlegung für ein Mehrfamilienhaus in der Oberen Mühlen-/Ecke Fischerstraße durch die Wohnungsbaugenossenschaft-Uckermark e. G. Damit wurde eine der letzten Baulücken, die infolge des Bombenangriffs vom März 1944 entstanden, nahe der historischen Stadtmauer im Sanierungsgebiet beseitigt.

(17. – 20. Mai)

Zum 5. Mal wurde das „Queer Days Festival der Uckermark“ in der Stadt organisiert.

(20. Mai)

Der „Templiner Kunstverein“ eröffnete eine Sonderausstellung anlässlich der 20. Ausstellung im Rathaus einschließlich einer Buchpräsentation.

(29. Mai)

Zwischen der Stadt und dem Geschäftsführer des Unternehmens „belelectric Solarkraftwerke GmbH“, Martin Zembsch, wurde auf einer Sondersitzung der Stadtverordneten ein Vertrag zur Errichtung eines Solarparks auf dem ehemaligen Flugplatzgelände Groß Dölln unterschrieben. Das Unternehmen verpflichtete sich zu umfassenden Ausgleichs- und Ersatzmaßnahmen auf dem Gelände, u.a. der Müllentsorgung.

(1. – 3. Juni)

In der Stadt wurde der 22. Jugend-Rot-Kreuz-Landeswettbewerb unter dem Motto „Übernimm Verantwortung für Dich selbst und andere“ ausgerichtet.

(15. – 16. Juni)

23. Stadtfest.

(2. – 5. August)

9. Wasserspiele in der Stadt, diesmal mit Einbeziehung der Innenstadt über drei Tage.

(6.August)

Nach aufwändiger Sanierung konnten die Schüler der Waldschule pünktlich zum neuen Schuljahr ihr neues Domizil in der Goetheschule beziehen, die zusätzlich eine neue Turnhalle und eine Cafeteria erhielt. Die Hortkinder hatten ihren Bereich bereits einige Tage früher in Besitz genommen.

(10. – 11. August)

Das 16. Rheinhessische Weinfest wurde begangen.

(August)

Die Arbeiten für die Außenanlagen am Museum wurden abgeschlossen. Zur Gestaltung wurden für die Kinder des Wohngebietes und der Besucher neue Spielgeräte gesetzt, Borde für die Freiflächen verlegt und eine Pergola gebaut. Findlinge, angelehnt an das Radwanderwegkonzept „Spur der Steine“, wurden in die Freiflächen integriert und Sitzbänke aufgestellt.

(4. September)

Die NaturTherme konnte seit 2007 das beste Ergebnis verbuchen, sodass die Stadt für den laufenden Betrieb keine Zuschüsse ausreichen musste. 2010 hatte Templin bei 44 Freizeitbädern/Thermen den 5. Platz belegt, 2011 sogar Platz 2 und eine Zertifizierung „Servicequalität Deutschland Stufe III“ erhalten.

(7. September)

An der Kurmeile in der Nachbarschaft der Skaterbahn und der Graffiti-Wand konnten die Jugendlichen neue Freizeitelemente in Besitz nehmen – eine Rail für die Skater und eine BMX-Bahn. Gesponsert wurden diese von Roland Aschoff, dem Inhaber der gleichnamigen Straßen- und Tiefbaufirma, und der Firma Jähnke.

(9. September)

Pfarrer Ralf-Günther Schein, seit 1992 in Templin, nahm in Angermünde im „Ehm-Welk-Literatur und Heimatmuseum" den „Ehm-Welk"-Literaturpreis entgegen. Gewürdigt wurden seine Gedichte, die seine tiefe Verbundenheit zur Natur widerspiegeln.

(12. September)

In der Strahl-Goder-Straße weihte der Geschäftsführer der WOBA, Alfons Klaffki, einen Seniorenfitnesspark ein. Er ist Bestandteil der Sanierung dieses Wohnviertels, die mit der Gestaltung der Außenanlagen Ende 2012 beendet wurde. Aus ehemals 80 Wohnungen wurden 12 barrierefreie und 31 barrierearme Wohnungen mit Balkon geschaffen.

(15. September)

Über 100 Läufer aus der Uckermark, Berlin, Brandenburg und Mecklenburg-Vorpommern beteiligten sich am diesjährigen 29. Lübbeseelauf, organisiert von der IG Postheim. Zuvor wurde die Kennzeichnung der Strecke mit Robinienpfählen und darauf befestigten Schildern erneuert.

(14. September)

Die Ministerin für Wissenschaft, Forschung und Kultur besuchte die „Kunstschule und den Kunstverein Templin e.V.".

(15. September)

Die Stadtverwaltung lud zum ersten Zukunftstag auf den Marktplatz. Die Kurstädter sollten ihre Ideen zur weiteren Entwicklung als Kurstadt, zum Energiekonzept sowie zum Bereich Jugend, Bildung und Senioren einbringen. Die geäußerten Anregungen sollten Thema in den nächsten Fachbereichsberatungen sein.

In Eisenach holten sich die beiden Templiner Gymnasiastinnen Isabel Sydow und Stefanie Damm den mit 750 Euro dotierten Sonderpreis des Bundesumweltwettbewerbs unter dem Thema „Mut zur Nachhaltigkeit". Sie setzten sich damit als einzige Brandenburgerinnen gegen die Teilnehmer aus anderen Bundesländern durch. Ihr Thema war die „Aufwertung der Attraktivität der Kurmeile", was aus ihrer Sicht durch beispielsweise einen Lehrpfad möglich wäre. Dieser soll von Gymnasiasten der 11. Klasse realisiert werden.

(17. September)

Die Stadtverordneten beschlossen nach einer mehrmonatigen Projektzeit eine Fortschreibung des Kurentwicklungskonzeptes für die Stadt: Im Vordergrund steht die Profilierung als Thermalsoleheilbad als ländliches, familienorientiertes Thermalsoleheilbad mit konsequenter und umfassende Entwicklung des Gesundheitstourismus unter Forcierung der kurörtlichen Infrastruktur, der Barrierefreiheit und der Ausbau des medizinischen Wellness-Angebotes. Breitere Beachtung soll die weitere gezielte Ortsgestaltung, die konsequente Verbesserung der Servicequalität und die Optimierung von Marketing und Anbietervernetzung finden.

Besuch aus Nippon/Japan erhielt das ehemalige Joachimsthalsche Gymnasium von Chikako Shigemori Bucar und Professor Dr. Yoshimin Ogawa. Dr. W. Gerhardt führte die Besucher durch die Einrichtung, wo von Oktober 1944 bis März 1945 der Japanischlehrer Dr. Seiei Shinohara einst lebte und eine Gruppe von 14 Jungen unterrichtete.

(25. September)

Die Deutsche Bahn stellte wegen des Ausbaues der Bahnstrecke Berlin-Rostock den Zugverkehr zwischen Zehdenick und Templin ein. Ersatz durch Busse. Dauer bis Juni 2013 mit gravierenden Erschwernissen für Berufspendler und Touristen.

(29. September)

17. Stadtmauerlauf, verbunden mit einem dreitägigen Herbstfest und einer langen Einkaufsnacht.

FDP-Mitglieder des hessischen Landtages informierten sich, wie eine an Einwohnern eher kleine, aber von der Fläche riesige Stadt mit den Problemen des demografischen Wandels umgeht und und bürgerschaftliches Engagement fördert.

(19. Oktober)

Durch Vertreter des Landes- und Bundesverbandes des BUND wurde die 100-jährige Allee zwischen Densow und Annenwalde als „Schönste Allee" Deutschlands ausgezeichnet.

(28. Oktober)

Die „Templiner Westernstadt" war Drehort für einen neuen „Polizeiruf 110", der dort bis zum 25. November unter dem Arbeitstitel „Vor aller Augen" gedreht wurde.

Abschluss der Sanierung des Strahl-Goder-Viertels in der Süd-Stadt.

(19. November)

Die „Kunstschule Templin", Teil des „Templiner Kunstvereins" e. V., wurde in den Verband der „Brandenburgischen Kunstschulen" aufgenommen. Zu den Offerten der Einrichtung gehören verschiedene Kurse, Projekte und offene Werkstattangebote für Kinder, Jugendliche und Erwachsene.

(30. November)

Fertigstellung der Lychener Straße. Die Baukosten betrugen 1,7 Mio. Euro.

DIE BÜRGERMEISTER DER STADT TEMPLIN

1421	Hans Havemeister
1524	Armin Schultze
1536	Lorenz Potzern
1567	Paul Dietrichs/Martin Fuhrmann/Henning Krüger
1568	Martin Fuhrmann/Paul Dietrich
1600 – 1610	Caspar Rühl
1610	David Dürberg
1618 – 1628	Georg Potzern, war auch Stadtrichter
1627	Joachim Wegner
1628	Martin Fuhrmann/Georg Potzern/Samuel Fuhrmann/Jürgen Sager
1633 – 1638	Joachim Lubach/Michael Pripert/Johann Dierberg waren Bürgermeister und Stadtrichter. Michael Pripert regierender/ Joachim Lubach 2. Bürgermeister
1638	Johann Dierberg regierender Bürgermeister/2. Magistratsmitglied.
1638 – 45	Daniel Fehdeler war als 2. Bürgermeister genannt. Daniel Fehdeler regierender Bürgermeister/Andreas Cräen und Johann Brendicke weitere Bürgermeister
1648	Georg Fehdeler leitete den Magistrat.
1642 – 52	Johann Thiele war zuerst Stadtrichter, dann Bürgermeister
1661	Hein Schröder regierender Bürgermeister/Hein Gobbin Richter
1645 – 94	Johann Friesicke (22.3.1645 – 1.7.1694)/Er hat mit 49 Jahren das Amt am längsten ausgeübt.
1652 – 1694	Heinrich Potzern 2. Bürgermeister
1661	Hein Schröder, regierender Bürgermeister/Hein Gobbin, Richter
1694 – 1700	Georg Jonius regierender Bürgermeister
1700 – 1717	Christoph Laurisius
1717 – 1748	Johann Friedrich Berger (1.10.1717 – 13.11.1748)
1748 – 1765	Theo Ludwig Kraffel (20.11.1748 – 15.7.1765)
1765 – 1773	Johann Jakob Freyschmidt (27.7.1765 – 3.9.1773)
1774 – 1794	Christian Ludwig Küster (1.5.1774 – 31.12.1794)
1795 – 1808	Emanuel Theodor Dennstadt (9.4.1795 – 1.4.1808)
1808 – 1810	Karl Friedrich Wilhelm Tischmeyer (1.4.1808 – 1.1.1810)
1810 – 1831	Heinrich Christian Johann Heimburger (1.1.1810 – 14.11.1831)
1831 – 1869	August Papenbrock (15.11.1831 – 1.4.1869)
1869 – 1871	Gustav Borgmann (15.5.1869 – 14.11.1871)

1872 – 1897 Friedrich Nitzsche (12.4.1872 – 22.6.1897)
1898 – 1909 Richard Neumann (5.1.1898 – 4.9.1909)
1909 – 1911 Adolf Mann (2.12.1909 – 29.5.1911)
1911 – 1934 Georg Riebeling (20.10.1911 – 1.4.1934)
1934 – 1942 Otto Schläfke (1.4.1934 – 13.2.1942)
1942 Dr. Riedel (13.2.1942 – Oktober)
1942 – 1945 Dr. Kästner (4.12.1942 – April 1945)
1945 – 1946 Hans Brand (2.5. – Oktober 1946)
1946 – 1948 Paul Götting (15.9.1946 – 2.6.1948)
1948 – 1949 Hans Kross (2.7.1948 – 4.11.1949)
1949 – 1950 Bernhard Wiegelmann (22.12.1949 – 28.6.1950)
1950 – 1953 Willi Rieck (28.6.1950 – 13.11.1953)
1953 – 1955 Erich Voigt (13.11.1953 – 14.1.1955)
1955 – 1956 Kurt Karsten (14.1.1955 – 16.11.1956)
1956 – 1961 Otto Rickmann (16.11.1956 – 3.5.1961)
1961 – 1978 Kurt Karsten (3.5.1961 – 14.2.1978)
1978 – 1988 Heinz Kragl (8.6.1978 – 13.11.1988)
1988 – 1990 Peter Mahnke (3.11.1988 – 31.5.1990)
1990 – 2010 Ulrich Schoeneich (31.5.1990 – 5.5.2010)
2010 – Detlef Tabbert (5.5.2010 –

Bevölkerungsstatistik

1618 308
1628 156
1645 .... 30 Familien
1648 .... 38 Familien
1730 1680
1750 1757
1780 1865
1800 2487
1850 3611
1875 4026
1890 4364
1910 5670
1925 7562
1933 8098
1939 8619
1946 9970
1949 11500
1964 10998
1981 13284
1990 14461
1991 .... 14396 (9. März – höchster Einwohnerstand)
1993 13958
1994 13869
1995 13967
1996 13905
1997 14022
1998 14038
1999 14115
2000 14024
2001 13843
2002 13681
2006 .... 12708 im Stadtgebiet · 17333 mit den Ortsteilen
2011 .... 12018 im Stadtgebiet · 16284 mit den Ortsteilen

Alte und neue Städtepartnerschaften

29. August 1957
Zur Verbesserung der gesamtdeutschen Zusammenarbeit beschloss der Rat, Kontakte mit dem Bürgermeister Dr. Beusen, dem Stadtamtsmann Henning und dem Abgeordneten Dr. Drache der Stadt Heide/Holstein aufzunehmen. Angesichts der sich entwickelnden „Berlinkrise" endeten die Aktivitäten.

23. Juli 1969
Der Bürgermeister der Patenstadt Kaya besuchte Templin.

18. Oktober 1969
Abschluss eines Patenschaftsvertrages mit der Stadt Kaya aus Obervolta (heute Burkina Faso).

19. Oktober 1977
Eine Vereinbarung über die Zusammenarbeit zwischen Templin und der polnischen Stadt Polczyn Zdroj in der Wojewodschaft Koszalin wurde unterzeichnet.

27. Februar 1990
Ende Februar weilte eine Delegation aus Bad Lippspringe in Templin zu Gesprächen über den Abschluss einer Städtepartnerschaft.

12./13. März 1990
Eine Abordnung unter Bürgermeister Peter Mahnke war zu einem Gegenbesuch in Bad Lippspringe, bei dem die Aufnahme der Städtepartnerschaft vereinbart wurde.

12. Oktober 1990
In Bad Lippspringe wurden die Urkunden in Anwesenheit von Templiner Stadtverordneten und Bürgern unterzeichnet.

4. Februar 1991
Die Ausbildungsbrücke Bad-Lippspringe-Templin stellte 26 Ausbildungsplätze in der Partnerstadt zur Verfügung.

11./12. Oktober 1996
Auf Einladung des Bürgermeisters von Polczyn Zdroj waren Herlind Kasner, Horst Baage und Uwe Mohr in der früheren Partnerstadt.

28. Mai 1997
Die Stadtverordnetenversammlung beschloss die Erneuerung der Partnerschaft.

20./22. Juni 1997
Bürgermeister Schoeneich nahm an den Feiern zum 660. Jahrestag der Stadtrechtverleihung an Polczyn Zdroj teil.

19. Dezember 1997
Unterzeichnung des Vertrages zwischen beiden Städten.

2. Dezember 1998
Überlegungen zu Partnerschaftsbeziehungen nach Italien zu Roncegno und Pennabilli wurden durch Beziehungen des Kunstvereins nach Italien angeregt, blieben aber auf den künstlerischen Bereich beschränkt.

Templiner Persönlichkeiten

„Prokopius von Templin"
Mit bürgerlichem Namen Andreas, wurde er als Sohn Templiner Bürger geboren. Er genoss eine strenge Erziehung und erlebte als Zehnjähriger 1618 den großen Stadtbrand Templins, dessen Erleben er später in einem Gedicht verarbeitete. Während des 30-jährigen Krieges zog er mit Landsknechtshaufen durch die Lande, fühlte sich aber vom Brennen und Morden abgestoßen und ging 1627 in Raudnitz (Böhmen) als Mönch ins Kapuzinerkloster. Dort erhielt er den Ordensnamen Prokopius. Er studierte in Wien und unternahm als Priester und Wanderredner viele Reisen und Pilgerfahrten, u. a. bis nach Rom. Schon damals schrieb er seine Beobachtungen und Gefühle in Gedichten und Aufsätzen nieder. Er wurde Hofprediger am Kaiserhof in Wien, musste diesen aber wegen seiner Kritik am höfischen Leben verlassen. Die letzten Jahre verbrachte er in Salzburg. Seine Arbeiten verfasste er überwiegend in deutscher Sprache, die volkstümlich und in Solidarität mit den Armen geschrieben waren. Er hinterließ 576 Lieder, sechs Bände Schriften und 33 Bände Predigten. Die Volksliedersammler Achim von Arnim und Clemens von Brentano nahmen eine Reihe von ihnen in die bekannte Edition „Des Knaben Wunderhorn" auf. Prokopius verstarb am 22. November 1680 in Linz und wurde in der dortigen Gruft beigesetzt.

Martin Fuhrmann
Der Sohn des Templiner Diakons Martin Fuhrmann wurde am 29. Dezember 1669 in Templin geboren. Er arbeitete als Kantor in Berlin am Friedrich-Werderschen-Gymnasium und war einer der bedeutendendsten Musikwissenschaftler und Kritiker seiner Zeit. Fuhrmann verstarb um 1740 in Berlin.

Christoph Pressow
Der in Templin geborene Christoph Pressow erlangte als Kirchenliederdichter große Berühmtheit. 1719 erschien sein Liederzyklus „Neue christliche Gesänge".

Ludwig Berger
Ludwig Berger, am 18. April 1777 in Templin geboren, war Komponist und Klaviervirtuose. Er gab hervorragende Klavierwerke sowie Lieder, Männerquartette, Kantaten u. v. m. heraus. Er verstarb am 16. Februar 1839.

Adolf Wilhelm Parisius

Der Begründer des „Sängervereins von 1832", Adolf Wilhelm Parisius, wurde am 5. März 1786 in Templin geboren, er verstarb am 28. Juni 1842. Er war Rektor an der hiesigen Stadtschule und gleichzeitig Prediger in Gandenitz, Ahrensdorf, Beutel und Densow. Unter seiner Leitung erreichte der Sängerverein ein hohes künstlerisches Niveau. Die Einkünfte aus den Veranstaltungen wurden oft den Armen der Stadt gespendet.

Sophie Dorothea Friederike Krüger

Geboren am 4. Oktober 1789 als Tochter eines Ackerbürgers, erlernte sie nach ihrer Arbeit als Dienstmädchen in der Zeit der französischen Besetzung den Schneiderberuf in Anklam. Als Mann verkleidet trat sie im Frühjahr 1813 unter dem Namen August Lübeck in das Königlich-Preußische 9. Infanterie-Regiment, das Colberger-Regiment, ein. Friederike Krüger nahm an der Schlacht bei Großbeeren am 23. August 1813 teil. Bei der Schlacht bei Dennewitz am 6. September 1813 wurde sie durch Granatsplitter schwer verwundet. Für ihre Tapferkeit wurde sie noch auf dem Schlachtfeld zum Unteroffizier befördert und später mit dem Eisernen Kreuz 2. Klasse, der preußischen Kriegsdenkmünze sowie dem Russischen Orden des Heiligen Georg ausgezeichnet. Friederike Krüger nahm an weiteren Feldzügen der preußischen Armee gegen die napoleonischen Truppen teil und zog 1814 mit den alliierten Truppen in Paris ein. Nach ihrem Abschied aus dem Heer nach der Niederlage Napoleons 1815 erhielt sie vom preußischen König eine Jahresrente von 72 Talern und vom Mecklenburger Großherzog Karl eine jährliche Pension von 50 Talern. Während eines Ordensfestes für Träger des Eisernen Kreuzes lernte sie den preußischen Unteroffizier Karl Köhler kennen und heiratete ihn am 5. März 1816 in der Berliner Garnisonskirche. Ihr Ehemann wurde zum Ober-Steuer-Kontrolleur ernannt. Die Familie, zu der ein Sohn und drei Töchter gehörten, lebte zunächst in Lychen und zog um 1841 nach Templin. Hier starb Friederike Krüger-Köhler schwer krank am 31. Mai 1848. Sie wurde auf dem St.-Georgen-Friedhof in Templin unter militärischen Ehren beigesetzt, wo auch ihr Mann seine letzte Ruhe fand.

Hermann Küster

Hermann Küster wurde am 15. Juli 1826 geboren. Er machte sich einen Namen als Tondichter und Musikdirigent, war Hof- und Domorganist. Prof. Hermann Küster schrieb verschiedene Opern und Oratorien, u. a. „Judith". Er verstarb am 7. März 1878.

Edmund Hartnack

Edmund Hartnack, Professor und Optiker, wurde am 9. April 1829 in Templin geboren. Durch ihn wurde die mikroskopische Wissenschaft, die Anatomie, Bakteriologie, Zoologie, Physik, Chemie und Mineralogie gefördert und erweitert.

Hartnack hatte sich vom einfachen Mechaniker zu einer wissenschaftlichen Autorität ersten Ranges emporgearbeitet. Er verstarb am 1. Februar 1891 in Potsdam.

Franz von Holtzendorff

Franz von Holtzendorff, Sohn des liberalen Politikers und Publizisten Franz von-Holtzendorff, geboren am 14. Oktober 1829 in Vietmannsdorf, war Strafrechtler und Hochschullehrer. Er besuchte das Gymnasium „Graues Kloster" in Berlin und studierte Jurisprudenz in Berlin, Bonn und Heidelberg. Nach dem Studium widmete er sich der Gerichtspraxis, promovierte an der Friedrich-Wilhelms-Universität und wurde 1862 Professor. 1872 ging er nach München, wo er bis zu seinem Tod Staats-, Völker- uns Strafrecht lehrte und zahlreiche juristische Fachbücher verfasste. Franz von Holtzendorff wandte sich gegen das in Preußen übliche Gefängniswesen, begründete den Deutschen Juristentag und engagierte sich für den Protestantentag und für die soziale Besserstellung der Frauen. Allgemein bekannt wurde er auch durch seine Verteidigung des Grafen Harry von Arnim-Suckow 1874, der durch den Reichskanzler Bismarck als erster kaiserlicher Botschafter Deutschlands in Paris wegen Veruntreuung diplomatischer Aktenstücke abberufen worden war. Von 1861 bis 1873 gab er die „Allgemeine deutsche Strafrechtszeitung", seit 1866 mit Virchow eine „Sammlung gemeinverständlicher wissenschaftlicher Vorträge" heraus sowie seit 1870 die „Enzyklopädie der Rechtswissenschaft", die umfangreichste Gesamtdarstellung der deutschen Rechtswissenschaft seiner Zeit. Franz von Holtzendorff verstarb am 4. Februar 1889 in München.

Robert L. A. Eitner

Robert L. A. Eitner wurde 1832 in Breslau als Sohn eines Kunstmalers geboren und arbeitete nach privaten Musikstudien als Musiklehrer in Berlin. Als fast Unbekannter gewann er den 1. Preis für ein von ihm erstelltes Lexikon der holländischen Tonkünstler. Dieser Erfolg beflügelte ihn und er gründete 1868 die „Gesellschaft für Musikforschung" in Berlin. 1869 gab er die „Monatshefte für Musikgeschichte" heraus. 1882 nach Templin gezogen, widmete er sich der Verfassung seines bedeutendsten Werkes, des „Biografisch-Bibliografischen Quellenlexikons der Musiker und Musikgelehrten der christlichen Zeitrechnung bis zur Mitte des 19. Jahrhunderts". Damit schuf er ein unentbehrliches Standardwerk für die Musikwissenschaft. 1902 wurde er für seine Leistungen zum Königlichen Professor ernannt. Am 13. Januar 1990 enthüllte Dr. Gundlach, Leiter der Kantorei, eine Gedenktafel am Haus August-Bebel-Str.3, in dem Robert L. A. Eitner von 1882-1905 wohnte. Die Tafel trägt die Inschrift: „In diesem Gebäude lebte von 1882 bis zu seinem Tode am 22. Januar 1905 der bedeutende deutsche Musikgelehrte Professor Robert L. A. Eitner. Gestiftet von der Kantorei Templin."

Agnes Breitzmann

Die Schriftstellerin Agnes Breitzmann wurde in einer alteingesessenen Arztfamilie am 27. Mai 1841 geboren. Ihr Vater war der praktizierende Arzt Louis Alexander Breitzmann, ihre Mutter Emilie, Elwine, Auguste Breitzmann, geb. Wittzack. Ihr Großvater, Sanitätsrat Dr. Wittzack, war Leiter des Krankenhauses in der Schinkelstraße. Nach dem frühen Tod ihrer Eltern wuchs sie in Magdeburg auf, später lebte sie als Schriftstellerin in Bad Neuhaus. Zuletzt wohnte sie in Berlin, wo sie 1916 verstarb. Sie schrieb unter dem Pseudonym Elise Halden vor allem Jungmädchenbücher, historische Erzählungen und Romane, auch Kriminalromane. Am bekanntesten sind „Das wahre Glück“, „Die Rosen von Hagenow“ und „Neue Mädchengeschichten“.

Richard Kirstein

Pastor Richard Kirstein war seit dem 24. Oktober 1916 Ehrenbürger. Er wurde am 21. Februar 1843 in Hirschberg geboren und verstarb am 6. Januar 1926 in Berlin-Dahlem. In seinem Geburtsort legte er das Abitur ab, studierte in Halle und Tübingen Theologie und erhielt 1872 die Ordination. Zwei Jahre arbeitete er als Hilfspfarrer, war dann acht Jahre Pfarrer in Helsingfors, heute Helsinki in Finnland, wo er immer noch verehrt wird. Danach war er im evangelischen Johannisstift in Berlin-Spandau tätig und von 1890 bis 1915 Pfarrer in Templin. Hier erwarb er die Immobilie Arnimstraße 2, das spätere „Kirsteinhaus“, und wandelte diese in ein „Evangelisches Vereinshaus“ bzw. die „Herberge zur Heimat“ um. Das Vereinshaus war während des 1. Weltkrieges Soldaten- und Gefangenenlager und ab 1918 Unterkunft des „Evangelischen Männer- und Jünglingsverein Templin e.V.“ Dieser verpachtete es ab 1923 wiederum an den „Herbergsverein Templin e.V.“ In Erinnerung an den Gründer der Einrichtung erhielt das Haus 1925 den Namen „Richard Kirstein“. Beigesetzt wurde er am 9. Januar 1926 auf dem Sankt-Georgen-Friedhof in Templin.

Adolph Dochow

Der spätere Juraprofessor Adolph Dochow wurde am 24. September 1844 in Templin geboren. Er war das einzige Kind des Kaufmanns Gottlieb Heinrich Dochow, der sein Geschäft in der Mühlenstraße hatte. Nach dem Tod seines Vaters und dem Besuch der Templiner Stadtschule absolvierte er nach der Übersiedlung mit seiner Mutter nach Berlin das dortige Friedrich-Werdersche-Gymnasium und begann Ostern 1864 sein Studium an der Berliner Universität. Dann setzte er sein Studium in Göttingen fort, wurde 1866 zum Heer eingezogen und nahm an der letzten Etappe des Feldzuges gegen Österreich teil. 1868 promovierte er an der Universität München zum juristischen Doktor, habilitierte dann an der Universität in Heidelberg. Gerade 28-jährig, wurde er nach zweijähriger Dozententätigkeit 1872 als ordentlicher Professor für Strafrecht an die Universität in Halle/Saale berufen. Er veröffentlichte zahlreiche Arbeiten über Meineid, falsche Anschuldigung, Beleidigung usw. und gab 1878/79 die zweite Auflage des „Reichsstrafprozesses“ heraus. Außerdem überarbeitete er das Rechtslexikon von Holtzendorff/Vietmannsdorf.

Mit Friedrich Liszt begründete eine Zeitschrift für die gesamte Strafrechtswissenschaft. Er starb bereits im Alter von 37 Jahren am 20. Dezember 1881.

Hermine Hartleben

Die Ägyptologin Hermine Hartleben ist 1846 in Altenau im Oberharz (Niedersachsen) geboren. Sie wurde durch die erste Biografie Jean Francois Champollions, des Entzifferers der Hieroglyphen, bekannt. Über ihren eigenen Lebensweg weiß man nur wenig. Hermine Hartleben war von 1913 bis zu ihrem Tode am 18. August 1919 Stiftsinsassin im hiesigen Elisabethstift in der Kirsteinstraße (Kantstraße).

Karl Grube

Am 10. März 1863 wurde in Templin der Schauspieler Karl Grube als Sohn des Apothekers Johann Karl Grube und seiner Frau Elisabeth, geb. Westphal, geboren. Nach dem Umzug nach Hamburg besuchte er das Gymnasium und ging dann gegen den Willen der Eltern ans Theater. 1884 wurde er in die berühmte Truppe des Meininger Hoftheaters aufgenommen. Auf seinen Gastspielreisen kam er nach Russland, in die skandinavischen Länder, Österreich und sogar nach Amerika. Nach seiner Pensionierung lebte er in Berlin und gab als Chefredakteur die „Ostdeutsche Rundschau" heraus. Karl Grube schrieb auch Bühnenstücke, wie Lustspiele und Schwänke. Daneben verfasste er Reiseliteratur. Von ihm erschien z. B. 1900 „Der Kurprinz von Brandenburg" und 1904 die Monografie „Die Meininger". Grubes Todesdatum ist nicht bekannt.

Prof. Gustav Lehmann

Prof. Gustav Lehmann, der Begründer des botanischen Gartens im Joachimsthalschen Gymnasium, wurde am 12. Juni 1863 in Brück geboren. Trotz ärmlicher Verhältnisse besuchte er das Lehrerseminar in Köpenick und trat mit 20 Jahren seine erste Volkshochschullehrerstelle in Perleberg an. Nachdem er sein Mittelschulexamen in Mathematik und den Naturwissenschaften absolviert hatte, übernahm er 1880 eine Lehrerstelle am Jochimsthalschen Gymnasium in Berlin-Wilmersdorf. Nach dem Umzug der Bildungseinrichtung nach Templin arbeitete er auch hier als Lehrer und begann, bereits 59-jährig, mit der Anlage eines Gartens. Als Anerkennung seiner Leistungen wurde ihm 1913 der Titel „Professor" verliehen. Neben der Anlage des botanischen Gartens legte er umfangreiche Aufzeichnungen über die heimische Pflanzenwelt und ihre Vorkommen an. Trotz seines Ruhestands arbeitete er an der Höheren Mädchenschule der Stadt und leitete diese in den Kriegsjahren 1915-1918. Seine besondere Liebe galt neben der Natur den Werken von Fontane und Reuter. Gustav Lehmann starb am 7. März 1928. Er wurde auf seinen Wunsch am Steilufer des Templiner Sees in der Nähe des botanischen Gartens beigesetzt. Die damaligen Schüler zeigten ihre Verehrung durch die Aufstellung eines Gedenksteins am 23. September 1928 im heutigen Lehmann-Garten.

Albert W. Bundfuß

Geboren am 7. Dezember 1850 in Angermünde, eröffnete er 1881 in Templin die Firma A. Bundfuß in der Mühlenstraße. Im Laufe der Zeit kaufte er einige Nebenhäuser dazu, die dann abgerissen und durch einen Neubau, das heutige Nessler-Kaufhaus, ersetzt wurden. Albert Bundfuß arbeitete von 1887 bis 1919 als Stadtverordneter und war davon neun Jahre Stadtverordnetenvorsteher. Er engagierte sich als Mitglied der Schuldeputation insbesondere für die Förderung des städtischen Schulwesens und gehörte zu den Gründern der Privatschule in der damaligen Arnimstraße, die am 1. April 1893 eröffnet wurde. Ebenso setzte er sich für die Verlegung des Joachimsthalschen Gymnasiums nach Templin ein. Sein Geschäft übergab er nach dem Tod seines Sohnes im 1. Weltkrieg an den Kaufmann Radefeldt. Er verstarb am 11. Februar 1929.

Gustav Zietlow

Der Leiter des „Templiner Rettungshauses" Gustav Zietlow wurde am 1. März 1864 geboren. Nach der Schule absolvierte er das Lehrerseminar in Kyritz und dann eine Diakonausbildung. Im Rettungshaus Heilbrunn bei Kyritz war er Lehrer, bevor er am 5. Juni 1888 im Templiner Rettungshaus als Leiter eingeführt wurde. Er leitete das Haus bis zum Umzug 1893 und war der Erbauer und Organisator des „Waldhofes". Am 27. März 1927 wurde er in den Ruhestand verabschiedet und auf Grund seiner unermüdlichen sozialen Arbeit zum Ehrenmitglied des Vorstandes ernannt. Gustav Zietlow verstarb am 3. März 1937 in Templin.

Karl Vollrath

Geboren in Templin, studierte der spätere Politiker Karl Vollrath in Berlin, dann in Paris, Philosophie und Kunstgeschichte. Von 1881 bis 1892 war er Journalist bei der Breslauer Zeitung. 1890 wurde er zum Reichstagsabgeordneten für Berlin gewählt. Viele Jahre war er Vorsitzender des Vereins „Berliner Presse".

Dr. Kurt Hucke

Der von 1912 bis 1936 in Templin am Joachimsthalschen Gymnasium tätige Dr. Kurt Hucke wurde am 8. Januar 1882 in Berlin geboren und verstarb am 12. August 1963 in Hanau. Er besuchte als Schüler selbst das Joachimsthalsche Gymnasium in Berlin und legte dort das Abitur ab. Danach studierte er Mathematik, Physik, Zoologie und Botanik. Als Autodidakt erwarb er den Doktortitel in Geologie. Nach dem Militärdienst und der Arbeit an verschiedenen Berliner Schulen kam er ans Templiner Joachimsthalsche Gymnasium. Von 1929 bis 1935 war er Kreiskommissar für Naturdenkmalpflege im Kreis Templin. Auf Grund politischer Differenzen wechselte er 1936 als Oberstudiendirektor nach Frankfurt/Oder und 1940 nach Lübben. Auf der Flucht kam er 1945 nach Plön und siedelte 1963 nach Hanau um.

Erna Taege-Röhnisch

Die Heimatdichterin wurde am 12. Januar 1893 in Bebersee geboren. Nach dem Schulbesuch arbeitete sie als Waldarbeiterin und später als Sekretärin in Berlin, da die Eltern ihr eine Lehrerausbildung nicht bezahlen konnten. In Berlin schrieb sie aus Heimweh ihre ersten Gedichte, die 1938 veröffentlicht wurden. Weitere Veröffentlichungen waren „De Handorgel", „Weg in die Stille" und „Wind um´t Hus". Nach dem Krieg arbeitete sie als Neulehrerin in Bebersee und Groß-Dölln. Den Beruf musste sie aus Gesundheitsgründen aber bereits 1948 wieder aufgeben. 1949 heiratete sie Fritz Röhnisch und zog mit ihm zwei Jahre später nach Templin. Seit 1952 arbeitete sie am Brandenburgisch-Berlinschen Mundartbuch mit und begann ab 1955 gemeinsam mit ihrem Mann das Templiner Volkskundemuseum weiter auszubauen. Im gleichen Jahr veröffentlichte sie ihr Buch „Wind öwer de Heid", 1986 erschien beim Hinstoff-Verlag der Gedichtband „Tieden und Lüd". Zwei Jahre zuvor war sie in der BRD mit dem Freudenthal-Preis für niederdeutsche Dichtung ausgezeichnet worden, 1989 erhielt sie den Fritz-Reuter-Preis des Bezirkes Neubrandenburg. Eine der höchsten Ehrungen, die zur Förderung des niederdeutschen Schrifttums vergeben werden, wurde ihr mit der Verleihung des Fritz-Reuter-Preises der Stiftung F.V.S. 1992 zuteil. In dem Jahr erschien auch eines ihrer schönsten Bücher „En Vogel het sungen". Mit ihren Arbeiten warb sie für die Schönheiten der Natur und ihrer uckermärkischen Heimat und engagierte sich für den Erhalt des uckermärkischen Platt. In Vortragsabenden und im von ihr 1988 iniziierten Zirkel „Heidstruck" fand sie Gleichgesinnte und Fortsetzer ihrer Bemühungen. Am 22. November 1993 wurde sie zur Ehrenbürgerin der Stadt Templin ernannt. Erna Taege-Röhnisch verstarb am 4. Mai 1998 in ihrer Heimatstadt.

Carl Schneider

Carl Schneider wurde am 14. Februar 1883 in Jessnitz/Anhalt geboren. Er studierte in Leipzig Architektur und erhielt am 12. November 1907 nach bestandener Prüfung von der Königlichen Prüfungsbehörde den Titel „Baumeister". Er arbeitete in verschiedenen deutschen Städten, u. a. in seiner Heimatstadt, ab 1912 in Göttingen und dann in Naumburg, Bitterfeld, Weißwasser und Osnabrück. Er erstellte Bauzeichnungen und -planungen für Stadtvillen, Schulen, Rathäuser und Krankenhäuser. 1920 begann er seine Tätigkeit in Templin. In dem Buch von Hans Philipp „Die Geschichte der Stadt Templin", 1925, S. 337, ist Folgendes zu lesen: „ Der großzügige Geist, der gerade in der Bauverwaltung Templins herrscht, drückt sich auch in zwei anderen Werken der neuesten Zeit aus, in der Anlage des Stadions und in den Entwürfen des Stadtbauplanes · das Stadion, die Arbeit des Stadtbaumeisters Schneider, wurde nach dem Kriege in Notstandsarbeiten hergestellt und 1923 eingeweiht." 1926/29 erarbeitete er im Auftrag der Landarbeiter-Heimstätten-Genossenschaft und der Templiner Wohnungsbaugesellschaft mbH Baupläne für Doppelwohnhäuser für die Heimstraße, das Kuckucksheim und Elsternest. Auch für die Orte Kuhz, Rosenow, Ahrensdorf, Ludwigshof und Himmelpfort war er tätig. Ferner fertigte er Baupläne zur Einleitung von Regenwasser in den Templiner Kanal und zur Entwässerung des Eichwerders. Da er nicht Mitglied der NSDAP war, wurde er als Stadtbaumeister abgesetzt. Ab 1935 trugen seine Arbeiten die Unterschrift: Stadtbaumeister a. D. Sofort nach Ende des Krieges konnte er seine Arbeit und seine Position wieder einnehmen und war aktiv am Neuaufbau der zerstörten Stadt beteiligt. Zu seinem Wirken gehörten im September 1945 die Gestaltung des Waldfriedhofs, die Ziegeleinotbrücke, der Wiederaufbauplan für den Marktplatz, der leider nicht umgesetzt wurde, das Rathaus, das VdN-Denkmal sowie der Wiederaufbau der Goetheschule und der Neubau der Berufsschule. Carl Schneider starb am 8. März 1961 in Templin. Der Sohn, Egbert Binkow, übergab im Mai 2011 dem Bürgermeister Detlef Tabbert eine Vielzahl von Arbeiten Carl Schneiders.

Wilhelm Wilcke

Der Kunstmaler Wilhelm Wilcke wurde am 1. September 1885 als Sohn eines Templiner Kaufmanns geboren. Nach einer Lehrerausbildung begann er ein zweijähriges Studium der Landschaftsmalerei an der Kunstakademie in Breslau, später bei dem Impressionisten Hans Licht in Berlin. Schon 1915 stellte er in München seine Landschaftsbilder aus. Bereits 1918 wurde er in den Verein der „Berliner Künstler“ unter dem Vorsitz von Max Liebermann aufgenommen. Nach einigen Lehrjahren und Armeedienst im 1. Weltkrieg wirkte er als Dozent an der Diesterweg-Hochschule und Volkshochschule Berlin-Schöneberg und wurde 1925 Studienrat für das künstlerische Lehramt. Wilcke kehrte mit seiner Frau und den zwei Töchtern nach Templin zurück, als sein Haus in Berlin beim Bombenangriff zerstört wurde, und wohnte in der Bahnhofstraße 27. Hier widmete er sich vor allem der Templiner Landschaft und schuf vielfältige Gemälde, Ölmalereien und Aquarelle. Sie sind noch heute in Amtsstuben und Privaträumen zu sehen. Neben der Malerei widmete er sich seinem Steckenpferd, der Vogelkunde. Wegen einer schweren Erkrankung zog er mit seiner Frau zur Tochter nach Köln, wo er am 2. August 1979 starb.

Dr. Wilhelm Martens

Dr. Wilhelm Martens arbeitete als Lehrer am Joachimsthalschen Gymnasium, später an der Landesschule. Nach seiner Pensionierung setzte er seine erdgeschichtlichen Forschungen fort und gab die Heimatschriften „Geologische Beschreibungen des Kreises Templin“, „Das Seenkreuz bei Templin“ und „Norddeutschlands Seen“ heraus. Er arbeitete außerdem im Kulturrat der Stadt Templin mit. Im Februar 1961 bekam er eine Ausreisegenehmigung zu Verwandten nach Kolumbien, blieb aber in Westberlin. Er wurde am 25. Mai 1886 geboren und verstarb am 23. Oktober 1973 in Tübingen.

Hans Philipp

Hans Philipp, Autor der „Geschichte der Stadt Templin“ und anderer Heimatschriften, wurde 1887 in Berlin geboren. Sein Vater war Prokurist bei einer Privatbank, verstarb aber sehr früh. Deshalb musste sich Hans Philipp neben dem Studium seinen Lebensunterhalt verdienen. Er studierte Geschichte, Griechisch, Latein und Religion. Nach dem Studium kam er nach Templin ans Joachimsthalsche Gymnasium und leitete dort neben seiner Lehrertätigkeit ein Alumnat. Hans Philipp betätigte sich auch als Kommunalpolitiker. Als Mitglied der liberalen Partei arbeitete er vor 1933 als Stadtrat und hatte das Seen- und Fischereiwesen unter sich. Seine frühe Schwerhörigkeit unterband diese Tätigkeit. 1938 verließ die Familie die Stadt und zog nach Berlin. Dort arbeitete er am Arndt-Gymnasium, nach dem Krieg an einer Volksschule und forschte nach seiner Pensionierung in der Ur- und Frühgeschichte. Hans Philipp starb 75-jährig 1962 in Berlin.

Pastor Grüber

Der den „Waldhof“ von 1927 bis 1933 leitende Pastor Grüber wurde wegen seiner Nichtzugehörigkeit zur NSDAP aus diesem Amt entlassen. Er engagierte sich nach seinem Weggang nach Berlin im Widerstand und verhalf jüdischen Bürgern zur Ausreise. Er gründete das sogenannte „Grüber-Haus“ mit 22 Anlaufstellen und verhalf so ca. 1700 Verfolgten zur Flucht. Deshalb wurde er verhaftet und ins KZ Sachsenhausen und Dachau verbracht. Später war er Mitbegründer der CDU und Probst in Berlin. In dieser Funktion arbeitete er auch als Beauftragter der Evangelischen Kirche in Deutschland bei der Regierung der DDR. Grüber wurde am 26. April 1891 geboren und verstarb am 29. November 1975 in Berlin.

Dr. Karl-Friedrich Buchholz

Dr. Buchholz, zeitweiliger Leiter des „Waldhofes“, wurde in Dresden am 18. August 1891 geboren. Er besuchte das Joachimsthalsche Gymnasium in Berlin, studierte in Kiel und Berlin Theologie und erhielt am 11. Januar 1920 seine Ordination. 1926 begann er seine Tätigkeit an der Prenzlauer Nikolaikirche und war Mitglied der „Deutschen Christen“. Nach der Reichspogromnacht 1938 trat er aus der Vereinigung der „Deutschen Christen“ aus und übernahm nach der Entlassung des vorhergehenden Leiters Buschmann den „Waldhof“. Hier engagierte er sich auch für Kriegsgefangene und schützte Flüchtlingsfrauen vor Übergriffen der Soldaten der Roten Armee. Von ihnen wurde er durch einen Gewehrkolbenschlag verletzt, woran er am 3. Mai 1945 starb.

Walter Blankenburg

Walter Blankenburg wurde am 18.5.1892 als Sohn des Lehrers Ludwig Blankenburg in Templin geboren. Er besuchte die Bürgerschule, lernte an der Kreissparkasse Templin. Während des 1. Weltkrieges wurde er an der Westfront in Verdun verwundet und verlor ein Bein. Nach ca. 2 ½ Jahren Lazarettaufenthalt arbeitete er als Angestellter der Stadtsparkasse Brandenburg und anschließend als erster Buchhalter bei der Stadtsparkasse Glogau. 1921 kehrte er nach Templin zurück und heiratete im März 1922. Aus dieser Ehe gingen ein Sohn und eine Tochter hervor. Von 1921 bis 1931 arbeitete er als zweiter Kassenbeamter in der Stadtkasse im Rathaus. 1931 wurde er zum Leiter der Stadt- und Steuerkasse befördert. Auf Grund einer Anordnung vom 24.9.1940 wurde Walter Blankenburg mit der Führung der Stadtchronik Templins beauftragt und erstellte umfassende historische Darstellungen zur Entstehung, Entwicklung und Geschichte der Stadt, die 1982 vom Rat der Stadt aufgekauft werden konnte und eine wichtige Basis für heutige Interessierte darstellt, auch wenn die historischen Darlegungen nur bis 1933 vorliegen. Walter Blankenburg verstarb am 28.4.1966.

Hans Schübler

Hans Schübler wurde am 18. März 1896 in Templin geboren. Von Beruf Lehrer, wurde er nach einer Beinamputation in Folge einer Verwundung während des Ersten Weltkrieges pensioniert. Danach verschrieb Hans Schübler sich der Erforschung der Ur- und Frühgeschichte seines Heimatkreises Templin. Durch seine jahrelangen intensiven Untersuchungen zählt der ehemalige Kreis Templin zu den am besten erforschten Kreisen der Mark Brandenburg. Diese Arbeiten und seine umfangreichen Veröffentlichungen zu diesem Thema sind noch heute eine wertvolle Quelle bei der Erforschung der Ur-und Frühgeschichte. Sein offizieller Status war Staatlicher Museumspfleger für kulturgeschichtliche Altertümer des Pflegebezirkes Templin. Hans Schübler nahm sich nach dem Ende des Zweiten Weltkrieges am 18. Juni 1945 das Leben.

Minna Ostrowski

Am 26. Februar 1897 in Planitz/Sachsen geboren, erlernte Minna Helene Sohn den Beruf einer Verkäuferin. Nach Ende des 1. Weltkrieges heiratete sie Friedrich Althoff und lebte bis zu seinem Tode 1922 mit ihm zusammen. Danach trat sie wieder ins Berufsleben ein, nahm eine Tätigkeit als Haushälterin an und später als Sekretärin. 1927 heiratete sie Wilhelm Ostrowski. Nach ihrem Eintritt in die KPD 1928 war sie dort Kassiererin und Presseobmann. In der Nacht des Reichstagsbrandes am 27. Februar 1933 wurden sie und ihr Mann verhaftet und für ein halbes Jahr inhaftiert, dann aber aus Mangel an Beweisen frei gesprochen. Sie emigrierten nach Holland. Von dort aus hielt sie als Kurier die Verbindung zu illegalen Gruppen in Deutschland aufrecht. Ihr Mann war Teilnehmer des Kampfes gegen Franco in Spanien. Im Mai 1940 wurde sie von der Gestapo in Amsterdam verhaftet und nach kurzer Haft ins Konzentrationslager Ravensbrück gebracht. Dort wurde sie durch das Schwedische Rote Kreuz befreit. Auf der Suche nach ihrem Mann und der Mutter erfuhr sie bei einem Zwischenaufenthalt in Templin von deren Tod und blieb in der Stadt. Sie arbeitete am Wiederaufbau der KPD mit und beteiligte sich an der Gründung der SED in Templin. Für einige Zeit war sie Wirtschaftsleiterin auf dem „Waldhof". Bis 1949 war sie in der Kreisverwaltung tätig und danach als Parkwächterin im Bürgergarten. Minna Ostrowski verstarb am 14. Januar 1967. Sie wurde auf dem Waldfriedhof beigesetzt. Ihr Grab wird als Ehrenmal auf dem Waldfriedhof noch heute gepflegt. Zum 20. Jahrestag der DDR wurde 1969 die Dargersdorfer Straße nach ihr benannt. Auch die Förderschule erhielt ihren Namen. Nach der Wende wurden Straße und Schule 1990 umbenannt.

Walter Libbert

Der Lehrer und Ornithologe Walter Libbert wurde am 24. Dezember 1899 in Osterwieck, einer Kleinstadt im Vorharz, geboren. Als Lehrer wirkte er zunächst in seiner Heimatstadt, später in Ückermünde und ab 1949 in Templin. Über viele Jahre war er als Naturschutzbeauftragter des Kreises Templin tätig und legte dabei den Grundstock für die heutigen Naturschutzgebiete. Sein besonderes Interesse galt den Kranichen, ihrer Lebensweise und ihrem Zugverhalten. Die von ihm verfassten Forschungsarbeiten sind noch heute international anerkannt. Nachdem er wegen Krankheit seinen Lehrerberuf aufgeben musste, arbeitete er an einem Standardwerk über die Vogelwelt des Landes Brandenburg, das er nicht mehr beenden konnte. Walter Libbert starb am 30. August 1971 und wurde auf dem Friedhof in der Bahnhofstraße beigesetzt.

Friedrich Scholz-Padiera

Friedrich Scholz-Padiera wurde am 20. Juni 1900 in Schlesien geboren und verstarb am 28. August 1969 in Templin. 1945 kam er als Flüchtling in die Stadt und engagierte sich hier für die kulturellen Angelegenheiten, insbesondere für den Wiederaufbau der historischen Altstadt, für die Schaffung des Museums und im Bereich der Denkmalpflege als Vorsitzender des Kreisdenkmalausschusses. 1953 begann er unter schwierigsten Bedingungen mit der Einrichtung des Museums. Außerdem machte er sich auch bei der Ausbesserung der Stadtmauer und dem Wiederaufbau des Rathauses verdient. Scholz-Padiera war gelernter Buchhändler und arbeitete in Templin als Antiquitätenhändler.

Bernhard Wiegelmann

Geboren am 31. Januar 1901, war von Dezember 1949 bis Juni 1950 Bürgermeister der Stadt und von 1955 bis 1958 Betriebsleiter des Kieswerkes Milmersdorf. Als junger Arbeitersportler war er Mitbegründer des Arbeiter-Turn- und Sportbundes und Mitglied des Arbeiter-Radfahrbundes. Neun Jahre war er Kinderturnwart. Er verstarb am 18. Juli 2010.

Fritz Röhnisch

Fritz Röhnisch, geboren am 12. Juli 1903 in Zehdenick, wohnte seit 1951 mit seiner Frau Erna Taege-Röhnisch in Templin. Er besuchte von 1909 bis 1917 in seinem

Geburtsort die Volks- bzw. Mittelschule und absolvierte dann eine Ausbildung zum Verwaltungsangestellten. Von 1926 bis 1939 arbeitete er bei der Stadtverwaltung in Zehdenick. Im August 1939 wurde er zum Militärdienst einberufen und während des Krieges verwundet. 1947 kehrt er als Invalide aus der Gefangenschaft zurück, arbeitet ab dem 1. September des Jahres in der Mühle in Zehdenick, dann in Templin als Büroangestellter. Bis zur Aufnahme eines Fachschulfernstudiums als Museumsassistent in Aschersleben von 1956 bis 1959 war er im Rat des Kreises Templin tätig. Bereits in den 1930er Jahren engagierte Fritz Röhnisch sich für die Schaffung eines Museums in Templin. 1955 übernahm er von Scholz-Padiera die Aufbauleitung des Templiner Museums, das 1957 eröffnet wurde. Die Museumsleitung hatte er bis 1970 inne. Er trat 1951 dem Kulturbund bei und war dort im „Klub der Intelligenz" organisiert. Er gehörte zu den Herausgebern der „Heimatschriften des Kreises Templin" in den 1960er Jahren. 1949 hatte Fritz Röhnisch die Schriftstellerin ErnaTaege geheiratet. Er verstarb am 28. Februar 1984. Für das Engagement des Ehepaars Röhnisch wurde der Museumsplatz im November 2010 nach ihm benannt.

Dr. Karl-Heinz Seidler
Anlässlich des Tages des Gesundheitswesens wurde der stellvertretende ärztliche Direktor des Kreiskrankenhauses, Medizinalrat Dr. Karl-Heinz Seidler, am 10. Dezember 1965 als Verdienter Arzt des Volkes ausgezeichnet. Er war Chefarzt der Gynäkologischen Abteilung. Schon 1946/47 war er am Wiederaufbau des Gesundheitswesens in seiner Heimatstadt beteiligt.

Arthur Meyer
Am 26. Februar 1997 wurde Arthur Meyer durch die Stadtverordnetenversammlung für sein sportliches Engagement und die Verdienste bei der Entwicklung des Sportes in Templin geehrt. Geboren wurde er am 2. August 1906 und lernte in der Kreissparkasse. Ab 1937 war er Filialleiter in Boitzenburg. Bereits 1922 trat er dem Sportclub Viktoria 1914 bei und wurde 1927 zum Schriftführer gewählt, was heute der Geschäftsführertätigkeit entspricht. Er war im Verein außerdem als Übungsleiter, Kampfrichter und Organisator von Veranstaltungen tätig. Unterbrochen wurde seine berufliche und sportliche Arbeit durch den 2. Weltkrieg. Er wurde an der Ostfront verwundet und kam 1945 aus russischer Kriegsgefangenschaft nach Templin zurück. Hier beteiligte er sich ab dem 1. April 1946 beim Aufbau des Sportamtes. In den folgenden Jahren war er u. a. Vorstandsmitglied der BSG Einheit Templin. 20 Jahre arbeitete er im damaligen Fachausschuss für Leichtathletik im Bezirksausschuss. Dafür wurde er 1970 mit der Ehrenplakette des Leichtathletikverbandes ausgezeichnet. Arthur Meyer archivierte alle Sportaktivitäten in Stadt und Kreis Templin seit 1914 und war damit gleichzeitig Bewahrer der Sportgeschichte in seiner Heimatstadt. Er verstarb am 24. Mai 2002.

Holde-Barbara Ulrich

Holde-Barbara Ulrich wurde 1940 in Templin geboren. 1944 siedelte ihre Familie infolge von Luftangriffen nach Flieth um. Dort arbeitete ihr Vater nach Rückkehr aus amerikanischer Kriegsgefangenschaft als Neulehrer. Nach dem Abitur arbeitete sie ein Jahr in der Landwirtschaft und studierte dann Philosophie und Afrikanistik an der Humboldt-Universität in Berlin. Nach Studienabschluss arbeitete sie bis zur Wende in der Auslandsabteilung der staatlichen Nachrichtenagentur ADN. 1990 verlässt Holde-Barbara Ulrich die Agentur, veröffentlicht ihren ersten Gedichtband „Komm zu mir – es ist kalt" und geht zur Frauenzeitschrift Für Dich, die sie jedoch nach kurzer Zeit verlässt. Seitdem arbeitet sie als freie Autorin, u. a. für Zeit, Spiegel, Elle, Focus und Brigitte. Sie verfasste mehrere Romane und Geschichten, u. a. „Margrets Mann", „Zuhause ist kein Ort", „Die Nackten und die Besessenen" – Künstlerporträts. Für ihre Arbeit wurde sie 1990 mit dem Emma-Journalistinnen Preis, 1995 mit dem „Egon-Erwin-Kisch-Preis" für das Porträt „Dann eben im Sitzen!" über einen Lehrer, der nach einem Unfall querschnittsgelähmt ist sowie 2002 mit dem „Goldenen Igel", dem Medienpreis des Reservistenverbandes ausgezeichnet. Holde-Barbara Ulrich ist verheiratet und lebt in Berlin und in einem Dorf im Havelland.

Klaus-Jürgen Gundlach

Klaus-Jürgen Gundlach wurde am 18. April 1948 in Velbert/Rheinland als Sohn einer Kaufmannsfamilie geboren. Erste Begegnungen mit Kirchenmusik im Orgel- und Trompetenspiel hatte er in Apenburg/Altmark. Später nahm er Orgelunterricht bei Kirchenmusikdirektor Manfred Schlenker am Stendaler Dom. 1966 begann Klaus-Jürgen Gundlach ein Studium an der Kirchenmusikschule Halle/S. Seine erste Anstellung als Kirchenmusiker bekam er 1970 an der St. Stephani-Kirche in Aschersleben. Gleichzeitig studierte er bis 1974 Musikwissenschaften an der Martin-Luther-Universität Halle-Wittenberg. 1981 promovierte er mit der Dissertation „Johann Philipp Krieger - das geistliche Vokalwerk" im Rahmen der Forschungen zur mitteldeutschen Musikgeschichte. 1982 erfolgte seine Anstellung als Kirchenmusiker in Templin an der Maria-Magdalenen-Kirche. Mit 12 Mitgliedern in der Kantorei begann er das aufzubauen, was heute weit über Templin hinaus einen Namen hat. In festgewachsener Zusammenarbeit mit dem Orchester der Komischen Oper Berlin, verschiedener Solisten und Partnerchören kamen in der Maria-Magdalenen-Kirche unter seiner Leitung jedes Jahr mindestens zwei große Werke wie z. B. das Bachsche Weihnachts-Oratorium, die Matthäus- und die Johannes-Passion, Honeggers „König David" u.a., die üblicherweise Profi-Chöre zur Aufführung bringen, zu Gehör. Das Repertoire des Chores umfasst Werke der Klassik aller Epochen bis zur Moderne. Kantor Gundlachs Engagement galt auch den einzelnen Gruppen der Kantorei wie Spatzenchor, Jugendchor, Flötensextett und Bläserchor. Aus dem Flötenquartett entwickelte sich das „flauto con voce - Ensemble ", welches sich anspruchsvoller alter und moderner Musik widmet. Sein besonderer Einsatz galt auch dem Bau der neuen Orgel der Firma Schuke 1994. Von 1979 bis 2007 engagierte er sich außerdem als Vorsitzender des Fördervereins des MKC.

Dr. Angela Merkel
Am 30. Mai 2004 wurde sie als erste Frau zur deutschen Kanzlerkandidatin der Unionsparteien gewählt. Angela Merkel, aufgewachsen in Templin, geboren am 1. Juli 1954 in Hamburg, besuchte hier die Goetheschule und die EOS. Ihr Vater Horst Kasner war Pfarrer, die Mutter Lehrerin. Nach ihrem Physikstudium in Leipzig arbeitete sie an der Akademie der Wissenschaften in der Abteilung Physikalische Chemie in Berlin und promovierte dort. Während der Wende kam sie über den „Demokratischen Aufbruch" zur CDU und begann eine politische Karriere. Ihre „politische Heimat" wurde Mecklenburg-Vorpommern als Landesvorsitzende der CDU. Von 1990 bis 1998 arbeitete sie in der Regierung Kohl in zwei Ministerämtern und wurde bereits im Dezember 1991 zur stellvertretenden CDU-Vorsitzenden gewählt, 2000 erfolgte ihre Wahl zur Vorsitzenden. Höhepunkt war dann in der männerdominierten Politik ihre Wahl zur Bundeskanzlerin am 22. November 2005, erneut 2009.

Prof. Dr. Heinz-Dieter Jung
Prof. Jung wurde in Dresden am 1. Dezember 1993 mit dem Gustav-Riehl-Preis für sein Engagement und seine Verdienste um praxisgerechte Verfahren bei der Untersuchung und Behandlung pilzkranker Patienten ausgezeichnet. Er arbeitete als Hautarzt über Jahre in Templin.

Willi Saborosch
An den langjährigen Führer der Templiner Wehr Willi Saborosch wurde aus Anlass des 150. Jahrestages der Gründung der „Freiwilligen Feuerwehr Templin" der Titel „Ehrenbrandmeister" verliehen.

Heinz Pantzier
Heinz Pantzier, Musiker, Poet und Mundartschreiber, wurde am 7. November 2009 mit dem Fritz-Reuter-Literaturpreis geehrt.

Ralf-Günther Schein
Ralf-Günther Schein, seit 1992 in Templin als Pfarrer tätig, erhielt am 9. September 2012 in Angermünde den „Ehm-Welk"-Literaturpreis. Gewürdigt wurden seine Gedichte, die seine tiefe Verbundenheit zur Natur widerspiegeln.

DIE EHRENBÜRGER DER STADT

Im Zuge der vom preußischen Minister Freiherr von Stein am 28. August 1812 eingeführten Städtereform wurde den Städten die Selbstverwaltung übertragen. Von den gewählten Ratsmitgliedern forderte von Stein, sich zum Wohle der Gemeinschaft einzubringen. Gleichzeitig formulierte er die Möglichkeit, Männer, die sich um die Stadt besonders verdient gemacht hatten, mit der Ehrenbürgerwürde der Stadt auszuzeichnen. Außerdem konnten Magistratsmitglieder, die mindestens neun Jahre ein Amt engagiert bekleidet hatten, mit dem Prädikat „Stadtältester" geehrt werden. Von diesen Rechten machte auch die Stadt Templin Gebrauch.

DAS PRÄDIKAT „STADTÄLTESTER" WURDE VERLIEHEN:

9. Februar 1865
dem ausscheidenden **Ratsherrn und Braueigner Carl Ferdinand August Trieloff** nach 12-jähriger Dienstzeit als unbesoldetes Magistratsmitglied.

31. Mai 1877
dem **Ratsherrn Heck** nach 12-jähriger Dienstzeit als unbesoldetes Magistratsmitglied. Heck verstarb am 7. Juni 1889.

26. Oktober 1878
dem **Ratsherrn Neuendorf** nach mehr als 12-jähriger Dienstzeit als unbesoldetes Magistratsmitglied.

2. November 1881
dem **Ratsherrn Rentier Wilhelm Kayser** nach 18-jähriger Dienstzeit als unbesoldetes Magistratsmitglied. W. Kayser ist am 26. Juli 1888 verstorben.

25. August 1887
dem **Ratsherrn August Hauck** nach 15-jähriger Dienstzeit als unbesoldetes Magistratsmitglied. August Hauck verstarb am 14. März 1907.

20. September 1887
dem **Beigeordneten und Apotheker Emil Zühl** nach 15-jähriger Dienstzeit als Ratsherr und Beigeordneter. Zühl ist am 26. März 1888 verstorben.

26. August 1890
dem **Ratsherrn Maurermeister Karl Christel**. Derselbe verstarb am 12. Mai 1904.

13. März 1895
dem **Ratsherrn Rentier Wilhelm Rönnpagel.** Er verstarb am 24. April 1897.

8. Dezember 1917
dem **Ratsherrn Julius Rieck** in Anerkennung seiner 25-jährigen Tätigkeit für die Stadt.

11. Dezember 1919
dem **Ratsherr Wilhelm Fröhlich** in Anerkennung seiner langjährigen Dienste. W. Fröhlich verstarb am 18. Juli 1936.

„EHRENBÜRGER" DER STADT WURDEN:

Landrat Friedrich Wilhelm Karl von Arnim Gerswalde – 10. November 1820.
Geboren wurde Friedrich Wilhelm Karl von Arnim am 21. August 1786 in Preußisch-Minden. Er starb am 3. Mai 1852 in Gerswalde. Er war der zweite Sohn des Regierungspräsidenten Karl Ludolph Bernhard von Arnim auf Gerswalde, besuchte das Joachimsthalsche Gymnasium in Berlin und studierte Jura und Finanzwesen in Halle. Danach arbeitete er in Westfalen und im diplomatischen Dienst in Paris und Petersburg bis 1811. Später war er preußischer Offizier und kam im Zuge der Befreiungskriege bis nach Paris. Nach seiner Rückkehr nach Gerswalde wurde er nach der Gründung des Kreises Templin in den Templiner Kreistag gewählt und fungierte dann ab dem 18. Februar 1817 für 12 Jahre als erster Templiner Landrat. Für sein Engagement für die Kreisstadt Templin wurde er bereits nach drei Jahren als Ehrenbürger gewürdigt. Auf Grund seiner Leistungen als Landrat berief man ihn 1831 nach Berlin als Polizei-Präsidenten. Er gab aber ein Jahr später diese Tätigkeit auf und widmete sich dem Gut Gerswalde.

Superintendent und Oberprediger Bartsch – 1. Juli 1844
Christian Samuel Bartsch wurde am 30. November 1770 in Breddin geboren, entstammte einer Pfarrerfamilie und erhielt 1797 seine Ordination. Von 1794 bis 1798 war er Lehrer in Neuruppin und arbeitete dann als Pfarrer in Bendelin. 1823 trat er seine Predigerstelle in Templin an, wo er am 18. Juli 1844 sein 50-jähriges Amtsjubiläum feiern konnte. Aus diesem Anlass wurde ihm die Ehrenbürgerwürde verliehen.

Ratsherr Theodor Strahl – 16. September 1857
Theodor Strahl war Ehrenbürger der Stadt Sagan und Ratsherr. Er wurde 1804 in Templin geboren und verstarb am 23. März 1883 in Sagan, wo er eine Fabrik besaß. Im Jahre 1857 begründete er mit seiner Schwester Wilhelmine Billerbeck, geborene Strahl, zu Ehren seines Bruders, dem Kommerzienrat Karl-Friedrich zu Glogau, der sein Vermögen für wohltätige Zwecke auch in seiner Vaterstadt Templin einsetzte, die Strahlsche Stiftung. Sein Bruder war bereits am 24. Januar 1857 in Glogau verstorben. Theodor Strahl vermachte seiner Vaterstadt ein Legat von 5 000 Talern. Die Zinsen der Stiftung sollten bedürftigen Bürgern der Stadt zugute kommen. Er behielt sich aber das Vorschlagsrecht vor und bestimmte den Geheimen Kanzleirat Wilhelm Goder nach seinem Tod zum Verwalter der Stiftung. Die Ehrenbürgerschaft wurde ihm für die Gründung dieser Stiftung verliehen.

Landrat von Arnim Boitzenburg – 17. September 1873

Dietloff Friedrich Adolf Graf von Boitzenburg wurde 1832 geboren. Nach dem Jurastudium in Bonn, Göttingen und Berlin trat er 1862 in den Staatsdienst in Potsdam, später in Berlin ein. 1866 wurde er stellvertretender Landrat im Kreis Templin für Karl Hugo von Metthing nach dessen Einzug in die Armee. 1867 wurde er zum Landrat und gleichzeitig zum Reichstagsabgeordneten des Norddeutschen Bundes berufen. Seine Amtszeit betrug sieben Jahre, wurde aber mehrmals wegen seiner Abgeordnetentätigkeit und der Mitarbeit im Zollparlament unterbrochen. Während des Deutsch/Französischen Krieges war er als Offizier nach Metz einberufen. Vertreten wurde er u. a. auch von seinem Nachfolger Hermann von Arnim Milmersdorf. Seine Amtszeit wurde als sehr wohlwollend für die Stadt eingeschätzt. In diesen Zeitraum fielen der Umbau des Kreishauses am Markt 13, Baumaßnahmen zur Verschönerung der Stadtmauer sowie Straßenbaumaßnahmen, die er besonders unterstützte. Im Jahr seiner Auszeichnung amtierte er als Bezirkspräsident von Lothringen in Metz und kehrte nach dem Tod seiner ersten Frau 1874 nach Boitzenburg zurück. Er war dann einige Zeit Präsident des Preußischen Herrenhauses und Mitglied des Reichstages sowie Präses der Brandenburgischen Provinzialsynode der evangelischen Kirche. Er verstarb im Dezember 1887 in Boitzenburg.

Landrat Hermann von Arnim Milmersdorf – 16. Mai 1889

Nachdem Hermann Richard von Arnim bereits vom 7. September 1870 bis zum 20. Juli 1871 als stellvertretender Landrat amtierte, trat er dieses Amt im Frühjahr 1873 offiziell an und übte es 25 Jahre bis 1898 aus. Geboren 1833, studierte er Jura und Kameralwissenschaften, wurde 1854 Leutnant im Kürassier-Regiment Königin Nr. 2 in Pasewalk und war ab 1859 bei der Regierung in Potsdam tätig. 1867 zog er mit seiner Familie nach Milmersdorf und übernahm nach dem Tod seines Vaters die Güter Milmersdorf und Groß Sperrenwalde. Er starb 1898 in Milmersdorf. Zu den Verdiensten für die Stadt gehört der Anschluss Templins an das Eisenbahnnetz in den achtziger Jahren des 19. Jahrhunderts.

Geheimer Kanzleirat Wilhelm Goder – 18. Juli 1890

Wilhelm Goder, geboren 1822 in Templin, war Geheimer Kanzleirat im Zentralbüro des Preußischen Justizministeriums in Potsdam. Der Geheime Kanzleirat Wilhelm Goder wurde mit der Ehrenbürgerwürde anlässlich seines 50. Dienstjubiläums ausgezeichnet. Grund war die Stiftung seines Vermögens von 2 000 Talern an die Stadt Templin. Die Zinsen der „Goder“-Stiftung sollten alljährlich an drei bedürftige würdige Bürger verteilt werden. Testamentarisch vermachte Goder außerdem der Stadt 8 500 Taler, die nach dem Tod seiner Tochter an die Stadt gezahlt wurden. Anlässlich seines 60. Dienstjubiläums wurde er 1900 mit dem Preußischen Kronenorden II. Klasse und dem Komthurkreuz II. Klasse des Sachsen-Ernestinischen Hausordens durch den Herzog von Sachsen-Meiningen ausgezeichnet. Er verstarb am 24. April 1896 in Berlin.

Wir Magistrat und Stadtverordnete der Kreisstadt Templin

urkunden und bezeugen hierdurch daß wir auf Grund des § 6 Absatz 3 der Städte-Ordnung vom 30. Mai 1853 dem

Herrn Wilhelm Goder zu Berlin

zu seinem fünfzigjährigen Dienstjubiläum

in Anerkennung der Verdienste welche Derselbe Sich um seine Vaterstadt erworben der treuen Anhänglichkeit an dieselbe sowie Seiner ihren Bewohnern stets bewiesenen Theilnahme

das Ehrenbürgerrecht dieser Stadt

zu verleihen uns bewogen gefunden haben.

Wir ertheilen demnach dem Herrn Geheimen Kanzleirath Goder hierdurch das Recht eines Bürgers der Stadt Templin jedoch frei von den sonst mit diesem Rechte verbundenen bürgerlichen Pflichten in dem festen Vertrauen daß Derselbe hierin einen Ausdruck der Anhänglichkeit und aufrichtigen Hochachtung der Bürger der Stadt und den Wunsch erkennen werde Ihn noch recht lange den Ihrigen nennen zu dürfen.

Zur Beglaubigung ist dieser offene Brief unter dem größeren Insiegel der Stadt und der geordneten Unterschrift ausgefertigt worden.

So geschehen Templin am 18. Juli 1890.

Der Magistrat. Die Stadtverordneten.

Ehrenbürgerbrief Wilhelm Goder (B 217)

Stadtältester August Hauck – 10. Mai 1900

Geboren wurde August Hauck am 16. November 1813. Er war seit 1866 in verschiedenen städtischen Ämtern, als Ratsherr oder Stadtverordneter, tätig und stand über 20 Jahre der Forstverwaltung und 25 Jahre der Felddeputation vor. Außerdem war er Kreistagsabgeordneter. Den Ehrenbürgerbrief erhielt er anlässlich seiner Goldenen Hochzeit.

Beigeordneter Rechnungsrat Friedrich Colas – 20. Juni 1905

Am 18. Juli 1825 in Templin geboren, verstarb Friedrich Colas am 17. Juli 1907. Er war Rittergutsbesitzer und wurde als 66-jähriger Rechnungsrat zum unbesoldeten Beigeordneten berufen und engagierte sich besonders in der Armenpflege. Dafür wurde er 1905 anlässlich seines 80. Geburtstages als Ehrenbürger ausgezeichnet. Er hinterließ bei seinem Tod dem Stiftungsfonds für ein Auguste-Viktoria-Heim, das er mit aufbauen wollte, 1 000 Mark.

Geheimrat Landrat Ludwig von Arnim – 2. November 1909

Der Geheime Regierungsrat Ludwig von Arnim amtierte 20 Jahre, von 1899 bis 1920, als Landrat des Kreises Templin. In dieser Zeit erlebten Stadt und Kreis einen enormen Aufschwung, neue Straßen wurden gebaut, neue Eisenbahnlinien geschaffen. Von Templin zweigten nun die Bahnstrecken nach Fürstenwerder, Joachimsthal und Prenzlau ab und Templin wurde u. a. Bildungsstandort. Die Verlegung des Joachimsthalschen Gymnasium aus Berlin nach Templin wurde von ihm ebenfalls unterstützt. Ebenso förderte er den Bau des Wasser- und Elektrizitätswerkes, die Neuregulierung des Kanals und den Neubau der Templiner Schleuse. In Anerkennung dieser Dienste für die Stadt Templin wurde ihm die „Ehrenbürgerwürde" verliehen. Er verstarb am 3. Oktober 1936.

Forstmeister Fischer/in Reiersdorf – 2. November 1909

Forstmeister Fischer lebte seit 1889 im Kreis Templin und hatte über 25 Jahre die Oberleitung über die Städtischen Forsten inne. Unter seiner Leitung entwickelte sich der städtische Waldbesitz äußerst gut. Außerdem engagierte er sich ebenfalls für die Umsiedlung des Joachimsthalschen Gymnasiums nach Templin. Über 25 Jahre war er in verschiedenen Bereichen des Kreistages aktiv.

Staatsminister von Trott zu Solz – 30. März 1910

August Bodo Wilhelm Klemenz Paul Freiherr von Trott zu Solz wurde am 29. Dezember 1855 auf Gut Imshausen bei Bebra (Hessen-Kassel) geboren, besuchte Gymnasien in Dresden und Kassel und studierte Rechts- und Staatswissenschaften. Danach trat er in den preußischen Staatsdienst ein und wurde 1884 Regierungsassessor in Oppeln. 1886 wurde er der erste Landrat des Landkreises Höchst, 1898 Regierungspräsident in Koblenz, ein Jahr später bis 1905 in Kassel. Danach wurde er zum Oberpräsidenten der Provinz Brandenburg ernannt. In den Jahren 1909 bis 1917 übte er das Amt des Ministers der geistlichen und Unterrichtsangelegenheiten in Preußen aus. In dieser Funktion trug er wesentlich dazu bei, dass Templin neuer Standort für das Joachimsthalsche Gymnasium wurde, wofür er den Ehrenbürgertitel erhielt. Gleichfalls wurde er zum Ehrenmitglied der preußischen Akademie der Wissenschaften in Berlin berufen. Er starb am 27. Oktober 1938 in seinem Geburtsort.

Wir
Magistrat und
Stadtverordnete
der Kreisstadt
Templin
ernennen hiermit den früheren Pastor Herrn
Richard Kirstein
Dahlem
in dankbarer Anerkennung seiner langjährigen
segensreichen Wirksamkeit und seiner Verdienste
um die Stadt zu unserem
Ehrenbürger
Templin, den 24. Oktober 1916.
Der Magistrat. Die Stadtverordneten.

Ehrenbürgerbrief Richard Kirstein (B 218)

Pastor Richard Kirstein – 24. Oktober 1916

Johannes Heinrich Richard Kirstein trat 1890 in der Maria-Magdalenen-Kirche seine Pfarrstelle an. Geboren wurde er 1890 in einer Kaufmannsfamilie in Hirschberg und besuchte dort das Gymnasium. Er studierte in Halle und Tübingen Theologie und erhielt 1872 die Ordination. Er begann seine Tätigkeit als Hilfspfarrer, übernahm dann acht Jahre eine Pfarrstelle in Helsingsfors, heute Helsinki in

Finnland, und 1882 eine Stelle am evangelischen Johannisstift in Berlin-Spandau, die er bis zu seinem Amtsantritt in Templin ausübte. In Templin setzte er sich für die sozialen Belange junger und unverheirateter Männer ein, indem er den schon bestehenden „Evangelischen Jünglingsverein" zum „Evangelischen Männer- und Jünglingsverein" ausbaute. Dazu kaufte er in der damaligen Arnimstraße 2, heute Prenzlauer Allee, das frühere „Rettungshaus", das Gustav Zietlow erbauen ließ und das inzwischen zu klein geworden war. Das Rettungshaus wurde zum „Vereinshaus" umstrukturiert und wurde Treffpunkt für Alleinstehende und Familien, vor allem aber für Notleidende und Arme. Außerdem engagierte er sich bei der Beschaffung von Räumlichkeiten für das „Elisabeth-Stift", das sich ebenfalls für Arme und Alleinstehende einsetzte. 1915 trat Pfarrer Richard Kirstein in den Ruhestand und zog nach Berlin-Dahlem, wo er am 6. Januar 1926 starb.

Beigeordneter Kaufmann Paul Becker – 8. Dezember 1921
In Genthin am 31. März 1854 geboren, erlernte Paul Becker den Kaufmannsberuf und trat einige Jahre nach Beendigung seiner Lehre in das elterliche Geschäft in Templin ein. Von 1884 bis 1900 führte er dieses allein. Sein Großvater, Stadtkämmerer in Templin, weckte sein Interesse für die Öffentlichkeitsarbeit und so nahm er 1896 die Wahl in den Templiner Magistrat an. Zunächst als Ratsherr und dann als Beigeordneter, überstand er vier Bürgermeister und stand insgesamt 17 Jahre im Dienste der Stadt. Sein Hauptarbeitsgebiet war die Leitung des Städtischen Wasserwerkes und des Elektrizitätswerkes. Zwei Jahre war er auch Mitglied des Kreistages und der Kreissparkasse. Besondere Verdienste erwarb er sich, als er stellvertretend für Georg Riebeling, der als Soldat im 1. Weltkrieg eingezogen wurde, das Bürgermeisteramt ausübte, was ihm den Beinamen „Kriegsbürgermeister" eintrug. In diesem Amt zeigte er sich besonders warmherzig und menschlich, indem er versuchte, die Armen und Notleidenden zu unterstützen. Er wurde aus Anlass seines 25. Dienstjubiläums zum „Ehrenbürger" ernannt. Nach seinem Tod am 9. November 1922 wurde zu seinem Gedenken die Obere Mühlenstraße am 21. Juni 1929 in Paul-Becker-Straße umbenannt.

Ratsherr und Kaufmann Hermann Wentzel – 1. August 1924
Hermann Wentzel wurde am 14. Juni 1856 in Stralsund geboren. Bereits 1892 wurde er in die Stadtverordnetenversammlung Templin gewählt, in der er bis 1907 arbeitete. Im gleichen Jahr wurde er Magistratsmitglied und übte diese Funktion in verschiedenen Dezernaten sowie Kommissionen und Deputationen 17 Jahre aus. Besonders verantwortungsvoll widmete er sich während und nach dem 1. Weltkrieg der Lebensmittelverwaltung und -verteilung, die ihm im Rathaus unterstand. Dafür und für sein langes Wirken wurde ihm bei seinem Ausscheiden 1924 die Ehrenbürgerwürde verliehen. Hermann Wentzel verstarb am 12. Juli 1932 im Alter von 76 Jahren. In seinem Nachruf hieß es, dass er zu den Menschen gehörte, die keine Feinde hatten.

Ehrenbürgerbrief (B 219)

Ratsherr Rentier Hermann Schmarsow – 18. Dezember 1927

Hermann Schmarsow war von Januar 1907 bis Ende März 1930 Stadtverordneter und später als unbesoldeter Ratsherr im Dienst der Stadt tätig. Er war Mitglied verschiedener Verwaltungsausschüsse wie Armen-, Bau- und Wegeausschuss. Als ehrenamtlicher Ratsherr leitete er das Forstdezernat und hatte damit den kostbarsten Besitz der Stadt zu verwalten. In der Kriegs- und Nachkriegszeit war er außerdem mit der Lebensmittelkartenausgabe beauftragt und in dieser Funktion bemüht, Härten auszugleichen. Für seinen Einsatz im Dienste der Stadt und ihrer Bürger wurde er 1927 Ehrenbürger. Auf Grund seines schlechten Gesundheitszustandes musste er im März 1930 eine Wiederwahl ablehnen. Der heutige Schwarze Weg trug zeitweilig seinen Namen. Hermann Schmarsow wurde am 9. August 1857 in Templin in einer Ackerbürgerfamilie geboren, erlernte das Zieglerhandwerk und erwarb den Meistertitel. Später erwarb er ein (das Petermannsche) Kolonialwarengeschäft in der Werderstraße. Nach dem Bau der Eisenbahnstrecke nach Prenzlau etablierte er die Gaststätte im Vorstadtbahnhof, deren Inhaber er bis zu seinem Ruhestand war. Hermann Schmarsow verstarb am 7. Mai 1937 in seiner Heimatstadt.

Beigeordneter Kaufmann Clemens Schraermeyer – 18. Februar 1927
Clemens Schraermeyer wurde in Hamersleben, Kreis Aschersleben, geboren. 1883 kam er nach Templin und übernahm hier das damalige Ihrcksche Konfektionsgeschäft, heute Standort der Drogerie-Rossmann. Seit 1893 war er Stadtverordneter, übernahm das Amt des Vorsitzenden und wurde 1923 Beigeordneter und schließlich Leiter der städtischen Werke, des Elektrizitätswerkes und des Wasserwerkes. Auch als stellvertretender Bürgermeister trug er wesentlich zum Wachsen der Stadt bei. Außerdem war er von 1905 bis 1919 Kreistagsmitglied und von 1909 bis 1921 im Vorstand der Kreissparkasse tätig. C. Schraermeyer verstarb am 5. Juli 1929.

Ratsherr Landwirt Ernst Kayser – 21. Dezember 1928
Ernst Kayser wurde für seine langjährigen Dienste für die Stadt geehrt. 1902 trat er in den Dienst der Stadtverwaltung. Als unbesoldetes Magistratsmitglied und Stadtverordneter arbeitete er in verschiedenen Ausschüssen, so im Wohlfahrts-, Forst-, Feuerlösch- und Gemeindesteuerausschuss. Er verstarb im Alter von 74 Jahren am 23. März 1935.

Stadtrat Zimmermeister Adolf Werner – 27. Mai 1936
Adolf Werner wurde am 16. Mai 1867 in Templin in einer Zimmermannsfamilie geboren. Er besuchte die Bürgerschule in Templin und erlernte von 1881 bis 1884 im elterlichen Betrieb das Zimmererhandwerk. Nach Ablegung der Gesellenprüfung besuchte er in Berlin von 1882 bis 1886 in den Wintersemestern die Baugewerkschule, die er mit einer Staatsprüfung abschloss und damit bereits mit 19 Jahren den Meistertitel erwarb. In dieser Zeit hatte er bereits den väterlichen Betrieb übernommen. Daneben baute er das Gut Knehden, das durch einen Brand zerstört war, wieder auf. Mitgearbeitet hat seine Firma in der Stadt beim Bau des Kreishauses, des Joachimsthalschen Gymnasiums, der Forstschule, des Posterholungsheims und der Post. Bereits 1905 wurde Adolf Werner in den Magistrat berufen, gehörte ihm bis zum 16. April 1916 als Ratsherr an und leitete den Bauausschuss. Erneut wurde er am 5. November 1934 als Stadtrat gewählt und ihm wieder das Baudezernat übertragen. Anlässlich seines 50. Meisterjubiläums wurde ihm die Ehrenbürgerwürde verliehen. Er verstarb am 24. Februar 1941.

Landrat Richard Bröse – 10. August 1983
Richard Bröse wurde am 16. August 1898 in Gandenitz in einer Arbeiterfamilie geboren. Nach dem Besuch der Volksschule arbeitete er in verschieden Betrieben, da die Eltern die gewünschte Försterlehre nicht finanzieren konnten. 1917 wurde

er als Soldat eingezogen und kam in amerikanische Gefangenschaft. Nach seiner Rückkehr trat er 1920 der KPD bei und wurde Mitglied des Deutschen Metallarbeiterverbandes. 1927 war er Mitbegründer der KPD in Gandenitz und deren Vorsitzender. Von 1928 bis 1932 war er Gemeindevertreter in Gandenitz und als Abgeordneter der KPD Mitglied des Templiner Kreistages. Wegen dieser Mitgliedschaft wurde er im Dezember 1933 nach einer achtmonatigen Untersuchungshaft in Berlin-Moabit zu 15 Monaten Gefängnis verurteilt und nach seiner Entlassung jahrelang unter Polizeischutz gestellt. Nach seiner Einberufung 1939 wegen Krankheit 1943 felddienstuntauglich erklärt, arbeitete im Lazarett. Nach seiner Rückkehr nach Templin wurde er Ende Mai 1945 durch die Sowjetische Militäradministratur bis Anfang 1946 als erster Landrat eingesetzt und arbeitete später in verschiedenen Partei- und Staatsfunktionen.

Heimatdichterin Erna Taege-Röhnisch – 20. November 1993
Die Heimatdichterin Erna Taege-Röhnisch in Bebersee geboren, veröffentlichte 1938 ihre ersten Gedichte. Weitere Bände waren „De Handorgel", „Weg in die Stille" und „Wind um't Hus". 1949 heiratete sie Fritz Röhnisch und zog mit ihm zwei Jahre später nach Templin. Der Kreis Templin kam 1952 zum Bezirk Neubrandenburg, wo Uckermärker Platt eine geringe Rolle spielte. Deshalb arbeitete sie seit 1952 am Brandenburgisch-Berlinschen Mundartbuch mit und begann ab 1955 gemeinsam mit ihrem Mann das Templiner Volkskundemuseum auszubauen. In gleichen Jahr veröffentlichte sie ihr Buch „Wind öwer de Heid", 1986 erschien beim Hinstoff-Verlag der Gedichtband „Tieden und Lüd". Zwei Jahre zuvor war sie in der BRD mit dem Freudenthal-Preis für niederdeutsche Dichtung ausgezeichnet worden, 1989 erhielt sie den Fritz-Reuter-Preis des Bezirkes Neubrandenburg. Eine der höchsten Ehrungen, die zur Förderung des niederdeutschen Schrifttums vergeben werden, wurde ihr mit der Verleihung des Fritz-Reuter-Preises der Stiftung F.V.S. 1992 zuteil. In dem Jahr erschien auch eines ihrer schönsten Bücher „En Vogel het sungen". Mit der „Ehrenbürgerwürde" wurde sie für ihr Engagement zum Erhalt des uckermärkischen Platt ausgezeichnet.

Die Ehrenbürgerschaft erhielten ebenfalls:

Reichskanzler Adolf Hitler – 2. Mai 1933
Herrmann Göring – 2. Mai 1933
Dr. Wilhelm Decker – 2. Mai 1933
Reichspräsident von Hindenburg – 2. Mai 1933
Hermann Neff – 16. Juni 1938
Bereits die erste neu gewählte Stadtverordnetenversammlung distanzierte sich 1990 von der Ernennung nationalsozialistischer Politiker als Ehrenbürger.

HISTORISCHE RARITÄTEN FÜR DIE STADT

13. Dezember 1993
Die Stadt konnte günstig **mehrere Bände der „Templiner Zeitung" von 1870 bis 1944** von dem Templiner Bürger Dr. Weinhold aufkaufen und so ihren Bestand vervollständigen. Ab 1. April 1848 gab der aus Calbe stammende Buchdrucker Wassermann die Zeitung heraus, sie erschien bis 1860 einmal wöchentlich und kostete vierteljährlich 70 Groschen. Ab 1870 wurde zusätzlich mittwochs ausgeliefert. Seit 1890 druckte Alfred Kortes im Eckhaus Mühlen-/Pestalozzistraße täglich die Zeitung.

16. Mai 1995
Artur Meyer schenkte der Stadt **Archivalien** aus dem Nachlass seines Vaters, der selbst ab 1919 SPD-Stadtverordneter war. Zu den übergebenen Unterlagen gehörten Schriften aus den 1920er und 1930er Jahren von Hans Philipp und Rudolf Schmidt.

Januar 1999
Die Stadt **erwarb aus dem Bestand des Zentralarchivs Prag die Kopie einer Urkunde** vom 6. Juli 1367, die bestätigt, dass Templin damals von allen Verpflichtungen gegenüber ihrem Landesherrn entbunden wurde.

2009
„Goldene Bulle der Stadt Templin gefunden", so titelte die „Templiner Zeitung", als Bürgermeister Schoeneich in der Konsole seines Dienstschrankes eine Gemarkungskarte der Stadt Templin aus dem Jahre 1760 fand. Dieses „Corpus bonorum", entstanden nach dem großen Stadtbrand von 1735, beinhaltet neben einer schriftlichen Aufstellung über die Liegenschaften und den Grundbesitz der Stadt eine kartografische Darstellung. In der Beschreibung dazu heißt es: „Authentischer Situationsplan von der Königlich-Preußischen-Uckermärkischen Mittelstadt Templin, mit sämtlichen zur königlichen Stadtkämmerei gehörigen Pertinenzen, Dörfern, sowohl bewohnt und benutzbar, als auch wüsten Dorfkirchen und Mühlen, Hütten, auch angebaut und wüst liegende Vorwerke ... mit mehreren dazu gehörenden Koppeln und anderen Feldern, auch Brüchen und Hütungen, Seen, Mühlen und Heiden ... sowie markieret sind deren Distanz und deren Peripherien in der unten befindlichen Maß angezeiget." Die Karte wurde durch Vermittlung unserer Partnerstadt Bad Lippspringe durch einen Paderborner Restaurator aufgearbeitet.

15. August 2010
Die Enkel des Templiner Heimatmalers Wilhelm Wilcke (1885-1979), Dr. Dietrich Wachsmuth und Dr. Christian Wachsmuth, übergaben an Templins Bürgermeister Tabbert zwei Lithografien. Sie bereichern das **Wilhelm-Wilcke-Zimmer im Neuen Rathaus**, der auch als Trauungsraum genutzt wird.

Archäologische Grabungen holten „alte Stadtgeschichte(n) ans Licht“

Seit dem 1953 erlassenen „Gesetz zum Schutz von Kulturgut“ gehören begleitende archäologische Untersuchungen bei allen größeren Bauvorhaben in der Stadt zur Normalität. Die interessantesten Funde sind hier dokumentiert.

14. April 1967
Beim Anlegen eines Spielplatzes beim Internat der Sonderschule fanden Kinder eine **Kassette mit 275 Münzen** aus den Jahren 1828 bis 1863. Sie zeigen den Kopf von König Friedrich Wilhelm von Preußen. Die Münzen wurden ins Münzkabinett Berlin abgegeben.

14. April 1970
Frühgeschichtliche Funde wurden auf dem Gotteswerder bei Petersdorf entdeckt. Dazu gehörten ein Flintbeil aus der mittleren Jungsteinzeit (5500-2200 v. u. Z.), ein Griffteil eines Hörnerknaufschwertes aus der Bronzezeit (2200-800 v .u. Z.) und slawische Tonscherben aus der Zeit zwischen 600 v. u. Z. und 1200.

16. März 1972
Bei Meliorationsarbeiten in der Gemarkung Gandenitz wurden zwei **Einbäume** gefunden, deren Datierung aber nicht überliefert ist.

19. Januar 1981
Der erste und älteste Nachweis über eine **Teersiederei** im Altkreis Templin wurde im Garten von Herrn Lohmann in Vietmannsdorf gefunden.

3. Dezember 1982
Steinzeitliche Pfeilspitzen wurden bei Storkow, Teile von Flintklingen bei Vietmannsdorf sowie bronzezeitliche Tonscherben entdeckt.

29. September 1983
Bei Ausschachtungsarbeiten in der Templiner Innenstadt in der Werder/Ecke Pestalozzistraße wurde in 2,20 m Tiefe eine in den alten Stadtplänen verzeichnete **Straße freigelegt.** Das Terrain von 7,80 m Länge und einer Breite von 4 m zeigte eine gewölbte und mit „Katzenköpfen“ gepflasterte Straße, die in der Mitte eine mit größeren Feldsteinen gearbeitete Rinne aufwies. Das Alter der Straße wurde auf 700 Jahre geschätzt. Auch wurden Keramikscherben, Knochen und Metallgegenstände aus allen zurückliegenden Jahrhunderten sichergestellt.

14. Januar 1993
Bei Baumaßnahmen für die neue Sparkasse in der Schinkelstraße stießen Archäo-

logen auf weitere steinerne Zeugen aus der Vergangenheit. Es wurden Fundamente aus der Zeit **nach dem großen Stadtbrand von 1735 und Tonnengewölbe aus dem 14. Jahrhundert gefunden.**

23. Februar 1994
Bei Bauarbeiten in der Ernst-Thälmann-Straße wurde ein **Brunnen** entdeckt. Er war 10 m tief und hatte einen Durchmesser von 1,10 m. Der Wasserstand betrug 2,50 m. Nach dem Stadtbrand von 1735 wurden überall in der Stadt Feuerlöschbrunnen angelegt, so auch dieser vor dem Haus Nr. 14. Diese fanden in alten Unterlagen 1834 erstmals Erwähnung.

8. August 1997
Größter Münzfund der Region. In der Kantstraße lagen zwischen den Fundamenten eines alten Fachwerkhauses vier Golddukaten, 26 Silbertaler und über 1225 kleinere Silbermünzen. Dr. Thomas Urban betonte, dass der Schatz mit mehr als 1250 Münzen zu den größten in der Uckermark und Brandenburgs gehörte. Wahrscheinlich hatte ein Landsknecht, ein höherer Offizier, während der Schrecken des Dreißigjährigen Krieges seinen Besitz hier eilig im Lehmboden vergraben, denn es wurden keine Überreste eines Behältnisses wie Leder oder Scherben gefunden. Auch dass der Schatz aus vielen unterschiedlichen Gegenden stammt, stützt diese Vermutung. Die ältesten Münzen stammten von 1535 und die frühesten von 1634. Bedeutsam war, dass die Gold- und Silbermünzen aus den Niederlanden, aus Polen, Sachsen, Frankfurt am Main, Lübeck und Tirol stammten. Ein seltenes Geldstück stammte aus dem Braunschweiger Raum. Klar war, dass der Schatz einer wohlhabenden Familie gehört haben muss. Der Fund wurde dem Brandenburgischen Landesmuseum zur Aufbewahrung übergeben. Er musste noch gereinigt und katalogisiert werden und könnte dann zu Ausstellungszwecken ausgeliehen werden.

6. Oktober 1998
Bei Bauarbeiten am Markt wurde ein ca. 15 m tiefer und knapp 2 m breiter **Brunnen** ausgemacht. Das Grundwasser stand bei 10 m. Templiner Feuerwehrleute bargen daraus Scherben, die auf ein Alter von mindestens 600 Jahren schließen ließen. Der Brunnen könnte einer von vier um den Markt liegenden Löschwasserbrunnen aus dem Anfang des 18. Jahrhunderts gewesen sein. Weitere gab es z. B. Ecke Fischer-/Mühlenstraße, Mühlen-/Kantstraße, Mühlen-/Goethestraße, Kant-/Schinkelstraße, Werder-/Pestalozzistraße und Schinkel-/Martin-Luther-Straße.

7. Juli 2001
Archäologen fanden bei Bauarbeiten vor dem Museum im Bereich See-/Werderstraße ein dreifaches **Wallgrabensystem**. Der vor der Stadtmauer anliegende Wallgraben hatte die Mächtigkeit von 15 Metern Breite, die zwei anschließenden Gräben eine Breite von sechs bzw. fünf Metern. Die gesamte Anlage hatte eine Länge von

35 Metern. Ein in der Literatur genannter Palisadenzaun konnte bei den Ausgrabungen nicht bestätigt werden. Die Grabensohle konnte ebenfalls nicht ermittelt werden. Diese Wallanlage ist bereits auf einem Stadtplan von 1720 verzeichnet. Leider reichten die Gelder nicht aus, den genauen Verlauf der Wallanlage vollständig zu untersuchen. Außerdem sicherten die Archäologen an der Kreuzung Ernst-Thälmann-Straße/Werderstraße auch drei Skelette. Wahrscheinlich waren hier Pestopfer während des Dreißigjährigen Krieges verscharrt worden.

20. September 2006
Im Zuge von Straßenbauarbeiten haben Archäologen einen **alten Friedhof** in der Martin-Luther-Straße/Ecke Schinkelstraße freigelegt, der wie beschrieben zur Beisetzung der „Templiner Ketzer“ genutzt wurde.

Januar 2009
In Vorbereitung der Bebauung des Areals des Sankt-Georgen-Hospitals stieß man bei den archäologischen Grabungen auf Reste gut erhaltener baulicher Strukturen, die vor der Anlage des Friedhofes datiert wurden, und auf Fragmente von fünf glasierten, mit Gesichtsbildern verzierten Standbodenkannen. Diese konnten keine Relikte der damaligen Stadtbevölkerung oder des Hospizes gewesen sein, sondern mussten aus herrschaftlichem Besitz stammen. Damit bestätigten sich frühere Vermutungen, dass an dieser Stelle einst ein **markgräflicher fürstlicher Stadthof** gelegen haben muss. Festgestellt wurde außerdem, dass der Friedhof ca. 500 Jahre, vom 14. bis Ende des 18. Jahrhunderts, ausschließlich vom Hospital genutzt wurde. Bei den Grabungen wurden 412 Skelette aufgebracht. Da kaum Grabbeigaben gefunden wurden, kann man davon ausgehen, dass die Hospitalinsassen ihre Habe als Dank für die Pflege dem Hospital hinterließen. Die Funde machten auch deutlich, dass in älterer Zeit hauptsächlich Männer im Hospital lebten, während später alte Frauen und viele Kinder, eventuell Waisen, dort gelebt haben.

26. November 2011
Archäologen stießen auf **Reste der ehemaligen Mühlenstraße** vor dem Großen Stadtbrand. Daraus wuchs die Idee, diese in eine Brunnengestaltung einzubeziehen und über einem Stück Straße einen begehbaren Schacht zu errichten, der mit einer Glasplatte abgedeckt, den Betrachtern einen Einblick ins Templiner Mittelalter ermöglicht. So entstand auf dem Vorplatz der Maria-Magdalenen-Kirche eine Brunnenanlage nach einem Projekt des Architekten Grieger, die mit fünf Stahlfiguren des Künstlers Christian Uhlig gestaltet wurde.

ÄLTESTE FAMILIEN DER STADT

Familie Schwanebeck

Der Familienname Schwanebeck ist einer der ältesten in Deutschland und älter als manche heute noch regierende Familie in Europa. Jonathan Schwanebeck, der königliche Leibschulze, Huf- und Waffenschmied, geboren 1746 in Steinhöfel, Kreis Angermünde, zog mit seiner Frau Gottliebin Menz aus Petersdorf nach Klosterwalde. Sein Sohn Johann Heinrich Schwanebeck, geboren 1789, Erblehen- und Gerichtsschulze in Klosterwalde, arbeitete bereits als Spediteur. Sohn Johann Heinrich, 1833 geboren, diente in jungen Jahren bei den „Langen Kerls" in Potsdam, kaufte 1888 in der Goderstraße (Bahnhofstraße) das Haus Nr. 12 und gründete die Firma J. H. Schwanebeck. Er arbeitete als Ökonom, Fuhrunternehmer und unterhielt die Ausspanne der Postkutschen Templin-Zehdenick und die Gastwirtschaft und das Hotel „Zur Post". Daneben betrieb er eine Landwirtschaft, einen Baustoffhandel und eine auf dem Bürgersteig befindliche Tankstelle von "Dapolin". Mit seinem Unternehmen belieferte er u. a. die Templiner mit Kohlen, Petroleum und besorgte die Müllabfuhr. Später wurde zum Betriebsausbau das Grundstück 9a dazu gekauft. Sein Sohn, Tony Rudolf, geboren 1883, übernahm nach dem Tod des Firmengründers bis zu seinem Tod 1929 den Betrieb. Dann führte Frieda Schwanebeck mit ihrem Sohn Joachim Heinrich das Geschäft. Sohn Werner Schwanebeck stieg nach Rückkehr aus der Gefangenschaft 1947 in den Betrieb ein. 1954 kam es zur betrieblichen Trennung. Werner Schwanebeck bekam das Elternhaus Nr. 12 sowie einen Teil des Fuhrbetriebes mit einem Lkw. Der Bruder, Joachim Heinrich, errichtete auf dem Grundstück Nr. 9 ein Wohn- und Geschäftshaus. Dort führte er die elterliche Spedition und den Kohlehandel weiter mit der Lizenz „zum Handeln mit Kohle, Ölen, Fetten", ebenso die Tankstelle, die Spedition und den Möbeltransport. Dazu baute er eine neue Tankstelle mit Tanklager und belieferte im Auftrag der Minol die Tankstellen der Region. Als er 1960 nach Westberlin ging, übernahm der VEB Minol dieselbe. Der Bruder Werner Schwanebeck unterhielt bis 1965 ein Fuhrunternehmen, wurde dann Kommissionär des VEB Kraftverkehr Prenzlau und fuhr ab 1967 für das Betonwerk Götschendorf sowie für die Mühlenwerke Templin und Lychen. Mit 65 Jahren ging er in den Ruhestand.

Familie Fetting

Fettings waren seit 400 Jahren ununterbrochen in der Stadt ansässig. Am 25. Juli 1567 siedelte sich Dönniges Fetting laut Familienchronik von 1929 als Böttcher in einem Haus im Mühlenviertel an.

Familie Gabbe

In Unterlagen des Fischergewerkes wurde die heutige Fischerfamilie Gabbe am 15. Februar 1574 genannt. Sie feierte 1990 das 350-jährige Jubiläum im Fischverkauf.

Familie Meinecke
Schornsteinfegerfamilie Meineke beging am 3. März 1968 das 200-jährige Betriebsjubiläum. Johann Christof Meineke erlernte seit dem 1. April 1768 das Schornsteinfegerhandwerk. Seit 27 Jahren ist Rudolf Meineke in der fünften Generation als Schornsteinfegermeister in Templin tätig. Als Obermeister des Bezirkes Neubrandenburg arbeitete er seit 1960.

Familie Günther
1998 feierte Familie Günther ihr 125-jähriges Familienjubiläum. Wo in der Goethestraße 110 Jahre Brot und Kuchen gebacken wurde, wird heute Eis produziert. Das Geschäft, 1874 für 3 800 Taler von Rudolph Günther erworben, 1910 an Sohn Paul übergeben, ging 1951 an den Nachfolger Gerhardt Günther. 1945 brannte das damalige Eckhaus ebenfalls ab und wurde nur teilweise wieder aufgebaut. 1985 übernahm Sohn Detlef entgegen der bisherigen Tradition das Geschäft als Eiscafé.

Familie Damm
1886 gründete Paul Damm eine Tapeziererei und Sattlerei in der Oberen Mühlenstraße 9, die ab 1930 durch den Sohn Walter weitergeführt wurde. Sein Sohn Karl-Heinz machte sich 1956 mit der Tapeziererei selbstständig, 1960 etablierte er sich damit in der Weinbergstraße 6. 1982 eröffnete er auf dem Hof Obere Mühlenstraße 9 ein Möbelgeschäft. Sein ältester Sohn Dietmar schuf sich 1988 in der Produktionsstätte Weinbergstraße eine Polsterei, der jüngere Sohn Dietmar im Mai 1990 eine Tischlerei im Ortsteil Knehden. Im August desselben Jahres wurden die drei Betriebsteile zur Firma Möbel-Damm GmbH zusammengeschlossen. 1991 erfolgte die Eröffnung des Möbelhausneubaues an alter Betriebsstätte in der Oberen Mühlenstrasse.

Familie Gäde
August Gäde gründete am 27. März 1899 sein Bauunternehmen, die spätere Firma Wöstenberg, damals noch als Tiefbaubetrieb. Er führte vor allem Baggerarbeiten und Flussregulierungen durch. 1926 übergab er an seinen Sohn Ernst, der den Betrieb in der Zehdenicker Straße etablierte. Es kamen Erd-, Straßen-, Meliorations-, Gleis- und Wasserbauarbeiten dazu. Ausgeführt wurden Eisenbahnbrücken- und Straßenbauten wie am Löwenberger Bahnhof und an den Reichsbahnhäusern in der Knehdener Straße sowie am Birkenhain in Templin. Nach dem 2. Weltkrieg setzte die Firma die Straßen- und Eisenbahnbrücke am Fährkrug instand und der Enkel Klaus Wöstenberg, der 1966 das Geschäft übernahm, war beim Eisenbahnbrückenbau in Hammelspring, Ahrensdorf und an der Templiner Kanalbrücke beteiligt. Er setzte mit seiner Firma auch Wasserbauten um, so z. B. neue Durchlässe in Grunewald, Neu Placht, am Hammerfließ und den Ziegeleibrückenneubau. Nach der Wende kam auch der Rohbau von Ein- und Mehrfamilienhäusern dazu.

Älteste Betriebe und Unternehmen (bis 2012)

1850

Der aus Prenzlau stammende **Kutschenbaumeister Wilhelm Pieper** schuf in der Jahnstraße 1 seine Werkstatt zum Bau von Kutschen, Droschken und Jagdwagen. Sein Nachfolger Gustav Pieper fungierte bis 1889 als Ratsherr der Stadt und war bis Anfang der 1920er Jahre als Obermeister an der Spitze der Stellmacherinnung tätig. Seine Fahrzeuge waren vorrangig für betuchte Kundschaft aus Übersee gedacht, vor allem im damaligen Deutsch-Südwest-Afrika. Die Zweigstelle lag in der Stadt Windhuk. Wagen gingen auch nach Palästina und Syrien. Nach dem 2. Weltkrieg wurden hauptsächlich Gebrauchsgegenstände für die Landwirtschaft und Ackerwagen für die Neusiedler hergestellt. Seit 1961 führte die Tochter Dorothea den Familienbetrieb bis zu ihrem Tod 2011. Ihr Name fand Eingang ins „Goldene Buch der Handwerkskammer" Neubrandenburg. Außerdem wurde sie mit der „Ehrennadel des Handwerks" in Gold ausgezeichnet.

1873

Die **Bäckerei Paul Günther** eröffnete in der Mühlenstraße 21. Nachfolger wurde der Sohn Gerhard Günther, ab 1985 führt Detlev Günther den Betrieb als Eiscafé.

1886

Tapeziererei und Sattlerei von Paul Damm in der Oberen Mühlenstraße 9 gegründet.

27. März 1898

August Gäde gründete sein Bauunternehmen in der Zehdenicker Straße. 1926 erfolgte die Übernahme des Betriebes durch Ernst Wöstenberg, 1966 durch Klaus Wöstenberg. Sein Sohn Torsten übernahm diesen im Jahre 2002, 2011 erfolgte die Betriebsauflösung.

1899

Einrichtung der **Metallbau-Bauschlosserei Gohr** in der Vietmannsdorfer Straße 4 durch Gustav Gohr als Reparaturwerkstatt für Land-/Dampfmaschinen. 1946 eröffnete Heinz-Jürgen Gohr den Betrieb neu, heute ist er in den Händen von Sohn Hans-Jürgen Gohr.

1. September 1900

Bäckerei Kolberg – Eröffnung des Betriebes durch Hermann Kolberg. Sein Sohn Alfred Kolberg übernahm das Geschäft erst 1947.Von 1945 bis 1947 war es von der Roten Armee beschlagnahmt. 1972 Übernahme des Betriebes durch den Sohn Joachim Kolberg, der es im Jahre 2000 dem Sohn Thomas Kolberg übergab.

28. September 1908
Johannes Dolch eröffnete in der damaligen Königsstraße, heute Pestalozzistraße, seinen Friseursalon, der 1972 von seinem Schwiegersohn Horst Sydow übernommen wurde. Dessen Eltern waren im gleichen Gewerk tätig und führten den Friseursalon Aschoff in der Puschkinstraße. Die Familientradition wird von den Enkelkindern, Veiko und Kirsten Sydow, fortgesetzt, beide sind Meister.

20. März 1912
Gemeinsam mit der Gründung des Vereins der Kohlenhändler entstand am 20. Mai 1912 die **Spedition Schulenburg.** Fritz Schulenburg war als Fuhrunternehmer Gründungsmitglied. Er begann mit Pferd und Wagen, vier Zweispänner-Fuhrwerken, Kohle, Holz und Propangas an private Haushalte und Betriebe auszufahren. 1917 wurde Fritz Schulenburg sogar Hofspediteur für den Fürsten von Lippe. Das dafür genehmigte Wappen führte Pferd und Wagen. Seit 1925 erleichterten Lastwagen, ein „Lanz-Bulldog“ sowie ein „Pionier“, die Arbeit. Nach den beiden Weltkriegen musste jeweils neu begonnen werden. Das Unternehmen war ein sogenannter Rollfuhrbetrieb. Die Güter wurden vom Bahnhof zum Kunden gebracht und fertige Produkte wieder zum Bahnhof. 1958 übernahmen die Söhne Werner und Fritz Schulenburg die Firma. Schwerpunkt in der neu gegründeten Handelsgesellschaft blieben Transport und Umzüge. In dritter Generation übernahmen 1985 die Eheleute Helga und Egon Harent das Geschäft. Nach der Wende kamen als neue Arbeitsbereiche der Versand, Auslieferung und Montage von Möbeln für Versandhäuser hinzu. Auch Umzüge gehören zum Arbeitsfeld. Seit dem Tod ihres Mannes 2002 leitete Helga Harendt mit ihrer Tochter das Geschäft.

Kurioses

1755 – Auswirkungen eines Erdbebens in Lissabon waren in Templin und Umgebung spürbar: Damals bemerkten Fischer auf dem Netzowsee nach einer unheimlichen Stille ein „großes Brausen“. Dann stieg das Wasser sechs Mal an und stand wie eine Mauer, so dass die Fischer selbst weit draußen auf den Seegrund blicken konnten.

Das „Rothe Meer“ von Templin
Ein Blick auf den Stadtplan von 1725 weist auf ein Gewässer im Stadtkern zwischen Schulzen- und Kirsteinstraße hin. Wie es hieß, verlief zwischen den beiden Straßen ein „Graben, das rothe Meer genannt“. Damals lag am Töpfertor das öffentliche „Darrehaus“ der Weber zur Trocknung von Stoffen. Der Graben gehörte zum Abwassersystem der Stadt und man kann davon ausgehen, dass das Wasser durch das Röteln (Einweichen) von Flachs rot gefärbt wurde.

Schulsträflinge „detinirt"

In einem Verwaltungsbericht der Stadtverwaltung für das Jahr 1864 hieß es, dass im Polizeigefängnis insgesamt 370 Schulsträflinge „detinirt" worden waren. Das heißt, dass die Kinder bzw. die Eltern wegen Schulversäumnissen dort ihre Strafen absitzen mussten.

Templin gibt´s auch in Australien

Im Zuge der Auswanderung auf Grund der schlechten Lebensbedingungen in der zweiten Hälfte des 19. Jahrhunderts verließen auch Templiner ihre Heimat. Sie gründeten u.a. in Australien bei Brisbane ein „neues" Templin.

Ziegelstaub der Sankt-Georgen-Kapelle als Heil- und Zaubermittel genutzt

Bei genauem Betrachten der Ziegelsteine an der Kapelle kann man kleine Aushöhlungen, sogenannte Rundmarken, entdecken, die nicht durch Schüsse oder andere Beschädigungen verursacht wurden. Sie entstanden im Mittelalter, als Ziegelstaub durch Löffel oder Steine ausgeschabt wurde, um „Heilpulver" aus geweihten Steinen zu gewinnen. Aber nicht nur heilsame Kräfte schrieb man dem Pulver zu, sondern man nutzte es auch als Zaubermittel oder Talisman gegen Unheil oder Tod.

Täglich 98 Stufen zur Rathausuhr oder mindestens 1 841 448 Stufen treppauf-treppab

Beim Neuaufbau des Rathauses nach dem großen Stadtbrand von 1735 bekam dieses auch eine neue Uhr. Da sie in den Wirren des 2. Weltkrieges beschädigt. wurde, erhielt der Uhrmachermeister Otto Lux am 8. August 1945 den Auftrag, diese wieder in Gang zu setzen und zu warten. Sein Sohn Peter begleitete ihn seit seinem 9. Lebensjahr und führte die Arbeit seines Vaters fort. Täglich musste das Uhrwerk aufgezogen und dazu die 98 Stufen bewältigt werden. Die Familie Lux betreute das Uhrwerk bis zum März 1997, dann übernahmen die Rathausmitarbeiter das Aufziehen und am 20. Dezember des Jahres wurde ein elektronisches Uhrwerk eingesetzt. Automatisch stellt ein Funksignal nun auch die Sommer- und Winterzeit ein.

Sonnabends, sonntags und mittwochs gemeinsames Fernsehen möglich

Wie die „Freie Erde" am 24. Januar 1959 berichtete, hatte der Ortsausschuss der Nationalen Front ein Fernsehgerät „Dürer" gekauft, da nur wenige sich so ein Gerät leisten konnten. Es stand im Kulturraum des Rates der Stadt. Dort konnte man am Mittwoch und am Sonnabend die Abendveranstaltungen, sonntags Sportübertragungen verfolgen.

Verlustreiche Tanzveranstaltungen ...

vermeldete die Gaststätte „Strandgarten". Allein 1963 mussten 56 Toilettenspiegel ersetzt werden, und in der Nacht vom 24. zum 25. April verschwanden 64 Blumentöpfe.

Weihnachtlicher Hubschraubereinsatz

Auf dem Sportplatz landete am 12. Dezember 1965 der Weihnachtsmann mit einem Hubschrauber und wurde von 2 500 Wartenden empfangen.

Volkspolizei beantragt Gewerbeerlaubnisentzug

Im Juli 1968 beantragte das VPKA beim Rat der Stadt, dem Gespannführer Herrn Roß wegen mangelnder Kenntnisse der Verkehrsregeln, die Gewerbeerlaubnis zu entziehen.

Schildbürgerstreich

Obwohl schon die erste Bahnstrecke geschlossen war (Templin-Lychen), schlug die Bahn-AG am 7. Januar 1993 vor, den Vorstadtbahnhof in die Nähe des Fußgängerüberweges in der Gartenstraße zu verlegen. Dieses Ansinnen wurde von der Stadt und dem Fremdenverkehrsverein abgelehnt.

Hoch hinaus

Im Wettbewerb des Uckermark-Kurier „Wer baut den höchsten Zeitungsturm" schuf die Templiner Feuerwehr 1993 den höchsten Zeitungsstapel mit 6,01 m.

„Villa Kunterbunt" im Gewerbegebiet

Das originellste Templiner Bürogebäude als Firmendomizil der KT Invest-Consulting mit 900 m² Fläche entstand im Gewerbegebiet. Entworfen wurde es vom Hausarchitekten Wolfgang Grieger.

Wetterkapriolen

25. Mai 1894

Blitzeinschlag im Turm der Maria-Magdalenen-Kirche. Ein Balkenbrand konnte gelöscht werden.

22. Mai 1900

Die Obstblüte wurde durch einen Nachtfrost vernichtet.

24. Juli 1911

Um 16 Uhr herrschte eine Temperatur von 35°. Ein Gewitter mit einer Windhose tobte im und hinter dem Bürgergarten und stürzte dort zahlreiche Bäume um, unter anderem eine 200-jährige Schwarzpappel. Es kam zu Schäden an Häusern, die Holländerwindmühle von Wilhelm Eckert in der Knehdener Straße wurde zerstört. Diese hohen Temperaturen herrschten über zwei Monate, die Ernte verdorrte, der gesamte Schiffsverkehr musste eingestellt werden.

17. Dezember 1934
Auf Grund der besonderen Witterungen eines sehr warmen Winters, 10 °C Tagestemperatur, wurden in der Vorweihnachtswoche am Spitzen Ort Blau- und Erdbeeren gefunden.

17.-19. Februar 1968
Schneechaos legte auch in Templin und Umgebung den Verkehr lahm, Räumfahrzeuge transportierten die Schneemassen zum Templiner See.

17.-23. März
Erneuter Wintereinbruch mit Schneechaos in Stadt und Kreis Templin.

1979
Seit Ende des Jahres 1978 setzten an der Ostseeküste starker Schneefall, eisige Kälte und starke Winde ein und erfassten vor allem die drei Nordbezirke. Durch den eisigen Nordwind fielen die Temperaturen bis unter Minus 20 Grad. In Templin hatten bereits nach Weihnachten Schneefälle zu ersten Stromausfällen geführt, erneut Silvester. Der südwestliche Teil der Stadt, der Strom vom Umspannwerk Zehdenick/Neuhof bezog, war nicht betroffen. Nur das nordöstliche Stadtgebiet, das vom Umspannwerk Klosterwalde beliefert worden war, konnte nicht versorgt werden. Dadurch kam es zu erheblichen Schwierigkeiten bei der Versorgung der Bevölkerung mit Grundnahrungsmitteln wie Brot. Bei der Versorgung mit Fernwärme kam es ebenfalls zum Ausfall, nur die Wohnblöcke der linken Seite der Dargersdorfer Straße von der Stadt aus gesehen, konnten mit Wärme versorgt werden. Die extreme Witterung führte zu erheblichen Schwierigkeiten im Straßen- und Eisenbahnverkehr. Werktätige, Angehörige der NVA und der Zivilverteidigung waren im Einsatz gegen Schnee und Kälte, um die Schneemassen zu beseitigen und die Straßen von den Verwehungen zu befreien. Der Zugverkehr musste eingestellt und Reisende im Hotel „Salvador Allende“ untergebracht und versorgt werden.

24. Januar 1993
An diesem Sonntag wütete das Sturmtief „Barbara“ auch über Templin. U.a. mussten in der Prenzlauer Allee eine Linde und eine Kiefer gefällt werden, auch in der Zehdenicker Straße war ein Baum umgestürzt. Das Dach des Kaufhauses in der Mühlenstraße war beschädigt, ebenso das der Gesamtschule II, heute Oberschule, in der Dargersdorfer Straße.

10. Juli 2002
Ein Orkan der Windstärke 12 zog mit einer Geschwindigkeit von 150 km pro Stunde, verbunden mit einem schweren Gewitter, über die Stadt. Eine Windhose entwurzelte in den frühen Abendstunden Bäume und richtete Schäden an Gebäuden an. Alle Zufahrten in die Stadt waren blockiert. Besonders betroffen waren der Markt, die Prenzlauer Allee, der Bereich um die Maria-Magdalenen-Kirche, der Beethoven-Platz und die Vietmannsdorfer Straße. 490 Bäume waren entwurzelt oder umgebrochen. Aus Spenden- und Lottomitteln konnte am 18. November mit der Neuanpflanzung begonnen werden.

ANHANG

ZITATNACHWEIS

1 Wolfgang Knape, „Die Uckermark", Brockhaus-Verlag, Leipzig, 1980, S. 6
2 Max Lobedan, „Templiner Heimatkalender" 2006, Schibri-Verlag, Strasburg/Uckermark, S.50 ff
3 Max Lobedan, „Templiner Heimatkalender" 2007, Schibri-Verlag, Strasburg/Uckermark, S. 111 ff
4 Heuer und Mätzke, „Die Uckermark", Prenzlau 1926, Verlagshaus Wieck, S. 133
5 Riedel, „Codex Dipl. Brandenburgis", 1. Hauptteil, Bd. 7, S. 243, in Hans Philipp „Die Geschichte der Stadt Templin", Verlag-Kortes, Templin, 1925, S.47
6 Hans Philipp „Geschichte der Stadt Templin", Verlag-Kortes, Templin, 1925, S. 414
7 H. Trost, „Norddeutsche Stadttore zwischen Elbe und Oder", Akademie-Verlag-Berlin, 1959, S. 24
8 U. Schulz, „Zur Baugeschichte der Stadtmauer Templins", Stadtarchiv Templin, S. 11
9 Hans Philipp „Geschichte der Stadt Templin", Verlag-Kortes, Templin, 1925, S. 416 ff
10 Riedel, „Codex Dipl. Brandenburgis", 1. Hauptteil, Bd. 13, S. 167, in Hans Philipp „Die Geschichte der Stadt Templin", Verlag-Kortes, Templin, 1925, S. 63
11 Urkunde- Lossprechung der Templiner Bürger 1369, Stadtarchiv Templin
12 Riedel, „Codex Dipl. Brandenburgis", 2. Hauptteil, Bd. 3, S. 165, in Hans Philipp „Die Geschichte der Stadt Templin", Verlag-Kortes, Templin, 1925, S. 104
13 Riedel, „Codex Dipl. Brandenburgis", 2. Hauptteil, Bd. 3, S. 165 in Walter Blankenburg, „Chronik der Stadt Templin", Bd. 1, S. 50, Stadtarchiv Templin
14 Walter Blankenburg „Chronik der Stadt Templin", Stadtarchiv Templin, Bd. 1, S. 227
15 Max Lobedan, „Templiner Heimatkalender", 2002, Schibri-Verlag, Strasburg/Uckermark, S.19 ff
16 Gerda Pramer, „Freie Erde", 24.6.1976, Kreisarchiv Prenzlau
17 Fritz Weinhold, „Templiner Heimatkalender" 1994, Werbeagentur Heggemann, Templin, S. 25
18 Hans Philipp, „Geschichte der Stadt Templin", Verlag-Kortes, Templin, 1925, S. 447
19 Hans Philipp, „Geschichte der Stadt Templin", Verlag-Kortes, Templin, 1925, S. 141
20 Brandenburgisches Landeshauptarchiv, Pr. Br. Rep. 8, Blatt 4080, in Walter Blankenburg „Chronik der Stadt Templin", Bd. 1, Anlage, Stadtarchiv Templin
21 Brandenburgisches Landeshauptarchiv, Pr. Br. Rep. 8, Blatt 4081 in Walter Blankenburg, „Chronik der Stadt Templin", Bd. 1, Anlage, Stadtarchiv Templin
22 Brandenburgisches Landeshauptarchiv, Pr. Br. Rep. 8, Blatt 4083 in Walter Blankenburg, „Chronik der Stadt Templin", Bd. 1, Anlage,Stadtarchiv Templin
23 Brandenburgisches Landeshauptarchiv, Pr. Br. Rep. 8, Blatt 4083 in Walter Blankenburg, „Chronik der Stadt Templin", Bd. 1, Anlage, Stadtarchiv Templin
24 Walter Blankenburg „Chronik der Stadt Templin", Stadtarchiv Templin, Bd. 1, S. 1147
25 Hans Philipp, „Geschichte der Stadt Templin", 1925, Verlag-Kortes, Templin, S. 182
26 Hans Philipp, „Geschichte der Stadt Templin", 1925, Verlag-Kortes, Templin, S. 183
27 Walter Blankenburg „Chronik der Stadt Templin", Stadtarchiv Templin, Bd. 1, S. 185
28 „Unsere Heimat", Beilage zum „Templiner Kreisblatt", Nr. 127, 2.6.1935, Kreisarchiv Templin
29 Walter Blankenburg „Chronik der Stadt Templin", Bd. 3, Abschnitt 4, Stadtarchiv Templin
30 Walter Blankenburg „Chronik der Stadt Templin", Bd. 3, Abschnitt 4, Stadtarchiv Templin
31 Walter Blankenburg „Chronik der Stadt Templin", Bd. 3, Abschnitt 4, Stadtarchiv Templin
32 Walter Blankenburg „Chronik der Stadt Templin", Bd. 4, Abschnitt 4, Stadtarchiv Templin
33 Walter Blankenburg „Chronik der Stadt Templin", Bd. 4, Abschnitt 4, Stadtarchiv Templin
34 Walter Blankenburg „Chronik der Stadt Templin", Bd. 4, Abschnitt 4, Stadtarchiv Templin
35 Fritz Röhnisch, „Volkssagen aus dem Kreis Templin", Heimatschriften des Kreises Templin, hrg. vom Rat des Kreises Templin, 1963
36 Walter Blankenburg „Chronik der Stadt Templin", Bd. 6, Abschnitt 3, Stadtarchiv Templin
37 Walter Blankenburg „Chronik der Stadt Templin", Bd. 3, Abschnitt 4, Stadtarchiv Templin

38 Martin Kunze, „Templiner Heimatkalender" , 2009, Schibri-Verlag, Strasburg/Uckermark, S. 108 ff.
39 „Templiner Kreisblatt", 16.3.1903, Stadtarchiv Templin
40 „Templiner Kreisblatt", 6.9.1913, Stadtarchiv Templin
41 „Templiner Kreisblatt", 6.9.1913, Stadtarchiv Templin
42 „Templiner Kreisblatt", 2.4.1916, Stadtarchiv Templin
43 „Templiner Kreisblatt", 24.2.1917, Stadtarchiv Templin
44 Walter Blankenburg „Chronik der Stadt Templin", Bd. 3, Abschnitt 4, Stadtarchiv Templin
45 Walter Blankenburg „Chronik der Stadt Templin", Bd. 3, Abschnitt 4, Stadtarchiv Templin
46 Brandenburgisches Landeshauptarchiv, Pr. Br. Rep. 1. Oberpräsident Nr. 1121, Bl. 69-72, in G. Falk: Die Revolution 1848/49 in Brandenburg, Europäischer Verlag der Wissenschaften, Frankfurt/M., 1998, S. 101
47 Brandenburgisches Landeshauptarchiv, Pr. Br. Rep. 8, Blatt 120, in G. Falk: Die Revolution 1848/49 in Brandenburg, Europäischer Verlag der Wissenschaften, Frankfurt/M., 1998, S. 175/76
48 Bernhard Herzog, Zuarbeit
49 „Templiner Kreisblatt", 16.06.1903, Stadtarchiv Templin
50 „Templiner Kreisblatt", 16.06.1903, Stadtarchiv Templin
51 „Templiner Kreisblatt", 16.06.1903, Stadtarchiv Templin
52 „Templiner Kreisblatt", 16.06.1903, Stadtarchiv Templin
53 Walter Blankenburg „Chronik der Stadt Templin", Bd. 3, Abschnitt 4, Stadtarchiv Templin
54 S. Joost, Das Joachimsthalsche Gymnasium, Festschrift zum Gedenken an die 375jährige Wiederkehr der Gründung des Joachimsthalschen Gymnasiums am 24. August 1982, EHS-PRINT Gmbh, Schenefeld, S. 6
55 Alma Mater joachimica, Heft 100, EHS-PRINT Gmbh, Schenefeld, S. 3353
56 Brandenburgisches Landeshauptarchiv, Pr. Br. Rep. 8, 360, 1909-1935, Blätter 222, 224, 226, 233
57 Brandenburgisches Landeshauptarchiv, Rep. 2 A Reg. Potsdam II, 1258
58 Brandenburgisches Landeshauptarchiv, Rep. 2 A, Reg. Potsdam, 378
59 „Templiner Zeitung", 30.10.2011, Stadtarchiv Templin
60 Günther Naacke, „Nach einer Minute war alles vorbei",repro & druck center Prenzlau, 1995
61 Walter Blankenburg, Erfassung der Kriegsschäden für das Finanzamt, Stadtarchiv Templin
62 „Freie Erde", 14.11.1989, Kreisarchiv Prenzlau
63 „Templiner Zeitung", 17.01.1990, Stadtarchiv Templin
64 „Templiner Zeitung", 19.03.1990, Stadtarchiv Templin
65 „Templiner Zeitung", 14.12.2009, Stadtarchiv Templin
66 Bärbel Makowitz, „Templiner Heimatkalender" 1991, Werbeagentur Heggemann, Templin, S. 69 ff
67 „Templiner Zeitung", 18.11.2012

KARTENNACHWEIS

1 Atlas zur Geschichte, 1987, Gotha, Karthografischer-Verlag
2 Handzeichnung südwestliche Uckermark 1667, Brandenburgisches Landeshauptarchiv, Pr. Br. Rep. 2, D 9854, fol. 26 (Fotokopie Seybold)
3 Bärbel Makowitz, Zeichnung nach dem Stadtplan von Wanckenheim 1725, Stadtarchiv Templin
4 Stadtplan von Wanckenheim 1725, Stadtarchiv Templin
5 Walter Blankenburg „Chronik der Stadt Templin", Stadtarchiv
6 Bernhard Herzog, Handzeichnung
7 Gemarkungskarte der Stadt Templin von 1760, Stadtarchiv Templin

8 Blankenburg, Walter, Kartierung im Stadtplan der Stadt Templin von 1928, Stadtarchiv Templin
9 Kreis Templin 1952, Stadtarchiv
10 „Neue Berliner Illustrierte“ (NBI), 1984, S. 12 ff
11 Prospekt der Tourismusinformation Templin, 2009

BILDNACHWEIS

Anlauf, Henrich (B 188, 202, 204) Walter Blankenburg „Chronik der Stadt Templin“, Stadtarchiv (B 3, 4, 5, 6, 7, 8, 9, 10, 11, 12, 13, 16, 17, 19, 20, 21, 22, 23, 24, 25, 26, 27, 28, 29, 30, 31, 32, 33, 36, 38, 39, 44, 45, 53, 54, 60, 81,82, 83, 84, 85, 86, 96, 99, 110, 117, 118, 119, 122, 123) Sammlung Breyer, Siegfried (B 37, 43, 46, 48, 49, 55, 56, 57, 61, 64, 69, 72, 74, 88, 89, 90, 91, 106, 108, 120, 139, 140) Dr. Brüllke, Wolfgang (B 34, 35, 36) Fischer, Klaus (B 208, 209) Frese, Kathrin (B 57, 206, 214) Handzeichnung nach: Kunstdenkmäler des Kreises Templin (B 18) Hoffmann, Harald (B 153, 191) Kassube, Sybille (B 141) Knitter, Eitel (B 144, 145, 146, 148, 149, 150, 153, 154, 162) Lamm, Petra (B 212, 213) Makowitz, Bärbel (B 14, 38, 40, 41, 51, 58, 59, 61, 63, 65, 66, 67, 68, 73, 77, 78, 79, 80, 87, 92, 93, 94, 95, 97, 98, 99, 100, 101, 102, 103, 104, 105, 106, 107, 110, 111, 113, 115, 121, 124, 151, 156, 157, 158, 159, 160, 162, 163, 164, 165, 166, 167, 195, 196, 215, 216) Museum (B 161) Neue Berliner Illustrierte- NBI, 1984 (B 147, 168) Dr. Neumüller, Barbara (B 143) Hans Philipp „Geschichte der Stadt Templin“ (B 7) Schuster, Bernd (B 142) Seybold, Wolff-Hasso (B 15, 116, 169, 170, 171, 172, 173, 174, 175, 176, 177, 178, 179, 180, 183, 184, 185, 186, 189, 190, 192, 192, 193, 194, 195, 196, 197, 198, 201, 203) Stadtarchiv Templin (B 2, 114, 125, 126, 127, 128, 129, 130, 131, 132, 133, 134, 135, 136, 137, 138 - Originale Gerhard Pramer, Feuerwehr, 217, 218, 219) Sydow, Elfriede (B 42, 47, 51 59, 71, 75, 76, 109, 189) Schweers, Tom (B 134, 211) „Uckermärkischer Geschichtsverein zu Prenzlau“ e. V. (B 52) Werner, Uwe (B 1, 181, 182, 187, 199, 200, 205, 207, 210)

LITERATURVERWEISE

Walter Blankenburg, „Chronik der Stadt Templin“, Walter Blankenburg, Stadtarchiv Templin

„Die Uckermark 1945“, Teil 1, Prenzlau 1995 repro@druckcenter Prenzlau, Uckermärkischer Geschichtsverein zu Prenzlau e.V.

Liselotte Enders , „Ortslexikon der Mark Brandenburg“, Weimar, 1986, Herrmann Böhlaus Nachfolger

Liselotte Enders , „Die Uckermark“, Geschichte einer kurmärkischen Landschaft vom 12. bis 18. Jahrhundert, Weimar 1992 (Veröffentlichungen des Brandenburgischen Landeshauptarchivs Band 28)

Christopher Clark, „Preußen. Aufstieg und Niedergang 1600 - 1947“, Pantheon-Verlag, München, 2008

Heuer und Mätzke, „Die Uckermark“, Prenzlau, 1926, Verlagshaus Wieck

Wolfgang Knape, „Die Uckermark“, Brockhaus-Verlag, Leipzig, 1980

Mitteilungen des Uckermärkischen Geschichtsvereins zu Prenzlau, Heft 19/1913, Konzepta Agentur und Werbemittel GmbH Prenzlau, 2013

Günther Naacke, „Nach einer Minute war alles vorbei“,repro & druck center Prenzlau, 1995

Hans Philipp „Geschichte der Stadt Templin“, Kortes-Verlag, Templin, 1925

Fritz Röhnisch, „Sagen aus dem Kreis Templin“, Hrg. Rat des Kreises Templin, 1963

„Templiner Heimatkalender“ 1997-2012, Schibri-Verlag, Strasburg/Uckermark

„Templiner Kreiskalender 1928-1942“, Kortes-Verlag, Templin

„Templiner Kreiskalender 1991-1996“, Werbeargentur+Verlag, Heggemann, Templin

Templiner Zeitungen von 1850-2012

„Unsere Heimat“, Beilage zum „Templiner Kreisblatt“ 1925 -1938

PERSONENREGISTER

Albrecht I., der Bär (1157-1170) 25
Albrecht II. (1205- 1220) 25, 26
Anders, Christiane 292, 394
Anna Amalia, Herzogin von Weimar 99
Arnim, Dietloff Friedrich Adolf von, Boitzenburg 572
Arnim, Hermann Richard von, Milmersdorf 126, 127, 154, 572
Arnim, Carl Friedrich Wilhelm von, Gerswalde 109, 571
Arnim, Ludwig Gustav von, Willmine 148, 574

Baage, Horst 300
Barnim I., Pommernherzog (1220-1278) 26, 27
Baron, Jürgen 293, 297, 510
Barski, Leutnant 229
Bartsch, Christian Samuel 571
Bastian, Britta 307
Bauer, Hans, Dr. 194
Baumgarten, Prof. 174, 198
Becker, Paul 155, 576
Beer, Harald 359
Beeskow, Hans-Ulrich 300, 302
Belbe, Max 163, 184, 189
Berger, Ludwig 556
Bestmann, Christa, Dr. med. 262
Beyer Ulrich 289
Billerbeck, Wilhelmine 155
Binkow, Rainer 289
Bismarck, Otto von, Reichskanzler 123, 131, 151
Blankenburg, Walter 185, 203, 284, 285, 564
Böge, Helmut 378
Brand, Hans 224, 552
Bräuning, Fritz, 149
Breitzmann, Louis, Alexander, Dr. med. 122
Breitzmann, Agnes 558
Bröse, Richard 221, 223, 578
Brüllke, Andreas, Dr. med. 262
Bubl, Klaus 358, 509
Buchholz, Karl-Friedrich, Dr. 194, 564
Bukowsky, Norbert 283
Bundfuß, Albert W. 130, 144, 561
Bunk, Jörg-Peter, Dr. 502
Buschmann, Dr. 194

Carl August, Herzog von Sachsen/Weimar/Eisenach (1775-1828) 99
Colas, Friedrich 574

Darge, Manfred 334
Decker, Wilhelm, Dr. 181, 438, 575
Dochow, Adolph, Prof. 559
Dolge, Karl 229
Dreblow, Reiner, Dr. 271, 525

Eitner, Robert, L. A. 558
Enderlich, Hinrich, Kulturminister des Landes Brandenburg 351
Enders, Liselotte 26
Erich IV., Dänenkönig (1232-1250) 36

„Falscher Waldemar“ 40, 43, 523
Felkeneyer, Günter, Dr. med. 261
Fischer 574
Frese, Katrin 377
Friedrich I. (1415-1440) 45, 46
Friedrich II, der Eiserne (1440-1471), Kurfürst 46
Friedrich Wilhelm, der Große Kurfürst (1640-1688) 35, 69, 70, 146, 188
Friedrich II., der Große (1740-1786) 35
Friedrich III. (1701, König Friedrich I.), Kurfürst (1688-1713) 72, 73
Friedrich Wilhelm I., König in Preußen(1713-1740) 73, 80, 91, 92, 95
Friedrich II., König von Preußen (1740-1786) 92, 94, 95, 97, 133
Friedrich Wilhelm III., König von Preußen (1797-1840) 103, 113, 115
Friesicke, Johann 72, 82, 552
Füchsel-Junker, Anke 540
Fuhrmann, Martin 552, 554

Gabbert, Willy 229
Gartmann, Hermann 224
Georg Wilhelm, Kurfürst von Brandenburg (1619-1640) 65
Gerhardt, Wilhelm, Dr. 150, 282, 304, 487, 493
Gesche, Erwin 194
Goder, Wilhelm 153, 572
Göring, Herrmann 181, 438, 575
Götting, Paul 163
Grieger, Wolfgang 329, 349, 361, 531
Grüber, Pastor 153, 194, 564
Gube, Karl 560
Gundlach, Klaus-Jürgen, Dr. 282, 316, 351, 377, 497, 568

Haas, Theodor Ludwig von 122
Haase, Dr. med. 261

Hanschke, Friedrich 143
Hardenberg, Gerhard, Preußischer Reformer 103
Hartleben, Hermine 560
Hartnack, Edmund, Prof. 557
Hartphiel, Christian 377
Hauck, August 573
Haupt, Johann Thomas 94
Havemeister, Hans 46, 552
Heber, Michael 377
Heinrich I., Deutscher König (919-936) 24
Heinrich der Löwe, Herzog von Braunschweig (1142-1180) 25
Heinrich, Dieter 283
Heinrich von Mecklenburg (1302-1329) 36, 37, 39
Henrich, Emil, Dr. 261
Hensel, Detlef, Dr. med. 283, 491
Hertrich, Sabine 375
Hildebrand, Dr., Regine, Brandenburgische Sozialministerin 348, 513, 516, 531
Hindenburg, Paul von, General und Reichspräsident (1925-1934) 159, 162, 168, 181, 183, 437, 438, 575
Hitler, Adolf, Reichskanzler (1933-1935) 181, 182, 202, 213, 438, 575
Holtzendorff, Franz von, Vietmannsdorf 100, 122, 558
Hucke, Kurt, Dr. 561
Humboldt, Wilhelm, Preußischer Reformer 103

Ideler, Karl-Friedrich Franz 122, 151
Isbary, Walter, Dr. med. 143, 156

Jahnke, Eckardt 242, 250
Jakob 145
Janitschke, Wolfgang 375
Jankowski, Heinz 307
Jebens, Dr. 416, 428
Jetter, Helmut 300
Johann I., Markgraf von Brandenburg (1220-1266) 27
Joachim I., Kurfürst von Brandenburg (1499-1535) 51
Johann Georg, Kurfürst von Brandenburg (1571-1598) 63
Joachim Friedrich, Kurfürst von Brandenburg von Brandenburg (1598-1608) 65, 146, 150
Johann Sigismund, Kurfürst von Brandenburg (1608-1619) 65
Jung, Heinz-Dieter, Prof., Dr. med. 569

Karl der Große, Kaiser (800-814) 24
Karl IV., Römisch-deutscher König und Kaiser (1346-1378) 39, 44
Karsten, Kurt 241, 242, 273, 552
Karsten, Walter, Dr. phil. 144
Kasner, Angela 287
Kasner, Horst 269, 296, 302, 377, 518
Kayser, Ernst 579
Kayser, Peter, Dr. 296
Kerstej, Major 219
Kieckbusch, Werner, Prof. Dr. 270
Kirstein, Richard 144, 151, 153, 367, 575
Klaffki, Alfons 508, 550
Kluge, Wilderich, Dr. med. 262, 296
Knitter, Eitel 280, 293
Koeppen, Franziska 190, 191, 192
Krüger, Friederike 107, 108, 557
Krüger, Karl-Heinz 289
Kragl, Heinz 285, 552
Küster, Hermann, Prof. 557
Kutscher, Wolfgang, Dr. 262

Lampe, Louis 115, 136
Lamprecht, Ronald, Dr. med. 339
Laurisius, Christoph 50, 75, 82, 552
Lehmann, Gustav, Prof. 150, 560
Libbert, Walter 566
Lobedan, Max 19, 22, 283
Losch, Holger 192, 547
Ludendorff, Erich Friedrich Wilhelm von, General 159, 162
Ludwig IV., der Bayer (1294-1347) 39
Ludwig der Ältere, Markgraf von Brandenburg (1323-1351) 39
Ludwig der Römer, Markgraf von Brandenburg (1351-1356) 41
Lüdecke 122
Luther, Martin, Reformator 51

Mähl, Ruth, Dr. med. 336
Mahnke, Peter 292, 552
Makowitz, Bärbel 280, 284, 352, 376,
Mallek, Horst 232, 244, 251, 283, 475, 497
Mann, Adolf 140, 156, 552
Marczinzik, Walter 183, 217
Martens, Wilhelm, Dr. 563
Martin, Robert 133
Merkel, Angela, Dr., Bundeskanzlerin 359, 360, 512, 569
Meyer, Arthur 521, 567

Mohr, Uwe 361, 524, 545, 556
Moltke, Helmut von 414
Müther, Ulrich 273, 359

Napoleon Bonaparte, I., Kaiser der Franzosen (1799-1814) 101
Nebe, August 149
Neff, Herman 181, 483, 575
Neumann, Richard 127, 140, 155, 552
Nitzsche, Friedrich 137, 552

Ostrowski, Minna 226, 566
Otto I., Deutscher König und Kaiser (936-973) 24
Otto I., Markgraf von Brandenburg (1170-1184) 25
Otto II., Markgraf von Brandenburg (1184-1205) 25
Otto III., Markgraf von Brandenburg (1220-1267) 25
Otto der Faule, Kurfürst und Markgraf von Brandenburg (1351-1373) 41, 44
Otto IV., mit dem Pfeil, Markgraf von Brandenburg (1267-1308) 30, 36
Otto, Pommernherzog (1295-1344) 39, 187

Pantzier, Heinz 569
Papenbrock, August 403, 404, 406, 552
Parisius, Adolf Wilhelm 115, 557
Peter, Rudolf 194
Philipp, Hans 169, 185, 522, 564
Platzeck, Matthias, Ministerpräsident Brandenburg (2002-2013) 302, 376, 546
Pöhler, Manfred, Dr., med. 262
Pramer, Gerda 284
Prätz, Wilhelm 163
Pressow, Christoph 556
Preußner, Robert 171, 304
Pries, Ernst 283
Prokopius 65, 522, 556
Puppe, Horst 293, 294

Rau 269
Rauch, Christian 133
Rehbock, Jakob 42, 43
Reiche, Otto 181, 232
Reifenstein, Jobst 346
Reitzenstein, Günther, Dr. 183, 429
Resch, Roland 109, 283, 294, 342, 376, 378
Richter, Wolfgang, Dr. 263
Richter-Rumstieg, Barbara 376
Riebeling, Georg, Dr. 155, 164, 182, 552
Rettig, Theodor 170
Röhnisch, Fritz 242, 276, 568
Rossow, Jürgen 247
Rudorf, Louise von 99
Rühl, Caspar 54, 557
Rühl, Joachim Heinrich 98

Saborosch, Willy 374, 379, 569
Schein, Ralf-Günther 569
Seidler, Kurt, Dr. 300
Scheurenbrand 142
Schläfke, Otto 182, 552
Schlicke, Frithjof 378
Schmarsow, Herrmann 577
Schneider, Carl 236, 241, 318, 563
Schnitzlein 215
Schoeneich, Ulrich 299, 301, 344, 370, 376, 529, 535, 544, 552
Scholz, Ulrike 31
Scholz-Padiera, H.-D. 242, 276, 566
Schreckenbach, Hans-Joachim, Prof. 374
Schröder, Gustav, Dr. med. 174, 218
Schroeter, Manfred, Dr. med 262
Schübler, Hans 275, 566
Schulz, Hans-Werner 300, 369
Schulz, Steffen-R. 293
Schulz-Ehrenburg, Martin 295, 298, 317
Schraermeyer, Clemens 578
Seckermann, Heinrich 51
Seidler, Karl-Heinz, Dr. med. 567
Seyfried, Wolfgang 294
Siegmund, Rolf 300
Sigismund, dt. König und Kaiser (1378-1397) 44, 133
Siemann, Diakon 151
Stein, Heinrich Friedrich Karl vom und zum, Preußischer Reformer 103
Stolpe, Manfred, Ministerpräsident Brandenburg (1990-2002) 302, 320, 519, 524
Strahl, Friedrich-Wilhelm 154
Strahl, Theodor 154, 571
Strempel, Heiko 378
Stroß, Kurt 275, 375, 546
Sturm, Johannes 72

Tabbert, Detlef 300, 552, 535, 544
Taege-Röhnisch, Erna 276, 307, 351, 353, 379, 491, 512, 517, 529, 545, 562, 566, 579,
Tholl, Herbert 236, 242, 276
Tholl, Bernd 274
Thomsdorff, von 100
Tietz, Klaus 289
Tischmeyer, Karl Friedrich Wilhelm 104, 115, 552
Tittel, Horst 294

Trost, Heinrich 31, 33
Trott, August von zu Solz, Preußischer Kultusminister (1909-1917) 146, 148, 574

Ugowski, Eberhart, Dr. 307, 377
Ulrich, Holde-Barbara 568
Ulrich, Peter 282

Vogel, Alfred, Dr. med. 262
Vogel, Hans Jochen 505, 514
Vollrath, Karl 561

Waldemar, Markgraf von Brandenburg (1309-1319) 36, 38
Wallenstein 67
Wanckenheim, Christoph 31, 90, 91
Wartislaw III., Pommernherzog (1219-1264) 26, 39
Wassermann, Friedrich 114
Wedell, von, königlicher Kommissar 103
Weitermann, Horst, Dr. 261
Weizäcker, Richard von, ehemaliger Bundespräsident 530
Wenzel, Hermann 576
Werner Adolf 578
Wichern, Johann Hannes 150
Wiegelmann, Bernhard 224, 238, 568
Wilhelm IV., Preußischer König (1840-1861) 107
Wilhelm I. (1861-1888), Deutscher Kaiser 1871 131, 411
Wilcke, Wilhelm 473, 516, 547, 563
Wladislaw IV., Pommernherzog (1309-1326) 37
Witzlack, Dr. 119

Ziemkendorf, Bernd 300
Ziethen, Oskar Prof. 152
Zietlow, Gustav 151, 561
Zimdars, Bernd 357

Sachregister

Abdecker (s. Schinder)
Adler-Apotheke 217, 258, 463
AG „Städte mit historischem Stadtkern" 311, 533
- „Denkmal des Monats" 539, 545
Ahrensdorf 304
„Aktive Naturschule" 343
Akzise 71
Akzisehaus 35, 95, 314
Alliierte Luftangriffe 205
„Alumnen" 146
Alsenhof 308
Altmarkt 45
„Altstadtpassage" 334
Altersgerechtes Wohnen 330
Alt-Placht 305
Amt-Templin-Land 303, 533
Amtsgericht 113, 170, 196, 221
Anna-Amalien-Bibliothek 149
Anna-Kapelle 49
Annenwalde 304
Antifaschistisch-demokratische Umwälzung 220
Antisemitismus 183, 187, 190, 200
Apotheke 86, 217, 222, 258, 262, 335, 336, 36, 394, 457, 510
Arbeiteraufstand 1953 254
Arbeiterfestspiele 279, 285
Arbeiterradfahrverein „Frei weg" 417
Arbeiter- und Soldatenrat 162, 169
Armenschule 98, 105, 117, 143
Ärztehaus 337
„Aschberger Moor" 355
Askanier 25, 26
Ausbauten 106
Ausgangsverbot 221
Aussatz (s. Lepra)
Ausschüsse 104, 123, 182, 225, 300
AWG 242

Baptistengemeinde (s. Freikirchliche Gemeinde) 116
Badeanstalt 415
Bad Lippspringe 370, 375
Bahnbetriebswerk 124
Baßdorf 311
Baugewerk 58, 59
Bau-Mod 323
Bebersee 306
„Beethoven-Platz" 281
Befestigungsanlage 29, 30
Befreiungskriege 107
Behindertensportfest 347
Behörden/Institutionen 1938 198
Bekleidungswerk 256, 324
Berliner Schultheiß-Brauerei 413
Berliner Tor 31, 32, 87, 95, 113, 115, 125, 137, 279
Berufsschule 144, 263, 267, 341, 342, 344
Besamungsstation 255
Besatzungszone 220
Besetzung der Stadt
- französische Besetzung 101, 103, 107
- sowjetische Besetzung 216, 217
- Besetzung der Staatssicherheitsdienststelle 295
Beutel 304
Bezugsscheine
- 1. Weltkrieg 119
- 2. Weltkrieg 200, 204, 205, 213
- nach Kriegsende 227
Bibliothek 156, 221, 407
Bierbrauerei 53, 79
Bierkrieg 53, 79
Birkenhain 308
„Biosphärenreservat Schorfheide-Chorin" 323, 351
„Bismarckeiche" 131
„Bismarckdenkmal" 131
Bistum Brandenburg 24
Bombardierung Templins 206
Botanischer Garten 150, 559
„Brandenburger Landesuniversität" 262
Bronzebüste Friedrich II. 133, 162
Brotscharren 92
Bruchsee 19, 27, 64, 81, 136
Brückensprengungen 214, 215
„Bündnis 90" 296
Bürger 48, 88
„Bürgerbrief" 48
Bürgergarten 50, 115, 131, 145, 157, 175, 216, 229, 251, 273, 358, 422, 427, 464, 485
Bürgerheide 92
Bürgermeister 29, 48, 529, 535, 544, 552
Bürgerquartierstadt 73, 74, 106, 119
Bürgerrecht 155
„Bürgerrettungsverein" 405, 410
„Bürgerrolle" von 1911 157
Bürgerschule 142, 194, 230
Buchholz 86
Buchheide 86
Bullenberg 83
Bullenwiese 31

„Carin-Hall" 198
CDU 225
Chausseebauten 114, 128
Chaussee-Gesellschaft 114
„Corpus bonorum" 82
„Corpus pharmaceuticum" 73

„Criminal-Ordnung“ 60

Dargersdorf 310
Darre 52, 75
Delikat-Geschäft 260
„Demokratischer Aufbruch“ 295
Denkmal Kaiser Wilhelm I. 131, 162
Denkmalschutz 280
Densow 305
Deputation (s. Ausschuss)
Deutsch-französischer Krieg 123
Deutsche Heimschule 194
Diakon 88, 116
Diakonat 87, 115
Dolgenseeausbruch 34
Draisine 327, 362
Dreifelderwirtschaft 58
Dreigliedriges Schulsystem 339
Dreißigjähriger Krieg 66, 189
DRK 167, 447
Driving-Center Groß Dölln 306

Egelpfuhl 19
Egelpfuhlschule 340
Ehrenbürger 571
Ehrenbürgerschaft 183, 571
Eichwerdertor 143
Eigenheimbau 244, 249, 329
Einkaufszentren 334
Einlieger 48
Eisenbahnbau 124
Eisenbahnknotenpunkt 127, 327
„Eldorado“ 309, 358, 536, 537, 539
Elektrizitätswerk 129, 215, 220
„Elisabeth-Frauen-Verein“ 115, 153
„Elisabeth-Stift“ 153
„Elsternest“ 172
„Enge Westumfahrung“ 319, 491
Engelsburg 205, 226, 411, 500
Enteignung 232
Entnazifizierung 231
Enttrümmerung 221, 235, 243, 249
Erholungsheime
- „Ahorn-Seehotel“ 359
- „Aufbau“ 274
- „Friedrich-Engels“ 273
- Ministerium Für Staatssicherheit 275
- „Salvador Allende“ 273, 359
Ermächtigungsgesetz 181
Erstes Auto 130
Erweiterte Oberschule 266
Eselshütt 309
Eulenturm 31, 33, 61
Etashof 308
„Evangelischer Jünglingsverein“ (s. Evangelisches Vereinshaus)
Evangelisches Vereinshaus 151
Examierte 48
Exquisitgeschäft 260

Fachschule für Kindergärtnerinnen 271, 344
Fachschule für Sozialpädagogik 346
Fährkrug 81, 139, 272
Fährsee 19, 27, 64, 81, 136
„Fahrscheinfreier Stadtverkehr“ 319
FDGB 223, 224
Fehre Fluß 81
Fennluch 310
Ferienlager „Klim Woroschilow“ 167
Ferienpark Dargersdorfer Straße 35, 358, 368, 541
Fernwärme-GmbH 323
„Feuer-Polizei- und Löschordnung“ 96
Feuerleitern 87, 88
„Filmtheater Templin“ 353
Fischergewerk 60
Fleischwarenkombinat 257
Flüchtlinge 226
Flugblätter 135, 214
Förderschule (s. Hilfsschule)
Forstchor 281
Forsthaus „Torfhaus“/„Eichwerderhaus“ 406
Forstverwaltung 323
Forstwirtschaftsbetrieb 255
Frankfurter Paulskirche 122
Französische Revolution 101
Französische Fremdherrschaft 101
Freikirchliche Gemeinde 116
Freilichtbühne 251
Freiwillige Feuerwehr 136, 206, 220, 286, 379, 475
Freiwilliges Jägerkorps 107
„Friedenseiche“ 131
Friedensgebete 293
Friedensvertrag von Eberswalde und Templin 45
Frieden von Hubertusburg 74
Friedhof 94, 95, 108
„Friedrich-Ebert-Denkmal“ 168, 182, 281
Frühchenstation 173
Fürstentag zu Templin 46
Fußfischerei 58
Fußgängertunnel 252

Galgenberg 48, 62
Gandenitz 305
Gandenitzer Tor (s. Mühlentor)
Gauck-Behörden-Anfrage 300
Garnison 86, 93
Garnisonsstadt 74
Gaststätten/Hotels 80, 81, 87, 116, 135, 137, 155, 172, 178, 259, 357

Gedenkstein für jüdische Gemeinde/Friedhof 192, 502
Gefängnis 93
Gemeiner Kasten (s. Kirchenkasse)
Gemeinderat- 1934 184
Gemeindeverband Templin 488
Generalbebauungsplan 236, 240
Generalbebauungsplan, neu 244
Gentzke-Rother-Haus 141
Gewerbegebiet 301, 324
Gewerbefreiheit 83, 105
Gewerk 59
Gewürzhandel 73
Gilde 58, 59, 91
Glashütte Annenwalde 303, 305
Gleuensee 19, 64
Gleuenseebrücke 64, 252, 320
Gleuenhof 309
Goldene Bulle 44
Goldener Siegelring 109
Gollin 306
„Goetheschule“ 266, 267, 340
GPU (Russische Geheimpolizei) 219
Graues Kloster 63
Groß Dölln 306
Groß Väter 306
Grunewald 306
Grund- und Gesamtschule 340
„Grüne Partei“ 295
Grützmühle 88
Gut Gollin 310
Güteritzer Tor 35
Gymnasium 341

Hackebuden 87, 93
Hammerfließ 27
Hammelspring 308
Hauptbahnhof 125, 127, 328
Hauptwache 87
„Haus der Jugend und Kunst“ 312, 313
Heilig-Geist-Hospital 43, 49
Heiliger Georg 49
Heilerziehungsheim (s. Kinderheim „Neuhof“)
Heimschule 194, 206
Henkinshain 309
„Hermann-Matern-Schule“ (s. Erweiterte Oberschule)
Herrenfest 47
Herrenpredigt 47
Herzfelde 308
„Hexenbäume“ 54
„Hexenhammer“ 52, 53
Hexenverfolgung 53
Hilfsschule 142, 267
Hindenburg 308
Hindenburgsiedlung (s. Märkisches Viertel)
Hindenburgsches Tor (s. Berliner Tor)
Hindenburgsches Viertel 58, 188
Historisches Rathaus 113
Hitlerjugend 185, 193, 206
HO 257
„Hofbauer-Stiftung“ (s. Stephanus-Stiftung“)
Hohenfelde 310
Hohenzollernstiftung 149
Hospital Sankt-Spiritus (s. Heilig-Geist-Hospital)
„Hospiten“ 147
Hugenotten 72
Humboldt-Universität 148
Hungerturm 33
Hyparschale 273

Immediatstad 46
Industriedenkmal 328
Industriegelände 256
„Innere Mission“ 150
Inflation 149, 166
Innung 59, 176
Institut für Lehrerbildung 266, 270
Interregnum 37
Intershop 260
„Inventarium von 1714“ 75
„Ihrcksche Stiftung“ 411

Jahrmärkte 75
Jakobus-Kapelle 49, 50
Joachimsthalsches Gymnasium 65, 144, 145, 157, 158, 171, 104, 214, 230 265, 269, 341, 344
Judenboykott 183
Jüdischer Friedhof 95, 188, 190, 192, 280
Jüdischer Gedenkstein 192
Jüdisches Leben 187
Jüdisches Viertel 87
Jüdische Schule 189
Jugendherberge 171, 193, 199
Jugendbeirat 528, 548
Jugendfreizeitzentrum an der Kurmeile 355
Jugendhaus „Villa“ 377
„Jugendkella“ 378
Jungsteinzeit 22
Jüteritzer Tor (s. Güteritzer Tor)

Kampfhaus (s. Wieckhaus)
Kanalisation/ Kläranlage 170, 257, 324
Kannenburger Schleuse 308
„Kantorei Templin“ 282, 351, 409, 556
Kanzleiordnung 63
Kapp-Lüttwitz-Putsch 163
„Karl-Liebknecht-Schule“ 266
„Karl-Marx-Denkmal“ 281
Kartbahn 358
Katharer 52
Katholische Kirche 159, 169, 195, 522, 544
Ketzerverfolgung 52
KIB 256

Kinderheime
- „Neuhof“ 153, 194, 231, 268, 348
- „Elfriede Paul“ (s. „Neuhof“)
- „Willi Fahrenson“ 231, 268, 309
Kindergarten/-Krippe 230, 264, 349
Kinderkombination 247, 249, 265
Kinder-Öko-Insel „Spatz“ 370, 378
Kirchenchor (s. Kantorei)
Kirchenkasse 51
Kirchlein „Im Grünen“ 305, 366
Kläranlage 170, 257, 324
Kleiderkarte 20, 204
Kleingartenkolonie 171
Klein Dölln 306
Kleinkindschule (s. Spielschule)
Klein Väter 306
Klinkhaus (s. Wieckhaus)
Kloster Chorin 33, 36
Klosterwalde 309
Klosterwalder Wassermühle 83
Klub der Werktätigen 282
Klub der Volkssolidarität 376, 488
Knehdener Moor 480
Kommissarius loci 47
Kommunale Wohnungsverwaltung (KWV) 242
Kommunalwahl 1989 292
„Kosmodemjanski-Schule“ 266
„Königsschlösschen“ 264
Konsumbackwarenbetrieb 257
Knabenrettungshaus 150
Konstanzer Konzil 46
Konstitutionelle Verfassung 121
„Konstitutioneller Klub“ 122
Konsum 168, 258
KPD-Ortsgruppe 165
Krankenhaus 50, 65, 120, 159, 174, 198, 261, 336
Krankenhausneubau 156, 173
Krankenhaussanierung 336
Krankennotversorgung 228
Kreisgericht (s. Amtsgericht)
Kreisgebietsreform 303
Kreishaus 109, 154, 250
Kreiskasse 109, 111, 154
Kreiskriegerdenkmal 131, 281, 316
Kreissparkasse 195, 260, 313
Kreisstadt 109, 238
Kreisstadtstatusverlust 303
Kreis Templin 109, 238
Kriegerehrung 1. Weltkrieg 167, 277
Kriegsanleihen 158-162
Kriegschronik 203
Kriegsgefangene 203, 212, 221
Kriegsschäden 232
Kreuzkrug 309
„Kuckucksheim“ 172
„Kulturgut“ Metzelthin 309
Kunstschule Templin 550
„Kurbrandenburgisches Edikt“ 72
Kurortentwicklungsgesellschaft 360, 519, 534
Kurortentwicklungskonzept 520, 550
Kurmeile/-park 339, 354, 550
Kurstadt 169
Küsterschule 50, 78, 79, 88, 104, 117
Kutscherhaus 63

Ladenstraße 260
Lager „Fünf Eichen“ 219
Land Brandenburg 238, 302
Landbuch Karl IV. 43, 44, 306, 309
Landeskulturkabinett 278
Landesschule 269
Landschaftsbild 18
Landsturm 107
Landwehr 107, 123
Landwirtschaftsschule 167
Lateinschule 50, 78
Lazarett 75, 158
LDPD 225
Lehmann-Garten (s. Botanischer Garten)
Leitbild der Stadt 312
Lenin-Denkmal 281
Lepra 50
Lindenschule 266, 340
Löffelgarde 102
Lohmühle 83, 88
Lokator 28
Lübbesee 15, 27
Lückenbau Templin 244
Luftkurort 137, 169
Luftschutzkeller 191, 198, 202
Lychener Tor (s. Mühlentor)

Magnetstein 351
Mahltrog 31
Mädchenschule 78, 79, 118, 119
Männerturnverein 115
Mark Brandenburg 26, 30
Märkische Landjudenschaft 98
Märkisches Viertel 172
Marienkirche 49, 50
Maria-Magdalenen-Kirche 49, 50, 51, 70, 88, 89, 93, 100, 102, 161, 165, 204, 281, 316, 353
Mauerdurchbrüche 35
Materialwarenhandel 73
Medizinische Fachschule 263
Metallspende 202, 204
Metzelthin 309
Mikwe 87
Militärflughafen Groß Dölln 306

Militärkommandantur 219
Minna-Ostrowski-Schule (s. Hilfsschule)
Mittelmark 45
Mittelsteinzeit 22
MKC/Multi-Kulturelles-Centrum 351, 370, 372, 377
Mobilmachung 157
Möbelpavillon 259
Molkerei-Genossenschaft Templin 410
Moltke-Linde 414
Morgenland 58, 213
Moritzdorf 310
Musterrolle 65
Mühle 28, 38, 57, 64, 69, 82, 88, 92, 102
Mühlenberg 83
Mühlenfließ 72
Mühlenteich 88
Mühlentor 31, 32, 88, 90, 111, 113, 115, 137, 278
Mühlenviertel 58
Müller „Pumpfuß" 82
Mütherbau 274, 360
Museum 274
Museum für Stadtgeschichte 275, 349
Musikhalle 420

Nachtwächter 77, 111
Natur- und Heimatfreunde 282
Naturpark Uckermärkische Seen 323, 362
NaturTherme 22, 359
Nationales Aufbauwerk, NAW 250, 265
Nationale Front 226
Nationalsozialistische Ortsgruppen 181
Netzowsee 17
Neu Afrika 171, 272, 304
Neues Forum 293, 294
Neues Tor 35, 95, 111
Neulehrerkurs 150, 229, 270
Neu-Placht 305
Notgeld 166
Notwohnungen 236
Novemberpogrom 1938 191
Novemberrevolution 150, 162
NSDAP-Ortsgruppe 180
NS-Organisationen 185, 193
NS-Volkswohlfahrt 203
NS-Wirtschaftspolitik 186

Oberschule 341
Oberstufenzentrum Uckermark 344, 346
Obdachlosenheim 508, 532
Oppidum 36
Orbede/Urbede 66, 72
Ordinäre Postfuhr 70
Ordonnanz-Haus 80
Ostexpansion 24

Pädagogische Fachschule für Kindergärtnerinnen 271
Palisadenzaun 31
Pankgrafenkrieg 133
Panzersperren 214
Parisiusstein 115, 176
Parteitag, VIII. 244
Patriotischer Klub 122
Patronat 51
Paulinenhof 309
PDS 297
Pensionäre 147
Perlenzauber 369
Personenpost 113
Pest 67, 68
Peterisches Tor (s. Prenzlauer Tor)
Petersdorfer Tor (s. Prenzlauer Tor)
Petznick 309
Phänomenta-Verein 279, 377
Pferdehof Liebe 63
Pflichtjahr 186
Pionierbrücke 195, 220, 222, 252, 320, 494
Pionierlager „Klim Woroschilow" 167, 272, 358
Peterisches Viertel 58
Plünderung 68, 102, 215
Polczyn Zdroj 555
Poliklinik 121, 229, 262, 336
Polizei 155
Postamt 113, 130, 156, 222
Postheim 141, 199, 205, 213, 220, 329, 542
Postheimfest 372
Postgenesungsheim 141
Postheimcasino 141
Potsdamer Abkommen 220, 238
Potsfelder Bier 53, 79
Praxis für Schmerztherapie 174
Preiskontrollen 201
Prenzlauer Tor 31, 32, 86, 89, 95, 102, 113, 115, 130, 136, 276
Preußisch-dänischer Krieg 123
Preußisch-österreichischer Krieg 123
Preußische Reformen 103, 121
Private Arztpraxen 338
Privatbetriebe 260
Private Forstschule 145, 195
Privat- und Winkelschulen 117
Privatschule 143, 156, 169
Propst 88
Propstei 88
Pulverturm 31, 33, 34, 61

Radweg „Spur der Steine" 320, 351, 548
Rathaus 28, 50, 66, 70, 86, 93, 250
- „Altes Rathaus" 303, 315
- „Neues Rathaus" 303, 314, 315
Rathäusliches Reglement 95
Rathaussanierung 314

Rationierung I. WK 159-162
Ratskeller 53, 80, 87, 93
Ratsteich 86, 87
Ratsversetzung 47
Realgymnasium 144
Rechtsextremismus 529
Reiersdorf 311
Reform(pro)realgymnasium 144
Realschule 142
RAD-Arbeitslager 186, 202
Reformrealgymnasium 171, 194, 195
Reformatorische Kirchenordnung 56
Reha-Kliniken 338
Reichsbahn 258
Reiersdorf 311
Reparationen 238, 240, 254
Rettungshaus 117, 151
Revolution 1848/49 121
Richard-Bröse-Viertel 249
Rickshof 309
Rittergut 70
Ringofen 311
Roland-Figur 196
Röddelin 310
Röddelinsee 65
Röhnisch-Platz 351
Rothenburg des Ostens 30
Rucksackbullen 255
Rühlsche Stiftung 98, 117, 361
Runder Tisch 295
- Neuer „Runder Tisch" 546
Russischasse 287

SA-Ortsgruppe 180
Sanierungsbilanz 2007 540
Sankt-Gertrauden-Kapelle 49, 50
Sankt-Georgen-Friedhof 95
Sankt-Georgen-Hospital/Kapelle 43, 47, 87, 90, 98, 102, 119, 120, 331, 353
Sankt-Georgen-Stiftung 49
Sängerbund 115, 175
Säuglingskrippe 200
Schadenszauber 51
Scharfrichter 60, 62
Scharfrichterei 63
Schinder 63
Schinderkuhle 63, 195
Schirmjuden 188
Schlacht bei Fehrbellin 71
Schlacht bei Jena und Auerstedt 101, 102, 103
Schlacht bei Kremmen 44
Schleuse 129, 253
Schleusenbrücke 251, 320
Schneidemühle 83, 89, 92
Schneidergewerk 60
Schnitzzirkel 278
Schoßregister 58, 60
Schriftliche Nachrichtungen anno 1618 65
Schulpflicht 76, 187
Schülergaststätte 257
Schulungsburg 195
Schultheiß 28
Schulzenfelde 310
Schultor 143
Schulvisitation 50, 78
Schulzenfelde 310
Schutzhaft 183
Schützenhaus 50, 65, 115, 199, 264, 273, 403, 424, 444, 446, 460, 519
Schwarzmarkt 228, 258
Schwesternwohnheim 263
Seebad-Lichtspiele 353
Seebadrestaurant 139
SED-Gründung 224
- Kreisleitung 294
- II. Parteikonferenz 238
- VIII. Parteitag 244
Semnonen 22
Seniorenlandsitz 331
Separation 106
Siebenjähriger Krieg 74
Sieben-Tage-Adventisten 189
Siechenhaus 119
Singeverein 115
Situation Mai 1946 222
Slawenzeit 22, 25
SMAD 220
SMAD, Befehl Nr. 1 218
SMAD, Befehl Nr. 2 224
SMAD, Befehl Nr. 40 229
Solarpark Groß Dölln 307, 549
Sowjetisches Ehrenmal 148, 218
Sozialer Wohnungsbau 330
SPD-Wahlverein 135
SPD 183, 224, 296
Spielschule 153, 169, 194
Springbrunnen 274, 387, 500
Sportasse 288
Spritzenhaus 87, 88, 136
Sportamt 222
Staatliche Arztpraxen 262
Staatlicher Forstwirtschaftsbetrieb 256
Staatsbank der DDR 499
Staatsbibliothek „Preußischer Kulturbesitz g 146
Staatspost 69, 114
Staatssicherheit 238
Staatssicherheitskreisdienststelle 295
Stadion/Sportplatz 168, 288
Stadt der 1000 Linden 363
Stadtanlage 28
Stadtälteste 571
Stadtbad 139, 198, 272
Stadtbahnhof 127
Stadtbibliothek 354
Stadtbrand
- 1492 49
- 1530 49
- 1546 57
- 1618 65, 133
- 1735 90
Stadtbezirke 104
Stadtchronik 185, 283, 402
Städtepartnerschaft 301, 368, 555
Stadtfest 369

Stadtgefängnis 167
Stadtgericht 47, 59
Stadthaus 155
Städtische Realschule 340
Stadtjubiläum
- 700-Jahrfeier 175
- 750-Jahrfeier 284
- 725 Jahre Ersterwähnung 373
Stadtkernsanierung 311
Stadtmauer 31, 280
Stadtmauerlauf 370
Stadtmauersanierung 280, 314
Stadtplan 1725 35, 80, 86, 89, 90
Stadtrechte 28, 37, 38, 39, 58, 65, 72, 75
Stadtrundgang
- 1730 86
- 2012 363
Stadtschule 79, 118, 142, 194
Stadtschulze 47
Stadtsee in Flammen 372
Stadtsiegel 67, 199
Stadtverwaltung 47, 67, 95, 104, 107, 123, 222
Stadtwappen 198
Standesschule 144
Steindamm 310
Steinfeld 310
Steinsche Gewerbereform 60
Steinsche Städtereform 97, 104, 188
Stephanus-Stiftung 269, 340, 343, 347
Stiftung „Joachimsthalsches Gymnasium" 150, 269, 270
Stomatologisches Zentrum 262
Storkow 310
Strahlsche Stiftung 154
Straßenkreuzungspunkt 29
Straßennamen/Umbenennungen 153, 169, 183, 225, 253, 321
Strumpf- und Mützenfabrik 98, 113, 188
Sueben 22
Sweben 22
Synagoge 189

Tag der deutschen Einheit 302
Tangersdorfer Heide 19
Tanzkapelle „Rhythmus 74" 282, 494, 496
Telefonanschluss 326
Tilsiter Frieden 102
„Templiner Backstuben" 326
Templiner Beschäftigungs- und Bildungs-GmbH 348
Templiner Eisenbahnverein 43
Templiner Eisenbahner- und Beamtenverein 413
Templiner Feuerverordnung 77
Templiner Forstchor 500
Templiner Gymnasium 341
Templiner Heimatkalender 376
Templiner Heimatmuseum (s. „Museum für Stadtgeschichte")
Templiner Idee 255
Templiner Imkerverein 409
Templiner Kanal 97, 129, 137
Templiner Kreisblatt 114, 213, 215
Templiner Kreiskalender 284, 376
Templiner Kulturbund 225, 282
Templin-Nord 249, 332
Templiner Puppenkiste 379, 472
Templiner Rundschau 224
Templiner Schützengilde 115, 374, 378, 401, 403, 433, 519, 529, 536, 544
Templiner See 19, 27, 63,
Templiner Seenkreuz 19, 321, 356
Templiner Seniorenklub 376
Templiner Sommerfest 282, 489
Templiner Sportler 287
Templiner Sportvereine 380
Templiner Stadtfest 369, 510
Templiner Stadthafen 367
Templiner Stadtwald 510, 517, 526, 538, 547
Templin-Süd 247, 333
Templiner Vereine 374
Templiner Wasserfest 282, 500, 502
Templiner Wasserspiele 372
Templiner Wasserwacht 376
Templiner Werbegemeinschaft 374, 544
Templiner Wochenblatt 114
Templyn 30
Textilzirkel 278
Thälmann-Denkmal 168
Thermalsoleheilbad 312, 318, 354, 359
Töpfertor 35, 113
TourismusServiceTemplin e.V. 316, 545, 546
TourismusMarketingTemplin GmbH 316, 363, 370, 372, 545
Trümmerlandschaft 232
Turner-Feuerwehr 136

Uckermark 18
Uckermärker Hof 80, 139, 259, 261, 278
Uckermärkischer Heidstruck 283, 379
Uckermärkischer Kreis 109
Uckermärkischer Radrundweg 355
Uckrer, Ukranen 18
Unehrliche Berufe 59, 84
Universität im Grünen 262

VdN-Denkmal 279
VEB (K) Bau 83
VEB Kraftverkehr 255, 326
Vereine 168, 174, 175, 374
Verein „Alter Joachimsthaler“ 344
Verein der Grundbesitzer des Templinschen Kreises 113
Verein für Verkehr und Heimatpflege 139
Verein zur Erziehung sittlich verwahrloster Kinder 117
Verkehrshof 256
Versailler Vertrag 169
Verstaatlichung 254
Vertrag von Landin 27
Verzeichnuß und Würderung der Häuser 1567 58
Vierergewerk 47, 96
Vieh- und Pferdemärkte 75
Vietmannsdorf 27, 310
Volksdeutsche Mittelstelle 206
Volksgemeinschaft 184, 193
Volkshochschule 347
Volkskundemuseum (s. „Museum für Stadtgeschichte)
Volkssturm 213
Volksküche 171, 220
Volkszählung 1909 156
Vorbeckstein 140, 281
Vorstadtbahnhof (s. Stadtbahnhof)

Wahlen zur Nationalversammlung (Reichstag)
- 1919 163
- 1924 180, 181
- 1930 181
- November 1932 181
- 5. März 1933 181
- März 1936 187
Wahlen zur Stadtverordnetenversammlung
- 23. Februar 1919 163
- 12. März 1933 181, 182
- 15. September 1946 225
- 6. Mai 1990 298, 299
Wahlen zur Volkskammer 18. März 1990 298
Waldemartor 34, 41, 115
Waldschule 340
Waldfriedhof 311, 323
Waldhof 152, 194, 269, 347
Waldhofschule 152, 213, 230, 343
Walkmühle 82, 88
Wallanlage 31
Wanckenheimstadtplan 35, 80, 86, 89, 90
Warmbadeanstalt 156
Wasserpforte 31
Wasserspiele 372
Wasserturm 62, 130, 257, 261
Wassertor 35, 92
Wasserwerk 113, 130, 169, 215, 220, 257, 325
Wasserstraßennetz 356
Weberhaus 101
Webertor 35, 63
Wehrmeldeamt 199
Weichhaus (s. Wieckhaus)
Weichseleiszeit 18
Weltwirtschaftskrise 180
Weimarer Republik 163
Weinberg 22, 195
Weinfest 372
Werbegemeinschaft 370
Westfälischer Frieden 70
Westernstadt (s. Eldorado)
Wieckhaus 31, 33
Wiederaufbau nach 1735 70, 91, 92
Wiederaufbaugebiet 242
Weinberg 22
Weltkriege
- I. WK 157
- II. WK 200
Willy-Gabbert-Schule (s. Hilfsschule)
Wirtschafts- und Währungsunion 302
Wendenkreuzzug 25
Windmühle 83
Winterhilfswerk 186, 200, 202
Woba-Templin-UM 323, 332
Wohngebiet Nord 249
- Süd 247
Wohnungsbaugenossenschaft Uckermark Templin e. G. 332, 359
Wohnungsamt 172
Wohnungsbau
- nach I. WK 172
- nach II. WK 236
- DDR- Zeit 242
- nach 1990 330

Zentraler Omnibusbahnhof 369
Zisterzienser 27
Ziegelei 72, 92
Ziegeleibrücke 72, 321
Zollhaus (s. Akzisehaus)
Zunft 58, 59, 91
Zugverbindungen
- 1888 124
- 1899 126
- 1913 127
- 1938 198
- 1946 223
- 1953 240
Zwangsarbeit 219
Zwangsarbeiter 219
Zweijahrplan 238
Zweckgemeinschaft Berufsbildung (s. Templiner Beschäftigungs- und Bildungs-GmbH)
Zweckverband Erholungswesen 272, 487, 490
Zwillingssteine 32

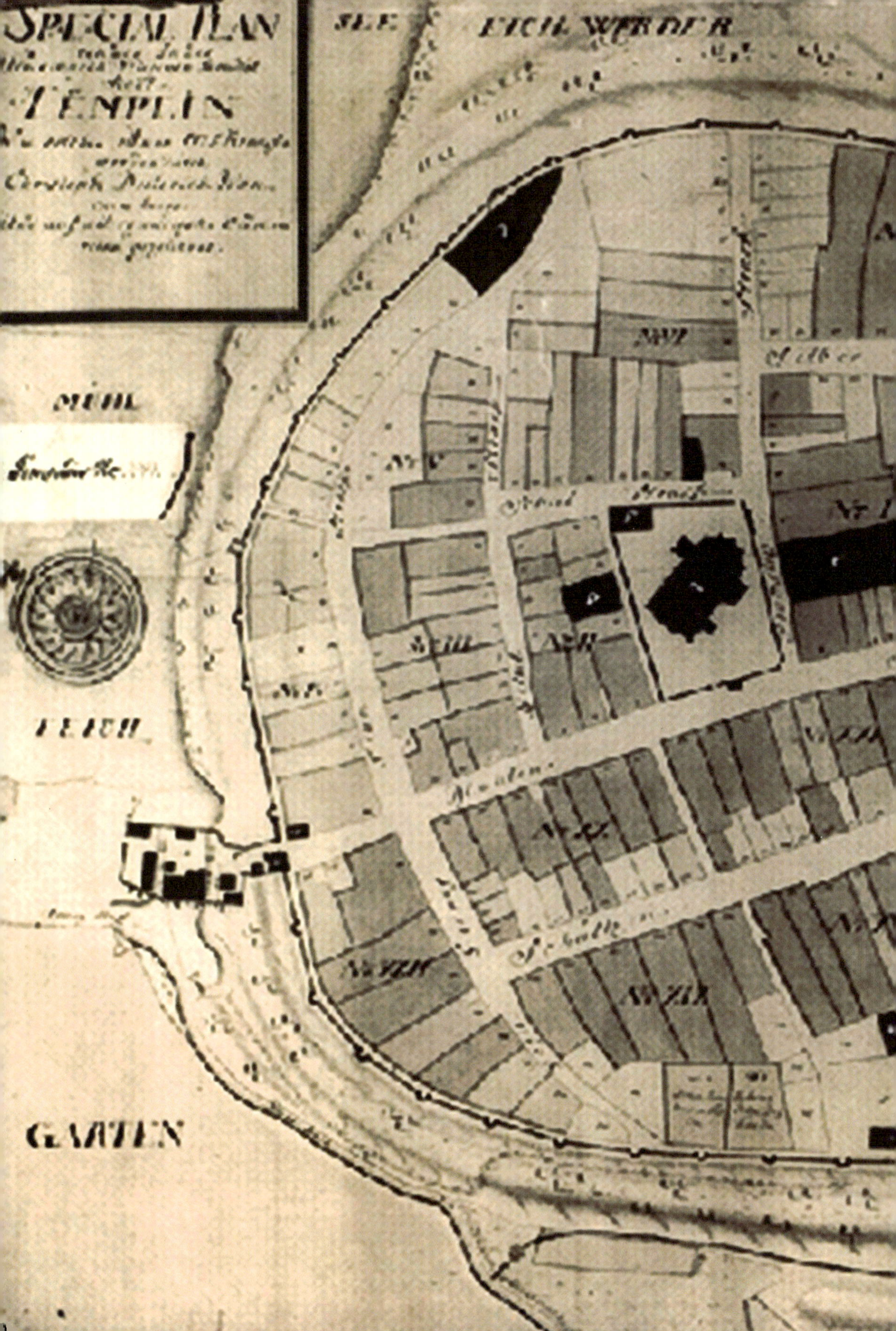

SPECIAL PLAN
TEMPLIN
SEE
EICH WERDER
MÜHL
FLIEH
GARTEN